KB088742

제2차 세계대전 (하)

윈스턴 처칠

차병직 옮김

까치

THE SECOND WORLD WAR : Abridged Edition With an
Epilogue on the Years 1945 to 1957

by Winston S. Churchill

Copyright © The Estate of Winston Churchill 1990
This abridged edition copyright © Cassell & Co. Ltd 1959
All rights reserved.
Korean translation copyright © 2016 by Kachi Publishing Co., Ltd.
Korean translation rights arranged with Curtis Brown Group Limited
through EYA(Eric Yang Agency).

역자 차병직(車炳直)
고려대학교 법과대학 졸업. 현재 변호사(법무법인 한결), 고려대학교 및 이
화여자대학교 법학전문대학원 겸임교수.
저서 :『인권』,『시간이 멈춘 곳 풍경의 끝에서』,『실크로드, 움직이는 과
거』,『상식의 힘』,『안녕 헌법』,『사람답게 아름답게』,『뚱딴지가
아니다』 등.
역서 :『세계사 최대의 전투』,『위대한 개츠비』 등.

제2차 세계대전 · 하권

저자 / 윈스턴 처칠
역자 / 차병직
발행처 / 까치글방
발행인 / 박후영
주소 / 서울시 용산구 서빙고로 67, 파크타워 103동 1003호
전화 / 02 · 735 · 8998, 736 · 7768
팩시밀리 / 02 · 723 · 4591
홈페이지 / www.kachibooks.co.kr
전자우편 / kachibooks@gmail.com
등록번호 / 1-528
등록일 / 1977. 8. 5
초판 1쇄 발행일 / 2016. 6. 7
    4쇄 발행일 / 2022. 9. 29
값 / 뒤표지에 쓰여 있음

ISBN 978-89-7291-612-3 04900
    978-89-7291-610-9 (세트)

이 도서의 국립중앙도서관 출판예정도서목록(CIP)은 서지정보유통지원시스템 홈페이지(http://seoji.
nl.go.kr)와 국가자료공동목록시스템(http://www.nl.go.kr/kolisnet)에서 이용하실 수 있습니다. (CIP
제어번호 : CIP2016012946)

차례

제4부 승리와 비극 1943-1945년

상권 · 차례

제1부 파국을 향한 이정표 1919-1940년 5월 10일

제2부 홀로 싸우다 1940년 5월 10일-1941년 6월 22일

제3부

대연합

1941년 12월 7일, 일요일 그리고 그 이후

"미국을 우리 편으로 맞을 수 있게 된 것이
나에게는 가장 큰 기쁨이라고 공언하더라도,
나를 이상하게 여길 미국인은 아무도 없을 것이다."

독일의 러시아 공격

제1장
연합국 소련

러시아의 참전은 반가운 일이기는 했지만, 즉각 우리에게 도움이 되지는 않았다. 독일군은 워낙 강했기 때문에 러시아로 진격하는 동안에도 수개월 정도는 영국에 대한 침공의 위협이 계속될 수 있을 것 같은 상황이었다. 거의 대부분의 믿을 만한 군부 소식통들은 러시아군이 머지않아 패배하고 파멸에 이를 것이라는 의견이었다. 러시아 공군이 정부의 실책으로 활주로에서 불의의 습격을 당했을 뿐만 아니라 러시아의 전비가 매우 불충분한 상태였기 때문에 출발부터 상황이 좋지 않았다. 러시아 군대의 손실은 막대했다. 용맹무쌍한 저항, 유능하면서도 전제적인 전쟁의 지도력, 인명에 대한 철저한 무시, 진격하는 독일군 후방에서 무자비하게 전개한 게릴라전, 그 모든 것에도 불구하고 러시아군은 레닌그라드 이남의 2,000킬로미터에 이르는 전선 전체에서 후방으로 640내지 800킬로미터씩 후퇴하는 사태가 벌어졌다. 결국 마지막에 히틀러 군대를 파멸시킬 수 있는 요인은 소련 정부의 힘, 러시아 민족의 불굴의 투지, 막대한 예비군, 광활한 국토 그리고 혹독한 러시아의 겨울 추위 같은 것이었다. 그러나 1941년에만 하더라도 그러한 요소들은 찾아볼 수 없었다. 9월에 루스벨트 대통령이 러시아 전선은 지킬 수 있으며 모스크바는 함락되지 않을 것이라고 선언했을 때만 하더라도, 매우 대담하다는 생각을 했다. 그런데 러시아 국민의 영광스러운 힘과 애국심이 그 견해가 옳았음을 증명하게 되었다.

내가 모스크바에 가서 회의를 한 1942년 가을에도, 나와 동행했던 브룩 장군은 독일군이 코카서스 산맥을 넘어 카스피 해의 분지를 점령할 것이라고 판단했다. 따라서 우리는 시리아와 페르시아에서 가능한 한 최대 규모의 방어전을 전개하기 위한 준비를 했다. 러시아의 저항력에 대해서 나는 줄곧 군사 고문들보다 낙관적이었다. 모스크바에서 스탈린은 내가 보여준 자신감, 즉 러시아는 코카서스 전선을 지킬 것이며 결코 독일군이 카스피 해까지 도달하는 일이 일어나지 않을 것이라는 내 말을 믿었다. 그러나 우리는 소련의 물적 자원과 의도에 관해서 거의 정보가 없었기 때문에 모든 견해는 추측 이상의 수준을 넘어설 수 없었다.

러시아가 참전함으로써 독일이 영국 공습에서 눈을 돌리게 되어 침공의 위협을 감소시킨 것은 사실이다. 그리고 이제 우리는 지중해 문제에서 숨을 돌릴 수 있었다. 그 반면에, 엄청난 희생과 소모를 감당하지 않을 수 없게 되었다. 당시 우리는 겨우 장비를 제대로 갖추기 시작할 때였다. 마침내 우리의 군수 공장들은 온갖 필요한 품목을 쏟아내듯이 생산했다. 이집트와 리비아의 우리 군대는 격전 중이었으며, 무엇보다도 탱크와 비행기 같은 최신 무기를 애타게 기다렸다. 영국 본토 방위군 역시 오래 전부터 약속되어 있었던 근대적 장비를 갈구했는데, 문제가 복잡하게 얽히면서 해외 군대로 유출되었다. 그 시점에 우리는 무기는 물론 고무와 석유를 포함한 온갖 종류의 중요한 물자를 아주 다양하게 여러 곳에 분배해야만 했다. 영국 그리고 무엇보다 미국의 보급품 수송을 위한 선단을 조직하여 모든 위험과 혹독한 조건의 북극 항로를 통해 무르만스크와 아켄젤[두 도시는 소련 북서부 지방의 항구 도시/역주]에 도착하도록 해야 할 책임도 우리가 져야 했다. 소련으로 보내는 모든 미국의 보급품은 실제로 우리가 사용하기 위하여 대서양을 건너 수송되었거나 수송될 예정이었던 것 중에서 할당되었다. 그러한 방대한 양을 분배하기 위해서는, 그리고 점차 증가하고 있었던 미국 원조를 포기하는 데에는 점점 더 커져가는 일본의 위협에 대응하여 말레이 반도와 우리의 동방 국가들 및 영토 방위에 필요한 준비를 제한하는 것이 전제되어야만 했다. 미국의 원조가 없더라도 우리의 서부 사막의 전투는 차질 없이 수행되어야 했다.

러시아의 저항이 독일군의 힘을 꺾어놓고 독일 민족의 활력에 치명타를 입혔다는 사실을 확인하게 될 역사의 결론에 조금이라도 이의를 제기하지 않는 범위 내에서, 참전한 지 1년 남짓 한 러시아는 우리에게 도움이 되기보다는 큰 부담이 되었다는 점을 밝혀두는 일은 정당할 것이다. 그럼에도 불구하고 소련이 우리 편에 가담했다는 사실은 기쁜 일이었다. 설사 소련군이 우랄 산맥까지 내몰리는 사태가 벌어지더라도, 굴하지 않고 끝까지 버티기만 한다면 매우 결정적인 위력을 보여주리라고 믿었다.

★ ★ ★ ★ ★

히틀러에게 습격당하는 그 순간까지도 소련 정부는 자기 자신 외에는 아무런 관심이 없었다. 그때의 그러한 분위기는 이후에 보다 분명히 드러났다. 그때까지 그들은 1940년 프랑스 전선이 붕괴되고 1941년 발칸에서 전선을 형성하려던 우리의 노력이 헛된 물거품이 되는 것을 냉담하게 바라만 보고 있었다. 나치 독일에 중요한 경제적 지원을 했을 뿐만 아니라 갖가지 부수적인 방법으로 많은 도움을 주었다. 그럼에도 불구하고 그들은 기만당했으며, 급습을 당했고, 마침내 스스로 번득이는 독일의 칼날 아래 놓이는 처지가 되었다. 소련의 최초의 반응과 그 뒤의 지속적인 정책은 영국 본토와 그 제국으로부터 가능한 모든 지원을 구하는 것이었다. 대영제국에 대한 스탈린과 히틀러 사이의 나눠먹기의 가능성이 이전 8개월 동안 소련을 현혹시켜 독일의 동부 지역의 군사 집결이 진행되도록 방치한 것이었다. 어렵게 싸우고 있는 영국에게 소련은 부족한 군수품을 보내달라고 다급하고 노골적인 어조로 요구했다. 그런가 하면 영국이 의지하던 미국 보급품의 대부분을 요구했으며, 심지어 1941년 여름까지 제2전선을 구축해야 한다며 위험성이나 비용은 아랑곳하지 않고 영국의 유럽 상륙을 간구했다. 그때까지 대단한 문제를 일으키지는 않았지만, 우리의 공장에서 방해만 일삼던 영국 공산주의자들은 "자본주의와 제국주의 전쟁"이라며 비난의 목소리를 드높여왔다. 그러나 하룻밤 사이에 돌변하여 담벼락과 광고판에 "이제 제2전선을(Second Front Now)"이라는 슬로건을 내붙이기 시작했다.

우리는 러시아의 그와 같은 다소 안타까우면서도 수치스러운 사실들 때문에 혼란스러워하지는 않았다. 정부의 과오로 인한 대재난을 맞은 러시아 국민의 영웅적인 희생 정신과 조국의 땅을 지키겠다는 열정을 응시하고 있었다. 싸움이 계속되는 동안 드러난 러시아 국민의 그러한 자세야말로 모든 것을 바꿔놓았다.

러시아는 적의 해안에 아군의 대병력을 상륙시켜 방위선을 유지하는 수륙양면 작전의 필요성을 조금도 이해하지 못했다. 미국까지도 당시에는 그 작전의 어려움을 제대로 파악하지 못했다. 침공 지점의 제해권은 물론 제공권은 필수불가결했다. 거기에 덧붙여 제3의 결정적 요소가 필요했다. 특별히 제작된 상륙용 주정, 특히 탱크 상륙에 필요한 다양한 형태의 주정을 갖춘 대부대가 적군의 저항이 강력한 상륙전에서는 성공의 토대였다. 그때까지는 물론 이후에도 확인할 수 있듯이, 그러한 해상 부대의 조직을 위해서 나는 오랫동안 최선을 다했다. 1943년 여름까지 우리는 그러한 소규모 부대도 만들 수 없었다. 그리고 이제는 널리 알려진 바와 같이, 1944년까지도 충분한 규모의 조직을 하지 못했다. 1941년 여름 당시의 우리의 수준으로는 가장 강력한 독일군 요새가 있었던 파 드 칼레[도버 해협(프랑스에서는 파 드 칼레 해협이라고 한다)에 면한 프랑스의 주 이름/역주]를 제외하고는 유럽의 어느 지역에서도 적의 공군력을 제압할 수 없었다. 상륙용 주정은 제작 중이었을 뿐이었다. 우리는 프랑스 땅에서 맞서야 할 적군과 같은 정도의 크고, 잘 훈련된, 좋은 장비를 갖춘 부대가 없었다. 그럼에도 제2전선의 문제에 관련한 어리석은 유언비어들은 오늘날까지 여전히 나이아가라 폭포수처럼 쏟아지고 있다. 당시는 물론 그 이후에도 소련 정부를 이해시킬 수 있는 확실한 가능성은 보이지 않았다. 스탈린은 뒤에 어느 기회에 나에게, 영국이 상륙 작전에 두려움을 느낀다면, 그가 러시아군 3, 4개 군단을 기꺼이 보내주겠다고 제안했다. 선박과 다른 물적 조건이 미비했기 때문에, 나는 스탈린이 자신의 말을 실행에 옮기도록 할 수가 없었다.

독일의 공격이 있었던 바로 그날, 러시아와 전 세계를 향해 방송했던 내 연설에 대해서 소련 정부는 전혀 반응하지 않았다. 다만 방송의 일부 내용이 「프라우다」와 기타 러시아 정부 기관지에 실렸으며, 러시아 군사 사절단을 파견할 테니 맞아 달라는 요청이 있었을 뿐이다. 최고위층의 침묵은 정말 답답할 지경이었다. 나는 그 냉각 상태를 깨뜨리는 것이 나의 임무라고 생각했다. 전쟁이 시작된 이후 소련과 서유럽 연합국들 사이에서 일어났던 모든 일을 생각하면, 또한 20년 전 나와 볼셰비키 혁명 정부 사이에서 있었던 사건을 고려하면, 그들이 허심탄회하게 나오지 않고 꺼려하리라는 사실을 잘 이해할 수 있었다[이 책 907면 참조/역주]. 따라서 7월 7일, 나는 스탈린에게 우리의 힘이 닿는 한 러시아 국민을 돕겠다는 나의 의사를 전달했다. 그리고 10일에 한 번 더 우리의 의도를 알렸다. 양국의 외무부 사이에 연락이 오고갔다고 하지만, 내가 스탈린으로부터 처음으로 직접 연락을 받은 것은 1941년 7월 19일이었다.

내가 보낸 두 차례의 전문에 대한 감사의 표시로 시작한 스탈린의 회신은 다음과 같았다.

현전선에서 소련군이 처한 상황은 매우 긴박하다는 사실을 말씀드리는 것이 부적절하다고 생각하지는 않습니다.……그러므로 서쪽에서는 프랑스 북부에,

북쪽에서는 극북 지역에 각각 히틀러에 대항하는 전선을 구축한다면, 영국군뿐만 아니라 소련군의 상황도 한결 호전되리라고 봅니다.

프랑스 북부에 전선이 형성되면, 히틀러의 전력을 동부로부터 분산시킬 수 있는 동시에 히틀러의 영국 침공도 불가능하게 만들 것입니다. 그런 전선을 만드는 일은 영국 육군은 물론 남부 잉글랜드 주민들로부터도 환영을 받을 것입니다.

그러한 전선의 구축에 따르는 모든 어려움을 충분히 이해합니다. 그 어려움에도 불구하고 전선을 형성하는 것은 우리의 공동의 대의에 부합할 뿐만 아니라 영국 자체의 이익을 위해서도 반드시 필요하다고 믿습니다. 히틀러의 부대는 지금도 동쪽으로 이동하고 있으며, 동쪽에서 점령한 지역에서 확고한 기반을 구축하지 못한 상태이기 때문에, 지금이야말로 그러한 전선을 형성하기에 아주 적기입니다.

북쪽에 전선을 만드는 일은 더 쉽습니다. 거기서는 영국은 보병이나 포병을 상륙시킬 필요도 없이 해군과 공군의 작전만 펼치면 됩니다. 그 작전에는 소련의 육군, 해군, 공군이 참여할 것입니다. 만약 영국이 그 전장에 노르웨이 의용군으로 구성된 경(輕)사단 1개 또는 그 이상을 보내준다면, 우리는 환영할 것입니다. 그 병력은 노르웨이 북부에서 독일군에 대항하는 반란군 조직에 사용될 수 있을 것입니다.

제2전선 형성에 대한 러시아의 강력한 요구는 우리와 소련 사이에서 이루어진 통신 초기부터 시작된 것인데, 그 주제는 이후로도 극북 지역을 제외한 모든 지역과 관련하여 물적 조건을 한결같이 무시한 채 줄곧 되풀이하여 제기되었다. 그래도 내가 스탈린으로부터 받은 최초의 그 전문에는 그동안 소련의 태도에서는 전혀 찾아볼 수 없었던 후회의 흔적이 보였다. 스탈린은 개전 이전에 소련이 독일 편에 가담한 사실과 히틀러와 협정을 맺은 일에 대해서 자진하여 변명했다. 그리고 이미 내가 말한 바와 같이, 멀리 기다랗게 펼쳐져 있는 러시아 병력을 충분히 강화하는 데에 필요한 시간을 벌기 위해서 독일군이 되도록이면 폴란드에서 동쪽으로 넘어오지 못하는 선에서 억제하는 전략의 필요성을 설명했다. 나는 그 주장을 조금도 무시하지 않고 이해 가능한 표현으로 대답할 수 있었다.

나는 처음부터 최선을 다해 군수품과 다른 보급품을 지원했다. 우리 스스로 희생을 감수하면서 미국의 지원을 전용하는 데에 동의했다. 9월 초에는 허리케인 2개 중대를 항공모함 아르구스에 실어 무르만스크로 보내 해군 기지 방어와 그 지역의 러시아 부대와 합동작전을 수행하도록 했다. 비행기 중대는 9월 11일에 행동을 개시했는데, 그때부터 3개월 동안 용감하게 싸웠다. 동맹관계를 맺은 초기에는 우리가 할 수 있는 일이 거의 없다는 사실을 잘 알고 있었으므로, 나는 그 공백을 예의를 다함으로써 메워보려고 노력했다. 따라서 루스벨트 대통령과 형성한 것과 같은 좋은 관계를 만들어 보기 위해서 직접 전문을 자주 보냈다. 그렇게 오랫동안 지속된 일련의 모스크바 통신에서 나는 번번이 좌절해야 했으며 친절한 말 한마디도 듣기가 쉽지 않았다. 대부분의 경우 내가 보낸 전문에 대한 반응이 아예 없거나 아니면 한참 시간이 지난 뒤에 회신이 왔다.

소련 정부는 자국의 영토에서 자신들의 목숨을 지키기 위하여 싸우는 것이야말로 우리에게 큰 호의를 베푸는 것이라고 생각했다. 그들이 열심히 싸울수록, 그들에 대한 우리의 채무는 더 커지는 셈이었다. 그것은 공정하지 못했다. 길게 이어졌던 스탈린과의 통신 중에 두세 번인가 나는 경직된 언어로 항의의 표시를 한 적이 있는데, 특히 위험을 무릅쓰고 보급품을 무르만스크와 아켄젤까지 수송한 우리 선원들에 대한 부당한 대우는 참기가 힘들었다. 그러나 나는 거의 언제나 크렘린과 관계를 유지하는 방식에 대하여 비난과 비방을 퍼붓는 사람들에게 "인내의 표시로 어깨를 한번 으쓱 하는" 것으로 견뎌냈다. 그리고 스탈린과 불굴의 러시아 국민들이 받고 있는 압력을 항상 이해했다.

★ ★ ★ ★ ★

이제 막이 열리기 시작한 군대와 민간인들의 거대한 싸움의 두드러진 특징을 독자들에게 소개하는 것 이상으로 무엇인가를 전달하기는 어려울 것이다. 처음 한 달 동안 독일군은 러시아 깊숙이 500킬로미터 정도를 들어갔다. 그러나 7월 말이 되면 히틀러와 독일 육군 최고사령관 브라우히치 사이에 근본적인 의견 충돌이 일어났다. 브라우히치는 모스크바 전선을 지키고 있는 티모셴코 집단군이 러시아 주력군이므로 그것부터 먼저 격파해야 한다고 주장했다. 그것은 상식적인 견해였다. 그리고 그 뒤에는 군사적, 정치적 그리고 공업적으로 러시아의 중추신경에 해당하는 모스크바를 점령해야 한다는 의견을 강력하게 제시했다. 히틀러는 단호하게 반대했다. 히틀러는 러시아 영토를 점령하여 광대한 전선에서 러시아 군대를 격멸하기를 바랐다. 북쪽으로는 레닌그라드를 점령하고, 남쪽으로는 공업지대인 크림의 도네츠 분지를 장악하고, 러시아의 코카서스 석유 공급원까지 진입하고자 했다. 모스크바는 그 다음 순서일 뿐이었다.

격렬한 논쟁 끝에 히틀러는 군 수뇌부를 꺾었다. 중앙에서 병력을 지원받은 북부 집단군에 레닌그라드 공격에 박차를 가하라고 명령했다. 독일의 중앙 집단군은 수세로 돌아서게 되었다. 중앙 집단군은 기갑부대 일군을 남쪽으로 보내 룬트슈테트에게 쫓겨 드네프르 강 건너로 퇴각하고 있던 러시아군의 측면을 공격하라는 명령을 받았다. 9월 초 키예프 부근에는 러시아 병력의 방대한 고립 지대가 형성되었고, 그 한 달 내내 계속된 필사적인 전투에서 러시아 군인 50만 명이 전사하거나 포로가 되었다. 북쪽에서는 그러한 전과를 기대할 수 없었다. 레닌그라드는 완전히 포위되었음에도 불구하고 점령되지는 않았다. 히틀러의 결정은 틀렸다. 히틀러는 마음과 의지를 다시 중앙 쪽으로 돌렸다. 레닌그라드 포위군은 재개된 모스크바 공격에 가담하기 위하여 기동부대와 지원 공군부대 일부를 파견하라는 명령을 받았다. 남쪽의 룬트슈테트 장군에게 파견되었던 탱크 부대 일군도 다시 돌아와 모스크바 공격에 합류했다. 9월 말이 되자 종전에 무시했던 중앙 돌격을 위한 체제가 정비되었고, 남쪽의 부대들은 돈 강 하류 지역으로 동진했다. 그 방향으로 가면 코카서스로 가는 길이 열려 있을 터였다.

그러나 거기에는 다른 측면도 있었다. 가공할 손실에도 불구하고 러시아군의 저항은 격렬하고 굽힐 줄 몰랐다. 병사들은 목숨이 다할 때까지 싸웠으며, 군대는 전체적으로 경험과 기량을 쌓아갔다. 독일군 전선의 배후에서는 게릴라들이 준동했으며, 무자비한 전투에서 교통과 통신을 교란했다. 독일군이 점거한 러시아 철도망은 쓸모가 없게 되었다. 도로는 교통량 초과로 파손되었으며, 비정규 도로는 비가 내리면 통행이 불가능한 경우가 생겼다. 수송 차량은 노후되고 파손되기 시작했다. 끔찍한 러시아의 겨울은 두 달이면 찾아올 것이었다. 그 이전에 모스크바를 점령할 수 있을까? 그리고 모스크바를 차지한다고 하더라도, 그것만으로 충분할까? 바로 그러한 것이 운명적 의문이었다. 히틀러는 키예프의 승리로 여전히 기세등등했지만, 독일군 장군들은 초반에 가졌던 불안이 옳았다는 것을 느끼고 있었다. 비로소 결정적인 전선이 된 바로 그곳에서 4주일이라는 시간이 지체되었던 것이다. 중앙 집단군에 부과되었던 "백러시아의 적군 병력을 섬멸한다"는 임무는 완수되지 못했다.

그러나 가을에 접어들면서 러시아 전선에 다시 중대한 위기가 임박하게 되었고, 우리를 향한 소련의 요구는 한층 더 집요해졌다.

★ ★ ★ ★ ★

비버브룩 경은 이미 방대한 증산 체제에 들어간 미국의 생산력에 더 박차를 가하는 촉진제 역할을 한 뒤에 귀국했다. 그리고 그는 전쟁내각에서 러시아 원조의 옹호자가 되었다. 그는 관련된 임무를 맡아 중요한 활동을 했다. 리비아 사막의 전투를 준비하는 동안 받았던 우리의 중압감, 말레이 반도와 극동에서의 우리의 모든 일에 관하여 계산하고 있었던 일본에 대한 깊은 우려, 러시아로 보낸 모든 보급품은 우리에게 결정적으로 필요한 것들이었다는 사실 등을 고려할 때, 전쟁을 위한 우리의 두뇌 최상층부에 러시아의 강력한 요구를 옹호하는 견해의 존재는 필요했다. 나는 모든 주요한 일에 대해서 균형감각을 마음속에 유지하려고 노력했으며, 압박감에서 비롯하는 고통은 동료들과 나누었다. 우리는 무뚝뚝하고 시끄러우며 탐욕스러운 데다 최근까지 우리의 생존에 관심조차 보이지 않던 새로운 동맹국을 위해서 우리의 생사가 걸린 보안 장치를 노출하고 계획들이 실패로 돌아가는 유쾌하지 못한 사태의 진행 과정을 참고 견뎠다.

비버브룩과 애버럴 해리먼이 워싱턴에서 돌아와서 우리 모두가 군수품과 보급품의 향후 상황을 살펴보았을 때, 나는 두 사람이 모스크바로 가서 우리가 나누어줄 수 있는 것과 과감하게 나누어주려는 것에 대해서 설명해야 한다고 생각했다. 오랜 시간 고통스러운 토론이 벌어졌다. 군부의 각 부처는 제각기 자신의 살을 깎아내는 듯한 심정이었다. 그러나 소련의 저항에 효과적인 도움을 주기 위해서 우리는 최대한 힘을 모으고, 우리가 그토록 기다렸던 미국의 지원 물자 다수를 소련에 보내는 조치에 동의했다. 나는 비버브룩을 모스크바로 파견하자는 안건을 8월 28일 동료들에게 제안했다. 내각은 비버브룩이 스탈린에게 사안에 관한 설명을 하는 데 흔쾌히 찬성했고, 루스벨트도 해리먼이 자신을 대표하는 것에 기분이 좋았다.

그 사절단 파견의 사전 행위로 일반적 문구로써 상황의 전체적 윤곽을 설명하는 내용의 편지를 스탈린에게 보냈고, 9월 4일 마이스키가 스탈린의 답장을 전달하려고 나를 찾아왔다. 그것은 7월 이후에는 처음 받아보는 스탈린의 친서였다. 우리가 추가로 200기의 전투기를 보내기로 한 데에 대한 감사의 표시에 이어 바로 요점으로 들어갔다.

"……우리가 약 3주일 전에 이루어놓았던 상대적 안정성은 지난 한 주일 동안 완전히 무너졌습니다. 그것은 독일군 신예 30개 내지 34개 사단이 수많은 탱크 및 비행기와 함께 동부 전선으로 이동하고, 핀란드군 20개 사단과 루마니아군 26개 사단의 활동이 현저히 증가한 탓입니다. 독일군은 서부의 위험은 단지 위협으로 여기고 있을 뿐입니다. 따라서 그들은 서부에는 제2전선이 존재하지 않으며 존재하지도 않을 것이라는 확신 아래 그들의 모든 병력을 동부로 이동시키는 중입니다. 독일은 그들의 적을 하나씩 차례로, 첫 번째는 러시아, 다음에는 영국을 격파하는 것이 전적으로 가능하다고 판단하고 있습니다.

그 결과의 일례로 우리는 우크라이나의 절반 이상을 잃었고, 아울러 레닌그라드 문앞에 적군이 다가와 있는 실정입니다.……

이런 상황에서 벗어날 수 있는 방법은 오직 하나밖에 없다고 생각합니다. 동부 전선에서 독일군이 30개 내지 40개 사단을 차출할 수밖에 없도록 올해 안에 발칸 지역이나 프랑스에 제2전선을 형성하는 것입니다. 그와 동시에 소련에 다음 달인 10월 초순까지 3만 톤의 알루미늄과 매월 최소한 400기의 비행기 및 500대의 탱크(소형 또는 중형)의 지원을 보장하는 것입니다.……"

이든과 함께 온 소련 대사는 나와 마주앉아 1시간 30분 동안 이야기를 나누었다. 그는 지난 11주일 동안 독일의 맹공을 러시아가 실제로 홀로 어떻게 버텨냈는가를 비통한 어조로 강조했다. 이제 러시아는 일찍이 유례를 찾아볼 수 없을 정도로 침공의 중압감을 견디고 있다는 것이었다. 극적인 표현을 사용하고 싶지 않으나, 그것은 역사의 전환점이 될지 모른다고 말했다. 소련이 격파당한다면, 영국이 무슨 수로 전쟁에서 승리할 수 있겠는가? 마이스키 대사는 러시아 전선에 닥친 위기의 중대성을 절실한 어조로 강조했는데, 나는 동정심을 느끼지 않을 수 없었다. 그러나 그의 호소의 저변에 위협하는 듯한 분위기가 깔려 있다는 느낌을 받았을 때, 나는 화가 났다.

오래 전부터 알고 지내던 소련 대사를 향해 이렇게 말했다. "불과 4개월 전만 하더라도 당신들 러시아는 독일 편에 서서 우리의 적이 될지 어떨지 모르는 상황이었다는 사실을 잊지 말아주시오. 솔직히 우리는 그렇게 될 줄 알았소. 만약 그렇게 된다 하더라도 우리는 끝내 전쟁에서 이기리라고 확신했지만 말이오. 우리의 생존 여부가 당신들의 선택에 달려 있다고는 결코 생각한 적이 없소. 어떤 일이 일어나더라도, 또한 당신들이 무슨 일을 하더라도, 당신들은 우리를 비난할 자격이 없다는 사실을 알아야 합니다." 내가 흥분하자, 대사는 큰 소리로 말했다. "이것 보십시오, 처칠 수상. 고정 하십시오." 그 뒤로 그의 어조는 현저하게 달라졌다.

논의는 어느새 전문의 교환을 통하여 이미 다루어졌던 내용으로 넘어갔다. 대사는 즉시 프랑스나 베네룩스 3국의 해안 상륙을 단행해달라고 호소했다. 나는 그것을 불가능하게 하는 군사적 이유를 설명하는 동시에, 그러한 행동이 결코 러시아를 구할 수 없다고 말했다. 그날 전문가들과 함께 다섯 시간에 걸쳐 페르시아 횡단 철도의 수송력을 크게 증가시킬 수 있는 방법에 관하여 검토했다는 사실도 알려주었다. 비버브룩과 해리먼의 임무에 대해서도, 그리고 우리가 할애하여 수송할 수 있는 것이라면 무엇이든 지원하기로 결정한 사실에 대해서도 말했다. 마지막으로 이든과 나는, 만약 핀란드가 1918년에 결정된 국경선을 넘어 러시아로 진입한다면, 우리는 핀란드에 대해서 선전포고를 할 용의가 있다고 했다. 마이스키는 즉시 제2전선을 형성해야 한다는 호소를 끝까지 포기하지 않았는데, 그것에 관한 그 이상의 논의는 무의미한 것이었다.

나는 그 회합에서 논의하고 스탈린이 전문에서 제기한 문제들에 관하여 즉시 내각과 상의한 뒤 그날 저녁 스탈린에게 회신을 보냈는데, 내용은 다음과 같다.

"우리는 어떠한 노력도 주저하지 않습니다만, 겨울이 오기 전에 동부의 독일 군을 끌어낼 수 있도록 서부 전선에서 취할 수 있는 영국의 행동은 공군의 작전 외에는 없습니다. 발칸 지역에서 제2전선을 형성하는 일은 터키의 협력 없이는 불가능합니다. 귀하가 진정으로 원한다면, 우리 3군 참모총장들이 그러한 결론 에 이르게 된 이유를 모두 알려드리겠습니다. 모든 문제는 오늘 귀국의 대사가 참석한 가운데 우리의 외무장관 및 3군 참모총장들과 함께 한 합의에서 이미 다루었습니다. 아무리 선의에서 나온 것이라고 하더라도, 비싼 대가를 치러야 하는 대실패에 이를 수밖에 없는 행동이라면, 히틀러 외에 그 어느 누구에게도 이로울 것이 없습니다.……

이제 우리는 귀하와 공동 계획을 수립할 용의가 있습니다. 영국군이 1942년 에 유럽 대륙에 진입할 정도로 강력한 힘을 갖출 수 있을지 여부는 예견할 수 없는 사건들에 달려 있습니다. 그러나 최북단 지역에서는 상황이 더 좋아지지 않을 경우 어떤 방식으로든 귀하를 도울 수 있을 것입니다. 우리는 중동 지역의 병력을 금년 연말까지는 75만 명 수준으로 증가시킨 다음, 1942년 여름까지는 100만 명 수준으로 증가시키기를 희망하고 있습니다. 리비아의 독일과 이탈리아 합동군을 한번 격파하기만 한다면, 모든 병력을 러시아 남부 전선의 측면으로 돌릴 수 있게 될 것입니다. 그러면 터키의 용기를 북돋우어 최소한 충실한 중립 을 유지할 수 있도록 하게 되리라고 기대합니다. 그런 한편 우리는 독일에 대한 공습을 강화하고, 해상 통로를 유지하고, 우리의 생존을 계속 확보 유지할 것입 니다.……"

나는 사태가 아주 중요하다고 판단하여, 그에 관한 선명한 인상이 사라지 기 전에 루스벨트 대통령에게도 전문을 보냈다.

"소련 대사는……자신의 방문의 중요성과 우리의 대답에 내포되어 있는 전환적 성격의 의미에 관하여 모호한 표현을 사용했습니다. 그가 사용한 어휘로써는, 확실하지는 않습니다만, 우리는 그들이 단독 강화를 생각하고 있는지 모른다는 느낌을 전혀 배제할 수 없었습니다.……결정적 시기가 도래했다고 느낍니다. 우리는 오직 최선을 다할 것입니다."

9월 15일, 스탈린의 또다른 전문 한 통이 내게 전달되었다.

"영국 정부가 소련의 승리를 바라고, 그 목적을 달성하기 위한 수단과 방법을 모색하고 있다는 것을 나는 의심하지 않습니다. 영국에서 생각하듯이 현재 서부에서 제2전선의 형성이 불가능하다면, 소련에 적극적인 군사 원조를 할 수 있는 다른 방안이 나와야 하지 않겠습니까?

영국은 아무런 위험 부담 없이 25개 사단에서부터 30개 사단을 아캔젤에 상륙시키든지, 아니면 그 병력을 이란[페르시아]을 거쳐 소련 남부 지역으로 이동시킬 수 있으리라고 봅니다. 그렇게 한다면 소련 영토 내에서 소련군과 영국군이 군사 협력을 할 수 있을 것입니다. 그와 흡사한 양상이 지난 세계대전 때 프랑스에서 일어났습니다. 그러한 조치는 아주 큰 도움이 될 것입니다. 히틀러의 침략 행위에 심각한 타격을 주게 될 것이 확실합니다.……"

그러한 터무니없는 주장이 자국의 군사 전문가들의 조언을 경청한 러시아 정부의 수반으로부터 나왔다는 사실을 나는 믿을 수가 없었다. 전혀 현실성이 없는 사고방식의 사람을 상대로 계속 논쟁을 벌이는 일은 무망한 짓이었다. 나는 할 수 있는 한 최선을 다해 답장을 썼다.

★ ★ ★ ★ ★

어느덧 비버브룩과 해리먼의 런던 회동은 끝났고, 9월 22일 영미보급사절단은 순양함 런던 호를 타고 스캐퍼 플로를 출발하여 북극해를 거쳐 아캔

젤에 도착한 다음, 비행기 편으로 모스크바로 향했다. 그들의 임무는 막중했다. 사절단에 대한 응접 분위기는 스산했으며, 토론 또한 우호적이지 못했다. 마치 당시 소련이 직면한 곤경이 우리의 잘못 탓인 양하는 태도였다. 소련의 장군들과 관리들은 영미의 동료들에게 아무런 정보도 제공하지 않았다. 그들은 우리가 보급하려고 하는 소중한 전쟁 물자에 대한 러시아측 수요의 견적에 관련된 기초 자료조차 알려주지 않았다. 사절단은 마지막 날 밤 크렘린의 만찬에 초대되기 전까지 형식을 갖춘 아무런 대접도 받지 못했다. 중요한 일에 몰두한 사람들 사이에서는 그러한 경우가 일의 진척에 도움이 되지 않는다는 따위의 생각을 해서는 안 되는 법이다. 반대로 그러한 기회에 이루어지는 개개인 사이의 소통에 따라 의견의 일치를 볼 수 있는 분위기를 만들어낼 수도 있다. 그러나 당시에 그러한 분위기는 조금도 보이지 않았으며, 마치 우리 쪽이 상대편의 호의를 얻을 목적으로 방문한 것처럼 느껴질 정도였다.

이즈메이 장군이 비교적 생생하게 기억하고 있는 비공식 일화 하나가 있는데, 크게 신빙성은 없지만 이야기를 부드럽게 하기 위해서 소개한다. 그의 연락병으로 따라간 한 해병 병사가 소련 외국인 관광국의 안내로 모스크바 관광을 했는데, 러시아 가이드는 이렇게 설명했다. "이 건물이 이든 호텔입니다. 종전에는 리벤트로프 호텔이었지요. 여기는 처칠 거리, 종전에는 히틀러 거리였고요. 저것은 비버브룩 역, 종전에는 괴링 역이었습니다. '동지여', 담배 한 대 하시겠어요?" 해병이 대답했다. "고맙소, '동지여'. 이전에는 '새끼야'라고 했는데." 비록 우스갯소리에 지나지 않지만, 이 이야기는 당시 모스크바 회의의 기묘한 분위기를 묘사하고 있다.

종국에는 우호적인 의견의 일치를 보았다. 1941년 10월부터 1942년 6월까지 영미 양국이 러시아에 지원할 수 있는 보급 물자를 내용으로 하는 의정서가 조인되었다. 그것으로 이미 고통스러울 정도로 군수품 부족에 시달려왔던 우리의 군사 계획에 큰 차질이 생기게 되었다. 모든 것은 결국 우리의 부담이었다. 왜냐하면 우리가 직접 생산한 것도 지원해야 할 뿐만 아니라, 미국이 우리에게 보낼 아주 중요한 물품을 우리가 포기해야 하는 상황이었기 때문이다. 러시아 지원 보급품을 어렵고 위험한 대양과 북극 항로를 통해서 수송하는 방안에 대해서는 미국이나 우리가 약속한 바가 없었다. 얼음이 엷어지기 전까지는 우리 선단이 항해할 수 없다고 했을 때 스탈린은 모욕적인 비난을 했는데, 그에 대응하여 우리가 분명히 보장한 사항은 보급 물자는 "영국과 미국의 생산지에서 조달된다"는 것이었다. 의정서 전문(前文)은 "영국과 미국은 보급 물자의 수송을 지원하며, 인도 작업에 협력할 것이다"라는 표현으로 끝났다.

비버브룩 경은 나에게 전문을 보냈다. "이번 협정은 모스크바의 사기를 엄청나게 북돋우는 효과를 나타내고 있습니다. 사기의 유지는 물품의 인도에 달려 있습니다.…… 겨울철 동안 이곳의 군사적 상황은 그다지 안전할 것이라고 볼 수 없습니다. 사기가 군사적 상황을 안전하게 만들 수 있으리라 생각합니다."

이즈메이 장군은 소련 지도자들에게 군사적 상황을 그 구체적 가변성에 입각하여 설명하고 토론할 수 있는 권한과 자격을 부여받고 갔지만, 비버브룩과 해리먼은 소련 측과 의견의 일치를 이루지 못한다는 이유로 그들의 임무가 복잡하게 되는 일이 없도록 했다. 따라서 그러한 측면의 과제는 모스크바에서 다루지 않았다. 러시아 측은 비공식적으로 계속 제2전선의 조기 형성을 요구했으며, 그 가능성이 보이지 않는 토론에는 관심이 없는 듯한 태도였다. 그들이 처한 곤경이 그 이유였다. 그러한 그들의 공세를 정면에서 맞서야 했던 사람은 우리의 대사였다.

이미 가을이 깊었다. 10월 2일 폰 보크 휘하의 독일 중앙 집단군은 모스크바 진격을 재개했다. 2개 군은 서남쪽 방면에서 직접 수도를 목표로 삼아 움직였으며, 기갑부대가 양 측면을 공격하여 폭을 넓혔다. 10월 8일에는 오렐이, 일주일 뒤에는 모스크바-레닌그라드 가도에 있는 칼리닌이 점령되었다. 양쪽 측면이 그처럼 위험한 상태에 빠지고 중앙으로 진격하는 독일군의 강력한 압박 때문에 티모셴코 원수는 모스크바 서쪽 60킬로미터 지점까지 후퇴하여 항전을 계속했다. 러시아군으로서는 절체절명의 순간이었다. 소련 정부와 외교단 그리고 이동 가능한 모든 산업 시설을 모스크바에서 동쪽으로 800킬로미터 떨어진 쿠이비셰프로 소개했다. 10월 19일, 스탈린은 수도에 계엄령을 선포하고 명령을 내렸다. "모스크바를 사수하라." 그의 명령은 충실하게 이행되었다. 오렐에서 출발한 구데리안의 기갑부대가 툴라까지 진출하고, 모스크바도 세 방면에서 포위당하면서 약간의 공습을 당했지만, 10월 말이 되자 러시아의 저항은 아주 강력해졌으며, 독일군의 진격을 결정적으로 저지할 수 있었다.

★ ★ ★ ★ ★

수개월의 시간이 흐르고 독일 군대가 초원을 휩쓸며 진격했음에도 불구하고 우리가 러시아에 군사적 지원을 할 수 없다는 사실이 영국 국민을 점점 불안하고 슬프게 한다는 것을, 나의 아내는 뼈저리게 통감하고 있었다. 나는 아내에게 제2전선은 아무 문제가 되지 않으며, 오랫동안 우리가 할 수 있는 일이란 각종 보급품을 대량으로 보내는 것뿐이라는 것을 말해주었다. 또 나와 이든은 자발적 기부에 의한 의료 지원 기금 형성의 가능성을 타진해보라고 아내를 격려했다. 그 일은 이미 영국 적십자사와 세인트 존 협회가 시작했기 때문에, 그 연대 조직에서 아내를 "러시아 지원" 운동의 대표로 초빙했다. 10월 말 그 단체가 주도하는 운동에서 아내는 처음으로 국민들에게 보내는 호소문을 발표했다. 호의적인 반응이 즉시 나타났다. 그로부터 4년 동안 아내는 열정과 책임감을 다하여 그 일에 몰두했다. 빈자든 부자든 가릴 것 없이 참여한 기부 행위의 결과로 거의 800만 파운드나 되는 돈을 모았다. 부자들의 거액 기부도 적지 않았지만, 대부분은 매주일 집계되었던 수많은 국민들의 성의로 이루어진 것이었다. 그리하여 적십자사와 세인트 존 협회와 같은 유능한 단체의 활동에 힘입어, 북극해 호송선단의 큰 피해에도 불구하고 의약품과 수술 기구를 비롯하여 각종 위문품과 특수 용구 등을 용감하게 싸우는 러시아 군대와 국민에게 춥고 위험한 대양을 뚫고 끊임없이 전달할 수 있었다.

제2장
나와 루스벨트의 회담

영어권 국가에 대단한 일이 일어났다. 7월 중순, 루스벨트 대통령으로부터 두 번째 임무를 부여받은 해리 홉킨스가 영국에 도착했다. 그가 나에게 밝힌 첫 번째 안건은 히틀러의 러시아 침공으로 야기된 새로운 정세와 그 정세가 무기대여법에 따라 영국이 미국에 기대하고 있던 지원에 미치는 영향에 관한 문제였다. 두 번째는 한 미국 장군이 충분한 검토 후에 제출한 보고서의 내용인데, 침공이 있을 경우 우리의 저항 능력이 회의적이라는 데 대한 것이었다. 그 때문에 대통령은 불안감을 느끼고 있었다. 따라서 세 번째로, 이집트와 중동을 방위하기 위한 우리의 노력이 과연 현명한 일인가 하는 데 대한 대통령의 우려가 더욱 심화되었다는 사정에 관련된 것이었다. 영국이 너무 많은 것을 하려다가 모든 것을 잃고 마는 것은 아닐까 하는 걱정이었다. 마지막으로, 조만간 어디에서든 어떤 방법으로든 나와 루스벨트 대통령이 만날 수 있도록 조정하는 문제였다.

이번 방문은 홉킨스 혼자가 아니었다. 런던에는 표면상 무기대여에 관계하는 상당히 많은 미국 육군 및 해군의 고위 장교들이 머물고 있었다. 특히 곰리 제독은 대서양 문제 논의와 해결에 관련한 미국 측 업무를 맡아 매일 우리 해군부와 협력하고 있었다. 나는 7월 24일 밤 다우닝 가 10번지에서 홉킨스 그룹과 우리 3군 참모총장들의 회합을 주재했다. 홉킨스는 곰리 제독 외에 "특별 참관인"으로 육군 소장 체니와 미국 대사관의 육군 무관 리

준장을 대동했다. 이집트에서 막 돌아온 해리먼도 참석했는데, 그는 나의 조치에 따라 그곳에서 그 모든 것을 볼 수 있었다.

홉킨스는 "미국에서 중요한 위치에 있고 방위 문제에 관하여 결정을 내리는 사람들"의 의견에 따르면 중동은 영국이 방어할 수 없는 지역이며, 계속 그 상태를 유지하기 위해서는 엄청난 희생을 치를 수밖에 없다고 말했다. 대서양 전투야말로 전쟁의 최종 결전이 될 것이기 때문에, 모든 것을 거기에 집중해야 한다는 것이 그들의 견해였다. 그리고 홉킨스는 적이 존재하는 곳이라면 어디서든 싸워야 한다는 이유로, 루스벨트 대통령은 중동전쟁도 지지하는 쪽이라고 전했다. 체니 장군은 대영제국의 네 가지 문제점을 차례로 열거했다. 첫째 영국 본토와 대서양 항로의 방위, 둘째 싱가포르와 오스트레일리아 및 뉴질랜드에 이르는 항로의 방위, 셋째 전반적인 대양의 전체 항로의 방위, 넷째 중동의 방위였다. 모두 중요한 문제였지만, 그는 그렇게 순서를 정했다. 리 장군은 체니 장군의 견해에 동의했다. 곰리는 만약 미국의 군수품이 중동에 대량으로 지원되어야 한다면, 보급로를 어떻게 확보하느냐가 걱정이라고 했다. 그리고 그렇게 함으로써 대서양 전투에서 전력이 약화되지 않을까라는 우려도 있었다.

나는 영국의 3군 참모총장들에게 의견을 물었다. 해군참모총장은 침입군을 격퇴하는 데에 작년보다 올해에 더 자신감을 가지는 이유에 대하여 설명했다. 공군참모총장은 지난 9월과 비교하여 영국 공군이 독일 공군보다 얼마나 더 강해졌는가를 설명하면서, 침공군이 출발하는 항구를 타격하기 위해서 증강된 우리 전력에 대하여 언급했다. 육군참모총장 역시 안심시키는 의미의 발언을 했는데, 지난 9월에 비하여 육군이 말할 수 없을 정도로 강해졌다고 설명했다. 나는 크레타 작전의 교훈으로 비행장 방위를 위해서 우리가 단행한 특별 조치에 대해서 설명했다. 참석자들이 원한다면 어느 비행장이든 보여주겠다고 했다. 그리고 덧붙였다. "적이 독가스를 사용한다면, 그것은 오히려 그들에게 불리한 결과를 초래할 것입니다. 왜냐하면 우리는 즉각 보복 조치를 할 수 있는 준비를 해두었고, 해안에 마련한 적군의 거점을 목표로 집중 공격할 것이기 때문입니다. 뿐만 아니라 독가스 전은 적군의 본국에까지 확대될 것입니다." 그런 다음 딜에게 중동에 관하여 이야기해보라고 했다. 딜은 우리가 중동에 계속 주둔해야 하는 이유를 강력하게 피력했다.

토론이 끝난 뒤 내가 받은 느낌은 미국에서 온 동료들이 우리의 설명을 듣고 확신을 가졌으며, 우리와 그들 사이에 형성된 유대감에 감명받았다는 것이었다.

그러나 본토 방위에 대한 우리의 자신감도 일본이 우리에게 전쟁을 일으킨다면, 극동 지역에까지 연장되지는 못했다. 존 딜 경도 그러한 우려 때문에 고민했다. 내가 알기로는 그는 카이로보다 싱가포르에 우선권을 부여하고 있었다. 그것은 마치 아들을 죽일 것이냐 딸을 죽일 것이냐 하는 문제를 두고 선택해야 하는 것처럼 비극적인 쟁점이었다. 내 견해로는 말레이 반도에서 아무리 큰 일이 일어나더라도 예상되는 손실은 이집트와 수에즈 운하 그리고 중동에서 잃을 수 있는 것의 5분의 1정도밖에 되지 않았다. 나는 이집트 전투를 포기한다는 생각을 용인할 수 없었다. 따라서 말레이 반도에서 치를 수밖에 없는 대가는 순순히 포기하기로 했다. 우리 동료들은 그러한 나의 견해에 동의했다.

★ ★ ★ ★ ★

어느 날 오후 해리 홉킨스와 나는 다우닝 가의 정원에서 함께 양지 바른 곳에 앉아 있었다. 이윽고 그가 입을 열기를, 대통령이 나를 꼭 만나고 싶어 하는데 장소는 한적한 바닷가나 그와 유사한 곳이었으면 좋겠다고 했다. 나는 즉시 내각이 내게 휴가를 줄 것이라고 대답했다. 그리하여 모든 일이 순식간에 정리되었다. 장소는 뉴펀들랜드의 플라센티아 만으로 정했고, 날짜는 8월 9일로 확정했다. 나는 우리의 최신 전함 프린스 오브 웨일스 호를 대기시켰다. 나 역시 거의 2년 동안 서신을 주고받아 점점 더 친밀하게 느끼고 있던 루스벨트 대통령을 몹시 만나고 싶었다. 무엇보다도 그와 나 사이의 회담은 영국과 미국의 긴밀한 협력 관계를 널리 알리고, 적에게 불안감을 주고, 일본을 고심하게 만들 뿐만 아니라, 우방들의 사기를 고무하게 될 것이었다. 또한 대서양 문제에 대한 미국의 개입, 러시아 원조와 우리에 대한 보급, 그리고 특히 점증하는 일본의 위협 등과 관련하여 해결해야 할 일이 많았다.

나는 외무부의 알렉산더 캐도건 경, 처웰 경, 국방부의 홀리스, 제이콥 두 대령 그리고 내 개인 참모들을 대동했다. 뿐만 아니라 기술 및 행정부서와 기획부서의 꽤 많은 고급 공무원들도 함께 갔다. 루스벨트 대통령은 군부 수뇌급들과 국무부의 섬너 웰스를 동반하겠다고 했다. 당시 상당히 많은 유보트가 대서양에 있었기 때문에 극도의 보안이 요구되었다. 대통령은 휴가를 떠나는 것처럼 나섰다가 바다 한가운데서 순양함 아우구스타 호로 갈아탔으며, 위장용으로 그의 개인 요트를 그대로 남겨두었다. 그동안에 해리 홉킨스는 건강이 좋지 않았으나, 루스벨트의 허락을 얻어 모스크바로 날아갔다. 노르웨이, 스웨덴, 핀란드를 거치는 길고 힘들고 위험한 여정이었으나, 소련의 상황과 필요한 것에 관하여 스탈린에게 직접 들어보겠다는 목적으로 갔다. 그리고 그는 스캐퍼 플로에서 프린스 오브 웨일스 호에 합류할 예정이었다.

다수의 암호 요원을 포함한 우리 일행 전체가 탄 기다란 특별 열차가 체커스에서 나를 태웠다. 스캐퍼에서는 구축함을 타고 나가 프린스 오브 웨일스 호에 승선했다. 8월 4일 어둠이 깔리기 전, 전함은 구축함들의 호위를 받으며 광대한 대서양의 물줄기를 헤치고 미끄러져 나아갔다. 해리 홉킨스는 오랜 시간의 비행과 모스크바에서의 힘든 회의 탓에 몹시 지쳐 보였다.

참으로 그는 그런 상태에서 이틀 전에 스캐퍼에 도착했다. 그를 본 제독은 즉시 침대에 눕도록 했고, 계속 누워 있어야 했다. 그럼에도 불구하고 그는 여전히 쾌활했으며, 항해 중에 차츰 원기를 되찾았고, 모스크바에서 일어난 일을 내게 모두 이야기해주었다.

프로펠러 바로 위의 널찍한 방은 항구에서는 아주 안락했으나, 바다 위에서는 날씨가 사나워지자 진동이 심하여 도저히 거처로 사용할 수가 없었다. 나는 함교에 있는 제독의 방으로 옮겨 집무실과 침실로 이용했다. 세련되고 인상이 좋은 함장 리치는 전형적인 영국 해군이었는데, 나는 그를 무척 좋아하게 되었다. 아! 그러나 애석하게도 그는 4개월도 지나지 않아 그의 전우들과 함께 그 웅장한 군함 위에서 바다 밑으로 영원히 가라앉고 말았다. 둘째 날이 되자 파도가 몹시 거세어 속력을 늦추든가 호위하는 구축함을 떨어뜨려 놓든가 선택해야 했다. 해군참모총장 파운드 제독이 결단을 내렸다. 그 이후로 우리는 호위함 없이 단독으로 고속 질주했다. 몇 척의 유보트에 대한 정보가 보고되었고, 그에 따라 우리는 지그재그로 가기도 하고 우회로로 돌아가기도 했다. 무선의 절대 침묵이 요구되었다. 우리는 메시지를 받을 수는 있었으나, 간헐적으로 답신하는 것 말고는 한동안 조용히 지내야 했다. 따라서 나의 일상에 여유가 생겼는데, 그것은 전쟁이 시작된 이후로 처음 느껴보는 한가로움이었다. 몇 달 만에 처음으로 독서를 즐겼다. 카이로 주재 국무부 장관 올리버 리틀턴에게서 받은 『대령 혼블로어(*Captain Hornblower*)』*를 읽었는데, 무척 재미있었다. 기회를 봐서 리틀턴 장관에게 타전했다. "혼블로어는 아주 좋았음." 그런데 그 전문이 중동의 우리 사령부를 혼란에 빠뜨렸다. "혼블로어"를 그들이 미처 확인하지 못한 특수 작전의 암호명이라고 생각했던 것이다.

8월 9일 토요일, 오전 9시에 약속 장소에 도착했다. 양국 해군 의장대의

---

* C. S. 포레스터의 소설.

의전교환 행사가 끝나자 나는 아우구스타 호에 올라 모든 예의를 갖추어 나를 맞이하는 루스벨트 대통령과 인사를 나누었다. 양국의 국가가 연주되는 동안 대통령은 그의 아들 엘리엇의 부축을 받았다. 그리고 더할 나위 없이 따뜻하게 나를 환대했다. 나는 그에게 국왕의 친서를 전달했고, 동행한 일행을 소개했다. 대통령과 나, 섬너 웰스와 알렉산더 캐도건 경 그리고 양측의 참모본부 장교들의 회담이 시작되었다. 회담은 그 뒤로 계속되었는데, 어떤 경우에는 개인 대 개인 또 어떤 경우에는 다수가 참여한 가운데 이루어졌다.

8월 10일 일요일 아침, 루스벨트 대통령은 그의 참모 장교들 그리고 미국 해군과 해병의 각 계급 대표 수백 명을 데리고 영국 군함 프린스 오브 웨일스 호로 올라와서는 갑판에서 예배를 보았다. 우리는 모두 그 예배를 양국 국민의 신앙의 일치를 징표하는 매우 감동적인 예배로 받아들였다. 그리고 참석한 사람들은 햇빛이 빛나던 아침의 갑판에 펼쳐졌던 그 광경을 결코 잊지 못할 것이다. 양국을 상징하는 유니언 잭과 성조기가 설교단 양쪽을 장식하고, 미국과 영국의 군종 목사가 기도문을 서로 나누어 암송하고, 영국과 미국의 3군 최고위 장교들이 대통령과 내 뒤에 무리를 지어 도열했다. 그리고 성경을 함께 듣고 모두에게 친숙한 기도문과 찬송가를 열정적으로 읽고 부르는 양국 해군의 수병들이 밀집해 서 있는 모습은 완전한 혼연일치의 광경이었다.

찬송가는 내가 선택했다. "바다에서 곤경에 처한 이들을 위하여"와 "나가자, 주님의 아들 전우들이여"를 불렀고, "오 주여, 지난날 우리의 구원자여"로 마쳤다. 한마디 한마디가 모두의 가슴을 흔들어놓았다. 생의 벅찬 한 순간이었다. 그러나 그날 함께 찬송가를 부른 사람들 중 거의 절반은 곧 죽음을 맞이할 운명이었다.

★ ★ ★ ★ ★

우리의 첫 회의에서 루스벨트 대통령은 우리의 정책을 공동 노선으로 인도할 수 있도록 확실한 일반 원칙을 확정하는 공동 선언을 마련하는 것이 좋겠다고 말했다. 나는 그 제안이야말로 우리에게 가장 유용한 것이라고 생각하고, 구체화하려는 소망으로 바로 그 일요일에 선언문의 대강을 그린 시안을 보냈다. 시안을 놓고 수많은 토론을 벌이고, 전문을 통해 본국의 전쟁내각과 논의를 거친 끝에, 우리는 다음과 같은 문서를 탄생시켰다.

대통령과 수상의 공동 선언문

1941년 8월 12일

미국 대통령과 영국 정부를 대표하는 수상 처칠은 만나서 회담한 결과, 세계의 보다 나은 미래를 위한 공통된 희망의 토대로 삼을 양국 국가 정책에 관련하여 일정한 공동 원칙을 수립하기로 한다.

첫째, 양국은 영토 또는 다른 영역에서 확장을 추구하지 않는다.

둘째, 양국은 세계 어디서든 그곳 인민들이 자유롭게 표현한 희망과 일치하지 않는 영토의 변경이 일어나는 사태를 바라지 않는다.

셋째, 양국은 모든 인민들이 자기가 삶을 영위하고자 하는 국가의 정부 형태를 선택할 권리를 존중하며, 무력에 의하여 주권과 자치권을 박탈당한 인민들에게는 그 권리가 회복되기를 원한다.

넷째, 양국은 모든 국가의 현존 의무를 당연히 존중하고, 대국이든 소국이든 또는 정복국이든 피정복국이든 모두 자국의 경제적 번영을 위하여 필요한 무역과 전 세계의 자원을 동일한 조건으로 이용하고 향유할 수 있도록 촉진하는 데 노력한다.

다섯째, 양국은 모든 국가의 노동 조건 개선, 경제 발전 그리고 사회 안정을 확보할 목적으로 경제 분야에서 각 국가 사이의 완전한 협력이 실현되기를 바란다.

여섯째, 양국은 **나치 폭정의 최종적 파멸 이후,*** 모든 인민이 자국의 영토에서 안전하게 생활할 수 있도록 하는 동시에 모든 인간이 공포와 궁핍에서 해방되어 지상에서 자유로운 삶을 영위할 수 있는 평화의 수립을 희망한다.

일곱째, 그러한 평화 상태에서 모든 인간은 아무런 방해 없이 공해와 대양을 여행할 수 있어야 한다.

여덟째, 양국은 세계의 모든 인민이 정신적 이유는 물론 현실적 이유로 폭력의 사용을 포기해야 한다고 믿는다. 자국의 국경을 넘어 침략을 위협하는 또는 위협할 수 있는 국가에 의해서 육해공의 무장이 계속 사용될 경우 장래의 평화는 유지될 수 없으므로, 양국은 보다 광범위하고 항구적인 보편적 안전보장 체제를 확립하는 동안 그러한 국가의 무장해제는 반드시 필요하다고 믿는다. 양국은 또한 평화를 애호하는 인민의 무거운 무장의 부담을 줄이도록 하기 위해서 실행 가능한 모든 조치를 지원하고 후원할 것이다.

나중에 "대서양 헌장(Atlantic Charter)"으로 부르게 되는 그 공동 선언의 심원한 중요성은 너무나 분명했다. 형식적으로는 여전히 중립국이었던 미국이 교전국과 공동으로 그와 같은 선언을 한다는 사실 자체만으로도 놀라운 일이었다. 내용 중에 "나치 폭정의 최종적 파멸"(이것은 원래 나의 초안에 들어있던 구절을 기초로 한 것이다)이라는 언급이 포함되었다는 것은 보통의 경우라면 전쟁 행위를 의미하는 도전이나 다름없었다. 끝으로, 눈에 띄게 두드러진 내용 중의 하나는 마지막 구절의 현실성이었다. 거기에는 전후 미국이 보다 나은 질서를 확립하게 될 때까지 우리와 함께 세계 치안 유지에 나선다는 것이 명백하고 대담하게 표현되어 있었다.

양국의 해군과 육군 참모총장들은 회의를 계속했고, 많은 사항에 관하여 서로 합의에 도달했다. 극동으로부터의 위협은 우리 마음을 무겁게 만들었

---

* 강조 표시는 저자가 한 것임.

다. 몇 개월 동안 영국과 미국의 두 정부는 일본에 대하여 긴밀한 공동 행동을 취하고 있었다. 7월 말 일본은 인도차이나의 군사적 점령을 완료했다. 그와 같은 노골적인 침략 행위를 통하여 일본군은 말레이 반도에서 영국군에게, 필리핀에서 미국군에게 그리고 동인도에서 네덜란드군에게 덤벼들 태세였다. 7월 24일 루스벨트 대통령은 전면적 해결의 서곡으로 일본 정부에 대하여, 인도차이나의 중립화를 위한 일본 군대의 전면 철수를 요구했다. 그 요구에 실효성을 더하기 위해서 미국 내의 일본 자산을 동결하는 행정명령을 발동했다. 그로 인하여 모든 무역은 마비되었다. 영국 정부도 동일한 행동을 취했으며, 이틀 뒤에는 네덜란드도 뒤따랐다. 네덜란드의 동참은 일본이 결정적으로 필요로 하는 석유의 공급이 중지되는 것을 의미했다.

★ ★ ★ ★ ★

항해 도중에 바로 근처에 유보트가 있다는 보고 때문에 항로를 한 번 변경하기는 했지만, 아이슬란드로 돌아오는 항해는 평온했다. 호송선단에는 미국 구축함 두 척이 포함되었는데, 그중 한 척에 대통령의 아들 프랭클린 D. 루스벨트 주니어 해군 소위가 타고 있었다. 8월 15일 우리는 73척의 선박으로 이루어진 본국 귀항 길의 선단을 만났는데, 대서양을 횡단하는 행운의 항로를 따라 질서정연하게 완벽한 상태를 유지하고 있었다. 나는 그 광경을 보자 가슴이 뛰었다. 상선들도 프린스 오브 웨일스 호를 발견하고 무척 반가워했다.

8월 16일 일요일 아침, 우리는 아이슬란드에 도착했다. 흐발스 피요르드에 닻을 내린 다음 구축함으로 옮겨 타고 레이캬비크로 갔다. 항구에 내리자 수많은 군중이 놀라울 정도로 환영하며 환호성을 질렀다. 그러한 환대는 우리가 가는 곳마다 되풀이되었으며, 오후에 레이캬비크를 떠날 때 절정에 이르렀다. 그런 환호와 박수는 레이캬비크 거리에서는 일찍이 찾아볼 수 없었던 광경이라고 했다.

아이슬란드 섭정과 내각에 경의를 표하기 위하여 올딩기셔식[아이슬란드 국회의사당 건물. 대통령의 집무실도 있다/역주]를 잠시 방문한 뒤 영미 합동 사열장으로 갔다. 3열 종대의 긴 행렬의 행진이 있는 동안 "미국 해병들"이 연주되었는데, 그 곡은 계속 내 머릿속에 남아 좀처럼 떠나지 않았다. 시간을 내서 우리가 건설 중인 비행장들을 찾아보고, 훌륭한 온천과 유리 부속 건물도 구경했다. 나는 그 자리에서 레이캬비크의 난방을 위해서 온천이 사용될 수 있겠다고 생각하고, 전쟁 기간 중이라도 계획을 추진하도록 했다. 그 계획이 마침내 실현되었다는 사실에 나는 지금 무척 기쁘다. 나는 사열대에 루스벨트 대통령의 아들과 나란히 서서 경례를 받았다. 퍼레이드는 또다른 형태로 영미 양국의 연대를 과시했다.

돌아오는 길에 흐발스 피요르드에서 정박 중인 라밀리스 호를 방문하여 영국과 미국 군함 승무원들의 대표자들 앞에서 연설했는데, 그곳에는 구축함 헤클러 호와 처칠 호도 있었다. 길고 고단한 여정을 마친 뒤 해가 저물었고, 우리는 스캐퍼로 항행하여 아무 사고 없이 18일 일찍 도착했다. 런던에 도착한 것은 그 다음날이었다.

제3장

페르시아와 사막

　온갖 종류의 군수품과 보급품을 소련 정부로 넘겨주어야 할 필요성과 북극 항로를 통한 항해의 극단적 어려움은 장래의 전략적 가능성과 함께 페르시애이란]를 경유하여 러시아에 이르는 완전한 교통 노선의 개척을 촉진시켰다. 나는 중동에서 새로운 작전에 나서는 것에 약간의 불안감이 없지 않았는데, 어쨌든 실행 여부에 관한 논란은 어쩔 수 없었다. 페르시아의 유전은 전쟁의 첫 번째 요인이었다. 만약 러시아가 패퇴한다면, 우리의 힘으로 점령할 준비를 하고 있어야 했다. 그리고 인도에 대한 위협도 신경을 써야 했다. 이라크에서 시도된 반란의 진압과 영국군-프랑스군의 시리아 점령은 비록 간신히 성취한 것이라고 하더라도, 히틀러의 동방 계획을 완전히 소멸시켜버렸다. 그러나 만약 러시아가 붕괴된다면, 히틀러는 다시 시도할 것이었다. 다수의 아주 적극적인 독일 사절단들은 테헤란을 거점으로 삼았으며, 독일의 위신을 드높였다. 나는 플라센티아로 떠나기 전날 밤 페르시아 작전 계획 수립을 공동으로 수행할 특별위원회를 구성하도록 지시했다. 항해로 인하여 내가 부재중일 때 위원회가 일의 진척 결과를 전문으로 알리도록 했으며, 전쟁내각의 승인을 받도록 했다. 페르시아가 자국에 체류 중인 독일인과 정보원들을 추방하지 않을 것이 명백했으므로, 우리가 무력을 사용하는 수밖에 없었다. 8월 13일 이든은 외무부에서 마이스키를 만나 테헤란으로 보낼 양국 공동의 통첩문에 관하여 합의했다. 영국-소련 양국의 통첩문에 대한 답신은 8월 17일에 받았으나, 만족스럽지 못했다. 영국과 러시아 군대의 페르시아 진입 날짜를 8월 25일로 확정했다.

나흘 만에 모든 것이 끝났다. 아바단의 정유소는 바스라에서 출항하여 8월 25일 새벽에 상륙한 보병 1개 여단 병력이 점령했다. 페르시아 병사들 대부분은 공격에 놀라 트럭을 타고 도망쳤다. 약간의 시가전이 벌어졌으며, 아군은 페르시아 해군의 주정 몇 척을 포획했다. 그와 동시에 육지 쪽에서 쿠르람샤르 항을 점령하고, 일부 병력은 북쪽의 아와즈로 갔다. 우리 부대가 아와즈 가까이 접근하자 국왕이 "사격 중지" 명령을 내렸다는 소식이 들려왔다. 그에 따라 페르시아 장군은 부대를 모두 병영으로 철수했다. 북쪽의 유전은 쉽게 확보했다. 우리의 손실은 사망 22명에 부상 42명이었다.

러시아와의 조정은 모두 원활하고 신속하게 이루어졌다. 페르시아 정부에 부과된 중요한 조건 중 몇 가지는 모든 저항의 중단, 독일인의 추방, 전쟁에서의 중립 유지, 러시아에 군수품 수송을 위한 연합국의 페르시아 교통망 사용 등이었다. 그 뒤의 페르시아 점령 지역의 확대는 평화롭게 이루어졌다. 영국군과 러시아군은 화기애애한 분위기 속에서 만나, 1941년 9월 17일 연합작전으로 테헤란을 점령했다. 국왕은 바로 전날 퇴위하여 자질을 갖춘 스물두 살의 아들[모하마드 레자 샤 팔라비. 호메이니에 의해서 1979년에 축출되었다/역주]에게 양위했다. 새 국왕은 연합국의 조언에 따라 9월 20일 입헌군주제를 부활시켰고, 그의 아버지는 얼마 뒤 편안한 망명 생활 끝에 1944년 7월 요하네스버그에서 사망했다. 우리 군대는 교통망을 지키는 데 필요한 병력만 남기고 대부분 페르시아에서 철수했으며, 영소 연합군은 10월 18일 테헤란에서 완전히 떠났다. 이후에 우리 군대는 퀴난 장군의 지휘에 따라 터키나 코카서스에서 발생할지도 모르는 독일군의 침입에 대비하여 방어 시설을 구축하는 작업에 들어갔으며, 적군의 침공이 임박했다고 판단될 때 올 수 있는 대규모 증원군을 위한 행정적 준비에 착수했다.

페르시아 만을 통과하여 러시아에 이르는 주요 보급로의 신설이 우리의 가장 중요한 과제가 되었다. 테헤란의 우호적 정부에 힘입어 항만을 확장하고, 하천 운송망 시설을 개선하고 도로를 건설하고 철도를 보수했다. 영국 육군이 1941년 9월에 시작하여 수행한 그 사업 계획은 곧이어 미군이 이어받아 확장했는데, 그 결과 우리는 4년 6개월의 기간 동안 500만 톤의 물자를 러시아로 보낼 수 있었다. 그리하여 역사가 길지만 무기력한 국가에 대해서 단기간에 많은 결실을 거둔 압도적 군사 작전은 종결되었다. 영국과 러시아는 각자의 생존을 위해서 싸웠을 뿐이었다. 전쟁 중에는 법은 침묵하는 법이다. 우리가 승리함으로써 페르시아의 독립이 보장될 수 있었다는 사실에 기뻐해도 좋을 것이다.

★ ★ ★ ★ ★

이쯤에서 우리는 가장 중요한 현장인 지중해로 돌아가야 한다. 7월 5일부터 중동의 공식 지휘는 오킨렉 장군이 맡았다. 나는 우리의 새 지휘관에게 상당히 큰 기대를 가지고 함께 일을 시작했다. 그러나 한 차례 전문을 교환한 뒤 그와 나 사이에는 심각한 견해 차이가 있음이 드러났다. 그는 가능한 한 신속하게 키프로스에 1개 사단을 증원해야 한다는 의견을 제시했고, 키레나이카를 재탈환할 필요가 있음을 이해한다고 말했다. 그러나 9월 이후에 투브루크는 계속 유지할 수 없을 것으로 판단했다. 또한 신형 미국 탱크의 특성과 부착된 무기는 사용 방법이 달랐기 때문에, 사용 방법을 습득하는 데 시간이 요구된다고도 했다. 7월 말까지 그는 모두 500대의 크루저 탱크, 보병 탱크, 미국 탱크를 보유하게 되리라는 것에는 동의했다. 그러나 어떠한 작전이든 50퍼센트의 예비 탱크를 확보하여 25퍼센트는 정비소로 들어가고 25퍼센트는 전투 중 손실분을 대체하여 즉시 투입해야 한다는 것이었다. 그의 주장은 거의 불가능한 것이었다. 장군들이라면, 그 정도의 조건은 천국에서나 누릴 수 있을 터였다. 그런데 그러한 조건을 요구하는 장군이라면, 천국에 가는 일은 없을 것이다. 오킨렉은 개별적 훈련과 집단적 훈련을 위해서는 시간이 필요하며, 부대의 능률을 높이기 위해서는 협동 정신이 요구된다는 점을 강조했다. 그는 사막보다는 북쪽(즉, 터키, 시리아, 팔레스타인을 통한 독일의 공격)이 결정적인 전선이 될 것이라고 생각했다.

그 모든 것이 내게는 몹시 실망스러웠다. 오킨렉 장군의 초반 결정들은 혼란스러웠다. 오랫동안 내 주장을 굽히지 않은 덕에 마침내 영국군 제50사단을 이집트로 보내기로 결정하는 데 성공했다. 나는 영국군이 아닌 다른 나라 군대를 이용하여 싸움에 나섬으로써 영국 병력의 출혈을 피하겠다는 것이 우리의 정책이라며 떠들어대는 적군의 선전에 몹시 민감한 상태였다. 그리스와 크레타를 포함한 중동에서 입은 우리의 병력 손실은 실제로 다른 국가들의 손실을 모두 합친 것보다 더 컸다. 그러나 관습적으로 행해진 부대 명칭 때문에 사실과 다른 인상을 주게 되었다. 인도군 사단은 보병의 3분의 1과 포병 전체가 영국군으로 구성되었으나, 영국–인도군 사단으로 불려지지 않았다. 전투의 최전방에 있던 기갑사단은 완전히 영국군 부대였지만, 그렇게 불리지 않았다. 어떠한 전투 보고서에도 "영국(British)" 부대란 표현이 거의 사용되지 않았다는 사실이 적군의 비아냥에 어느 정도의 근거가 되었으며, 미국뿐만 아니라 오스트레일리아에서도 비우호적인 지적을 받았다. 나는 제50사단이 도착함으로써 그러한 불명예스러운 분위기에 대한 효과적인 대응책이 되리라고 기대했다. 그런데 오킨렉 장군이 그 사단을 키프로스로 보내기로 결정해버린 것은 참으로 안타까운 일이 아닐 수 없었다. 우리가 부당하게 받고 있던 비난에 실질적 근거를 제공하는 결과를 초래한 것이기도 했다. 본국의 3군 참모총장들도 그렇게 훌륭한 장병으로 구성된 부대가 그처럼 비정상적으로 활용되는 데 대하여 군사적 이유에서 몹시 놀랐다.

보다 훨씬 더 중요한 오킨렉 장군의 결정은 결과적으로 사막의 서부에서 롬멜에 대항하는 행동의 개시를 지연시켰는데, 그 기간이 처음에는 3개월인 듯했으나 마침내 4개월 보름 이상이 되어버렸다. 6월 15일 웨이벌의 군사 행동 "전투도끼"의 판단이 옳았다는 것은, 그 작전으로 우리가 약간의 타격을 입고 원래 위치에서 뒤로 물러나기는 했지만, 그 기간 동안 독일군이 전혀 전진할 수 없었다는 사실에서 드러났다. 투브루크에서 타격을 받은 독일군의 교통망은 자신의 의지력과 위신으로 버티고 있는 롬멜에게 필요한 기갑부대 증원군과 포탄을 보낼 수 없는 상태가 되었다. 롬멜에게는 큰 골칫거리가 되었던 병력 지원은 아주 서서히 진행될 수밖에 없었다. 그러한 상황에서 그는 영국군과 계속 교전을 벌여야 했는데, 영국군은 도로와 철도 그리고 해상 교통망이 충분한 상태였고 인적, 물적 증강이 지속적으로 이루어지고 있었다.

세 번째 판단 착오는 우리의 북쪽 전선 측면에 대한 적절하지 못한 배려였다. 그쪽 측면은 실제로 최고의 경계가 필요했으며, 그렇기 때문에 팔레스타인과 시리아에 많은 방위 시설과 강력한 요새선을 구축하게 된 것이었다. 그러나 그 지역의 상황은 곧 6월보다 많이 호전되었다. 시리아를 점령할 수 있었고, 이라크의 반란도 진압되었다. 사막의 모든 요충지는 우리 부대가 장악하고 있었다. 무엇보다도 독일과 러시아의 싸움이 터키에 새로운 자신감을 심어주었다. 그 싸움의 귀추가 불확실한 상황에서 독일군은 터키 영토를 통과하도록 길을 열라는 요구를 할 기회가 없었다. 페르시아는 영국과 러시아의 행동에 의해서 연합국 진영에 들어왔다. 그러다 보면 어느새 겨울을 넘기게 될 터였다. 일반적인 정세는 서부 사막에서 결정적 행동을 개시하는 데에 유리하게 바뀌어 있었다.

그런데 나는 오킨렉 장군의 태도에서 완강한 고집 같은 것을 느꼈는데, 그것은 우리 모두에게 관계가 있는 이해관계에 결코 도움이 될 수가 없었다. 전후에 나온 책들을 보면, 그리스로 군대를 보낸 결정에 대해서, 하위에 있었으나 영향력을 행사할 수 있었던 카이로 작전참모부의 일부가 얼마나 후회했는가를 기술하고 있다. 그렇게 말하는 사람들은 당시 웨이벌 장군이 얼마나 전폭적으로 흔쾌히 그 방침을 수용했는지 알지 못했으며, 전쟁내각과 3군 참모총장들이 그 문제를 두고 그와 논의하면서 거의 부정적인 견해를 유도했다는 사실은 더욱 몰랐다. 웨이벌은 정치인들 때문에 혼란에 빠지고 말았는데, 일련의 모든 사태는 그가 정치인들이 원하는 바에 따랐기 때문에 일어난 것이었다. 그런데 그의 그러한 친절함에 대한 보상은 그가 거둔 모든 승리 끝에 당한 패배의 순간에 사라져버렸다. 카이로 작전참모부 장교들 사이에서는 새로 부임하는 사령관은 스스로 위험한 모험에 뛰어들지 않고 시간적 여유를 가지고 확실한 경우에만 행동해야 한다는 분위기가 감돌고 있었던 것이 분명했다. 그리고 오킨렉 장군도 바로 그 분위기의 영향을 받은 것이다. 오킨렉 장군과 계속 전문을 주고받아도 일이 더 진전될 것 같지 않았다. 따라서 나는 7월에 그를 런던으로 불렀다.

그의 짧은 방문은 여러 가지 점에서 유익했다. 그는 전쟁내각의 구성원, 3군 참모총장들 그리고 육군부와의 관계를 원활하게 만들었다. 나와 함께 주말 내내 체커스에서 보내기도 했다. 우리의 전운의 상당한 부분을 의지하고 있는 그 뛰어난 인물에 대해서 우리가 보다 더 잘 알게 되고, 그 역시 영국 전쟁 기구의 최고위층 그룹과 친숙해지고 그것이 얼마나 순조롭게 작동하는지 알게 되면서, 상호간의 신뢰는 두터워졌다. 그러나 다른 한편으로는 연기된 작전을 조금 더 늦추어 용의주도하게 준비한 공격을 11월 1일에 시작하겠다는 그의 결심을 포기하게 할 수가 없었다. 그것은 "십자군 전사(Crusader)"라고 부르기로 했는데, 그때까지 우리가 행했던 작전 중 최대 규모가 될 터였다. 그는 아주 세부적인 사항까지 설명하고 주장함으로써 나의 군사참모들의 판단을 흔들어놓았음이 틀림없었다. 나 자신도 확신이

서지 않았다. 그러나 오킨렉 장군의 의심할 여지가 없는 능력과 설득력, 고매한 인품과 위엄 그리고 당당한 자세는 결국 그가 옳았다는 것이 판명될 것이라는 믿음을 가지게 만들었다. 설사 그가 옳지 않았다고 하더라도, 당시 그는 최선의 인물이었다. 그랬기 때문에 나는 11월의 공격 주장에 양보했고, 그 계획이 성공하는 데에 나의 힘을 보탰다. 그러나 우리는 전쟁이 시작되었을 때 그를 설득하여 전투 지휘를 메이틀랜드 윌슨 장군에게 맡기도록 하지 못한 일을 대단히 유감스럽게 생각했다. 그는 윌슨 대신 아비시니아의 승리 직후부터 명성을 얻기 시작한 앨런 커닝엄 장군을 선호했다. 우리는 그러한 조건에서 최선을 다해야 했으며, 어떠한 경우에도 도중에 그만두는 일이 있어서는 안 되었다. 그렇게 우리는 오킨렉의 결정을 승인함으로써 책임을 함께 짊어졌다. 그러나 나는 사막의 적과 싸워야 하는 전투를 4개월 보름이나 늦추도록 한 오킨렉의 결정은 실수이자 불행이었다는 사실을 분명히 기록해두고자 한다.

지금에 와서야 우리는 독일군 최고사령부에서 롬멜의 상황을 어떻게 이해하고 있었는가에 대해서 완전히 알게 되었다. 최고사령부는 롬멜의 대담성과 그 대담성이 성취한 믿기 어려운 성공에 대해서는 감탄했으나, 롬멜이 아주 큰 위험에 직면했다고 생각했다. 최고사령부는 롬멜에게 전력이 보강되어 충분해질 때까지 더 이상 모험을 하지 못하도록 지시했다. 어쩌면 롬멜은 아주 위태로운 지경에 있으면서도 위신 때문에 최고사령부가 가능한 최대한의 지원을 보내올 때까지 허세를 부린 것인지 모른다. 그의 교통망은 트리폴리까지 후방 1,600킬로미터나 뻗어 있었다. 일부 보급품과 증강되는 새 부대 때문에 벵가지는 중요한 지름길이 되었으나, 트리폴리와 벵가지를 향한 수송은 점점 더 험악한 대가를 치러야 했다. 수에서 이미 우위에 있던 영국군은 날로 규모가 더 커져갔다. 독일군 탱크는 질과 조직에서만 우세를 유지할 뿐이었다. 독일군은 하늘에서도 우리보다 약했다. 그들은 폭탄이 부족했기 때문에 발사하면 다 없어지지 않을까 두려워하는 상황이었다. 투브루크는 언제든지 반격이 이루어질 경우 롬멜의 교통망을 단절하게 될 것이었으므로 후미의 치명적 위협으로 존재했다. 우리가 움직이지 않고 시간을 보내는 동안, 그들은 하루하루가 고맙게 여겨졌을 터이다.

양쪽 진영 모두 여름 내내 자국의 군대를 증강하며 보냈다. 우리에게는 몰타의 병력을 보충하는 일이 가장 시급했다. 크레타 전투에서 입은 손실 때문에 커닝엄 제독의 함대는 해상 방위 활동을 하는 데에 필요한 연료 보급 기지를 잃었다. 히틀러와 무솔리니가 1942년까지 그러한 계획을 승인한 일이 없었다는 사실은 지금에 와서야 우리가 알게 되었지만, 이탈리아 본토나 시칠리아에서 출격하여 몰타를 해상 습격할 가능성은 점점 더 고조되고 있는 것으로 보았다. 크레타와 키레나이카의 적의 공군 기지는 알렉산드리아에서 몰타에 이르는 호송선단 항로에 큰 위협에 되었기 때문에 우리는 보급 물자를 수송하는 데에 전적으로 서쪽 항로에 의존하지 않을 수 없었다. 그 작전에서 서머빌 제독은 지브롤터를 근거로 하는 H군을 지휘하여 두드러진 활약을 보였다. 유일하게 열려 있는 항로는 더 위험하다는 것이 해군부의 판단이었다. 다행스럽게도 당시 러시아를 공격해야 했기 때문에 히틀러는 시칠리아의 독일 공군을 차출할 수밖에 없었는데, 그로 인하여 몰타에서 일시적인 소강상태를 맞았고 우리는 몰타 운하 상공에서 우위를 회복할 수 있었다. 그리하여 서쪽에서 오는 우리 선단을 보호할 뿐만 아니라 롬멜을 지원하는 병력 수송선이나 보급선에 보다 강력한 타격을 입힐 수 있게 되었다.

상당히 큰 규모의 두 호송선단이 성공적으로 항로를 통과했다. 두 차례 모두 해군의 대규모 작전으로 진행되었다. 10월에는 롬멜에게로 가는 보급품의 60퍼센트가 바다 속에 수장되었다. 그래도 나의 불안은 여전했기 때문에, 나는 계속 노력하도록 해군부를 독려했다. 특히 새로운 해상 병력은 몰타를 기지로 삼기를 바랐다. 그러한 나의 희망은 받아들여졌지만, 실행하는 데에는 시간이 필요했다. 10월이 되어 순양함 오로라 호와 페넬로페 호 그리고 구축함 랜스 호와 라이블리 호로 구성된 "K부대"로 알려진 타격대가 몰타에서 발진했다. 그 모든 조치는 막 시작된 전투에서 제각각 역할을 하게 되었다.

★ ★ ★ ★ ★

근대의 전투를 묘사하다 보면 극적인 묘미를 맛보기가 쉽지 않다. 역사상 유명한 전투의 경우, 민족이나 제국의 운명이 불과 몇 제곱킬로미터의 지상에서 단 몇 시간 안에 결정되지만, 근대전은 광범위한 공간에서 전개되어 승부를 가르는 데에만 몇 주일이 걸리기도 하기 때문이다. 사막에서 빠른 속도로 움직이는 기갑부대와 차량화 부대의 싸움은 과거의 전투와 비교하면 매우 대조적이다.

과거 전쟁터의 기병을 대신하여 훨씬 강력하며 영향력의 범위가 넓어진 무기가 탱크였다. 여러 측면에서 탱크 작전은 해전과 유사했는데, 짠물 대신에 모래라는 바다가 무대였다. 순양함 편대처럼, 적을 어떤 장소에서 맞이하더라도, 즉 적이 지평선 어떤 지점에 나타나더라도 기갑부대 종대의 전투력은 결정적이었다. 기갑사단이나 여단 또는 그보다 더 작은 규모의 부대라도 어느 방향이건 신속하게 대처할 수 있었기 때문에, 적군이 우회하여 측면을 포위하거나 배후를 치거나 단절될 위험은 현격히 줄어들었다. 반면에 시시각각 모든 것은 연료와 탄약에 의존할 수밖에 없었는데, 그 두 가지의 보급은 필요한 양을 자체적으로 적재하고 다니는 군함이나 함대와는 달리 기갑부대의 경우 매우 복잡한 문제가 뒤따랐다. 전술의 기초 원칙들은 새로운 용어로 표현되고, 개별 전투는 제각각 그 나름의 교훈을 남겼다.

사막 전투에 투여한 노력은 결코 과소평가되어서는 안 된다. 양쪽 진영은 각자 9만 내지 10만 정도의 병력이 실전에 나섰지만, 전투에서 그 전력을 유지하기 위해서는 그보다 두세 배 이상의 인원과 물자가 필요했다. 오킨렉 장군의 공격 개시를 알리는 신호탄이 된 시디 레제그의 격렬한 충돌은 전체적인 견지에서 전쟁의 분명한 성격을 다양하게 보여주었다. 대치한 양쪽의 총사령관들의 자세는 돋보였고 결정적이었으며, 양측의 이해관계도 예전과 마찬가지로 아주 컸다.

오킨렉의 임무는 먼저 적군의 기갑부대를 무너뜨리면서 키레나이카를 탈환하는 것이었고, 그것이 순조롭게 이루어지면 그 다음에는 트리폴리타니아를 점령하는 것이었다. 그러한 목적으로 앨런 커닝엄에게 새로 명명된 제8군의 지휘를 맡겼다. 제8군은 제13군단과 제30군단으로 구성되었는데, 투브루크 수비대와 약 6개 사단, 예비 부대 3개 여단 그리고 724대의 탱크로 이루어진 전력이었다. 서부 사막 공군은 모두 1,072기의 전투기가 출격 가능한 상태였고, 그밖에 몰타에서 작전 중인 10개 중대가 전력에 포함되었다. 롬멜 전선 후방 약 110킬로미터 지점에 5개 여단과 1개 기갑여단으로 구성된 우리의 투브루크 수비대가 포진하고 있었다. 그 요새는 줄곧 롬멜의 골칫거리였으며, 그러한 전략적 위협성이 롬멜의 이집트 진군을 막았던 것이다. 투브루크의 위협을 제거하는 것이 독일군 최고사령부의 목표였으며, 11월 23일에 기습하기로 계획하고 모든 준비를 마쳤다. 롬멜의 군대는 공포의 아프리카 군단으로 제15기갑사단과 제21기갑사단 그리고 제90경보병사단으로 구성되었으며, 1개 기갑사단이 포함된 7개 이탈리아군 사단도 합류했다. 적군의 탱크는 모두 558대였다. 중형 탱크와 대형 탱크의 3분의 2는 독일군 탱크였으며, 우리 탱크가 장착한 2파운드 포보다 더 큰 포를 탑재하고 있었다. 특히 적은 우리보다 대전차 무기가 우세했다. 주력 공군은 즉시 공격 가능한 독일 비행기 120기와 이탈리아 비행기 200기가량을 보유하고 있었다.

11월 18일 이른 아침 폭우가 쏟아지는 가운데 제8군은 진군했다. 사흘

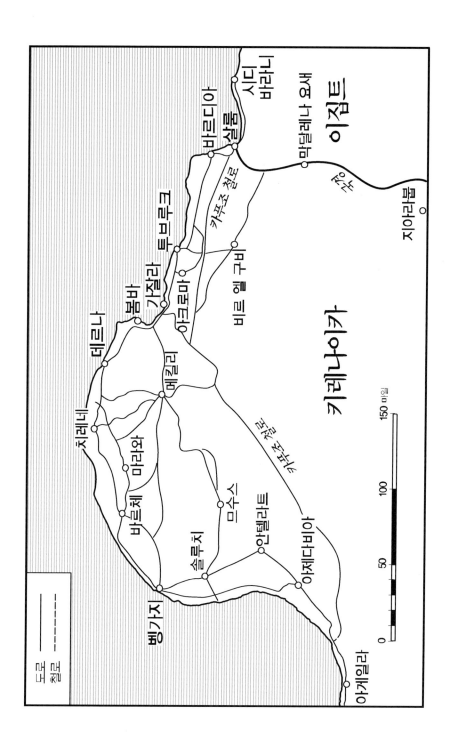

동안은 모든 것이 순조로웠다. 제30군단의 일부였던 영국군 제7기갑사단이 시디 레제그를 점령했다. 그러나 집결한 기갑부대가 중심이 된 롬멜의 아프리카 군단의 공격을 받았다. 21일과 22일 내내 비행장과 그 주변에서 처절한 전투가 벌어졌다. 그곳에서는 실제로 양측이 기갑부대 전력을 전부 투입하여 치고받는 포화 속에서 일진일퇴의 격렬한 싸움을 벌였다. 탱크의 보다 더 강력한 무장과 전장에 참여한 병력 우세에 의해서 전세는 독일군에 유리하게 돌아갔다. 조크 캠벨 준장의 영웅적인 눈부신 지휘에도 불구하고 우리는 독일군에게 패했고, 적보다 많은 수의 탱크를 잃었다. 22일 밤 독일군은 시디 레제그를 재탈환했다. 우리 탱크의 손실이 전체의 3분의 2에 달했기 때문에, 재편성을 하기 위해서 약 30킬로미터 정도 후퇴 명령을 내렸다. 그것은 쓰라린 패배였다.

그동안 11월 21일에 적의 기갑부대가 전투태세에 들어갔고, 앨런 커닝엄 장군은 제13군단에 진군 명령을 내렸다. 제13군단은 독일 아프리카 군단 사령부를 점령하고, 23일에는 아군 제7기갑사단이 쫓겨난 시디 레제그를 거의 탈환할 뻔했다. 11월 24일, 프레이버그는 뉴질랜드군 대부분을 비행장 동쪽 8킬로미터 지점에 집결시켰다. 투브루크에서 출발한 기습 부대는 독일군 보병과 격전을 치렀으나, 끝내 돌파하지는 못했다. 뉴질랜드 사단은 승리의 행진 끝에 시디 레제그 앞에서 멈추었다. 적의 수비대는 고립되었으나, 기갑부대는 제30군단과의 전투에서 이겼다. 쌍방이 모두 맹공과 심각한 피해를 주고받았으며, 전투의 승패는 미결 상태였다.

★ ★ ★ ★ ★

미국 남북전쟁이 벌어지고 있던 1862년 "젭"* 스튜어트가 요크타운 반

---

* 원래 이름은 제임스 이월 브라운 스튜어트('J'ames 'E'well 'B'rown Stuart)인데, 세 단어의 머릿글자를 따서 젭(Jeb) 스튜어트라고 부른다. 버지니아 출신으로 남북전쟁 당시 남군의 기병 지휘관으로 이름을 날린 군인이다/역주

도의 매클렐런을 우회했던 일*을 상기시키는 극적인 에피소드가 하나 있었다. 그 사건은 자체로 하나의 군대를 형성했던 기갑부대가 실행한 것이었는데, 만약 그 기갑부대가 격멸된다면, 추축군의 나머지 부대까지 파탄 상태에 이를 수밖에 없었을 상황이었다. 영국군에 충격과 혼란을 야기하여 우리 지휘부가 전투를 포기하고 퇴각하도록 명령할 것을 목표로, 롬멜은 전술적 주도권을 장악하여 그의 기갑부대를 국경 쪽으로 동진시키기로 결정했다. 그의 머릿속에는 이전 6월 15일의 사막 전투에서 그가 이끈 기갑부대를 도와서 결정적 순간에 우리를 후퇴하도록 만들었던 행운의 기억이 남아 있었던 것 같다. 그의 계획은 하마터면 성공할 뻔했는데, 그 과정을 보면 알 수 있다.

　롬멜은 여전히 전장에서 가장 두려운 존재였던 아프리카 군단의 대부분을 집결시켜 우리 제30군단 사령부와 보급품 저장소 두 곳을 스치듯 지나 이집트 국경에 도착했다. 그들이 모르고 지나친 두 저장소의 물자가 없어졌다면, 우리는 전투가 불가능했다. 국경에서 그는 부대를 몇 개의 종대(縱隊)로 나누고, 그중 일부는 남북으로 이동시키는 한편 다른 일부는 이집트 영토 30킬로미터 내부로 진입시켰다. 아군의 후방에서 상당한 규모의 피해를 입히고 수많은 포로를 생포했다. 그러나 적군은 제4인도군 사단에는 아무런 타격을 주지 못했으며, 오히려 급하게 편성된 분견대에 쫓기게 되었다. 무엇보다 고도의 제공권을 확보한 우리 공군은 한시도 틈을 주지 않고 따라다니며 롬멜을 괴롭혔다. 종대로 편성된 롬멜의 부대는 실제로 독일 공군의 지원을 받지 못했기 때문에, 독일군이 전투 지역의 상공을 지배한 상황에서 우리가 겪었던 바로 그러한 고통을 반대로 당하고 있었다. 26일 적의 기갑부대는 북쪽으로 방향을 바꾸어 바르디아 부근에 피신처를 구했다. 다음날

---

* 북군의 매클렐런 장군이 요크타운을 포위하자 남군 총사령관 리 장군은 젭 스튜어트에게 적군 우측의 소재와 상황을 파악하라는 명령을 내렸다. 젭은 임무를 완수했다/역주

그들은 급히 서쪽으로 사라졌으며, 긴급명령에 따라 시디 레제그로 돌아갔다. 그로써 롬멜의 대담한 공격은 실패로 돌아갔다. 그런데 이제 알게 되었듯이, 단 한 명의 인물, 롬멜에 맞섰던 총사령관 오직 한 사람이 롬멜을 저지한 것이다.

롬멜의 공격으로 우리가 입은 큰 타격과 전선 배후에 야기된 혼란으로 인하여, 앨런 커닝엄은 우리가 계속 공격할 경우 탱크 부대가 전멸할 우려가 있으며 이집트의 안전까지 위협할 수 있다고 총사령관에게 보고했다. 그것은 작전 전체의 패배와 실패를 자인하는 것이었다. 바로 그 결정적인 순간에 오킨렉 장군은 직접 그 문제에 뛰어들었다. 커닝엄의 요청에 따라 오킨렉은 11월 23일 테더 공군 중장과 함께 사막의 사령부로 날아갔다. 그리고 모든 위험을 알고 있으면서도 커닝엄 장군에게 "적군에 대한 공세를 늦추지 말고 계속 진군할 것"을 명령했다. 그러한 행동으로 오킨렉은 전투에서 승리를 거두고 야전 사령관으로서 자신의 뛰어난 자질을 증명했다.

25일, 카이로에 돌아온 오킨렉은 커닝엄 장군을 해임하고 그 자리에 그의 부참모장 리치 장군을 임시로 임명하기로 결정했다. 이유는 "커닝엄이 그날까지는 잘해 왔지만, 아군 탱크의 대량 손실로 말미암아 수세적으로 생각하기 시작했기 때문"이었다. 카이로 주재 국무부 장관 올리버 리틀턴은 총사령관의 결정을 설명하고 강력하게 지지했다. 나는 그에게 결정을 승인한다는 내용의 전문을 보냈다.

용감한 장군 커닝엄과 해군 총사령관이었던 그의 형 그리고 두 형제 모두와 친했던 오킨렉 장군에게 고통스러울 수밖에 없었던 그 사건에 대한 이야기는 이 정도에서 그만두고자 한다. 나는 특별히 작전 개시에 대하여 적절히 절충하거나 지연시킬 수 있는 개인적 고려나 유혹에도 불구하고, 어김없이 보여준 오킨렉 장군의 단호한 행동에 감탄했다.

★ ★ ★ ★ ★

한편 프레이버그가 이끄는 뉴질랜드 부대는 제1군 탱크 여단의 지원을 받으며 시디 레제그를 강하게 압박했다. 이틀 동안의 격렬한 전투를 펼친 끝에, 시디 레제그를 탈환하는 데 성공했다. 동시에 투브루크 수비대는 반격을 재개했으며, 26일 밤 구원 병력과 만났다. 몇개 부대가 포위된 투브루크로 진입했다. 그러자 롬멜은 바르디아에서 물러날 수밖에 없었다. 롬멜은 120대의 탱크를 모아 제7기갑사단으로 알려진 부대를 이끌고 측면 공격을 당하면서 시디 레제그로 가는 길을 뚫는 전투를 감행했다. 그는 시디 레제그를 다시 장악했으며, 뉴질랜드 여단에 결정타를 가해서 몰아냈다. 그 용감한 부대의 대부분은 국경 동남쪽으로 퇴각했는데, 3,000명 이상을 잃고도 거기서 사단을 재건했다. 투브루크 수비대는 다시 고립되었으나, 그 상태에서 확보한 땅을 지키는 대담한 결정을 했다.

리치 장군은 그의 부대를 재편성했으며, 롬멜은 그의 국경 수비대를 구출하기 위하여 마지막 공격을 했다. 롬멜의 부대는 격퇴되었다. 그로부터 가잘라 전선을 향한 추축군의 총퇴각이 시작되었다.

12월 1일, 오킨렉은 전방사령부로 가서 열흘 동안 리치 장군과 함께 머물렀다. 그는 직접 지휘하지는 않았지만, 부하 지휘관을 밀착하여 감독했다. 내가 보기에 그것은 두 사람 모두에게 좋지 않았다. 그러나 제8군의 전력은 아주 강력했기 때문에, 12월 10일 총사령관은 이렇게 보고했다. "적군은 서쪽으로 총퇴각을 하고 있는 것 같습니다.……이제 투브루크의 포위는 해제된 것으로 선언해도 좋다고 생각합니다. 우리는 공군과 완벽한 협력 체제를 구축하여 맹추격을 벌이고 있습니다." 지금에 와서 독일군 기록을 통해 확인하면, 당시 독일군의 병력 손실은 3만3,000명 정도였고 탱크 손실은 300대 정도였다. 그에 비하여 영국군과 영연방군의 병력 손실은 독일군의 절반 수준이었으며, 탱크 손실은 278대였다. 우리 손실의 10분의 9는 공격을 개시한 처음 한 달 동안 생긴 것이었다. 비로소 우리는 안도하기에 이르렀고,

사막 전쟁에 대하여 환희를 느꼈다.

그러나 그 중요한 시기에 동지중해의 우리 해군은 일련의 재난으로 말미암아 사실상 궤멸 상태에 이르렀다. 모든 것을 잊게 했던 일시적 소강상태는 끝이 났다. 유보트가 나타난 것이다. 11월 12일, 많은 비행기들이 몰타의 기지로 날아간 뒤에 지브롤터로 돌아오던 아크 로열 호가 독일 유보트가 쏜 어뢰에 맞았다. 배를 구하기 위하여 모든 시도를 다했지만, 여러 전투에서 뛰어난 전과를 올렸던 그 유명한 항공모함은 지브롤터에서 불과 40킬로미터 떨어진 해역에서 침몰하고 말았다. 2주일 뒤에는 전함 바햄 호가 세 발의 어뢰에 명중하여 침몰되었으며, 500명의 인명 손실이 뒤따랐다. 피해는 계속되었다. 12월 18일 밤에는 이탈리아 잠수함이 알렉산드리아 호에 접근하여 두 명씩이 조정하는 "인간 어뢰" 세 발을 발사했다. 선박의 진입을 위해서 방문(防門)을 연 틈을 이용하여 인간 어뢰들은 항구 안으로 들어왔다. 그들이 장치한 시한폭탄은 다음날 이른 아침 전함 퀸 엘리자베스 호와 밸리언트 호 선저 부분에서 폭발했다. 2척의 전함은 심각한 피해를 입었고, 수개월 동안 쓸모없는 짐짝이 되었다. 우리는 얼마 동안 함대의 손실을 숨기는 데 성공했다. 그런데 "K"함대 역시 막대한 피해를 당했다. 알렉산드리아 호가 재난을 당한 바로 그날, 대규모의 적군 수송선단이 트리폴리로 향하고 있다는 정보가 몰타에 보고되었다. 3척의 순양함과 4척의 구축함이 즉시 포획에 나섰다. 트리폴리에 가까워지면서 우리 배들은 새로운 기뢰밭으로 들어가고 말았다. 순양함 2척이 피해를 입었으나 자력으로 빠져나올 수 있었다. 다른 1척의 순양함은 기뢰밭에서 헤매다가 두 발의 기뢰를 더 맞고 침몰했다. 700명이 넘는 승무원 가운데 오직 한 명만 살아남았는데, 함장 R. C. 오코너는 자신을 비롯한 13명과 함께 뗏목 위에서 버티다가 나머지는 사망하고 그 혼자 나흘 뒤 적군의 포로로 구조된 것이었다. 영국 동지중해 함대에는 겨우 몇 척의 구축함과 비앙 제독의 전대(戰隊)에 소속된 순양함 3척만 남았다.

　12월 5일, 마침내 롬멜이 결정적 위기에 있다는 사실을 알게 된 히틀러는 러시아 주둔 독일 비행 군단 전체에 대하여 시칠리아와 북아프리카를 향한 이동 명령을 내렸다. 몰타에 대한 새로운 공습은 케셀링 장군의 지휘로 펼쳐졌다. 섬을 목표로 한 공격은 절정에 이르렀고, 몰타는 오직 생존을 위한 싸움 이상의 것이라고는 아무것도 할 수 없었다. 연말에 이르러 트리폴리로 향하는 해로의 상공에 대한 지배권을 장악한 것은 독일 공군이었다. 그 덕분에 패배한 롬멜 군대는 재편성을 할 수 있게 되었다. 그 몇 개월 동안에 일어났던 것만큼 바다와 하늘 그리고 육지를 통한 상호 작전이 선명하게 드러났던 적은 극히 드물었다.

　그러나 바야흐로 시작될 세계적 사건들의 타격 아래 그 모든 것은 오히려 퇴색하기에 이르렀다.

제4장

아, 진주만!

1941년 12월 7일, 일요일 저녁이었다. 위넌트와 애버렐 해리먼은 나와 함께 체커스에서 테이블 앞에 앉아 있었다. 내가 라디오 스위치를 켜자 곧 9시 뉴스가 시작되었다. 러시아 전선과 리비아의 영국군 전선에서 벌어지는 전투에 관한 여러 소식이 보도되었다. 그리고 마지막에 가서 일본군의 하와이 미국 군함에 대한 공격과 네덜란드령 동인도의 영국군 군함에 대한 공격과 관련하여 간단한 언급이 있었다. 그 다음에는 누군가의 해설이 뒤따르고, 브레인 트러스트 프로그램[전문가들이 청취자들의 질문에 즉석에서 대답을 하는 프로그램/역주]이 시작된다든가 하는 아나운서의 말이 들렸다. 나는 특별한 다른 느낌이 없었는데, 애버렐은 일본이 미국을 공격한 것은 예사로운 일이 아니라고 말했다. 따라서 우리는 피곤하여 쉬고 있었음에도 불구하고, 모두 앉아서 그 다음 소식을 기다렸다. 바로 그때, 밖에서 듣고 있던 집사장 소여스가 방안으로 들어오며 말했다. "사실입니다. 저희들도 밖에서 모두 들었습니다. 일본이 미국을 공격했습니다." 정적이 흘렀다. 나는 11월 11일 맨션 하우스[런던 시장 관저/역주]의 만찬 석상에서, 만약 일본이 미국을 공격한다면, 영국은 "한 시간 이내에" 선전포고를 할 것이라고 말한 바 있었다. 나는 일어서서 응접실을 지나 집무실로 걸어갔다. 그 방에서는 항상 사람들이 일을 하고 있었다. 루스벨트 대통령에게 전화를 연결해 달라고 했다. 대사는 뒤따라 나오면서 내가 돌이킬 수 없는 조치라도 취하려는 것이 아닌지 걱정하는 것 같았다. "먼저 사실을 확인하는 것이 좋지 않겠습니까?"

2, 3분 뒤에 루스벨트 대통령의 목소리가 들려왔다. "대통령 각하, 일본과 관련해서 무슨 일이라도 생겼습니까?" "사실입니다." 대통령이 대답했다. "일본이 우리 진주만을 공격했습니다. 이제 우리는 같은 처지에 놓이게 되었습니다." 나는 전화를 위넌트에게 바꿔주었고, 서로 몇 마디 대화가 오가는 듯했다. 대사는 처음에는 "네", "네" 하더니, 역력하게 경직된 목소리로, "아!" 했다. 나는 다시 전화하며 말했다. "이제 사태는 확실히 단순해졌습니다. 신의 가호가 있기를 빕니다"는 등의 말을 했다. 우리는 응접실로 다시 돌아가서 막 일어난 지상 최대의 사태를 골똘히 생각하기 시작했다. 너무나 놀라운 일이어서 중심부에 있는 사람들까지 숨이 멎을 정도였다. 나와 함께 있던 두 미국인은 아주 침착한 태도로 그 충격에 대처했다. 우리는 미국 해군이 어떠한 피해를 입었는지조차 전혀 알지 못했다. 두 사람은 자기 나라가 전쟁 상태에 들어가게 된 사실에 대하여 슬퍼하거나 탄식하지 않았다. 비난하거나 비탄하는 말 한마디 내뱉지 않았다. 오히려 그들은 오랫동안의 고심에서 벗어나게 된 듯이 보였다.

★ ★ ★ ★ ★

화요일까지 의회는 휴회였기 때문에, 의원들은 여의치 않은 교통과 통신 상태에서 영국 여기저기에 흩어져 있었다. 나는 사무처에 지시하여 의장, 원내총무들 그리고 관계자들에게 연락하여 다음날 상하 양원을 모두 소집하도록 했다. 외무부에 전화해서는 한시도 지체하지 말고 하원의 일정에 맞추어 일본에 대한 선전포고 준비를 하도록 했다. 거기에는 일정한 형식이 필요했는데, 전쟁내각 구성원과 3군 참모총장 및 3군부 장관들을 불러 사태에 대해서 알려야 했는데, 예상대로 그들은 이미 모두 뉴스를 들어 알고 있었다.

미국을 우리 편으로 맞을 수 있게 된 것이 나에게는 가장 큰 기쁨이라고 공언하더라도, 나를 이상하게 여길 미국인은 아무도 없을 것이다. 사태가 어떻게 진전될 것인지 알 수 없었다. 일본의 무력이 어느 수준인지 정확히 측정할 수도 없었지만, 어쨌든 미국은 생사를 건 전쟁에 바로 한순간에 완전히 빠져들었다. 따라서 우리는 끝내 전쟁에 승리했던 것이다! 그렇다. 됭케르크에서 퇴각한 뒤, 프랑스가 붕괴된 뒤, 오랑의 참극 뒤, 공군과 해군은 차치하고 우리 거의 모두가 비무장 상태에서 침공의 위협을 겪은 뒤, 최초의 대서양 전투에서 유보트와 사투를 벌여 가까스로 승리를 얻은 뒤, 17개월 동안 고군분투하고 19개월 동안 엄청난 중압감 속에 내 어깨에 책임을 짊어져온 끝에, 우리는 승리한 것이다. 잉글랜드는 살아날 것이며, 영국은 살아날 것이며, 영연방과 대영제국 모두 살아날 것이었다. 전쟁이 얼마나 계속될 것이며, 어떻게 끝날 것인지 아무도 알 수 없었으나, 당시 나에게도 그것은 아무 상관이 없는 일이었다. 아무리 두들겨맞고 파괴되더라도, 우리는 다시 한번 유구한 섬의 역사 속에서 굳건하게 승자로 떠오르게 될 것이었다. 우리는 결코 휩쓸려 사라지지 않을 것이었다. 우리의 역사는 끝나지 않을 것이었다. 우리는 각자 개인으로서도 죽지 않을 것이었다. 히틀러의 운명은 결정되었던 것이다. 무솔리니의 운명도 결정되었던 것이다. 일본은 산산이 부서지고 말 것이었다. 그밖의 모든 것은 우리의 압도적인 힘을 어떻게 사용하느냐에 달려 있을 뿐이었다. 대영제국, 소련 그리고 이제 미국까지 서로 목숨을 바칠 각오로 힘을 합치게 되면, 내 생각으로는 적의 두 배 또는 세 배의 힘을 가지게 될 것이었다. 시간이 오래 걸릴 것이라는 점에는 의문의 여지가 없었다. 동쪽 전선에서는 끔찍한 대가를 치러야 할 것이라고 예상했다. 그러나 그 모든 것이 스쳐지나가는 하나의 국면에 지나지 않을 것이었다. 우리가 단결한다면, 세계의 나머지 어느 누구도 굴복시킬 수 있을 것이었다. 우리 앞에는 수많은 재난과 헤아릴 수 없는 희생 그리고 고난이 가로놓여 있었지만, 결과에 대해서는 추호의 의문도 없었다.

적국에뿐만 아니라 우리 쪽에도 꽤 많았지만, 어리석은 자들은 미국의 힘을 과소평가했다. 어떤 사람들은 미국은 무르다고 했고, 또 어떤 사람들은 미국은 단결하는 힘이 없다고 했다. 미국인들은 뒷전에서 어슬렁거리기만 할 것이다. 미국인들은 악착같이 덤벼들지 않을 것이다, 미국인들은 유혈 사태를 견뎌내지 못할 것이다, 미국인들의 민주주의와 잦은 선거제도는 전쟁에 대한 노력을 마비시키고 말 것이다, 미국이란 나라는 우방에든 적국에든 수평선 위의 모호하고 흐릿한 존재에 지나지 않는다, 이제 숫자는 많지만, 멀리 있으며, 부유하고, 그러면서 말 많은 국민들의 나약한 모습을 확인하게 될 것이다. 그렇게들 떠들어댔지만, 나는 일찍이 마지막 순간까지 결사적으로 싸운 미국의 남북전쟁을 연구한 적이 있었다. 미국인의 피는 내 혈관에도 흐르고 있었다[처칠의 어머니 제니는 뉴욕 은행가의 딸로 브루클린 출신이었으며 특히 미모로 유명했다/역주]. 30년도 더 전에 들었던 에드워드 그레이[제1차 세계대전 기간 중 영국의 외무장관을 역임한 인물/역주]의 말이 떠올랐다. 미국이란 나라는 "그 아래에 불을 붙이기만 하면 무한정으로 에너지를 만들어내는 거대한 기관이다." 나는 감동과 흥분으로 충만되어 잠자리에 들었다. 그리고 안도와 감사의 마음으로 잠을 잤다.

★ ★ ★ ★ ★

눈을 뜨자마자 나는 즉시 루스벨트를 만나러 가야겠다고 결정했다. 정오에 열린 각료 회의에 그 문제를 상정했다. 내각의 승인을 얻었고, 바로 국왕에게 서한을 올려 윤허를 얻었다.

전쟁내각은 일본에 대한 선전포고를 통과시켰다. 선전포고를 위한 형식적인 작업은 이미 완료되어 있었다. 이든은 진작 모스크바를 향해 떠났고, 그동안 내가 외무장관 업무를 맡아야 했기 때문에 일본 대사에게 다음과 같은 서한을 보냈다.

외무부, 12월 8일

귀하,

영국 정부는 12월 7일 저녁, 일본군이 선전포고 또는 조건부 선전포고를 포함한 최후통첩 형식의 사전 경고도 없이 말레이 반도 해안 상륙을 시도하고 싱가포르 및 홍콩에 대한 폭격을 한 사실을 알게 되었습니다.

국제법 그리고 특히 일본과 영국이 당사국이 되는 전쟁의 개시에 관한 제3 헤이그 조약 제1조를 명백히 위반하여 행해진, 정당한 이유가 없는 침략 행위의 무도한 폭거라는 관점에서, 도쿄 주재 영국 대사는 일본제국 정부에 대하여 영국 정부의 이름으로 두 국가 사이에 전쟁 상태가 존재하게 되었음을 통보할 것을 훈령했습니다.

삼가 경의를 표합니다.

경백(敬白)

윈스턴 S. 처칠

이러한 의례적 형식을 갖춘 서한을 탐탁하게 여기지 않는 사람도 있었다. 그러나 마침내 사람을 죽이지 않을 수 없게 되었을 때, 정중한 방식을 취했다고 해서 손해 볼 것은 없는 법이다.

의회는 오후 3시에 개회했다. 소집 통지를 한 지 얼마 되지 않았는데도 불구하고 의사당은 만원이었다. 영국 헌법에 따라 국왕은 각료들의 의견을 듣고 선전포고를 선언하고, 의회는 그 사실을 받아들였다. 그로써 우리는 미국과 한 약속 이상을 실행했으며, 미국 의회가 행동에 나서기 전에 실제로 선전포고를 한 것이었다. 네덜란드 정부 역시 선전포고를 했다. 양국의 의회는 모두 만장일치로 승인했다.

★ ★ ★ ★ ★

진주만에서 일어난 사건의 자세한 내용에 대해서 우리는 한동안 아무런 정보도 없었다. 그러나 지금은 상세한 관련 기록이 있다. 1941년 초반까지만 하더라도 일본 해군의 대미 전투 계획은, 미국 함대가 자국의 전초부대인 필리핀 수비대를 구출하기 위해서 태평양 횡단 항로를 개척하려고 할 때 일본의 주력 함대로 필리핀 근해에서 맞붙는다는 것이었다. 그런데 진주만에 대한 기습 공격은 일본 해군 최고사령관 야마모토 제독의 머리에서 나온 아이디어였다. 선전포고도 하기 전에 전혀 예상할 수 없었던 그 믿지 못할 공격은 극도로 비밀리에 진행되었는데, 11월 22일 여섯 척의 항공모함으로 구성된 타격부대가 전함과 순양함들의 호위를 받으며 일본 본토 북쪽 쿠릴 열도의 한적한 정박지에 집결했다. 공격 일자는 이미 12월 7일 일요일로 확정되어 있었고, 11월 26일(동경 자오선 기준 시간) 나구모 제독의 지휘에 따라 항해를 시작했다. 북반구 해역의 안개와 강풍을 헤치고 하와이에서 북쪽으로 멀리 떨어진 항로를 따라, 나구모는 전혀 발각되지 않고 목적지에 접근했다. 운명의 그 날, 해가 뜨기 전에 진주만 북방 약 440킬로미터 지점에서 공격을 개시했다. 전투기의 호위를 받은 온갖 종류의 폭격기 360기가 공격에 나섰다. 오전 7시 55분에 첫 폭탄이 떨어졌다. 항구에는 94척의 미국 해군 선박이 정박 중이었다. 그중에서 태평양 함대 소속의 8척의 전함이 주요 공격 대상이었다. 운 좋게도 강력한 순양함들을 거느린 미군 항공모함들은 그날 다른 임무를 수행중이어서 항구에 없었다. 따라서 전투는 오전 10시쯤 이미 끝나 일본군은 돌아가기 시작했다. 그들이 남긴 것은 화염과 포연의 장막에 가려진 초토화된 함대, 그리고 미국의 복수였다. 전함 애리조나 호는 폭파되었고, 오클라호마 호는 전복되었다. 웨스트버지니아 호와 캘리포니아 호는 계류장에서 침몰했으며, 나머지 전함들도 도크 안에 있던 펜실베이니아 호를 제외하고는 모두 큰 피해를 입었다. 2,000명 이상의 미국인이 목숨을 잃었으며, 역시 2,000명가량이 부상을 당했다. 태평양의 주도권이 일본의 수중으로 넘어갔다. 따라서 세계의 전략적 균형에 당분간 근본적인 변화가 일어날 수밖에 없었다.

맥아더 장군이 지휘하고 있던 필리핀에서는 우리의 동맹 미국에 또다른 불행한 사태가 기다리고 있었다. 11월 20일, 외교 관계의 중대한 전환을 가리키는 경고가 날아왔다. 규모가 작은 미국 아시아 함대 사령관 하트 제독은 이미 부근의 영국 및 네덜란드 해군 당국과 협의를 마치고, 자신의 전쟁 계획에 따라 휘하의 병력을 남쪽으로 분산시키기 시작했다. 그렇게 한 뒤 연합국 병력과 합동하는 방식으로 네덜란드령 해역에서 타격부대 조직을 위한 집결을 꾀한 것이었다. 당시 그의 수중에는 열두 척의 낡은 구축함과 여러 종류의 보조 함정 외에는, 겨우 한 척의 중순양함과 두 척의 경순양함밖에 없었다. 그의 주력 전력은 28척의 잠수함이었다. 12월 8일 오전 3시, 하트 제독은 진주만 공격에 관한 놀라운 소식을 전하는 무전 내용을 수신하게 되었다. 그는 워싱턴의 확인도 있기 전에 즉시 관련자들 모두에게 전쟁 발발을 알렸다. 새벽녘에 일본군 급강하 폭격기가 폭격을 시작했고, 그 뒤 며칠 동안 점점 규모가 커지면서 공격이 계속되었다. 10일에는 카비테[필리핀 루손 섬의 마닐라 남쪽에 있는 항구 도시/역주]의 해군 기지가 완전히 소실되었고, 바로 그날 일본군은 루손 섬 북쪽에 처음으로 상륙했다. 재앙은 빠른 속도로 덮쳤다. 미국 공군 전력의 대부분은 공중전 중에 또는 지상에서 파괴되었다. 20일이 되자 공군의 잔존 부대는 오스트레일리아의 포트 다윈으로 옮겨갔다. 하트 제독의 배들은 이미 며칠 전에 남쪽으로 내려갔기 때문에, 잠수함들만 남아서 적과 싸우게 되었다. 12월 21일 일본 침공군 주력 부대가 링가옌 만에 상륙하면서 마닐라 자체를 위협하기에 이르렀다. 그뒤에 이어진 사태의 진전은 이미 말레이 반도에서 진행된 양상과 같았다. 그럼에도 방어전은 꽤 오래 지속되었다. 그렇게 오랫동안 배양되어온 일본의 침략 계획은 승리의 불꽃으로 폭발했다.

히틀러와 그의 참모진은 깜짝 놀랐다. 전범 재판 법정에서 요들은, "히틀러가 한밤중에 그 소식을 카이텔 원수와 나에게 알려주기 위해서 (동프로이센에 있는) 지도실로 들어왔습니다. 그는 몹시 놀란 표정이었습니다"라고 말했다. 12월 8일 아침, 히틀러는 독일 해군에 대하여 미국 배는 어디서든 발견하는 즉시 공격하라는 명령을 내렸다. 그것은 바로 독일이 미국에 대한 선전포고를 하기 3일 전의 일이었다.

★ ★ ★ ★ ★

9일 밤 10시, 나는 해군의 상황을 점검하기 위해서 내각 상황실에서 회의를 소집했다. 대부분 해군부 사람들로 열두 명 정도였다. 일본에 대한 우리의 전략적 입장의 근본적 변화에서 어떠한 결과가 나타날지 판단하고자 했다. 우리는 대서양을 제외하고는 모든 바다에서 제해권을 상실했다. 오스트레일리아와 뉴질랜드 그리고 그밖의 모든 중요한 섬들은 적의 공격에 노출된 상태였다. 우리의 수중에는 핵심적 무기가 단 하나밖에 없었다. 프린스 오브 웨일스 호와 리펄스 호가 싱가포르에 이미 도착해 있었다. 두 군함은 최고 성능의 주력함들이 그 소재가 불분명할 때 그 상황 자체가 적 해군의 계산에 미칠 수 있는 모호한 위협이 될 수 있다고 생각하고 파견된 것이었다. 그렇다면 우리는 그 두 주력함을 어떻게 활용해야 하는가? 당연히 두 군함은 외해로 나가 수많은 섬들 사이로 숨어야 했다. 그 점에 대해서는 아무도 이견이 없었다.

나는 두 군함이 태평양을 건너 미국 함대의 잔존 부대와 합류해야 한다고 생각했다. 그렇게 하는 것이 당당한 행동이며, 영어권 세계를 결속시키는 방법이라고 믿었다. 그러나 그보다 앞서 우리는 대서양에서 주력 함대를 철수하기로 한 미국 해군부의 결정에 흔쾌히 동의했다. 수개월 뒤 미국은 필요한 경우 중요한 해전을 맡을 함대를 자신의 서해안에 보유하게 되었다. 그러한 함대와 그러한 사실의 존재는 우리의 형제인 오스트레일리아인들에게 최선의 방패가 될 터였다. 우리는 모두 그러한 방식의 사고에 매력을 느꼈다. 그러나 시간이 너무 늦었기 때문에 우리는 일단 잠을 자기로 했다. 프린스 오브 웨일스 호와 리펄스 호를 어떻게 할 것인가는 다음날 아침에 결정하기로 했다.

그 뒤 두 시간도 채 지나지 않아, 두 군함은 바다 속에 가라앉았다.

10일, 서류함을 열고 있는데 침대 곁의 전화기가 울렸다. 해군참모총장이었다. 그의 목소리가 심상치 않았다. 기침을 하는 듯, 무언가를 억누르는 듯한 느낌을 주었는데, 나는 그의 말을 분명히 알아들을 수가 없었다. "수상 각하, 보고할 것이 있습니다. 프린스 오브 웨일스와 리펄스가 침몰했습니다. 일본군—비행기 폭격으로 생각합니다. 톰 필립스는 전사했습니다." "틀림없소?" "틀림없습니다." 나는 전화기를 내려놓았다. 혼자뿐이라는 사실이 고맙게 느껴졌다. 전쟁의 전 기간을 통틀어 그때만큼 큰 충격을 받은 적은 없었다. 이 부분을 읽는 독자라면 얼마나 많은 우리의 노력과 희망과 계획이 그 두 척의 배와 함께 가라앉아버렸는지 이해할 것이다. 침대에서 몸을 뒤척이고 있는 나에게 그 침몰 소식은 끔찍한 공포 자체였다. 그렇다면 이제 인도양이나 태평양에는 진주만 공격에서 살아남아 캘리포니아로 황급히 이동 중인 함선들을 제외하고는 영국이나 미국에 주력 군함은 한척도 없다는 뜻이었다. 그 광대한 대양 전역에서 일본은 가장 강력한 존재였으며, 우리는 어디에서든 약체에 무방비 상태였다.

그날 오전 11시 하원이 개원하는 즉시 나는 사태를 직접 알리기 위하여 출석했다. 그리고 다음날 하원의원들에게 새로운 상황에 관하여 상세한 연설을 했다. 결과를 예측하기 힘든 리비아 전투가 장기화하는 데 대해서는 큰 불안과 다소의 불만이 있었다. 일본의 심각한 공격이 계속 기다리고 있을지 모른다는 전망에 대해서도 나는 숨김없이 말했다. 반면 러시아의 승리는 히틀러의 동방 작전이 치명적인 실수였다는 사실을 드러내게 되었으며, 겨울은 계속 맹위를 떨치게 될 것이었다. 유보트 전투는 그 무렵 어느 정도 통제가 가능한 수준으로 접어들었고, 우리의 손실도 크게 감소했다. 마지막으로, 전 세계의 5분의 4가 우리 편이 되어 싸우고 있다는 사실을 잊어서는 안 된다, 최후의 승리는 확실하다. 대략 그러한 내용의 연설을 했다.

조기에 승리를 쟁취할 것이라는 식의 공약성 따위의 표현은 일절 피하면서, 사실만 알린다는 매우 냉정한 형식으로 말했다. 하원은 숨소리도 들리지 않을 정도로 조용했다. 그리고 함부로 단정하지 않는 긴장감이 감돌았다. 나는 그 외에 아무것도 원하지도 기대하지도 않았다.

제5장

대전 중의 바다 여행

수많은 문제들이 혼재되어 있는 바로 그 순간 여러 심각한 이유 때문에 나는 런던에 있어야 했다. 그러나 영국과 미국 사이의 완전한 이해는 그 어떠한 것보다 중요한 과제였기 때문에, 나는 유능한 전문가들로 구성한 최강의 보좌진과 함께 즉시 워싱턴으로 가야 한다고 믿었다. 그 시기에 상황이 좋지 않은 방향으로 비행기를 타고 가는 것은 너무 위험하다고 판단했다. 따라서 우리 일행은 12일 클라이드로 갔다. 이제 프린스 오브 웨일스 호는 없었다. 킹 조지 5세 호는 티르피츠 호를 지키고 있었다. 따라서 새로 건조한 듀크 오브 요크 호를 타고 가게 되었는데, 새 군함은 우리가 승선함으로써 그 기능을 최대한 발휘해볼 기회를 가졌다. 우리 팀의 주요 인물은 전쟁내각 구성원 비버브룩 경, 해군참모총장 파운드 제독, 공군참모총장 포털 중장, 이미 브룩 장군이 그의 후임으로 임명된 육군참모총장 딜 원수 등이었다. 브룩은 그를 필요로 하는 엄청난 과제를 처리하기 위해서 런던에 있어야 한다는 것이 나의 판단이었다. 그를 대신해서 딜이 워싱턴으로 가게 된 것이었다. 딜은 우리가 당면한 모든 문제의 중심에 있었을 뿐 아니라, 모든 사람들로부터 신뢰를 얻고 있었다. 워싱턴에 나와 같이 가는 것은 그를 위해서도 새로운 국면의 장이 될 것이었다.

1941년 한 해 동안 내 주치의 역할을 담당했던 모란 경도 동행했다. 그는 그 출장이 나와 함께하는 첫 여행이었는데, 그 뒤로는 모든 출장에 빠지지 않았다. 내가 생명을 유지한 것은 오직 그의 헌신적인 보살핌 덕분이었다. 그는 내가 병이 났을 때 내 권고를 전혀 듣지 않았고 나 역시 그의 지시에 그대로 따르지 않았는데, 그러나 우리는 서로 충실한 친구가 되었다. 무엇보다, 그렇게 하여 지금까지 둘 모두 살아 있는 것이다.

곳곳에 배치된 유보트를 피하려면 지그재그 항법을 이용하거나 우회해야 한다는 사정을 고려하여, 우리는 7일 동안 평균 20노트의 속도로 항해하는 것이 바람직하다고 생각했다. 해군부는 우리가 아일랜드 해협을 지나 비스케이 만으로 들어가도록 조정했다. 날씨는 아주 좋지 않았다. 엄청난 강풍이 몰아쳤고 파도는 거세었다. 하늘은 온갖 모양의 구름으로 뒤덮여 있었다. 우리는 프랑스 서부의 항구들에서 대서양을 오가는 사냥감을 노리는 유보트의 항로를 지나가야만 했다. 그 부근에는 유보트가 아주 많이 출몰했기 때문에 해군부에서는 우리가 탄 배 뒤편에 소함대가 뒤떨어지는 일이 없도록 하라고 우리의 함장에게 지시했다. 그러나 소함대는 거친 바다에서 6노트 이상의 속력을 낼 수 없었다. 어쩔 수 없이 우리 함선이 그 속도에 맞추어 느릿느릿 48시간에 걸쳐 아일랜드 남쪽을 돌았다. 브레스트에서 650킬로미터 가량 떨어진 지점을 통과할 때, 두 전함을 생각하지 않을 수 없었다. 프린스 오브 웨일스와 리펄스가 해안 기지의 뇌격기의 공격에 의해서 파괴된 것이 일주일 전의 일이었다. 구름은 호위기 이외의 접근을 막아주는 역할을 했는데, 내가 함교에 올라갔을 때 갑자기 반갑지 않은 푸른 하늘이 나타났다. 그러나 아무 일도 일어나지는 않았다. 모든 것이 순조로웠다. 거대한 배는 호위 구축함들과 함께 천천히 나아갔다. 그런데 속도가 너무 느려 우리의 인내심이 바닥을 드러내기 직전이었다. 이튿날 밤, 유보트 항로에 접근하게 되었다. 결단을 내린 파운드 제독은, 유보트의 어뢰를 맞느니보다 우리가 먼저 유보트를 공격하는 편이 나을 것이라고 말했다. 그날 밤은 칠흑같이 어두웠다. 우리는 구축함들을 떨어뜨려버리고 아직도 거친 바다를 최고 속력으로 달렸다. 승강구 문은 모두 닫혔고, 산더미 같은 바닷물은 갑판을 덮쳤다. 비버브룩 경은 마치 잠수함 여행을 하는 것 같다며 불평했다.

대규모의 암호해독반은 무전으로 다량의 정보를 수신했다. 그리고 제한된 범위 내에서 답신을 보낼 수 있었다. 아조레스 군도에서부터 새 호위함들이 합류하게 되었고, 우리가 송신하는 암호로 된 모스 부호를 그들이 낮에 받아 160킬로미터 정도 떨어진 곳에서 우리의 위치를 노출시키지 않고서도 전송했다. 그럼에도 불구하고 무선 통신에 대한 공포감은 여전히 존재했다. 우리는 세계대전의 한가운데에 있었던 것이다.

모든 전장에서 전투가 진행되었다. 진주만 공격과 거의 같은 시기에 일본군은 홍콩을 침공했다. 일본군의 압도적인 힘에 눌린 홍콩의 운명에 관해서 나는 아무런 환상도 가지지 않았다. 12개월 전의 내 의견은 우리 수비대를 강화할 필요가 없다는 것이었다. 어떻든 손실은 분명해 보였기 때문에 상징적 규모로 축소해야 옳다고 생각했지만, 나는 내 입장을 고집하지 않고 물러섰으며 병력이 증강되었다. 수비대는 처음부터 열세의 상황에 맞닥뜨렸다. 수비대는 1주일은 잘 버텼다. 무기를 잡을 수 있는 사람은 모두 결사적으로 항전했다. 그들의 불굴의 투지는 영국 국민의 자세를 그대로 보여주었다. 크리스마스에 수비대는 한계에 도달했고, 항복은 불가피했다. 말레이 반도에서는 또다른 일련의 재앙이 우리를 덮치고 있었다. 일본군은 반도 상륙과 함께 우리 비행장을 맹렬하게 공격하여 그렇지 않아도 약체였던 우리 공군은 완전히 무너졌으며, 반도 북쪽의 모든 비행장 시설은 무용지물이 되었다. 몇 차례 격전을 치르고 난 우리 부대는, 월말경이 되자 처음 맞서 싸웠던 곳에서 240킬로미터나 떨어진 곳에서 전투를 하고 있었다. 그 사이 일본군은 근위부대를 포함한 적어도 3개 사단이 상륙을 완료했다. 점령한 비행장들에 재빨리 포진하는 적의 비행기의 질적 수준은 우리의 예상을 완전히 초월하는 수준이었다. 우리는 수세에 몰렸으며, 심각한 손실을 입었다.

★ ★ ★ ★ ★

듀크 오브 요크 호가 느린 걸음을 서쪽으로 옮기고 있는 동안, 우리 일행은 잠시도 쉬지 않고 일했는데, 모두의 생각은 우리가 해결해야 할 새롭고 여러 문제들에 집중되었다. 우리의 동맹자인 대통령과 그의 정치, 군사 보좌관들을 직접 만난다는 데에 대한 초조한 기대감과 아울러 다소간의 걱정도 따랐다. 우리는 출발하기 전에 진주만 공격이 미국 국민들을 분노의 도가니로 몰아넣었다는 사실을 알았다. 우리가 접한 공식 보고서와 신문 보도의 내용은 일본에 집중된 미국 국민 전체의 분노를 느낄 수 있었다. 우리는 그것이 전쟁 전체에서 차지하는 비중을 이해하는 데에 장애가 되지 않을까 우려되었다. 미국이 태평양에서 일본과 싸우는 데에만 정신을 쏟고, 우리를 유럽과 아프리카 그리고 중동에서 독일과 이탈리아를 상대로 싸우게 내버려둘 심각한 위험 상황을 우리는 의식했다.

유보트를 상대로 한 대서양 전투의 첫 단계는 우리에게 현저히 유리한 국면으로 바뀌었다. 우리는 대서양 항로를 봉쇄당하지 않고 확보할 수 있는 우리의 능력을 믿어 의심치 않았다. 히틀러가 영국 본토를 침공한다면, 격퇴할 자신이 만만했다. 우리는 러시아의 저항력에 용기를 얻었다. 우리는 리비아 전투에 대해서는 지나치게 낙관적이었다. 그러나 우리의 모든 향후 계획은 계속 대서양을 건너오고 있는 온갖 종류의 방대한 미국 지원 물자에 의존할 수밖에 없었다. 특히 우리는 방대한 규모의 미국 상선 건조에 대한 기대와 함께 비행기와 탱크를 원했다. 그때까지만 해도 미국은 비교전국이었으므로, 루스벨트 대통령은 군수품을 대량으로 우리에게 공급할 수 있었고 또 기꺼이 그렇게 했다. 그것이 가능했던 것은 참전하지 않았기 때문이었다. 그런데 미국이 독일과 이탈리아는 물론 무엇보다 일본과 전쟁을 치르게 되면서 지원은 제한될 수밖에 없었다. 자국의 필요가 최우선이 아니겠는가? 우리는 이미 러시아가 침공당한 이후로는 오래 기다린 끝에 겨우 우리 공장에서 생산하기 시작한 장비와 물품의 대부분을 러시아에 보내기 위해서 우리의 수요를 희생시키는 것이 옳다고 판단해왔다. 미국도 원래 우리가 받기로 되어 있던 것보다 더 많은 양을 러시아로 돌려 지원했다. 우리는 나치의 침략에 맞서는 러시아의 장대한 저항 때문에 이 모든 것에 대해서 전폭적으로 동의했다.

그렇지만 우리 부대에 필요한 장비의 공급을 늦추는 일, 특히 리비아에서 격렬한 전투를 수행 중인 아군에 대한 무기 지원 보류 조치는 우리에게 여간 힘든 일이 아니었다. "미국 최우선"이 우리 연합국 사이에서 가장 중요한 원칙이 되리라는 사실을 예상하고 있어야만 했다. 미국이 대규모 병력으로 행동에 나서기까지는 시간이 걸릴 것이며, 그런 준비 기간 동안 우리가 곤경에 처하지 않을까 하는 것이 우리의 두려움이었다. 그런 사태는 말레이 반도, 인도양, 버마, 인도에서 새로운 강적을 만났을 때 발생할 수 있었다. 보급품을 분배하는 일은 근본적인 주의가 필요할 뿐만 아니라, 수많은 어려움과 미묘한 측면이 있었다. 이미 우리는 무기대여법에 의한 물품 인도 계획이 재조정이 이루어지는 동안 중단된다는 통보를 받은 상태였다. 다행히 영국의 군수 공장과 비행기 제조 공장의 생산량이 일정한 규모에 도달함으로써, 곧 확대될 전망이었다. 그러나 우리의 전체적인 생산에 영향을 미칠 수밖에 없는 오래 지속되는 "병목 현상"과 중요한 기본 원료를 확보하지 못할 가능성 때문에, 전함을 타고 쉴새없이 거친 파도를 뚫고 가면서도 걱정을 떨쳐버리지 못했다. 비버브룩은 곤경에 처했을 때에도 언제나 그렇듯이 낙천적이었다. 그는 이렇게 말했다. 미국의 자원은 아직 그 윗부분도 제대로 긁어내지 않은 단계이다. 미국의 자원은 무궁구진하다. 일단 미국 국민이 그들의 힘을 이 싸움에 쏟기 시작하면, 처음 계획한 것이나 예상한 것을 훨씬 능가하는 결과를 가져오게 될 것이다. 무엇보다 미국인들 자신이 그들의 생산 능력이 어느 정도인지 모르고 있다. 미국인들이 노력한다면, 현재의 각종 통계 수치는 무색해지고 말 것이다. 모두에게 충분한 양이 될 것이다. 이러한 비버브룩의 판단은 옳았다.

그런데 그 모든 생각은 주요 전략적 문제 앞에서 빛을 잃고 말았다. 우리는 미국 대통령과 미군 수뇌부에게 일본의 패배가 히틀러의 패배를 만들어 낼 수는 없지만, 히틀러의 패배는 일본의 처리를 단지 시간과 노고의 문제로 만들 수 있다는 점을 믿도록 설득할 수 있을까? 그 문제를 놓고 우리는 많은 시간을 보냈다. 두 명의 참모총장과 딜 장군은 홀리스와 그 휘하의 장교들과 함께 전체적인 문제를 논의하면서, 전쟁은 결국 하나라는 점을 강조한 몇 가지 문서를 작성했다. 그러나 바로 다음에 알게 되겠지만, 그러한 노력과 걱정은 아무 필요가 없었다.

★ ★ ★ ★ ★

본의 아니게 업무는 줄어들고 내각 회의 참석은 물론 방문객을 맞아야 할 일도 없는 8일 동안의 바다 여행 덕분에, 갑자기 확대된 전쟁에 대해서 내가 보고 느낀 것들을 전체적으로 다시 되돌아볼 수 있게 되었다. 나폴레옹이 말한 "지치는 일 없이 오랫동안 대상에 대해서 집중할 수 있는 능력"의 중요성을 상기했다. 여느 때와 같이 나는 내 생각을 타이피스트에게 구술하여 정리하는 방식으로 그렇게 하려고 노력했다. 대통령과의 회견 및 미국에서의 토의를 직접 준비하고, 파운드와 포털 두 참모총장 그리고 딜 장군과는 의견의 일치를 확실히 하고, 아울러 홀리스 장군과 사무국이 사실을 적시에 확인 점검할 수 있도록 하기 위해서, 나는 내가 확신하는 바에 따라 전쟁의 향후 방향에 대하여 세 가지 문서를 작성했다. 각 문서 작성은 2, 3일에 걸쳐 네댓 시간씩 걸렸다. 전체 그림을 머릿속에 그리고 있었기 때문에 모든 내용은 쉽게 그러나 천천히 떠올랐다. 그냥 보통 속도로 손으로 쓰더라도 같은 시간에 그것의 두세 배의 양은 만들 수 있을 정도였다. 검토를 마치는 것으로 각 문서를 완성하면, 나의 개인적 확신을 표현한 그 내용을 전문가들에게 보였다. 그들은 같은 시간에 통합 참모회의를 위하여 자기들만의 문서를 따로 작성하고 있었다. 내 문서는 일반적인 내용이었고 그들의 것은 전문적이었지만, 원칙과 가치 판단에 관해서는 언제나 일치하고 있다는 사실을 확인하게 되어 기뻤다. 논쟁을 거쳐야 할 이견은 없었으며, 수정할 사항도 거의 찾아보기 힘들었다. 그리하여 어느 누구도 명확하게 또는 단호하게 말하지는 않았지만, 우리가 광범위하게 일치할 수 있는 건설적 성격의 원칙을 확립하는 데 이르게 되었다.

첫 번째 문서는 유럽 전장에서 펼칠 1942년 작전의 주요 목표가 아프리카의 전체 해안선과 다카르에서 터키 국경에 이르는 레반트 해안선을 영국과 미국이 장악하는 것이 되어야 하는 이유를 열거했다. 두 번째 문서는 태평양의 지배권을 회복하는 각종 조치를 다루면서, 1942년 5월을 목표 달성의 구체적 일시로 특정했다. 특히 즉시 대량 건조하여 항공모함의 수를 늘려야 할 필요성에 관하여 기술했다. 세 번째 문서에서는 독일 점령 지역 중 가장 적당하다고 판단되는 곳에 대규모의 영미 합동군을 상륙시키는 방법으로 유럽을 해방시키는 것을 최종 목표로 선언하고, 그 목표를 성취하는 최고의 군사 행동 시기를 1943년으로 확정했다.

유럽 대륙에서 대규모 작전을 펼치는 계획에 대해서 내가 확고하게 반감을 가지고 있다는 여러 가지 설이 문헌 등을 통해 발표되었기 때문에, 진실을 확실하게 밝히는 것이 중요했다. 나는 전쟁에서 승리할 수 있는 유일한 방법은 독일 점령 지역에 대한 결정적인 공격을 가능한 한 대규모로 행하는 것이며, 그 시기는 1943년 여름이 되어야 한다고 항상 생각했다. 내가 이미 1941년 연말 이전에 생각했던 작전 규모는 행동 개시 국면에 필수적인 병력으로 40개 기갑사단과 별도의 100만 병력의 부대를 준비하는 것이었다. 그런데 그 문제에 대한 나의 생각을 잘못 추측하여 쓴 책들을 볼 때면, 나는 즉시 독자들에게 당시에 작성된 공식적이고 신뢰할 수 있는 문서를 제시하고 싶다. 거기에 관해서는 이야기를 계속 진행하면서 다른 예들을 제시하게 될 것이다.*

나는 작성된 세 문서를 크리스마스 전에 대통령에게 보냈다. 그 내용은 내 개인적 의견에 불과한 것이고 참모부와 주고받는 공식 견해를 대체하는 것은 아니라는 설명을 덧붙였다. 그 문서들은 영국 3군참모총장위원회에 보내는 메모 형식으로 표현된 것이었다. 특히 그것들은 루스벨트에게 보이기 위해서 작성한 것은 아니지만, 내 생각이 어떠하며 무엇을 원하고 있는지 그리고 영국과 관련된 일이라면 실행하도록 노력하겠다는 취지를 전했다. 대통령은 세 문서를 받자마자 곧 읽었으며, 다음날 바로 사본을 만들어 보관해도 괜찮겠느냐고 물어왔다. 나는 흔쾌히 동의했다.

프랑스령 북아프리카에서의 군사 행동에 관해서 대통령은 나와 거의 같은 생각을 하고 있다는 사실을 알 수 있었다. 미국과 영국은 이제 동맹국이므로, 공동으로 더 큰 행동으로 나아가지 않으면 안 되었다. 나는 대통령과 나 사이에 상당한 정도로 의견이 일치한다는 것을 발견하고 행동의 발판을 충분히 마련할 수 있다는 확신을 가지게 되었다. 따라서 나는 희망에 찬 기분이었다. 그리고 나중에 보게 되듯이, 마침내 북아프리카 원정(작전명 "횃불[torch]")에 대한 대통령의 동의를 얻었는데, 그것은 최초의 대규모 영미 합동 수륙 양면 공격 작전이었다.

미래를 위하여 계획을 세우는 일은 매우 중요하며, 때로는 어떤 면에서 앞날을 예측하는 일도 가능할 것이다. 그러나 그와 같은 중대한 일의 시간표를 적의 행동이나 반격에 의해서 혼란에 빠뜨리는 것은 불가항력일 수 있다. 그 메모에 기술한 목표는 순서에 따라 영국군과 미군에 의해서 성취되었다. 오킨렉 장군이 1942년 2월에 리비아의 적을 소탕하기를 바랐던 내

* 여기에서 언급하는 세 문서는 「대연합」의 제34장에서 검토될 것이다.

희망은 이루어지지 않았다. 그는 이제 이야기하고자 하는 일련의 애석한 패배를 겪어야 했다. 반면 히틀러는 승세를 몰아 대규모 튀니스 쟁탈전을 결정하고 10만의 새 병력을 이탈리아를 거쳐 지중해를 횡단하여 이동시켰다. 영국군과 미군의 북아프리카 작전은 애당초 내가 생각했던 것보다 훨씬 더 넓은 지역에 걸쳐 오랫동안 계속되었다. 원래의 계획에 따른 일정은 4개월 연기될 수밖에 없었다. 영미 연합군은 1943년 5월에야 아프리카 북부 해안 전체의 지배권을 확보할 수 있었다. 따라서 내가 그토록 바라고 또 노력했던 프랑스 해방을 위한 영국해협 횡단이라는 최대의 계획을 그 해 여름에 실행에 옮길 수 없었다. 어쩔 수 없이 통째로 한 해를 미루어 1944년 여름까지 기다려야 했다.

훗날 여러 가지로 생각해보고 또 지금 와서 알게 된 충분한 지식에 의할 때, 우리는 크게 실망했지만 행운은 우리 편이었다고 나는 믿고 있다. 계획한 원정이 1년 연기되지 않고 그때 감행되었더라면, 당시 최선을 다했다고 하더라도 극히 위험한 시도가 될 뻔했을 뿐만 아니라 세계를 뒤흔드는 재앙을 초래하고 말았을 것이다. 만약 히틀러가 현명했더라면, 북아프리카에서의 군사력 손실을 차단하고, 새로 만들어진 미국 군대와 그 간부들이 군사적으로 성숙하고 우월한 단계에 미처 도달하기 전에, 그리고 엄청난 수의 상륙용 주정과 부동식(浮動式) 인공 항구를 특수 제작하기 전에, 그가 1944년에 보유했던 병력보다 두 배나 많은 병력으로 프랑스에서 우리와 맞닥뜨렸을 것이다. 애초에 내가 원했던 대로 "횃불" 작전이 1942년에 종료되었거나 아니면 아예 시도조차 되지 않았다고 하더라도, 1943년에 해협 횡단을 감행했다면, 최대 규모의 잔인한 패배를 초래하여 전쟁 결과에 도저히 헤아릴 수 없는 영향을 미쳤을 것이다. 1943년 내내 날이 갈수록 나는 조금씩 그러한 사정을 깨닫게 되었고, 따라서 동맹국 소련의 초조와 격분을 잘 알면서도 "대군주" 작전의 불가피한 연기를 승인했다.

★ ★ ★ ★ ★

처음의 계획은 배를 타고 포토맥 강으로 들어간 다음 자동차로 백악관에 도착하는 것이었다. 그러나 열흘 동안의 바다 여행을 끝낸 우리는 더 견디기가 힘들었다. 햄턴 로드에서 비행기를 이용하는 것으로 일정을 조정했고, 그에 따라 12월 22일 어둠이 내린 뒤에 워싱턴 공항에 도착했다. 루스벨트는 승용차 속에서 기다리고 있었다. 나는 편안하고 기쁘게 굳센 그의 손을 잡았다. 우리는 금방 백악관에 도착했다. 어떤 의미에서든지 우리가 3주일 동안 우리 집처럼 지낼 곳이었다. 루스벨트 부인은 우리를 반갑게 맞이했다. 우리가 머무는 동안 편하게 지낼 수 있도록 모든 면에서 신경을 써주었다.

당시 나는 혼란스러운 사건들과 직접 처리해야 할 개인적 업무에 정신이 쏠려 있었기 때문에 지금 기억할 수 있는 것은 희미한 인상으로밖에 남아 있지 않다는 사실을 고백할 수밖에 없다. 당연히 가장 뚜렷하게 남아 있는 장면은 대통령과의 만남이다. 우리는 매일 여러 시간 동안 이야기를 나누었고, 언제나 점심 식사를 함께 했다. 그때마다 해리 홉킨스가 배석했다. 우리는 오직 일에 관한 이야기만 나누었고, 그 결과로 크고 작은 여러 쟁점에 관하여 폭넓게 의견의 일치를 보게 되었다. 만찬 때에는 보다 사교적인 분위기였는데, 친밀하고 우호적인 분위기는 한결같다. 대통령은 형식을 갖추어 직접 식전 칵테일을 만들고, 나는 경의의 표시로 엘리자베스 1세의 발 아래 자신의 망토를 펼쳤던 월터 롤리 경*을 떠올리며 대통령의 휠체어를 밀어 응접실에서 엘리베이터까지 갔다. 거의 10년 가까이 미국이라는 무대를 지휘했고 나를 흔들어놓았던 많은 충격에 가슴으로 반응했던 그 경이적인 정치가에 대해서 나는 아주 강한 애정을 느끼게 되었으며, 그 감정

---

* 영국의 정치가, 탐험가, 작가로 엘리자베스 1세의 총신이었다. 북아메리카를 두 차례 탐험한 뒤 지금의 플로리다 북부를 버지니아라고 명명하고 식민 통치를 시도했다. 진흙길 위에 고급 망토를 펼쳐 여왕이 지나가도록 했다는 전설이 있다/역주

은 세월이 가면서 점점 더 깊어졌다. 우리 두 사람은 필요에 의해서이기도 했고 습관에 따른 것이기도 했지만, 상당히 많은 일을 침실에서 처리하지 않을 수 없었다. 그는 필요하다고 생각하면 언제든지 내 방으로 찾아왔으며, 내게도 그렇게 하기를 원했다. 홉킨스의 방은 내 침실에서 복도 건너편에 있었으며, 그 옆방에는 나의 이동 지도실이 설치되었다. 핌 대령이 완성한 지도실에 대통령은 깊은 관심을 보였다. 벽은 온통 모든 전장을 표시한 대형 지도로 뒤덮였고, 함대와 군대의 이동 상황이 지도 위에 정확하고 신속하게 표시되었는데, 대통령은 수시로 찾아와 유심히 바라보며 숙고했다. 그로부터 얼마 지나지 않아 대통령도 효율성이 최고 수준인 자신의 지도실을 따로 마련했다.

시간을 다투는 사이에 날짜가 갔다. 어느새 나는 크리스마스 직후 미국 의회에서, 그리고 며칠 뒤에는 오타와의 캐나다 의회에서 연설을 해야 한다는 사실을 깨달았다. 그렇게 큰 기회를 가지게 되면, 나는 나의 활력과 능력에 상당한 부담을 느낄 수밖에 없었다. 따라서 자연히 매일 협의하고 다량의 업무를 처리해야 했다. 지금 생각하면 그 모든 것을 어떻게 해냈는지 참으로 알 수 없을 지경이다.

크리스마스는 간소하게 보냈다. 전통적인 크리스마스 트리가 백악관 정원에 섰고, 대통령과 나는 발코니에 서서 어둠 속에 구름같이 모여든 군중을 향해 짧은 연설을 했다. 크리스마스 당일에는 루스벨트와 함께 교회로 갔다. 나는 소박한 예배에서 평화를 느꼈고, 누구나 아는 찬송가들을 그리고 그때까지 한번도 들어본 적이 없는 "오 베들레헴의 작은 마을" 같은 노래도 기쁜 마음으로 불렀다. 세상의 도덕적 지배를 믿는 모든 사람들의 신앙을 확고히 하는 무엇인가가 존재하고 있었다.

★ ★ ★ ★ ★

연설을 해달라는 미국 의회의 초청에 응하게 된 것은 나에게 아주 고무적인 일이었다. 모든 것을 극복해야 하는 영어권 국민들의 동맹에 대한 나의 확신과 관련하여 아주 중요한 기회였다. 나는 그때까지 외국의 의회에서 연설을 해본 적이 없었다. 그러나 어머니 쪽으로 따지면 조지 워싱턴 장군의 군대에서 중위로 복무한 남자가 나의 5대 선조였으므로, 우리와 공동의 이상을 가진 위대한 공화국의 대표들에게 말할 수 있는 혈통의 권리가 내게 부여되어 있다고 느꼈다. 그렇게 일이 되어가는 것은 다소 기묘했지만, 이렇게 말하는 것이 허용되리라고 믿는다면, 나라는 존재는 하늘이 예정한 바에 따라 사용되고 있는 것 같았다.

크리스마스의 대부분을 연설문을 준비하는 데 바쳤다. 12월 26일 상하 양원 지도자들의 안내로 백악관에서 의사당을 향해 출발할 때 루스벨트가 행운을 빌어주었다. 넓은 도로변에는 수많은 사람들이 모여 있는 것 같았는데, 영국의 관행과 달리 미국의 경호는 훨씬 더 철저하여 군중들과 상당한 거리를 유지하게 했으며, 사복의 무장 경찰을 태운 두세 대의 자동차가 나를 따라오며 호위했다. 차에서 내렸을 때 강한 동포애를 느낀 나는 환호하는 군중들 곁으로 걸어가고 싶은 충동을 받았는데, 허용되지 않았다. 의사당 내부의 광경은 인상적이고 웅장했다. 마이크 줄 사이로 보이는 반원형의 홀은 사람들로 가득 차 있었다.

나는 아주 편안한 기분이었다. 어쩌면 영국의 하원에서보다 더 자신감을 가질 수 있다는 느낌까지 들었다. 그들은 나의 말을 최대한의 예의를 갖추어 경청했다. 내가 기대하고 있었던 부분에서 어김없이 웃음과 박수가 터져 나왔다. 가장 큰 반향은 일본의 도발에 대해서 이렇게 반문했을 때 나타났다. "일본은 도대체 우리를 어떠한 종류의 인간으로 알고 있다는 말입니까?" 당당한 군중들로부터 미국 국민의 힘과 의지력의 기운이 내게 밀려왔다. 모든 일은 좋은 결말에 이를 것이라는 데 대하여 감히 누가 의문을 제기할 수 있단 말인가? 연설이 끝난 뒤 의회 지도자들이 의사당을 둘러싼 군중 가까이에까지 나와 동행했기 때문에 그들에게 보다 친밀한 인사를 할 수 있었다. 그런 다음에는 보안 요원들과 그들의 자동차가 주변을 차단했고 나를 백악관으로 데려다주었다. 집무실에서 방송을 통해 내 연설을 들은 대통령은 성공적이라고 말했다.

* * * * *

12월 28일에서 29일로 넘어가는 밤에 기차를 타고 오타와로 가서, 총독 애슬론 경의 저택에 머물렀다. 29일에는 캐나다 전쟁내각 회의에 참석했다. 그 뒤에 매킨지 킹 수상은 나를 야당인 보수당 지도자들에게 소개하고는 나를 둔 채 혼자 가버렸다. 그들은 누구 못지않은 충성심과 의지를 가지고 있었지만, 안타깝게도 스스로 전쟁을 수행할 만한 처지가 아니었다. 뿐만 아니라 보수당은 자신들의 명운을 걸고 싸워온 온갖 감성적 견해를 반대파인 자유당이 주장하는 것을 듣고 있어야 할 정도로 비참했다.

30일에 캐나다 의회에서 연설을 했다. 잠시도 쉴 새 없이 계속되는 업무의 연장선상에서 전 세계에 전달되는 대서양 건너에서의 두 연설을 준비하는 일은 극도로 힘들었다. 말로 하는 것은 단련된 정치가에게는 조금도 부담스러운 일이 아니지만, 격정적 분위기가 감도는 장소에서 무슨 말을 하고 무슨 말을 하지 않을지 선택하는 일은 몹시 조심스럽고 힘들었다. 나는 최선을 다했다. 캐나다 연설에서 가장 성공적이었던 부분은 비시 정부에 관한 언급이었다. 캐나다는 그때까지 비시 정부와 외교 관계를 유지하고 있었다.

프랑스 제국에서 가장 요충지라고 할 북아프리카로 가는 것은 [1940년에] 그들의 의무였을 뿐만 아니라 그들에게 이익이 되는 일이었습니다. 프랑스는 우리 영국의 지원을 받아 압도적인 해상 지배권을 가지게 되었을 것입니다. 프랑스는 미국의 승인을 받았을 것이고, 그에 따라 프랑스가 해외에 보유하고 있던 금을 모두 사용하는 일이 가능했을 것입니다. 프랑스가 그렇게 했더라면, 이탈리아는

1940년 말 이전에 전쟁에서 배제되었을 것입니다. 그에 따라서 프랑스는 하나의 국가로 연합국 회의에서 지위를 유지할 수 있을 뿐만 아니라 전승국들의 협상 테이블에도 앉을 수 있을 것입니다. 그러나 프랑스 장군들은 잘못된 길로 들어서고 말았습니다. 프랑스가 어떻게 하든 영국은 단독으로라도 싸울 것이라고 경고했을 때, 프랑스 장군들은 수상과 이미 분열된 내각에 이렇게 말했습니다. "3주일 안에 영국은 한 마리 병아리처럼 모가지가 비틀려지고 말 것이다." 대단한 병아리입니다! 대단한 모가지입니다!

연설은 아주 순조롭게 진행되었다. 나는 옛 일을 회고하면서, 제1차 세계대전 때 해리 로더 경[1870년에 태어난 스코틀랜드 출신의 영국 코미디언. 작곡과 노래도 했다/역주]의 노래를 인용했다. 이렇게 시작하는 가사였다.

> 우리 모두 지난 역사를 되돌아보면
> 지금의 우리를 바로 알 수 있네

애당초 내 연설문의 초고에는 "그 위대한 노년의 희극 배우"라는 표현이 있었다. 그런데 연설을 하기 위해서 오타와로 오는 길에 "음유시인"이라는 어휘를 떠올렸다. 얼마나 더 멋진가! 그가 영국에서 내 연설을 듣고 자신이 언급된 것에 대해서 기뻐했다는 것을 들은 적이 있었는데, 나는 무척 기분이 좋았다. 사람들의 마음을 고양시키는 노래와 당당한 삶의 태도로 스코틀랜드 민족과 대영제국 전체에 헤아릴 수 없을 정도로 공헌한 한 인간을 표현하는 데에 적합한 단어를 찾아서 나는 아주 기뻤다.

워싱턴과 오타와에서 한 그 연설은 운 좋게도 시기까지 적절했다. 압도적인 잠재력을 가진 대연합의 탄생에 모두가 기뻐해야 할 순간이며, 장기간에 걸쳐 놀라울 정도로 교묘하게 준비한 일본의 강습에서 초래될 파괴의 홍수가 우리를 덮치기 시작한 때였다. 확신에 찬 목소리로 말하기는 했지만, 연설하는 도중에 나는 조만간 우리의 벌거벗은 몸뚱어리에 흔적을 남길 채찍의 고통을 예감했다. 영국과 네덜란드는 물론 미국까지도 태평양과 인도양에서, 그리고 그 물결이 닿는 아시아 대륙과 여러 섬에서 혹독한 손실을 보아야만 했다. 우리 앞에 무한한 군사적 재난이 기다리고 있는 것은 확실했다. 다시 광명이 찾아올 때까지 패배와 상실의 어둡고 고통스러운 세월을 참고 견디지 않으면 안 될 것이다. 새해 전날 기차를 타고 워싱턴으로 돌아왔는데, 미국의 일급 기자들이 가득 모여 있는 객차로 가달라는 요청을 받았다. 나는 그들에게 영광스러운 신년을 기원했으나, 나 자신은 아무런 환상도 가지지 않았다. "1942년입니다. 이제 노고의 해, 싸우면서 위험을 무릅써야 할 해가 왔습니다. 승리를 향한 긴 여정의 첫 걸음을 내딛는 해입니다. 우리 모두의 안식과 영광을 기원합니다!"

제6장
영미의 협력과 조화

내가 미국에 도착한 뒤 루스벨트 대통령이 가장 먼저 제안한 주요 기획은 독일과 이탈리아 또는 일본과 교전한 모든 국가가 서명하는 엄숙한 선언문을 작성하는 일이었다. 대통령과 나는 대서양 헌장(Atlantic Charter)을 만들때의 방식을 되풀이하면서 선언문의 초고를 준비하여 이리저리 구성해보았다. 원칙에서, 정서에서, 그리고 무엇보다 사용 언어에서 우리는 완벽하게 일치했다. 본국의 전쟁내각은 대연합 체제가 계획하고 있던 규모에 대해서 경악하고 전율했다. 어떤 정부와 당국이 선언문에 서명할 것이며 그 순서는 어떻게 결정할 것인가에 관하여 여러 차례 신속한 의견 교환을 했고, 몇 가지 어려운 문제가 제기되었다. 첫 번째 자리를 미국에 내어주는 데는 기꺼이 의견이 일치되었다. 그리고 내가 백악관으로 돌아왔을 때에는 이미 반추축 국제연합 협약(United Nations Pact)*의 조인 준비가 완료되어 있었다. 수많은 전문이 워싱턴과 런던 그리고 모스크바 사이에 오갔지만, 마침내 모든 문제가 해결되었다. 대통령은 상황이 호전되자 선언문 문구에 새로 삽입하기로 한 "종교의 자유"를 받아들이도록 하기 위해서 소련 대사 리트비노프를 설득하는 데에 열성을 다했다. 대통령은 의도적으로 오찬을 함께

---

* 여기에서의 "United Nations"는 1945년에 창설된 지금의 United Nations(UN)와는 다르다. 이때의 United Nations는 1942년 추축국에 대항하여 계속 싸울 것을 결의하면서 국제연합 협약에 참여한 26개국을 지칭한다. 결국 이 모임이 1945년 국제연합 탄생의 토대가 되었다/역주

하자며 리트비노프를 우리와 함께 그의 집무실로 초대했다. 리트비노프는 자기 나라에서 온갖 경험을 겪은 뒤였기 때문에 신중해야 할 필요가 있었다. 나중에 대통령은 소련 대사와 단 둘이 되어, 그의 영혼과 무신론의 위험에 관하여 오랫동안 이야기를 나누었다. 대통령은 그 뒤 몇 차례 기회에 그때 그 러시아인에게 말한 내용을 우리에게 들려주었는데, 무척 인상적이었다. 실제로 한번은, 만약 다음 대통령 선거에서 패배한다면, 내가 루스벨트를 켄터베리 대주교로 추천할 것이라고 직접 약속했을 정도였다. 그러나 나는 그 생각을 내각이나 왕실에 공식적으로 제안하지는 않았는데, 1944년 대선에서 그가 다시 승리하는 바람에 다행히 약속 이행의 문제는 제기되지 않았다. 리트비노프는 "종교의 자유"와 관련한 쟁점에 대해서 두려워하며 스탈린에게 보고했는데, 스탈린은 그것을 당연한 듯이 수락했다. 우리 전쟁 내각도 "사회보장"에 관련하여 의견을 제시했고, 나는 최초의 실업보험법 제정자로서 동의했다. 전문의 홍수가 일주일 동안 전 세계를 휩쓴 다음, 대연합 체제에 대한 동의가 이루어졌다.

"Associated Powers"라고 하는 애초의 명칭은 대통령의 제안에 따라 "United Nations"로 바뀌게 되었다. 그것은 아주 큰 진전이라고 나는 생각했다. 나는 바이런의 「귀공자 해롤드」의 한 구절을 대통령에게 보여주었다.

> 연합한 나라들(United Nations)이 칼을 뽑은 이 땅에서,
> 그 날, 우리나라 사람들은 싸우고 있었다!
> 이것은 영원히 사라지지 않을 거대한 것, 모든 것일지니

1월 1일 아침, 대통령은 휠체어를 타고 내 방으로 찾아왔다. 나는 목욕탕에서 나와 선언문 초안에 동의했다. 선언 자체가 전쟁을 승리로 이끌게 할

수는 없었지만, 그것은 우리의 존재가 어떠했으며 또 무엇 때문에 우리가 싸워야 하는가를 밝혀주는 것이었다. 그날 늦게 루스벨트, 나, 리트비노프 그리고 중국 대표 쑹이 대통령 서재에 모여 그 장엄한 문서에 서명을 했다. 그리고 나머지 22개국의 서명은 국무부에서 받도록 맡겼다. 최종적으로 확정된 문안을 여기에 기록하지 않을 수 없다.

미국, 영국, 소련, 중국, 오스트레일리아, 벨기에, 캐나다, 코스타리카, 쿠바, 체코슬로바키아, 도미니카 공화국, 엘살바도르, 그리스, 과테말라, 아이티, 온두라스, 인도, 룩셈부르크, 네덜란드, 뉴질랜드, 니카라과, 노르웨이, 파나마, 폴란드, 남아프리카 공화국 그리고 유고슬라비아의 공동 선언

가맹국 정부는 이에 서명한다.

1941년 8월 14일의 대서양 헌장으로 알려진 미국 대통령과 영국 수상의 공동 선언에 구현된 목적 및 원칙의 공동 계획에 서명한다.

우리 모두의 적에 대한 완전한 승리는 생명, 자유, 독립 그리고 종교의 자유를 지킨다는 사실을 확인하고, 자국에서뿐만 아니라 다른 국가에서도 인권과 정의가 유지되도록 노력하는 가운데, 세계를 정복하려는 야만적이고 포악한 세력에 대항하는 공동의 투쟁에 참여하기로 하여 다음과 같이 선언한다.

1. 3국 동맹의 국가들과 거기에 참여하는 국가들에 대항하여 교전 중에 있는 각 정부는 자국의 모든 군사적 경제적 자원을 동원할 것을 서약한다.

2. 각 정부는 이 선언에 서명한 정부와 협력하며, 적국과 단독 휴전이나 단독 강화를 하지 않을 것을 서약한다.

위 선언은 히틀러주의를 타도하기 위한 투쟁에 물질적 원조와 기여를 하고 있거나 앞으로 하게 될 다른 국가들이 계속 참가할 수 있도록 한다.

　후세의 역사가들은 암호명 "아카디아(Arcadia)"로 불렸던 우리의 제1차 워싱턴 회의의 가장 중요하고 영속적인 결과가 이제 유명해진 "합동3군참모총장위원회(Combined Chiefs of Staff Committee)"가 설치된 것이라고 생각할 것이다. 그 본부는 워싱턴에 있었다. 그러나 영국 3군 참모총장들은 정부 가까이에 근무해야 했으므로, 위원회 본부에는 워싱턴에 상주하는 다른 고급 장교들이 대표로 참석하게 되었다. 그 대표들은 매일, 거의 실시간 런던과 접촉했기 때문에, 주야를 가리지 않고 언제든 그리고 어떠한 문제에 관해서든 영국 3군참모총장들의 견해를 미국의 동료 대표들에게 제시하고 설명할 수 있었다. 세계 각처—카사블랑카, 워싱턴, 퀘벡, 테헤란, 카이로, 몰타, 크림—에서 가진 여러 차례의 회의로 인하여, 때로는 그 주요 인물들이 2주일 동안 함께 지내는 일도 생겼다. 전쟁 기간 중 합동3군참모총장위원회의 200회의 공식 회의 가운데 적어도 89회는 그러한 장소들에서 열린 것이었다. 그리고 대부분의 가장 중요한 결정 역시 그 정식 회의들에서 이루어졌다.

　보통의 절차에 따르면, 매일 이른 아침 영미 양국은 각각 3군참모총장위원회의 회합을 가졌다. 그리고 오후쯤 두 팀은 모여 하나가 되었으며, 가끔 저녁 시간에도 합동회의를 계속했다. 합동회의는 전쟁의 전체적 지휘를 염두에 두고 고민했으며, 일치된 의견을 대통령과 나에게 제출했다. 두 말할 것도 없이 대통령과 나 사이의 직접 협의는 대화나 고문들을 통해 진행했고, 각자 자국 참모들과 긴밀하게 협의했다. 전문 분야 고문들의 제안은 전체 회의에서 다루었으며, 그 결과에 따라서 야전 사령관들에게 명령이 하달되었다. 합동3군참모총장위원회에서 아무리 의견이 날카롭게 맞서더라도, 논의가 아무리 노골적이고 격렬하더라도, 공동의 대의를 향한 순수한 열정은 국가적, 개인적 이해관계를 초월했다. 일단 한번 결정이 이루어지고 양국 정부의 수반이 승인하면, 모든 사람들, 특히 최초의 의견을 묵살당한 사람들도 완벽한 충성심으로 실행에 옮겼다. 행동을 위한 효율적인 의견 일치에 이르지 못했다든가, 각 전장의 지휘관들에게 명확한 지시를 전달하지 못했다든가 하는 일은 전혀 발생하지 않았다. 실행에 임한 장교들은 자신들이 받은 명령이 양국 정부의 공동의 개념과 전문적 권위에 뒷받침되어 있다고 받아들였다. 연합국 사이에서 그보다 더 유용한 전쟁 기구가 만들어진 예는 없었다. 비록 형태가 동일하지는 않아도 그 운용이 오늘날까지 계속되고 있다는 사실이 무척 기쁘다.

러시아는 합동3군참모총장위원회에 대표를 참석시키지 않았다. 그들은 아주 멀리 떨어진 곳에 단일의 독립 전선을 가지고 있었기 때문에, 그 위원회에 참여할 필요도 없었고 그렇게 할 방법도 없었다. 우리가 그들 군사 이동의 범위와 시기를 알고 또 그들이 우리의 그런 것을 아는 정도로 충분했다. 그런 점과 관련해서는 그들의 사정이 허용하는 범위 내에서는 최대한 밀접한 관계를 유지했다. 내가 직접 모스크바를 방문한 사실에 대해서는 적당한 곳에서 설명하려고 한다. 테헤란, 얄타 그리고 포츠담에서 3국의 3군 참모총장들이 모두 모여 회합했다.

★ ★ ★ ★ ★

육군참모총장의 자리에서 물러났음에도 불구하고, 어떻게 딜 원수가 우리와 함께 듀크 오브 요크 호를 타게 되었는지는 설명한 바 있다. 그는 모든 토론에서 자신의 역할을 완벽하게 수행했다. 선상에서는 물론 미국 지도자들과 만난 자리에서도 마찬가지였다. 나는 미국 지도자들에 대한 그의 권위와 영향력이 참으로 대단하다는 사실을 대번에 간파했다. 전쟁 기간 중 대서양을 건너간 영국 장교들 중에서 그와 동일한 정도로 미국인의 존경과 신뢰를 받은 사람은 없다. 그의 인격과 분별력 그리고 기지는 단번에 대통령의 신뢰를 얻을 수 있었다. 동시에 그는 마셜 장군과 진정한 동료애와 개인적 친분 관계를 쌓았다.

생산 부문의 방대한 확장이 요구되었다. 그 분야에 관해서는 비버브룩이 강력한 추진력을 보였다. 미국의 공식적인 산업 동원의 역사는 이에 대하여 풍부하게 증언하고 있다.* 미국 전시 생산행정국 국장 도널드 넬슨은 이미 거대한 계획을 세워놓고 있었다. 미국 측의 문서에는 이런 기록이 있다. "그러나 넬슨은 비버브룩 경의 강력한 영향을 받아 자신에게 필요한 대담성을 갖추게 되었다.……" 그 내용에 관해서는 넬슨이 직접 잘 설명하고 있다.

"비버브룩 경이 강조한 것은 자원이 풍부하고 의지가 강한 적에 대항하기 위해서는 우리의 생산 전망을 1942년도보다 훨씬 더 높은 수준으로 설정해야 한다는 것이었다. 그는 지금 우리가 싸우고 있는 것과 같은 종류의 전쟁에서 우발적으로 발생 가능한 손실을 우리는 전혀 경험하지 못했다는 점을 지적했다.……비버브룩 경은 넬슨의 뇌리에 주입했던 것을 대통령에게도 전했다. 비버브룩 경은 대통령에게 제출한 각서에서 1942년에 기대되는 미국과 영국 그리고 캐나다의 생산량을 영국과 러시아 그리고 미국의 수요량과 대비했다. 비교 결과 1942년에 계획된 생산량이 엄청나게 부족했다. 부족분의 내역은 탱크 1만500대, 비행기 2만6,730기, 포 2만2,600문 그리고 소총 160만 정이었다. 비버브룩 경은 그 생산 목표는 확대되어야 한다고 썼다. 그리고 그 실현은 '미국 공업의 무한한 잠재력'에 달려 있었다.……그 결과는 넬슨이 제안한 것을 능가했다. 대통령은 미국 공업 능력에 관한 개념을 근본적으로 바꾸지 않으면 안 된다고 확신하기에 이르렀다.……그는 1942년에 전투기 4만5,000기, 탱크 4만5,000대, 대공포 2만 문, 대전차포 1만4,900문 그리고 기관총 50만 정을 생산하는 군수품 생산 계획의 실행을 지시했다."

---

* 『전시 생산국의 역사(*History of the War Production Board*)』, 1940-1945.

그 놀라운 수량은 1943년 말까지 완전히 달성하거나 아니면 초과 달성했다. 예를 들면, 선박의 경우 미국에서 새로 건조한 톤수는 다음과 같았다.

1942년……533만9,000톤

1943년……1,238만4,000톤

★ ★ ★ ★ ★

전쟁의 전반적 국면에 대한 끊임없는 집중, 대통령과 그의 주요 고문들 그리고 나 자신의 고문들과 상시적인 토의, 두 차례의 연설과 캐나다 여행, 결정을 요하는 긴급한 업무의 홍수와 본국의 동료들과 주고받는 수많은 전문 등으로 인하여 워싱턴에 머무는 동안 나는 극도의 긴장 상태에서 힘들었을 뿐만 아니라 거의 탈진하고 말았다. 미국 사람들은 내가 지친 것을 보고 휴식을 취해야 한다고 조언했다. 친절하게도 스테티니어스가 팜비치 부근 해안의 한적한 곳에 자리 잡은 자기의 작은 별장을 제공하게 되어, 1월 4일 비행기로 갔다. 그리고 나를 괴롭히던 몇 가지 어려운 문제를 처리했다. 이탈리아 "인간 어뢰"의 알렉산드리아 항구 공격으로 퀸 엘리자베스 호와 밸리언트 호가 사용할 수 없게 되었다는 사실은 이미 말한 그대로였다. 우리 해군의 다른 피해에 뒤따라 일어난 그 불행한 사건은 가장 좋지 않은 시기에 일어난 당혹스러운 손실이었다. 그 사태의 중대성은 금방 알 수 있었다. 당시 지중해 전투 함대는 당분간 전무한 상태였기 때문에, 바다를 통한 직접 침공으로부터 이집트를 방어할 수 있는 우리의 해군력은 마비된 상황이었다. 이 비상사태에 대처하기 위해서는 잉글랜드 남부 연안 지역에서 가능한 한 최대의 뇌격기를 모아 보낼 필요가 있었다. 그러나 그러한 조치는, 뒤에 알게 되겠지만, 썩 유쾌하지 못한 결과를 초래했다.

나는 이든이 모스크바에서 돌아와서 보고한 내용 중 소련의 영토적 야심, 특히 발트 3국에 대한 욕망과 관련한 설명을 듣고 몹시 혼란스러웠다. 그 국가들은 표트르 대제에 의해서 정복당한 뒤 200년 동안 차르 치하에 있었다. 러시아 혁명 이후 그 지역은 볼셰비즘에 대한 유럽의 전초 기지가 되었다. 그들의 체제는 오늘날 "사회 민주주의"라고 일컫는 것이었지만, 분위기는 아주 활발하고 격렬했다. 1939년 전쟁이 시작되기 전, 히틀러는 소련과 거래하면서 발트 3국을 저당물처럼 넘겨주었다. 그러자 러시아 공산주의 방식의 잔혹한 숙청이 이루어졌다. 유력 인사들은 이런저런 방식으로 모조리 제거되었다. 이후로 그 강인한 사람들의 삶은 지하세계로 들어갔다. 다시, 잘 알 수 있는 바와 같이, 히틀러가 돌아와 반나치 숙청을 시작했다. 마지막으로는 전반적인 승세를 타고 소련이 다시 지배권을 쥐었다. 그와 같이 지옥의 빗자루가 뒤로 갔다 앞으로 갔다 하다가 다시 한 번 뒤로 향하면서, 에스토니아와 라트비아 그리고 리투아니아를 쓸어버렸다. 무엇이 옳은가는 의심의 여지가 없었다. 발트 3국은 마땅히 독립 주권국가가 되어야 한다는 것이었다.

★ ★ ★ ★ ★

9일 밤 나는 팜비치에서 기차를 타고 워싱턴을 향해 출발했으며, 11일이 되어서야 백악관에 도착했다. 합동3군참모총장위원회의 일은 상당히 많이 진척되어 있었고, 거의 대부분이 내 견해와 다르지 않았다. 대통령이 소집한 1월 12일의 회의에서는 광범위한 원칙과 전쟁의 목표에 관해서 완전한 의견의 일치를 보게 되었다. 이견이 있었다면, 그것은 우선권을 어디에 둘 것이냐와 어느 부문에 중점을 둘 것이냐 하는 정도였다. 그리고 모든 것은 가차 없는 절대적 요인이 된 선박에 의해서 좌우되었다. 영국 측의 기록에 의하면 이렇다. "대통령은 북아프리카에 파견할 영미 합동 파견군 구성을 매우 중요시했다. 미군 9만 명과 영국군 9만 명 그리고 그에 상응하는 공군의 북아프리카 파견을 위한 잠정적인 일정표가 이미 작성되었다." 참모들은 "대전략"에 관해서, "아주 중요한 이익을 보호하기 위한 최소한의 예외적 병력을 제외하고는 모두 독일 작전에 투입해야 한다"는 데에 의견이 일치했다. 그러한 기본적인 결정을 하는 데에 마셜 장군보다 더 애쓴 사람은 없었다.

14일, 나는 루스벨트 대통령에게 작별 인사를 했다. 그는 항해 중 일어날 수 있는 위험에 신경을 많이 썼다. 우리가 워싱턴에 체류 중이라는 사실은 오랫동안 전 세계에 알려져 있었고, 해도에 따르면 우리의 귀항 항로에 20척 이상의 유보트가 있었다. 우리 일행은 아름다운 날씨를 맞아 노퍽에서 버뮤다로 날아갔다. 구축함의 호위를 받으며 듀크 오브 요크 호가 산호초 섬들 속에서 기다리고 있었다. 나는 웅장한 보잉 비행정을 타고 갔는데, 그 비행정은 무척 인상적이었다. 세 시간의 비행 시간 동안 수석 조종사 켈리 로저스 대위와 친해졌다. 그는 고도의 기술과 경험의 보유자였다. 나는 달리고 있는 30톤이 넘는 그 육중한 기계를 느껴보고 싶어 잠시 조종간을 잡았다. 그러다가 점점 더 흥미를 느끼게 되었다. 마침내 대위에게 물었다. "버뮤다에서 영국까지 갈 수도 있는가? 연료는 충분한가?" 무신경해 보이는 외모와는 달리 그도 흥분했다. "당연히 갈 수 있습니다. 현재 기상 조건은 시속 65킬로미터의 뒷바람이 불고 있습니다. 20시간 이내에 도착 가능합니다." 거리가 얼마나 되느냐는 질문에, 그가 대답했다. "5,600킬로미터 정도입니다." 나는 생각에 잠겼다.

버뮤다에 내려 포털과 파운드에게 그 문제에 관해서 얘기했다. 마침 말레이 반도에서 엄청난 사건이 벌어진 상황이었다. 우리는 최대한 서둘러 복귀해야만 했다. 공군참모총장은 그러한 위험을 감수하는 비행은 용납되지 않는다면서, 자기는 책임질 수 없다고 잘라 말했다. 해군참모총장도 그 의견을 지지하고 나섰다. 구축함을 거느린 안락하고 안전한 여행을 보장할 듀크 오브 요크 호가 기다리고 있지 않느냐는 것이었다. "내게 주의해야 한다던 유보트는 어떻게 되었소?" 내가 물었다. 제독은 무시하는 듯한 몸짓을 하면서 적절히 호위되는 쾌속 전함이 받을 수 있는 위협에 관하여 솔직한 의견을 말했다. 나는 두 사람이 나 혼자 비행정을 타고 그들은 듀크 오브 요크로 오라는 의미로 이해한 것이 아닐까 하는 생각이 문득 들었다. "물론 비행정에는 우리 모두가 탈 것이요." 나의 그 말 한마디에 두 사람의 표정이 달라졌다. 한동안 침묵이 흐른 뒤 포틸이 입을 열었다. 그 문제를 검토하여 비행정 기장과도 논의한 다음, 기상 당국에도 상황을 알아보겠다고 했다. 나는 더 이상 말하지 않았다.

두 시간이 지난 뒤 두 사람 모두 돌아왔는데, 포틸은 비행정 이용이 가능하다고 말했다. 비행정은 적합한 조건 하에서는 자기 기능을 충분히 다하며, 기상 역시 강한 뒷바람 때문에 이례적으로 비행에 유리하다는 설명이었다. 게다가 빨리 본국으로 돌아가는 일이 무엇보다 중요했다. 파운드는 비길 데 없이 경험이 풍부한 기장의 고견에 따를 것이라고 했다. 어차피 거기에도 위험이 따랐지만, 그렇지 않을 경우에도 유보트가 있었다. 결국 날씨가 악화되지 않는 한, 그렇게 하기로 결정했다. 예정된 출발 시간은 다음 날 오후 2시였다. 짐은 반드시 필요한 서류에 한정하여 몇 개의 박스로 줄일 필요가 있었다. 딜은 내 개인적 군사 문제 대표로 워싱턴에 남아 대통령 곁에 머물도록 했다. 우리 일행은 나, 두 참모총장, 맥스 비버브룩, 찰스 모란 그리고 홀리스뿐이었다. 나머지는 모두 듀크 오브 요크를 타기로 했다.

다음날 새벽, 더 이상 자지 않기로 마음먹고 터무니없이 일찍 눈을 떴다. 사실대로 고백하자면, 나는 두려웠던 것이다. 마음속에 망망대해를 그려보고, 영국 섬에 접근할 때까지 대륙에 1,500킬로미터 이내에는 접근하지 않겠다고 생각했다. 그러면서 내가 너무 성급하게 결정한 것은 아닌지, 그래서 너무 한 가지에 모든 것을 걸어버린 결과가 되지 않은지 걱정되었다. 나는 항상 비행기로 대서양을 횡단하는 일을 두려워했다. 그러나 이미 주사위는 던져졌다. 그럼에도 불구하고 여전히 아침 식사 시간에, 혹은 점심 시간 직전에 날씨가 좋지 않아 배로 가야 한다면, 나는 군소리 없이 우리를 데려갈 늠름한 군함을 타고 항해하는 데 동의할 수밖에 없었다.

기장이 예상한 대로, 수면에서 이륙하는 것은 쉽지 않았다. 내 생각에도 항구 근처의 낮은 언덕조차 넘을 수 있을까 싶었다. 그러나 실제로는 아무 위험이 없었다. 기장은 믿을 만했다. 비행정이 400미터 정도 달린 뒤 그 육중한 몸체를 들어올렸는데, 수백 미터 가량 높이 올라갈 수 있었다. 그처럼 큰 비행정의 안락함에 새삼 놀랐다. 비행은 순조로웠고, 진동조차 전혀 불쾌하지 않았다. 우리는 즐거운 오후 시간을 보내고, 저녁을 먹었다. 비행정은 2층으로 되어 있어 조종실로 가려면 계단을 통해 올라가야 했다. 날은 저물었고, 모든 보고 상황도 좋았다. 우리는 2,000미터 이상의 상공에서 짙은 안개를 뚫고 비행하고 있었다. 날개의 앞쪽 가장자리에서 불꽃처럼 일어난 수포가 표면을 스쳐 뒤쪽으로 밀려가는 것이 보였다. 당시 그와 같은 비행정의 동체에는 얼음막이 생기는 것을 방지하기 위해서 간격을 두고 큰 고무관을 설치했다. 기장은 그 장치가 어떻게 작동하는지 설명해주었는데, 우리는 가끔씩 고무관이 팽창하면서 얼음이 튕겨나가는 것을 볼 수 있었다. 나는 침실로 가서 몇 시간 동안 편안하게 잤다.

★ ★ ★ ★ ★

날이 밝기 전에 깨어나서 앞쪽의 조종실로 갔다. 아래는 온통 빈틈을 찾아볼 수 없는 구름 바다였다.

부조종석에 앉아 한 시간 남짓 가다보니 왠지 불안해지기 시작했다. 우리는 남서쪽을 통해서 잉글랜드로 들어갈 계획이었기 때문에 실리 군도를 통과해야 했다. 그러나 구름 틈 사이로 어떤 섬도 발견할 수가 없었다. 열 시간 이상 안개 속에서 오직 하나의 별만 보면서 비행한 탓에 항로를 약간 벗어나게 되었던 것이다. 당연히 무선 통신은 보통의 전시 규정에 따라 제한되었다. 주고받는 이야기를 들어보니 우리의 위치가 어디인지 모르는 것이 분명했다. 위치를 탐색하고 있던 포털이 기장에게 한마디 건네며 확인하더니, 나에게 이렇게 말했다. "우리는 즉시 북쪽으로 기수를 돌릴 것입니다." 북으로 방향을 바꾸었고, 구름 사이를 들락거리며 30분가량 더 날아가자 잉글랜드가 시야에 들어왔다. 그리고 바로 플리머스 상공에 진입했으며, 반짝이며 떠 있는 방공 기구들을 피해 안착했다.

비행정에서 내릴 때 기장이 말했다. "각하를 안전하게 이 항구에 내려드리게 된 것만큼 더 다행스러운 일은 제 평생에 없었습니다." 그 당시에는 그 말의 의미를 충분히 깨닫지 못했다. 만약 그때 방향을 북쪽으로 돌리지 않은 채 5, 6분만 계속 같은 항로를 유지했더라면, 우리는 독일군 포대가 자리 잡은 브레스트 상공으로 들어갔을 것이라는 사실을 그 뒤에 알게 되었다. 우리는 밤 사이에 너무 남쪽으로 치우쳐 날았던 것이다. 게다가 갑자기 방향을 바꾸다보니 잉글랜드 쪽에서 볼 때 남서쪽이 아닌 남에서 동으로 기운 방향, 다시 말하면 우리가 생각했던 방향이 아니라 적군이 위치한 방향으로 접근했던 것이다. 그 결과, 그 수주일 뒤에 내가 들은 바에 의하면, 우리는 브레스트에서 출격한 독일 폭격기로 오인되어 보고되었다고 한다. 따라서 우리 전투기 사령부의 명령으로 허리케인 6기가 우리를 격추시키기 위해서 출동했다. 그러나 그들은 임무 수행에 실패했다.

나는 루스벨트 대통령에게 타전했다. "버뮤다에서 단숨에 도착, 시속 50킬로미터의 바람을 타고."

제7장
싱가포르 함락

나는 워싱턴에서 나에게 주어졌던 임무와, 런던을 떠나 멀리 가 있던 그 5주일 동안에 일어난 일에 대하여 의회에서 설명할 예정이었다. 두 가지 사실이 내 마음속에 자리잡고 있었다. 하나는 대연합이 긴 전쟁 끝에 결국은 승리하게 되리라는 것이었다. 다른 하나는 일본의 진격으로 거대하고 헤아릴 수 없는 재앙의 화살들이 우리를 향해 날아오고 있다는 사실이었다. 그러나 누구나 우리 국가와 제국의 운명은 더 이상 위태롭지 않다고 느끼며 깊이 안도했다. 또 한편으로는, 치명적인 위험은 사라졌다는 인식이 전반적으로 형성되어 우호적이거나 악의적인 비판자들 모두가 그동안 행해진 숱한 오류를 자유롭게 지적하는 분위기가 형성되었다. 게다가 많은 사람들이 우리의 전쟁 수행 방식을 개선함으로써 끔찍한 경험을 줄이는 것이 자신들의 할 일이라고 느꼈다. 그동안 이미 우리가 당한 패배 때문에 나는 상당히 괴로웠는데, 그것이 대재난의 시작에 불과하다는 사실 역시 나만큼 잘 알고 있는 사람도 없었다. 오스트레일리아 정부의 태도, 모든 정보를 파악하고 있으면서도 아예 초연한 척 비판하는 신문, 20-30명의 유능한 의원들의 통렬하면서도 끊임없는 조롱, 그리고 의원회관의 분위기 때문에 나는 당혹스러웠을 뿐만 아니라 기분이 좋지 않았다. 비록 표면적인 현상이라고 할지라도 난감한 여론이 사방에서 내 주변으로 휘몰아쳐왔다.

그 반면에, 나는 나의 위치가 아주 견고하다는 사실도 잘 인식했다.

1940년 그 해에 국민들이 생존함으로써 내가 공유하게 된 그들의 선의에 나 자신이 의지할 수 있었다. 나를 지지하고 믿어주는 국민적 순수성의 그 넓고 깊은 물결을 결코 과소평가할 수 없었다. 전쟁내각과 3군 참모총장들은 최고의 충성심을 보였다. 나는 자신감이 넘쳤다. 나는 필요하다고 느낄 때마다 내 주변 사람들에게 나의 권한과 그에 따르는 책임을 조금도 회피하지 않을 것임을 분명히 밝혔다. 그런데 신문들은 모두 수상직은 내가 계속 맡고 연설은 하되, 전쟁 수행의 실제 지휘권은 누군가 다른 인물에게 양보해야 한다고 떠들어댔다. 나는 어떠한 부분도 넘겨주지 않고 스스로 가장 중요한 책임을 지고 하원에 신임을 묻기로 결심했다. 그러면서 "사람은 냉철하지 않으면, 다른 사람의 마음을 지배할 수 없다"는 프랑스 속담을 떠올렸다.

　무엇보다도 우리의 목전에 임박한 불행한 사태에 대하여 의회와 국민 앞에 경고하는 일이 필요했다. 머지않아 무너져버릴 거짓 희망을 내세우는 것 이상으로 공공의 리더십에서 나쁜 과오는 없다. 영국 국민은 눈앞에 닥친 위험과 불행에 대해서는 인내심과 낙천적 심성으로 맞설 수 있다. 그러나 자신이 기만당했다거나 자신들의 일에 책임을 져야 하는 인물들이 바보들의 천국에 사는 사람이라는 사실을 깨닫는 순간 분개한다. 나는 가장 암울한 표현으로 목전의 형세를 설명함으로써 미래에 닥칠 재앙의 효과를 감소시키는 일이 나 자신의 위치뿐만 아니라 전쟁을 전반적으로 수행하는 측면에서도 아주 중요하다고 느꼈다. 더군다나 그 당시에는 전황에 대해서 나쁜 영향을 미치지 않고도, 그리고 그 누구도 느낄 수 있게 된 최후의 승리에 대한 근본적 확신에 혼란을 초래하지 않고도 그렇게 할 수가 있었다. 하루하루 일상이 주는 충격과 긴장에도 불구하고 나는 방대하고 다방면에 걸친 문제들에 관한 1만 단어의 원고를 위해서 12시간 내지 14시간의 정신 집중을 마다하지 않았다. 게다가 사막에서의 불리한 전황의 불길이 내 발끝을 핥는 동안에도 내가 발표해야 할 성명서 작성과 우리가 당면한 상황에 관한 판단을 어김없이 수행했다.

★ ★ ★ ★ ★

내가 백악관을 떠나기 이전에 이미 롬멜의 파멸을 포함한 우리의 승리에 대한 희망은 사라지고 말았다. 오킨렉이 시디 레제그와 가잘라에서 거둔 성공은 결정적인 역할을 하지 못했다. 12월과 1월 동안 지중해 상공의 적군 공군력의 회복과 수개월에 걸친 우리의 해상 지배권의 사실상의 실종 상태가 오킨렉이 그토록 힘들게 싸우고 오랫동안 기다려왔던 승리의 결실을 모조리 앗아가버린 것이다. 프랑스령 북아프리카 지역을 급습하기로 한 영미 공동 작전의 모든 계획을 수립하는 과정에서 그가 보여준 노력에 의해서 우리가 가지게 되었던 우위는 결정적으로 약화되었으며, 그 작전은 수개월 이전의 상태로 후퇴하게 되었다.

상황은 더 악화되었다. 그 다음으로, 속성상 군사적 손실을 정확히 확인할 수 없도록 만드는 사막의 바로 그 운명의 장소가 1년 뒤인 1942년의 영국의 사막 전투 전체를 망쳐놓게 된 것이었다. 1월 21일, 아게일라의 롬멜은 탱크의 지원을 받는 각 1,000명의 차량화 보병 부대로 구성된 3개의 정찰 부대를 출동시켰다는 정도로만 말해두겠다. 그들은 급속도로 전진했으며, 탱크와 함께 싸울 수가 없었던 아군은 철수할 수밖에 없었다. 롬멜은 다시 한번 사막의 전략가임을 스스로 입증했으며, 우리 지휘관들을 농락하면서 키레나이카의 대부분을 다시 차지했다. 우리는 거의 500킬로미터 가까이 후퇴함으로써 희망은 깨져버렸고, 벵가지와 함께 오킨렉 장군이 2월 중순에 공세를 펴기 위해서 축적해놓았던 모든 것을 잃어버렸다. 리치 장군은 가잘라와 투브루크 부근에서 결딴이 난 부대의 병력을 다시 모았다. 그렇게 서로 쫓는 자와 쫓기는 자가 되어 5월 말까지 엎치락뒤치락하는 사이에, 롬멜은 다시 공격 준비를 할 수 있었다.

1월 27일 토론이 시작되었고, 나는 의회에 우리의 입장을 설명했다. 그런 데 의회의 분위기가 불만에 가득 차 있다는 사실을 알게 되었다. 내가 도착 하자마자 성명서 발표를 준비하면서 영연방과 미국에 대한 방송용으로 사 용할 수 있도록 녹음을 요청했는데, 당시의 사정과는 전혀 무관한 여러 가 지 이유로 거부당했기 때문이다. 그러한 경우 세계 어느 의회에서도 거부한 사례가 없었으나, 나는 요청을 철회했다. 바로 그런 상황에서 연설을 하 게 되었다.

나는 사막 전투에 관하여 언급했으나, 의회는 롬멜의 성공적인 반격의 의미를 제대로 이해하지 못했다. 왜냐하면 영국이 신속하게 트리폴리타니 아를 정복함으로써 전개하게 될 보다 큰 계획에 대하여 일절 누설할 수가 없었기 때문이다. 이미 알려진 벵가지와 아게다비아의 상실은 조수처럼 밀 려왔다가 쓸려갈 수 있는 사막 전투의 일시적 현상의 일부로 받아들이는 것 같았다. 게다가 나 역시 그때는 무슨 일이 일어났으며 그 이유가 무엇인 지 정보가 전혀 없었다.

그리고 마침내 나는 극동에서 우리의 무방비 상태에 대하여 언급했다.

영국 또는 대영제국은 단독으로 독일과 이탈리아를 상대로 싸우는 한편, 영국 전투와 대서양 전투 그리고 중동 전투를 수행하면서, 그와 동시에 동원 가능한 사단이 70개 이상이며 세계 3위의 해군에 거대한 공군을 보유한 일본과 같은 거대한 군국주의 제국의 8,000만 혹은 9,000만의 완강하고 호전적인 아시아인의 돌격에 대비하여 버마와 말레이 반도와 극동 지역 전체에서 철저히 준비 태세를 갖추고 있는데, 그러한 예는 일찍이 없었을 뿐만 아니라 있을 수도 없는 일이었 습니다. 만약 극동의 그 광대한 지역에 우리의 병력을 분산시켰더라면, 우리는 파멸하고 말았을 것입니다. 만약 전선에서 긴급하게 요구되는 대부대를 전쟁이 없으며 전쟁이 일어나지 않을지도 모르는 지역으로 이동시킨다면, 그것은 우리 모두의 실수가 될 것입니다. 그것은 마치 우리가 빠진 끔찍한 곤경에서 안전하게 빠져나올 수 있는 기회를 포기하는 결과가 될 것입니다.……

러시아를 도우면서, 롬멜의 격퇴를 시도하고, 레반트 해에서부터 카스피 해에 이르기까지 강력한 전선을 구축하기 위한 결정은 이미 내려졌습니다. 그러한 결정으로부터 우리는 가상적인 일본의 진격 위험에 대비하여 부분적으로 극동 지역에 온당한 수준의 준비를 갖추게 되었습니다. 실제로 6만의 병력을 싱가포르에 집결시켰습니다. 최신식 비행기, 탱크, 대공포, 대전차포 등을 우선적으로 나일 계곡에 배치하기로 했습니다.

나는 거의 두 시간 가까이 의원들을 괴롭혀야만 했다. 의원들은 특별한 열의 없이 받아들일 것만 받아들였다. 그렇지만 나는 그들이 내 주장을 이해한다는 인상을 받았다. 우리에게 다가오고 있는 사태에 관하여 내가 바라보는 입장에서 최악의 상황을 전제하되 희망을 배제하지는 않았고, 그러면서 아무런 약속도 하지 않은 채 연설을 마치는 것이 좋겠다고 생각했다. 토론은 3일 동안 계속되었다. 그러나 분위기는 내가 예상했던 것보다 더 우호적이었다. 의회가 어떻게 나올 것인가에 대해서는 의문의 여지가 없었다. 애틀리를 수장으로 하는 전쟁내각의 동료들은 강력하게, 심지어 열렬할 정도로 정부의 입장을 지지했다. 나는 29일에는 결말을 지어야 했다. 당시에 나는 표결이 불가능하지 않을까 걱정이 되었다. 나는 완전히 일치된 화해의 분위기를 해치지 않으면서 우리에 대한 비판자들을 자극하여 우리에게 대한 신임투표를 추진하려고 했다. 그러나 내가 말한 그 무엇으로도 보수당, 노동당, 자유당의 불평분자들을 투표하게 할 수 없었다. 다행히 표결이 요구되었을 때 3명으로 구성된 독립노동당(Independent Labour Party)이 신임투표를 요구했다. 검표원으로 두 사람이 필요했다. 투표 결과는 464대

1이었다. 나는 소수당의 지도자로서 사태를 이끌어준 제임스 맥스턴이 고마웠다. 언론이 한바탕 떠들어댄 뒤였기 때문에 모든 연합국들로부터 안도와 축하의 전문이 쏟아져 들어왔다. 가장 온정에 넘친 메시지는 백악관의 미국 친구로부터 온 것이었다. 내가 루스벨트 대통령에게 그의 60세 생일을 축하하는 전보를 보낸 뒤였다. 그는 이렇게 답신을 보내왔다. "당신과 동시대에 살고 있다는 사실이 무척 즐겁습니다." 언론의 입방아꾼들은 이야깃거리를 만들어내는 데에 궁색함이 없었다. 마치 민첩한 다람쥐들처럼 뛰어다녔다. 신임투표란 얼마나 쓸데없는 짓이었던가! 누가 거국내각에 도전하려고 꿈이라도 꾸었단 말인가? 그러한 "새된 목소리들"은 다가오는 파국의 신호를 전혀 알지 못한 소치에 지나지 않았다.

* * * * *

전쟁이 한창 진행 중인 가운데 왕립조사위원회(Royal Commission)가 싱가포르의 함락 상황을 제대로 조사하는 일은 불가능하다는 것이 나의 판단이었다. 인력도, 시간도, 여력도 없었다. 의회도 내 의견에 동의했다. 그러나 나는 장병들에게 공정을 기하기 위해서라도 전쟁이 끝나는 즉시 모든 상황에 대한 조사가 이루어져야 한다고 생각했다. 그러나 조사는 당시의 정부에 의하여 이루어지지 않았다.* 세월은 흐르고, 수많은 증인이 세상을 떠났다. 영국 역사상 최악의 불행이며 최대의 항복이었던 사건에 관하여 합법적인 법원의 정식 선고조차 없다는 사실은 오히려 다행일지도 모른다. 여기에서 그 문제를 거론하면서, 나 스스로 그러한 법원의 관점에 서거나 개인들의 행위에 관한 의견을 표명하고자 하는 것은 아니다. 나는 내가 믿는 바에 따라서 다른 곳**에 그 분명한 사실들을 기록해두었다. 그러한 내용과 당시에 작성된 문서에 의해서 각자 자기 나름대로의 의견을 형성할

---

* 1951년의 정부.
** 원본 제5부 「운명의 기로」, 제6장.

수 있을 것이다.

　일본군의 말레이 반도 진격을 단순히 소수의 자동차화 부대로 견제하는 정도에 그치면서 우리의 모든 전력을 싱가포르 섬 방위에 쏟은 것이 옳으냐 그르냐 하는 문제는 논쟁의 여지가 있었다. 내가 승인한 현지 지휘관들의 결정은, 싱가포르 전투는 조호르[싱가포르 섬 바로 건너편에 있는 말레이 남쪽 지방/역주]에서 싸움을 벌이기로 하고, 가능한 한 그곳까지 적군의 접근을 늦추도록 하는 전략이었다. 말레이 반도 본토의 방어는 치열한 후방부대의 움직임과 강력한 지원을 통하여 계속 후퇴하는 방식으로 이루어졌다. 그러한 전투는 교전 중인 부대와 지휘관들에 대한 고도의 신임을 보여주는 것이었다. 그런데 단편적으로 이루어지는 보급을 즉시 소모하게 되어 전력 증강의 효과는 없는 것 같았다. 적은 모든 점에서 유리했다. 전투가 벌어지기 전부터 그곳의 지형과 온갖 사정을 상세히 연구해두었던 것이다. 일본군을 위해서 자전거를 숨겨두는 것을 포함하여 신중하고도 거대한 계획과 스파이를 이용한 은밀한 침투가 준비되어 있었다. 우수한 병력과 심지어 일부는 필요조차 없을 정도로 대규모의 예비 병력이 집결된 상태였다. 일본군의 모든 사단은 정글전의 달인들이었다.

　이미 기술한 바와 같이 다른 지역에서 우리가 그 필요성을 통렬히 느낄 때 나타나는 일본의 제공권은 우리 지역 사령관들에게 책임을 돌릴 수 없는 또 하나의 치명적 사실이었다. 그러한 상황의 결과로 우리가 싱가포르 방위를 맡겼던 부대의 주요 전력과 일본의 참전 선언 이후에 증강된 우리의 거의 대부분의 전력은 말레이 반도의 전투에서 사용되었고, 코즈웨이 다리[싱가포르와 조호르를 연결하는 다리/역주]를 건너 정작 싸워야 할 곳에 이르러서는 힘을 잃고 말았다. 거기서 지역 수비대 그리고 기지 분견대와 합류했는데, 수적으로는 증가했지만 전력을 증강시키지는 못했다. 싱가포르에서 결전을 불사하고 그 전장에서 최고의 명분을 살릴 수 있도록 준비된 군대는 일본군의 공격이 개시되기 전에 사라져버렸던 것이다. 장병의 수는 10만이었을지 모르나, 더 이상 군대라고 할 수 없었다.

★ ★ ★ ★ ★

당시 동방 지역 연합군 최고사령관이었던 웨이벌 장군은 장기화된 싱가포르 방위전을 지속할 수 있는 우리의 능력에 대하여 이미 명백히 의심하고 있었던 것이다. 나는 싱가포르 섬과 요새에 꽤 많이 기대했는데, 왜냐하면 일본군이 싱가포르를 공략하려면 중화기를 양륙하고 운반한 다음 끌어올려야 했기 때문이다. 워싱턴에서 출발하기 전에 나는 적어도 두 달 정도는 저항할 수 있을 것이라고 생각했다. 따라서 말레이 반도 안에서 퇴각하는 가운데 전력을 소모하고 있던 우리 군대에 대하여 특별한 간섭 없이 불안한 마음으로 지켜보기만 했다. 그러나 한편으로는, 무엇보다 소중한 시간을 벌 수는 있었다.

그런데 1월 16일 웨이벌로부터 전문이 왔다. "극히 최근까지의 모든 계획은 섬[싱가포르]에 대한 해상 공격을 격퇴하고 지상 공격은 조호르 또는 그보다 더 북쪽에서 저지하는 것을 기초로 했으며, 코즈웨이 다리 폭파 조치는 준비되었으나 섬의 북쪽에 보루를 구축하여 조호르 해협 횡단을 막으려는 대책은 거의 없다시피 했음. 요새의 중포는 360도 회전축이긴 하나 탄도가 낮아 대(對)포병 전술에는 사용하기 적합하지 않음. 그러한 무기로써 적의 포병 공격을 제압한다는 보장은 할 수 없음.……"

19일 아침 그 전문을 읽고 나는 너무나 놀라서 고통스러웠다. 그 해군 기지와 도시의 육지 쪽을 엄호할 수 있는 항구적인 방어 시설이 전혀 없었던 것이다! 게다가 개전 이래, 특히 일본군이 인도차이나에 거점을 확보한 이래 지휘관들 중 방어 시설을 위한 대책을 세운 사람이 아무도 없었다는 사실이 더욱 놀라울 따름이었다. 그들은 야전 방위 시설이 아예 존재하지 않는다는 사실조차 보고하지 않았다.

적어도 전쟁에 관해서 내가 보고 또 읽은 것에 의하면, 최신형 화력을 감안하더라도 수주일 정도면 견고한 방어 진지를 구축하는 데 충분하고, 지뢰 밭이나 다른 장애물을 이용하여 얼마든지 적의 공격 전선을 제한하거나 다른 방향으로 돌릴 수 있었을 것이다. 더군다나 그 유명한 싱가포르 요새의 배후를 항구적인 환형 요새(環形要塞)로 보호하지 않았다는 사실은 생각조차 할 수 없는 일이었다. 내가 그러한 사정을 알지 못했다는 사실 역시 내 자신이 이해할 수 없었다. 현지의 장교들이나 본국의 내 고문들 중에서도 그러한 놀라운 무방비 상태를 파악한 사람은 아무도 없었다. 아무튼 아무도 그 점을 나에게 지적하지 않았다. 심지어 내가 잘못된 가정에 기초해서 정규 포위 작전이 필요하다고 보낸 전문을 본 사람들까지도 마찬가지였다. 나는 1877년의 플레브나 전투[불가리아 북부에 위치한 플레브나에서 벌어진 오스만 터키와 러시아-불가리아 연합군 사이의 전투/역주]에 관해서 읽은 적이 있는데, 기관총이 없던 그 시절 터키군은 러시아군의 맹공 속에서도 급히 방어선을 구축했다. 1917년의 베르됭 전투도 잘 살펴보면, 이미 1년 전에 설치한 독립된 보루 내부에 있던 야전부대는 결국 영광스러운 승리를 기록했다. 나는 적군이 싱가포르에서 아주 견고한 우리 거점을 분쇄하기 위해서는 대규모 포대를 이용하지 않을 수 없다는 사실, 그런데 말레이 반도의 교통로를 통해서는 포대를 집결시키고 포탄을 수송하는 데에 난관과 지체가 불가피할 수밖에 없다는 사실에 기대를 걸었던 것이다. 그러나 한순간에 그 모든 것이 사라져버렸다. 내 눈앞에 보이는 것이라고는, 완전히 기력을 소진했다고는 할 수 없더라도, 지친 군대가 그곳으로 퇴각하는 이상한 광경뿐이었다.

어쨌든 변명을 목적으로 이 글을 쓰는 것은 아니다. 나는 알아야 했다. 내 고문들은 알고 있어야 했으며, 나는 보고를 받아야 했고, 또한 나는 그 질문을 던졌어야 했다. 내가 그 무수한 의문을 제기하면서도 바로 그 문제에 대해서만 묻지 않은 것은, 싱가포르의 육지 쪽에 대한 방어 시설이 전혀 없었다는 것을 상상조차 할 수 없었기 때문이다. 그것은 마치 군함을 진수하면서 바닥이 없는 것은 아닐까 걱정하는 일과 마찬가지였기 때문이다. 그 실패에 덧붙여진 온갖 이유에 대해서 나는 모두 알고 있다. 훈련과 말레이 반도 북부 지역 방어 시설 구축 작업에 병력이 동원되었다는 점, 민간 노동력이 부족했다는 점, 전쟁 전에 행한 긴축 재정과 중앙 집중적인 육군부의 지휘력으로 인한 문제점, 그리고 육군의 역할은 싱가포르 섬 북쪽 해안에 위치한 해군 기지의 보호였기 때문에 해안을 따라 방위하는 것이 아니라 해안의 전선에서 싸우는 것이 임무였다는 점 등이다. 그러나 나는 그러한 이유가 합당하다고 생각하지 않는다. 방어 시설은 구축했어야 했다.

사태에 대한 나의 즉각적 조치는 시간이 허용하는 한, 그 태만의 결과를 교정하라는 것이었다. 그러나 21일 아침, 눈을 뜨자 서류함 맨 위쪽에 비관적인 내용을 담은 웨이벌 장군의 전문이 놓여 있었다.

싱가포르 섬 방위 계획을 위해서 파견했던 장교가 지금 막 돌아왔습니다. 현재 섬의 북부 방어 계획을 준비 중에 있습니다. **섬을 효과적으로 방위하기 위해서는 조호르를 방위하는 데 필요한 정도 또는 그 이상의 병력이 요구됩니다.*** 퍼시벌[현지 최고사령관]에게 조호르에서 끝까지 싸울 것을 지시했습니다만, 만약 패할 경우라도 가능한 한 섬에서 최대한 시간을 끌며 버티도록 했습니다. 여기서 일단 조호르를 잃게 되면 얼마나 오래 섬을 유지할 수 있을지 극히 의문이라는 점을 명심해야 합니다. 요새의 포들은 모두 함대를 향해 전개되어 있으며 보유한 탄약 역시 그 용도에만 한정된 것뿐입니다. 따라서 대부분의 포는 바다 방향으로만 발사가 가능합니다.** 수비대 일부는 이미 조호르로 갔습니다. 잔여 부대

---

* 강조 표시는 저자가 한 것임.
** 이 내용은 부정확하다. 그 대부분의 포는 육지 방향으로도 발사할 수 있었다.

의 유용성은 회의적입니다. 각하께 침울한 실정을 전해드리게 되어 대단히 죄송합니다. 그렇지만 각하께 섬의 요새에 관하여 잘못된 전망을 가지게 해서는 안 된다고 생각합니다. 싱가포르 방어 시설은 전적으로 바다 쪽에서 시도되는 공격에 대해서만 구축되어 있습니다. 다음 호송선단이 도착할 때까지 조호르가 유지되기를 바랄 뿐입니다.

나는 그 전문을 읽고 한참 고민에 빠졌다. 그때까지 섬과 요새와 도시를 필사적으로 방어해야 한다고 격려하고 강요할 생각만 했던 것이다. 그러한 태도는 어쨌든 방침의 결정적인 변경이 없는 한 지속될 수밖에 없었다. 그러나 나는 버마 그리고 싱가포르로 가고 있는 증원군에 대해서 생각하기 시작했다. 둘 모두 비운으로 종결될 수도, 그 반대일 수도 있었다. 부대의 기수를 북쪽 랭군 방향으로 돌리기에 시간은 충분했다. 나는 3군 참모총장들에게 보내는 메모를 작성하여 21일 오전 11시 30분으로 예정된 회의에 늦지 않게 전달되도록 이즈메이 장군에게 주었다. 그러나 그때까지도 나는 결단을 내리지 못하고 있었다는 사실을 고백하지 않을 수 없다. 나는 동료와 고문들에게 의지했다. 당시 우리는 모두 극도의 고민에 빠져 있었다.

웨이벌 장군으로부터 온 아주 불리한 전문 내용에 비추어볼 때, 오늘 밤 국방위원회에서는 전체 국면에 대한 재고가 반드시 필요하다.

1. 우리는 이미 내가 우려했던 과오를 그대로 저지르고 말았다.……조호르에서 혹은 어느 정도로든 싱가포르 부두를 따라서 견고한 전선을 구축했어야 할 병력은 산산조각이 나버렸다. 육지 쪽으로는 아무런 방어선이 마련되지 않았다. 반도의 서쪽 해안에서 선회하여 움직이는 적군에 대한 해군의 방어가 전혀 없었다. 웨이벌 장군은 싱가포르 섬을 방어하기 위해서는 조호르 전투에서 승리를 거두는 데에 필요한 병력보다 더 많은 병력이 있어야 한다고 말했다. 조호르 전

투는 패배가 거의 확실하다.

웨이벌 장군의 보고에 의하면 장기 방어의 가능성은 거의 없다. 현재 가고 있는 증원군의 희생만큼 방어 시간이 연장될 뿐이라는 사실은 명백하다. 만약 웨이벌 장군이 몇 주일 동안 더 버티는 것에 의문을 가지고 있다면, 차라리 선창과 포대 그리고 공장을 파괴하고 버마 방어와 버마 도로[Burma Road : 버마 동북부에서 중국의 충칭에 이르는, 제2차 세계대전 당시의 연합군의 전략적 도로/역주]를 열어 지키는 데 집중하는 편이 낫지 않느냐 하는 의문이 생긴다.

2. 이러한 문제는 정면으로 다루어야 하며 사실 그대로 웨이벌 장군에게 알려야 한다. 만약 해군과 육군이 모든 것을 파괴해버린다고 할 때, [적에게] 싱가포르의 가치는 남서 태평양의 수많은 다른 항구들에 비해 더 나은 가치가 있다고 할 수 있는가? 반면 버마를 잃게 될 경우의 상황은 매우 심각하다. 우리는 중국과 차단되어버리는데, 중국 군대는 지금까지 가장 성공적으로 일본군에 대항해 왔다는 사실을 알아야 한다. 우리는 사태를 혼란스럽게 만들고 위험한 결정을 주저하는 가운데 싱가포르와 버마 도로 모두를 놓칠지 모른다. 바로 그 결정은 싱가포르 섬의 방어를 얼마나 오래 유지할 수 있느냐에 달려 있다. 버틸 수 있는 기간이 겨우 몇 주일 정도라면, 우리의 증원군과 비행기를 희생시킬 만한 가치가 없는 일이다.

3. 거기에다 싱가포르의 함락은 조만간 예상되는 코레히도르 섬의 함락과 함께 인도에 큰 타격이 된다는 점을 고려해야 한다. 버마에 강력한 군대를 보내 작전을 성공적으로 완수할 때 인도를 지킬 수 있다.

오늘 아침 이러한 모든 사항을 논의하기 바란다.

3군 참모총장들은 결국 아무런 결정을 하지 못했다. 그뿐만 아니라 그날 저녁에 열린 국방위원회에서도 그러한 중요한 결단을 내리는 데에 주저하고 말았다. 직접적인 책임은 연합군 최고사령관인 웨이벌 장군에게 있었다.

개인적으로 나는 그 문제가 어려웠던 만큼 새로운 의견을 강하게 주장하지 않았는데, 결심이 서 있었다면 마땅히 주장했어야 옳았다. 설마 3주일 조금 지나서 방어선이 무너지리라고는 아무도 예상하지 못했다. 적어도 하루 이틀은 더 생각할 여유가 있는 줄로만 알았다.

★ ★ ★ ★ ★

오스트레일리아 대표였던 얼 페이지 경은 당연히 3군 참모총장위원회에 참석하지 못했을 뿐만 아니라, 내가 그를 국방위원회에 초대한 적도 없었다. 그러나 어쩌다가 내가 3군 참모총장들에게 보낸 메모를 본 모양이었다. 그는 즉시 오스트레일리아 정부에 전문을 쳤고, 1월 24일자로 커틴 오스트레일리아 수상이 다음과 같은 메시지를 우리에게 보내왔다.

> ……페이지의 보고에 의하면 국방위원회는 말레이 반도와 싱가포르에서 철수할 것을 고려중이라고 했습니다. 우리에게 온갖 보장을 약속한 뒤 싱가포르에서 철수한다는 것은 그곳에서도 다른 곳에서도 용납할 수 없는 배신 행위로 여길 것입니다.……우리는 그것이 난공불락의 요새로 구축되어 주력 함대가 도착할 때까지 버틸 수 있을 것이라고 알고 있습니다.
>
> 긴급 상황이 발생하더라도, 증원군은 버마가 아닌 네덜란드령 동인도로 보내야 합니다. 그렇게 하지 않는다면 그들은 심각하게 분노하여, 네덜란드령 동인도가 독자적으로 단독 강화에 나설지 모릅니다.
>
> 예정된 증원군의 지원을 믿고 우리는 약속한 우리의 역할을 다했습니다. 그러므로 철수로 인하여 전체 계획을 혼란에 빠뜨리는 일이 없기를 기대합니다.……

가공할 일본 전쟁 기구의 힘에 충격을 받은 오스트레일리아 정부의 상황은 고려되어야 했다. 태평양의 지배권은 이미 상실되었다. 오스트레일리아군 최정예 3개 사단은 이집트에 파견되었고, 네 번째 사단은 싱가포르에 있었다. 그들은 싱가포르가 심각한 위험에 처해 있다는 것을 깨닫고, 실제로 오스트레일리아 본토에 대한 침공을 두려워했다. 전체 인구의 절반 이상이 모여 있는 대도시는 전부 해안에 위치했다. 내륙으로 집단 탈출을 한다음 무기나 보급품도 없이 게릴라 부대를 조직해야 할 처지에 직면했다고 생각했던 것이다. 모국인 영국으로부터의 지원은 요원했고, 언제쯤 미국 군사력이 오스트레일리아 바다 근처에까지 영향력을 미칠 수 있을지는 알 수 없었다. 내가 판단하기에 일본은 5,000킬로미터의 바닷길을 건너 오스트레일리아를 공격할 것 같지는 않았다. 손아귀에 네덜란드령 동인도와 말레이반도라는 아주 매혹적인 먹이가 있었기 때문이다. 그러나 오스트레일리아내각은 전혀 다른 각도에서 국면을 보고 있었으며, 심각한 예단으로 그 관점을 고집했다. 그러한 곤란한 상황에서도 오스트레일리아 정부는 양당제를 융통성 없이 계속 유지했다. 노동당 정부는 겨우 두 석이 더 많을 뿐이었다. 본토 방위를 위한 징병제에 관해서도 야당의 반대에 부딪혔다. 그리고 야당을 전쟁협의회에 참여시키면서도, 거국내각을 구성하지 않았다.

커틴 수상의 전문은 심각하면서도 이상했다. "용납할 수 없는 배신" 같은 표현은 진실과도, 군사적 사실과도 부합하지 않았다. 끔찍한 재앙은 다가오고 있었다. 우리는 그것을 피할 수 있었는가? 득실의 균형은 어떤 상태였는가? 당시 주요 병력의 행선지 결정권은 우리가 쥐고 있었다. 현실의 시각으로 사태를 파악하면, 거기에는 "배신" 따위가 존재할 수 없었다. 더군다나 오스트레일리아 전쟁위원회는 전체적 정세를 판단할 수도 없었다. 제대로 판단했다면, 버마를 그렇게 완전히 무시하는 태도를 보이지 않았을 것이다. 버마야말로 여러 측면에서 여전히 우리가 구할 수 있는 수단을 가졌던 유일한 곳임이 입증되었던 것이다.

커틴의 전문이 사태를 결정지었다고 하는 것은 옳지 않다. 우리 모두가 기본 방침에 찬성하고 있었다면, 내가 말한 대로 그 사정을 "숨김 없이" 웨이벌에게 알렸어야 했다. 그러나 나는 극동의 그 새로운 핵심 요충지를 포기하는 것에 대해서 반대 의견이 더 커지고 있는 것을 느꼈다. 미국이 코레히도르에서 완강하게 싸우고 있는 가운데 영국의 "포기" 행위가 불러일으킬 전 세계적 파장, 특히 미국의 반응은 생각만 해도 무서운 것이었다. 어떤 군사적 결정이 이루어져야 하는가에 대해서는 의문의 여지가 없었다. 일반적인 의견의 일치 또는 묵시적 동의에 따라 싱가포르에 증원군을 보내 방어 총력전이 펼쳐졌다. 자신의 선발대 일부가 이미 상륙한 영국군 제18사단은 전선으로 향했다.

어떤 경우든 증원군의 효과란 그 수에 비하여 신통찮게 나타나는 법이다. 증원군은 전술적으로 움직이는 데에 시간이 필요했다. 그리고 이미 상륙과 함께 패배한 전쟁에 뛰어든 것이었다. 상당히 많은 수가 투입된 허리케인 전투기들에게 거는 기대가 컸다. 마침내 일본 비행기와 질적으로 견줄 수 있게 된 것이다. 최대한 빠른 속도로 집결하여 하늘로 날아올랐다. 처음 며칠은 적기에게 꽤 타격을 입혔다. 그러나 새로 도착한 조종사들은 주변 조건에 바로 적응하지 못했다. 얼마 지나지 않아 일본 전투기가 수적으로 우위를 점하면서 적군은 성과를 냈다. 허리케인의 수는 급속히 줄어들었다. 일본군의 병력은 완전한 5개 사단이었다. 그들이 빠른 속도로 해안으로 내려오자, 1월 27일 퍼시벌 장군은 싱가포르 섬으로 후퇴하기로 결정했다. 막바지에 이르러 모든 병력과 차량이 한꺼번에 코즈웨이 다리를 건너야 했다. 초반에 1개 여단의 대부분은 희생당하고 말았다. 그러나 나머지 병력은 1월 31일 아침에 무사히 건너왔고, 즉시 코즈웨이 다리는 폭파되었다.

본국에서는 방어할 수 있으리라는 환상을 더 이상 품지 않았다. 오직 버틸 수 있는 시간이 얼마나 남았느냐의 문제였을 뿐이다. 연안 방어선에 설치된 중포 중에서 북쪽 육지 방향으로 발사가 가능한 것들조차 포탄이 부족한 데다 밀림 속에 집결한 적에게는 그다지 쓸모가 없었다. 오직 전투기

1개 중대만 섬에 남아 있었으며, 사용 가능한 비행장도 하나뿐이었다. 최종적으로 집결한 수비대는 손실과 소진으로 인하여 처음 육군부에서 추산한 10만6,000명에서 8만5,000명으로 줄어들었는데, 그나마도 기지와 행정 부대 소속원 그리고 각종 비전투요원을 포함한 숫자였다. 무장병력은 아마도 7만 명 정도였을 것이다. 야전방어와 장애물의 준비에서는 국지적으로 상당히 노력했음에도 불구하고, 생사가 걸린 결정적 국면에는 부응하지 못했다. 이제 막 적의 공격이 시작되려는 전선에 항구적인 방어 시설이 전혀 없었다. 육군의 사기는 오랜 시간에 걸쳐 계속된 퇴각과 반도에서 치른 격렬한 전투 때문에 크게 저하된 상태였다. 바로 그 모든 것의 배후에 놓인 싱가포르 시에는, 여러 인종으로 이루어진 100만의 주민과 다수의 피란민이 대피하고 있었다.

★ ★ ★ ★ ★

2월 8일 아침 순찰병이 섬 북서쪽의 숲에서 적군이 집결하여 있는 것을 발견했는데, 우리 진지는 엄청난 포격을 당했다. 밤 10시 45분, 공격 선봉대가 상륙용 장갑 주정들을 타고 조호르 해협을 건넜는데, 그 주정들을 오랫동안 세심하게 계획한 바에 따라 육로를 통해서 발진 지점까지 옮겨졌다. 아주 격렬한 전투가 벌어져 수많은 주정이 격침되었다. 그러나 육상의 오스트레일리아군 방어벽이 두텁지 못했던 탓에 적군은 해안의 여러 지점을 통해서 상륙했다. 다음날 저녁 코즈웨이 다리 부근에서 유사한 공격이 다시 전개되었고, 적군은 다시 발자국을 찍는 데에 성공했다. 2월 11일에는 모든 전선에서 혼전이 벌어졌다. 적군이 위치한 쪽의 코즈웨이 둑길을 파괴했으나, 우리 엄호부대가 물러나자마자 적군이 보수했다. 일본군 근위사단은 그날 밤 건너왔다. 아군은 13일에는 계획에 따라 별도로 지명한 3,000명을 배에 태워 자바로 철수시켰다. 그들은 주요 요원, 기술자, 정원 외의 참모 장교, 간호사 그리고 전쟁 수행에 특별한 가치가 있는 것으로 인정된 사람이었다.

싱가포르 시내의 상황은 혼돈의 도가니였다. 민간 노동 시장은 궤멸되었고, 수도 공급의 실패로 단수는 임박했으며, 창고를 이미 적군이 점령함으로써 군대에 보급할 식량과 탄약의 재고량이 심각한 상태로 줄어들었다. 그때 이미 조직적인 파괴 계획이 수행되기 시작했다. 고정 방어포와 거의 모든 야포 그리고 대공포를 비밀 설비 및 기밀문서 등과 함께 파괴했다. 모든 항공 연료와 폭탄은 태우거나 폭파시켰다. 파괴 작업과 관련하여 해군 기지에서 약간의 혼선이 빚어졌다. 명령이 내려지자 플로팅 독은 가라앉히고, 그레이빙 독의 수문과 양수기는 파괴했다. 그러나 전체 계획 중 미완의 부분이 많았다. 14일 웨이벌은 다음과 같은 내용의 전문을 나에게 보냈는데, 그것은 어쩔 수 없는 것으로 보였다.

적은 시내 가까이에 접근했으며, 아군은 더 이상 반격할 수 없는 상황이라는 내용의 퍼시벌이 보낸 전문을 받았습니다. 필요하면 시가전을 계속해서라도 적에게 최대한의 타격을 줄 수 있도록 하라고 명령했습니다. 그러나 저항이 그리 오래 가지는 못할 것 같습니다.

★ ★ ★ ★ ★

독자들은 내가 1월 21일 작성한 각서를 3군 참모총장들에게 보낸 것을 기억할 것이다. 거기서 나는 싱가포르 방위를 포기하는 대신 증원군을 랭군으로 보내자는 의견을 밝혔지만, 강요하지는 않았다. 우리가 싱가포르에서 끝까지 싸우기로 결심했을 때, 성공할 수 있는 유일한 기회로 진정 우리가 바랄 수 있었던 시간을 버는 방법은 마지막 순간까지 필사적으로 싸우라는 명령밖에 없었다. 웨이벌 장군은 명령을 받아들여 퍼시벌 장군에게 최대한의 압력을 가했다. 전쟁의 방향에 대해서 최정상의 지휘부가 가진 의문이 어떤 것이든 현장의 지휘관은 그 내용까지 알아서는 안 되며 지시를 액면 그대로 단순하고 명확하게 받아들여야 한다는 것은 언제나 타당하다. 그러나 이제 싱가포르에서 모든 것을 잃어버린 상황이 확실해진 시점에서, 불필요한 살육을 강요하고 아무것도 없는 절망적인 순간에 공황상태에 빠진 사람들로 가득 찬 거대한 도시에서 승리의 희망이라고는 없는 시가전을 벌여 공포심을 가중하는 것은 잘못된 일임이 분명했다. 나는 그러한 생각을 브룩 장군에게 말했고, 그 역시 본국에서 계속 웨이벌 장군에게 압력을 넣는 일은 더 이상 하지 말아야 한다고 느낀 것 같았다. 우리는 웨이벌에게 불가피한 경우 결단을 내릴 권한을 부여하고, 결과에 대해서는 공동으로 책임져야 한다고 생각했다.

1942년 2월 15일 일요일, 투항을 결정한 날이었다. 전투용 식량은 며칠 분밖에 남지 않았고, 탄약은 턱없이 부족했으며, 자동차 연료는 실제로 한 방울도 없었다. 그 와중에서도 최악의 상황은 물 공급이 24시간 이내에 중단된다는 것이었다. 퍼시벌 장군은 상관들로부터 반격하든지 항복하든지 선택하라는 지시를 받았다. 반격은 이미 기진맥진한 부대에게는 능력 밖의 일이었다. 그는 항복을 결심했다. 일본군은 무조건 항복을 요구했고, 그렇게 되었다. 교전 상황은 오후 8시 30분에 종결되었다.

제8장
유보트의 천국

　실질적인 정부의 재구성에도 불구하고, 국내 정치의 긴장과 변화 그리고 나라 밖의 재난 속에서 나 자신의 위치는 아무런 영향을 받지 않는 듯했다. 시시각각으로 닥치는 일을 처리하느라 그런 데에 신경 쓸 겨를이 없었다. 동료들이나 동료연하는 사람들에게 영향을 미친 불안이 오히려 내 권위를 더 높여준 것 같기도 했다. 나는 책임으로부터 벗어나고자 하는 마음 때문에 고민해본 적이 없었다. 합리적인 토론을 거쳐 내 뜻대로 일이 풀려나가기를 바랐을 뿐이다. 불행한 사태는 오히려 나와 3군 참모총장들과의 사이를 더욱 가깝게 만들었으며, 그러한 일체감의 형성은 정부 내부의 사람들과의 관계에서도 마찬가지였다. 전쟁내각 또는 그 장관급 고위 인사들로부터도 음모나 불만의 소리는 들려오지 않았다. 그러나 현재의 상황보다 더 나은 결과를 기대하려면, 전쟁을 지휘하는 내 방식이 바뀌어야 한다는 외부의 의견은 있었다. "우리 모두 수상과 함께한다. 그러나 그는 너무 많은 일을 한다. 과중한 업무의 부담에서 어느 정도 벗어날 필요가 있다." 그것은 줄곧 제기된 주장이었으며, 주장을 밀어붙이는 논의들이 있었다. 그러나 나는 전쟁 지휘에 관한 전권을 계속 장악하기로 결심을 굳혔다. 그것은 수상과 국방부 장관의 직을 겸임함으로써만 가능할 수 있었다. 자기 자신이 결단을 내릴 권한을 가지는 것보다 반대를 극복하고 이견과 갈등을 조정하는 데에 더 많은 어려움이 따르고 노력이 요구된다. 가장 중요한 것은 충실한 보좌

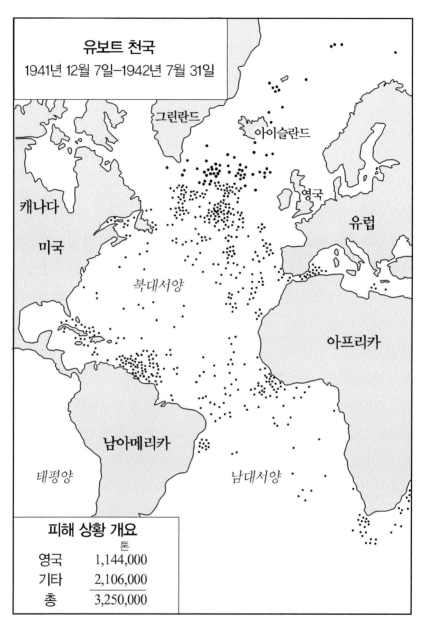

대서양 전투, 대서양에서 유보트에 격침된 상선

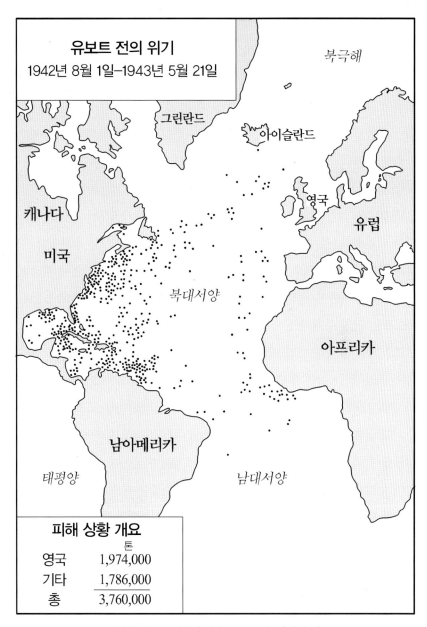

피해 상황 개요	
	톤
영국	1,974,000
기타	1,786,000
총	3,760,000

대서양 전투, 대서양에서 유보트에 격침된 상선

와 충고를 받되 결코 일체성이 분열되지 않고 전체 영역을 지휘할 수 있는 하나의 정신이 정점에 존재해야 한다는 사실이다. 만약 국방부 장관직을 잃게 된다면, 나는 단 한 시간이라도 수상직에 머물러 있지 않을 터였다. 그러한 사실이 널리 알려졌기 때문에 가장 불리한 조건에서도 그 문제에 대한 모든 도전을 물리쳤으며, 위원회나 비개인적인 기구들의 선의의 제안들조차 결과적으로 무산되었다. 여기에 내가 이길 수 있도록 도와준 모든 사람들에게 감사의 기록을 해둔다.

1942년은 많은 격심한 타격을 받은 해였다. 전반기 6개월 동안은 모든 일이 어려웠다. 전쟁의 전체적 국면에서 대서양 전투가 가장 힘들었다. 유보트 함대는 250척으로 늘어났는데, 되니츠 제독의 이후의 증언에 따르면, 그중 100척 가까이가 작전 수행이 가능하며 매달 15척씩 증가하고 있었다. 유보트는 거의 통제가 불가능할 정도로 미국 해역을 헤집어놓았다. 1월 말까지 미국과 캐나다 연안 바다에서 침몰된 선박은 모두 31척에 총톤수 20만 톤 정도였다. 곧 공격의 범위는 남쪽으로 확산되어 햄프턴로즈[미국 버지니아 주의 대서양에 면한 항만 지역/역주], 해터러스 곶[미국 노스캐롤라이나 주의 동단에 위치한 대서양으로 돌출한 곳/역주] 그리고 이어서 플로리다 해안까지 이르렀다. 그 거대한 바다의 항로에는 미국이나 연합국의 보호도 없이 수많은 선박이 오갔다. 그 항로를 따라 소중한 유조선 선단이 베네수엘라와 멕시코 만 석유항을 끊임없이 오갔다. 그 지역과 공격 대상이 널려 있는 카리브 해에서 유보트는 주로 유조선을 선택했다. 중립국의 선박도 종류를 불문하고 습격했다. 날이 갈수록 피해 규모가 커져갔다. 2월에만 총톤수 38만 4,000톤에 이르는 71척의 배가 대서양에서 격침되었는데, 2척을 제외하고는 모두 미국 해역에서 공격을 받았다. 그것은 그때까지 우리가 전쟁에서 입은 손실 중 가장 컸다. 그러나 바로 뒤에 일어난 피해의 규모는 그것을 능가했다.

비록 1917년 최악의 시기에 당한 재난의 수치에는 못 미치지만 그래도 제2차 세계대전 중에서는 어떠한 경우보다 피해 규모가 컸던 그 손실은 당시 그 해역에서 12척 내지 15척의 유보트에 의해서 저질러진 것이었다. 미국 해군의 보호 기능은 수개월 동안 절망적일 정도로 부실했다. 미국 대륙을 향해서 총력전의 방향이 옮겨지고 있던 2년의 기간 동안 그러한 가공할 공격에 대비한 방안이 전혀 없었다는 사실이 놀라울 따름이었다. "전쟁을 제외하고 모든 원조는 영국으로"라는 루스벨트 대통령의 방침에 따라 수많은 일들이 이루어졌다. 우리는 50척의 낡은 구축함과 10척의 미국 세관 감시선을 받았다. 그 대가로 우리는 아주 중요한 서인도의 기지를 제공했다. 그러나 이제 우리 연합국 미국은 함선이 너무 부족했다. 진주만 공격을 당한 뒤로 태평양에서 맡아야 할 미국 해군의 임무는 막중했다. 유보트와의 싸움이 시작된 이후는 물론 그 이전에도 우리가 강구한 해상 방위 수단에 대해서 모든 정보를 가지고 있음에도 불구하고, 미국이 연안 호송선단과 소주정의 증선 계획이 없었다는 것은 특기할 만한 일이었다. 그뿐만 아니라 해안 공군 방위 부분에서도 나아진 것이 없었다. 해안 기지를 사용하는 모든 비행기를 관장하는 미국 육군 소속의 항공대는 대잠수함전에 대한 훈련을 받은 적이 없었고, 해군 역시 수상기나 수륙양용기를 보유하고는 있었으나 실전에 사용할 수 없는 상황이었다. 따라서 그 중요한 몇 개월 동안 미국의 방위 체계는 힘들고 더딘 행보를 보였을 뿐이다.

　독일군이 중무장한 함선으로 대서양 공격을 전개했더라면, 아마도 우리의 피해는 훨씬 더 컸을 것이다. 그러나 히틀러는 우리가 노르웨이 북부를 침공할 것이라는 생각에 사로잡혀 있었다. 외곬수의 총통은 절호의 기회를 잃었고 가동 가능한 함선과 다수의 귀중한 유보트를 노르웨이 해역에 집결시켰다. 그는 말했다. "이번 전쟁에서 운명의 장소는 노르웨이다." 독자들도 알다시피 노르웨이는 아주 중요한 곳이었지만, 당시 독일의 기회는 대서양에서 기다리고 있었다. 독일군 제독들은 대서양에서의 해군의 공격을 주장했으나, 헛수고였다. 그들의 총통은 요지부동이었다. 히틀러의 전술적 결단은 연료 부족으로 더 굳어졌다. 히틀러는 이미 1월에 독일의 유일한 그러나 세계에서 가장 강력한 전함 티르피츠를 트론헤임[노르웨이 중부의 항구 도시/역주]으로 보냈다. 그리고 12일에는 브레스트에서 거의 1년 동안 봉쇄되어 있던 전투순양함 샤른호르스트와 그나이제나우를 본국의 항구로 돌려보내기로 결정했다. 히틀러의 그 결정은 당시 영국 국내의 큰 소란과 동요의 원인이 되었는데, 여기서 일단 다른 이야기로 넘어갈 필요가 있다.

★ ★ ★ ★ ★

지중해에서 입은 심각한 손실과 한때 우리 동부 함대 전체가 무기력 상태에 빠졌던 일이 원인이 되어, 우리는 공뢰를 탑재한 모든 비행기를 해외에서의 적의 격침 공세에 대비하여 이집트로 보내지 않을 수 없었다. 그러나 브레스트를 감시하고 적의 출항에 대해서 폭탄과 공뢰로 공격할 수 있는 가능한 최소한의 대비는 하고 있었다. 영국해협과 네덜란드 해안을 따라 적군의 예상 항로에 기뢰를 부설했다. 해군부에서는 적함들이 밤을 틈타 도버 해협 통과를 시도할 것으로 예측했다. 그러나 독일 제독은 브레스트를 떠나는 순간 우리 초계함들의 눈을 피하는 데에 어둠을 이용하고, 도버 해협의 포화는 대낮에 돌파하는 방법을 택했다. 독일 함선은 자정이 되기 전, 밤 11시에 브레스트에서 출항했다.

12일 아침은 안개가 자욱했다. 게다가 적함을 발견한 순간 우리 초계기의 레이더가 고장이 났다. 해안에 설치된 레이더마저 적함의 위치를 탐지하는 데 실패했다. 우리는 운이 없는 사고로 생각했다. 전쟁이 끝난 뒤 알게 되었지만, 독일군 레이더의 최고 책임자였던 마르티니 장군은 조심스럽게 모종의 계획을 추진하고 있었다. 그때까지만 하더라도 별다른 효력을 발휘하지 못하던 독일군의 방해용 소음 발생기가 새로운 여러 장치들을 갖춤으로써 성능이 강화되었는데, 의심을 받지 않기 위해서 서서히 작동시켜 매일 조금씩 강도를 높여갔다. 따라서 우리 레이더 작동반에서는 무디게도 아무런 불평도 하지 않았으며, 이상이 있다고 의심한 사람은 아무도 없었다. 그러나 2월 12일 당일에는 방해 소음의 강도가 너무 높아 우리의 해양 감시 레이더는 사실상 아무 쓸모가 없게 되었다. 해군부가 보고를 받은 것은 오전 11시 25분이었다. 그때 강력한 공군과 구축함의 호위를 받으며 탈출하는 순양함들은 불로뉴에서 32킬로미터 정도 거리에 있었다. 정오가 지나자 도버 포대는 중화기의 포문을 열었고, 5기통 엔진의 어뢰정으로 편성된 첫 번째 출격대가 즉각 공격을 개시했다. 에스먼드 소령(비스마르크 호에 대한 최초의 공격을 지휘했다)이 이끄는 어뢰를 탑재한 공군기 스워드피시 6기가 스핏파이어 10기 이상의 지원을 받아야 했지만, 기다리지 않고 켄트의 맨스턴에서 바로 출격했다. 스워드피시는 적군 전투기의 격심한 공격에도 불구하고 적함을 향해 공뢰를 투하했으나, 그 대가는 엄청났다. 우리 비행기는 단 1기도 귀환하지 못했다. 오직 5명의 생존자만이 구조되었을 뿐이었다. 전사한 에스먼드에게는 빅토리아 십자훈장이 추서되었다.

폭격기와 뇌격기는 어둠이 내릴 때까지 적함을 향해 파상 공격을 했다. 적군 전투기와 격렬한 혼전을 벌였는데, 우리가 입은 피해는 수적으로 우세한 적기보다 훨씬 더 심각했다. 오후 3시 30분경 독일군 순양함들이 네덜란드 앞바다를 벗어났을 때, 하위치에서 출동한 다섯 척의 구축함이 맹렬한 포격을 무릅쓰고 2.7킬로미터 정도 접근한 다음 강공했다. 그러나 도버 포대의 포격과 공뢰의 공격에도 적 함대는 조금도 손상당하지 않은 채 항해를 계속했고, 13일 아침 모든 배가 독일에 도착했다. 그 소식이 전해지자 영국 국민들은 깜짝 놀랐다. 당연한 것처럼 독일 해군이 영국해협에서 힘을 과시한 사실을 이해할 수 없었다. 우리 비밀 정보기관은 얼마 지나지 않아 샤른호르스트와 그나이제나우 모두 우리 뇌격기의 공격에 피해를 입은 사실을 알아냈다. 샤른호르스트는 다시 가동하기까지 6개월 동안 수리가 필요했으며, 그나이제나우는 대전 중 다시는 나타나지 못했다. 그러나 그러한 사실을 공표할 수 없었기 때문에 영국 국민들은 격앙한 것이다.

국민의 불만을 가라앉히기 위해서 공식 조사를 실시했고, 공표할 수 있는 사실에 한정해서 발표했다. 사후의 시각으로 그 사건을 보다 전체적 국면에서 보면 우리에게 아주 유리한 것이었다. 루스벨트 대통령이 전문을 보냈다. "다음 주일 월요일 라디오 방송에서 이번 영국해협에서 벌어진 일을 패배로 간주하는 사람들에게 한마디 하고자 합니다. 모든 독일 함선이 독일로 집결하는 것은 우리의 북대서양 해군 합동 작전 문제를 보다 간명하게 해준다는 사실을 점점 더 확신하게 됩니다." 그러나 당시 그 사건은 대연합에서 가장 긴밀한 내부 극비 인물들을 제외한 나머지 사람들에게는 극도로 좋지 않은 현상으로 비쳤다.

★ ★ ★ ★ ★

그동안에도 미국의 대서양 연안 해역에서는 독일군의 만행이 계속되었다. 어느 유보트 함장은 되니츠에게 보고하기를, 열 배의 유보트가 배치되더라도 먹잇감은 넘쳐난다고 했다. 낮시간에는 해저에 가라앉아 쉬다가, 밤이 되면 해면 위로 올라와 쾌속 질주하며 가장 값비싼 공격 대상을 골랐다. 유보트에 적재된 어뢰는 거의 모두 어김없이 제물을 낚았으며, 어뢰가 떨어지면 포가 같은 수준의 효과를 냈다. 대서양 해안의 마을들은 한동안 부두마다 불을 전부 밝히고 있었는데, 밤이면 전투 소리를 들었고, 불타서 침몰하는 배들을 보았는데, 생존자와 부상자를 구출했다. 사람들의 격한 비난이 미국 정부를 향해 쏟아지자, 미국 정부는 당황했다. 미국인들은 겁에 질리게 하기보다는 화나게 하기가 더 쉬운 법이다.

런던의 우리는 미국에서 일어나는 그 불행한 사태를 우려와 안타까움으로 지켜보았다. 2월 10일, 미국의 요청이 없었음에도 우리는 가장 최신의 설비를 갖춘 대잠수함 트롤선 24척과 잘 훈련된 승무원들을 태운 코르벳함[주로 선단 호송에 사용하던 소형 경무장의 고속함/역주] 10척을 미국 해군에 보내겠다고 제안했다. 미국은 대환영이었고, 제1진이 뉴욕에 도착한 것은 3월 초순이었다. 양적으로는 얼마 되지 않았지만, 우리가 할애할 수 있는 최대한이었다. "그것은 준 것의 전부였고, 주어야 할 전부였다." 조직을 만들고 필요한 배를 모을 때까지 연안 호위는 시작할 수 없었다. 가동할 수 있는 전투 함정과 비행기들은 먼저 위험이 큰 해역을 초계하는 데에 사용했다. 그런데 적은 그 초계를 쉽사리 피해 어디서든 제물을 만들었다. 찰스턴과 뉴욕 사이에서 압박감을 느끼고 있는 사이, 유보트는 카리브 해와 멕시코 만 일대를 누비며 먹이를 찾아다녔다. 자유롭게 보란 듯이 다녔는데, 참고 견디기가 어려운 수준이었다. 침몰된 피해 선박은 모두 50만 톤에 달했는데, 대부분 미국 해안 500킬로미터 이내 지역에서 당했으며 그중 절반은 유조선이었다. 미국 해역에서 미국 비행기가 격침한 유보트는 단 2척이었다. 최초로 미국 해안에서 미국 함선이 유보트를 격침한 것은 4월 14일이었고, 그 주인공은 구축함 로퍼 호였다.

유럽의 3월은 생 나제르[프랑스 서부 루아르 강 어귀의 항구 도시/역주]의 화려하고 영웅적인 무공으로 막을 내렸다. 만약 독일의 티르피츠 호가 손상을 입었다면, 수리를 위해서 들어갈 수 있는 유일한 도크가 대서양 연안에서는 생 나제르뿐이었다. 그런데 세계 최대의 도크 중 하나인 그것을 파괴하게 된다면, 티르피츠가 트론헤임에서 대서양으로 출격할 때 위험 부담이 훨씬 커지므로 쉽사리 나서지 못할 것이었다. 우리 특공대는 행동 개시만 애타게 기다리고 있었는데, 실제로는 고도의 전술에 포함된 빛나는 작전이 펼쳐졌다. 3월 26일 오후, 영국 해군 중령 라이더와 에섹스 연대의 뉴먼 대령이 인솔하는 구축함과 연안경비선으로 구성된 원정대가 250명가량의 특공대원을 싣고 팔머스를 출발했다. 그들은 적의 초계망을 뚫고 600

킬로미터 이상을 횡단한 다음, 루아르 강 어귀에서 다시 8킬로미터 정도 거슬러올라가야 했다.

목표는 거대한 갑문을 폭파하는 것이었다. 그들은 낡은 미국 구축함 50척 중의 하나인 캠벨타운 호의 뱃머리에 고성능 폭약 3톤을 싣고 접근한 다음, 맹폭격에도 아랑곳하지 않고 갑문을 향해 돌진했다. 구축함을 끌고 간 사람은 해군 소령 비티였는데, 선저를 뚫어놓은 상태에서 조금 시간이 흐르면 주 폭파 장치의 퓨즈가 작동하도록 장치되어 있었다. 육군 소령 코플랜드는 갑문의 기계들을 부수기 위해서 일부 대원과 함께 해변으로 뛰어내렸다. 압도적으로 우세한 독일 병력과 맞서 치열한 싸움을 벌였다. 돌격대원 중 다섯 명을 제외하고는 모두 사망하거나 체포되었다. 라이더 중령이 탄 배는 사방에서 공격을 받았지만 나머지 병력을 태운 채 개방된 바다에 떠 있는 동안 놀랍게도 침몰되지 않았으며, 나중에 무사히 귀환했다. 그러나 기대했던 대폭발은 일어나지 않았다. 퓨즈에 이상이 생긴 모양이었다. 이튿날 수많은 독일군 장교와 기술자들이 부서진 캠벨타운 호를 조사하고 있는데, 갑자기 갑문 쪽에서 폭발이 일어났다. 엄청난 폭발력으로 배는 산산조각이 났으며, 수백 명의 독일군이 죽었고, 대형 갑문은 부서져 전쟁 기간 내내 사용하지 못하게 되었다. 독일군은 우리 포로 다섯 명—그중 네 명은 빅토리아 십자훈장을 받은 군인이었다—에 대해서 예우를 갖추었다. 그러나 폭발을 해방의 신호로 알고 영국군을 돕기 위해서 사방에서 뛰쳐나온 용감한 프랑스 병사들은 가혹한 처벌을 받았다.

★ ★ ★ ★ ★

4월 1일, 마침내 미국 해군이 부분적으로 호송선단을 운영할 수 있게 되었다. 처음에는 호위되는 선단이 낮에 한해서 200킬로미터 이내의 보호 구역 사이를 오가는 데 지나지 않았으며, 야간에는 움직이지 않았다. 그런데 어떤 날에는 플로리다와 뉴욕 사이에서 호위를 요청하는 선박 수가 120척을 상회했다. 그 결과 호위가 지연되면 다른 형태의 좋지 않은 일이 발생했다. 5월 14일, 처음으로 완전하게 조직된 호송선단이 햄턴로즈에서 출항하여 키웨스트로 향했다. 그 이후로 호송 체계는 빠른 속도로 발전되어 북쪽으로는 핼리팩스까지 확장되었으며, 5월 말에는 키웨스트에서 시작하여 북쪽으로 이어지는 동쪽 해안의 항로가 마침내 완전해졌다. 효과는 즉시 나타났으며, 그만큼 손실이 줄어들었다.

되니츠 제독은 공격 목표 지점을 아직 호송선단이 운영되지 않았던 카리브 해와 멕시코 만으로 바꾸었다. 유보트는 활동 범위를 넓혀 브라질 앞바다와 세인트로렌스 강 부근까지 출몰했다. 광대한 해역을 빈틈없이 완전히 연결하여 호송선단의 효과를 충분히 보게 된 것은 그해 연말에 가서였다. 그렇지만 6월경 이미 크게 개선이 되었으며, 7월 말의 며칠 동안에는 미국 해안에서의 끔찍한 사건은 끝이 났다고 해도 좋았다. 7개월 동안 연합군이 대서양에서 유보트 공격으로 당한 손실은 모두 300만 톤이 넘었다. 영국 선박 181척 113만 톤이 거기에 포함되어 있었다. 호송선단이 입은 손실은 전체의 10분의 1 이하였다. 그러한 전과를 올리면서 적이 치른 대가는 7월 말까지 대서양과 북극해에서 겨우 14척의 유보트를 잃은 것뿐이었고, 그나마 북미 해역에서 격침된 것은 단 6척이었다.

그 이후로 우리는 주도권을 되찾았다. 7월 한 달에만 대서양 연안에서 유보트 5척, 또다른 해역에서 독일 함정 6척과 이탈리아 함정 3척을 격침시켰다. 한 달 동안 모두 14척을, 그 중 절반은 호송선단이 물리쳤다는 사실은 무척 고무적이었다. 그때까지 그것은 최대의 성과였다. 그러나 매달 계속 출현하여 활동하는 새 유보트의 수는 우리가 처리하는 수를 능가했다. 게다가 우리가 전과를 올릴 때마다 되니츠는 유보트를 이동시켰다. 여러 대양이 활동무대였으므로, 새로 옮겨가는 장소에서는 당분간 마음대로 활동할 수 있었다. 5월에 대서양을 횡단하던 호송선단이 아일랜드 서쪽 약 1,100킬로미터 지점에서 선박 7척을 잃었다. 이어서 지브롤터에서 습격을 받았으며, 프리타운 주변에 유보트가 다시 나타나기도 했다. 히틀러는 연합군이 아조 레스나 마데리아 점령을 시도하리라고 판단하고, 그것을 막기 위해서 유보 트 부대를 보내 다시 한번 우리를 도와주는 결과를 빚었다. 히틀러의 그러 한 생각이 전혀 엉뚱하게 방향을 잘못 잡은 것은 아니었다. 그러나 그가 요구한 날은 미국 연안의 평화로운 시기가 끝나는 날과 일치했다.

유보트의 공격은 우리에게 최악의 사태였다. 독일이 유보트에 모든 것을 거는 것은 현명했을 것이다. 나는 아버지께서 하신 말씀을 기억하고 있다. "정치에서는 말이다, 한번 괜찮은 것을 붙잡게 되면 붙들고 늘어져야 하는 법이야." 그것은 전술적으로 아주 중요하다. 1940년 영국 전투에서 괴링이 독일 공군의 공격 목표를 거듭 바꾸었듯이, 이제 유보트 전투도 보다 매력 적인 대상을 좇다보니 다소 약화되어가고 있었다. 그럼에도 불구하고 유보 트 전투는 좋지 않은 시기에 일어난 끔찍한 사건이었다.

★ ★ ★ ★ ★

여기서 다른 지역에서 일어난 사건들과 관련하여 1942년 말까지 진행된 대서양 전투의 과정을 간략히 기록하고자 한다.

8월에 접어들어 유보트는 트리니다드 섬[베네수엘라 북동부 바다에 있는 섬/역주] 부근과 브라질의 북쪽 해안 쪽으로 관심을 돌렸다. 그곳에서 미국 항공 산업에 필요한 보크사이트를 운송하는 선박과 중동으로 보급 물자를 운송하는 선박들이 아주 매혹적인 목표물이 되었다. 몇몇 유보트는 프리타 운 근처에서 서성거렸고, 또 얼마는 남쪽 멀리 희망봉까지 뻗어갔으며, 일 부는 인도양으로까지 뚫고 들어갔다. 한때는 남대서양이 걱정되기도 했다. 남대서양에서는 9월과 10월에 단독으로 귀항하던 대형 정기선이 5척이나 침몰했다. 그러나 호위 함정들이 붙은 중동 지역으로 파견되는 우리 부대를 태운 수송선들은 아무 이상이 없었다. 우리가 잃은 대형 선박 중에는 2,000

명의 이탈리아 전쟁 포로를 싣고 영국으로 가던 2만 톤급의 라코니아 호도 있었다. 수많은 포로들이 익사했다.

　본격적인 전투는 다시 북대서양의 거대 호송선단의 항로에서 벌어지게 되었다. 유보트는 이미 공군의 위력은 인정할 수밖에 없을 정도로 경험했기 때문에, 새로 시작하는 공격은 아이슬란드와 뉴펀들랜드 기지의 비행기들이 닿지 않는 거의 바다 정중앙 가까이에서 펼쳐졌다. 8월에는 두 호송선단이 호되게 당했는데, 그중 한 선단은 11척의 배를 잃었다. 그 달에만 유보트에 격침당한 선박은 108척, 모두 50만 톤 이상이었다. 9월과 10월 두 달 동안은 낮에는 수면 아래에서만 공격한다는 초기 전법으로 되돌아갔다. 적은 "이리 떼"처럼 그 수가 아주 많은 반면, 우리의 자원은 한정되었기 때문에 호송선단의 심각한 손실은 막을 수가 없었다. 그리고 우리의 연안 사령부는 무엇보다도 초장거리(V.L.R. : very long-range) 비행기의 부족을 절감했다. 당시 비행기는 해안 기지에서 반경 1,000킬로미터 바깥까지는 나갈 수 없었고, 뉴펀들랜드에서는 반경 600킬로미터 이내로 활동 영역이 제한되었다. 따라서 항공의 지원을 받을 수 없는 호송선단은 대서양 중심에서 상당히 넓은 해역에 걸쳐 무방비 상태로 방치되었다. 그렇게 힘든 상황에서 우리 공군은 최선을 다하고 있었다.

　해군의 호위는 호송선단에서 행동 반경을 크게 확장할 수 없었고, 따라서 측면에 대한 집중 공격을 막지 못했다. 그리하여 "이리 떼"가 공격할 때면 언제나 우리의 방어를 뒤흔들 수 있었다. 유일한 대책은 부근에서 발견하는 즉시 유보트가 물 밑으로 잠수하지 않을 수 없게 함으로써 호송선단이 항로를 확보하도록 각 호송선단을 에워쌀 수 있을 정도로 많은 비행기를 동원하는 것이었다. 그러나 그것도 충분한 대책은 아니었다. 우선 유보트를 찾아내야 하고, 발견하는 즉시 어디서든 해상 또는 공중 공격을 사정없이 퍼부어야만 했다. 그런데 비행기, 훈련된 조종사 그리고 항공 무기는 여전히 매우 부족했다. 그러나 마침 그때 해상함대로 조직된 "지원 부대"가 출범을 준비하고 있었다.

그 구상은 이미 오래 전부터 주장되어왔지만, 마땅한 실행 수단이 없었다. 나중에는 유보트 전투에서 가장 유력한 요소가 된 지원 부대의 초기 조직은 2척의 슬루프[원래는 돛대가 하나인 범선인데, 제1차 세계대전 때 다양한 형태로 개발된 소형 군함/역주], 막 건조된 프리깃 함[대잠수함 소형 구축함/역주] 4척 그리고 구축함 4척으로 구성되었다. 고도로 숙련되고 경험이 풍부한 승무원과 최신 무기를 갖추고, 호송선단의 호위 함대와는 독립하여 다른 책임을 부담하지 않음으로써, 공군과 협력하여 유보트를 수색하고 추적하여 격침하는 일이 임무였다. 1943년에는 한 기의 비행기가 지원부대를 그 사냥감이 있는 곳으로 안내하기도 했는데, 1척의 유보트를 계속 따라가다 보면 다른 유보트가 나타나거나 "이리 떼" 자체가 발견되기도 했다.

호송선단과 함께할 비행기도 준비되었다. 1942년 말에는 6척의 "호위기 모함"이 운영되었다. 영국뿐만 아니라 미국에서도 낳이 제작되었는데, 그중 초기의 어벤저 호가 북러시아 호송선단과 항해한 것은 9월이었다. 10월 하순에는 북아프리카 호송선단 항로에서 최초의 전과를 올렸다. 해군 비행기 스워드피시를 실은 모함은 육지의 기지와는 무관하게 해상 호위함들과 필요한 연락을 하면서 심해 정찰 임무를 수행하여 기대를 충족시켰다. 그렇게 우리는 최선의 노력과 독창성을 발휘하여 유보트와 싸워 이기기 시작했다. 그러나 역시 적의 전력도 증강되어 우리는 번번이 좌절을 겪었다.

1942년 1월과 10월 사이에 유보트의 수는 두 배 이상으로 늘어났다. 활동 중인 유보트는 196척이었다. 우리의 북대서양 호송선단은 유보트 떼의 격렬한 공격을 이전보다 더 많이 받았다. 게다가 아프리카에서 실시한 주요 작전 때문에 우리의 호위 조직은 최소한도로 축소되지 않으면 안 되었다.

따라서 11월의 해상 손실은 전체 전쟁 기간 중 최대였다. 오직 유보트에 의한 피해만 117척에 70만 톤 이상이었는데, 다른 요인으로 입은 피해는 모두 10만 톤이었다.

먼 바다의 상황이 너무 위협적이었기 때문에, 11월 4일 나는 직접 유보트 대책위원회를 소집했다. 광범위한 영향력을 가진 위원회의 결정은 유보트 전투에서 적지 않은 힘이 되었다. 레이더를 탑재한 리버레이터[제2차 세계대전 중 가장 많이 생산된 미국 육군 항공대의 폭격기/역주]의 행동 반경을 강화하기 위한 노력을 하는 가운데, 필요한 개선책이 강구될 때까지 사용을 보류하는 결정을 했다. 루스벨트 대통령은 내 요청에 따라 최신형 레이더를 장착한 적절한 모든 비행기를 영국에서 출동시킬 수 있도록 보내주었다. 마침내 우리는 크게 강화된 전력과 우수한 장비로 비스케이 만의 작전을 재개할 수 있었다. 이 모든 것이 1943년의 성과를 거두게 했다.

제9장

미국 해군의 승리* :
산호해 해전과 미드웨이 해전

전쟁의 전반적 양상에 영향을 미치는 시끄러운 일들이 이제 태평양에서 일어났다. 일본의 전쟁 계획 중 첫 번째 단계는 3월 말까지 완전하게 성취되었는데, 그 성공은 일본 당국조차 놀랄 정도였다. 일본은 홍콩, 샴, 말레이 반도 그리고 네덜란드령 동인도를 형성하는 무수한 섬 지역 거의 전부를 점령했다. 일본군은 버마 깊숙이까지 침투했다. 필리핀에서는 여전히 미군이 코레히도르 전투를 계속하고 있었지만, 구조될 희망은 보이지 않았다.

일본의 승리의 도취감은 절정에 달했다. 군사적 승리와 리더십에서 비롯하는 일본의 자부심은 서방 국가들이 최후까지 싸울 의지가 없다는 확신을 가지면서 더욱 커졌다. 이미 일본제국 군대는 전쟁을 시작하기 전 자기들의 사리판단에 따른 전진의 한계를 설정하는 사전 계획 아래 신중하게 선택한 경계선에 발을 올려놓고 있었다. 무한한 자원과 부가 보장된 그 광대한 지역 안에서 그들은 정복을 공고히 하고 새로 얻은 힘을 더욱 확장시킬 수 있었다. 오랫동안 준비해온 계획에는 그 단계에서 잠시 숨을 돌리고, 미국의 반격을 버텨내면서 그 이상의 전진을 위한 조직을 도모하기로 되어 있었다. 그러나 승승장구하는 가운데 일본 지도자들은 어느새 운명을 완전히 결정지을 때가 온 것으로 생각했다. 그들은 기회에 부응해야만 했다. 그러

* S. E. 모리슨(미국 해군 대령), 『산호해, 미드웨이 그리고 잠수함 작전』 참조.

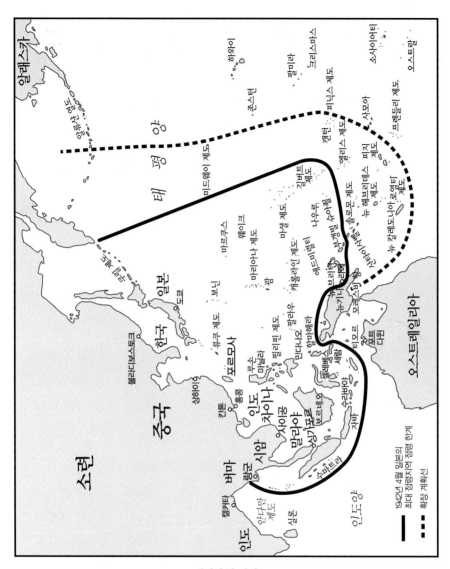

태평양의 전장

알래스카

일본산 열도

태 평 양

하와이

미드웨이 제도

존스턴

팔미라

더치섬마스

소사이어티

오스탈

마쿠스

웨이크

마셜 제도

나우루

길버트 제도

캔턴 피닉스 제도

엘리스 제도 피지 제도

사모아

프렌들리 제도

류큐 제도

보닌

마리아나 제도

괌

캐롤라인 제도

에드미럴티

부갱빌 수아블

솔로몬 제도

뉴 헤브리데스 제도

뉴 칼레도니아 로열티 제도

상하이

홍콩

마닐라

루손

팔라완 제도

민다나오

뉴 브리튼

뉴기니 라불

모레스비

뉴 칼레도니아

소련

중국

한국

일본

도쿄

블라디보스토크

태평양 함대

인도차이나

샴

시암

랭군

버마

방콕

하노이

팔라완

세레베스

보르네오

싱가포르

말라야

수마트라

보르네오

자바

발리

티모르

포트 다윈

오스트레일리아

인도

캘커타

안다만 제도

실론

안다만

인도양

━━━ 1942년 4월 일본의 최대 점령지역 점령 한계

┅┅┅ 확장 계획선

한 발상은 아찔한 성공이 인간의 약점을 그대로 노출시킴으로써 나타나는 자연스러운 유혹에서 비롯된 것일 뿐만 아니라, 진지한 군사적 판단에 따른 것이기도 했다. 새로 획득한 주변 지역을 철저히 조직화하는 것과 그 지역을 지키기 위해서 계속 돌진하는 것 중 어느 편이 더 현명한 방법인가에 대해서, 일본은 찬반의 논란이 있을 수밖에 없는 전술적 문제로 다루었다.

도쿄에서는 숙고 끝에 보다 야심적인 방식이 채택되었다. 서알류산 열도, 미드웨이 섬, 사모아, 피지, 뉴칼레도니아 그리고 남뉴기니의 포트 모르즈비를 포함하는 주변 지역까지 장악 범위를 연장하기로 결정한 것이다.* 그러한 확장은 여전히 미국의 주요 기지인 진주만을 위협하는 행위였다. 그 상태를 계속 유지할 경우에는 미국과 오스트레일리아 사이의 직접 교통로가 차단될 수 있었다. 그리고 그 섬들은 일본에 이후의 공격을 위한 적절한 기지가 될 수 있었다.

일본군 대본영(大本營)[최고사령부]은 계획을 수립하고 실행하면서 최고의 기량과 대담성을 보여주었다. 그러나 세계의 힘을 제대로 측정해보지도 않은 토대에서 시작한 것이었다. 그들은 미국의 잠재력을 결코 알지 못했다. 그 국면에서 여전히 히틀러의 독일이 유럽에서 승리할 것으로 생각했다. 그들은 무수한 정복과 일본의 영광을 위해서 아시아를 격동적으로 선도해야 한다고 생각했다. 그리하여 도박판에 뛰어든 것인데, 승리한다면 그 지배권을 1년 정도 연장하는 것이고, 패배한다면 같은 기간 정도가 단축될 터였다. 그런데 실제로는 상당히 강력하고 확고한 이점을 광범위하고 모호한 지역과 맞바꾸었으며, 그것을 유지하는 일은 힘에 부쳤다. 그리고 그렇게 먼 바깥쪽에서 공격을 당하게 되면, 본토나 결정적으로 중요한 곳을 긴밀하게 방어할 힘이 없다는 사실을 알았다.

그러나 세계대전의 그 시점에서 독일이 러시아를 이기지 못할 것인지,

---

* 앞 페이지의 "태평양의 전장" 지도 참조.

우랄 산맥 너머로 쫓아버릴 것인지, 그리고 다시 영국 본토를 침공할 것인지, 아니면 대신 코카서스나 페르시아를 통과하여 인도에서 일본의 전초부대와 합류할 것인지 아무도 알 수 없었다. 대연합 측의 사태를 호전시키기 위해서는 미국 해군의 결정적인 승리가 필요했다. 당장 해양의 지배권을 확립할 수는 없다고 하더라도, 태평양의 우세는 확보해야 했다. 그런데 희망의 승리가 우리를 외면하지 않았다. 나는 우리가 대서양에서 혹은 대서양으로부터 조금만 지원한다면, 미국 해군이 5월까지는 태평양의 제해권을 회복할 것이라고 믿었다. 그러한 희망은 이미 상당히 진척되었던 영미 양국의 전함, 항공모함 그리고 기타 선박의 신건조 계획의 계산을 근거로 한 것이었다. 그렇다면 이제 그러한 장대한 사실을 이론의 여지가 없도록, 찬란하고 경이적인 해전을 가능한 한 압축적으로 얘기하겠다.

★ ★ ★ ★ ★

1942년 4월 말, 일본군 대본영은 확장 정책의 실행에 착수했다. 확장안은 포트 모르즈비의 점령, 거대한 콰달카날 섬과 마주보고 있는 남솔로몬 제도의 툴라기 장악까지 포함하는 것이었다. 포트 모르즈비를 점령하는 것은 뉴 기니 지배의 첫 단계의 완성을 의미했으며, 뉴 브리튼의 라바울에 소재한 해군 전초 기지의 안전성을 확보하는 데에 도움이 될 터였다. 뉴기니와 솔로몬 제도를 발판으로 일본은 오스트레일리아 봉쇄를 시작할 수 있었다.

미국 정보기관은 일본이 그러한 해역에 군사력을 집결시키고 있다는 사실을 알게 되었다. 캐롤라인 제도의 주력 해군 기지 트루크로부터 라바울로 병력을 결집시키는 것이 관측되었는데, 일본의 남진 임박이 틀림없었다. 심지어 5월 3일에 작전을 개시한다는 사실까지 예측할 수 있었다. 당시 미국 항공모함들은 다양한 임무로 여러 곳에 분산되어 있었다. 그중에는 4월 18일 둘리틀 장군이 도쿄 자체를 목표로 하여 감행한 대담하고 엄청난 공습도 포함되어 있었다. 그 사건은 어쩌면 일본이 새로운 방침을 결정하는 데에

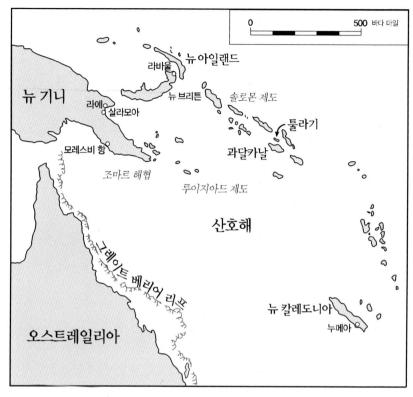

산호해

중요한 요인이 되었을 수 있다.

남방의 위협을 의식한 니미츠 제독은 즉시 가능한 최강의 병력을 산호해에 집결시키기 시작했다. 해군 소장 플레처는 항공모함 요크타운 호와 세척의 중순양함을 거느리고 이미 그곳에 가 있었다. 5월 1일, 플레처는 항공모함 렉싱턴 호와 두 척의 순양함을 끌고 진주만에서 출발한 피치 해군 소장과 합류했다. 그리고 또 3일 뒤에는 영국의 크레이스 해군 소장이 지휘하는 오스트레일리아 순양함 오스트레일리아 호와 호바트 호 그리고 미국 순양함 시카고 호로 이루어진 한 전대가 도착했다. 즉시 가동할 수 있는 다른 항공모함으로는 엔터프라이즈 호와 호닛 호가 있었는데, 도쿄 기습에 참여했기 때문에 가장 빠른 속도로 이동했지만, 5월 중순이 되어서야 플레처 제독과 합류했다. 급박한 전투는 이미 개시된 뒤였다.

5월 3일, 과달카날 남방 약 650킬로미터 지점 해상에서 급유 중이던 플레처 제독은 일본군이 툴라기에 상륙한 사실을 알게 되었다. 목적은 그곳에 해상 기지를 세워 산호해 동쪽 방향을 감시하기 위한 것이 분명했다. 전초 기지에 대한 위협이 명백했기 때문에 소규모 오스트레일리아 수비대는 이틀 전에 이미 철수했다. 플레처는 자기 휘하의 함대만 이끌고 즉시 툴라기 공격을 개시했다. 피치의 함대가 아직 급유가 끝나지 않았기 때문이다. 다음날 이른 아침 요크타운 호에서 출격한 비행기들이 툴라기를 맹공했다. 엄호하던 적군은 철수했고 몇 척의 구축함과 소주정들만 남아 있었다. 따라서 우리의 전과는 실망스러울 수밖에 없었다.

그 다음 이틀은 특별한 충돌이 없이 지나갔다. 그러나 큰 격돌이 곧 일어나리라는 것은 분명했다. 플레처가 지휘하는 세 그룹의 부대는 급유를 모두 마치고 합류하여 뉴기니 방향의 서북쪽에서 대기했다. 플레처는 포트 모르즈비를 침공한 일본군이 라바울을 떠나 7, 8일경에 루이지아드 군도의 조마드 해로를 통과할 것이라고 알고 있었다. 또한 적의 항공모함 세 척이 부근에 있다는 사실을 알았지만, 위치는 파악할 수 없었다. 항공모함 즈이카쿠(瑞鶴) 호와 쇼카쿠(翔鶴) 호에 중순양함 두 척으로 구성된 일본군 공격부대는 트루크에서 출발했는데, 우리의 정찰 범위를 벗어나 솔로몬 제도 동쪽을 우회하여 5월 5일 동쪽에서부터 산호해에 진입했다. 6일에는 적군이 플레처 함대에 빠른 속도로 접근해왔고, 그날 저녁 한 순간에는 겨우 110킬로미터 떨어진 곳에까지 다가와 있었는데, 미군이나 일본군이나 서로 상대방의 존재를 눈치채지 못했다. 그날 밤 양쪽 함대는 서로 멀어졌고, 7일 아침 플레처 부대는 루이지아드 남쪽의 침략군을 공격할 지점으로 정해놓은 곳에 도착했다.* 플레처는 크레이스 함대를 전진 배치하여 그날 적군이 나타나리라고 예상되는 조마드 해로의 남쪽 출구를 지키게 했다. 그러나 크레이스 함대는 바로 적에게 발견되었고, 그날 오후 연안 기지의 뇌격기들은 맹렬한 파상 공격을 계속했다. 그때 적의 전력은 프린스 오브 웨일스 호와 리펄스 호를 격침한 위력과 비슷했다. 절묘한 항행에 행운이 뒤따라 그들은 한 척도 직격탄을 맞지 않은 상태에서 포트 모르즈비로 갔다. 그리고 적이 물러갔다는 사실을 확인한 뒤에야 남쪽으로 철수했다.

그동안 플레처는 적군 항공모함들에 대한 정확한 정보를 입수하지 못해 크게 걱정하고 있었다. 새벽녘에 플레처는 광범위한 수색작업을 시작하도록 지시했는데, 오전 8시 15분경 2척의 항공모함과 4척의 순양함을 루이지아드 군도 북쪽에서 발견했다는 보고를 받았다. 그런데 사실대로 말하면, 발견한 것은 항공모함 공격부대가 아니라 침공군 호송선단을 호위하는 소함대였는데, 경항공모함 쇼호(祥鳳)가 포함되어 있었다. 그럼에도 불구하고 플레처는 전력을 다해 공격했고, 세 시간쯤 뒤에 쇼호는 침몰했다. 따라서 공중 엄호를 받을 수 없게 된 적군은 후퇴하고 말았다. 포트 모르즈비로 향하던 우리의 호송선단은 조마르 해로로 진입하지 못하고 최후의 철수 명령이 떨어질 때까지 루이지아드 북쪽에 머물러 있었다.

★ ★ ★ ★ ★

마침내 플레처 함대의 소재가 적에게 노출되어 아주 위험한 지경이 되었다. 언제든지 적군의 공격이 예상되는 상황에서, 플레처의 공격부대는 다음 행동 개시를 위한 정비와 준비를 오후가 되어야 완료할 수 있었다. 다행스럽게도 날씨는 흐린 데다 점점 더 악화되었고, 적은 레이더가 없었다. 실제로 일본 항공모함은 동쪽 방향의 사정거리 이내에 있었다. 일본군은 오후가 되어 공격을 시도했지만, 폭풍이 몰아칠 것 같은 날씨에다가 너무 어두워 비행기가 표적을 제대로 발견하지 못했다. 적의 비행기들이 헛수고를 하고

* 산호해 지도 참조.

돌아가던 중 플레처 함대 가까이 지나가게 되었고, 레이더망에 걸렸다. 전투기가 참가하여 어둠이 몰려오기 시작한 공중에서 혼전이 벌어졌는데, 일본 비행기 여러 기가 파괴되었다. 27기의 일본군 폭격기 중 모함으로 복귀했다가 다음날 교전에 다시 나선 것은 극소수에 불과했다.

양군은 서로 얼마나 가까이 위치해 있는지 안 다음에는, 야간 해상 공격을 심사숙고했다. 그러면서도 양쪽 모두 그것은 너무 위험하다고 판단했다. 밤 사이 양군은 다시 거리를 벌렸는데, 8일 아침이 되자 날씨에 따른 운수가 뒤바뀌었다. 이제 일본군이 낮은 구름에 가려졌고, 플레처 함대는 눈부신 햇빛을 받고 있었다. 다시 숨바꼭질이 시작되었다. 오전 8시 38분, 렉싱턴 호에서 출격한 정찰기가 적의 소재를 파악했다. 그런데 거의 동시에 가로챈 정보에 의하면, 적군도 미국 항공모함들의 위치를 확인한 것이 틀림없었다. 대등한 전력을 갖춘 양군 사이에 곧 전면적인 전투가 벌어질 분위기였다.

오전 9시 이전에 82기의 비행기로 조직된 미국 공격부대가 출격을 시작했는데, 9시 25분경에는 모든 비행기가 날아올랐다. 거의 동시에 적의 비행기 69기가 출격했다. 미국의 공격이 시작된 것은 오전 11시경이었고, 일본의 공격은 그보다 20분가량 늦었다. 11시 40분이 되자 상황이 종료되었다. 미국 비행기들은 공격 목표물 주변의 낮은 구름 때문에 곤란을 겪었다. 미군기가 적의 항공모함 중 한 척을 발견했으나, 비구름 속으로 숨어버렸다. 따라서 남아 있던 쇼카쿠 호에 집중 공격을 퍼부었다. 폭탄 세 발이 적중하여 쇼카쿠 호는 불이 붙었지만, 보기보다 충격은 그리 크지 않았다. 얼마동안은 제대로 움직이지 못했지만, 수리를 하러 귀국할 수가 있었다. 즈이카쿠 호는 아무런 손상을 입지 않았다.

날씨가 맑은 동안 일본군은 요크타운 호와 렉싱턴 호에 계속 공격을 가했다. 매우 민첩하게 움직여 요크타운 호는 거의 모든 공격을 피했지만, 몇 차례 위험한 지경에 이르기도 했다. 한 발의 폭탄이 명중하여 꽤 많은 사상자를 냈고, 화재가 일어났다. 그러나 곤경에서 바로 벗어났고, 항공모함으로서의 기능은 거의 잃지 않았다. 그와는 달리 렉싱턴 호는 불운하게도 두 발의 공뢰를 맞은 데다 다시 두세 발의 폭탄을 피하지 못했다. 교전이 끝났을 때 불이 크게 붙어 배의 좌현이 기울었고, 세 개의 보일러 실이 침수되었다. 용감하게 노력한 끝에 화재를 진압하고 배의 균형도 잡아 시속 25노트로 움직일 수 있게 되었다. 역사상 항공모함 사이에서 벌어진 최초의 이 공중전은 격렬했는데, 전쟁이 끝난 뒤에 확인한 바에 따르면 비행기의 손실은 미국 33기에 일본 43기였다.

★ ★ ★ ★ ★

산호해 전투가 거기서 종결되었다면, 그 결과는 미국 측에 유리한 것이었음이 분명하다. 미국은 경함공모함 쇼호 호를 격침했고, 쇼카쿠 호에 심각한 피해를 입혔으며, 포트 모르즈비로 가려던 침공군을 되쫓아 버리는 데 성공했다. 미국의 항공모함 두 척은 양호한 상태였고, 그때까지의 손실이라고는 유조선 한 척과 그 호위 구축함 한 척으로, 전날 일본 항공모함에 의해서 침몰되었다. 그러나 재난은 그 다음에 닥쳤다. 전투가 끝난 지 한 시간쯤 뒤 렉싱턴 호가 내부 폭발로 심하게 흔들렸다. 선저 부분에서 불이 붙어 번지면서 통제 불능 상태에 빠지게 되었다. 모함을 구하기 위한 용감한 노력도 모두 허사였다. 추가적인 인적, 물적 손실을 막기 위해서 모함을 포기하기로 결정하고, 미군의 어뢰로 침몰시켰다. 미군과 일본군은 모두 산호해에서 물러났으며, 서로 승리했다고 주장했다. 일본군은 요란하게 플러처 제독 휘하의 항공모함 두 척뿐만 아니라 전함 및 중순양함 각 한 척을 격침시켰다고 선전했다. 그러나 전투가 끝난 뒤 보여준 일본군의 행동은 선전과 일치하지 않았다. 그들은 포트 모르즈비로 가는 항로가 개방되어 있었음에도 불구하고 7월까지 행동을 연기했다. 그런데 그때가 되면 전체적 양상은 바뀌었고, 일본군은 해로를 통한 진군을 포기하고 이미 뉴기니에 확보해둔 기지를 발판으로 육로를 이용하기로 했다. 일본군의 해상을 통한 오스트레일리아 진격이 한계에 부딪힌 것이 그때였다.

미국 측에서는 항공모함에 배속된 병력의 유지가 가장 중요한 일이었다. 니미츠 제독은 북방에서 큰 사건이 터지려고 했기 때문에 자기 휘하의 모든 전력을 극대화하는 것이 필요하다고 생각했다. 니미츠는 당분간 일본군을 산호해로 가지 못하게 묶어둔 것에 만족했으며, 플레처 함대와 막 합류하려던 엔터프라이즈 호와 호닛 호를 포함한 휘하의 모든 항공모함을 즉시 진주만으로 불러들였다. 아주 현명하게도 렉싱턴 호의 손실은 미드웨이 전투가 끝난 뒤까지 숨겨졌다. 일본군은 정확한 사실을 모르는 것이 분명했는데, 정보 수집 중이었기 때문이다.

전술적 중요성의 관점에서 보면, 산호해 해전의 효과는 기형적이었다. 전략적으로는 일본을 상대로 한 미국의 첫 승리로 환영할 만한 일이었다. 이전에는 결코 없었던 사건이었다. 산호해 전투는 해상의 군함끼리 서로 단한 발의 포격도 주고받은 일이 없는 초유의 해전이었다. 그리고 전쟁의 기회와 위험을 새로운 상황으로 이끌어갔다. 산호해 해전 소식은 강한 효과를 수반하여 전 세계로 퍼져나갔는데, 미국뿐만 아니라 오스트레일리아와 뉴질랜드도 크게 안도하고 용기를 얻었다. 막대한 손실을 대가로 치렀지만, 거기서 배운 전술적 교훈은 곧 미드웨이 해전의 눈부신 성공에 응용되었다. 그 해전은 이제 시작되려던 참이었다.

★ ★ ★ ★ ★

산호해 진출 시도는 일본의 야심적인 확장 정책의 시작 국면일 뿐이었다. 확장 정책을 진행하던 중에 일본의 야마모토 해군 원수는 비행장이 갖춰진 미드웨이 섬을 장악함으로써 태평양 중앙의 미국 세력에 도전할 준비를 하고 있었다. 미드웨이 섬을 확보하면 그로부터 동쪽으로 수천 킬로미터 떨어진 곳에 위치한 진주만을 다시 위협하거나 어쩌면 지배할 수도 있었다. 그와 동시에 견제 부대가 알류샨 군도의 서부 요충지를 장악할 수 있는 장점도 있었다. 신중하게 이동 시간을 조절함으로써 야마모토는 알류샨 군도에 위협 상황을 조성함으로써 미국 함대를 그쪽으로 유인한 다음, 그 틈에 병력을 미드웨이 섬에 집중시키려고 생각했다. 미군이 무력을 행사하러 올 때까지 섬을 장악하고, 압도적인 병력을 이용하여 반격하려고 했다. 진주만의 전초 기지로서 미드웨이 섬은 미국에 아주 중요했고, 따라서 일본군의 그러한 움직임은 불가피하게 대격돌을 초래할 수밖에 없었다. 야마모토는 자신의 방식대로 결전을 치를 자신이 있었고, 특히 고속 전투함과 같은 월등히 우세한 전력을 바탕으로 적을 섬멸할 절호의 기회로 생각했다. 바로 그것이 그의 부하 나구모 제독에게 지시한 개괄적 계획의 개요였다. 그러나 모든 것은 니미츠 제독이 함정에 걸려들 것인가, 그리고 그것을 계기로 그가 반격을 시도하지는 않을 것인가에 달려 있었다.

미국 지휘관은 아주 주의 깊고 적극적인 군인이었다. 니미츠는 정보기관을 통해 필요한 첩보를 입수했고, 예상되는 적의 공격 날짜까지 알고 있었다. 일본의 미드웨이에 대한 계획이란 것이 미국 본토를 향한 전초 기지에 해당하는 알류샨 군도를 목표로 한 진짜 공격을 숨기려는 위장술이었다고 하더라도, 미드웨이는 그 자체로 비교할 데 없이 공격 가능성이 높았고 위험이 컸다. 따라서 니미츠는 조금도 망설이지 않고 휘하의 병력을 미드웨이로 집결시켰다. 그의 가장 큰 고민은 항공모함이었다. 니미츠 휘하의 항공모함은 최적의 상태에 있다고 하더라도 이미 진주만에서부터 실론에 이르기까지 혁혁한 전과를 올린 노련한 나구모의 항공모함 네 척을 당할 수 없을 것 같았다. 일본의 다른 두 척의 항공모함 중 한 척은 산호해로 갔고, 나머지 한 척은 파손된 상태였다. 그러나 니미츠로서도, 렉싱턴 호를 이미 잃었으며, 요크타운 호는 가동할 수 없었고, 수리를 끝낸 사라토가 호는 미처 합류하지 못한 상태였다. 그리고 워스프 호는 몰타를 구하기 위해서 여전히 지중해에 있었다. 남태평양에서 황급히 돌아온 엔터프라이즈 호와 호닛 호, 제때에 수리가 끝날 경우 합류하게 될 요크타운 호가 곧 시작될 전투에 투입할 수 있는 전부였다. 가장 가까이에 있는 전함들은 샌프란시스코에서 출발해야 했는데, 모두 속도가 너무 느려 항공모함과 함께 작전을 수행할 수 없었다. 야마모토의 전함은 열한 척이었는데, 그 중 세 척은 세계에서 가장 강하고 빨랐다. 미국 해군력의 열세는 심각했지만, 니미츠는 미드웨이 섬 자체를 해안 기지로 하는 강력한 공군의 지원에 의지할 수 있었다.

★ ★ ★ ★ ★

5월 마지막 한 주일 동안 일본 해군의 주력이 각 기지로부터 이동하기 시작했다. 맨 처음 움직인 것은 알류샨 열도의 견제부대였는데, 6월 3일 더치 하버를 공격하여 미국 함대를 그쪽으로 유인하기로 되어 있었다. 이어서 상륙 부대가 서쪽으로 아투, 키스카 그리고 아다크 섬을 점령할 계획이었다. 나구모가 그 이튿날 네 척의 항공모함을 포함한 함대를 이끌고 미드웨이를 공격하면, 6월 5일 상륙부대가 도착하여 섬을 장악한다는 것이었다. 심각한 저항은 없을 것으로 예상되었다. 그 사이 야마모토 휘하의 전투 함대는 항공 정찰의 범위를 벗어난 서쪽 멀리에서 대기하다가 미군의 반격이 있을 경우 바로 타격을 가하기로 했던 것이다.

진주만에 대한 두 번째 중요한 순간이었다. 남방에서 출발한 항공모함 엔터프라이즈 호와 호닛 호는 5월 26일에 도착했다. 요크타운 호는 다음날 나타났다. 수리에 3개월이 소요된다는 계산이 나왔으나, 위기 상황에 대처하기 위하여 48시간 이내에 전투에 참여할 수 있도록 정비를 마치고 새 비행기를 적재했다. 그리고 5월 30일에는 그 이틀 전 다른 두 척의 항공모함을 이끌고 출범한 스프루언스 제독과 합류하러 갔다. 플레처는 각 부대 사이의 합동작전에서 전술적 지휘를 맡아 뒤에 남았다. 미드웨이의 비행장은 폭격기로 가득 찼고, 섬의 방위를 맡은 지상군은 최고의 "경계" 상태에 돌입했다. 적의 접근을 최대한 빨리 탐지해야 할 필요성 때문에 공중 정찰은 5월 30일부터 계속했다. 미군 잠수함들은 미드웨이 서쪽과 북쪽을 감시했다. 몹시 불안한 가운데 나흘이 지나갔다. 6월 3일 오전 9시, 미드웨이 서쪽 1,100킬로미터 이상 떨어진 지점에서 초계중이던 카탈리나 비행정이 열한 척의 적함을 발견했다. 폭탄을 투하하고 공뢰를 쏘았지만, 유조선에 공뢰 한 발을 명중시킨 것을 제외하고는 모두 실패했다. 그러나 그로써 전투는 개시되었고, 일본군의 애당초 의도가 명백히 드러났다. 플레처는 정보기관을 통해서 얻은 첩보에 의해서 적군 항공모함이 미드웨이 북서쪽에서부터 접근하리라고 믿을 만한 이유가 있었다. 그는 적을 발견했다는 최초의 보고를 받고 조금도 당황하지 않고, 그것은 단순한 이동에 불과하다고 정확히 판단했다. 4일 새벽, 그는 항공모함을 이끌고 미드웨이 북방 300킬로미터 부근의 미리 생각해둔 지점으로 가서 기다렸다. 나구모 함대가 나타나기만 하면, 바로 그 측면을 급습할 만반의 준비가 되어 있었다.

6월 4일, 날씨는 청명했다. 오전 5시 34분에 미드웨이의 초계기가 오랫동안 기다리던 일본군 항공모함의 접근 신호를 보내왔다. 보고가 시시각각으로 들어오기 시작했다. 미드웨이를 향해 날아가는 비행기들과 항공모함을 호위하는 전함들의 모습이 보였다. 오전 6시 30분, 일본군의 강렬한 공격이 개시되었다. 거기에 맞선 저항 역시 대단했기 때문에, 공격하던 적의 비행기의 3분의 1은 돌아가지 못했을 것이다. 미군 측의 피해는 컸고 사상자도 많았으나, 비행장은 사용이 가능한 상태였다. 나구모 함대에 반격을 감행할 시간은 아직 남아 있었다. 나구모 함대의 압도적으로 우세한 전투기들은 큰 전과를 올렸지만, 큰 희망을 걸었던 이 용감한 일격의 결과는 아주 실망스러웠다. 공격으로 인한 혼란 때문에 일본군 지휘관의 판단력이 흐려진 것 같았는데, 그때 조종사들은 미드웨이에 대한 2차 공격이 필요하다고 말했다. 나구모는 함상에 어떤 미국 항공모함이 나타나더라도 처리할 수 있는 충분한 비행기를 보유하고 있었다. 그러나 그는 미국 항공모함을 기다리지 않았고 수색 작업도 신통찮아 별다른 성과를 올리지 못했다. 따라서 나구모는 원래의 계획에 따라 만들었던 비행 편대를 해체하고 미드웨이를 다시 공격하기 위한 재조직을 했다. 그러나 어떠한 경우든 1차 공격을 한 뒤 돌아오는 비행기들을 위해서 모함의 비행갑판은 깨끗이 비워둘 필요가 있었다. 이러한 결정은 나구모에게 치명적인 위험을 안겨주는 결과가 되었다. 얼마 뒤 나구모는 항공모함 한 척을 포함한 미군이 동쪽 방향에 나타났다는 보고를 들었지만, 이미 때는 늦었다. 재급유와 재무장으로 당장 가동하지 못하는 폭격기들로 비행갑판은 어지러웠고 따라서 그는 미국의 공격을 무방비 상태에서 그냥 받아들이게 되었다.

★ ★ ★ ★ ★

플레처와 스프루언스 두 제독은 초기의 정확한 판단으로 바로 그러한 결정적 순간에 공격할 수 있는 좋은 위치를 확보했던 것이다. 그들은 이른 아침 정보를 입수한 다음, 오전 7시에 항공모함 자체 방어에 필요한 것만 제외하고 모든 비행기를 엔터프라이즈 호와 호닛 호에 싣고 공격에 착수했다. 새벽 정찰에 나선 비행기들이 돌아오기를 기다리느라 늦어진 요크타운 호는, 오전 9시가 지나 바로 공격편대를 공중에 띄울 수 있었는데, 그때 다른 두 항공모함의 적재기들은 첫 번째 파상 공격을 시도하면서 목표물에 접근하는 중이었다. 적 함대 주변은 구름이 잔뜩 끼어 처음에는 급강하 폭격기가 공격 목표를 발견하지 못했다. 호닛 호 비행기들은 적이 방향을 돌린 것을 몰랐기 때문에 처음에는 목표물을 놓쳐버렸다. 그렇게 기회를 놓친 탓에 첫 번째 공격은 세 항공모함의 뇌격기들의 공뢰 투하만으로 이루어졌다. 그것도 상당히 매섭기는 했지만, 적군의 엄청난 저항에 부딪쳐 실패로 끝났다. 공격에 나선 41기의 뇌격기 중에서 귀환한 것은 6기에 불과했다. 그러나 그러한 희생은 결실을 보았다. 일본군의 모든 관심과 가동 가능한 모든 전투기가 뇌격기에 대응하고 있을 때, 엔터프라이즈 호와 요크타운 호의 급강하 폭격기 37기가 등장했다. 거의 아무런 저항도 받지 않고 나구모의 기함 아카기(赤城) 호와 자매함 가가(加賀) 호를 폭격했으며, 동시에 요크타운 호의 폭격기 17기가 소류(蒼龍) 호를 타격했다. 불과 몇 분 사이에 공격당한 세 척의 갑판은 불타오르고 폭발하는 비행기들로 아수라장이 되었다. 거대한 화재가 일어났고, 조만간 세 척의 항공모함은 분명히 침몰할 것 같았다. 나구모 제독은 자신의 깃발을 단 순양함으로 옮길 수 있었을 뿐, 그의 훌륭한 함대의 4분의 3이 불타는 광경을 보고만 있을 수밖에 없었다.

미국의 비행기들이 모함으로 귀환한 것은 정오가 지나서였다. 그러나 얻은 것은 훨씬 컸다. 일본군은 항공모함 중에서 유일하게 히류(飛龍) 호만 남았는데, 욱일기(旭日旗)의 명예를 걸고 즉시 일격을 가하기로 결정했다. 귀환한 미국 조종사들이 요크타운 호 함상에서 환담을 나누고 있을 때, 적의 공격이 있다는 소식을 들었다. 약 40기로 알려진 적기는 거세게 몰아붙였으며, 전투기와 기관총의 맹렬한 공격에 요크타운 호는 세 발의 폭탄을 맞았다. 심각한 손상을 입었으나 화재를 진압하고 다시 움직일 수 있었다. 그러나 두 시간쯤 뒤 다시 히류 호의 어뢰에 명중되었는데, 그것은 치명타였다. 이틀 동안 표류하다가, 결국 일본 잠수함에게 격침되었다.

요크타운 호가 표류하고 있는 동안에도 이미 복수는 이루어졌다. 히류 호는 오후 2시 45분에 위치가 확인되었고, 3시 전에 24기의 급강하 폭격기가 엔터프라이즈 호에서 발진했다. 오후 5시경 폭격했으며, 몇 분 지나지 않아 히류 호 역시 불길에 휩싸였다. 침몰한 것은 다음날 아침이었다. 그렇게 나구모 함대의 항공모함 네 척은 모두 파괴되었으며, 고도로 훈련된 항공대원 전원을 잃었다. 그 손실을 메울 방법은 없었다. 6월 4일에 전투는 막을 내렸고, 그것은 바로 태평양 전쟁의 전환점이 되었다.

★ ★ ★ ★ ★

승리를 거둔 미국 지휘관들은 다른 위험에 직면했다. 강력한 함대를 거느린 일본의 원수는 다시 미드웨이를 공격할 수 있었다. 미국 공군의 손실은 컸다. 만약 야마모토가 계속 전진하기로 했다면, 미국은 적절히 대처할 만한 비중 있는 함선이 없었다. 항공모함의 지휘를 맡은 스프루언스 제독은 적의 전력이 어느 정도 수준인지 알지 못했으며 아무런 지원군도 확보되어 있지 않았기 때문에, 서쪽으로 적군을 추격하는 일을 포기했다. 의문의 여지없이 옳은 결정이었다. 자신의 운을 만회하기 위해서 다시 행동에 나서지 않은 야마모토의 태도는 이해하기 어려웠다. 그는 처음에는 공격을 결정하고, 6월 5일 새벽 가장 강력한 순양함 네 척에게 미드웨이 포격을 명령했다. 같은 시간에 다른 일본군 병력이 동북방으로 전진하고 있었는데, 만약 스프루언스가 나구모 함대의 잔류 병력을 추격했더라면, 엄청난 야간 전투가 벌어졌을 것이다. 그러나 밤 사이 일본군 지휘관은 돌연히 마음을 바꾸어 6월 5일 오전 2시 55분을 기해 일제히 후퇴할 것을 명령했다. 그 이유는 명확하지 않았다. 그러나 전혀 예상하지 못했던 패배와 그의 소중한 항공모함들의 파괴가 큰 영향을 미친 것은 분명한 것 같았다. 그런데 또 하나의 재앙이 더 남아 있었다. 미드웨이 포격에 나섰던 중순양함 두 척이 미군 잠수함의 공격을 피하려다가 서로 충돌하게 된 것이다. 둘 모두 심각한 피해를 입어, 총퇴각이 시작되었을 때도 뒤에 남게 되었다. 6월 6일 스프루언스 함대의 비행기들이 제대로 움직이지 못하는 중순양함들을 폭격했다. 한 척은 침몰했고, 한 척은 거의 침몰하기 직전 상태가 되었다. 그렇게 대타격을 받은 모가미(最上) 호는 가까스로 본국으로 돌아가는 데 성공했다.

알류샨 열도 서쪽의 작은 섬들 중 아투와 키스카를 점령한 다음, 일본군은 올 때 그랬던 것처럼 조용히 물러났다.

★ ★ ★ ★ ★

당시 일본군 지휘부의 리더십을 생각해보면, 교훈을 얻을 수 있다. 한 달 사이에 두 차례나 해군과 공군 병력은 공격 기술과 각오로 전투에 참여했다. 그런데 그들은 공군이 휘둘릴 때면 매번 목표를 포기했다. 심지어 거의 손에 들어온 것이나 다름없는 경우에도 마찬가지였다. 미드웨이의 사나이들, 곧 야마모토, 나구모 그리고 곤도 제독은 4개월 이내에 극동의 연합군 함대를 격파하고 영국 동부 함대를 인도양에서 몰아낸다는 대담하고 장대한 작전을 기획하고 실행에 옮겼다. 야마모토는 전쟁의 전 과정에서 볼 수 있듯이, 공군의 엄호 없이 기지로부터 수천 킬로미터 떨어져 있는 함대가 전체적으로 완벽한 항공 병력을 갖춘 항공모함이 포함된 적군의 공격 범위 내에 있는 것을 피하기 위해서 미드웨이로 후퇴했던 것이었다. 그리고 수송 병력 역시 퇴각하도록 명령한 이유도 적의 공군이 지키고 있는 데다 너무 작아 공격이 불가능한 섬을 공군의 지원도 없이 공격하는 것은 자살 행위나 다름없었기 때문이다.

계획의 경직성 그리고 계획이 의도대로 진행되지 않으면 목표를 포기하는 일본군의 경향은 대체로 그들의 언어의 번거로움과 부정확성 때문이라고 생각되었다. 그들의 언어는 신호화된 통신 수단에 의해서 변환되어 즉각적으로 전달되기가 매우 어려웠다.

또다른 교훈이 있었다. 미국 정보 기관은 적이 가장 세밀하게 지키는 비밀을 사건이 일어나기 훨씬 전에 간파하는 데에 성공했다. 따라서 니미츠 제독은 이전보다 전력이 약했음에도 불구하고, 두 차례에 걸쳐 시간에 맞추어 정확한 장소에 모든 병력을 집결시킬 수 있었다. 때가 되면 그것은 결정적인 힘을 발휘한다. 전시 상황에서 비밀의 중요성과 정보 누설의 결과가 어떤 것인지 명확히 보여주는 사례였다.

★ ★ ★ ★ ★

그 기억할 만한 미국의 승리는 미국뿐만 아니라 연합국 전체의 대의를 위해서도 아주 중요했다. 사기에 미치는 영향은 심대하면서 즉각적이었다. 태평양에서 일본의 지배적 지위는 그 일격으로 역전되었다. 6개월에 걸쳐 극동에 쏟은 우리의 공동의 노력을 좌절시켰던 적의 빛나던 상승세는 영원히 사라졌다. 바로 그 순간부터 우리의 모든 사고는 진지한 확신을 수반하는 공세로 전환되었다. 이제 우리는 더 이상 일본이 다음에는 어디를 공격할까 하고 생각할 필요가 없었다. 반대로 적이 거침없이 전진하여 점령한 광대한 영토를 회복하기 위해서 우리가 어디를 공격하는 것이 최선일까 하고 생각하게 되었다. 길은 멀고 험했고, 동양에서 승리를 쟁취하기 위해서는 여전히 막대한 준비를 해야만 했다. 그러나 문제의 핵심은 의심의 여지가 없었다. 그리고 태평양의 요구는 미국이 유럽에서 행동하기 위해서 준비해야 할 노력만큼 큰 부담이 되지 않을 터였다.

★ ★ ★ ★ ★

해전의 역사에서 미국 해군과 공군 그리고 미국인의 우수성이 찬연히 빛났던 그 두 전투 산호해 해전과 미드웨이 해전보다 더 강렬하고 감격적인 예는 없다. 공중전이 창출한 새로우면서 예측 불가능한 조건은 유사 이래 찾아볼 수 없는 행동의 속도와 운명의 우여곡절을 그 이전 어느 것보다도 더 격렬하게 만들었다. 그러나 그 모든 것의 바탕은 미국 공군과 해군 병사들의 용맹과 헌신 그리고 지도자들의 담력과 기량이었다. 일본 함대가 머나먼 본국의 항구로 돌아갔을 때 지휘관들이 깨달은 사실은 두 가지였다. 하나는 항공모함의 전력이 회복 불가능할 정도로 파괴되었다는 것이다. 그리고 다른 하나는, 그들이 도전했던 상대가 자신들의 조상인 사무라이의 최고의 전통에 비견할 의지력과 정열의 소유자였을 뿐만 아니라, 무한한 힘과 수량과 과학의 발전에 의해서 뒷받침되어 있다는 사실이었다.

제10장
"이제 제2전선을!"

4월 8일, 홉킨스와 마셜 장군이 런던에 도착했다. 두 사람은 미국 합동참모본부가 작성하고 루스벨트가 승인한 포괄적 내용의 각서를 가지고 왔다. 그 중요성에 비추어 여기 전문을 공개하는 것이 타당할 것이다.

서유럽 작전

1942년 4월

서유럽은 미국과 영국이 최초의 대공세를 펼칠 전장으로 적합한 장소이다. 유일하게 양국의 육군과 공군 자원을 충분히 활용해서 러시아에 최대한의 지원을 할 수 있는 곳이다.

공격의 착수에 대한 결정은 **즉시** 이루어져야 한다. 다방면에 걸쳐 준비해야 할 것이 너무 많기 때문이다. 공격이 시작될 때까지는 적군을 서쪽에 묶어두어야 하고, 책략과 급습으로 불확실한 상태에 있도록 만들어야 한다. 급습에 의해서 유용한 정보를 얻을 수 있고, 중요한 실전 경험을 익힐 수 있다.

합동 공격군은 48개 사단(기갑사단 9개 포함)으로 구성하는데, 영국은 18개 사단(3개 기갑사단 포함)을 책임져야 한다. 지원 항공 전력으로 모두 5,800기의 전투용 비행기가 필요한데, 그중 영국이 2,550기를 부담한다.

핵심은 속도이다. 가장 중요한 제약 요인은 상륙용 주정과 공격에 필요한 병력을 미국에서 영국으로 수송할 선박의 부족이다. 다른 전장에 영향을 미치지 않으면서 1943년 4월 1일까지 병력을 수송하려면, 전체의 60퍼센트를 미국이 아닌 다른 국가의 선박으로 수송할 것을 전제로 한다. 만약 병력 수송을 전부 미국 선박에만 의존한다면, 공격은 1943년 늦여름까지 연기하지 않으면 안 된다.

약 7,000척의 상륙용 주정이 필요한데, 그 수량을 달성하기 위해서는 현재의 건조 작업에 박차를 가해야 한다. 그와 동시에 미국의 육군과 공군 분견대를 받아들여 가동할 준비 작업을 서둘러야 한다.

급습은 아브르와 불로뉴 사이의 해안에서 한 곳을 선택하여 행하되, 공수부대의 지원을 받는 최소 6개 사단이 파상 공격을 해야 한다. 그 작전에는 적어도 일주일에 10만 명가량의 비율로 병력이 공급되어야 한다. 해안에 교두보를 확보하는 순간 기갑부대가 신속하게 움직여 우아즈-생 쿠앙탱 선을 장악해야 한다. 그 다음의 목표는 안트베르펜이다.

그 정도 규모의 공격은 빨라도 1943년 4월 1일 이전에는 불가능하므로, 수시로 가동 가능한 병력을 즉시 행동에 투입할 수 있도록 계획을 수립하고 현황에 맞추어 조정해야 한다. 이것은 다음 두 경우에 대비한 비상조치로서 활용되어야 한다. (a) 독일이 갑자기 붕괴할 경우, (b) 러시아의 저항이 궤멸되기 직전에 그것을 막기 위한 "희생물로서," 어떠한 경우에든 그 지역의 우세한 공군력은 필수적 요소이다. 그 반면에, 1942년 가을 동안 파견하여 유지할 수 있는 병력은 5개 사단을 넘지 못할 것이다. 그 기간 동안 중요한 사항의 대부분은 영국이 부담할 수밖에 없다. 예를 들면, 9월 15일까지 필요한 5개 사단 중 미국이 실제로 동원할 수 있는 병력은 2.5개 사단 정도이며, 전투기는 700기뿐이다. 따라서 영국에 요구되는 전투기는 최소한 5,000기 이상일 수밖에 없다.

★ ★ ★ ★ ★

여행에 지친 홉킨스는 이삼일 정도 앓아누웠다. 그러나 곧 마셜이 우리 3군 참모총장들과 만나 대화를 나누었다. 국방위원회와의 공식 협의는 14일 화요일까지 불가능한 상태였다. 그동안 나는, 동료 각료들은 물론 3군

참모총장들과 함께 전반적 정세에 관해서 이야기했다. 우리는 미국의 유럽 개입 의도가 강력하고, 무엇보다 히틀러 타도에 우선권을 두고 있다는 분명한 사실에 안도했다. 그것은 항상 우리의 전략적 사고의 근간이었다. 그 반면에, 우리나 우리의 군사 고문들은 1943년 늦여름이 오기 전까지 대규모의 영미 연합군이 영국해협을 건너 프랑스에 상륙한다는 실질적인 계획을 생각할 수 없었다. 이미 일찍이 내가 기록해둔 바와 같이, 그것은 언제나 나의 주된 관심사였으며 마음속의 일정표였다. 거기에다 규모는 훨씬 작았지만 실질적으로는 의미가 없지 않은 비상 상륙 작전을 1942년 가을에 진행하자는 미국의 안도 제시되어 있었다. 우리는 러시아를 위해서 그리고 전체적인 전쟁 수행을 위해서 그 계획뿐만 아니라 다른 어떤 형태의 변형된 제안도 기꺼이 연구할 작정이었다.

14일 밤, 국방위원회와 미국에서 온 사람들이 다우닝 가에서 회합을 가졌다. 토론은 치열했지만, 결론은 만장일치였다. 1942년에 해협 횡단을 단행해야 한다는 데에 모두 의견을 모았다. 작전명을 "몰이(Round-up)"라고 부르기로 했다. 내가 붙인 이름은 아니었다.

그러나 그렇게 거대한 계획을 수립하는 가운데 우리는 다른 임무를 소홀히 할 수 없었다. 우리 제국의 첫 번째 의무는 일본의 침공으로부터 인도를 지키는 일이었다. 그 위협은 이미 임박해 있었다. 더군다나 인도 방위는 전쟁 전체와 결정적인 관계가 있었다. 우리의 명예를 걸고 지키기로 맹세한 폐하의 신민인 4억 인도인을 중국처럼 일본에 유린당하도록 내버려두는 것은 수치스러운 일이었다. 또한 독일과 일본이 인도나 중동에서 서로 손잡게 하는 일 역시 연합군의 목적 달성에 이루 말할 수 없는 재앙이 될 것이었다. 나에게 그러한 사태는 소련이 우랄 산맥 너머로 퇴각하거나 아니면 독일과 단독 강화를 맺거나 하는 정도로 중대한 것이었다. 그때까지 나는 그와 같은 우발적인 사태가 벌어지리라고는 전혀 생각하지 않았다. 조국의 땅을 지키기 위하여 싸우는 러시아 군대와 국민의 힘에 대한 신뢰가 있었던 것이다. 그러나 영광스러운 우리의 인도 제국은 너무 쉽게 적의 먹이가 될 수 있었다. 나는 그러한 견해를 미국 사절단에게 제시해야 했다. 적극적인 영국의 지원이 없을 경우 인도는 몇 개월 안에 정복당하고 말 터였다. 히틀러에게 소련을 굴복시키는 일은 좀더 시간과 노력이 소요되는 과제임이 분명했다. 그 이전에 영미의 제공권은 어떠한 일이 있어도 확립되어야 한다. 다른 모든 것이 실패로 돌아가는 일이 일어나더라도, 제공권만 확보되면 결정권을 쥐는 것이나 마찬가지였다.

나는 홉킨스가 "1943년 프랑스 북부의 적에 대한 정면 공격"이라고 한 것에 전적으로 동의했다. 그런데, 그때까지는 무엇을 할 것인가? 그동안 주력 부대가 준비만 계속하고 있을 수는 없는 노릇이었다. 거기에 관해서는 의견이 분분했다. 마셜 장군은 1942년 초가을 쯤 브레스트나 셰르부르 중에서 후자에 대한, 아니면 모두에 대한 점령을 시도해야 한다고 일찍이 제안했다. 그것은 거의 영국의 단독 작전이 될 수밖에 없었다. 해군, 공군, 필요한 지상 병력의 3분의 2와 상륙용 주정을 모두 우리가 제공해야 했다. 미국 사단은 2개 또는 3개 정도일 것이었다. 게다가 꼭 알아두어야 할 것은, 그 미국 사단은 편성된 지 얼마 되지 않은 부대라는 사실이었다. 일급의 부대를 만들려면 최소한 2년 정도의 시간과 아주 강력한 전문가 기간요원들이 필요하다. 따라서 그 계획과 관련해서 영국군 참모본부들의 의견이 힘을 가지게 되는 것은 당연한 일이었다. 예상되는 문제점에 대한 강도 높은 기술적 연구가 선행되어야 했다.

그럼에도 불구하고 처음부터 내가 그 계획에 반대한 것은 아니었다. 단지 다른 대안을 생각했을 뿐이다. 첫 번째는 프랑스령 북아프리카(모로코, 알제리, 튀니스)를 급습하는 것이었는데, 처음 한동안 "체육인(Gymnast)"이란 작전명으로 불리다가 종국에는 "횃불(Torch)"이라는 대작전이 되었다. 내가 원하던 두 번째 대안도 있었는데, 그것 역시 프랑스령 북아프리카 공격과 마찬가지로 실현 가능한 것이었다. 작전명은 "주피터(Jupiter)"였고, 북부 노르웨이의 해방이었다. 거기서는 러시아에 직접 도움을 줄 수 있었다. 노르웨이 북쪽에서야말로 러시아 육해공군과 직접 공동 군사 작전을 펼칠 유일한 방법이 있었다. 유럽의 북단을 확보함으로써 가장 넓은 지역을 통해서 러시아에 지원 물자를 수송하는 것이 가능했다. 그러나 그 계획은 북극 지방에서 싸워야 하기 때문에 수많은 병력과 보급품 및 탄약의 대량 소비가 불가피했다. 독일은 아주 손쉽게 노르 만[노르웨이 북쪽 끝 부분의 마게뢰위 섬을 굽어보는 화강암 절벽/역주]을 차지함으로써 전략상 결정적으로 중요한 요충지들을 확보했다. 현재 전쟁이 도달한 규모에 비하면, 독일은 아주 적은 비용을 들여 그 요충지들을 장악한 것이다. 나의 선택은 "횃불"이었다. 만약 나에게 모든 것을 해낼 수 있는 힘이 있었다면, "주피터" 역시 1942년에는 시도했어야 했을 것이다.

셰르부르에 교두보를 설치하는 시도는 내가 보기에 어려웠다. 뿐만 아니라 그다지 매력적이지도 않았고, 즉각적인 이익이나 궁극적인 성과가 예상되지도 않았다. 해협 건너 독일군이 견고한 요새를 구축한 전선에 맞서는 위험을 무릅쓰지 않고, 오른손은 프랑스령 북부 아프리카에, 왼손은 노르곳에 뻗쳐둔 채로 1년 정도 기다리는 편이 나은 것 같았다.

그러한 것들이 당시 나의 생각이었다. 그리고 그것에 대해서 나는 지금도 후회하지 않는다. 그러나 그때 나는 "모루채(Sledgehammer)"라고 불렸던 셰르부르 공격 작전을 다른 계획안과 함께 기획위원회에 제출할 용의가 충분히 있었다. 그런데 더 많이 살펴보면 볼수록 꺼려졌다. 나에게 명령을 내릴 권한이 주어져 있었다면, 가을쯤으로 적절히 시기를 맞추어 "횃불"과 "주피터"를 실행에 옮겼을 것이다. "모루채"는 소문과 형식적 준비를 통해서 적에게 누설되는 일종의 위장 작전으로 이용했으면 했다. 그러나 중요한 연합국과 이견이 없는 조화로운 행동의 확보를 위해서 영향력과 외교 관계를 고려하여 일을 처리해야 했다. 미국의 도움이 없다면, 세계의 미래에는 파멸밖에 없을 것이다. 따라서 나는 14일의 회의에서 그러한 대안을 일절 제시하지 않았다.

영국을 도약의 발판으로 삼아 가능한 한 빠른 시일 내에 독일에 대한 대규모 공격을 하겠다는 미국의 결정적인 제안은 우리에게 안도와 기쁨을 주었고, 그것은 최고의 화제였다. 그리고 곧 보게 되듯이, 중국을 돕고 일본을 분쇄하는 데에 중점을 둔 미국의 계획을 마주하게 되리라고 예상했다. 그러나 진주만 사건 이후 우리의 동맹관계에서 보면, 루스벨트 대통령과 마셜 장군은 끓어오르는 여론과 함께 히틀러를 주적으로 생각하게 되었다. 개인적으로 나는 영국과 미국이 유럽에서 어깨를 나란히 하고 싸우기를 열망했다. 그러나 세부 사항에 대한 연구—상륙용 주정을 비롯한 여러 가지—와 전쟁의 중심 전략에 대한 숙고 때문에 "모루채"는 밀려나고 말 것이라는 사실을 의심하지 않았다. 결국 영미 양국의 육해공 군사 당국자 중에서는 그러한 계획을 준비할 수 있는 사람이 없었으며, 내가 아는 한 그 실행을 책임질 만한 사람도 없었다. 공통의 염원과 선의는 거친 현실을 극복하기가 힘들었다.

요약하면 이렇다. 나는 언제나 1941년 12월에 내가 대통령에게 수교한 각서의 취지를 추구했다. (1) 영미 해방군은 1943년 유럽에 상륙해야 한다. 그런데 잉글랜드 남쪽에서 시도할 수 없는 경우 다른 장소에서 전력을 다해 상륙을 감행할 수 있는가? 그것을 방해할 것은 아무것도 없으며, 촉진하기 위해서는 무엇이든지 해야 한다. (2) 그런 한편, 러시아가 독일 육군의 주력 부대와 맞서 매시간 거대한 규모의 전투를 벌이고 있는 동안 우리는 수수방관만 할 수 없다. 우리는 적과 교전해야 한다. 대통령의 마음속 깊은 곳에는 그러한 결의가 담겨 있다. 그러면 해협 횡단의 대작전을 수행하기 전에 보내야 할 1년 또는 15개월 동안에는 무엇을 해야 하는가? 프랑스령 북아프리카 점령은 그 자체로 가능할 뿐만 아니라 아주 바람직한 것임에 틀림없었다. 그리고 일반적인 전술 작전 계획과도 부합했다.

나는 북아프리카 점령을 노르웨이 급습과 연결해서 수행하기를 희망했다. 지금도 그 두 작전은 동시 수행이 가능했다고 확신한다. 그러나 무수한 사항에 대한 심도 깊은 토론을 통해서 목적의 단순성과 단일성을 상실하면 큰 위험에 부딪힐 수 있다는 결론에 도달했다. 나는 "횃불"과 "주피터"를 모두 원했지만, 결코 "주피터" 때문에 "횃불"을 훼손시키려는 의도는 조금도 없었다. 영미 양대국의 모든 노력을 하나의 강력한 공격에 집중시키고 또 결합하는 데에 따르는 어려움 때문에 판단을 흐리게 하는 어떠한 불명료함도 허용될 수 없었다. (3) 그러므로 영미 양국의 대군이 1943년 유럽에서 독일과 맞붙기 전까지의 공백 기간을 메울 수 있는 유일한 방법은, 영국군이 서쪽으로 사막을 건너 트리폴리와 튀니스로 진군하면서 동시에 영미 연합군이 프랑스령 북아프리카를 실력으로 점령하는 것이었다.

결국 모든 다른 계획과 논의가 거듭되던 끝에 흐지부지되자, 그러한 나의 생각이 서방 연합국의 공동 결의 사항이 되었다.

★ ★ ★ ★ ★

5월에 우리는 다른 방문객들을 맞이했다. 몰로토프 일행이 영-소 동맹에 관한 협상과 제2전선의 개막에 대한 우리의 전망을 듣기 위해서 런던에 온 것이다. 동맹은 체결되었으며, 제2전선과 관련해서는 구체적 사항을 협의했다. 러시아 손님들은 런던 교외의 한적한 곳에서 머물기를 원해서, 숙소로 체커스를 제공했다. 대신 나는 스토리즈 게이트 별관에서 잤다. 그들이 머무는 동안 이틀 밤 체커스로 갔다. 체커스에서는 몰로토프 그리고 마이스키 대사와 오랜 시간 동안 개인적인 이야기를 나눌 수 있어 좋았다. 마이스키는 모든 사안에 대해서 박식한 지식을 가졌을 뿐만 아니라 소통을 빠르고 쉽게 해결하는 최고의 통역관이기도 했다. 나는 훌륭하게 작성된 지도에 의지해서 지금 우리가 무엇을 하고 있는가에 대해서, 그리고 섬나라의 전쟁 수행 능력의 한계와 기묘한 특성에 관해서 설명했다. 그리고 나중에는 수륙 양면 작전의 기술적인 부분까지 나아갔으며, 유보트의 위협에 직면한 대서양을 가로지르는 우리의 생명선을 유지하기 위한 위험과 어려움에 대해서 설명했다. 몰로토프에게는 그 모든 이야기가 상당히 인상적이었다. 우리 영국이 안고 있는 문제가 광대한 땅의 국가가 지닌 문제와는 철저히 다르다는 사실을 깨달았던 것 같았다. 어쨌든 그와 나는 그 어느 때보다도 친밀감을 느끼게 되었다.

외국인을 의심하는 러시아 인의 고질적인 편견이 체커스 체류 동안 몰로토프에게서도 드러났다. 도착한 뒤에 곧 그들은 모든 침실의 열쇠를 달라고 요구했다. 곤란한 점이 있었음에도 불구하고 전부 제공했다. 그러자 그들은 줄곧 방문을 잠가두었다. 관리인들이 청소를 위해서 방에 들어갔다가 베개 아래서 권총을 발견하고 깜짝 놀라기도 했다. 사절단의 주요 인물 3인에게는 러시아 경찰관이 붙어 있었으며, 두 명의 여성은 방에서 의복을 관리하고 방을 정돈했다. 소련 대표들이 런던으로 간 뒤에도 두 여성은 줄곧 방을 지켰는데, 식사를 할 때도 한 사람씩 교대로 아래층으로 내려왔다. 그러나 곧 그들의 경직된 태도는 좀 누그러졌고, 우리 가정부들과 서투른 프랑스 어와 손짓으로 얘기를 나누기도 했다.

몰로토프의 신변 보호를 위해서는 특별한 조치를 취했다. 그의 방은 러시아 경찰관들이 철저하게 점검했으며, 모든 선반과 가구 그리고 벽과 바닥까지 훈련된 전문가들이 지나칠 정도로 꼼꼼하게 점검했다. 특별한 주의가 필요한 것은 침대였다. 매트리스는 위장 폭파 장치 등이 없는지 일일이 눌러 확인했다. 시트와 담요는 러시아에서 온 사람들이 직접 깔았는데, 그냥 덮고 자도록 하는 것이 아니라 중간 부분을 떼어놓아 자다가도 곧장 일어나 뛰쳐나올 수 있게 배려했다. 밤에는 가운과 손가방 곁에 권총을 놓아두었다. 그러한 주의는 언제나 필요하다. 특히 전시에는 위험에 대비한 주의가 필요하다. 그러나 현실에 맞추어 주의를 기울여야 한다. 가장 간단한 테스트는 우선 경계의 대상인 상대방이 살해 의도가 있는지 자문해보는 것이다. 내 경우에는, 모스크바를 방문했을 때 러시아의 호의를 전적으로 신뢰했다.

★ ★ ★ ★ ★

워싱턴을 이미 방문하고 왔던 몰로토프는 1942년 해협 횡단 작전 계획과 관련된 내용으로 머리가 복잡했다. 우리는 여전히 미군 참모본부들과 공동으로 활발히 연구하고 있었지만, 드러나는 것이라고는 각종 난관뿐이었다. 우리의 계획을 공표하는 일은 독일을 의식하게 해서 그들의 많은 부대를 서부에 집결하도록 할 수 있겠지만, 나쁠 것은 없다고 판단했다. 따라서 6월 11일, 다음과 같은 문장이 포함된 코뮈니케를 발표했다. "회담 중 우리는 1942년 유럽에 제2전선을 형성한다는 긴급한 과제와 관련하여 완전한 상호 이해에 도달했다."

무엇보다도 내가 중요하게 생각한 것은, 적을 오인하도록 하려다가 우리 연합국을 오인하도록 만들어서는 안 된다는 점이었다. 그래서 코뮈니케의 초안을 작성할 때, 각료실에서 여러 동료들이 보는 가운데 각서 한 통을 직접 몰로토프에게 주었다. 그 내용은 우리가 계획 수립을 위해서는 최선을 다하고 있지만, 바로 행동에 나선다거나 어떠한 보장을 하는 것은 아니라는 점을 명확히 하는 것이었다. 그 뒤에 소련 정부가 우리를 비난할 때나 스탈린이 나에게 개인적으로 문제를 제기할 때나, 우리는 항상 각서를 제시하며 "그러므로 이 문제에서 우리는 아무런 보장도 할 수 없다"는 구절을 가리킬 수 있었다.

각서

우리는 1942년 8월 또는 9월에 유럽 대륙에 상륙할 준비를 하고 있다. 이미 설명한 바와 같이, 상륙 병력의 규모를 제한하는 결정적 요소는 특별 상륙용 주정의 가용 범위이다. 그러나 우리가 어떠한 희생도 무릅쓰고 오직 행동을 위한 행동을 하는 방식으로 작전을 감행하여 재앙적인 파국을 맞이하고 적에게 우리의 패퇴를 즐길 수 있는 기회를 주는 것은 러시아나 연합국 전체의 목적에 기여하지 못한다는 사실은 명백하다. 시기가 도래했을 때의 상황이 작전을 실행하는 데 적합할지 아닐지 미리 예상하는 것은 불가능하다. **그러므로 이 문제에서 우리는 아무런 보장도 할 수 없다.** 그러나 사정이 양호하고 적절하기만 하면, 조금도 주저하지 않고 실행에 옮길 것이다.

★ ★ ★ ★ ★

그뒤 몇 주일 동안 전문적인 부분에서 진전이 있었다. 나는 "모루채" 작전의 문제점에 몰두하면서 끊임없이 보고를 요구했다. 그 작전의 어려움은 곧 명확해졌다. 수적으로 우세하고 견고한 요새를 구축하고 있는 셰르부르의 독일군을 상대로 상륙군이 정면으로 돌진한다는 것은 아주 위험한 작전이었다. 혹시 성공한다고 하더라도, 연합군은 셰르부르와 코탕탱 반도의 끝부분에 묶여 쉴 새 없는 폭격과 공격을 받으며 그 좁은 탄막의 덫 속에서 1년 가까이 버티지 않으면 안 될 것이었다. 게다가 보급은 오직 셰르부르항을 통해서밖에 받을 수 없는데, 겨울과 봄 동안 지속적인 공격을 하면서 간혹 압도적인 힘을 발휘할 적의 공습을 극복해야 한다. 그러한 과제로 인한 부담은 우리의 모든 선박 자원과 항공력을 소진시킬 수 있었다. 이어서 다른 작전에도 영향을 미칠 수밖에 없었다. 성공할 경우에는 역시 여름 동안 코탕탱 반도의 좁은 옆구리 부분에서 넓은 곳으로 진출해야만 하는데, 어떠한 전력의 부대가 지키고 있을지 모르는 독일군 요새를 차례대로 격파해야만 가능한 일이었다. 그리고 빠져나오더라도 우리 부대가 이용할 수 있는 철도는 오직 하나뿐이었는데, 당연히 적군이 파괴해버릴 것이었다. 게다가 믿을 수 없는 그 모험이 어떤 식으로 러시아에 도움이 될 것인지도 명확하지 않았다. 독일은 프랑스에 25개 기동사단을 보유하고 있었다. 우리는 "모루채" 작전을 위해서 8월까지 겨우 9개 사단 정도를 확보할 수 있을 뿐이었는데, 그중 7개 사단은 영국군으로 구성해야 했다. 따라서 독일로서는 러시아 전선에서 사단을 차출할 필요가 없었다.

그러한 몇 가지 사실과 그밖의 사정들이 좋지 않은 양상으로 나타나면서 영국군은 물론 미군 군사 참모들도 확신과 열정을 잃게 되었다. 참모본부의 끊임없는 토론은 그렇게 여름 내내 계속되었다. "모루채"는 전반적인 의견에 따라 포기하게 되었다. 다른 한편, 나 역시 노르웨이 북부의 "주피터" 계획에 대한 적극적인 지지를 얻지 못했다. 대신 1943년의 해협 횡단을 통한 공격이라는 주요 계획에 대해서만 의견의 일치를 보았다. 의문은 여전히 가시지 않았다. 그동안에 무엇을 할 것인가? 그 기간 동안 미국과 영국은 사막에서의 전투를 제외하고는 싸우지도 않으면서 시간을 허비한다는 것은 불가능했다. 루스벨트 대통령은 1942년 한 해 동안 가능한 한 최대 규모의 독일과의 전투를 결정한 상태였다. 그런데 어디서 싸워야 하는가? 대통령이 항상 회심의 미소를 보이던 곳, 바로 프랑스령 북부 아프리카 외에 어디란 말인가? 수많은 계획 중에서 결국 가장 적합한 것만이 살아남는다.

나는 반응을 기다리기로 했다.

제11장

두 번째 워싱턴 방문과 투브루크

오킨렉 장군은 자신이 사막에서 선제권을 장악할 만큼 강하지는 않다고 느꼈지만, 어느 정도 자신감을 가지고 적의 공격을 기다리고 있었다. 제8군 사령관 리치 장군은 오킨렉의 지휘 감독 아래서 정교한 방어 진지를 준비했는데, 그 범위가 가잘라에서부터 비르 하케임까지 남쪽으로 72킬로미터에 달했다. 진지는 여단 또는 그보다 큰 규모의 병력이 지키는 "상자(boxes)"라고 불리는 요새들로 이루어졌는데, 전체가 광대한 지뢰 밭으로 덮여 있었다. 그 배후에는 우리 기갑부대와 제30군단이 대기했다.

알라메인을 제외한 모든 사막 전투는 기갑부대의 사막 측면에서의 신속한 우회를 통해서 시작되었다. 롬멜은 5월 26일과 27일 사이의 달밤을 기해 출격했다. 우리 기갑부대와 맞붙어 분쇄해버리겠다는 의도로 그는 그의 기갑부대 전체를 이끌고 진군했는데, 지금 우리가 알게 된 바로는 바로 그 다음날 투브루크를 점령한다는 것이 목표였다. 그러나 롬멜의 계획은 실패로 돌아갔다. 치열한 격전이 벌어진 뒤, 6월 10일 오킨렉 장군은 양쪽 사상자 수의 추정치를 보고했다. 탱크, 대포 그리고 비행기의 수는 그런대로 만족스러운 수준이었으며 정확했다. 그러나 다음과 같은 내용이 눈에 띄었다. "아군의 병력 손실은 추정하건대 1만 명 정도인데, 그중 8,000명은 포로가 된 것 같습니다. 제5인도사단의 사상자는 아직 제대로 파악되지 않았습니다." 사상자와 포로 사이의 특이한 불균형적 분포가 무언가 불미스러운 사

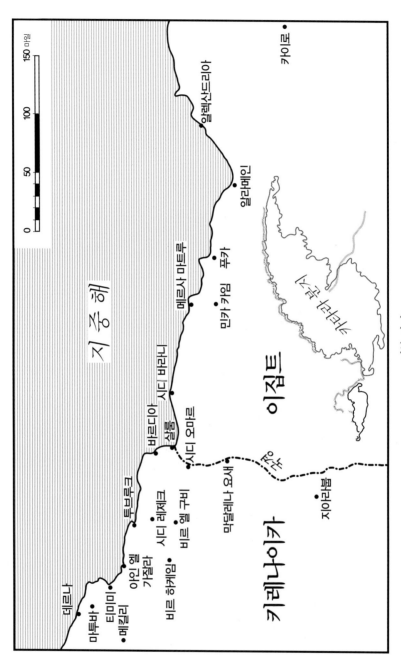

지 중 해

150 마일

0   50   100

데르나
마투바
티미미
메킬리
아인 엘 가잘라
투부르크
시디 레제크
비르 하케임
비르 엘 구비
막달레나 요새
솔룸
할파야
바르디아
시디 오마르
시디 바라니

메르사 마트루
민카 카임
푸카
엘라메인
알렉산드리아
카이로

이집트

카레나이크해

카타라 저지

서부 사막

키레나이카

건이 있었음을 보여주었다. 또한 카이로의 사령부에서 알 수 없는 중요한 일로 전체 손실을 파악하지 못하고 있다는 사실을 드러냈다. 나는 답신을 보내면서 그에 대해서는 언급하지 않았다.

6월 12일과 13일, 엘 아뎀과 "나이츠브리지" 사이에 위치한 구릉을 서로 차지하기 위해서 격렬한 전투가 벌어졌다. 그것은 탱크전의 절정이었다. 막판에 이르자, 적은 전장을 장악했고 우리의 탱크 수는 현격히 줄어들었다. 그 부근 일대의 연락 중심지 역할을 했던 곳은 "나이츠브리지"였고, 그곳을 완강히 방어하던 부대는 철수하지 않으면 안 되었다. 14일이 되자 전세는 명확하게 완전히 뒤집혀져 있었다. 인도 주재 국무부 장관 케이시는 군부의 의견이 담긴 다음과 같은 내용의 전문을 내게 보냈다.

오킨렉 자신에 관해서는, 그의 지도력이나 가용 범위 내의 병력으로 전투를 수행하는 그의 지휘 방식은 전폭적으로 신뢰할 만합니다. 다만 내가 바라는 것은 그가 동시에 맡아주었으면 하는 두 가지 역할입니다. 즉 여기 조직의 중심부에 있으면서, 직접 제8군의 전투를 지휘하는 것입니다. 여기의 일은 참모장에게 잠시 맡겨두고, 그가 직접 전투를 책임지는 것이 그에게도 좋지 않을까 하는 생각이 최근에는 때때로 들었습니다. 그러나 그 자신이 그렇게 생각하지 않기 때문에 강요할 의사는 없습니다. 그것은 오킨렉의 전투이며, 그의 지휘권에 속한 결정은 그 자신이 해야 할 것이기 때문입니다.

오킨렉 장군이 직접 사막 전투를 지휘하는 것이 낫겠다는 케이시의 지적은 이미 내가 한 달 전에 오킨렉에게 했던 말을 강조한 것에 지나지 않았다. 중동 총사령관은 과도한 책임으로 인하여 무엇을 어떻게 해야 할지 모르고 있었다. 자신의 모든 임무가 전투에 걸려 있었기 때문에, 전투 역시 임무의 하나로 생각했다.

그가 준비한 조치는 타협이었다. 아주 중요한 전투를 오킨렉 자신을 보좌하다가 얼마 전 부참모장 직에서 물러난 리치 장군에게 맡겼다. 그러면서 그는 리치 장군을 감독하면서 끊임없이 지시를 했다. 큰 재앙을 당하고 난 뒤에야 국무장관의 성화에 쫓겨 전투의 초반부터 했어야 할 일을 시작했으며, 직접 전장에 나가 지휘를 했다. 그것은 개인의 실패라고 할 수밖에 없었지만, 바로 1년 전 중동 총사령관에게 지나칠 정도로 광범위한 책임을 부과했던 나와 동료 각료들이 상당한 비난을 받아야 하는 것은 당연했다. 물론 우리는 그로 하여금 그러한 부당한 부담에서 벗어나게 하려고 그때그때의 정세에 따라 정확하게 조언을 계속했지만, 그가 받아들이지 않았던 것이다. 나의 개인적인 생각으로는, 전투가 시작되었을 때부터 그가 지휘를 맡아 병력을 최대한 활용하고 대리인을 카이로로 보내 북쪽을 잘 지키는 동시에 자신의 관할 아래 있던 광대한 나머지 지역의 임무를 수행하도록 했더라면, 전투에서 승리를 거두었을 것이다. 그것은 그가 뒤늦게 직접 지휘함으로써 나머지를 구할 수 있었던 사실만 보더라도 확실했다.

8월 10일, 내가 알렉산더 장군에게 명령을 내리면서 그의 주된 임무를 명확하게 한 사실만 보더라도, 오킨렉의 사정이 얼마나 나에게 깊은 인상을 남겼는지 독자들은 곧 알게 될 것이다. 사람은 살아 있는 한 배우는 법이다.

★ ★ ★ ★ ★

우리는 즉시 눈을 부릅뜨고 투브루크를 바라보지 않을 수 없었다. 한 해 전처럼, 어떠한 대가를 치르더라도 투브루크를 방어하지 않으면 안 된다는 데에 이견이 없었다. 그런데 다시 불필요한 1개월의 지체 끝에 오킨렉 장군은 시리아의 뉴질랜드 사단을 불러들였으나, 투브루크 전투에 본격적으로 뛰어들기에는 이미 시간이 늦었다. 우리는 오킨렉 장군이 리치 장군에게 명령만 한 것에 불만이었다. 투브루크 요새를 적극적으로 방어하겠다는 태도가 아니었기 때문이다. 그러한 점을 확인시키기 위해서 나는 전문을 보냈다.

귀관이 투브루크를 포기할 의사가 전혀 없다는 사실을 확인하게 되어 다행으로 생각한다. 전쟁내각이 [귀관의 전문을] 해석하기로는, 필요한 경우 리치 장군은 투브루크를 확실하게 유지할 수 있을 정도의 병력을 투브루크에 남기리라는 것이다.

오킨렉 장군의 답신은 의심의 여지없이 그렇다는 것이었다. 작년의 경험에 비추어 우리는 믿고 안심했다. 게다가 오킨렉 장군의 말대로 신문에서 떠들고 있는 것처럼 정세가 1941년에 비해 우리에게 유리해졌다고 생각했다. 우리는 투브루크 바로 앞에 교두보를 설치하여 병력을 배치한 다음, 보급을 위한 광궤 철도를 새로 놓았다. 더 이상 측면의 바다에 보급로를 의존하던 방식을 버리고 전통적 전쟁 원칙에 따라 전선의 중심부에서 후방 직각 방향으로 기지가 연결되도록 했다. 그런 조건 아래에서, 실제로 발생한 사태는 통탄할 일이 아닐 수 없었지만, 서로 대치한 쌍방의 병력 상태와 롬멜이 처한 보급의 어려움을 고려하면 만사가 순조롭게 진행될 것 같았다. 뉴질랜드 사단도 그리 멀지 않은 곳에 있었고 강력한 증원군이 바다를 통해 합류하는 중이었으므로, 양쪽이 전력을 다해 싸움을 계속할 경우 종국적으로는 우리에게 불리하지 않을 것이라고 느꼈다. 따라서 나는 두 번째 워싱턴 방문 계획을 취소하지 않았다. 워싱턴에는 처리해야 할 전쟁의 전반적인 전략에 관한 가장 중요한 업무가 나를 기다리고 있었다. 동료 각료들도 모두 그러한 내 판단을 지지했다.

$$\star\ \star\ \star\ \star\ \star$$

미국 여행의 주요 목적은 1942년과 1943년에 걸친 작전에 대한 최종 결정이었다. 일반적으로 미국 당국은, 특히 마셜 장군과 스팀슨은 1942년에는 미국이 육군과 공군으로 독일군과 교전할 수 있도록 하는 계획이 빨리 결정되어야 한다고 믿었다. 그렇지 않을 경우 미국 3군 참모총장들은 "독일 최우선”의 전략을 급격히 바꿀 것을 심각하게 고려할 위험이 있었기 때문이다. 그 외에도 내 마음을 무겁게 하는 다른 요소가 있었다. 그것은 “튜브 합금(Tube Alloys)”의 문제였다. 우리는 암호명으로 그렇게 불렀는데, 훗날 원자폭탄이 된 것이었다. 우리는 우리의 연구와 실험 결과에 대해서 미국과 분명한 협상을 체결해두어야 할 시점에 이르렀고, 그것은 나와 대통령의 개인적 논의에 의해서만 가능한 것이라고 느꼈다. 사막의 전투가 절정에 이른 시기에 내가 육군참모총장과 이즈메이 장군을 대동하고 조국과 런던을 떠나도록 전쟁내각이 결정한 사실 자체가 우리가 직면한 심각한 전략적 과제를 해결하는 일이 얼마나 중요한가를 보여주었다.

그 어려운 시기에 당면한 긴급하고 결정적인 과제 때문에, 나는 배 대신 비행기를 이용하기로 결정했다. 그것은 우리 일행이 모든 정보의 흐름에서 24시간 동안 완전히 벗어난다는 것을 의미했다. 나는 이집트로부터 오는 메시지를 빠뜨리지 말고, 그밖의 모든 보고를 그대로 또는 암호를 풀어 전달하도록 조치했다. 그리하여 쓸데없이 결정이 지연되지 않노록 했으며, 실제로 그렇게 되었다.

그 해 1월 버뮤다에서 돌아올 때 항공 여행이 얼마나 위험했는가는 지금 와서야 알게 된 사실이다. 그렇지만 나는 기장 켈리 로저스와 그가 조종하는 보잉 비행정을 신뢰했기 때문에 그에게 특별히 한번 더 요청했다. 우리는 6월 17일 밤 스트랜라르[스코틀랜드 남서쪽의 작은 항구 도시/역주]에서 자정 조금 전에 출발했다. 날씨는 완벽할 정도로 좋았고, 만월이었다. 나는 두 시간 남짓 동안 부기장석에 앉아 빛나는 밤바다를 경이롭게 바라보며 여러 문제들을 곰곰이 생각했다. 주로 전투에 관한 걱정이었다. 그리고 대낮에 간더에 도착할 때까지 “신혼부부용 별실”에서 편안하게 잤다. 간더에서 기름을 보충할 수 있었지만, 그럴 필요가 없어 잠시 쉬었다가 비행을 계속했다. 태양과 함께 날았으므로 낮이 아주 길게 느껴졌다. 우리는 여섯 시간 간격으로 두 차례의 점심을 먹고, 저녁 식사는 도착한 뒤 늦게 하기로 했다.

마지막 두 시간 동안은 대륙 위를 날았고, 워싱턴에 접근했을 때는 미국 현지 시간으로 7시였다. 포토맥 강을 향해 서서히 하강하자 워싱턴 기념탑의 끝 부분이 눈에 들어왔다. 170미터나 되는 높이는 비행정의 고도와 거의 비슷했다. 나는 켈리 로저스에게 세상의 그 많은 물건 중 하필 저 탑에 부딪혀 우리의 이야기를 마감한다면, 억세게도 운이 없는 경우일 것이라고 웃으며 말했다. 그는 그런 일이 없도록 특별히 조심할 테니 걱정하지 말라고 했다. 그렇게 우리는 27시간의 비행 끝에 부드럽고 안전하게 포토맥 수면 위에 내려앉았다. 핼리팩스 경, 마셜 장군 그리고 미국의 고위 관리들이 우리를 맞았다. 나는 저녁 식사를 하러 영국 대사관으로 갔다. 그날 밤에 비행기를 타고 하이드 파크[미국 뉴욕 주 동부 더처스 카운티의 허드슨 강 동쪽에 위치한 도시/역주]로 가기에는 너무 늦었기 때문이다. 우리는 모두 그 사이에 쌓인 전문—중요한 것은 하나도 없었지만—을 모두 읽고, 정원에서 기분 좋은 저녁 식사를 마쳤다. 영국 대사관은 높은 언덕 위에 있었기 때문에 워싱턴에서 가장 서늘한 장소 중의 하나였다. 그런 점에서 백악관과 비교할 때 더 쾌적했다.

다음날인 19일, 이른 아침에 하이드파크로 날아갔다. 대통령은 그곳 비행장에 나와 있었는데, 우리가 탄 비행기가 나로서는 처음 경험할 정도로 거칠고 요란하게 활주로에 부딪치며 착륙하는 모습을 보았을 것이다. 루스벨트는 진심으로 나를 환대했다. 직접 차를 운전해서 허드슨 강 기슭의 웅장한 절벽 위에 위치한 대통령 집안의 저택으로 갔다. 부지 일대를 드라이브하면서 멋진 경치를 구경시켜주었다. 차를 타고 가면서 나는, 대통령이 신체장애 때문에 발로 브레이크나 클러치 또는 액셀러레이터를 사용하기 어려울텐데 하고 의아해했다. 그런데 대통령이 손으로 모든 것을 조작할 수 있도록 특별한 장치가 장착된 차였다. 그의 팔은 놀라울 정도로 강하고 근육질이었다. 대통령은 어느 유명한 격투기 선수가 부러워할 정도라며 자신의 근육을 나에게 직접 만져보게 했다. 꽤 안심이 되었다. 그러나 솔직히 고백하면, 차가 허드슨 강 절벽 가장자리 풀숲에서 멈추었다 후진했다 할 때마다 나는 자동차의 기계 장치와 브레이크가 아무 이상이 없기를 간절히 바랐다. 우리는 차 안에서 함께 있는 동안 업무상 이야기만 나누었는데, 그 시간 내내 나는 대통령이 운전하는 데에 집중하지 못할까 걱정했다. 그럼에도 불구하고 우리는 공식 회의석상에서보다 훨씬 더 많은 의견의 진전을 볼 수 있었다.

대통령은 내가 우리 육군참모총장과 함께 왔다는 말을 듣고 아주 반가워했다. 그는 자신의 젊은 시절을 떠올리며 흥미로운 관심을 보였다. 루스벨트 대통령의 아버지가 브룩 장군의 아버지를 하이드파크에서 맞은 일이 있다는 것이었다. 루스벨트 대통령은 그렇게 높은 지위에 오른 그 아들을 꼭 만나고 싶다고 했다. 이틀 뒤 만났을 때, 대통령은 브룩 장군을 극진히 예우했다. 그리고 브룩 장군의 개성과 매력에 곧장 호감을 느낀 듯했다. 그것은 회담 과정에서 큰 도움이 되었다.

★ ★ ★ ★ ★

나는 해리 홉킨스에게 결정해야 할 사항에 관한 몇 가지 요점을 얘기하고 홉킨스는 그것을 대통령에게 전달했기 때문에, 논의의 토대는 미리 준비되어 있었다. 대통령의 마음도 결심이 선 상태였다. "튜브 합금"에 관련된 문제는 아주 복잡했으며, 나중에 증명되었듯이 압도적으로 중요한 것이었다. 나는 관계 서류를 소지하고 있었으나, 회의는 다음날인 20일로 연기되었다. 대통령이 워싱턴으로부터 좀더 많은 보고를 받을 필요가 있다고 했기 때문이다. 우리는 점심 식사를 끝낸 뒤 1층 바깥쪽의 작은 방에서 이야기를 나누었다. 그 방은 햇빛이 막혀 어두웠다. 루스벨트 대통령은 거의 방을 가득 채우듯이 큰 책상 앞에 앉아 있었다. 홉킨스는 그 뒤에서 앉았다 섰다 했다. 두 미국인은 방안의 찌는 듯한 더위는 아랑곳하지 않는 듯했다.

나는 대통령에게 일반적인 용어를 사용하여 그동안 우리가 이룩한 엄청난 진전에 대해서 설명했다. 영국의 과학자들이 전쟁이 끝나기 전에 결과를 볼 수 있을 것이라는 확신을 가지게 되었다고 말했다. 대통령은 미국도 마찬가지로 열심히 하고는 있으나, 완전한 실험을 해보기 전까지는 어떤 실질적인 효과가 가능할지 알 수 없다고 대답했다. 우리는 서로 아무것도 해내지 못하는 것은 아닌가 하는 우려 때문에 잠시 마음이 어두웠다. 우리는 독일이 "중수(重水)"를 확보하기 위해서 노력하는 중이라는 사실을 알고 있었다. 그 불길하고 음산한, 그리고 뭔가 거북한 용어가 어느새 우리의 비밀 문서에도 잠입했던 것이다. 우리보다 적이 먼저 원자폭탄을 손에 넣으면 어떻게 될 것인가! 과학자들의 주장이 아무리 의심스럽더라도, 그리고 과학자들 사이에서 충분히 토론하고 설명하는 내용이 비전문가들에게는 도무지 무슨 의미인지 알아들을 수조차 없더라도, 어쨌든 그 두려운 분야에서 적에게 뒤진다는 것은 용납할 수 없는 일이었다.

나는 영미 양국이 즉각 모든 정보를 공유하고, 같은 조건에서 작업하며, 어떠한 결과라도 얻게 되면 똑같이 나누어야 한다고 강력하게 주장했다. 그렇다면 연구 시설은 어디에 설치해야 하는가라는 문제가 제기될 수밖에 없었다. 우리는 이미 거기에 막대한 비용이 소요된다는 사실과, 전쟁을 치르는 노력의 또다른 형태로 상당한 양의 자원과 두뇌를 전용해야 한다는 사실을 잘 알고 있었다. 영국은 폭격하기에 가까운 곳에 있고 끊임없는 적의 공중 정찰 범위 내에 위치했기 때문에, 계획에서 필요로 하는 크고 눈에 띄기 쉬운 공장 시설을 영국 섬 안에 세운다는 것은 불가능한 일 같았다. 우리가 생각하기로는 적어도 미국과 비슷한 수준의 대안을 찾는다면, 캐나다를 들 수 있었다. 캐나다는 적극적으로 채굴한 우라늄을 공급함으로써 중요한 기여를 했다. 대서양 양안의 어느 과학자도 성공을 장담할 수 없는 계획에 수억 파운드를, 돈 만이 아니라 귀중한 전쟁 에너지를 투입하기로 결정하는 것은 쉬운 일이 아니었다. 그럼에도 불구하고 만약 미국이 선뜻 그 사업에 참여하지 않았더라면, 우리만의 힘으로 캐나다에서 일을 계속 추진했을 것이다. 캐나다 역시 반대한다면, 대영제국 내의 다른 어딘가에서 추진했을 것이다. 그러나 미국이 그 일을 하지 않으면 안 된다고 생각한다는 루스벨트 대통령의 말을 들었을 때, 나는 무척 기뻤다. 우리는 공동으로 그 계획을 결정했으며, 공통의 기초를 마련했다. 그 뒤의 이야기는 다른 장에서 계속하게 될 것이다. 어쨌든 나는 영국에서 이룩한 진전과 궁극적인 성공에 대한 우리 과학자들의 신념을 루스벨트에게 전달한 것이, 결국 대통령으로 하여금 중대하고 운명적인 결정을 하게 만든 계기가 되었다는 사실을 믿어 의심치 않는다.

★ ★ ★ ★ ★

20일 밤늦은 시간에 우리는 대통령 전용 열차에 몸을 실었는데, 워싱턴에 도착하니 다음날 아침 8시였다. 우리는 엄중한 경호 속에서 백악관으로 갔고, 나는 다시 에어컨이 작동되는 큰 방으로 안내를 받았다. 그 방은 다른 방들보다 거의 섭씨 15도 이상 온도가 낮아 아주 쾌적했다. 나는 신문을 훑어보고, 한 시간 동안 쌓인 전문을 읽고, 아침을 먹었다. 통로 건너편의 해리 방에 잠시 들렀다가 대통령의 서재로 갔다. 이즈메이 장군도 함께 갔다. 얼마 뒤 대통령의 손에 전보 한 통이 전달되었다. 대통령은 그것을 내게 보여주었다. "투브루크 항복, 포로 2만5,000명." 너무 놀라운 일이어서 나는 믿을 수가 없었다. 나는 이즈메이 장군에게 런던으로 전화하여 확인하라고 지시했다. 몇 분 뒤 이즈메이는 알렉산드리아에서 하우드 제독이 보낸 전문을 가져왔다.*

---

* 하우드 제독은 5월 31일자로 커닝엄 제독의 후임으로 지중해 사령관에 임명되었다.

투브루크는 함락되었습니다. 상황은 최악으로, 조만간 알렉산드리아에 대규모 공습 가능성이 있습니다. 보름이 가까우므로 동부 함대를 모두 운하 남쪽으로 보내 사태에 대비할 예정입니다. 이번 주말까지 전함 퀸 엘리자베스 호를 도크에서 끌어내기를 희망합니다.*

그것은 제2차 세계대전 기간 중 내가 기억하는 가장 큰 타격 중의 하나였다. 군사적 결과도 뼈져렸을 뿐만 아니라, 영국 육군의 명예를 생각하더라도 비통한 일이었다. 싱가포르에서는 8만5,000명의 병력이 그보다 더 적은 수의 일본군에게 항복했다. 그런데 이제 다시 투브루크 수비대 2만5,000명(실제로는 3만3,000명)의 노련한 병사들이 어쩌면 그 절반 정도밖에 되지 않는 적군에게 무릎을 꿇고 말았다. 만약 그것이 사막 부대가 보여줄 수 있는 사기의 전형이라면, 북아프리카에 임박한 재난에 대해서도 손 쓸 방법이 없을 것이었다. 나는 내가 받은 충격을 대통령 앞에서 굳이 숨기려고 하지 않았다. 처절한 순간이었다. 패배와 치욕은 전혀 별개였다. 다정한 두 미국인의 위로와 아량에 대꾸할 말이 없었다. 아무런 비난도 불친절한 표현 한마디도 없었다. "우리가 어떻게 도울 수 있겠습니까?" 루스벨트가 물었다. 나는 바로 대답했다. "셔먼 탱크를 줄 수 있는 대로 주십시오. 그리고 가능한 한 신속하게 배에 실어 중동으로 보내주십시오." 대통령은 마셜 장군을 불렀다. 몇 분 뒤 그가 나타나자 내 요청 사항을 전했다. 마셜이 말했다. "대통령 각하, 셔먼 탱크는 이제 막 제조를 시작했습니다. 그리고 생산된 최초 몇백 대는 이미 낡은 장비만 갖추고 있는 우리 기갑사단에 배치했습니다. 그렇다고 지금 그들이 가지고 있는 것을 빼앗아오는 일은 생각하기 힘듭니다. 그럼에도 불구하고 영국이 그렇게 다급하다면, 보낼 수밖에 없습

---

* 하우드 제독이 그러한 결정을 한 것은 적군이 전투기의 엄호 아래 급강하 폭격기로 알렉산드리아를 공격할 가능성이 있었기 때문이다.

니다. 105밀리 자동발사포 100문도 함께 말입니다."

이제 그 이야기를 마무리하려면 절대 빠뜨려서는 안 될 것이 있는데, 미국은 그들이 약속한 것 이상을 실행에 옮겼다는 사실이다. 미국은 채 장착하지 못한 엔진을 포함한 셔먼 탱크 300대와 100문의 자동발사포를 가장 속도가 빠른 6척의 배에 실어 수에즈 운하로 보냈다. 그런데 탱크 300대의 모든 엔진을 적재한 배가 버뮤다에서 적의 잠수함 공격에 침몰하고 말았다. 우리가 단 한마디도 하지 않음에도 불구하고 루스벨트와 마셜은 다른 쾌속선에 엔진을 다시 실어 수송선단에 합류할 수 있도록 했다. "어려울 때의 친구야말로 진정한 친구이다."

★ ★ ★ ★ ★

6월 21일, 점심식사를 끝내고 단 둘이 있을 때 해리가 이렇게 말했다. "대통령께서 당신께 소개하고 싶어 하는 미국 장교 두 사람이 있습니다. 그 두 사람은 군 내부에서는 물론 대통령이나 마셜이 아주 높이 평가하는 인물입니다." 그리하여 5시가 되자 두 명의 육군 소장 아이젠하워와 클라크가 냉방이 잘 된 내 방으로 찾아왔다. 만나는 순간 나는 뛰어나지만 널리 알려지지 않은 그 두 사람으로부터 깊은 인상을 받았다. 그들은 모두 대통령을 처음 만났고, 바로 내게로 온 것이었다. 우리는 전적으로 1943년의 해협 대횡단 공격에 대해서만 이야기를 나누었다. 그때까지도 여전히 "몰이"로 불리고 있던 그 작전에 관하여 두 사람은 완전히 집중하는 모습을 보였다. 우리는 아주 기분 좋게 한 시간 동안 줄곧 토론했다. 두 사람이 그 작전에서 아주 중요한 역할을 하리라는 것을 확신할 수 있었는데, 그랬기 때문에 나와 인사를 나누게 된 것이었다. 그렇게 하여 더할 나위 없이 깊은 충만감으로 형성되어 전쟁의 온갖 부침을 가로질러 오늘에 이른 우정이 시작되었다.

그러는 동안 투브루크 함락은 전 세계에 큰 반향을 일으켰다. 22일, 홉킨스와 나는 대통령과 함께 대통령 방에서 점심식사를 하고 있었다. 그런데 잠시 후 전시 정보국장 엘머 데이비스가 뉴욕의 신문 한 다발을 들고 왔다. 그가 보여준 대문짝만한 헤드라인은 "영국, 분노하다", "투브루크 함락, 내각 개편될 듯", "처칠 불신임 직면" 등이었다. 나는 마셜 장군의 초대로 사우스 캐롤라이나 주의 미 육군 캠프를 방문할 예정이었다. 우리는 마셜 장군 말고도 스팀슨과 함께 6월 23일 밤 기차를 타고 출발하기로 되어 있었다. 데이비스는 영국 국내의 정치 상황에 비추어 예정된 계획을 그대로 따르는 것이 과연 현명한 일이겠느냐고 심각하게 물었다. 물론 그 계획은 아주 정성을 다해 준비한 것이었다. 아프리카와 런던 양쪽에서 그렇게 큰일이 벌어졌는데, 미국에서 군대 사열이나 하고 있어도 아무런 오해가 없을 것인가? 나는 계획한 대로 사열을 하겠다고 대답했다. 그리고 정부에 반대하는 불신임 투표를 20명 정도 할 수 있을까 의문이라고 말했다. 실제로 나중에 불만을 가진 사람들이 득표한 수가 대체로 그 정도였다.

따라서 나는 다음날 밤 사우스캐롤라이나 행 기차를 탔으며, 그 다음날 아침 포트 잭슨에 도착했다. 그런데 기차가 멈춘 곳은 역이 아니라 탁 트인 평원이었다. 날씨가 무척 더웠는데, 우리는 기차에서 내려 곧장 연병장으로 갔다. 뜨거운 열기가 솟아오르는 인도 평원을 연상케 했다. 먼저 천막 아래로 들어가서 미국 기갑부대와 보병부대의 행진을 보았다. 그 다음은 낙하산 부대 훈련이었는데, 아주 인상적이고 믿음직스러웠다. 1,000명이 일제히 공중에서 뛰어내리는 광경은 나로서는 처음 보는 것이었다. 나는 "워키토키"를 하나 받아 휴대하고 있었는데, 그것도 처음 사용해보는 신기할 정도로 편리한 도구였다. 오후에는 실탄을 사용한 대규모 편성의 사단의 야전 훈련을 살펴보았다. 마침내 내가 이즈메이에게 물었다(이것은 이즈메이의 기억에 따른 것이다). "어떻게 생각하시오?" "지금 이 부대를 독일군 앞에 데려다놓는 것은 그 자체가 살인이라고 생각합니다." 그의 답변에 대해서 나는 이렇게 말했다. "그건 틀렸소. 아주 훌륭한 자질을 갖춘 군인들이어서 빠른 속도로 기량을 습득할 것이오." 나는 미국 장교들에게는 평소 나의 생각대로, 제대로 군인으로 양성하려면 적어도 2년 또는 그 이상의 시간이 걸릴 것이라고 주장했다. 과연 2년 뒤 캐롤라이나에서 우리가 본 그 부대는 마치 고참병 같았다.

24일 오후, 우리는 비행기를 타고 워싱턴으로 돌아왔다. 여러 가지 보고를 받고 난 뒤, 다음날 저녁에는 내 비행정이 기다리고 있는 볼티모어로 갔다. 루스벨트와는 백악관에서 헤어졌는데, 그는 최대의 예의를 갖추어 나에게 작별 인사를 했다. 해리 홉킨스와 애버럴 해리먼도 전송하러 나왔다. 수면에 이르는 좁고 갑갑한 통로는 무장한 미국 경찰관들이 엄중하게 지켰다. 왠지 조금 흥분된 분위기가 감돌았고, 경찰관들의 표정은 심각했다. 이륙하기 직전 들은 이야기는, 평상복 차림으로 임무 수행 중이던 경찰관들 중 한 명이 권총을 만지작거리며 "해치워버릴까"라고 중얼거리는 불온한 태도를 보였다는 것이다. 그 경찰관은 즉시 체포되었는데, 뒤에 밝혀진 바로는 미치광이였다. 공인들에게 정신이상자들은 특별히 위험하다. 그들은 "도망" 같은 것을 생각하지 않기 때문이다.

우리는 이튿날 아침 급유를 위해서 보트우드에 내렸다. 싱싱한 바닷가재를 먹고 다시 비행했다. 이후로는 위 시계—정상적인 식사 시간—에 따라 식사를 하고, 그 사이에 졸릴 때마다 눈을 붙였다. 나는 부기장석에 앉았는데, 북아일랜드를 지나 새벽녘에 클라이드로 접근했고, 무사히 착륙했다. 내 전용 열차와 함께 개인 비서인 펙이 수많은 박스와 4, 5일치의 신문을 가지고 기다리고 있었다. 한 시간 정도 뒤 남쪽을 향해 달렸다. 우리 당이 맬든의 보궐선거에서 압도적인 표차로 패했다는 사실을 알았다. 투브루크 사태의 부산물이었다.

나에게는 좋지 않은 시기였다. 침대에 누워 잠시 서류철을 뒤적이다가 런던에 도착할 때까지 네댓 시간 잤다. 수면의 즐거움을 어디에 비기랴! 전쟁내각 각료들이 플랫폼까지 나와 나를 맞았다. 나는 곧장 각료실의 내 방으로 가서 일을 시작했다.

제12장
불신임투표

날카로운 펜 끝이 분주히 움직이고 요란한 소음이 교차하는 언론의 조롱과 비판에 호응했던 것은 하원의원 몇 명의 행동과 우리를 바라보는 대중들의 냉담한 태도였다. 일당(一黨) 정부였다면, 그 시점에서 투표에 의해서가 아니라 1940년 5월 체임벌린을 사임하게 만든 여론의 열기 같은 것에 의해서 무너지고 말았을 것이다. 그러나 2월에 한 차례 개편까지 거쳐 더욱 안정된 거국내각은 그 힘이나 공동체로서의 성격이 무게가 있고 압도적인 존재가 되었다. 주요 각료들은 내 주변을 둘러싸고 있었고, 충직했으며 당당했다. 그들은 모두 충분한 지식을 가지고 사태를 지켜보며 책임을 분담하여 나를 보좌했다. 아무도 배신하지 않았다. 음모나 계략의 기미도 없었다. 우리는 강력했으며, 그 어느 누구도 무너뜨릴 수 없는 조직이었다. 외부의 어떤 정치적 공격도 이겨낼 수 있었고, 여하한 실망스러운 사건 속에서도 공동의 대의를 지킬 수 있었다.

우리는 연속적으로 오랫동안 불행과 패배를 겪어왔다. 말레이 반도와 싱가포르와 버마, 그리고 오킨렉의 사막 전투가 그랬다. 투브루크 전투는 제대로 설명되지도 않았고, 설명할 수도 없는 이상한 결과였다. 사막의 부대는 급속히 후퇴했고, 우리가 장악했던 리비아와 키레나이카를 잃고 말았다. 이집트 국경으로부터 650킬로미터 이상 떨어진 곳으로 퇴각할 수밖에 없었고, 사상자와 포로로 잃은 우리 병력은 5만 명이 넘었다. 막대한 수량의 대포와 탄약과 차량 그리고 온갖 종류의 물자를 잃었다. 2년 전 우리의 진지였던 메르사 마트루를 다시 점령했지만, 승리에 도취한 롬멜의 독일군은 노획한 우리의 연료를 채운 탱크로 영국제 탄환을 쏘며 밀고들어왔다. 조금만 더 전진하면, 한 번이라도 더 성공하게 되면, 무솔리니와 롬멜은 서로 손을 잡고 카이로, 폐허가 된 카이로로 진입할 수 있을 터였다. 아무것도 확정된 것은 없고, 충격적인 전세의 역전 뒤에 어떻게 작용할지 알 수 없는 요인들과 마주한 상태에서, 이후 형세가 어떻게 될 것인지 그 누가 예견할 수 있었겠는가?

의회의 상황은 신속한 설명을 요구하는 분위기였다. 싱가포르 함락에 따라 이미 한 차례 투표한 후였기 때문에, 하원에서 또 신임 투표를 요구하기는 어려워 보였다. 따라서 6월 25일, 불만을 가진 의원들이 불신임 투표 동의안(動議案)을 발의한 것은 오히려 매우 편한 방식이었다. 기재된 이유는 다음과 같았다.

하원은 특별히 어려운 상황 아래서 영국 군대가 보여준 용기와 인내에 대해서는 경의를 표하는 바이나, 전쟁의 중앙 지휘부는 신뢰할 수 없다.

동의안은 보수당의 영향력 있는 의원인 존 워드로-밀른 경의 이름으로 제출되었다. 그는 막강한 초정파적인 재정위원회 위원장이었는데, 나는 평소 그가 작성한 행정부의 비용 낭비와 비효율성에 관한 사례 보고서를 연구 교재로 삼고 있었다. 그 위원회는 다량의 정보를 마음대로 다루었고, 전쟁 기구 외부의 다른 기관과 수많은 접촉을 했다. 불신임에 관한 동의안이 발표되자 해군 원수 로저 키스 경이 재청하고, 이어서 전 육군부 장관 호어-벨리셔가 지지했다. 그로써 우리에 대한 도전은 명확히 드러났다. 몇몇 신문과 정가에서는 결정적인 정치적 위기가 목전에 다다랐다는 이야기들이 오갔다.

나는 공개토론을 위한 충분한 기회를 주겠다고 말하고, 7월 1일로 날짜를 잡았다. 그때 발표하지 않으면 안 되겠다고 느낀 것이 있어 즉시 오킨렉에게 전문을 보냈다. "목요일 오후 4시경으로 예상되는 불신임 투표를 위한 토론 때, 6월 25일 이후의 전투 지휘는 리치 대신 당신이 직접했다는 사실을 언급할 필요가 있다."

이집트의 전황은 점점 더 악화되었고, 카이로와 알렉산드리아도 조만간 롬멜의 총칼 앞에 굴복하고 말 것이라고 대부분 믿고 있었다. 실제로 무솔리니는 그 두 도시 중 한 곳 또는 양쪽 모두에 점령군으로서 승전고를 울리며 입성할 때 참가할 생각으로 롬멜의 사령부로 날아갈 준비를 해둔 상태였다. 바로 그때 우리는 의회와 사막의 전선 양쪽에서 동시에 사태의 정점으로 치닫는 중이었다. 우리를 비난하던 자들은 결국 단합된 거국내각과 정면으로 맞서야 한다는 사실을 깨닫게 되자 열정이 식고 말았다. 동의안 제출자는 이집트의 비상 상황에 비추어 공개토론을 하기에 적절한 시기가 아니라면 안건을 기각해도 좋다고 했다. 그러나 우리는 그들이 그렇게 쉽게 빠져나가게 할 뜻은 없었다. 적이건 아군이건 구분 없이 전 세계가 정치적, 군사적 긴장이 고조되는 사태를 우려 속에서 지켜보고 있었다는 점을 고려하면, 문제를 끝까지 끌고 나가지 않을 수 없었다.

★ ★ ★ ★ ★

안건을 제안한 존 워드로-밀른 경의 능숙한 연설로 토론이 시작되었다. "이 동의는 전장에서 싸우고 있는 장교들을 공격하고자 하는 것이 아닙니다. 분명히 말하건대, 바로 여기 런던의 중앙 지휘부에 대한 공격입니다. 나는 우리의 패배의 원인이 저 멀리 리비아 혹은 그 어디에 있는 것이 아니라 바로 이 자리에 있다는 것을 밝히고 싶습니다. 전쟁을 맞아 우리가 저지른 첫 번째 결정적인 실수는 수상과 국방부 장관의 직책을 하나로 묶은 것입니다." 그는 두 직책을 겸임하고 있는 사람에게 부여된 "막중한 임무"에 대해서 상세하게 설명했다. 그리고 계속해서 말했다. "우리는 강력한 전임 지도자를 3군참모총장위원회의 수장으로 선출해야 합니다. 나는 휘하의 장군이나 제독 그밖의 인물들이 임명되는 강력하고 독립적인 인물을 원합니다. 나는 영국의 3군부를 책임질 수 있는 강력한 인물을 원합니다.……승리에 필요한 모든 무기를 요구할 수 있는 강력한 인물을.……육군 장군이든 제독이든 공군 장군이든 소신대로 임무를 수행하고, 위로부터 부당한 간섭을 받아서는 안 됩니다. 무엇보다도, 자신이 원하는 것을 얻을 수 없는 사람은 즉시 물러나야 합니다.……우리는 두 가지의 부재 때문에 곤란을 겪었습니다. 하나는 여기 본국에서 어떤 일이 벌어지고 있는지 수상의 면밀한 조사와 확인이 없었다는 것입니다. 다른 하나는, 국방부 장관 또는 그 직책이 무엇이든 군사 책임자로부터 받아야 할 명령이나 지시를 받지 못했다는 것입니다. ……지난 몇 개월 사이에 연쇄적으로 일어난 재난, 그리고 지난 2년 동안 겪은 온갖 참상은 전쟁을 관리하는 중앙 행정의 근본적인 결함에서 비롯된 것이라는 사실을 모든 시민이 다 알고 있습니다."

존 경의 말은 모두 핵심을 찔렀다. 그러나 다른 길로 벗어나고 말았다. "폐하와 글로스터 공작 전하가 동의한다면—공작 전하가 영국 육군의 총사령관으로, 그러나 행정상의 책임 없이 임명된다면 더할 나위 없이 좋을 것이라고 생각합니다." 그러한 발언은 현안으로 다루는 심각하고 논쟁의 여지가 많은 책임 문제에 왕실을 결부시키려고 함으로써 그에게 불리하게 작용했다. 게다가 거의 무제한의 권한을 가지는 전쟁 최고사령관의 임명권과 그의 왕실과의 관계 등이 독재자를 연상하게 했다. 바로 그 순간부터 길고 상세하게 늘어놓았던 그의 고발은 힘을 잃고 말았다. 존 경은 이렇게 연설을 마무리했다. "우리 의회는 이제 3군을 완전히 장악하고 전쟁의 승리를 위해서 전심전력할 수 있는 한 사람을 원한다는 사실을 명백히 하고자 합니다. 그러한 인물을 얻게 되면, 우리 하원은 권한과 독립성을 가지고 맡은 바 임무를 수행할 수 있도록 단련시켜야 합니다."

동의안에 대해서 로저 키스 경이 재청했다. 제독으로서 공동작전의 지휘관 직에서 해임되고, 나아가 지휘관으로 있을 때 내가 자신의 조언을 받아들이지 않았다는 사실 때문에 더욱 감정이 상했던 그는, 그래도 나와 오랫동안 유지해왔던 우정 때문에 그리 신랄하게 공격하지는 못했다. 오히려 그의 비난의 화살은 내 주변의 전문가 조언자들, 말하자면 3군 참모총장들에게 집중되었다. "수상의 지위에서 세 차례, 즉 갈리폴리[다르다넬스/역주]와 노르웨이 그리고 지중해의 전투에서 제1, 2차 세계대전의 향방을 바꿔놓을 수 있는 전술적 공격을 실행에 옮기는 데에 방해를 받았다는 사실은 견디기 힘든 일이었을 것입니다. 그것은 모두 수상의 해군 고문[해군 참모총장/역주]이 어떠한 위험이 발생하더라도 책임을 함께 나누려고 하지 않았기 때문입니다." 동의자와 재청자 사이의 모순은 그냥 지나칠 것이 아니었다. 독립노동당 소속의 스티븐이 그 점을 지적하며 개입했다. "동의자는 수상이 전쟁 지휘에 부당하게 간섭했다는 사실을 근거로 불신임안을 제안했습니다. 그런데 재청자는 수상이 전쟁 지휘에 충분히 개입하지 않았기 때문에 재청하는 것 같습니다." 요점이 분명해졌다.

로저 키스 경이 말했다. "우리는 수상께서 하원을 정돈하고 막중한 과업을 위해서 다시 한번 온 나라를 하나로 규합하실 것을 바랍니다." 그러자 다른 사회당 의원 한 사람이 바로 나섰다. "동의안은 전쟁의 중앙 지휘부에 대한 내용입니다. 동의안이 통과되면, 수상은 물러나야 합니다. 그런데 존경하는 우리 의원께서는 수상에게 자리를 지켜달라고 호소하고 있습니다." 그리고 로저 키스 경이 발언했다. "만약 수상께서 떠나야 한다면, 그것은 통탄할 만한 재난이 될 것입니다." 그와 같이 토론은 시작부터 엇박자였다.

그럼에도 불구하고 토론이 계속 진행되면서 비판의 목소리는 앞서 나갔다. 신임 생산부 장관 올리버 리틀턴 대위는 영국의 장비에 대한 고충을 털어놓으면서 그 분야의 전망에 관해서 세세한 부분까지 들추어 강력한 어조로 연설했다. 보수당은 뒷자리에서 정부에 적극적인 지지를 보냈는데, 특히 부스비가 힘찬 웅변으로 도움을 주었다. 반면 하원의 원로인 윈터턴 경은 공격의 불씨를 되살려 나에게 집중했다. "특히 나르빅 작전을 지휘한 정부의 장관이 누구였습니까? 당시 해군부 장관이었던 지금의 수상입니다.……제도적으로 당연히 비난받아야 함에도 불구하고, 그 어느 누구도 감히 수상을 비난하려 하지 않습니다.……큰일을 당할 때마다 우리는 같은 대답을 들을 뿐입니다. 즉, 어떠한 일이 있더라도 수상을 비난해서는 안 된다고 말입니다. 우리는 점점 더 지적으로나 도덕적으로나 독일 국민의 처지에 가까워지고 있습니다. '총통은 언제나 옳다.'…… 지난 37년 동안 하원에 있으면서, 나는 일찍이 오늘날처럼 수상을 그 자리의 책임으로부터 면제해 주려고 시도하는 것을 본 적이 없습니다.……지난 세계대전에서는 지금과 같은 연쇄적인 재난을 결코 겪어본 일이 없습니다. 이제 정부는 그 책임으로부터 벗어나겠다는 것입니다. '총통은 언제나 옳다'는 식으로 말입니다. 우리는 지난 1940년에 수상은 우리의 용기와 충성의 수장이었다는 데에 모두 동의했습니다. 그러나 1940년부터 수많은 문제가 생기기 시작했습니다. 만약 거듭되는 재난의 책임이 그 존경하는 분에게 있다면, 누구나 할 수 있는 가장 훌륭한 행동의 하나인 자기 희생을 감수하고 동료들을 찾아가야 한다고 생각합니다. 지금도 국무위원들 중에는 수상에 적합한 인물이 여럿 있습니다. 그중 한 사람에게 정부를 맡아 조직하도록 부탁해야 합니다. 그리고 그 존경하는 분 자신은 새 수상 아래서 한 자리를 맡을 수 있을 것입니다. 아마도 그에게는 외무부 장관의 자리가 적합할 것입니다. 그동안 그의 대소대미 관계의 조치는 완벽했기 때문입니다."

토론은 활기를 띠어 거의 새벽 3시까지 계속되었지만, 나는 절반 정도밖에 들을 수가 없었다. 물론 다음날 해야 할 답변의 구상도 필요했지만, 내 생각은 결과가 불확실한 이집트 전투에 집중되어 있었다.

★ ★ ★ ★ ★

첫날 심야까지 계속되었던 토의는, 다음날 7월 2일 새로 활기를 띠며 다시 시작되었다. 거기에는 표현의 자유가 조금도 부족함이 없이 확실하게 보장되고 있었다. 한 의원은 이렇게까지 말했다.

우리나라에는 대여섯 명의 외국인 장군들, 즉 체코, 폴란드 그리고 프랑스 같은 나라의 장군들이 있습니다. 그 장군들은 모두 독일 무기나 기술을 다룰 수 있습니다. 우리의 자존심은 좀 상하겠지만, 우리가 그런 장군을 양성할 수 있을 때까지 그 외국 장군들을 임시로 전장에 배치하면 어떻겠습니까? 그 사람들에게 리치 장군과 같은 계급과 지위를 부여하여 전장에 보낸다고 해서 잘못될 것이 있습니까? 왜 우리는 외국 장군들에게 현장의 우리 군대 지휘권을 주면 안 됩니까? 그 장군들은 이번 전쟁에서 어떻게 싸워야 할지 아는 사람들이고, 우리는 알지 못합니다. 따라서 반추축 국제연합의 다른 나라 지휘관 밑에서 싸움도 이기고 영국 병사들의 목숨도 구하는 편이 우리의 능력이 부족한 지휘관 밑에서 손실을 입는 것보다 훨씬 더 나을 것입니다. 수상은 반드시 알아두어야 하겠지만, 지금 이 나라 사람들의 입에 회자되는 조롱거리가 있는데, 만약 롬멜이 영국 육군에 복무했더라면 여전히 일개 하사관*에 불과했을 뿐이라는 것입니다. 그렇지 않습니까? 이것은 군인들도 모두 알고 있는 조롱거리입니다. 자, 영국 육군에는 한 인물이 있습니다. 이것은 우리가 유능한 군인을 어떻게 활용하고 있는지 잘 보여주는 예가 되기도 합니다. 그 사람은 15만 명의 병사를 스페인의 에브로 강[스페인 북부에서 동남쪽으로 흘러 지중해에 유입되는 강/역주] 너머로 급

---

* 물론 이런 발언은 롬멜이 두 세계대전에서 오랫동안 출중한 직업군인이었다는 사실을 전혀 몰랐다는 것을 보여준다.

파했습니다. 바로 마이클 던배[스페인 시민전쟁 당시 15국제여단의 참모장/역주]입니다. 그는 현재 우리 기갑여단의 하사관입니다. 그런데 그 사람은 과거 스페인의 참모장이었습니다. 에브로 강 전투에서 승리를 거두었던 그런 사람이 여전히 영국 육군의 하사관에 불과합니다. 이러한 사실은 바로 지금 영국 육군은 계급의 편견으로 가득 차 있다는 것을 의미합니다. 여러분들은 이러한 제도를 단호하게 바꿔야 합니다. 분명히 바꾸리라고 생각합니다. 만약 하원이 정부로 하여금 바꾸게 할 용기가 없다면, 바꾸지 않을 수 없도록 만드는 사태가 벌어지고 말 것입니다. "하원은 오늘 제 말에 주의를 기울이지 않을 수도 있을 것입니다만, 다음 주일이 되면 달라질 것입니다. 다음 주일 월요일이나 화요일이 되면 제 말을 기억해주십시오. 정부를 비판하는 행사가 열릴 것입니다. 우리는 모든 사람에게 발언의 기회를 줄 것입니다. 비록 그것만으로는 충분하지 않다고 하더라도, 우리는 그렇게 노력할 것입니다."

정부에 대해서 반대하는 주요 근거 사례는 전 육군장관 호어-벨리셔가 요약했다. 그의 결론은 이러했다. "우리는 이집트를 잃을 수도 있고, 잃지 않을 수도 있습니다. 저는 진심으로 잃지 않게 되기를 기원합니다. 그런데 수상은 무엇이라고 했습니까? 싱가포르를 지킬 것이라고 했습니다. 크레타를 지킬 것이라고 했습니다. 리비아에서 독일군을 격퇴할 것이라고 했습니다.……수상이 이집트를 지킬 것이라고 말한 기록을 읽을 때마다 저의 근심은 더 커지기만 합니다.……거듭해서 어긋나기만 한 그러한 판단을 이제 누가 믿을 수 있단 말입니까? 그것이 바로 우리 하원이 결정해야 할 문제입니다. 당장 위급한 것이 무엇인지 생각해보시기 바랍니다. 지난 100일 동안 우리는 극동의 우리 제국의 일부를 잃었습니다. 앞으로 100일 동안에는 무슨 일이 일어날 것 같습니까? 의원 여러분들께서 양심에 따라 투표해주시기 바랍니다."

그의 힘찬 연설로 토론이 종결되자, 내 차례였다. 하원은 초만원이었다. 당연히 나는 모든 지적에 대해서 소신대로 답변했다. 호어-벨리셔는 영국 탱크 부대의 실패와 기갑부대 장비의 열세에 대해서 강조하여 설명했다. 그러나 전쟁 발발 이전의 육군부 기록에 따르면 그의 입장이 유리하지 않았다. 나는 형세를 뒤집을 수 있는 역공을 그에게 폈다.

"탱크는 영국이 먼저 착안한 것입니다. 지금 사용되고 있는 기갑 전력은, 드골의 책에서 보는 것처럼, 주로 프랑스식입니다. 그러한 방식을 독일은 자신들의 용도에 맞게 변형했습니다. 전쟁이 시작되기 3, 4년 전부터 독일은 온갖 힘을 쏟아 탱크를 설계하고 제작했으며, 기갑부대 전투에 대해서 연구하고 실전에 대비한 연습을 했습니다. 당시 우리 육군부는 대규모로 탱크를 생산할 자금이 없었다고 하더라도, 어떤 방법으로든 실물 크기의 모형 제작과 실험을 완전히 거친 다음 적절한 공장을 선택하여 지그와 게이지 같은 장비를 공급하여 전쟁 발발과 함께 탱크와 대전차 무기를 대량 생산할 수 있었을 것입니다.

내가 벨리셔 시대라고 부르고 싶은 시기가 끝났을 때 우리에게는 250대의 장갑 차량만 남아 있었고, 그나마 2파운드 포가 장착된 것은 몇 대 되지도 않았습니다. 또한 남아 있던 것조차 대부분은 프랑스에서 적의 수중에 들어가거나 파손되었습니다.

나는 지금까지 일어난 모든 사태에 대해서 존경하는 경[윈터턴 백작]께서 말씀하신 대로 "헌법상의 책임"을 기꺼이 감수하겠습니다. 아니 감수해야 합니다. 나는 적과 직접 교전하는 경우 군대의 기술적인 운용 문제에는 간섭하지 않음으로써 의무를 다하고자 했습니다. 전투가 개시되기 전에 나는 오킨렉 장군에게 직접 지휘를 맡도록 촉구했습니다. 그로부터 한두 달 이내에 광대한 중동 지역에서 서부 사막에서의 싸움만큼 더 중요한 일이 일어날 가능성이 없다고 확신했고, 오킨렉 장군이 임무를 완수할 적임자라고 믿었기 때문입니다. 그러나 오킨렉 장군은 자기가 나설 필요가 없다는 데 대한 여러 가지 그럴 듯한 이유를 제시했고, 리치 장군이 전투를 수행하게 되었습니다. 그런데 지난 화요일, 이 자리에서 말씀 드린 대로, 6월 25일부터 리치 장군 대신 오킨렉 장군이 그 자리를 맡아 직접 지휘하게 되었습니다. 우리는 즉시 오킨렉의 결정을 승인했습니다. 그러나 솔직히 말하면, 자리를 빼앗긴 장교의 입장을 고려할 때 그것은 우리가 최종 판단을 할 수 있는 문제가 아니었습니다. 나는 이번 전투에서 일어난 일에 대해서 감히 판단할 처지가 아닙니다. 육해공군의 지휘관들은 그들과 여론의 비판 사이에서 강력한 차단벽 역할을 하는 것이 정부라고 생각해주시기를 바랍니다. 그 사람들은 공평한 기회를 가져야 하고, 또한 한번 더 기회를 가져야 합니다. 사람은 실수를 할 수 있고, 실수를 통해서 배울 수 있기 때문입니다. 사람은 불운을 당하기도 하지만, 그 운은 다시 바뀝니다. 그러나 장군들에게 뒤에 강력한 정부가 있다고 느끼게 할 수 없다면, 어떻게 그들에게 위험을 무릅쓰게 할 수 있겠습니까? 그들은 뒤돌아볼 필요 없이, 그리고 본국에서 무슨 일이 벌어지고 있는지 신경 쓸 필요 없이 오직 적에게만 집중할 수 있지 않는 한, 위험을 감수하려고 하지 않을 것입니다. 한 가지만 더 보탠다면, 정부 역시 배후에 충성심이 가득한 든든한 다수의 국민이 있다고 느낄 수 없는 경우, 그 정부는 위험을 두려워하지 않을 수 없을 것입니다. 지금 우리 정부에 대해서 요구하고 있는 것을 한번 살펴보십시오. 그리고 그 요구에 따라 우리가 행하다가 실패할 경우, 우리에게 닥칠 공격이 어떠한 것일지 역시 상상해보십시오. 전시에 정부에 무엇을 요구하려고 한다면 먼저 충성을 해야 할 것입니다.……

자유롭게 무슨 이야기든 해도 좋다고 생각하고, 외교 문서에서 말하는 "위대한 진실과 경의"에 대해서 몇 말씀 드리고자 합니다. 지금 우리 의회는 아주 특별한 책임을 가지고 있습니다. 무서운 죄악이 이 세계를 뒤덮기 시작한 때부터입니다. 나는 우리 하원으로부터 부여받은 책임의 막중함을 느낍니다만, 바라는 것이 있다면, 이 죄악이 우리의 승리로 종결되는 것을 볼 수 있었으면 하는 것입니다. 그것은 우리가 겪어야 할 긴 시간 동안 바로 하원의 선택에 의해서 권한을 부여받은 책임 있는 행정부에 하원이 굳건한 토대를 마련해줄 경우에 가능한 것입니다. 하원은 국가의 안정 세력이 되어야 합니다. 따라서 하원은 위기에 또 위기를 더욱 심화시키는 사태를 조장하는 불만투성이의 언론의 영향을 받는 기구가 되어서는 안 됩니다. 이번 전쟁에서 민주주의와 의회제도가 승리할 수 있으려면, 절대적으로 필요한 것이 무엇이겠습니까? 바로 그 두 이념에 기초하고 있는 정부가 과감하게 행동하고 전쟁을 수행할 수 있어야 합니다. 국가의 공복들이 잔소리와 호통으로 괴롭힘을 당하지 않아야 합니다. 적의 선전 선동이 우리 손을 벗어나 전 세계에 우리의 명예를 손상할 정도로 배양되어서는 안 됩니다. 그 반면에, 또한 우리 의회도 매우 중요한 순간에는 명확한 의지를 보여야 합니다. 말하는 사람뿐만 아니라, 보는 사람, 듣는 사람, 판단하는 사람 모두가 중요하고, 모두가 이 세계적 사태에 작용하는 하나의 요소가 됩니다. 결국 우리는 우리의 목숨을 위하여, 목숨 자체보다는 더 소중한 정의의 대의를 위하여 여전히 싸우고 있는 중입니다. 그렇다고 우리에게 승리가 확실하다고 전제할 권리는 보상되어 있지 않습니다. 우리의 의무를 실패하지 않고 완수할 때, 승리는 우리의 것이 될 수 있습니다.…… 타당하고 건설적인 비판, 비공개 회의에서의 비판은 큰 가치가 있습니다. 그러나 하원의 의무는 정부를 유지하거나, 아니면 정부를 바꾸는 것입니다. 만약 바꿀 수 없다면, 유지해야만 합니다. 전시에는 중도적인 길이란 허용되지 않습니다.……오직 악의적인 토론의 내용만 해외에 알려졌고, 적은 그것을 충분히 이용하고 있습니다.

……이번 불신임 결의안의 제안자는 군인 중에서 누구 한 사람, 또는 아직 이름을 밝히지 않은 누구에게 전쟁의 전반적인 지휘를 맡기기 위해서 내가 방위에 대한 책임에서 벗어나서 물러나야 한다고 했습니다. 새로운 책임자는 영국군을 완벽하게 통제할 수 있어야 한다는 것입니다. 3군 참모총장들의 수장이 되어야 한다는 것입니다. 장군 또는 제독들을 언제든지 지명하거나 해임할 권한을

가져야 한다는 것입니다. 그리고 원하는 것을 얻지 못할 경우에는 언제든지 사임할 준비가 되어 있어야 한다는 것입니다. 다시 말하면, 그 자신은 동료 각료들과 대결해야 한다는 것입니다. 그 인물은 육군 총사령관으로서 공작의 지위에 있어야 한다는 것입니다. 그리고 마지막으로, 이것은 제안자가 언급한 것은 아니지만, 이름을 밝히지 않은 그 새 인물은, 늘 그렇게 해왔고 또 그렇게 하겠지만, 일이 잘못될 경우 의회에 대해서 설명하고 변명하고 또 사과까지 할 대변자를 장관들 가운데에서 한 사람 두어야 한다는 것입니다. 제안자의 취지는 그러합니다. 그것도 하나의 방법입니다. 그러나 그것은 지금 우리가 토대로 삼고 생활하고 있는 의회제도와는 아주 다른 체제입니다. 그러한 제도는 어느새 독제체제로 변모하거나 전환할 가능성이 높습니다. 적어도 본인이라면 그러한 체제의 정부에서는 결코 어떤 역할도 하지 않을 것이라는 사실을 명백히 해두고자 합니다."

바로 여기에서 존 J. 워드로-밀른 경이 개입했다. "나의 존경하는 친구께서 원래 내가 한 말을 잊지 않으시기를 바랍니다. 그것은 '전쟁내각에 복종한다' 아니었던가요?"
나는 계속했다.

"'전쟁내각에 복종한다'고 했지만, 전권을 가진 권력자는 자기 뜻대로 되지 않으면 어떤 경우든 그 조건에 반하여 사임하기를 주저하지 않을 것입니다. 그것도 하나의 안입니다. 그러나 나는 개인적으로 그러한 안에 참여할 생각이 없습니다. 그리고 하원에서 추천할 만한 안이 아니라고 봅니다.
모든 정당의 의원들이 모여 결정하는 이 불신임 투표는 상당히 중요한 사건입니다. 바라건대, 지금 여기까지 이르게 된 사태의 중대성을 하원은 과소평가해서는 안 됩니다. 이미 이 사실은 우리의 위신을 손상시키면서 전 세계에 알려졌습니다. 우방이든 적국이든 모든 나라가 이제 우리 하원의 옳은 결정과 신념을 주시하며 기다리고 있습니다. 끝까지 갈 수밖에 없습니다. 전 세계의 모든 나라가, 확언하건대 미국 전역, 러시아, 저 멀리 중국 그리고 정복당한 지역의 모든 사람들이 영국에 강력하고 안정된 정부가 있는가 없는가, 국가의 지도력에 대한 도전을 극복할 수 있는가 없는가를 확인하기 위해서 기다리고 있습니다. 여러분 모두의 한 표 한 표가 거기에 대한 답변입니다. 만약 우리를 공격하는 편에서는 표가 하찮은 수준으로 적게 나와 거국내각에 대한 불신임 투표가 그 제안자에 대한 불신임 투표로 뒤바뀐다면, 틀림없이 영국의 모든 친구들 그리고 공동의 대의를 향해 충정을 다하는 모든 공무원의 환호가 치솟을 것이며, 동시에 우리가 타도하기 위해서 전력하고 있는 폭군들의 귀에는 실망의 조종 소리가 울릴 것입니다."

하원은 찬반 투표에 들어갔는데, 존 워드로-밀른 경의 "불신임" 동의안은 475 대 25로 부결되었다.

나의 미국 친구들은 진심으로 걱정하며 투표 결과를 기다렸는데, 개표 소식을 듣고는 모두 기뻐했다. 다음날 일어나자 축전이 와 있었다.

* * * * *

토론 중에 월터 엘리엇이 소 피트[세 차례에 걸쳐 대프랑스 동맹을 조직하여 나폴레옹 전쟁을 승리로 이끈 수상. 대 피트의 아들. 1759-1806/역주] 정부에 대한 매콜리[영국의 역사가, 정치가. 1800-1859/역주]의 언급을 상기시키면서 기묘한 역사적 관점을 만들어냈다. "피트는 국가의 수장으로 사활이 걸린 싸움에 참여했습니다.……그러나 8년 동안의 전쟁을 치르면서 수많은 인명과 국력을 소모하고……피트 휘하의 영국 육군은 전 유럽의 웃음거리가 되고 말았습니다. 내세울 만한 전과라고는 단 하나도 없었습니다. 영국 군대는 유럽 대륙에 나타나기만 하면 두들겨맞고, 추격당하고, 다시 배를 탈 수밖에 없었습니다." 그러나 매콜리의 기록에 의하면 피트는 항상 하원의 지지를 받고 있었다. "그와 같이 비참하고 힘들었던 시기에 의회 바깥에서는 매번 재난을 당하면서도 의회 안에서는 항상 승리를 거두었습니다. 그러다가 마침내 그에게는 더 이상 대항할 만한 반대 세력이 없게 되었는데, 1799년의 투표에서 정부에 반대하는 표는 최대 25표에 불과했습니다." 그리고 엘리엇은 이렇게 말했다. "기이하게도, 역사는 어떤 방식으로든 반복합니다." 그는 개표 결과가 발표될 때까지 자신이 말한 것이 어떻게 현실이 될지 전혀 알 수 없었다. 나 역시 25라는 숫자가 백악관에서 투브루크 함락 소식을 보고 받던 날 루스벨트 대통령과 해리 홉킨스에게 말한 것과 정확히 일치하는 바람에 깜짝 놀랐다.

제13장

궁지에 몰린 제8군

장기간에 걸친 포위전을 할 필요도 없이 투브루크를 점령하자, 추축국은 계획을 완전히 바꾸었다. 그때까지만 하더라도 원래 의도는 달랐다. 투브루크를 점령하고 난 뒤 롬멜은 이집트 전선을 지키고, 공수부대와 해상부대의 공격으로 몰타를 장악한다는 것이었다. 무솔리니는 6월 21일까지도 그러한 명령만 반복했다. 투브루크 함락 다음날, 롬멜은 국경 부근에 잔류한 영국 병력을 궤멸시키고 이집트로 가는 길을 열겠다고 보고했다. 예하 부대의 상태와 사기, 노획한 다량의 무기와 각종 물자, 영국군 입지의 약화 등이 "이집트 중심부를 향한" 진군을 재촉했다. 롬멜은 승인을 구했다. 히틀러는 롬멜의 제안을 무솔리니에게 강권하며 서한을 발송했다.

동일한 전장에 두번 다시 찾아올 수 없는 기회가 우리에게 온 것은 천운입니다.……영국 제8군은 실질적으로 무너진 상태입니다. 투브루크의 항만 시설은 거의 손상되지 않고 그대로 남아 있습니다. 총통께서는 이제 그 가치가 한층 더 커진 보조 기지를 확보한 것이나 다름없게 되었습니다. 왜냐하면 영국이 거의 이집트까지 이르는 철로를 부설했기 때문입니다. 만약 바로 이때 잔여 영국군을 끝까지 추적하여 마지막 한 명까지 숨통을 끊어놓지 않으면, 한때 트리폴리까지 거의 갔다가 병력을 그리스로 돌리기 위해서 진군을 중단함으로써 성공을 놓쳐버린 영국의 사례와 똑같은 일이 발생할 것입니다.……

전쟁의 여신은 오직 한 차례 전사들을 찾아올 뿐입니다. 한번 온 기회를 놓쳐 버리면, 다시는 여신을 만날 수 없습니다.*

이탈리아 총통은 설득이 필요 없었다. 이집트를 정복할 수 있다는 전망에 의기양양해진 무솔리니는 몰타 공격을 9월 초로 미루었다. 그리고 롬멜 ― 이탈리아는 깜짝 놀라고 말았는데, 롬멜은 육군 원수가 되었다 ―은 훗날 수에즈 운하를 최종 목표로 하는 작전의 출발점으로 삼을 수 있는 알라메인 과 가타라 저지대[이집트 북서부의 저지대/역주] 사이의 비교적 좁은 통로 를 점령해도 좋다는 권한을 받았다. 케셀링은 다른 견해를 가지고 있었다. 몰타를 확보하지 않으면, 사막에서 추축국의 지위는 결코 보장될 수 없다고 믿었기 때문에, 계획의 변경을 보고 놀랐다. 그는 롬멜에게 "무모한 모험"의 위험성을 지적했다.

히틀러는 몰타 작전에서 성공할 자신이 없었다. 원정군의 주류를 이루는 이탈리아 부대를 믿을 수 없었기 때문이다. 우리가 투브루크를 공격했다면, 실패로 끝났을 가능성이 높았을 것이다. 그럼에도 투브루크의 놀랍고도 슬 픈 상실이 몰타를 최대의 시련에서 구한 것 같았다. 이 사건은 직접 관계가 있건 없건 신통치 못한 군인도 쓸모가 있다는 것을 위안하는 사건이 되었 다. 모든 부담은 당해 장군이나 부대가 아니라 최고사령부에 떨어졌다.

★ ★ ★ ★ ★

롬멜은 재빨리 추격대를 조직하여 6월 24일 이집트로 쳐들어갔다. 거기 에 대항한 것은 우리 경기동부대와 제8군이 메르사 마트루로 후퇴할 때 엄 호했던 강력한 전투력의 영국 공군 전투기 중대뿐이었다. 현지의 우리 부대 진지는 그다지 강력하지 않았다. 자체 방위 조직이 편성되어 있었으나, 남 쪽에는 불연속적인 지뢰 밭의 선이 불충분하게 깔린 정도였다. 이미 포기한

---

* 카발레로, 『코만도 수퍼레모』, 277면.

국경 일부 진지의 경우도 마찬가지였지만, 마트루 선을 성공적으로 유지하려면 그 남쪽 측면을 강력한 기갑부대로 경계할 필요가 있었다. 제7기갑사단은 그 무렵 100대 가까운 탱크로 재편성되긴 했으나, 아직은 그 임무를 감당할 수는 없는 상태였다.

6월 25일, 오킨렉 장군은 직접 마트루로 갔다. 리치 장군으로부터 작전 명령권을 넘겨받아야겠다고 결심했다. 5월에 내가 말했을 때, 진작 그렇게 했어야 했다. 오킨렉은 마트루에서 마지막까지 버틸 필요가 없다고 재빨리 판단했다. 이미 거기서부터 후방 약 200킬로미터 지점의 알라메인에 진지를 준비하고 근거지로 삼을 조치를 취해놓았던 것이다. 일시적이나마 적을 저지할 목적으로 부대를 다시 배치했다. 시리아에서 출발하여 마트루에 21일 도착한 뉴질랜드 사단은 26일에야 밍카 카임 부근에서 전투에 돌입했다. 그날 저녁, 적군은 지뢰 밭이 불완전한, 제29인도보병여단이 지키던 전선을 돌파했다. 다음날 아침에는 그 협곡으로 밀어닥쳐 뉴질랜드 사단을 후방으로 돌아 포위한 다음 3면에서 공격했다. 필사적인 전투가 하루종일 계속되었는데, 결국 뉴질랜드 사단의 운이 다한 것 같았다. 프레이버그 장군은 중상을 당했다. 그러나 훌륭한 임무 승계자가 있었다. 잉글리스 준장은 탈출을 결정했다. 자정 직후에 제4뉴질랜드 여단은 대대별로 병력 전체를 전개한 다음 착검한 상태에서 정동쪽 방향으로 이동을 시작했다. 거의 1킬로미터를 가는 동안 적은 그림자조차 보이지 않았다. 그런데 갑자기 총성이 울렸다. 여단은 한 덩어리가 되어 싸웠다. 독일군은 완전히 기습을 당한 꼴이었으며, 달빛 아래서 백병전이 벌어졌다. 뉴질랜드 사단의 잔여 병력은 우회하여 남쪽으로 갔다. 당시의 상황을 롬멜은 이렇게 묘사했다.

연거푸 일어난 거친 폭발음은 우리 전투 사령부를 휩쌌다.……아군과 뉴질랜드 부대 사이에 오간 총격전은 비정상적으로 가장 격렬하게 고조되었다. 바로 이어 사령부는 불타는 차량으로 에워싸였는데, 그렇게 하여 적군의 연속적인 근거리 사격의 과녁이 되었다. 그 상태로 얼마 동안 있다가, 나는 간부들에게 부대를 동남쪽으로 후퇴시키라고 명령했다. 그날 밤에 겪은 혼란은 상상하기 어려운 것이었다.*

그렇게 하여 뉴질랜드 병사들은 탈출했다. 사단 전체는 엄정한 군율하에서 사기가 왕성하여 130킬로미터쯤 떨어진 진지에 다시 모였다. 그들은 조금도 조직이 흐트러지지 않았으며, 즉시 수비 강화를 위해서 배치되었다.

제8군의 나머지 병력들도 곤란을 겪기는 했지만, 안전한 곳으로 철수했다. 부대는 사기가 저하되었다기보다 놀란 상태였다. 그러나 이동 경로가 짧았고 알렉산드리아에서 불과 65킬로미터 정도밖에 떨어지지 않은 곳이었기 때문에, 재편성에는 그다지 많은 시간이 걸리지 않았다. 직접 지휘권을 잡은 오킨렉은 한편으로는 결정적으로 중요한 전투에 신경을 쓰면서 다른 한편으로는 멀고 모호한 시리아와 페르시아의 위험을 주시함으로써, 사려 깊은 전략가와는 동떨어진 모습을 보였다. 그는 즉시 전략상 주도권을 되찾고자 했다. 일찌감치 7월 2일에 첫 반격을 개시했는데, 그 달 중순까지 계속되었다. 그것은 롬멜의 불안한 우세에 대한 도전이었다. 포격의 반주처럼 일어났던 나에 대한 불신임안 토론이 있었던 바로 다음날, 나는 오킨렉에게 격려의 전문을 보냈다.

실제로 롬멜 부대의 이동 경로는 너무나 연장되어 병사들이 몹시 지치고 말았다. 제대로 움직일 수 있는 독일군 탱크는 겨우 12대에 불과했고, 영국 공군은 특히 전투기 부문에서 우세하여 다시 주도권을 잡기 시작했다. 7월 4일, 롬멜은 공격을 보류하고 부대의 재편성과 보완을 위해서 당분간 수세로 전환하겠다고 보고했다. 그러나 롬멜은 여전히 이집트 점령을 확신하고

---

* 데스몬드 영, 『롬멜』, 269면.

있었고, 무솔리니와 히틀러도 같은 생각이었다. 실제로 히틀러는 이탈리아 해군이나 독일 해군 지휘부에 의견을 묻지도 않고 이집트 정복을 완료할 때까지 몰타 공격을 연기할 것을 결정했다.

오킨렉의 반격은 7월 초 2주일 동안 롬멜을 강하게 압박했다. 롬멜은 도전에 응하여 7월 15일부터 20일까지 영국군 전선을 돌파하기 위해서 준비했다. 21일에는 독일군이 저지당한 사실을 보고하지 않을 수 없었다. "위기는 여전함." 26일에는 국경으로 퇴각하는 것을 고민했다. 그는 지원이 거의 없다는 사실에 대해서 불평했다. 병력과 탱크와 포가 부족했다. 반면 영국 공군은 극도로 활발했다. 그렇게 싸움은 그달 말까지 일진일퇴를 거듭했고, 양측 모두 거의 마비 상태에 빠졌다. 오킨렉 휘하의 제8군은 어려운 순간을 잘 타개하고 완강하게 버텨 8,000명의 포로를 생포했다. 이집트는 여전히 안전했다.

그때가 나로서는 정치적으로 입지가 가장 취약했을 뿐만 아니라 군사적 성과도 미미한 시기였디. 따라서 좋건 나쁘건 향후 2년을 지배하게 될 미국의 결정을 받아내지 않으면 안 되었다. 그것은 1942년의 해협 횡단 계획과 가을 또는 겨울에 대규모 영미 원정군으로 프랑스령 북아프리카를 점령하는 계획을 포기하는 것이었다.

★ ★ ★ ★ ★

나는 그때까지 얼마동안 루스벨트 대통령의 생각과 반응에 대해서 면밀히 연구해보았는데, 그가 북아프리카 계획에 지대한 관심을 가지고 있다는 사실을 확신하게 되었다. 1941년에 작성한 문서에서 밝혔듯이, 그것은 항시적인 나의 목표였다. 영국 내부에서는 1942년에 해협 횡단을 감행할 경우 실패할 것이라는 생각이 지배적이었으며, 영국이나 미국의 군부 인사들 중에서 더 이상 그러한 계획을 추천하거나 책임지려고 하는 사람은 아무도 없었다. 나는 그 어느 때보다도 온 힘을 쏟아 가장 평범한 어휘를 사용하여,

7월 8일자로 대통령에게 아주 중요한 전문을 보냈다.

1. 책임 있는 영국의 육해공군 장군들 중에서 1942년에 실행할 작전으로 "모루
   채"*를 추천하는 사람은 아무도 없습니다. 영국의 3군 참모총장들은 이렇게
   보고했습니다. "'모루채'를 정상적이고 합리적인 작전으로 만들어줄 제반 조건
   이 조성될 가능성은 거의 없다." 영국 3군 참모총장들은 그러한 내용의 보고서
   를 미국 3군 참모총장들에게 보내려고 하는 중입니다.

2. 영국이 필요로 하는 수입량 25만 톤의 손실을 초래함에도 불구하고 목적을
   숨긴 채 선박의 징발을 계속 진행 중입니다. 그러나 정작 심각한 것은, 마운트
   배턴의 말에 따르면, 우리가 군대의 훈련을 중단하게 될 때 (우리의 프랑스
   공격은) 최소한 두세 달 연기될 수밖에 없다는 사실입니다. 계획이 실패할 경
   우에도, 우리 부대가 잠시 머물다 퇴각하는 경우에도 마찬가지라는 것입니다.

3. 거점을 확보하고 유지하게 되면 그것을 계속 발전시켜 나가야 할 것입니다.
   그리고 독일에 대한 폭격은 큰 폭으로 축소해야 합니다. 우리 에너지의 대부분
   은 교두보를 방위하는 데 쏟아야 합니다. 그렇지 않으면 1943년에 대규모 작
   전을 감행할 가능성은 완전히 소멸하거나 크게 손상될 우려가 있습니다. 우리
   의 모든 자원은 오직 한 곳으로만 열려 있는 좁은 전선으로 조금씩 흡수될
   것입니다. 그러므로 1942년의 조기 행동은, 아마도 큰 재난으로 종결될 가능
   성이 있고, 따라서 1943년에 행할 제대로 조직된 부대에 의한 대규모 행동에
   결정적인 장애가 될 것입니다.

4. 제 생각으로는 지금까지는 프랑스령 북아프리카("체육인")가 1942년의 러시

---

* 이 장에 나오는 작전 암호명을 간략히 설명하면 다음과 같다.
체육인(Gymnast) : 북아프리카 상륙 작전으로, 뒤에 "횃불(Torch)"로 바뀌었다.
주피터(Jupiter) : 노르웨이 북부 점령 작전
몰이(Round-up) : 유럽의 독일 점령 지역 침공 작전으로, 뒤에 "대군주(Overload)"로 바뀌었다.
모루채(Sledgehammer) : 1942년의 브레스트 또는 셰르부르 공격 작전

아 전선을 구할 수 있는 최고의 기회입니다. 이것은 귀하의 견해와도 일치할 것입니다. 사실 이것은 귀하께서 주동한 아이디어입니다. 그 아이디어야말로 진정한 1942년의 제2전선을 형성할 수 있습니다. 저는 전쟁내각 그리고 국방위원회와 이 문제에 관해서 협의했고, 모두 의견의 일치를 보았습니다. 이것이야말로 이번 가을에 실행할 수 있는 가장 안전하면서 효과적인 적에 대한 타격이 될 것입니다.

5. 우리는 당연히 미군이나 영국군을 영국에서부터 "체육인" 작전 지역으로 수송하는 일이나 그 외에 상륙용 주정 또는 선박 등을 동원하는 일을 행할 것입니다. 귀하는, 귀하의 선택에 따라, 여기에서부터 부분적으로 그리고 나머지 군대는 대서양을 건너서 직접 공격할 수 있습니다.

6. 우리가 비시 정부로부터 환영이나 어떠한 보장을 기대할 수 없다는 것은 명백합니다. 반면 파 드 칼레에서는 그 어떤 저항과도 비교할 수 없는 강력한 독일 육군의 저항이 있을 것입니다. 그런데 실제로는 형식적인 저항일 수도 있습니다. 미국이 강하면 강할수록 저항은 그만큼 더 약화될 것이며, 그 저항을 압도할 수 있는 것이 그만큼 더 많을 것입니다. 그것은 군사적 문제라기보다는 정치적 문제라는 것이 저의 생각입니다. 이 중요한 시기에 서부전선에서 우리에게 열려 있는 유일한 큰 전략적 공격의 기회를 포기해서는 안 될 것 같습니다.

7. 위에서 말씀드린 것 외에, 우리는 노르웨이 북쪽에서의 작전 가능성을 깊이 연구하고 있습니다. 만약 그것이 불가능할 경우 노르웨이의 다른 곳을 찾고 있습니다. 예상되는 가장 큰 어려움은 우리 선박에 대한 적군 해안 기지 공군의 공격입니다. 우리는 러시아로 가는 선단의 호송에 엄청난 어려움을 겪고 있습니다. 러시아로 통하는 해로를 뚫어 유지하는 일이 더욱 필요한 때입니다.

그러나 행동을 위한 최종 결정이 내려지기 전에 잠시 휴지기가 있었다. 미국의 전쟁 최고 지도부 내에 극도의 긴장감이 팽배했다. 마셜 장군과 킹 제독의 사이는 마치 유럽과 태평양처럼 벌어졌다. 두 사람 모두 북아프리카의 모험에는 관심이 없었다. 그러한 교착 상태에서 북아프리카 계획에 대한 대통령의 호감은 점점 더 커져갔다. 딜 육군 원수의 품성과 재기는 반대파들의 신뢰와 선의를 얻게 되었다. 대통령은 "모루채" 작전에 반대하는 우리의 강경한 주장을 의식하고 있었다. 그럼에도 만약 대통령이 우리와의 협의에서 "모루채"를 전면에 내세운다면, 그것은 마셜 장군으로 하여금 그것에 모든 기회가 다 포함되어 있다는 것을 확신하게 하려는 의도일 터였다. 그런데 아무도 반응하지 않는다면, 그때는 어떻게 할 것인가? "만약 금년 안에 유럽에서 아무것도 할 수 없다면, 차라리 일본에 집중하는 편이 나을 것이다. 그렇게 해서 미국 육군과 해군의 생각을 하나로 만들고, 마셜 장군과 킹 제독을 결합할 수 있게 된다." 당시 미국 참모본부들에서는 그런 의견들이 오가고 있었다.

대통령은 어쩔 수 없이 나타나는 그러한 사고의 경향에 대해서 잘 견디며 일축해버렸다. 대통령은 1942년에 미국이 독일과 싸워야 한다고 믿고 있었다. 그렇다면 그 장소는 프랑스령 북아프리카 말고 또 어디란 말인가? 스팀슨은 이렇게 표현했다. "그것은 대통령의 전쟁 사생아였다." 논의의 힘과 대통령의 마음의 움직임은 결론을 향해 흔들리지 않았다.

7월 8일 토요일, 마셜 장군과 킹 제독 그리고 해리 홉킨스는 프레스트윅에 도착한 다음 기차를 타고 런던으로 향했다. 런던에서 미국의 3군 수뇌부 위원회를 형성하고 있던 아이젠하워, 클라크, 스타크, 그리고 스파츠와 만나 즉시 협의에 들어갔다. "모루채"에 관한 토의가 다시 벌어졌다. 미국 지도자들의 의견은 여전히 그 작전만을 밀어붙이는 쪽으로 기울었다. 내 의견에 관심을 가진 사람은 루스벨트 대통령밖에 없는 듯했다. 미국 대표단을 위해서 대통령이 직접 작성한 초안은 내가 본 것 중에서는 가장 장대한 내용을 완전하게 구성한 전쟁 정책 문서였다.*

존경하는 해리 홉킨스, 마셜 장군 그리고 킹 제독에게 보내는 각서

주제 : 1942년 7월 런던 회의 지침

1942년 7월 16일

1. 귀관들은 본인의 대표 자격으로 전쟁 지도와 관련한 영국 당국자들과의 협의를 목적으로 즉시 런던으로 가는 것임.

2. 처칠 수상의 워싱턴 방문 이후 육군과 해군의 전략적 변화는 매우 큼. 따라서 다음 두 가지 방침에 따라 영미 양국이 공동 작전 계획에 합의할 필요가 있음.

  (a) 1942년 이후 기간의 확정적 계획.

  (b) 1943년의 시안. 이는 물론 1942년도 결과에 따라 바뀔 수밖에 없지만, 1943년도 작전을 위한 1942년의 준비를 포함한 모든 경우를 고려하여 지금 착수해야 할 사항임.

3. (a) 반추축 국제연합의 공동 목적은 반드시 추축국의 패배가 되어야 함. 타협 불가.

  (b) 모든 힘을 집중해야 함. 분산해서는 안 됨.

  (c) 영미 양군을 절대적으로 동등하게 활용해야 할 것임.

  (d) 가동 가능한 영미 병력은 적합한 곳에서 신속하게 행동할 수 있도록 해야 할 것임.

  (e) 미국 지상군을 1942년에 적과 교전하도록 하는 것이 가장 중요함.

4. 영미 양국의 러시아에 대한 물질적 지원 약속은 신의에 따라 이행해야 함. 수송로로 페르시아 루트를 이용한다면, 병기류에 우선권을 부여해야 할 것임. 러시아에 대한 지원은 가능한 한 계속하여 러시아의 저항을 고무하도록 할 것임. 일어날 수 없는 일이지만, 러시아가 완전히 붕괴하지 않는 한 우리의 결정은 변경되지 않을 것임.

5. 1942년의 계획과 관련하여, "모루채"의 실행 가능성을 신중히 검토할 것. 그러

---

* 로버트 셔우드, 『루스벨트와 홉킨스』, 603-605면.

한 작전을 통해 금년도에 러시아를 확실하게 유지할 수 있을 것임. "모루채"는 모든 이유를 충족해야 할 필요가 있을 정도로 매우 중요함. 필요한 준비를 즉시 일거에 할 수 있도록 박차를 가하고, 러시아의 붕괴 조짐이 있건 없건 관계없이 최대한 적극적으로 나서야 함. 러시아의 붕괴 가능성이 있는 경우, "모루채"는 단순히 할 만한 작전이 아니라 해야 할 작전이 될 것임. "모루채"의 주된 목적은 러시아 전선의 독일 공군을 적극적으로 분산시키는 데 있음.

6. 의도한 목적 달성의 합리적인 실현 기회를 확보하면서 "모루채"를 실행하는 것이 불가능하다고 판단할 경우에는, 그 내용을 보고하기 바람.

7. **"모루채"가 최종적이고 확정적으로 중요하지 않다고 판단할 경우, 결론 당시의 세계 정세를 고려해서 1942년에 미군이 싸워야 할 다른 장소를 결정할 것.***

현재 본인이 판단하는 세계정세

   (a) 러시아가 대규모의 독일군과 대치 상태에 있는 경우라면, "몰이" 작전[유럽 침공]은 1943년에 실행이 가능하므로 즉시 준비에 착수해야 함.

   (b) 러시아가 붕괴하여 독일 공군과 지상군이 여유를 가지게 되면, "몰이"는 1943년에 완수하는 것이 불가능할 것 같음.

8. 러시아가 붕괴하든 않든 관계없이, 가능한 한 중동은 강력하게 유지해야 함. 중동을 잃을 경우의 영향에 대해서 깊이 고려하기 바람. 다음과 같은 연쇄적 사태가 예상됨.

(1) 이집트와 수에즈 운하의 상실.

(2) 시리아의 상실.

(3) 모술 유전의 상실.

(4) 북쪽과 서쪽의 공격에 의한 페르시아 만의 상실, 아울러 페르시아 만 유전에 이르는 모든 접근로의 상실.

(5) 독일과 일본의 제휴 및 인도양 상실의 가능성.

---

* 강조는 저자의 것임.

⑹ 독일의 튀니스, 알제, 모로코, 디카르 점령의 매우 중대한 가능성 그리고 프리타운과 리베리아 사이의 항로 차단의 매우 중대한 가능성.

⑺ 남대서양을 운항하는 모든 선박 그리고 브라질과 남아메리카 동부 연안 전체에 미치는 심각한 위험. 이 경우 독일의 스페인, 포르투갈, 기타 독일령 영토의 활용 가능성이 있음.

⑻ 중동을 유지할 수 있는 최선의 방법을 강구하여 결정하기 바람. 그 방법에는 결정적으로 다음의 전부 또는 일부가 포함될 수 있을 것임.

  ⒜ 페르시아 만, 시리아, 이집트에 대한 원조와 지상군 파견.

  ⒝ 롬멜 부대의 배후 공격을 목표로 모로코와 알제리에서의 새로운 작전 개시. 프랑스 식민지 부대의 태도는 여전히 믿을 수 없음.

9. 가능한 한 빨리 일본을 굴복시킬 의도로 미국이 태평양에서의 대일본전쟁에 전력을 동원하는 것에는 반대함. 일본의 패배가 독일의 패배를 의미하지 않는다는 사실과 미국이 금년 또는 1943년에 일본에 집중할 경우 독일의 유럽 및 아프리카 완전 정복의 기회를 증가시킨다는 사실을 이해하는 것이 매우 중요함. 반면 독일을 격파하거나 1942년 또는 1943년까지 묶어두는 것은 명백히 유럽과 아프리카 그리고 근동 지역에서 독일의 패배 가능성을 의미함. 독일의 패배는 총 한방 쏘지 않고 아군의 희생 없이 일본을 패배시키는 결과가 될 것임.

10. 계획의 신속한 결정, 계획의 통합, 방어만이 아닌 방어를 겸한 공격이라는 세 가지 주요 원칙을 잊지 말 것. 이러한 원칙은 1942년 독일군을 상대로 한 미국 지상군의 직접적인 전투 목표에 적용될 것임.

11. 귀관들의 런던 도착일로부터 일주일 이내에 모든 사항에 대한 합의가 이루어지기를 기대함.

총사령관

프랭클린 D. 루스벨트

대통령의 마지막 지시 사항에도 불구하고, 7월 22일 오후 마셜 장군은 나에게 미국 대표단이 영국 3군 참모총장들과 진행하던 대화가 교착 상태에 빠졌다고 말했다. 따라서 그러한 사실을 대통령에게 보고하고 훈령을 기다리겠다고 했다.

나는 "최대한 빠른 시기에 가능한 한 최강의 군사력으로 적과 교전하겠다"는 대통령과 군사 고문들의 열정에 전적으로 공감하지만, 우리의 현재 상태는 1942년에 "모루채"를 시도하기에 적합하지 않다고 대답했다. 그리고 우리 앞에 드리워진 위험한 가능성 몇 가지를 지적했다. 이를테면 러시아가 무너질 가능성, 독일군이 코카서스로 진입할 가능성, 아니면 독일군이 오킨렉 장군을 격퇴하고 나일 강 삼각주나 수에즈 운하를 차지할 가능성, 또는 독일군이 북아프리카와 서아프리카에 거점을 마련하여 우리 영국의 해운을 마비 상태에 빠뜨릴 가능성 같은 것이었다. 그러나 영국과 미국 사이의 의견의 불일치로 인한 결과는 그 모든 가능성보다 훨씬 더 심각했다. 따라서 미국 3군 참모총장들은 영국이 "모루채"를 진행할 준비가 되어 있지 않다는 사실을 대통령에게 보고하고 훈령을 요청하겠다고 한 것이다.

루스벨트 대통령은 런던 회합의 결과가 실망스러운 데에 대하여 조금도 놀라지 않았다고 즉각 답변했다. 그는 영국의 반대를 무릅쓰고 "모루채"를 계속 진행하는 것은 소용없다고 하면서, 대표단에게 1942년에 미국 지상군이 적과 교전하는 것을 포함하는 작전에 관해서 합의해보라고 훈령을 내렸다. 그리하여 "모루채"는 밀려나고, "체육인"이 대두되었다. 당연히 실망했겠지만, 마셜과 킹은 총사령관의 결정에 따랐고, 미국과 우리 사이에는 다시 최대한의 선의가 조성되었다.

나는 서둘러 개명 작업에 들어갔다. "체육인" 또는 그와 유사한 암호명은 모두 없애버렸다. 24일, 나는 3군 참모총장 앞으로 보낸 훈령에서 최종적인 새 암호명이 "횃불"임을 알렸다. 7월 25일, 대통령은 홉킨스에게 전문을 보내 북아프리카 상륙 계획이 늦어도 "10월 30일 이전에" 가능하도록 진행되어야 한다고 지시했다. 그날 저녁, 미국 대표단은 워싱턴으로 떠났다.

결국 모든 것이 군사적으로나 정치적으로나 내가 오랫동안 확신을 가지고 생각해왔던 대로 결정되고 해결되었다. 특히 그러한 결과가 가장 암담한 시기에 이루어짐으로써, 나는 아주 기뻤다. 한 가지만 제외하고 내가 소중하게 생각하던 계획안의 모든 것이 채택되었다. 장점이 많았음에도 불구하고, "주피터(노르웨이 계획)"만 통과되지 않았다. 그 계획을 완전히 포기한 것은 아니었으나, 나는 끝내 관철하지 못하고 말았다. 수개월 동안 나는 "'모루채'를 반대하고" 대신에 북아프리카 침공 및 "주피터"를 밀어붙였다. "주피터"는 도중에 탈락하고 말았다. 그러나 모든 결과가 고마울 따름이었다.

워싱턴에서 딜 육군 원수가 전문을 보내왔다.

"대통령은 잠깐 휴식하기 위해서 하이드파크로 떠났습니다. 떠나기 전에 가능한 한 빠른 시일 내에 '횃불'을 진행할 수 있도록 최대한 서두르라는 명령을 내렸습니다. 대통령은 8월 4일에 상륙이 가능한 가장 빠른 날짜를 영미 합동3군참모 총장위원회가 보고해달라고 요구했습니다. 태평양 쪽에 병력을 할당해야 할 위험은 여전히 존재하지만, 그 점에 관한 한 대통령의 마음은 확고합니다.

미국 측의 마음속에 있던 1943년의 '몰이' 작전은 '횃불'의 채택으로 배제되었습니다. 그 점에 대해서 토론은 불필요합니다. 현재 미국에게 필요한 것은 '횃불'을 향한 하나의 마음입니다.……각하께서 생각하는 것이 무엇이든, 용기와 상상력을 다하여 성공하시기를 바랍니다."

나는 그 전문을 1942년 8월 1일 심야에 라임 비행장에서 받았다. 다음 장에서 설명과 함께 이야기할 여행을 막 떠나려던 참이었다.

제14장
카이로 여행과 지휘권의 교체

여러 방면에서 받은 보고에 영향을 받아 중동 최고사령부에 대한 나의 의구심은 계속 증폭되기만 했다. 내가 직접 그곳으로 가서 현지의 결정적인 문제를 해결해야 할 필요성이 절실했다. 처음 예정된 그 여행은 지브롤터와 타코라디[가나 서남부의 항구 도시/역주]를 경유한 다음 중앙 아프리카를 가로질러 카이로에 도착하는 것이었다. 비행을 포함하는 닷새 또는 엿새의 여정이었다. 그런데 바로 그때 젊은 미국 파일럿 한 명이 영국에 도착했다. 밴더클루트 대위는 비행기로 미국에서 왔는데, 그가 몰고 온 "코만도"는 폭탄 탑재 장치를 제거하고 일종의 승객용 의자를 설치한 리버레이터 기종이었다. 그 비행기는 나의 여정의 전 구간을 여유롭게 비행할 조건을 갖춘 것이 확실한 것 같았다. 공군참모총장 포털은 그를 불러 "코만도"에 대해서 상세하게 캐물었다. 이미 160만 킬로미터 정도의 비행 경력이 있는 밴더클루트는 도대체 왜 타코라디, 카노[나이지리아 북부의 도시/역주], 포르라미[차드 공화국의 수도/역주], 엘오베이드[수단 중부의 도시/역주] 등을 모두 돌아갈 필요가 있느냐고 반문했다. 그는 지브롤터에서 카이로까지 단숨에 갈 수 있다고 대답했다. 오후 시간에 지브롤터에서 동쪽 방향으로 출발한 다음, 어둠이 깔릴 때쯤 급격히 남쪽으로 꺾어 북아프리카의 스페인 영토 또는 비시 정부의 영토를 횡단하고, 아시우트 부근의 나일 강이 나타날 때까지 동쪽으로 계속 나아가서, 거기서부터 다시 한 시간 정도 북상하면 피라미드의 서북쪽의 카이로 비행장에 닿을 수 있다고 했다. 그의 말은 모든 계획을 일순에 뒤바꿔놓았다. 이틀이면 카이로에 도착할 수 있다는 것이었다. 포털도 수긍했다.

우리는 모두 1942년에 영국해협 횡단 작전을 중단하기로 했다는 유쾌하지 못하지만 회피할 수 없는 소식에 대해서 소련의 반응을 걱정했다. 7월 28일 밤, 평소 저녁 식사 장소로 사용하던 수상 관저의 가든 룸에서 전쟁내각 각료들을 초대한 자리에 국왕을 모시고 만찬을 했다. 나는 국왕으로부터 개인적으로 친히 여행 허락을 받았다. 국왕이 자리를 뜨자마자 나는 흐뭇한 기분에 젖어 있는 각료들을 모두 내각실로 모이게 한 다음 결말을 짓게 했다. 어떠한 경우든 내가 카이로로 가는 것으로 결정했다. 그리고 역시 내가 직접 스탈린에게 만나러 가겠다고 제안하기로 했다. 나는 30일자로 스탈린에게 전문을 보냈다.

1. 우리는 9월 첫 주일에 대규모 호송선단이 아칸젤로 갈 수 있도록 다시 시도하기 위해서 예비 작업을 하고 있는 중입니다.

2. 귀하께서 초대한다면, 나는 코카서스의 아스트라칸 또는 편리하다고 생각하는 다른 장소로 귀하를 만나러 갈 용의가 있습니다. 우리는 만나서 함께 전쟁에 대해서 전반적으로 검토하고 의논하여 결정할 수 있을 것입니다. 그리고 우리가 루스벨트 대통령과 입안한 1942년의 공격적 작전 계획에 관해서 말씀드릴 것입니다. 나는 육군참모총장을 대동하도록 하겠습니다.

3. 나는 지금 카이로로 출발하려고 합니다. 짐작하시겠지만, 그곳의 중대한 문제를 처리하기 위해서입니다. 괜찮으시다면 내가 카이로에 머무는 동안 우리의 회담 일자를 정했으면 합니다. 일이 순조롭게 진행된다면, 내 입장에서는 8월 10일에서 13일 사이가 되지 않을까 합니다.

4. 전쟁내각은 나의 제안에 동의했습니다.

답신은 바로 다음날 도착했다.

소련 정부를 대표하여 소련 각료들을 만날 수 있도록 귀하를 초청합니다.
……내 생각에 회담 장소로 가장 적합한 곳은 모스크바가 아닐까 합니다. 나는
물론 정부 각료들이나 총참모본부의 지도자들이 독일과 싸우고 있는 이 긴박한
때에 수도를 비우고 떠날 수 없기 때문입니다. 영국 육군참모총장의 방문은 아
주 바람직한 일입니다.

회담 일자는 카이로에서 귀하의 업무를 종료하는 대로 귀하께서 결정하시기
바랍니다. 나는 언제든지 상관없다는 말씀을 미리 드립니다.

9월 초순에 소련을 위한 군수품을 실은 다음 호송선단을 보내주기로 한 것에
대하여 감사드립니다. 전선에서 전투기를 차출하는 것은 지극히 어려운 상황입
니다만, 호송선단을 넓은 범위에서 보호할 수 있도록 가능한 한 최선의 조치를
강구하겠습니다.

그리하여 모든 조정이 이루어졌고, 우리는 8월 2일 일요일 자정이 지나서
폭격기 "코만도"에 몸을 싣고 라인햄 비행장을 떠났다. 그것은 보잉 비행정
의 안락함과 비교하면 극히 다른 여행이었다. 당시의 폭격기에는 난방 장치
가 없었다. 여기저기 틈에서 살을 에는 듯한 바람이 들어왔다. 침대도 없었
기 때문에, 나와 모란 경은 객실 뒤쪽의 선반 위에 몸을 뉘었다. 담요는
모두 이용하고 남을 만큼 많았다. 우리는 잉글랜드 남부 지방을 저공 비행
했는데, 아군 대공포 부대에 우리의 존재를 알려주기 위해서였다. 대공포
부대에 미리 통지를 하긴 했으나, "경계" 상태에 들어가 있었기 때문이다.
바다 위로 접어들었을 때, 나는 휴식을 취하기 위해서 조종실에서 나와 견
고한 수면용 캡슐로 갔다.

8월 3일 아침, 무사히 지브롤터에 도착했다. 낮에는 요새를 둘러보고, 오

후 6시에 카이로를 향해서 출발했다. 사막의 전투에 관련된 적기를 피하려면 우회해야 했는데, 비행 거리가 무려 3,200킬로미터 이상 되었다. 밴더클루트는 연료를 아낄 목적으로 어두워질 때까지 지중해를 따라 계속 가지 않고 스페인 정부 영토와 준적국인 비시 정부 영토 상공을 직접 가로질러 비행했다. 따라서 우리는 일몰까지 무장한 보파이터 4기의 호위를 받았는데, 사실상 공공연하게 그 지역의 중립성을 침해한 행위였다. 공중에서는 우리를 귀찮게 하는 것이라고는 아무것도 없었고, 어떤 곳이든 중요한 도시 부근에서는 탄착 거리 이내로 접근하지 않았다. 어둠이 펼쳐져 거친 풍경을 감싸안 듯이 뒤덮었고, 우리가 "코만도"가 제공하는 침상에 누울 수 있을 때 나는 기뻤다. 중립 지역에 불시착하게 된다면 그것은 아주 곤란한 일이었으며, 사막에 내리는 것도 좀 낫긴 했지만, 그 자체로 또다른 문제를 만들 터였다. 그러나 "코만도"의 네 개의 엔진은 유쾌한 굉음을 발산했고, 별이 빛나는 밤하늘을 가로지르는 동안 나는 편안하게 잠들었다.

그런 여행에서 해가 뜨기 직전이면 언제나 부조종사석에 앉는 것이 나의 습관처럼 되어 있었다. 8월 4일 아침도 그렇게 맞았는데, 창백하게 빛나는 새벽 속에서 끝없이 굽이치는 은색 리본의 나일 강이 우리 눈앞에 펼쳐졌다. 나는 여러 차례 나일 강 위에서 동이 트는 광경을 보았다. 전시에도 평시에도, 그리고 지상에서도 수상에서도 나일 강을 거의 상류에서 하류까지 여행했다. 유일한 예외 구간이 있다면, 빅토리아 호에서 바다에 이르는 "동골래[수단 북쪽 도시. 나일 강 제3폭포와 제4폭포 사이의 오른쪽 연안에 있다/역주] 환상(環狀) 구간" 정도였다. 그러나 강물 위에 떨어지는 반짝이는 새벽빛이 그날처럼 아름답게 나를 맞아준 적은 없었다.

비록 짧은 시간이었지만, 나는 "현장의 인물"이 되었다. 고국에 앉아 전선으로부터 오는 소식을 기다리고 있던 내가 스스로 뉴스를 보내는 역할을 맡게 된 것이다. 나는 아주 유쾌한 기분이었다.

카이로에서 해결해야 할 문제는 이러한 것들이었다. 오킨렉 장군이나 그의 참모들은 사막 전투 부대로서의 자신감을 잃어버렸단 말인가? 만약 그렇다면, 그를 해임하고, 대신 누구에게 지휘권을 맡길 것인가? 높은 인품과 자질 그리고 입증된 능력과 결단력 등이 관련된 지휘권의 문제를 결정하는 일은 무척 어려웠다. 내 판단을 확실하게 할 의도로 남아프리카에 있는 스뫼츠 장군을 오라고 했는데, 내가 카이로 영국 대사관에 도착하자 그는 이미 와서 기다리고 있었다. 그와 나는 그날 오전을 함께 보내며 우리의 문제와 우리에게 가능한 선택지에 대해서 논의했다. 오후에는 오킨렉과 오랜 시간 동안 얘기를 나누었는데, 그는 군사 정세를 아주 명료하게 설명했다. 다음날 점심 식사가 끝난 시간에 웨이벌 장군이 인도에서 왔다. 나는 오후 6시에 중동 지역 관련 회의를 소집했는데, 스뫼츠, 이집트 주재 국무부 장관직을 리틀턴으로부터 승계한 케이시, 육군참모총장 브룩 장군, 웨이벌, 오킨렉, 하우드 제독 그리고 공군을 대표한 테더 등이 참석했다. 우리는 상당히 큰 공감대를 형성하며 많은 일을 다루었다. 그러나 그동안에도 내 관심은 주된 문제였던 지휘권에만 가 있었다.

후임자에 대한 고려 없이는 그러한 성격의 자리에 있는 인물을 교체한다는 것은 불가능했다. 그런 문제에 관해서는 우리 장군들의 자질을 평가하는 일이 직무이기도 한 육군참모총장이 나의 조언자였다. 먼저 나는 중동의 지휘권을 참모총장 자신에게 맡기려고 했다. 브룩 장군 역시 그러한 고도의 작전에 관련된 직책을 아주 선호했고, 나는 그보다 더 적합한 인물도 없다고 생각했다. 그는 숙고했고, 다음날 아침 스뫼츠 장군과 긴 얘기를 나누었다. 그런 다음에 브룩이 대답하기를, 자신은 육군참모총장 직을 맡은 지 8개월밖에 되지 않았으며, 그동안 나의 신임을 받고 있는 데다, 참모 기구의 운영도 원활하다는 것이었다. 그런데 자리를 옮기게 되면 아주 중요한 시기에 일시적이나마 혼란을 초래할 수도 있지 않을까 우려했다. 미묘한 입장을 떠나서, 그는 오킨렉 장군의 후임에 대해서 조언하는 일은 물론 자신이 그 직책을 맡는 것을 원하지 않았다. 오킨렉의 명성은 당시의 오점에도 불구하고 아주 높았다. 나는 다른 곳으로 눈을 돌리지 않을 수 없었다.

알렉산더와 몽고메리 두 사람은 1940년 5월 우리 영국군이 됭케르크 철수를 하지 않을 수 없도록 만든 바로 그 전투에서 브룩과 함께 싸웠다. 브룩과 나는 버마에서 펼친 희망 없는 작전에서 보여준 알렉산더의 의연한 태도에 대해서 찬사를 아끼지 않았다. 몽고메리의 평판도 아주 좋았다. 오킨렉의 퇴진을 결정한다면, 중동의 막중한 임무는 알렉산더가 맡아야 한다는 데에 아무도 의심하지 않았다. 그러나 제8군의 감정을 무시할 수 없었다. 사막에서 싸워온 모든 사람들을 대신하여 본국에서 그들을 파견한다면, 8군과 그 각급 지휘관들에 대한 비난으로 받아들이지나 않을까? 그런 점에서는 8군의 군단 지휘관 중의 한 사람인 고트 장군이 여러 면에서 적임자 같았다. 부대원들은 모두 그를 헌신적으로 따랐고, "맹포격수(Strafer)"라는 그의 별칭은 그저 얻은 것이 아니었다. 그런데 브룩의 보고에 따르면, 고트 장군은 당시 몹시 지쳐 휴식이 필요한 상태였다. 그 즉시 그 일을 결정한다는 것은 너무 조급해 보였다. 내가 거기까지 간 것은 요구에 응해서 할애할 수 있는 짧은 시간에 나에게 무엇인가 해결이 가능한 기회를 주기 위해서였다.

★　★　★　★　★

우리의 대사 마일스 램슨 경의 준비는 아주 훌륭했다. 나는 그의 냉방이 잘 된 침실에서 잤고, 역시 시원한 서재에서 업무를 처리했다. 찌는 듯한 더위였는데, 대사관에서 오직 그 두 방만이 쾌적한 온도를 유지하고 있었다. 그밖에도 나무랄 데 없는 환경에서 나는 일주일 이상 머물면서 주변의 정취를 느끼고, 이런저런 의견을 듣기도 했다. 전선과 대규모 숙영지도 방문했는데, 카이로 동쪽 카사신 지역에는 우리의 강력한 증원군이 계속 도착하고 있었다.

8월 5일, 알라메인 진지를 찾았다. 오킨렉 장군과 함께 그의 차를 타고 엘루웨이사트 서쪽 전선의 맨 오른쪽 측면까지 갔다. 거기서부터 전선을 따라 루 웨이사트 릿지 바로 뒤편의 그의 사령부로 이동했다. 아침 식사를 했는데, 와이어 그물로 만든 육면체 공간은 군의 주요 인사들은 물론 파리 떼로 가득 찼다. 나는 여러 장교들을 불렀는데, 누구보다도 "맹포격수" 고트 장군을 보자고 했다. 그는 격무로 인해서 지칠 대로 지쳐 있다고 했는데, 직접 확인하고 싶었다. 그곳에 참석한 여러 군단급 및 사단급 지휘관들과 담소를 나눈 뒤, 나는 고트 장군에게 다음 목적지인 비행장까지 함께 차를 타고 가자고 했다. 오킨렉의 참모 중 한 사람이 그렇게 하면 고트가 한 시간 이상 돌아가는 셈이 된다고 문제를 제기했으나, 나는 고트가 함께 가야 한다고 했다. 그것이 내가 고트와 가진 처음이자 마지막 만남이었다. 우리는 거친 도로를 따라 몹시 흔들리는 차에 몸을 맡겼는데, 나는 그의 푸른 눈을 바라보면서 몸의 상태에 대해서 물었다. 그는 정말 지쳤는가? 달리 할 말은 없는가? 고트는 자신이 지친 것은 분명한 사실이며, 몇 년 동안 가보지 못한 잉글랜드에서 석 달 정도 휴가를 보낼 수 있으면 좋겠다고 했다. 그러나 곧 주어진다면 어떠한 임무도 받아들여 노력할 것이라고 분명히 밝혔다. 그와 비행장에서 헤어진 것은 8월 5일 오후 2시였다. 이틀 후 같은 시각에, 내가 비행기를 타고 떠났던 바로 그 상공에서 그는 적탄에 맞아 전사했다.

비행장에서 나는 코닝엄 공군 소장을 만났다. 그는 테더 아래서 육군과 합동 작전을 펼친 전체 공군을 지휘했는데, 그의 활약이 없었더라면 그 정도의 피해를 입은 상태에서 800킬로미터의 대단한 퇴각을 완수하지 못했을 것이다. 비행기로 15분가량 날아가서 코닝엄의 사령부에 도착했다. 거기서 점심 식사를 하기로 했는데, 대위 이상의 모든 공군 장교들이 모여 있었다.

그런데 내가 도착한 이후로 무언가 신경을 거스르는 긴장된 분위기가 감돈다는 것이 느껴졌다. 알고 보니 음식을 모두 셰퍼드 호텔에 주문했고, 특별 차량이 그 맛있고 훌륭한 음식들을 카이로에서 실어 오기로 되어 있었다. 그러나 배달차가 어디론가 사라져버린 것이었다. 차를 찾느라고 필사적으로 동분서주한 모양이었다. 그러나 마침내 음식이 도착했다.

분위기가 한순간에 급변했다. 대사막 가운데서 오아시스를 만난 듯 유쾌한 분위기가 되었다. 그 속에서 공군이 육군에 대해서 얼마나 비판적인지, 그리고 공군이나 육군 모두 우리의 뛰어난 군사력에 닥친 불행한 사태에 대해서 얼마나 충격을 받았는지 알기는 어렵지 않았다. 그날 저녁 비행기로 카이로로 돌아가서, 내가 받은 전반적인 인상을 본국의 애틀리에게 전문으로 알렸다.

이튿날인 6일, 하루 종일 브룩 그리고 스뫼츠와 함께 내각에 보고할 전문의 초안을 작성했다. 곧 결정해야 할 문제는 최고위급 인사들뿐만 아니라 그 광대한 전장의 전체 지휘 구조에도 영향을 미칠 터였다. 나는 평소에 이집트, 레반트, 시리아, 터키를 "중동(Middle East)"이라고 부르는 것은 잘못이라고 생각하고 있었다. 그 지역은 근동(Near East)이었다. 페르시아와 이라크가 중동이었다. 인도, 버마, 말레이 반도는 동방(East)이었고, 중국과 일본은 극동(Far East)이었다. 그러나 지역 명칭의 변경보다 더 중요한 것은 광활하고 다양한 중동 지역의 지휘권을 분할하는 일이라고 생각했다. 지금이야말로 조직에 변화를 가져올 시기라고 느꼈다. 따라서 오후 8시 15분, 애틀리에게 다음과 같은 내용의 전문을 보냈다.

…… 1. 최고사령부의 과감하고 즉각적인 변화가 필요하다는 결론에 도달했음.
2. 따라서 중동사령부를 두 개의 분리된 지휘 체계로 재편할 것을 제안함.
   (a) "근동 사령부": 이집트, 팔레스타인, 시리아를 하나로 묶고 그 중심은 카

이로로 함.

(b) "중동사령부": 페르시아, 이라크를 하나로 묶고 그 중심은 바스라 또는 바그다드로 함.

제8군과 제9군은 전자에, 제10군은 후자에 속하는 것으로 함.

3. 오킨렉 장군은 새 중동 지휘부의 총사령관 직책을 맡을 것임.……

4. 알렉산더 장군은 근동 총사령관에 임명함.

5. 몽고메리 장군은 알렉산더의 "횃불"을 승계한다. 알렉산더가 "횃불"에서 떠나는 것은 아주 애석한 일이지만, 몽고메리가 [그 작전에서 그를] 승계하여 모든 면에서 자질을 발휘할 수 있으리라고 믿음.

6. 고트 장군은 알렉산더 휘하에서 제8군을 지휘하도록 함.

……위와 같은 구성의 변화는 이곳 현지 상황이 요구하는 중대성과 긴급성에 따라 모두 동시에 이루어져야 함. 전쟁내각의 동료들이 새 지휘관들을 승인하면, 더할 나위 없이 감사할 따름. 스뫼츠와 육군참모총장은 수많은 어려움과 대안 속에서 그것이 최선의 결과라는 데에 의견이 일치했다는 사실이 전달되기를 바라고 있음. 이집트 주재 국무부 장관도 전적으로 동의했음. 사령부 지휘관의 교체가 군에 신선하고 강력한 자극이 되며 지금 우리가 바라고 있는 지휘부에 대한 신뢰를 회복하게 될 것이라는 점은 의심의 여지가 없음. 여기서 나는 이 거대한 그러나 팽창된, 그러면서 다소 불안정한 조직 전체에 활력을 줄 새로운 출발과 격정적 행동의 필요성을 강조하지 않을 수 없음. 8월이나 9월에 롬멜에 대한 승리가 "횃불" 작전 개시와 함께 북아프리카의 프랑스인들의 태도에 결정적인 영향을 미치게 되리라는 사실을 전쟁내각이 알아야 할 것임.

전쟁내각은 과감하고 즉각적인 최고사령부 지휘관들의 교체에 대한 나의 의견을 받아들였다. 알렉산더 장군의 지명을 진심으로 지지했고, 알렉산더가 바로 잉글랜드에서 출발할 것이라고 했다. 그러나 중동사령부를 두 개의 지휘권으로 분리하여 재편하자는 제안은 그다지 찬성하지 않았다. 지휘권의 통합은 과거 1941년 12월에 이루어졌었는데, 지금이 오히려 그때보다 통합의 필요성이 더 크다는 이유 때문이었다. 전쟁내각은 몽고메리가 알렉산더의 뒤를 이어 "횃불" 작전을 맡는 데에도 동의했다. 따라서 몽고메리를 즉시 런던으로 소환했다. 그밖의 모든 임명권은 내게 맡겼다.

다음날 아침 내 제안에 대한 추가 설명을 전문으로 보냈다. 전쟁내각의 답변은 그래도 내가 그들의 우려를 완전히 없애지는 못했다는 것이었다. 그러면서도 스뫼츠와 육군참모총장이 나와 함께 있는 자리에서 그 제안에 모두 동의했으니, 그들에게 권한을 부여할 준비는 된 상태라고 했다. 또 오킨렉 장군이 페르시아와 이라크 사령관에 임명되었음에도 중동 총사령관이라는 호칭을 계속 사용하면 혼란과 오해를 살 것이라고 강력하게 문제를 제기했다. 나는 그 지적이 옳다고 보고 전쟁내각의 충고를 받아들였다.

★ ★ ★ ★ ★

8월 7일 하루는 그날 상륙한 제51하일랜드 사단을 방문했다. 내사관에서 저녁 식사를 마치고 계단을 오르고 있을 때, 지금은 이언 경이 된 제이콥 대령을 만났다. "고트 장군에게 좋지 않은 일이 생겼습니다." 그의 말에, 내가 물었다. "무슨 일이오?" "오늘 오후 카이로로 비행하던 중 격추당했습니다." 그 훌륭한 군인을 잃었다는 생각에 나는 깊은 슬픔과 상실감에 빠졌다. 나는 그에게 임박한 전투를 맡길 결심을 한 상황이었다. 나의 모든 계획이 어긋나게 되었다. 오킨렉을 총사령관의 자리에서 물러나게 하는 대신에, 전투 경험을 갖추고 신망을 받는 고트를 제8군 사령관에 임명하고 알렉산더에게 중동 방면을 전부 책임지도록 함으로써 균형을 잡으려고 했던 것이다. 이제 어떻게 해야 한단 말인가? 고트의 후임으로 누구를 앉혀야 할 것인가에 대해서는 의심의 여지가 없었다. 나는 애틀리에게 전문을 쳤다. "육군참모총장은 단연코 몽고메리를 제8군 사령관으로 추천했음. 이 자리는 잠시라도 비워두어서는 안 된다는 것이 스뫼츠와 나의 생각임. 가능한 빠른 시간 내에 몽고메리를 특별기로 보내주기 바람. 언제 도착할지 연락 바람.”

전쟁내각은 8월 7일 밤 11시 15분, 해독이 끝난 내가 보낸 그날의 전문들을 처리하기 위해서 모여 있었다. 고트의 전사 소식에 이어 몽고메리를 즉시 보내달라는 나의 또다른 전문 두 통을 비서관이 순차적으로 전달한 모양이었다. 다우닝 가는 비통한 순간을 맞았다. 그러나 수차례 보아온 대로, 그들은 이미 수많은 일들을 겪었고 여전히 강했다. 모두 새벽까지 자리를 지키며 내가 제안한 핵심 사항들에 대해서 동의했고, 몽고메리 파견에 필요한 명령을 내렸다.

★ ★ ★ ★ ★

나는 고트의 죽음을 알리는 전문을 전쟁내각에 보내면서, 알렉산더 대신 몽고메리를 임명하는 사실에 대해서 아이젠하워 장군이 모르게 하라고 했다. 그러나 이미 때가 늦었다. 아이젠하워는 이미 그 소식을 들은 뒤였다. 계획을 또 변경하는 것은 “횃불” 작전 준비에 여러 가지 성가신 일들을 야기시켰다. 그 대작전 계획에서 알렉산더는 영국 제1군을 지휘하도록 되어 있었다. 게다가 알렉산더는 이미 아이젠하워와 일을 시작한 상황이었다. 두 사람은 언제나 그랬듯이 호흡이 잘 맞았다. 그런데 알렉산더는 이제 아이젠하워 곁을 떠나 중동 전체를 맡아야 했던 것이다. 이즈메이를 보내 아이젠하워에게 그런 사실을 알리고 전쟁의 가혹한 상황에 의해서 연속성이 중단되고 소통이 혼란된 데에 대해서 내 사과의 말을 전하게 했다. 이즈메이는 야전 사령관으로서의 몽고메리의 뛰어난 자질에 대해서 상세히 설명했다. 바로 뒤이어 몽고메리가 아이젠하워 사령부에 도착했고, 하나의 공동작전 수행을 위해서 서로 다른 두 국가의 군 지휘관 사이에서 갖추어야 할 의식을 치렀다. 바로 그 다음날인 8일 아침, 아이젠하워는 몽고메리가 제8군의 지휘를 맡아 바로 그날 카이로로 떠나야 한다는 통지를 받지 않을 수 없게되었다. 그 임무 역시 이즈메이가 맡았다. 아이젠하워는 도량이 넓은 사람으로, 일이 닥쳤을 때 냉철하고 사심 없이 처리하는 아주 실용적이고 유능한 장군이었다. 그러나 그에게 부과된 방대한 작전에서 주요한 역할을 맡은인물이 이틀 사이에 두 차례나 교체된 사실에 대해서 당혹감을 느끼게 된것은 당연한 일이었다. 그는 이제 세 번째 영국 지휘관을 맞이하게 된 것이다. "도대체 영국은 '횃불'을 진지하게 받아들이고 있는 것입니까?" 아이젠하워가 이즈메이에게 그렇게 말한 것은 조금도 이상할 것이 없었다. 그럼에도 불구하고 고트의 죽음은 훌륭한 군인이라면 이해할 수밖에 없는 전쟁에서 일어난 엄연한 사실이었다. 몽고메리 후임에는 앤더슨 장군이 결정되었고, 몽고메리는 이즈메이와 함께 비행장으로 출발했다. 그 한 시간 남짓한시간에 이즈메이는 급작스러운 교체의 배경에 대해서 몽고메리에게 설명할수 있었다.

유감스럽게도 공인된 것은 아니지만, 그때 두 사람 사이에 오간 대화 중이런 이야기가 있었다고 전해진다. 몽고메리는 한 군인의 생애에서 겪게되는 시련과 위험에 대해서 말하기 시작했다. 그는 자신의 모든 것을 군인이라는 직업에 바쳤고, 오랜 세월 동안 연구하고 극기하는 생활을 했다. 그러다가 마침내 무운이 찾아들었다. 빛나는 성공을 거두어 진급하고, 좋은기회는 계속되었으며, 위대한 지휘관이 되었다. 그는 승리를 쟁취했고, 세계적으로 유명해졌으며, 모든 사람들이 그의 이름을 언급하기에 이르렀다. 그런데 이제 그 운이 다하고 말았다는 것이다. 단 일격에 의해서 그의 생애의 업적은 사라지게 될 것이었다. 어쩌면 그것은 그 자신의 잘못 때문은아닐 것이다. 그는 끝없이 이어지는 군사적 실패의 목록에 자신의 이름을등록하게 되었다는 것이다. 이즈메이가 그를 달래듯이 말했다. "하지만 모든 일이 나쁘지만은 않을 거요. 중동에는 지금 아주 자질이 뛰어난 군인들이 집결하고 있으니까 비관적인 상황이 기다리고 있는 것은 아닐 겁니다."
"지금 무슨 소리를 하는 거요!" 몽고메리가 자리를 고쳐 앉으며 큰소리로
말했다. "난 지금 롬멜 이야기를 하고 있단 말이오!"

★ ★ ★ ★ ★

나는 오킨렉 장군에게 해임을 통보해야 했다. 과거의 경험에 따르면, 그
와 같은 즐겁지 못한 소식은 말로 하는 것보다 글로 하는 편이 나았기 때문
에, 나는 제이콥 대령을 비행기 편으로 그의 사령부로 보내 다음과 같은
내용의 편지를 전하게 했다.

카이로

1942년 8월 8일

친애하는 오킨렉 장군,

1. 6월 23일, 귀관은 육군참모총장에게 보낸 전문을 통해 지금 맡고 있는 임무에
서 벗어나고 싶다는 의사를 표시하면서, 가능한 후임자로 알렉산더 장군의 이
름을 언급했습니다. 우리 군이 위기에 처한 그 당시 정부로서는 귀관의 고귀
한 뜻을 받아들이기를 원하지 않았습니다. 그와 동시에 내가 오래 전부터 원
했고 또 5월 20일자 전문에서 제안한 대로 귀관은 전투의 지휘권을 승계했습
니다. 그리고 귀관은 불리한 형세의 진행을 막고, 이제 전선의 안정을 되찾게
되었습니다.

2. 이제 귀관이 임명될 때의 이유와 동일한 근거에 기초하여, 전쟁내각은 귀하의
교체의 순간이 왔다고 판단했습니다. 현재의 중동 전장에서 이라크와 페르시
아를 분리하여 다루자는 의견이 제시되었습니다. 중동 사령관에는 알렉산더
가, 제8군 사령관에는 몽고메리가 임명될 예정입니다. 그에 따라 귀관은 바스
라 또는 바그다드에 사령부 본부를 두고 제10군을 포함한 이라크와 페르시아
지역 사령관을 맡아주기를 바랍니다. 지금 그 지역은 중동보다 작은 것은 사

실이지만 몇 개월 내에 중요한 작전 지역이 될 것이며, 따라서 제10군에 대한 증강 작업이 이미 진행되고 있는 중입니다. 귀관의 특별한 경험이 필요한 바로 그 전장에서, 귀관은 인도와 협력할 수 있으리라고 믿습니다. 그러므로 귀관은 이미 모든 경우에 솔선수범한 바와 같이 공평무사한 정신으로 나의 희망과 지시를 따라주기 바랍니다. 알렉산더는 곧 도착할 것입니다. 당연히 적군의 움직임에 따라 가변성이 있긴 하지만, 다음 주일 초까지 서부 전선의 책임에 관한 임무의 인수인계가 원활하고 효과적으로 이루어지기를 바랍니다.

3. 귀관이 원한다면 원하는 때에 언제든지 만날 수 있기를 바랍니다.

삼가 드립니다.

윈스턴 S. 처칠

추신 : 이 편지를 전하는 제이콥 대령을 통해 고트 장군의 돌연한 상실에 대한 나의 비통함을 표시하고자 합니다.

저녁 무렵에 제이콥이 돌아왔다. 오킨렉은 그 충격을 군인다운 위엄을 잃지 않은 채 수용했다. 그는 새 임무를 받아들일 뜻은 없으며, 다음날 나를 만나러 오겠다고 했다. 제이콥의 일기에는 다음과 같은 내용이 있었다.

수상은 수면 중이었다. 6시에 일어났는데, 오킨렉과 주고받은 이야기를 최선을 다해서 보고하지 않으면 안 되었다. 육군참모총장도 함께 있었다.……수상의 생각은 오직 롬멜의 격퇴에만 사로잡혀 있다. 서부 사막 작전의 책임도 전적으로 알렉산더 장군에게 맡기고자 한다. 수상은 사막에서 엄청난 일이 벌어지고 있는데, 어떻게 카이로에 남아서 다른 누군가에게 전투 지휘를 맡기고 있을 수 있는지 이해할 수 없다는 입장이었다. 수상은 바로 그 점에 대해서 말하며 방안을 서성댔다. 자신의 방식대로 일을 처리하겠다는 의미였다. "롬멜, 롬멜, 롬멜, 롬멜!" 수상은 외쳤다. "롬멜을 처치하는 것 외에 뭐가 필요하단 말인가?"

정오가 막 지났을 때쯤 오킨렉 장군이 카이로에 도착했다. 그와 나는 한 시간 가량 이야기를 나누었다. 대화는 금방 침울한 분위기가 되었으나, 그 자체로는 아무런 문제가 없었다.

그날 저녁에는 알렉산더 장군이 왔고, 지휘권 교체에 관한 최종안을 작성했다. 나는 그 결과를 전문으로 런던에 보고했는데, 주요 내용은 다음과 같다.

……나는 알렉산더 장군에게 다음과 같이 지시했다. 알렉산더 자신은 물론, 육군참모총장도 전적으로 동의한 내용이다.

1. 귀관의 가장 중요한 임무는 가능한 한 가장 빠른 시일 내에 롬멜 원수가 지휘하는 독일-이탈리아 군대를 격퇴하고 이집트 및 리비아의 각종 보급품 그리고 시설물을 포획 또는 파괴하는 것이다.

2. 귀관은 위 제1항의 임무에 치우침 없이 영국의 이익을 고려하여 귀관의 지휘권에 속하는 그밖의 모든 임무 역시 완수하거나 완수되도록 해야 한다.

의심할 나위 없이 전쟁의 다음 국면에서는 이와 같은 명령의 비중이 변경될 수 있다. 그러나 지금은 임무의 단순성과 목표의 단일성이 불가피한 상황이다.

알렉산더의 답장은 6개월 뒤에 왔는데, 그 내용은 적당한 기회에 소개하겠다.

제15장

모스크바 : 최초의 회동

8월 10일 늦은 밤, 카이로 대사관에서 여러 저명인사들과 만찬을 끝내고 모스크바를 향해 떠났다. 3기의 비행기에 나누어 탑승한 우리 일행은 육군 참모총장을 비롯하여 러시아 어를 구사하는 웨이벌 장군, 테더 공군 중장 그리고 알렉산더 캐도건 경 등으로 구성되었다. 애버럴 해리먼은 내가 루스벨트 대통령에게 특별히 요청해서 뒤늦게 아프리카에서 왔다. 해리먼은 나와 같은 비행기를 탔다. 새벽녘에 우리는 쿠르디스탄 산악 지역[쿠르드 족이 많이 모여 살고 있는 산악 지역. 터키, 이란, 이라크, 시리아, 아르메니아에 걸쳐 있다/역주]에 접근했다. 날씨는 양호했으며 밴더클루트의 기분은 최고였다. 톱니같이 생긴 고지대에 다가섰을 때, 나는 밴더클루트에게 어느 정도의 고도로 산맥을 넘을 것인지 물었다. 2,700미터 정도면 될 것 같다는 대답이 돌아왔다. 그러나 지도를 보면 3,300미터에서 3,600미터나 되는 봉우리들이 몇 개 있었으며, 비록 멀리 떨어져 있긴 했지만 5,500미터에서 6,000미터나 되는 거봉도 있었다. 갑자기 구름에 휩싸이지만 않는다면, 산봉우리들 사이를 누벼 길을 찾을 수 있을 터였다. 그래도 나는 고도를 3,600미터 정도로 유지해달라고 요구했고, 우리는 산소 튜브를 입에 물었다. 오전 8시 30분경 테헤란 비행장을 향해 하강할 때, 나는 착륙 직전임에도 불구하고 고도계가 1,370미터를 가리키고 있는 것을 발견했다. "다시 이륙하기 전까지 손을 봐놓는 게 좋겠군." 어리석게도 내가 한마디 했다. 밴더클루트가 대답했다. "테헤란 비행장 고도가 해발 1,200미터 이상입니다."

테헤란 주재 영국 공사 리더 불러드 경이 마중을 나왔다. 그는 강인한 영국인으로 페르시아에 관해서 오랫동안 경험을 축적했고, 환상 따위는 가지고 있지 않았다.

해가 지기 전에 엘브루스 산맥[이란 북부의 산맥/역주] 북쪽 지붕을 넘어가기에는 시간이 너무 늦었다. 그런 참에 마침 영광스럽게도 샤[페르시아 국왕의 호칭/역주]의 오찬 초대를 받았다. 궁전은 산맥이 갑자기 끝나는 곳에 큰 나무들로 둘러싸여 있었는데, 멋진 수영장도 갖추고 있었다. 아침에 보았을 때 산봉우리는 핑크 색과 오렌지 색이 반짝이는 기품 있는 모습이었다. 오후에는 영국 공사관 정원에서 애버럴 해리먼과 영국 고위 인사들 그리고 미국 철도 당국자들이 모여 긴 시간 동안 회의를 했다. 걸프 만에서 카스피 해에 이르는 페르시아 횡단 철도 전체를 미국이 인수하기로 결정했다. 영국 회사에서 그 무렵에 신설한 그 철도는 놀라운 공학적 성과였다. 철로 전 구간을 통해 협곡 위에 건설된 큰 철교만 해도 390개나 되었다. 해리먼에 따르면, 루스벨트 대통령은 철도를 완전히 가동할 수 있도록 책임질 뿐만 아니라, 우리 영국으로서는 도저히 불가능한 기관차와 각종 차량과 군부대의 숙련공을 기꺼이 공급하겠다고 했다는 것이었다. 나는 우리의 군사상 중요한 요구에 따른 우선권 확보를 조건으로 그 양도에 동의했다. 페르시아 사람들 모두가 자동차를 소유하고 끊임없이 경적을 울려대는 것 같았던 테헤란은 시끄럽고 더웠기 때문에, 나는 도심보다 300미터나 높은 숲 속에 위치한 영국 공사관 여름 별장에서 잤다.

다음날인 8월 12일 수요일 아침 6시 30분, 우리는 이륙하여 타브리즈로 가는 큰 계곡을 지나 북쪽으로 방향을 틀어 카스피 해안의 엔젤리로 갔다. 구름과 봉우리를 피해 가며 해발 3,300미터 정도의 두 번째 산맥 지대를 통과했다. 비행기에는 러시아 장교 두 명이 동승했는데, 우리의 항로와 도착의 안전을 위한 소련 정부의 배려였다. 동쪽으로 눈을 이고 있는 거봉이 보였다. 문득 내가 탄 비행기만 홀로 날아가고 있다는 사실을 알게 되었는데, 육군참모총장과 웨이벌과 캐도건 그리고 여러 사람들이 탑승한 두 번째 비행기가 엔진에 문제가 생겨 테헤란으로 되돌아갔다는 것을 무전기로 알게 되었다. 두 시간쯤 지나자 눈앞에 반짝이는 카스피 해의 바닷물이 보였다. 바로 엔젤리 상공이었다. 나는 카스피 해를 한번도 본 적이 없었다. 그러나 25년 전 육군부 장관 시절에 거의 일 년 가까이 그 창백하고 고요한 수면을 지배한 함대 하나를 인수하여 책임진 일이 있었다. 그 사이에 비행기는 산소 공급이 필요없는 고도까지 하강했다. 어슴푸레 보이는 서쪽 해안에 바쿠와 그 유전이 있었다. 독일군이 카스피 해 부근까지 접근해 있었기 때문에, 우리는 스탈린그라드와 전투 지역으로부터 멀찌감치 떨어져 쿠이비세프로 향했다. 그리고 볼가 강의 델타 지역으로 갔다. 거주자의 흔적을 찾아볼 수 없는 갈색의 황량한 평원이 끝없이 펼쳐졌다. 여기저기 반듯한 직사각형의 경작지가 가끔 나타났는데, 국영 농장임을 알 수 있었다. 거대한 볼가 상은 습지의 넓고 어두운 가장자리 사이로 완만하게 굽이치면서 멀리 흘러갔다. 가끔 넓은 지평선 이쪽에서 반대편으로 마치 자로 그어놓은 듯이 곧은 도로가 보였다. 그렇게 한 시간 이상을 날아가다가 나는 폭탄 창고를 거쳐 객실로 가서 잠에 빠져들었다.

나는 그 음울하고 사악한 볼셰비키 국가와 나의 사명에 대해서 곰곰이 생각해보았다. 한때 그 탄생 단계에서 질식시켜버리려고 그렇게 애썼고, 히틀러가 등장하기 전까지만 해도 문명화된 자유 세계의 치명적인 적으로 간주되었던 국가였다. 그런데 이제는 무엇이란 말인가? 문학적 소양이 있는 웨이벌 장군은 그것을 한 편의 시로 요약했다. 여러 행으로 구성되었지만, 각 연의 마지막 구절은 동일했다. "1942년에 제2전선은 없다." 나의 임무는 마치 거대한 얼음 덩어리를 북극으로 끌고가는 것이나 다름없었다. 그러나 여전히 전문이나 다른 사람을 통하는 것보다 내가 직접 스탈린과 대면하여 모든 것을 얘기하는 것이 나의 의무라고 확신했다. 적어도 그렇게 함으로써 누군가가 소련의 운명을 걱정하고 그들의 싸움이 전쟁 전반에 어떤 의미를 가지는지 이해한다는 사실을 보여줄 것이라고 믿었다. 우리는 언제나 소련의 그 사악한 체제를 증오했다. 그리고 독일의 호된 공격을 받기 전까지만 해도 그들은 우리의 존재가 위협당하는 광경을 무관심으로 방관했고, 동방의 우리 제국을 히틀러와 즐겁게 나누어가지려고 했다.

날씨는 쾌청했고, 바람은 순방향이었으며, 나는 모스크바로 빨리 가야 할 필요가 있었다. 따라서 쿠이비셰프[볼가 강변의 항구 도시/역주]의 한쪽 모퉁이를 가로질러 바로 수도로 향하는 여정이 준비되었다. 성대한 연회와 진짜 러시아식 환대가 일방적으로 진행되는 것은 아닌지 걱정이 되었다. 5시경 모스크바의 첨탑과 돔이 시야에 들어왔다. 모든 포대에 경고했고 사전에 조정된 항로를 따라 시가지 주변을 돌다가 비행장에 착륙했다. 전쟁 동안 내가 다시 방문하게 될 비행장이었다.

몰로토프를 필두로 일군의 러시아 장군과 전체 외교단이 기다리고 있었고, 으레 그러하듯이 수많은 사진 기자와 보도진으로 혼잡했다. 완벽한 제복과 군대식 의전에 따라 강건한 의장대가 사열식을 했고, 마치 그 국가들의 힘의 협력이 히틀러의 비극적 운명을 예고하듯이 세 강대국의 국가가 연주된 뒤에 의장대의 행진이 있었다. 나는 마이크 앞으로 가서 짤막한 연설을 했다. 애버럴 해리먼은 미국을 대표하여 인사했다. 해리먼은 미국 대사관저에서 묵기로 했다. 몰로토프는 자신의 승용차에 나를 태우고 모스크바 외곽 13킬로미터 지점에 있는 숙소 "국가 초대소 7호"로 안내했다. 텅 빈 듯한 모스크바 시가지를 지나가는 동안 바람을 쐬려고 차창을 내렸는데, 유리 두께가 무려 5센티미터가 넘어 깜짝 놀랐다. 일찍이 본 적이 없는 두께였다. "각하께서 그렇게 해야 안전하다고 하셨습니다." 통역관 파블로프의 말이었다. 30분이 조금 지나 숙소에 도착했다.

★ ★ ★ ★ ★

모든 것이 전체주의 국가답게 풍성하게 완비되어 있었다. 아주 훌륭한 외모(제정 러시아 시절 귀족 출신이라고 생각되었다)의 장교가 내 전속 부관으로 배치되었는데, 초대한 주인의 입장에서 정중함과 배려의 귀감이 되는 행동을 보였다. 흰 상의 차림의 수많은 하인들은 만면에 미소를 띠고 손님들의 어떠한 요구나 움직임에도 응할 수 있을 것 같았다. 식당의 긴 테이블과 선반에는 최고 권력자가 모을 수 있는 온갖 진수성찬과 미주(美酒)가 가득했다. 나는 아주 넓은 응접실을 지나 거의 같은 크기의 욕실이 딸린 침실로 안내되었다. 거의 현기증이 날 만큼 밝은 전등불은 티끌 하나 없이 빛났다. 뜨거운 물과 찬물이 솟아나오고 있었다. 긴 시간의 여행과 더위에 지쳐 나는 뜨거운 물에 목욕을 하고 싶었다. 모든 것이 순식간에 준비되었다. 욕조에는 온수와 냉수가 별개의 수도꼭지에서 나오는 것이 아니었다. 뜨거운 물과 찬물이 애당초 원하는 온도로 섞여 하나의 꼭지에서 쏟아졌다. 또 손은 욕조 안에서 씻는 것이 아니라 다른 꼭지에서 흘러나오는 물로 씻도록 되어 있었다. 나는 간단한 방식으로 훗날 우리 집에도 같은 설비를 갖추었다. 물만 부족하지 않다면, 그것은 최상의 시스템이었다.

모든 세정(洗淨) 절차를 끝낸 뒤, 우리는 식당에서 융숭한 대접을 받았다. 마음대로 선택할 수 있는 온갖 음식과 주류가 준비되었는데, 캐비어와 보드카가 당연히 포함되어 있었고, 프랑스와 독일 요리와 와인은 우리의 분위기와 소화 능력을 훨씬 뛰어넘는 것이었다. 그런데 우리는 모스크바로 곧 떠나야 했다. 나는 몰로토프에게 그날 저녁 스탈린을 만나겠다고 했고, 저녁 7시로 약속이 정해졌던 것이다.

나는 크렘린에 도착하여 생전 처음으로 위대한 혁명의 주역이자 심오한 러시아의 정치가이면서 전사인 인물을 만났다. 그로부터 3년 동안 나는 그와 친밀하고 활기찬, 그러면서 언제나 자극적이고 가끔은 온화한 관계를 가지게 되었다. 우리의 회담은 거의 4시간 동안 계속되었다. 브룩과 웨이벌 그리고 캐도건을 태운 두 번째 비행기가 그때까지 도착하지 않았기 때문에, 회담에는 스탈린, 몰로토프, 보로실로프, 나, 해리먼 그리고 소련 주재 영국 대사와 통역만 참석했다. 여기서 밝히는 내용은 내 기억과 당시 내가 본국에 보낸 전문을 바탕으로 한 것이다.

처음 두 시간 동안의 분위기는 침울하고 어두웠다. 나는 바로 제2전선 문제에 대해서 이야기를 시작하면서, 나도 솔직하게 말할 터이니 스탈린도 숨김없이 그대로 의견을 털어놓기를 바란다고 했다. 만약 스탈린과 현실성 있는 토론의 가능성에 대한 확신이 없었다면, 나는 모스크바행을 결심하지 않았을 것이라고 말했다. 몰로토프가 런던을 방문했을 때, 나는 우리가 프랑스에서 펼칠 계획을 수립하기 위해서 애쓰는 중이라고 했다. 몰로토프에게 1942년의 계획에 대해서 아무런 약속을 할 수 없다는 사실을 분명히 밝혔으며, 그러한 취지의 각서까지 작성하여 전달했다. 이후로 그 문제에 관하여 철저한 영미의 공동 조사가 이루어졌다. 영국과 미국 정부는 9월에 대작전을 수행할 수 있을 것이라고 생각하지 않았다. 9월은 날씨를 고려할 때 작전이 가능한 마지막 달이었다. 그러나 스탈린도 알고 있듯이 영국과 미국은 1943년에 대작전을 준비한다. 그러한 목적으로 100만의 미군이 1943년 봄까지 영국의 집결 장소에 모일 것이며, 그 파견군의 규모는 27개 사단이 될 것이었다. 거기에 영국 정부는 영국군 21개 사단을 덧보탤 계획이었다. 그 부대의 절반은 기갑화할 터였다. 당시 미군은 겨우 2.5개 사단 정도의 병력만 영국에 도착한 상태였지만, 10월부터 11월과 12월까지 대규모 파병이 이루어질 것이었다.

스탈린에게 우리의 계획이 1942년에는 러시아에 아무런 도움이 되지 않는다는 사실을 나는 잘 알고 있었다. 그러나 1943년 계획이 준비되면 서부

전선의 독일군은 지금보다 더 증강될 수밖에 없을 것이라고 말했다. 그렇게 내가 말했을 때 스탈린의 표정은 일순 일그러졌지만, 말을 끊지는 않았다. 나는 계속해서 1942년에 프랑스 해안을 공격하는 데에 반대하는 합당한 이유에 대해서 설명했다. 우리가 보유하고 있는 상륙용 주정은 요새화된 해안을 한 차례 급습하는 데 겨우 충분할 정도였다. 6개 사단 정도를 해안에 상륙시켜 유지할 수 있는 수준에 불과했다. 그렇게 최초 상륙이 성공적으로 이루어지면, 계속해서 추가 병력이 상륙해야만 하는데, 상륙용 주정이 부족했다. 상륙용 주정은 현재 영국과 특히 미국에서 대량 상산을 목표로 제작 중이었다. 금년에 1개 사단을 상륙시킬 수 있다면, 내년에는 8배 내지 10배의 병력을 해안에 올려놓을 수 있을 것이다.

표정이 침울해진 스탈린은 내 설명을 제대로 이해한 것 같지 않았다. 계속 프랑스 해안 어느 곳이라도 공격할 만한 데가 없느냐고 물었다. 나는 지도를 보여주며 영국해협을 실제로 횡단할 때를 제외하고는 공중 엄호를 하기가 어렵다는 사실을 확인시켰다. 그래도 여전히 이해하지 못한 듯이 전투기의 비행 거리에 대해서 질문했다. 아니, 에컨대 전투기는 언제든지 왔다 갔다 할 수 있지 않는가? 나는 다시 설명해야만 했다. 전투기가 왔다 갔다 할 수는 있지만, 싸울 시간이 없다. 공중 엄호가 효과를 발휘하려면, 전투기들이 광범위하게 활동할 수 있어야 한다. 그러자 스탈린은 프랑스에는 현재 쓸 만한 독일군이 1개 사단도 없지 않느냐고 했는데, 나는 그렇지 않다고 대답했다. 프랑스에는 독일군 25개 사단이 있고, 그중 9개 사단은 최고 수준의 부대라고 설명했다. 스탈린은 고개를 저었다. 나는 그러한 세부 사항과 관련하여 러시아 총참모본부 장군들과 논의하도록 하기 위해서 영국 육군참모총장은 물론 아치볼드 웨이벌 장군이 함께 온 것이라고 말했다. 그러한 문제는 정치가들이 토론하기에는 한계가 있었기 때문이다.

더욱 침통한 표정이 된 스탈린은, 그렇다면 영국은 대규모 병력으로 제2

전선을 형성할 능력도 없을 뿐만 아니라 6개 사단의 상륙조차도 꺼리고 있는 것이냐고 따졌다. 나는 그렇다고 대답했다. 우리는 6개 사단을 상륙시킬 수는 있다. 그러나 그렇게 하는 것은 도움이 되기보다는 오히려 해가 된다. 내년 작전에 차질을 빚게 하기 때문이다. 전쟁은 전쟁일 뿐 어리석은 놀음이 아니다. 아무데도 도움이 되지 않으면서 재앙만 초래한다면, 그것은 어리석은 놀음이다. 내가 하는 말이 낭보가 아니어서 유감이다. 우리가 15만 내지 20만의 병력을 투입해서 다소나마 러시아 전선의 독일군을 다른 데로 돌려놓을 수 있다면, 그것은 도움이 될 것이고, 그렇게만 된다면 손실을 우려하여 행동을 꺼릴 우리가 아니다. 그러나 결과적으로 독일군을 분산시키지도 못하고 1943년 계획의 전망마저 흐려놓게 된다면, 아주 큰 실책이 될 것이었다.

　침착성을 잃은 스탈린은 자기의 전쟁관은 다르다고 항변했다. 위험을 감수하지 않고는 전쟁에서 이길 수 없다. 왜 독일군을 그렇게 두려워하는가? 그는 도저히 이해할 수 없다고 했다. 그의 경험이 말하는 것은, 전투란 피를 흘려야만 했다. 피를 흘려본 적이 없다면, 그 부대는 진가를 알 수가 없다는 것이었다. 나는 다시 스탈린에게 물었다. 히틀러가 1940년에 왜 영국을 공격하지 않았는지 아느냐고? 당시 독일군은 최강의 전력을 유지하고 있었고, 반면 우리는 훈련된 병사 2만 명에 200문의 포와 50대의 탱크밖에 없었다. 그런데 히틀러는 쳐들어오지 않았다. 히틀러는 작전에 자신이 없었기 때문이다. 해협을 횡단하는 것은 그렇게 쉬운 일이 아니다. 그러자 스탈린은 잘못된 유추라고 응수했다. 히틀러가 영국에 상륙을 시도했다면, 영국 국민들의 저항에 부딪혔겠지만, 영국이 프랑스에 상륙하게 되면 프랑스 국민은 영국 편에 선다는 주장이었다. 나는 그렇기 때문에 섣부른 시도로 프랑스 국민들을 히틀러의 보복에 희생되도록 해서는 안 되며, 1943년 대작전에 이용하도록 기다려야 한다고 했다.

무거운 침묵이 흘렀다. 이윽고 입을 연 스탈린은 영국이 금년에 프랑스 상륙을 할 수 없다면, 자기로서는 더 이상 요구하거나 고집할 권한도 없지만, 그렇다고 내 주장에 동의하는 것은 아니라고 말해두겠다고 했다.

★ ★ ★ ★ ★

나는 남유럽, 지중해 그리고 북아프리카 지도를 펼쳤다. "제2전선"이란 무엇인가? 그것은 오직 영국 건너편의 요새화된 해안의 상륙만을 의미하는가? 아니면 공동의 대의에 기여하는 다른 형식의 대작전까지 포함하는 것을 의미하는가? 나는 스탈린의 관심을 좀더 남쪽으로 향하게 하는 것이 좋겠다고 생각했다. 예를 들어 병력을 영국 본토에 집결시켜 적군을 파 드 칼레에 묶어놓게 된다면, 바로 그때 루아르 강이나 지롱드 강 또는 스헬데 강 같은 다른 곳을 공격할 수 있지 않을까? 충분히 가능한 일이다. 실제로 그런 것이야말로 내년에 계획된 대작전의 전반적 밑그림이다. 스탈린은 실현 가능성이 없지 않느냐며 걱정했다. 실제로 100만 대군을 상륙시키는 일은 쉽지 않지만, 우리는 열심히 준비하고 노력할 것이라고 말했다.

그 다음에는 독일에 대한 폭격 문제로 넘어갔는데, 거기에 관해서는 모두 만족스러워했다. 스탈린은 독일 국민의 사기를 꺾어놓기 위한 타격의 중요성을 강조했다. 그는 폭격이 가장 중요하다고 생각하며, 우리 공군의 공습이 독일에 가공할 만한 영향을 미친다는 사실을 알고 있다고 말했다.

분위기를 다소 완화시키는 막간극 격의 이야기가 끝난 뒤, 스탈린은 우리가 하려는 것이 "모루채"도 "몰이"도 아닌 독일에 대한 폭격이며, 그것으로 소련에 대한 보상을 하려는 의도라고 느낀 것 같았다. 나는 최악의 용건을 가장 먼저 처리하고, 그 다음에 비로소 시행하려고 하는 계획의 그럴듯한 배경과 근거를 이야기하고자 했다. 따라서 나는 서둘러 침울한 분위기에서 벗어나려고 하지 않았다. 진정으로 위기를 맞은 친구와 동료 사이라면 솔직한 이야기가 오가야 한다고 말했다. 그러나 서로에 대한 예의와 각자의 위엄은 잘 지켰다.

★ ★ ★ ★ ★

"횃불" 작전 문제를 해결해야 할 순간이 왔다. 나는 1942년의 제2전선 문제로 되돌아가보자고 했다. 그것이 내가 모스크바를 방문한 목적이라는 말도 잊지 않았다. 프랑스만이 그러한 목적의 작전 대상지가 아니라는 것이 내 생각임을 밝혔다. 다른 장소도 많이 있으며, 영국과 미국은 다른 계획을 수행하기로 결정했으며, 그리고 그 다른 계획에 관해서는 내가 비밀리에 스탈린에게 알리기로 미국 대통령과 양해가 되었다. 따라서 이제 그 의무를 이행하려고 한다. 그렇게 말하면서 나는 비밀 유지의 중요성을 강조했다. 그 순간 스탈린은 자세를 고쳐 앉더니, 영국 신문에 나지 않았으면 좋겠다고 말하며 빙긋이 웃었다.

나는 "횃불" 작전에 관하여 상세하게 설명했다. 전반적인 이야기를 해가자 스탈린은 비상한 관심을 보였다. 그의 첫 번째 질문은 스페인과 비시 정부의 프랑스에 어떤 일이 일어날 것인가였다. 잠시 후, 그는 "횃불" 작전이 군사적으로는 옳지만, 프랑스에 미칠 영향 때문에 정치적으로는 의문이 있다고 했다. 그는 특히 시기에 대해서 신경을 쓰는 것 같았다. 늦어도 10월 30일을 넘기지는 않기로 하되, 루스벨트 대통령을 비롯한 우리 모두는 10월 7일까지 앞당기기 위해서 노력하는 중이라고 대답했다. 러시아 3인방은 안도의 표정을 지었다.

그런 다음 나는 지중해 해방이 가져올 군사상의 이점에 대해서 설명했다. 지중해가 자유로워지면 또다른 전선을 전개할 수 있었다. 적을 프랑스 북부에 묶어놓고, 9월에는 이집트에서 반드시 승리해야 하고 10월에는 북아프리카에서 승리해야 한다. 우리가 북아프리카를 차지하고 한 해를 마감할수 있다면, 히틀러가 장악한 유럽의 북부를 위협할 수 있을 것이다. 그 작전을 미국과 합동으로 1943년에 전개하려는 것이다. 그것이 바로 우리와 미국이 결정한 사항이다.

요점을 예증하기 위해서 나는 악어 그림을 그렸다. 그림으로 딱딱한 코를 공격하는 동시에 부드러운 배를 찌르겠다는 우리의 의도를 설명했다. 관심이 높아진 스탈린이 한마디 했다. "신의 가호가 있기를."

우리는 러시아의 압박감을 제거해주려 한다는 점을 강조했다. 만약 우리가 프랑스 북부에서 작전을 시도한다면, 반드시 혼란에 봉착할 것이었다. 북아프리카에서 작전하게 되면, 우리는 승리의 기회를 잡을 수 있을 뿐만 아니라 그 결과로 유럽 상황에 도움을 주게 될 것이다. 만약 우리가 북아프리카를 장악한다면, 히틀러는 공군을 다른 쪽으로 돌릴 수밖에 없을 것이다. 그렇지 않으면 우리는 독일의 동맹국, 예컨대 이탈리아를 궤멸시키고 상륙할 수 있을 것이다. 우리의 작전은 터키와 남유럽 전체에 지대한 영향을 미치게 될 것이다. 다만 내가 두려워하는 것은 적에게 선수를 빼앗기는 사태였다. 만약 금년에 북아프리카에서 승리를 거두기만 한다면, 내년에는 히틀러에게 치명적인 공격을 할 수 있을 것이다. 그 얘기가 대화의 전환점이 되었다.

스탈린은 여러 가지 정치적으로 어려운 문제를 표출하기 시작했다. 영국과 미국이 "횃불" 작전으로 점령하게 될 지역에 대해서 프랑스가 오해하지는 않을 것인가? 드골은 어떻게 할 것인가? 나는 그 단계에서 드골이 작전에 개입하는 것을 원하지 않는다고 스탈린에게 말했다. 비시 프랑스가 드골파에게는 총을 쏠 수 있어도 미국인에게는 발포하지 않을 터였다. 해리먼은 "횃불" 작전의 해당 지역 전체에 깔려 있는 정보원들에 의해서 작성되고 미국 대통령이 신뢰하는 보고서 내용과 리 제독의 의견을 언급하면서 그러한 나의 주장을 지지했다.

★ ★ ★ ★ ★

그 부분에서 스탈린은 "횃불"의 전략적 이점을 파악한 것 같았다. 그는 네 가지 주요한 논거를 설명했다. 첫째, 롬멜의 배후를 칠 수 있다. 둘째, 스페인을 위축시킬 수 있다. 셋째, 프랑스 내에서 독일과 프랑스의 싸움을 유도할 수 있다. 넷째, 이탈리아를 전쟁의 도가니 속으로 몰아넣게 된다.

나는 그의 비범한 표현에 깊은 인상을 받았다. 러시아의 독재자는 그때까지 자신에게 생소했던 문제에 대해서 신속하고 완벽하게 이해한 것이었다. 우리가 그렇게 수개월 동안 씨름해온 문제의 논거를 단 몇 분 만에 파악할 수 있는 사람은 생존 인물 중에서는 그다지 많지 않을 것이다. 그는 단번에 모든 것을 꿰뚫어버렸다.

나는 다섯 번째 논거, 다시 말하면 지중해로 통하는 항로의 단축을 언급했다. 스탈린은 우리가 지브롤터 해협을 통과할 수 있을지에 대해서 관심을 가졌다. 나는 문제가 없다고 대답했다. 그리고 이집트의 우리 사령관이 교체되었으며, 8월 말이나 9월에 이집트에서 결전을 벌이기로 결정했다고 알려주었다. 몰로토프가 왜 9월에 할 수 없느냐고 물었지만, 결국 그들은 모두 "횃불" 작전에 찬성한다는 태도가 분명했다.

나는 한마디 덧붙였다. "프랑스의 분위기가 매우 가라앉아 있기 때문에, 사기를 올려주었으면 합니다." 프랑스는 마다가스카르와 시리아에 대해서 잘 알고 있었다. 미군이 도착하면 프랑스 국민들은 우리 편에 서게 될 것이었다. 그 결과는 스페인의 프랑코를 위협하게 된다. 독일은 즉시 프랑스에 대해서 "함대를 툴롱으로 보내라"고 요구할 것이다. 그렇게 하여 비시 정부와 히틀러 사이에 균열이 생기게 될 것이라고 설명했다.

그리고 카스피 해와 코카서스 산맥을 방어하고 그쪽 전장에서 벌어질 전반적인 전투를 수행하기 위해서 영미 합동 공군을 러시아군 남쪽 측면에 배치할 계획에 대해서도 말했다. 그러나 더 상세히 언급하지는 않았다. 무엇보다 우리가 이집트 전투에서 승리하는 것이 급선무였고, 미국이 어느 정도 협력할지 루스벨트 대통령의 계획을 몰랐기 때문이다. 스탈린이 원한다면, 우리는 그 계획의 세부안 작성에 착수할 생각이었다. 그런데 스탈린은 그러한 지원 계획이 고맙기는 하지만, 지역을 비롯한 여러 세부 사항에 대해서 더 연구해보아야겠다고 대답했다. 나는 그 계획이 실현되기를 간절히 바랐다. 영미 합동 공군과 독일군이 보다 본격적인 전투를 벌이고, 파드 칼레 상공에서 골치아픈 일이 생기는 것보다 훨씬 더 유리한 조건에서 제공권을 장악하는 데 도움이 될 수 있다고 생각했기 때문이다.

우리는 모두 대형 지구의를 둘러싸고 모였고, 나는 스탈린에게 지중해에서 적을 몰아낼 경우 얻을 수 있는 막대한 이익에 대해서 설명했다. 그리고 나를 만나기를 원한다면, 언제든지 다시 오겠다고 말했다. 스탈린은 러시아 관습에 의하면 손님은 원하는 것을 말하게 되어 있으므로, 자기는 언제든지 나를 맞을 준비가 되어 있다고 대답했다. 그는 이제 가장 나쁜 것이 무엇인지 알게 된 것이다. 우리는 우호적인 분위기 속에서 헤어졌다.

회담은 무려 4시간이나 계속되었다. 국가 초대소 제7호까지는 30분 남짓 걸렸다. 매우 피곤했지만, 자정이 넘도록 전쟁내각과 루스벨트 대통령에게 보내는 전문을 구술했다. 나는 비로소 스탈린과의 사이에 냉정한 분위기가 해소되고 인간적인 접촉이 형성되었다는 기분을 느끼며, 깊고 긴 잠에 빠져들었다.

제16장

모스크바 : 관계의 성립

다음날 아침 호사스러운 숙소에서 느지막이 눈을 떴다. 8월 13일 목요일, 나에게는 "블레넘 데이"*였다. 우리가 계획하고 있는 다양한 작전의 성격을 보다 명확하고 충분하게 설명하기 위해서 정오 무렵 크렘린에서 몰로토프를 만나기로 일정을 조정했다. "모루채" 작전의 포기에 대한 비난 때문에 그 작전에 반대하는 공개적인 논쟁을 하게 되면, 우리 공동의 대의 달성에 얼마나 해가 되겠느냐는 것이 나의 주장이었다. 그리고 "횃불" 작전의 정치적 측면에 대해서 더 상세히 설명을 했다. 몰로토프는 아주 공손한 태도로 듣기만 했고, 아무런 언급을 하지 않았다. 나는 밤 10시쯤 스탈린을 만났으면 한다고 몰로토프에게 부탁했는데, 그날 늦게 밤 11시가 편할 것 같다는 답변을 받았다. 그리고 그는 그날 저녁에 한 이야기와 같은 내용을 다루게 될 터이니 해리먼을 동반하면 어떻겠느냐고 했다. 나는 "좋습니다"라고 대답하면서, 러시아 비행기로 바꿔 타고 테헤란에서 무사히 도착한 캐도건, 브룩, 웨이벌 그리고 테더까지 함께 참석하도록 하겠노라고 말했다. 그들이 타고 오려고 했던 리버레이터 기는 자칫 매우 위험한 화재가 날 뻔했다. 그 정중하고 딱딱한 외교관의 방을 나서면서 내가 몰로토프에게 한마디

---

* Blemheim Day : 1704년 8월 13일. 독일의 블린트하임에서 전투가 벌어진 날. 처칠의 선조인 존 처칠이 이끈 영국-오스트리아 연합군이 프랑스-바이에른 연합군을 격퇴했다. 그 공로로 영국 의회가 존에게 말버러(Marlborough)라는 이름의 공작 작위와 함께 옥스퍼드 셔의 우드스톡 부근에 대저택을 지어주었다. 처칠은 바로 그 궁전에서 태어났다/역주

던졌다. "이렇게 멀리서 온 우리를 거칠게 대하면 스탈린은 큰 실수를 하는 것인데." 몰로토프가 처음으로 긴장이 풀린 상태에서 말했다. "스탈린은 아주 현명한 사람입니다. 아무리 격렬한 토론을 벌이더라도, 스탈린은 모든 것을 다 알고 있습니다. 말씀하신 내용을 스탈린한테 전하겠습니다."

점심식사 시간에 맞추어 국가 초대소 제7호로 돌아왔다. 바깥의 날씨는 화창했다. 영국 사람들이 가장 좋아하는 그런 날씨였다. 나는 숙소 주변을 살펴보고 싶은 생각이 들었다. 국가 초대소 제7호는 20에이커 정도 되는 전나무 숲에 잔디를 깔고 정원을 조성한 곳에 신축한 전원 저택이었다. 기분 좋은 산책로가 있었고, 8월의 아름다운 날에 잔디나 솔잎 위에 드러누웠더니 정말 상쾌했다. 분수대도 몇 개 보였고, 유리로 된 대형 어항에는 온갖 종류의 금붕어가 가득 차 있었는데, 사람의 손으로부터 직접 모이를 받아먹을 정도로 잘 길들여져 있었다. 나는 매일 금붕어들에게 모이를 꼭 주었다. 4, 5미터 높이의 말뚝으로 담을 만들어놓았는데, 상당수의 경찰과 군인이 안팎에서 지켰다. 집에서 100미터 정도 떨어진 곳에 방공호가 있었다. 처음 도착했을 때 우리는 그 방공호로 안내되었는데, 최신형으로 최고급이었다. 입구 양쪽 끝에 엘리베이터가 설치되어, 25 내지 30미터 지하로 내려갈 수 있었다. 육중한 콘크리트 상자 같은 내부는 여덟 개 내지 열 개의 큰 방이 있었고, 방과 방은 무거운 미닫이문으로 나뉘어져 있었다. 조명이 밝게 빛났다. 가구는 세련된 디자인에 화려하고 밝은 색조였다. 나는 금붕어 쪽에 더 관심이 있었다.

★ ★ ★ ★ ★

우리는 모두 밤 11시에 크렘린으로 갔다. 스탈린과 몰로토프 두 사람은 통역만을 대동했다. 그때부터 시작된 토론은 아주 불쾌한 것이었다. 나는 먼저 스탈린에게 우리가 나아갈 방향에 대한 결심은 이미 확고하므로, 비난하는 일은 소용이 없다는 사실을 이해해야 할 것이라고 말했다. 우리는 두 시간에 걸쳐 논쟁을 벌였는데, 스탈린은 듣기에 몹시 언짢은 말을 해댔다. 우리가 독일과 맞서 싸우는 것을 너무 두려워한다든지, 정작 러시아처럼 싸워보면 그다지 나쁜 결과가 생기지만은 않을 것이라든지, 우리가 "모루채" 작전에 관한 약속을 파기했다든지, 러시아에 지원하기로 한 보급품의 수송에 실패했을 뿐만 아니라 우리에게 필요한 것은 다 챙긴 뒤 나머지만 보냈다는 등의 불평을 늘어놓았다. 스탈린의 불평은 영국은 물론 미국까지 그 대상으로 삼고 있는 것이 분명했다.

나는 그의 논박에 정면으로 맞섰으나, 서로 예의는 지켰다. 스탈린은 거듭 반대하는 데에는 익숙하지 않은 듯했고, 화를 내지 않았을 뿐만 아니라 흥분하지도 않았다. 영국과 미국은 제공권을 쥐고 있기 때문에 셰르부르 반도에 6개 내지 8개 사단은 상륙시킬 수 있지 않느냐는 자기 생각만을 되풀이했다. 또한 영국군이 러시아군처럼 독일과 맞서 싸우면 무서울 것이 없으리라고 생각하는 것 같았다. 러시아군은, 그리고 실제로 영국 공군은 독일군을 격퇴할 수 있는 가능성을 이미 보여주었다. 따라서 러시아군과 동시에 행동한다면, 영국 보병도 똑같이 할 수 있다는 것이 그의 견해였다.

나는 중간에 그의 말을 가로막고, 러시아군의 용맹성을 생각해서 스탈린의 말을 양해하고 넘어가겠다고 했다. 셰르부르 상륙은 해협의 존재를 간과한 주장이었다. 스탈린은 더 이상 이야기할 필요가 없겠다고 했다. 그는 우리 결정을 받아들일 수밖에 없었다. 그러더니 갑자기 다음날 저녁 8시에 만찬에 초대한다고 했다.

초대에 응하겠다고 대답하면서, 그 이튿날, 그러니까 15일 새벽에 비행기로 떠나겠다고 밝혔다. 그 말에 스탈린은 뭔가 신경이 쓰였는지 좀더 머물 수 없느냐고 물었다. 그럴 만한 일이 있다면, 하루 정도는 더 기다리겠다고 대답했다. 그리고 큰소리로 그의 태도에서는 우호적인 느낌을 받을 수 없다고 말했다. 나는 아주 좋은 협력 관계를 형성하기 위해서 그렇게 먼 길의 여행을 한 것이었다. 우리는 러시아를 위해서 할 수 있는 최대한을 했고, 앞으로도 계속할 것이다. 우리는 일 년 동안 완전히 고립된 상태에서 독일과 이탈리아를 상대로 고군분투했다. 이제 세 나라가 연합했기 때문에 서로 헤어지지 않는 한 승리는 확실하다. 그 부분에서 나는 약간 감정적으로 고조되었는데, 통역이 끝나기도 전에 스탈린은 그 순간의 내 어조가 마음에 들었다고 했다. 그 뒤의 대화는 다시 다소 누그러진 분위기 속에서 계속되었다.

스탈린은 로켓 포를 쏘는 러시아 박격포 두 종류에 대해서 길게 이야기했다. 그가 말한 대로라면 그 효과는 압도적인 것이었다. 만약 우리쪽 전문가들이 기다려준다면 시범을 보이겠다고 했다. 그리고 박격포에 대한 모든 정보를 알려주겠다고도 했다. 그렇다고 그 대가를 바란다거나, 신무기 정보의 교환에 관한 협정 체결을 원하는 것은 아니라고 했다. 그에 대해서 나는 어떠한 거래 조건도 없이 모든 것을 제공하겠다고 했다. 다만 비행기에 실어 적군 진영까지 가서 투하해야 하는 무기라면 독일군에 대한 폭격은 어려울 것이라고 지적했다. 그는 내 말에 수긍했다. 또 스탈린은 소련 군부 당국자들이 우리 장군들과 만나는 데 동의하며, 오후 3시로 시간을 조정해두었다고 했다. 나는 그들이 "모루채", "몰이", "횃불" 작전에 관련된 문제들을 충분히 다루려면 적어도 네 시간은 걸릴 것이라고 말했다. 스탈린은 "횃불"은 "군사적으로는 옳으나" 정치적으로 미묘한 배려, 다시 말하면 신중하게 다룰 필요가 있다고 의견을 밝힌 바 있었다. 그런데도 이야기 도중에 그는 때때로 "모루채"로 화제를 돌려 이런저런 얘기를 했다. 우리가 약속을 지키지 않았다고도 했는데, 나는 이렇게 대답했다. "그 말은 틀렸습니다. 모든 약속을 지켰습니다." 그리고 내가 몰로토프에게 주었던 각서를 예로 들었다.* 스탈린은 일종의 사과라고 할 수 있는 말을 했다. 그러면서 자신은

---

* 828면 참조.

진지하고 솔직하게 표현하기 때문에, 우리 사이에 오해가 있거나 하지는 않고 견해의 차이만 존재할 뿐이라고 했다.

마지막으로 나는 코카서스 문제에 대해서 물었다. 그 산맥을 방어할 수 있는가? 몇 개 사단을 동원할 수 있는가? 그러자 스탈린은 모형 지도를 가져오게 해서 아주 진솔한 태도로 확실한 지식에 입각해서 그 방벽의 강력함을 설명했다. 그리고 25개 사단을 보낼 수 있다고 했다. 그는 이곳저곳의 고개를 가리키면서, 그곳을 모두 막을 수 있다고 했다. 내가 모두 요새화가 되어 있느냐고 묻자, "당연하지요" 하고 대답했다. 적군이 아직 대치하고 있지 않은 러시아 전선은 주요 산맥의 북쪽이었다. 두 달만 잘 버티고 있으면, 눈이 내려 산맥은 난공불락이 된다고 했다. 스탈린은 그 부분에 대해서는 러시아군의 능력에 확신을 가지고 있다고 밝혔다. 바툼에 집결한 흑해 함대의 전력에 관해서도 상세히 되풀이했다.

그 부분에서 대화는 순조롭게 진행되었다. 그러나 해리먼이 시베리아를 횡단해서 미국 비행기를 가져오는 계획에 대해서 질문했을 때였다. 미국이 오랫동안 요구한 끝에 러시아가 바로 최근에 동의한 문제였다. 스탈린은 퉁명스럽게 대답했다. "계획으로 전쟁에 이기는 것은 아니지 않소." 회담 내내 해리먼은 내 주장을 지지했다. 우리는 단 한치도 양보하지 않았고, 또한 신랄한 단어도 한번도 사용하지 않았다.

헤어질 때 스탈린은 깍듯이 인사하며 손을 내밀었다. 나는 그의 손을 잡았다.

★ ★ ★ ★ ★

8월 14일, 나는 전쟁내각에 다음과 같이 보고했다.

어젯밤 우리가 얻게 된 유리한 입지와 관련해서, 그렇게 된 사태와 변화의 이유가 무엇일까 자문하고 있는 중입니다. 내 생각에 가장 가능성이 높은 추측은 내가 알려준 정보를 소련 국가 인민위원회가 스탈린만큼 잘 받아들이지 않았다는 것입니다. 소련 국가 인민위원회는 우리가 생각하는 것보다 더 큰 권력을 가지고 있으며, 정보는 부족하다는 것입니다. 아마도 스탈린은 장래의 목표와 인민위원회의 이익을 위해서 기록상 그렇게 남겨놓고, 자신의 불만을 토로했을 것입니다. 캐도건의 말에 따르면, 지난 크리스마스 때 이든의 기자 회견이 있은 뒤에 그와 유사한 경직된 태도를 보였고, 해리먼은 그들의 그러한 테크닉은 비버브룩 사절단이 방문했을 때도 사용되었다는 것입니다.

여러모로 생각한 뒤의 결론인데, 스탈린이 마음속에 감춘 것이 있다면, 그것은 우리의 판단이 옳다는 것과 6개 사단을 "모루채"에 동원하더라도 금년에는 덕이 될 수 없다는 사실을 잘 알고 있다는 것입니다. 또한 그의 견실하고 재빠른 군사적 판단이 그 자신을 "횃불"의 지지자가 되도록 만들었다는 것도 확실합니다. 그러므로 나는 그가 마음을 바꾸는 일은 언제든지 가능하다고 생각합니다. 그런 희망으로 계속 버티어보겠습니다. 어쨌든 다른 방식보다는 이렇게라도 표현하는 편이 더 나을 것입니다. 어떠한 경우라도 러시아가 전쟁을 포기할 조짐은 전혀 없으며, 스탈린은 승리를 확신하고 있다는 것이 나의 생각입니다.……

그날 저녁 우리는 크렘린에서 열린 공식 만찬에 참석했는데, 40여 명의 인사들 중에는 군 지휘관들과 정치국원 그리고 고위 공무원들이 포함되어 있었다. 스탈린과 몰로토프는 아주 온화한 태도로 주인 역할을 했다. 만찬은 끝날 줄을 몰랐는데, 처음부터 건배 제의가 시작되어 계속 그에 화답하는 짧은 연설들이 이어졌다. 그런 소련식 만찬은 흔히 술판이 된다는 소문이 떠돈다. 그러나 전혀 사실이 아니었다. 스탈린 원수와 그의 동료들은 매우 작은 술잔으로 다양한 형식의 건배를 하지만, 매번 아주 소량의 술만 마실 뿐이었다. 나도 잘 맞추어 행동했다.

만찬이 진행되는 동안 스탈린은 통역 파블로프를 통해서 나에게 유쾌한 태도로 말을 건넸다. "몇 년 전에 조지 버나드 쇼와 애스터 여새[1879년 미국 출생으로 영국인과 결혼해서 1919년 영국 최초의 여성 하원의원이 되었다/역주]가 방문했습니다." 그때 애스터가 로이드 조지를 모스크바에 초청하면 좋지 않겠느냐고 했다고 한다. 그 말에 스탈린이 이렇게 대답했다. "왜 우리가 그 사람을 초청해야 하지요? 그 사람은 그 개입*을 주도했습니다." 애스터가 응수했다. "아니에요. 그 사람을 그렇게 만든 사람은 처칠이에요." "어쨌든 로이드 조지는 행정부 수반이었고, 또 좌파였소. 그 사람은 책임이 있지요. 우리는 사이비 친구보다는 솔직한 적을 더 좋아합니다." "처칠은 완전히 끝나고 말았어요." 그러자 스탈린이 이렇게 대꾸했다는 것이다. "그렇지는 않을 것입니다. 큰 위기가 닥치면, 영국 국민들은 다시 노병을 찾을 것입니다." 그렇게 말할 때 내가 끼어들었다. "애스터가 말한 것에는 다분히 진실이 포함되어 있습니다. 나야말로 아주 적극적으로 개입했습니다. 그렇지 않다고 생각하실 필요가 없습니다." 스탈린이 친숙한 웃음을 보였고, 나는 이어 말했다. "이제 나를 용서하시겠습니까?" 파블로프가 통역했다. "스탈린 수상께서 하시는 말씀은, 그 모든 일은 과거에 속하고 과거는 신에게 속한다는 것입니다."

스탈린과 계속 이야기를 나누던 중, 뒤에 가서 나는 이렇게 말했다. "1941년 10월에 비버브룩 경이 모스크바를 방문했을 때, 각하가 이렇게 물었다는 것을 그에게서 들었습니다. '처칠이 독일의 침공이 임박했다는 경고를 내게 했다고 의회에서 말한 의미가 무엇이냐?'고요. 물론 내가 1941년 4월에 각하께 보낸 전문을 말한 것입니다." 그러면서 나는 스태퍼드 크립스 경이 마지못해 건네주어서 가져간 그 전문을 내보였다. 그것을 읽은 통역이

---

* 사회주의자 로이드 조지 내각의 육군장관(공군장관 겸임)이었던 처칠(당시에는 로이드 조지와 함께 사회주의적인 자유당 소속이었다. 그의 보수당 복귀는 1925년이었다)은 1919년에 볼셰비키 적군(赤軍)에 대항하는 백군(白軍)을 지원하기 위해서 러시아에 보급품과 8,000명의 의용군을 지원함으로써 러시아 혁명에 개입했다/역주

내용을 전하자, 스탈린은 어깨를 움츠렸다. "기억합니다. 그때 그 경고는 필요없었습니다. 나도 전쟁이 일어나리라는 것을 알았기 때문입니다. 다만 6개월 남짓 지연시킬 수 있으리라고 생각했을 뿐입니다." 스탈린이 히틀러에게 그렇게도 귀중한 물자와 시간 그리고 지원을 아끼지 않는 동안 영국이 언제까지나 주저앉아 있었더라면 과연 우리 모두에게 어떠한 일이 일어났겠느냐고 묻고 싶었지만, 나는 공동의 대의를 생각하여 참았다.

나는 기회를 보아서 그날의 공식 연회에 대한 추가적인 설명을 애틀리와 루스벨트 대통령에게 전문으로 보냈다.

1. 만찬은 아주 우호적인 분위기 속에서 통상의 러시아식으로 잘 끝났습니다. 웨이벌은 러시아어로 훌륭한 연설을 했습니다. 나는 스탈린의 건강을 위해서, 알렉산더 캐도건은 나치의 종말과 파멸을 기원하며 건배 제의를 했습니다. 나는 스탈린의 오른쪽에 앉았지만, 진지한 이야기를 나눌 기회는 없었습니다. 스탈린 그리고 해리먼과 함께 기념 촬영을 했습니다. 스탈린은 "정보기관"에 대해서 건배 제의와 동시에 긴 연설을 했는데, 1915년의 다르다넬스 전투를 언급하면서 기묘한 말을 했습니다. 영국은 이미 이겼고 독일군과 터키군은 퇴각을 시작했음에도 불구하고 정보의 결함 때문에 우리가 몰랐다는 것입니다. 그러한 설명은 비록 부정확한 내용이었으나, 나에 대한 공치사였음이 분명합니다.

2. 장편 영화를 상영하기 시작한 데다 몹시 피곤해서 나는 자정이 지난 오전 1시 30분경 자리에서 일어났습니다. 내가 작별 인사를 하자, 스탈린은 남아 있는 견해 차이는 방법론에 불과한 것이라고 말했습니다. 나는 필요에 따라 방법론의 차이도 없애도록 노력하겠다고 했습니다. 정중한 악수를 나누고 뒤돌아섰고, 사람들로 가득 찬 방을 지나가는데 스탈린이 달려왔습니다. 긴 복도를 통과하고 계단을 내려가 현관에 이를 때까지 따라왔고, 거기서 다시 악수를 했

습니다.

3. 어쩌면 목요일 밤의 회담 결과에 대해서 지나치게 비관적으로 보고한 것은 아닌가 우려됩니다. 끝없는 싸움에서 우리가 도울 수 있는 일이 없다고 느꼈을 때 그들이 가졌을 심각한 실망감을 이해해야 한다고 생각합니다. 결국 그들은 쓴 약을 삼키고 말았습니다. 이제 우리가 해야 할 일은 "횃불"을 서둘러서 롬멜을 패배시키는 것입니다.

나는 회담 과정에서 상대방에게서 들은 여러 가지 내용과 표현 때문에 마음의 상처를 받았다. 3,000킬로미터가 넘는 기나긴 전선이 불타고 피바다가 되고, 독일군이 모스크바에서 불과 80킬로미터 떨어진 곳에서 카스피 해로 진군하는 상황에서 나는 소련 지도자들의 입장을 모두 이해했다. 그러나 기술적인 군사 회담은 잘 진행되지 못했다. 우리 장군들은 여러 가지 질문을 했지만, 러시아 장군들은 답변을 할 아무런 권한도 없었다. 소련의 요구는 오직 "이제 제2전선을" 뿐이었다. 끝내 브룩은 둔감해졌고, 군사 회담은 갑자기 끝나버리고 말았다.

우리는 16일 새벽에 출발할 예정이었다. 떠나기 전날 저녁 7시쯤 스탈린에게 작별 인사를 하러 갔다. 꽤 유익하고 중요한 이야기를 나누었다. 나는 특히 코카서스 산맥의 고개를 모두 지킬 수 있는지, 독일군이 카스피 해에 이르러 바쿠 유전 지대를 장악한 다음 터키나 페르시아를 가로질러 남하하는 것을 막을 수 있는지 물었다. 스탈린은 지도를 펼치더니 아주 조용히 자신감을 표시했다. "우리는 막을 수 있습니다. 독일은 산맥을 통과하지 못합니다." 그리고 이렇게 덧붙였다. "터키가 투르키스탄에서 우리를 공격할 것이라는 소문이 돕니다. 만약 그렇게 한다면, 우린 쉽게 처리할 수 있습니다." 나는 그렇게 될 위험은 없다고 대답했다. 터키는 전쟁에 뛰어들 생각이 없었을 뿐만 아니라, 영국과 싸울 의사가 확실히 없었기 때문이다.

한 시간 가량의 대화가 끝나고, 나는 작별을 고하기 위해서 일어섰다. 그러자 스탈린은 당황한 기색을 보이더니, 이전보다 훨씬 더 공손한 목소리로 말했다. "새벽에 떠나지 않습니까? 우리 집으로 가서 한잔 하셔야 하지 않겠습니까?" 나는 원칙적으로 그런 일을 항상 좋아한다고 말했다. 그리하여 그를 따라 복도들과 방들을 지나 크렘린의 한적한 길로 접어들었다. 200미터가 채 되지 않는 곳에 그가 거주하는 집이 있었다. 스탈린은 적당한 크기에 단순하면서도 고상하게 꾸민 자기 방과 식당, 서재, 침실, 대형 욕실 등을 보여주었다. 바로 나이 든 가정부가 나타났고, 뒤이어 예쁜 빨강 머리의 딸이 와서 아버지 볼에 다정하게 키스를 했다. 스탈린은 반짝이는 눈빛으로 나를 쳐다보았는데, 마치 "보시다시피 우리 볼셰비키들에게도 가정 생활이란 것이 있소이다"라고 하는 것 같았다. 스탈린의 딸은 식탁을 차리기 시작했고, 얼마 뒤 가정부가 요리를 날라왔다. 그 사이에 스탈린은 여러 종류의 병을 땄는데, 식탁이 점점 더 화려하게 바뀌었다. 스탈린이 내게 물었다. "몰로토프도 부를까요? 아마 코뮈니케를 어떻게 할지 고민하고 있을 것입니다. 여기서 결정하도록 하지요. 게다가 몰로토프는 술을 잘 마십니다." 나는 만찬이 되겠다고 생각했다. 그날 만찬은 국가 초대소 제7호에서 나를 기다리고 있는 폴란드군 사령관 안데르스 장군과 함께 하기로 약속해 놓은 터였다. 그러나 나는 아주 뛰어난 새 통역관 버스 소령에게 밤늦게까지 돌아갈 수 없게 되었다고 전화를 하게 했다. 얼마 지나지 않아 몰로토프가 도착했다. 두 명의 통역관을 포함하여 모두 다섯 명이 둘러앉았다. 버스 소령은 모스크바에서 20년 동안 살았기 때문에 스탈린과 아주 잘 아는 사이였다. 그래서 어떤 경우에는 대화가 끊이지 않고 계속 이어지는 바람에 나는 대화에서 잠시 배제되기도 했다.

우리는 저녁 8시 30분에 식탁 앞에 앉았는데, 이튿날 새벽 2시 30분까지 일어서지 않았다. 그 전의 대화 시간까지 포함하면 모두 7시간이 더 되었다.

그날 저녁은 분명히 즉흥적으로 시작된 것이었으나, 시간이 지날수록 계속 많은 음식이 나왔다. 아마도 그것이 러시아식이었는지 모르지만, 우리는 온 갖 요리를 조금씩 맛보고 수많은 종류의 최고급 와인을 즐겼다. 몰로토프는 너무나 사근사근했고, 스탈린은 분위기를 위해서는 그래야 한다는 듯 무자비하게 몰로토프를 놀려댔다.

이윽고 화제가 러시아로 향하는 호송선단으로 넘어갔다. 스탈린은 6월에 북극권 선단이 거의 전멸하다시피 된 사태에 관해서 거칠고 무례하게 말했다.

파블로프가 약간 주저하면서 통역했다. "스탈린 각하의 질문은, 영국 해군은 명예심도 없느냐는 것입니다." 내가 대답했다. "이미 행해진 것은 모두 그럴 수밖에 없었다는 내 말을 잘 알아들어야 합니다. 해군이나 바다에 관해서라면 내가 많이 알고 있습니다." 스탈린이 받았다. "그렇게 말하는 것은 아무것도 모른다는 의미로 들립니다." 나는 이렇게 말했다. "러시아는 육지의 동물이고, 영국은 바다의 동물입니다." 스탈린은 잠시 조용해지더니, 다시 기분이 좋아졌다. 나는 몰로토프에게 한마디 했다. "원수께서는 이런 사실을 알고 있는지 모르겠군요. 그의 나라의 외무부 장관이 최근 워싱턴을 방문했을 때 독단적인 결정으로 뉴욕을 구경했는데, 늦게 돌아온 것이 비행기 문제 때문이 아니라 본분을 잠시 잊었기 때문이라던데요?"

러시아의 만찬에서는 거의 모든 농담이 다 허용되었지만, 나의 그 말에 몰로토프는 약간 심각해진 것처럼 보였다. 그러나 스탈린은 신이 나서 말했다.

"저 친구가 간 곳은 뉴욕이 아니지요. 시카고로 갔어요. 다른 갱들이 살고 있는 곳 말이에요."

그렇게 서로의 관계는 회복되었고, 이야기는 끝날 줄 몰랐다. 나는 러시아의 도움을 받아 영국이 노르웨이에 상륙하는 문제를 제기했는데, 만약 우리가 겨울에 노르 곶을 점령하여 그곳에 주둔 중인 독일군을 몰아내면 호송선단의 항로가 열릴 것이라고 설명했다. 이미 앞에서도 밝힌 바와 같이, 그것은 내가 항상 선호했던 계획이었다. 스탈린도 상당히 흥미를 느끼는 것 같았다. 이런저런 방법과 수단에 관한 이야기를 나눈 뒤, 가능하다면 실행해야 한다는 데에 의견이 일치했다.

★ ★ ★ ★ ★

자정이 지금 지났는데도 캐도건은 코뮈니케 초안을 가지고 오지 않았다.

내가 스탈린에게 물었다. "어떻습니까. 이번 전쟁이 각하에게 개인적으로 집단농장 정책을 수행하지 않으면 안 될 만큼 큰 부담인가요?"

그 주제가 등장하자 스탈린은 곧장 흥분했다.

"천만의 말씀. 집단농장 정책은 아주 어려운 투쟁이었소."

"그랬을 것이라고 생각합니다. 기껏 수천 수만 명의 귀족이나 대지주를 상대한 것이 아니라 수백만 명의 가난한 사람들을 상대했으니 말입니다."

내 말에 스탈린은 두 손을 들어 보이며 대답했다. "1,000만 명이었소. 끔찍한 일이었지요. 4년 동안 계속했습니다. 주기적으로 찾아오는 기근 현상을 없애려면 트랙터로 땅을 가는 일이 절대적으로 필요했습니다. 우리는 농업을 기계화해야만 했어요. 그런데 농부들한테 트랙터를 주면 몇 개월 못 가 전부 망가뜨려 놓았어요. 트랙터를 다루려면 정비소를 갖춘 집단농장이 있어야 했습니다. 그러한 점을 농민들한테 설명하는 일이 아주 힘들었지요. 그들하고는 싸워봤자 아무 소용이 없어요, 그들한테 기껏 하나부터 열까지 다 말하고 나면, 집에 가서 마누라와 의논하지 않으면 안 된다고, 목동들과 상의하지 않으면 안 된다는 겁니다." 이 마지막 표현은 내게 새로운 것이었다.

"그렇게 의논하고 난 뒤에는 항상 집단농장은 싫다, 차라리 트랙터 없이 일하겠다고 대답합니다."

"바로 쿨라크[제정 러시아 시대의 부농 또는 혁명 후 러시아에서 기계를 도입하고 일꾼을 부려 공산당으로부터 부농으로 간주된 농민/역주]를 말하는 것입니까?"

"그렇소." 스탈린은 그렇게 대답하면서도 그 말을 직접 되풀이하지는 않았다. 잠시 쉬었다가 말했다. "아주 상황이 좋지 않고 어려웠습니다. 그러나 필요했습니다."

나는 놓치지 않고 물었다. "무슨 일이 있었습니까?"

"많은 사람들이 우리를 따랐습니다. 그들 중에서 일부는 톰스크나 이르쿠츠크 또는 그보다 더 북쪽 지방에서 경작할 자기 땅을 소유하게 되었습니다. 그런데 대부분은 너무나 인기가 없었고, 결국 자신의 노동자들 손에 제거되고 말았지요."

한동안 정적이 흘렀다. "우리는 식량 공급을 크게 증가시켰을 뿐만 아니라, 곡물의 질도 비교할 수 없을 정도로 개선했어요. 전에는 온갖 종류의 곡식을 심었지요. 이제는 이 땅의 이쪽 끝에서 저쪽 끝까지 빈틈없이 소련 표준 종자만 뿌립니다. 그렇게 하지 않으면 엄하게 처벌합니다. 이것 또한 식량 공급을 엄청나게 증가시켰습니다."

나는 지금 생각나는 대로 적고 있는데, 당시 가장 강렬했던 기억은 수백만 명의 남녀가 처형되거나 영구히 유배되었다는 사실이다. 그들의 비극을 알지 못하는 세대가 틀림없이 올 것이며, 먹을 것은 확실히 늘어나고 스탈린의 이름은 칭송의 대상이 될 터이다. 나는 "정의를 해치지 않고 개혁하지 않을 수 없다면, 나는 개혁을 포기하겠다"고 한 에드먼드 버크의 말을 반복하지는 않겠다. 사방에서 세계대전이 진행되고 있는 판국에 도덕성을 외치는 것은 헛된 일이기 때문이었다.

밤 1시경 캐도건이 코뮈니케 초안을 가지고 와서 우리는 모두 최종 확정안을 만드는 작업에 착수했다. 식탁에는 돼지새끼를 통째로 구운 요리가 나왔다. 그때까지만 해도 스탈린은 그저 요리를 맛보는 정도였는데, 정작 밤 1시 30분이 되어야 그는 보통 만찬을 시작하는 모양이었다. 캐도건에게 권했으나 사양하자, 스탈린은 통돼지구이를 혼자 뜯기 시작했다. 먹기를 끝낸 그는 갑자기 옆방으로 달려가더니, 새벽 2시부터 각 전선에서 들어오는 보고를 받았다. 20분쯤 뒤 스탈린이 돌아왔을 때 우리는 코뮈니케에 합의했다. 모든 일이 끝났을 때 시간은 2시 30분이었다. 나는 가야겠다고 말했다. 숙소까지 30분이 소요되는 데다, 거기서 비행장으로 가는 시간이 있었다. 갑자기 머리가 깨어지는 듯이 아팠는데, 나에게는 이례적인 현상이었다. 안데르스 장군을 만나야 하는 일은 여전히 남아 있었다. 몰로토프도 틀림없이 피곤할 것이었기 때문에, 새벽에 비행장으로 나오지 말라고 당부했다. 몰로토프는 나를 책망하는 듯이 쳐다보았는데, 마치 "그렇다고 내가 정말 나가지 않을 것 같습니까?"라고 말하는 듯했다.

우리가 탄 비행기는 5시 30분에 이륙했다. 나는 비행기 안에서 기분 좋게 잠들었다. 카스피 해 끝에 도달하여 엘브루스 산맥을 넘기 시작할 때까지 아무것도 본 기억이 없다. 테헤란에 도착해서는 공사관으로 가지 않았다. 대신 도시를 내려다보는 시원하고 조용한 숲 속의 여름 별장으로 직행했다. 엄청난 양의 전문이 쌓여 있었다. 애당초 계획은 다음날 바그다드에서 페르시아와 이라크 지역의 우리 고위 관리들과 회의를 하는 것이었다. 그러나 8월 대낮의 바그다드의 열기와 부딪치고 싶지 않았다. 회의 장소를 카이로로 변경하는 일은 쉬웠다. 그날 저녁은 공사관 직원들과 쾌적한 숲속에서 저녁을 함께 했다. 그리고 아침이 밝아올 때까지 모든 것을 잊었다.

제17장
긴장과 불안

8월 19일, 나는 다시 사막 전선을 찾았다. 알렉산더와 함께 그의 차를 타고 카이로를 출발하여 피라미드를 지나 약 200킬로미터의 사막을 관통한 다음 바닷가의 아부시르에 도착했다. 가는 동안 알렉산더의 이야기를 들으며 나는 기분이 좋아졌다. 땅거미가 질 무렵 부르그-엘-아랍의 몽고메리 사령부에 도착했다. 훗날 유명해진 카라반이 반짝이는 물결 같은 사구(砂丘) 사이에 줄지어 있었다. 몽고메리 장군은 집무실과 침실로 구분된 자신의 왜건을 나에게 내어주었다. 오랜 시간 동안 차를 탔기 때문에 목욕은 아주 기분이 좋았다. 타올을 감고 나왔을 때 몽고메리가 말했다. "해안을 따라 배치된 전 장병들이 이 시간이면 목욕을 합니다." 그러면서 손으론 서쪽을 가리켰다. 300미터 정도 떨어진 해변에서 1,000명 가까운 우리 병사들이 놀고 있었다. 나는 대답을 알면서 질문을 했다. "우리 육군부는 무엇 때문에 그렇게 돈을 들여 군대에 흰색 수영 바지를 보급하지요? 뭔가 절약해야 하지 않을까 모르겠소." 병사들은 짧은 바지로 가린 부분을 제외하고는 모두 새카맣게 햇빛에 타 있었다.

유행은 얼마나 잘 바뀌는 것인가! 44년 전 내가 옴두르만[나일 강변의 도시/역주]으로 진군했을 당시의 이론은 무슨 수를 쓰든 아프리카의 햇살로부터 피부를 보호해야 한다는 것이었다. 그 규율은 엄격했다. 카키색 코트 뒤쪽에는 등뼈 보호용 특수 패드를 단추식으로 달았다. 나무심이 든 헬멧을 쓰지 않은 채 밖에 나오는 행위는 군법상 범죄로 취급되었다. 군인들은 모두 두터운 내의를 착용하도록 권장되었는데, 그것은 천 년 동안 계속된 아라비아인들의 관습을 따른 것이었다. 20세기 중반에 들어선 지금은 수많은 백인 병사들이 모자도 쓰지 않고 짧은 바지만 허리에 걸친 채 벌거숭이가 되어 일과에 종사한다. 흰색 피부가 갈색으로 바뀌는 데는 몇 주일이 걸리고 그것도 서서히 진행되지만, 일사병이나 열사병은 극히 드물었다. 나는 의사들이 이러한 현상을 어떻게 설명하는지 알 수가 없다.

저녁식사를 하기 위해서 복장을 갖추었는데, 지프가 달린 내 옷은 입는 데는 1분도 걸리지 않았다. 지도실로 사용하는 몽고메리의 또다른 왜건에 모였다. 몽고메리는 상황에 대해서 완벽하게 설명했는데, 불과 며칠 사이에 모든 문제를 파악한 것 같았다. 롬멜의 다음 공격을 정확히 예측하고 대응할 자신의 계획을 설명했다. 모든 것은 사실로 드러났고 정확했다. 그 다음에는 선제 공격에 관한 작전 계획도 발표했다. 그러나 제8군을 정비하는 데에는 6주일이 걸려야만 했다. 각 사단을 전술적 단위로 재편성하려는 의도였다. 우리는 새로 편성된 사단이 전선에 위치하고 서면 탱크 조작이 익숙해질 때까지 기다려야 했다. 그렇게 하여 3개 군단이 구성되고, 각 군단은 몽고메리와 알렉산더가 잘 아는 경험 많은 장군이 지휘한다는 것이었다. 무엇보다도 그때까지 사막에서는 전혀 가능하지 않다고 생각했던 포병을 사용한다는 계획도 있었다. 몽고메리가 말한 날짜는 9월 말이었다. 나는 그 말에 실망했는데, 날짜조차도 결국 롬멜에게 달린 것이었다. 우리가 입수한 정보에 따르면 롬멜의 돌격은 임박해 있었다. 나 역시 이미 충분히 알고 있었는데, 롬멜이 사막의 우리 진영 측면을 멀리 우회해서 카이로에 도착하려고 할 것이며, 도중에 기동 전투가 불가피할 것이라는 사실에 나는 만족했다.

바로 그때 나는 1814년 나폴레옹의 패배를 한참 생각하게 되었다. 나폴레옹 역시 공격을 위해서 교통로에 자리 잡고 대비했으나, 연합군은 거의 무방비 상태였던 파리를 향해 곧장 진격했다. 나는 제8군에 포함된 병사를 제외하고는 건장한 군인 전원이 카이로를 지키도록 하는 것이 가장 중요하다고 생각했다. 그렇게 함으로써 야전군은 자유자재로 기동성을 발휘하고, 공격하기 전에 측면 부대의 방향 전환을 모색하는 위험한 시도를 할 수 있을 것이다. 그러한 생각에 모두 의견이 일치하자 나는 아주 기뻤다. 나는 항상 가능한 한 조기에 우리가 먼저 공세를 취하기를 바라는 편이었지만, 우리의 공격 개시 전에 롬멜이 선제 공격하는 국면도 얼마든지 환영했다. 그런데 우리에게 카이로 방어를 위한 시간적 여유가 있었는가? 8월이 가기 전에 대담한 적군 지휘관이 일이십 킬로미터 전방에서 치열한 공세를 펼칠 조짐은 아주 많았다. 롬멜은 자신의 주도권을 계속 유지하기 위해서 언제든지 행동할 가능성이 있다고 주변에서 말했다. 이삼 주일 정도 지연되는 것은 우리에게 다행스러웠다.

★ ★ ★ ★ ★

8월 20일, 이른 시간에 우리는 예상되는 전투 지역과 그곳을 지킬 부대를 살펴보기 위해서 출발했다. 나는 루바이사트 능선 동남부의 요충지로 안내되었다. 황량하게 물결치는 사막의 굴곡부와 구릉 사이에 위장한 우리 장갑차들이 흩어져 있었는데, 전술적으로는 집결된 상태였다. 거기서 그 중요한 위치의 우리 기갑 병력 전체의 지휘를 맡은 로버츠 준장을 만났다. 가장 성능이 좋은 탱크가 모두 그의 휘하에 있었다. 몽고메리는 배치된 모든 종류의 포에 대해서 설명했다. 사막의 틈마다 위장한 포대를 숨겨 두었다. 우리의 기갑부대가 돌격하기 직전에 300내지 400문의 포가 독일군 기갑부대를 포격할 터였다.

적의 계속적인 공중 정찰 때문에 부대를 집결시킬 수는 없었지만, 그날 나는 미소와 환호로 나를 반겨주는 많은 군인들을 만났다. 그리고 내 출신

부대인 제4 후사르스 연대를 사열했는데, 모일 수 있는 대로 대략 오륙십 명이 모여 최근 동료 전사자들이 묻힌 묘지 곁에서 사열식을 치렀다. 그날의 모든 일은 감동적이었고, 육군의 열정이 되살아나는 느낌을 받았다. 모두들 몽고메리가 지휘를 맡은 뒤부터 커다란 변화가 생겼다고 말했다. 나는 기쁨과 안도의 기분으로 진실로 그럴 것이라고 느꼈다. 우리 일행은 버나드 프레이버그와 점심식사를 할 예정이었다. 25년 전 그가 여단장이었던 시절 플랑드르의 스카르프 계곡에 위치한 그의 전투 본부를 이번처럼 방문했던 기억이 떠올랐다. 그때 프레이버그는 활기찬 모습으로 그의 전방 부대들을 보여주겠다고 나섰다. 그를 잘 알고 전선의 상황도 잘 알고 있던 나는 거절했다. 그러나 이제는 다른 상황이었다. 최소한 겨우 8킬로미터 떨어진 곳의 적과 대치하고 있는 그 훌륭한 뉴질랜드 부대의 전방 관측소라도 한번 가보고 싶었다. 알렉산더는 허용한다는 정도가 아니라 자기도 따라나서겠다고 했다. 그런데 프레이버그가 책임질 수 없다며 단호하게 거부했다. 그것은 최고위층이라고 하더라도 어쩔 수 없는 명령이었다.

대신 우리는 찌는 듯한 그의 부대 식당 텐트로 들어갔다. 점심식사를 했는데, 스카르프에서 먹었던 것보다 훨씬 더 훌륭한 음식이었다. 사막에서 맞는 8월의 한낮이었다. 식탁 위의 요리는 통조림 굴로 만든 뜨거운 수프였는데, 시중 음식보다 훨씬 나았다는 표현 외에는 할 말이 없을 정도였다. 어느새 잠시 자리를 비웠던 몽고메리가 차를 타고 돌아왔다. 프레이버그는 텐트 밖으로 나가서 경례를 했다. 그동안 아무 이상 없었음을 보고하고 식사를 권했다. 그러나 "몬티"—몽고메리를 사람들은 그렇게 불렀다—는 부하 지휘관으로부터 일종의 향응에 해당하는 것은 받지 않는 원칙을 세워두고 있었다. 그는 텐트로 들어오지 않고 차 안에 앉아서 제반 형식을 갖추어 소박한 샌드위치와 레모네이드로 식사를 했다. 나폴레옹도 군율을 세울 의도로 초연한 자세를 취했던 것이다. "강한 자는 엄격하다"는 그의 신념이었다. 그러나 나폴레옹도 분명히 식량 운반차가 날라다준 훌륭한 구운 닭고기를 먹었을 것이다. 말버러도 천막 속에서 부하 장교들과 고급 와인을 마셨을 것이다. 크롬웰도 틀림없이 마찬가지였을 것이다. 방식은 여러 가지였겠지만, 이 모든 경우에 결과는 항상 좋았다.

오후 내내 부대에서 보내고, 모래 언덕이 굽이치는 카라반으로 복귀했을 때는 저녁 7시가 넘었다. 그날 보고 들은 것 때문에 나는 꽤 고양된 상태였고, 따라서 조금도 피로감을 느낄 수 없어 늦은 밤까지 이야기를 하며 보냈다. 일과에 따라 밤 10시에 취침하러 가기 전, 몽고메리는 무어라도 한 줄 써달라고 자신의 일기장을 내밀었다. 그 긴 전쟁 기간 동안 그런 일이 몇 차례 있었다. 그날 쓴 내용은 이렇다.

"신임 지휘관의 임기가 시작되는 블레넘 데이를 맞아, 제8군 사령관과 그 부대원 전체에게 명예와 행운이 가득하기를."

8월 22일, 나는 아주 중요한 복구 작업이 진행 중인 카이로 부근의 투라 동굴에 갔다. 그 동굴에서 채석한 돌로 지난날 피라미드들을 쌓았다. 그 돌들은 지금도 쉽게 얻을 수 있었다. 모든 것이 깔끔하고 효율적이었으며, 수많은 숙련공이 밤낮으로 엄청난 양의 작업을 했다. 그러나 작업에 관련된 수치표를 보면 불만족스러웠다. 규모가 너무 작았다. 문제가 있다면 애당초 파라오들이 피라미드들을 더 많이 더 크게 만들지 않았기 때문일까? 달리 책임을 물을 곳이 마땅찮았다. 그날의 나머지 시간은 비행기를 타고 여기저기 비행장들을 순방하면서 시설을 점검하고 지상 근무자들과 이야기를 나누었다. 어느 곳에는 2,000내지 3,000명의 공군 병사들이 모여 있었다. 상륙한 지 얼마 되지 않은 하일랜드 사단은 여단별로 방문했다. 대사관저로 돌아왔을 때는 밤이 늦은 시간이었다.

당시 나의 방문 기간 중 마지막 며칠은 온통 임박한 전투에 대한 생각뿐이었다. 어느 순간에 롬멜이 압도적인 전차군단을 이끌고 공격해올지 몰랐다. 대사관저 잔디밭 저 아래로 조용히 흐르는 나일 강에 도착할 때까지 유일한 운하를 제외하고는 아무런 장애물도 만나지 않고 피라미드 곁을 통과하여 롬멜이 나타날 것 같았다. 램슨 부인의 어린 아들이 야자나무 아래 유모차 속에서 웃고 있었다. 강 건너 멀리 평원을 바라보았다. 평화롭고 고요했다. 나는 부인에게 뜨겁고 무더운 카이로가 아이에게 해롭지 않겠느냐고 물었다. "아이를 레바논 같은 곳으로 보내 시원한 바람을 쏘이도록 하는 게 낫지 않을까요?" 그녀는 내 충고를 받아들이지 않았다. 그녀가 전세를 제대로 알지 못한다고 말할 사람은 아무도 없었을 것이다.

알렉산더 장군과 육군참모총장의 전폭적인 지지에 따라, 카이로와 바다에 이르는 북쪽의 수로에 대한 일련의 비상 방위 조치를 취하도록 했다. 소총 참호와 기관총 보루를 만들고, 교각에 폭약을 장치하면서 접근로에 철조망을 치고, 넓은 전선 전체에 물을 방류시켰다. 카이로의 모든 공직자와 수천 명의 참모본부 장교들과 제복 차림의 문관들은 소총을 들고 요새화한 수로를 따라 정해진 위치에 배치되었다. 제51하이랜드 사단은 아직 "사막에 적응하지" 못했지만, 그 훌륭한 부대는 새로 구축한 나일 강 전선에 배치되었다. 그 지점은 물이 찬 혹은 물을 채우게 될 운하가 있는 델타 지역을 횡단하는 제방 도로조차 거의 없었기 때문에 아주 강력한 지점 중의 하나였다. 기갑부대의 돌격을 제방 도로를 따라 처리하게 되면, 아주 효율적일 것 같았다. 카이로 방위는 공식적으로 이집트 육군을 지휘하는 영국 장군의 임무에 속했다. 이집트 병력은 이미 전부 배치 완료된 상태였다. 나는 비상사태가 발생하는 경우에는 페르시아-이라크 사령관에 임명된 "점보" 메이틀랜드 윌슨 장군에게 맡기는 것이 좋겠다고 생각했다. 그런데 그의 사령부는 그 중요한 몇 주일 동안 카이로에서 편성 중이었다. 나는 그에게 방위 계획 전반에 관한 사항을 숙지하고, 알렉산더 장군으로부터 카이로가 위험하다는 통보를 받는 순간부터 책임을 져야 한다고 지시했다.

나는 전투가 시작되기 직전에 귀국했다. 다시 더 광범위한 업무에 복귀했지만, 결정적인 것들은 아니었다. 나는 이미 알렉산더 장군에 대한 명령권에 관해서 내각의 승인을 얻어놓았다. 그는 내가 중동 문제와 관련해서 상대하는 최고위 직이었다. 몽고메리와 제8군은 그의 휘하였다. 그리고 필요에 따라서는, 메이틀랜드 윌슨과 카이로 방위 역시 마찬가지였다. 나는 오래 전부터 그를 "알렉스"라고 불렀는데, 그는 이미 피라미드 부근의 사막으로 가서 사령부를 설치했다. 그는 냉정하고, 그러면서 쾌활하며, 거의 모든 것을 파악하는 가운데, 다방면에서 조용하고 깊은 신뢰를 느끼게 했다.

★ ★ ★ ★ ★

8월 23일 저녁 7시 50분에 사막의 비행장에서 출발했는데, 나는 새벽이 지날 때까지 긴 잠에 빠졌다. "코만도"의 폭탄 투하실을 지나 조종석으로 갔더니 이미 지브롤터로 접어들고 있었다. 위험하다고 하지 않을 수 없었다. 온통 아침 안개가 뒤덮고 있었다. 시계는 100미터 정도밖에 되지 않았는데, 우리는 겨우 바다 10미터 위를 날고 있었다. 나는 밴더클루트에게 괜찮겠느냐고 물었다. 지브롤터 바위에 부딪히지나 않았으면 좋겠다고 했다. 그는 확실한 대답을 하지 않았다. 그러나 그는 항로를 잘 알고 있었고, 고도를 높이지 않는 상태로 바다 위에서 벗어나지 않았다. 안심이 되었다. 그 상태를 계속 4, 5분가량 유지했다. 그러다 갑자기 안개가 사라지면서 눈앞에 지브롤터의 거대한 절벽이 나타났고, 절벽에 반사된 햇빛은 지협과 스페인 여왕의 옥좌라고 불리는 산으로 연결되는 중립 지대를 비추고 있었다. 안개 속을 서너 시간 비행하고 나서도 밴더클루트가 판단한 위치는 아주 정확했다. 우리는 항로 변경 없이 험상스러운 암벽을 몇 백 미터 거리에 두고 지나쳐 완벽하게 착륙에 성공했다. 나는 지금도 그때 고도를 높여 한두 시간 선회했어야 옳았다고 생각한다. 연료도 충분했고, 시간의 압박을 받지 않았기 때문이다. 그러나 멋진 비행이었다. 우리는 지브롤터의 총독을 만나 아침 시간을 보내고, 오후에 출발하여 해가 떨어질 무렵 비스케이 만을 넓게 횡단하면서 귀국했다.

★ ★ ★ ★ ★

내가 카이로와 모스크바를 향해 출발할 때까지 "횃불" 작전의 지휘관은 결정되지 않았다. 나는 이미 7월 31일에 이러한 제안을 했다. 만약 마셜 장군을 1943년 해협 횡단 작전의 최고사령관으로 임명한다면, 아이젠하워 장군에게 런던에서 마셜의 대리인 역할을 맡게 하면서 동시에 알렉산더 장군을 아이젠하워 바로 아래 두어 "횃불"을 지휘하도록 한다는 생각이었다. 그런 방향으로 의견이 모아지기 시작했는데, 내가 카이로에서 모스크바로 떠나기 전에 루스벨트 대통령이 그의 의견을 내게 보냈다. 그러나 우리의 계획을 최종적으로 완성하기 위해서는 논의해야 할 일이 많았기 때문에, 내가 런던에 도착하면 이튿날 아이젠하워 장군과 클라크 장군이 나와 함께 식사를 하며 작전 상황에 대해서 토의하기로 했다.

그 무렵 나는 그 두 명의 미국 장군과는 아주 밀접하고 좋은 관계를 유지하고 있었다. 두 사람이 런던에 도착한 6월 1일 이후, 그들과 매주 목요일 다우닝 가 10번지에서 오찬을 하기로 나의 일정을 조정했다. 그 회동은 성공적이었던 것 같다. 항상 나 혼자서 그들을 만났고, 우리는 모든 일에 대해서 이것저것 가리지 않고 의견을 나누어 마치 그들과 나는 한 국가의 국민 같았다. 뿐만 아니라 우리는 수상 관저 아래층의 식당에서 자주 비공식 회의도 했는데, 밤 10시쯤 시작하면 어떤 때에는 심야까지 계속되었다. 그 미국 장군들이 밤중이나 주말에 체커스로 찾아오기도 했다. 어떤 경우에도 일에 관한 이야기만 나누었다. 그런 밀접한 관계는 전쟁 지휘에 필요하다고 확신했다. 그리고 그들 없이는 나는 전체 업무를 장악할 수도 없었다.

9월 22일, 내가 주재하고 아이젠하워가 참석한 3군 참모총장 회동에서 최종 결정이 이루어졌다. "횃불" 작전의 개시일이 11월 8일로 확정되었다.

★ ★ ★ ★ ★

이러한 모든 상황의 한가운데에서 롬멜은 나중에 밝혀진 바와 같이 카이로를 향해 최후의 진격을 감행하기로 결단을 내렸다. 그 상황이 모두 종결되기 전까지 내 생각은 온통 사막과 목전에 닥친 힘의 시험에 집중되었다. 나는 우리의 새 지휘관들을 전폭적으로 신뢰했다. 그리고 우리의 병력과 기갑부대 그리고 공군력의 수적 우세가 종전보다 훨씬 더 커졌다는 점도 확신할 수 있었다. 그러나 과거 2년 동안 유쾌하지 못한 충격을 겪었기 때문에, 걱정은 쉽사리 없어지지 않았다. 전투가 벌어졌던 땅을 최근에 방문한 적이 있었는데, 포신과 탱크를 숨긴 금이 가고 굴곡이 심한 바위투성이의 사막은 물론 반격을 노리며 웅크리고 있는 아군의 모습이 생생하게 내 눈앞에 모두 훤히 떠올랐다. 거기서 한번 더 실패하는 경우에는 그 자체로 재앙일 뿐만 아니라, 동맹 미국과 협의하는 우리의 지위와 권위에 큰 악영향을 끼칠 터였다. 반면, 롬멜을 격퇴하면, 자신감이 커지고 전황이 우리에게 유리하게 흐른다는 느낌에 힘입어 다른 모든 일이 순조롭게 진행될 것이었다.

알렉산더 장군은 실제로 롬멜의 공격이 시작될 때 "짚(Zip)"(내가 자주 입는 옷에서 따서)이라는 단어를 암호로 보내기로 했다. 8월 28일, 그에게 이렇게 물었다. "이런 달빛 아래서도 '짚'의 가능성이 있다고 생각하오? 군 정보기관에서는 급박한 사태로 보지 않는 듯하오. 건투를 빌겠소." 알렉산더로부터 답신이 왔다. "오늘 이후로 '짚'의 가능성은 매일 동일합니다. 우리의 승산은 9월 2일, 마지막 날이 될 그날까지 계속 높아질 것입니다." 30일, 나는 단음절의 신호 '짚'을 받고 루스벨트와 스탈린에게 바로 전문을 보냈다. "롬멜이 우리가 줄곧 대비해온 공격을 개시했습니다. 매우 중요한 전투가 시작될 것입니다."

롬멜의 계획은, 몽고메리가 정확하게 예측한 것처럼 그의 기갑부대가 영국군 전선의 남쪽에서 방어가 가장 허술한 지뢰 밭 지대를 뚫은 다음, 북쪽으로 나아가서 측면과 후미로부터 우리의 진지를 포위하겠다는 것이었다. 그러한 작전의 성공을 판가름하는 결정적인 열쇠는 알람할파 능선이었다. 따라서 몽고메리는 그쪽 지대가 적의 수중에 들어가지 않도록 병력 배치를 했다.

8월 30일 밤, 아프리카 독일 군단의 2개 기갑사단이 지뢰 밭을 통과한 다음 라길 분지 쪽으로 이동했다. 우리 제7기갑사단은 적보다 먼저 퇴각하여 동쪽 측면에 자리를 잡았다. 독일 기갑사단 북쪽에서는 2개의 이탈리아 기갑사단과 1개의 차량화사단이 지뢰 밭 돌파를 시도했다. 그러나 제대로 성공하지 못했다. 지뢰 밭은 그들의 예상보다 폭이 더 넓었다. 그리고 뉴질랜드 사단의 가차 없는 포격을 받았다. 그러나 독일군 제90경무장 사단은 통과에 성공함으로써 기갑부대의 북진에 통로를 마련했다. 그때 그 전선의 다른 쪽 끝에서는 제5인도 사단과 제9오스트레일리아 사단에 대한 적군의 공격이 있었는데, 몇 차례 이동 공격 끝에 물리쳤다. 라길 분지의 독일-이탈리아 연합 기갑부대는 북쪽의 알람할파 능선과 동북쪽의 하맘 중 한 곳을 선택하여 공격할 가능성이 있었다. 몽고메리는 적이 전자를 택했으면 하고 바랐다. 그는 자신이 고른 전장, 그러니까 능선에서 싸우고 싶어했다. 그쪽 방향으로는 탱크의 통행이 용이하고 그리고 더 멀리 동쪽으로는 탱크의 통행이 어렵다는 것을 표시한 지도를 롬멜에게 보내는 위계를 썼다. 2개월 뒤에 우리의 포로가 된 독일의 폰 토마 장군에 의하면, 그러한 거짓 정보가 의도한 효과를 보았다는 것이었다. 싸움이 몽고메리가 원하는 형태로 되어가고 있었던 것이 확실했다.

31일 저녁 북쪽 방향으로 밀어붙이는 적의 진격을 격퇴했다. 적의 대규모 기갑부대는 그날 밤 야영하는 동안 계속된 아군의 포화와 격렬한 공중 폭격 속에서 극도로 불안하게 지낼 수밖에 없었다. 다음날 아침 적군은 영국군 전선 중앙을 향해 진군했는데, 제10기갑사단이 집결하여 그들을 기다리고 있었다. 모래는 그들이 믿었던 것보다 훨씬 더 무거웠고, 저항은 그들이 예상했던 것보다 훨씬 더 강했다. 적은 오후에 다시 공격을 시도했지만, 역시 실패하고 말았다. 롬멜은 심각한 곤경에 처했다. 이탈리아군도 붕괴되었다. 롬멜은 기갑부대의 보강을 기대할 수 없었고, 무리한 진군으로 연료마저 거의 소진한 상태였다. 게다가 아마도 지중해에서 그들의 유조선 세 척이 침몰했다는 소식도 들었을 터였다. 따라서 9월 2일에 롬멜의 기갑부대는 수세로 전환하여 공격을 기다리는 상황이 되었다.

몽고메리는 적이 기다리는 공격은 하지 않았고, 롬멜은 퇴각 외에 달리 방법이 없었다. 3일부터 적은 이동을 시작했는데, 영국 제7기갑사단이 측면을 괴롭혀 비장갑 수송 차량 부대에 큰 손실을 입혔다. 그날 밤 영국군이 반격을 가했는데, 대상은 적의 기갑부대가 아니라 제90경무장 사단과 트리스테 차량화 사단이었다. 그 부대를 무너뜨리면, 독일 기갑부대가 빠져나가기 전에 지뢰 밭의 빈틈을 봉쇄할 수가 있었다. 뉴질랜드 사단이 강력하게 공격했지만, 적군은 맹렬히 저항했으며 아프리카 군단은 탈출에 성공했다. 거기서 몽고메리는 추격을 멈추었다. 그는 때가 무르익었을 때 완전히 주도권을 잡을 계획이었는데, 아직은 아니라고 판단했다. 롬멜의 마지막 이집트 공격을 큰 피해를 입히며 격퇴한 데에 만족했다. 제8군과 사막 공군은 비교적 적은 희생으로 적에게 큰 타격을 주었으며 적의 보급선에도 위기를 발생시켰다. 훗날 우리가 입수한 문서에 따르면, 당시 롬멜은 심각한 곤경에 처해 있었으며 계속해서 지원을 요청했다. 그는 몹시 지쳤고, 고민에 빠져 있었다. 알람할파의 성과는 교전이 시작 된 지 2개월 후에 나타났다.

★ ★ ★ ★ ★

지중해 양쪽 끝에서 우리가 펼칠 두 개의 대작전은 이미 결정되어 모든 준비가 진행되고 있었으나, 기다리는 시간은 심리적 압박과 극도의 긴장의 연속이었다. 내용을 잘 아는 내부 인사들은 무슨 일이 일어날지 초조해했다. 내용을 모르는 그밖의 사람들은 아무 일도 일어나지 않아 불안해했다.

나는 28개월 동안 전쟁과 관련된 모든 업무를 책임지는 자리를 지켜왔고, 그 기간에 우리는 거의 계속해서 군사적 패배를 감수해야 했다. 프랑스가 붕괴하고 영국 본토가 공습당했으나, 우리는 살아남았다. 아직 침공당하지 않은 것이다. 여전히 이집트를 지키고 있었다. 우리는 죽진 않았지만, 궁지에 몰린 처지였다. 그것이 전부였다. 한편으로, 파국의 재앙이 우리에게 떨어졌다. 다카르의 대실패, 사막에서 이탈리아로부터 빼앗은 모든 것의 상실, 그리스의 비극, 크레타의 상실, 대일본 전쟁의 믿을 수 없는 역전, 홍콩의 상실, 네덜란드령 동인도의 유린, 싱가포르의 파멸, 일본의 버마 점령, 오킨렉의 사막 전투 패배, 투브루크 함락, 실패로 판명된 디에프 공격, 그 모든 것은 우리의 역사에서 유례를 찾아볼 수 없는 불운과 좌절의 불유쾌한 사슬이었다. 이제 우리는 더 이상 혼자가 아니라는 사실, 대신 세계 최강의 2개 국가가 우리 편이 되어 필사적으로 싸우게 되었다는 사실이 최후의 승리를 보장하게 되었다. 그러나 다른 한편으로, 치명적인 위험에서 벗어났다는 느낌에서 비판의 자유가 고조되었다. 내가 책임지고 있는 전쟁 지휘의 전반적인 성격과 체계에 대하여 의문이 제기되고 도전이 생겼다는 것은 뭔가 이상하지 않은가?

그 음울한 일시적 소강 상태를 맞아 내가 실각하지 않았다거나, 결코 내가 받아들일 수 없는 방식으로 나의 방법을 바꾸라는 요구에 직면한 적이 없었다는 사실은 놀라왔다. 아니면 나는 그때 재앙의 짐을 두 어깨에 짊어지고 그 국면에서 사라져야 했을 것이고, 모든 결과는 뒤늦게 물러난 내 탓으로 돌려졌을 것이다. 사실 전쟁의 전체적 상황은 전환점을 맞고 있었다. 그후로는 불운에 의해서 실패하지 않고 점점 성공으로 나아가는 것이 우리의 몫이었다. 싸움은 길고 어려웠고 모두의 강력한 노력을 요구했지만,

우리는 이미 고갯길의 정상에 오른 상태였다. 승리를 향한 우리의 길은 확실하고 분명할 뿐만 아니라, 언제나 용기를 북돋우는 일들이 주변에서 일어나고 있었다. 전쟁내각의 통합된 힘, 정치가 동료들과 전문가 동료들에 대한 나의 신뢰, 의회의 견고한 충정 그리고 끝없는 국민의 선의 때문에 나는 그러한 전망을 공유할 권리를 부정당하지 않은 것이었다. 그 모든 것이 인간사에 얼마나 많은 행운이 작용하며, 따라서 우리는 최선을 다하는 일 외에는 아무런 걱정을 할 필요가 없다는 사실을 보여줄 따름이었다.

그 사이에 우리 외무부가 워싱턴의 국무부와 협의하면서 전후 세계 정부의 미래에 관한 제안서를 검토하게 되었는데, 나는 어느 정도 위안을 얻었다. 외무부 장관은 10월에 그 주제에 관해서 작성된 "4개국 안"이란 제목의 문서를 전쟁내각에 회람시킨 적이 있었다. 그에 따르면 최고지휘권은 영국, 미국, 러시아 그리고 중국 대표로 구성하는 위원회에 속했다. 나는 1942년 10월 21일자로 작성하여 외무장관에게 전달한 다음과 같은 각서에 내 견해를 기록으로 남겨두게 된 사실을 기쁘게 생각한다.

1. 사건들의 중압감에도 불구하고 이 회신을 쓰기로 함. 이렇게 4개국을 결정하는 일은 매우 간명한 것 같음. 러시아가 어떤 태도로 나올지 또는 어떤 요구를 하게 될지 지금으로서는 알 수가 없음. 어느 정도 시간이 지나면 알 수 있게 될 것임. 중국에 관한 한, 나는 충칭 정부를 세계를 대표하는 강대국의 일원으로 볼 수 없다고 생각함. 해외 대영제국의 영토를 정리할 모종의 시도를 할 때, 미국 측에서 패것 투표[faggot vote : 투표 매수를 의미한다/역주]를 할 것이 확실시 됨.

2. 내 생각의 근본은 유럽, 즉 근대 국가와 문명의 어버이 대륙인 유럽의 영광에 의지하고 있음을 고백하지 않을 수 없음. 만약 러시아의 야만성이 유구한 유럽 국가들의 문화와 독립을 짓밟는 일이 발생한다면, 그것은 말할 수 없는

재난이 될 것임. 지금 말하기는 어려우나, 나는 유럽 가족들이 하나의 유럽 회의 공동체 아래 공동 행동을 할 수 있으리라고 믿음. 나는 국가들 사이의 장벽이 최소한으로 낮아지고 무제한의 여행이 가능한 하나의 유럽 합중국 (United States of Europe)을 기대하고 있음. 유럽의 경제가 하나의 전체로서 연구되기를 희망함. 종전의 강대국과 몇 개의 연방―스칸디나비아 연방, 다뉴브 연방, 발칸 연방 등―이 10개 정도의 연방을 구성하여 국제 경찰을 운영하고 프로이센을 비무장화할 수 있도록 한다는 구상임. 물론 우리는 여러 면에서 그리고 최대한 미국과 협력하지 않으면 안 되겠지만, 유럽은 우리의 가장 큰 현안임. 스웨덴인, 노르웨이인, 덴마크인, 네덜란드인, 벨기에인, 프랑스인, 스페인인, 폴란드인, 체코인 그리고 터키인들은 제각기 시급한 문제들이 있고 우리의 지원을 원하고 있으며 그들은 그들의 요구를 할 수 있는 큰 힘을 가지고 있는데, 러시아와 중국과 함께 침묵하는 것을 우리가 원하지 않는 것은 확실함. 이러한 문제에 관하여 부연 설명하는 일은 쉬움. 그러나 불행하게도 전쟁은 귀하와 나의 주의를 우선적으로 요구하고 있음.

그리하여 우리는 모든 것이 걸린 위대한 군사적 정점을 향하여 다가가고 있었다.

제18장

알라메인 전투

지휘권의 변동이 있은 다음 수주일 동안, 카이로와 전선에서는 전투 준비를 위한 계획 수립과 훈련이 쉴새없이 진행되었다. 제8군은 전례가 없을 정도로 강화되었다. 제51사단과 제44사단이 본국에서 도착했고, "사막에 적응하게" 되었다. 우리 기갑부대 전력은 7개 여단 규모로 1,000대가 넘는 탱크를 보유했는데, 그중 절반은 미국에서 보낸 그랜트와 셔먼이었다. 따라서 수에서는 2대 1로 우세했고, 질에서는 최소한 대등한 수준을 이루었다. 고도로 훈련된 강력한 포병이 임박한 공격을 지원하기 위해서 처음으로 서부 사막에 집결했다.

중동 지역의 공군은 총사령관의 군사적 구상과 요구에 따라 배속되었다. 그러나 테더 공군 중장 휘하에서는 엄중한 선례 같은 것이 불필요했다. 공군 사령관과 새 장군들 사이의 관계는 여러 면에서 협조적이었다. 코닝엄 중장이 이끄는 서부 사막의 공군 전력은 몰타 기지의 비행기 550기를 근간으로 했다. 그외에 지중해와 사막 사이의 적군 항만과 보급로를 교란시키는 것을 임무로 하는 2개 그룹의 부대가 더 있었는데, 보유 항공기는 모두 650기였다. 모두 100기에 이르는 미국 전투기와 중형 폭격기까지 포함하면, 우리의 출격 가능한 비행기는 1,200기에 이르렀다.

알렉산더는 여러 전문들을 통해, "준족(駿足, Lightfoot)"이라고 부르기로 한 그 작전 개시일이 10월 24일경으로 결정되었다고 보고했다. 그러면서

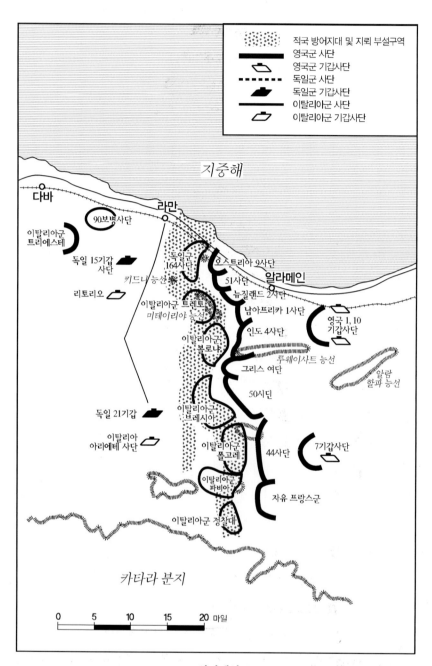

	직국 방어지대 및 지뢰 부설구역
	영국군 사단
	영국군 기갑사단
	독일군 사단
	독일군 기갑사단
	이탈리아군 사단
	이탈리아군 기갑사단

지중해

다바

라만

90보병사단

이탈리아군
트리에스테

독일 15기갑
사단

독일군
164사단

오스트리아 9사단

키드니 능선

알라메인

51사단

리토리오

뉴질랜드 2사단

이탈리아군 트렌토
미테이리야 능선

남아프리카 1사단

영국 1, 10
기갑사단

인도 4사단

이탈리아군
볼로냐

루웨이사트 능선

그리스 여단

알람
할파 능선

독일 21기갑

50시단

이탈리아군
브레시아

이탈리아
아리에테 사단

이탈리아군
폴고레

44사단

7기갑사단

이탈리아군
파비아

자유 프랑스군

이탈리아군 경찰대

카타라 분지

0   5   10   15   20 마일

알라메인

이렇게 말했다. "열려 있는 측면이란 없기 때문에, 전투는 적의 전선에 구멍을 뚫는 식으로 전개해야 합니다." 그 구멍을 통해 우리 공격의 선봉이 될 주력 기갑부대로 구성된 제10군단이 낮에 진군할 계획이었다. 제10군단이 무기와 장비를 모두 갖추려면 10월 1일까지는 기다려야 했다. 그 다음에는 1개월가량 임무 수행을 위한 훈련을 해야 했다. 알렉산더는 계속 설명했다. "제 소견으로는 최초의 돌파 공격은 만월에 행하는 것이 핵심입니다. 이것은 꽤 시간이 걸리는 대작전이기 때문에, 우리 기갑부대가 작전을 효과적으로 수행하는 데만 하루가 소요될 경우, 적의 전선에 적합한 틈이 만들어져야 할 것입니다.……"

몇 주일이 흐르고, 결전의 날이 다가왔다. 공군은 이미 전투를 시작하여 적의 부대와 비행장 그리고 도로를 공격했다. 적의 호송선단에 특별히 주의를 기울였다. 9월 한 달 동안 북아프리카에 대한 보급 수송을 맡은 추축국 선박의 30퍼센트를 격침시켰는데, 주로 공군의 공격에 의한 결과였다. 10월의 수치는 40퍼센트로 증가했다. 적은 유조선의 66퍼센트를 잃었다. 가을 4개월 동안 파괴된 추축국 선박의 총 톤수는 20만 톤에 이르렀다. 그것은 롬멜 부대에 심각한 타격이 되었다. 마침내 그 단어가 왔다. 알렉산더 장군이 타전했다. "짚!"

10월 23일, 밝은 달빛 아래에서 거의 1,000문에 달하는 포가 적의 포대를 향해 20분가량 불을 뿜었다. 그리고 바로 보병 진지를 포격했다. 그와 같은 집중 포화에다 공중 폭격이 가세했고, 제30군단(리스 장군)과 제13군단(호록스 장군)이 진군했다. 적의 4개 사단이 대치하고 있는 전선을 공격하는 가운데, 제30군단은 적진 요새 사이에서 두 개의 통로를 찾아냈다. 제30군단 뒤에는 전투의 성공을 마무리하기 위해서 제10군단(럼스덴 장군)의 2개 기갑사단이 뒤따르고 있었다. 맹렬한 포격 아래 강력한 전진이 이루어졌고, 새벽녘에 적진 깊숙이 침투했다. 공병은 선두 부대 뒤쪽의 지뢰 제거 작업을 했다. 그러나 폭넓은 지뢰 밭을 완전히 깨끗하게 하기는 어려웠기 때문에, 우리 기갑부대가 조기에 돌파할 가능성은 없었다. 더 남쪽의 제1남아프리카 사단은 전선의 돌출부의 남쪽 측면을 지키기 위해서 공격을 진행했고, 제4인도 사단은 루바이사트 능선에서 습격을 개시했다. 제13군단의 제7기갑사단과 제44사단은 정면의 적 방어 진지를 향해서 돌격했다. 그렇게 하여 북쪽에서 가장 중요한 전투가 전개되는 동안 그 전선의 배후에서 롬멜의 2개 기갑사단을 3일 동안 묶어둔다는 목표를 달성했다.

그러나 그동안에도 적의 종심(縱深)이 깊은 지뢰 밭과 방어 체계에 구멍을 뚫지는 못했다. 25일 심야에 몽고메리는 선임 지휘관들을 불러 회의를 했는데, 원래의 방침대로 새벽이 오기 전에 다시 한번 기갑부대로 밀어붙이라고 명령했다. 그날 하루 동안 실제로 격전을 치른 끝에 약간의 진전이 있었다. 그러나 키드니 능선으로 알려진 고지가 쟁탈의 핵심이 되었는데, 적군 제15기갑사단과 아리테 기갑사단이 연쇄적으로 맹렬한 반격을 해왔다. 제13군단 전선에서 아군이 더 이상 공격하지 않은 이유는 결전에 대비해서 제7기갑사단을 온전하게 두기 위해서였다.

적의 지휘부에는 큰 혼란이 생겼다. 9월 말에 롬멜이 독일로 돌아가서 병원에 입원했다. 빈자리는 슈투메 장군이 채웠다. 그런데 전투가 시작된 지 24시간 만에 슈투메가 심장마비로 사망하고 말았다. 히틀러의 지시에 따라 롬멜이 병원에서 나와 25일 늦게 다시 지휘를 맡았다.

10월 26일에는 종심이 깊은 전선의 돌출부를 따라 적의 방어선을 뚫고 들어가 격전을 계속 치렀고, 특히 키드니 능선에서 다시 맞붙었다. 이틀 동안 잠자코 있던 적의 공군이 강력한 우리 공군에 과감히 도전해왔다. 여러 차례 공중전이 벌어졌는데, 거의 대부분이 우리에게 유리하게 종결되었다. 제13군단의 노력으로 독일 기갑부대의 움직임을 늦추기는 했으나, 그들이 자기 전선의 중요한 지역으로 이동하는 것을 막지는 못했다. 그러나 그 이동은 우리 공군의 호된 공격으로 비틀거렸다.

바로 그때 모스헤드 장군이 이끄는 제9오스트레일리아 사단이 새로운 전과를 올렸다. 그들은 바다를 향한 돌출부에서 북쪽으로 공격했다. 몽고메리는 그 괄목할 성공을 즉시 이용했다. 서쪽으로 진군하던 뉴질랜드 사단을 물러서게 하고 오스트레일리아 사단에 북진을 계속할 것을 명령했다. 그렇게 함으로써 후퇴하는 북쪽 측면의 독일 보병사단 일부를 위협했다. 그와 동시에 몽고메리는 주 공격의 힘의 균형이 지뢰 밭 속에서 흔들리고 강력한 대전차포 앞에서 주춤거리는 것을 느끼게 되었다. 따라서 전력을 재정비한 다음 기습하기 위하여 병력을 재결집하고 전력을 비축했다.

27일과 28일 내내 남부 지역에서 막 도착한 제15기갑사단과 제21기갑사단의 반복되는 공격에 맞서 키드니 능선 쟁취를 위한 격렬한 싸움이 벌어졌다. 알렉산더 장군은 그 전투를 이렇게 묘사했다.*

10월 27일, 대형 기갑부대의 반격이 옛 방식대로 전개되었습니다. 독일군과 이탈리아군은 가동할 수 있는 탱크를 모두 동원하여 다섯 차례에 걸쳐 공격해왔습니다. 그러나 적은 조금도 전진하지 못한 채 큰 피해를 입었는데, 그들의 사상자 수 역시 우리보다 훨씬 더 많았습니다. 반면 수비에만 치중한 우리 탱크 부대는 가벼운 피해만 입었습니다. 10월 28일, [적은] 우리의 취약 지점과 대전차포의 위치 확인을 위한 정찰을 오전 내내 세심하게 한 [뒤], 오후가 되어 태양을 등지고 집중 포격을 가하며 다시 공격해왔습니다. 적의 정찰은 과거처럼 그렇게 성공적일 수 없었습니다. 왜냐하면 우리 탱크와 대전차포는 아주 먼 거리에서 적과 교전할 수 있었기 때문입니다. 적이 마지막 집중 공격을 시도했을 때, 영국 공군은 한 차례 더 압도적인 규모로 개입했습니다. 두 시간 30분 동안 5킬로미터 간격으로 확인된 두 곳의 적군 집결지를 급습하여 80톤의 폭탄을 투하했습니다.

* 전투가 끝난 뒤, 11월 9일자로 나에게 보낸 전문의 내용이다.

그에 따라 적군의 공격은 편성을 마치기도 전에 패퇴되었습니다. 그것이 적군으로서는 마지막으로 시도한 선제공격이었습니다.

10월 26일부터 28일까지 사이에 아주 중요한 적의 유조선 세 척이 우리 공군의 공격을 받아 침몰했는데, 지상전의 핵심적인 한 부분을 담당했던 장기간의 일련의 공중 작전이 그와 같은 기여를 한 것이었다.

★ ★ ★ ★ ★

몽고메리는 결정적인 돌파 작전[작전명 "슈퍼차지(Supercharge)"]을 위한 계획을 수립하고 배치를 시작했다. 우선 제2뉴질랜드 사단과 제1영국 기갑사단을 전선에서 철수시켰는데, 특히 후자는 키드니 능선에서 독일 기갑부대를 격퇴하는 데에 큰 공헌을 한 직후여서 재조직이 필요한 상태였다. 영국군 제7기갑사단과 제51사단 그리고 제44사단의 1개 여단은 합류하여 새로운 예비부대를 형성했다. 돌파 작전은 뉴질랜드 사단, 영국군 제151보병여단과 제152보병여단 그리고 영국군 제9기갑여단이 이끌었다.

끊임없는 치열한 격전 끝에 이루어진 오스트레일리아군의 당당한 진격은 전투 전체 국면을 우리 쪽으로 기울게 만들었다. 11월 2일 새벽 1시에 "슈퍼차지" 작전이 개시되었다. 300문의 포가 엄호하는 가운데 뉴질랜드 사단에 배속된 영국 여단이 적의 방어 지역을 뚫었고, 제9기갑사단은 전진했다. 그런데 라만 통로를 따라 강력한 대전차포로 무장한 또다른 방어선이 기다리고 있었다. 긴 시간 동안의 교전 끝에 우리 여단은 심각한 피해를 입었다. 그러나 배후의 통로는 계속 유지되었기 때문에 제1영국 기갑사단이 그곳을 통과하여 진격할 수 있었다. 그리하여 전투의 마지막이 될 기갑부대의 교전이 일어났다. 남아 있던 적의 탱크가 우리 측면의 돌출부를 공격했으나, 모두 격퇴되었다. 거기서 최종 결판은 난 셈이었다. 그러나 이튿날인 3일, 우리 항공 정찰대가 적군이 퇴각하기 시작했다는 보고를 했을 때만 하더라도

라만 통로에 있던 롬멜의 후위 엄호 부대는 여전히 우리의 주력 기갑부대를 위협했다. 히틀러는 퇴각을 엄금한다는 명령을 내렸지만, 문제는 더 이상 독일군 마음대로 되는 일이 없다는 것이었다. 또 하나의 통로를 더 뚫어야만 했다. 11월 4일 이른 아침, 텔 엘 아가기르 남쪽 8킬로미터 지점에서 제5인도여단이 재빨리 급습을 시도하여 완벽한 성공을 거두었다. 전투는 우리가 승리했다. 광활한 사막을 가로질러 적을 추격할 수 있는 길이 우리 기갑부대 앞에 열렸다.

롬멜은 총퇴각에 나섰다. 그러나 수송 수단과 연료는 매우 부족했다. 독일군은 비록 용감하게 싸웠지만, 일부만 순서에 따라 차량을 이용할 수밖에 없었다. 이탈리아군 6개 사단 소속의 수천 병사들은 사막 가운데 버려진 채 오도가도 못했다. 음식도 물도 거의 없는 상태에서 희망도 없이 포로 수용소에 갈 수밖에 없었다. 독일의 자체 기록에 따르면 독일군 기갑사단은 모두 240대의 탱크로 전투를 시작했는데, 11월 5일에 남은 것은 겨우 38대에 불과했다. 독일 공군은 이미 우세한 우리 공군과 싸울 희망을 포기한 상태였기 때문에, 아무런 방해도 받지 않고 작전했던 우리 공군은 필사적으로 서쪽으로 몰려가고 있는 적군 병사와 차량의 거대한 대열을 전력을 다해서 공격했다. 롬멜은 스스로 영국 공군의 역할에 대해서 대단한 찬사를 보냈다.[*] 롬멜의 군대는 결정적으로 파괴되었다. 그의 대리였던 폰 토마 장군은 다른 이탈리아 장군 9명과 함께 포로가 되었다.

곤경에 빠진 적군을 완전히 섬멸할 수 있는 좋은 기회였다. 뉴질랜드 사단은 푸카로 진격했는데, 11월 5일 도착했을 때에는 적이 이미 통과한 뒤였다. 그래도 아직 메르사 마트루에서 차단할 수 있는 가능성이 있었기 때문에 영국군 제1기갑사단과 제7기갑사단을 급파했다. 6일 황혼 무렵에는 거의 목적지 가까이에 접근했는데, 적은 좁혀드는 덫에서 빠져나가기 위해서

---

[*] 데스몬드 영, 『롬멜』, 258면.

발버둥치고 있었다. 그때 갑자기 비가 내렸고, 전진할 연료가 부족했다. 7일 하루 동안 추격전은 중단되었다. 24시간의 유예로 인하여 완전한 포위는 불가능했다. 그럼에도 불구하고 독일군 4개 사단과 이탈리아군 8개 사단은 실전 배치를 포기했다. 우리는 포로 3만 병과 엄청난 양의 각종 물자를 노획했다. 롬멜은 자신의 패배와 관련해서 우리 포병의 역할에 대해서 기록을 남겼다. "영국 포병은 익히 알려진 그 우수성을 다시 한번 과시했다. 특히 뛰어난 점은 돌격 부대의 요구에 응하는 놀라운 기동력과 속도였다."*

★ ★ ★ ★ ★

알라메인 전투는 이전의 모든 사막 전투와 달랐다. 전선은 제한되어 있었고, 단단히 요새화되어 있었으며, 견고하게 유지되고 있었다. 우회할 측면이 없었다. 상대보다 강한 쪽이 공격하기를 원한다면, 돌파를 해야만 했다. 그 상황은 우리를 제1차 세계대전 당시 서부 전선으로 되돌아가게 만들었다. 우리가 이집트에서 본 것은 1917년 말 캉브레[스헬데 강 옆의 프랑스 북부의 공업 도시/역주]와 1918년의 수많은 전투에서 경험한 힘의 시련과 비슷한 것이었다. 공격자에게는 짧고 유리한 연락망, 고도로 집중된 포의 사용, "집중 연속 포격의 엄호" 그리고 탱크의 맹렬한 진격이 그것이었다.

그 모든 것에 관하여 몽고메리 장군과 그의 상관 알렉산더는 경험과 연구와 사색에 의해서 깊이 꿰뚫고 있었다. 몽고메리는 위대한 포병 전술가였다. 그는 버나드 쇼가 나폴레옹을 두고 말한 것처럼, 대포가 사람을 죽인다는 사실을 믿는 존재였다. 넓은 사막의 공간에서 기갑부대가 급습할 때 필연적으로 수반되는 포대의 소규모 공격 대신, 몽고메리는 언제나 한 번의 명령에 300내지 400문의 포를 일시에 사용하는 방식을 시도했다. 물론 모든 점에서 프랑스와 플랑드르의 전투보다는 규모가 작았다. 알라메인에서 12일 동안 우리가 잃은 병력은 1만3,500명이었으나, 솜 강에서는 첫날 6만

---

* 데스몬드 영, 『롬멜』, 279면.

명이 전사했다. 다른 한편 방어 화력은 지난 대전 때보다 놀라울 만큼 강해졌다. 지난 시절에는 신중하게 요새화한 방어선을 뚫거나 돌파하는 데에는 포뿐만이 아니라 병력도 수비군에 비해 2대 1 또는 3대 1 정도로 집중하면 가능하다고 보았다. 그러나 알라메인에서 우리는 그 정도로 우세하지 못했다. 적의 전선은 계속 이어지는 강력한 거점과 기관총 진지뿐만 아니라 그러한 방어 체계의 종심이 깊은 지역 전체로 구성되어 있었다. 그 전면에는 다시 성능과 조밀도에서 유례를 찾아볼 수 없는 거대한 지뢰 밭의 방패가 가로막고 있었다. 그러한 이유로 알라메인 전투는 영국 전사에서 영광스러운 한 페이지를 장식하게 될 것이다.

거기에는 또다른 이유도 있다. 그것은 실제로 "운명의 전환점"이었다. 이렇게 말할 수 있을 것이다. "알라메인 이전에는 결코 승리가 없었고, 알라메인 이후에는 결코 패배가 없었다."

제19장

"횃불"에 불을 붙이다

루스벨트 대통령의 드골에 대한 편견, 리 제독을 통해서 가지게 된 비시 정부와의 접촉 그리고 2년 전 다카르에 관한 정보 누설 사건의 기억 등으로 인하여 "횃불"에 관련된 모든 정보를 자유 프랑스(Free French)에 대해서는 알리지 않기로 결정했다. 나는 그 결정에 반대하지 않았다. 그러나 우리 영국과 드골의 관계 그리고 그 모든 계획에서 의도적으로 배제됨으로써 그가 받게 될 모욕감의 심각성을 의식하지 않을 수 없었다. 나는 행동 개시 직전에 드골에게 말해주려고 생각했다. 그와 그의 조국 해방 운동이 받을 모욕을 조금이나마 가볍게 할 수 있는 수단의 하나로, 마다가스카르의 신탁 통치를 그에게 맡기기로 조정해놓았다. 준비를 하는 몇 개월 동안 우리 앞에 놓인 사실들, 그리고 그 이후에 우리가 알게 된 모든 것은 드골을 계획에 참여시킬 경우 북아프리카의 프랑스 인들이 보일 반응에 악영향을 미칠 것이라는 견해를 정당화했다.

그가 누구든지 뛰어난 프랑스인이 필요한 것은 분명했다. 따라서 영국인과 미국인의 눈에 호감을 주는 인물은 고위 장군 신분으로 독일 감옥에서 극적으로 대담하게 탈출하여 유명해진 지로 장군보다 더 적합한 사람이 없었다. 내가 1937년 메츠에서 그를 처음 만난 사실을 언급한 바 있다.* 그때 나는 마지노 선을 방문했는데, 그가 주요 지역의 지휘를 맡고 있었다. 그는

---

* 285면 참조.

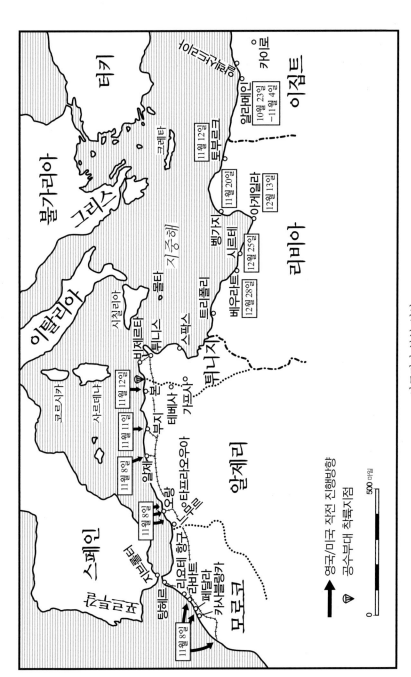

아프리카 북부 연안

제1차 세계대전 때 탈출한 포로 신분으로 독일 전선 후방에서 겪은 모험담을 내게 들려주었다[제2차 세계대전 때에도 독일군의 포로가 되었으나, 역시 탈출했다/역주]. 나도 탈출한 경험이 있었기 때문에, 우리는 무언가 공통의 감정을 느꼈다. 그는 이제 군사 지휘관이 되어 젊은 시절의 공훈을 다른 센세이셔널한 방식으로 반복했다. 미국 측은 지로 장군과 비밀 협상에 들어갔고, 결정적 순간에 그를 리비에라에서 지브롤터로 데려가는 계획을 세웠다. 그를 지칭하는 암호명은 "킹핀"(King-pin : 요인[要人])이었고, 많은 기대를 걸고 있었다. 바다에서는 위험이 없지 않았으나, 지로와 그의 두 아들의 수송 작전은 무사히 완료되었다.

★ ★ ★ ★ ★

그 사이에 우리의 대함대는 거사 장소로 접근했다. 호송선단의 선박들 중 대부분은 영국의 항구들에서 출발하여 유보트의 모든 항로를 횡단하여 비스케이 만을 건너야 했다. 엄중한 호위가 필요했다. 따라서 10월 초부터 클라이드와 다른 서부 항구들에 선박들이 집결한 사실뿐만 아니라 호송선단의 항행 사실 자체까지 잘 숨겨야 했다. 모든 것은 완전히 성공적이었다. 독일은 자체 정보기관의 첩보에 따라 우리의 목표가 다카르를 다시 점령하려는 것이라고 믿었다. 그달 말에 독일과 이탈리아의 유보트 약 40척이 아조레스 군도의 동쪽과 남쪽에 숨어 있었다. 그것들은 귀국하면서 시에라리온 방향으로 가던 우리 대형 호송선단을 맹공하여 13척을 침몰시켰다. 당시 상황에서 그 정도는 견딜 수 있었다. "횃불" 작전의 최초 호송선단이 10월 22일 클라이드에서 출항했다. 26일 모든 고속 병력 수송선이 움직였고, 미군은 미국에서 카사블랑카로 직행했다. 거의 650척에 이르는 선박이 원정에 나선 것이었다. 모두 유보트나 독일 공군의 눈을 피해 비스케이 만 또는 대서양을 횡단했다.

우리는 모든 자원을 동원했다. 멀리 북쪽에서는 영국 순양함이 독일의 해상 함정의 개입을 저지하기 위해서 덴마크 해협과 북해의 출구를 감시했다. 나머지 순양함은 아조레스로 접근하는 미국 선박의 항로를 엄호했고, 영미 폭격기는 프랑스의 대서양 연안 유보트 기지를 공격했다. 선두 선단은 적에게 발견되지 않고 11월 5일에서 6일로 넘어가는 밤 사이에 지중해로 진입하기 시작했다. 적이 발견한 것은 7일에 이르러서였는데, 알제로 가던 호송선단이 목적지로부터 24시간 이내 거리에 있을 때였다. 그러나 공격을 당한 우리 선박은 한 척뿐이었다.

11월 5일, 아이젠하워는 위험한 비행을 한 끝에 지브롤터에 도착했다. 나는 그곳의 요새를 미국과 영국의 최초 대규모 합동작전 지도자를 위한 임시 사령부로 아이젠하워의 휘하에 두기로 했다. 지브롤터에서 "횃불"에 참여할 비행기의 대집결이 이루어졌다. 지협마다 항공기들로 메워졌고, 전투기 14개 중대가 출격에 대비하여 집결했다. 그 모든 움직임은 독일군이 전부 관측할 수 있는 상태에서 이루어졌는데, 그들이 몰타에 대한 우리의 증강 작업으로 생각하기를 바란 의도에서였다. 우리는 그들이 그렇게 생각하도록 할 수 있는 모든 것을 다했다. 그들은 그렇게 생각하는 것 같았다.

훗날 아이젠하워는 11월 7일과 8일 사이의 밤과 그 다음 며칠 동안의 초조했던 경험을 생생하게 되살려 회고했다. 그는 항상 그러한 종류의 긴장을 견디는 데에 익숙했다. 도전해야 할 거대한 모험, 자칫 모든 일을 망칠 수도 있는 날씨의 불확실성, 단편적인 각종 뉴스, 프랑스의 극히 복합적인 태도, 스페인으로부터의 위험 등, 실제 전투와는 별도로 그 모든 문제가 광범위한 책임을 직접 부담하는 지휘관에게는 무척 힘든 시련이었다.

바로 그런 상황에서 지로가 나타났다. 그는 자신이 전력의 현황에 대해서 전혀 사전 지식이 없는 미국과 영국 군대를 자신의 휘하에 두는 북아프리카 최고사령관으로 임명되는 것으로 알았다. 그는 아프리카 대신에 또는 아프리카와 함께 프랑스에도 상륙해야 한다고 강력하게 주장했고, 얼마 동안은 머릿속에 그리던 그런 일들이 현실성이 있다고 생각했다. 아이젠하워와 48시간 동안 계속 논쟁을 거듭한 끝에, 그 용감한 장군은 사태에 대해서 균형 감각을 가질 수 있었다. 우리 모두가 "킹핀" 작전에 상당히 많은 것을 기대했는데, 지로 이상으로 북아프리카에서 프랑스 총독, 장군 그리고 장교단에 그 자신이 미칠 영향에 대해서 잘 아는 사람은 아무도 없었다.

★ ★ ★ ★ ★

기묘하지만 결과적으로 우리에게 행운이라고 할 수 있는 복잡한 일이 생겼다. 다를랑 제독이 북프랑스를 시찰한 뒤 프랑스로 돌아갔다. 그런데 그의 아들이 소아마비 증세로 알제의 병원에 입원하게 되었다. 상태가 위험하다는 연락을 받고 제독은 11월 5일 알제로 되돌아갔다. 그런 연유로 다를랑은 영미 연합군의 공격 전날 밤을 알제에서 머무르게 된 것이다. 그것은 이상할 뿐더러 끔찍할 정도의 우연이었다. 북아프리카 주재 미국 정치 담당 대표 로버트 머피는 해안에 대한 공격이 시작되기 전에 그가 떠나주었으면 하고 바랐다. 그러나 다를랑은 아들의 상태에 정신이 없어 당시 프랑스 각료였던 페나르 제독의 별장에 머물며 하루를 더 지체했다.

그 무렵 알제에서의 몇 주일 동안 우리의 주된 희망은 프랑스군 사령관 쥐앵 장군이었다. 비록 쥐앵에게는 공격 날짜를 알려주지 않았으나, 그는 머피와 친숙한 사이였다. 7일 밤 자정이 조금 지난 시간에 머피는 쥐앵을 찾아가 때가 되었음을 알렸다. 압도적인 전력의 해군과 공군을 앞세운 영미 연합군이 다가가고 있었고, 몇 시간 뒤면 상륙을 시작할 터였다. 쥐앵 장군은 그 계획에 깊이 관여했고 열성적이었으나, 막상 그러한 소식을 듣고는 깜짝 놀랐다. 그는 스스로 알제의 상황에 대해서 모든 것을 알고 있다고 생각했다. 그런데 다를랑이 그곳에 체류 중이라는 사실 자체가 자신의 권한을 완전히 무력화하는 것으로 파악했다. 쥐앵이 거느린 병력은 수백 명의 열정적인 프랑스 병사들이었다. 군사적이고 정치적인 모든 권한이 자기 손에서 바로 그 각료 제독에게로 옮겨간 사실을 누구보다 잘 알았다. 그렇다면 그의 명령에 따를 사람은 없었다. 그리고 자문했다. 왜 나에게 미리 행동개시일을 알려주지 않았는가? 그 이유는 명백했으며, 그러한 사실이 그의 권한에 아무런 변화를 가져다주는 것은 아니었다. 다를랑은 바로 현장에 있었으며, 모든 비시 프랑스의 충성스러운 추종자들을 대표했다. 머피와 쥐앵은 다를랑에게 전화를 해서 즉시 오라고 하기로 결정했다. 새벽 2시가 채 안 된 시간에 쥐앵 장군의 급한 연락을 받고 잠에서 깬 다를랑이 달려왔다. 바로 공격이 시작된다는 말을 듣고 다를랑은 새파랗게 질렸다. "영국인이 멍청하다는 것은 진작부터 알고 있었다. 그러나 미국인은 좀 똑똑한 줄 알았어. 그런데 이제 보니 자네도 그놈들처럼 많은 오류를 범했군."

영국을 싫어하기로 유명한 다를랑은 오래 전부터 추축국과 관계를 유지하고 있었다. 1941년 5월, 그는 독일이 디카르를 점령하자 튀니지를 통해 롬멜 부대로 가는 보급로를 사용하는 것에 동의했다. 당시의 그러한 반역 행위는 북아프리카 사령관이던 베강 장군이 저지했는데, 페탱을 설득해서 독일의 요구를 거절하게 했던 것이다. 그때 히틀러는 임박한 러시아 원정에 몰두하고 있었기 때문에, 해군 참모들의 반대 의견에도 불구하고 북아프리카 문제를 더 추진하지 않았다. 그해 11월, 독일은 베강을 믿을 수 없다고 판단하고 사령관직에서 해임했다. 우리에게 맞서서 다카르를 사용할 추축국의 계획에 대해서는 더 이상 뉴스가 없었지만, 뒤에 튀니지의 항구들이 추축국 선박에 개방되었으며, 1942년 여름 동안 롬멜 부대에 대한 보급로로 기능하게 되었다. 시간이 흘러 환경도 변하고 다를랑의 태도도 달라졌다. 그러나 다를랑이 아무리 영미 연합군의 북아프리카 점령을 돕고 싶어도, 그는 여전히 형식으로나 실제로나 페탱에게 얽매인 몸이었다. 만약 연합국 쪽으로 자리를 옮긴다면, 독일이 미점령 프랑스 지역을 침공하게 될 터이고 다를랑 자신이 그에 대한 개인적인 책임을 지지 않을 수 없다는 사실을 잘 알고 있었다. 따라서 다를랑이 할 수 있는 최선의 방법은 페탱에게 전문을 쳐서 행동의 자유를 허락받는 것이었다. 사정없는 사건의 사슬 속에 말려들어 기묘한 곤경에 처하게 된 다를랑이 선택할 수 있는 방법은 그것뿐이었다.

11월 8일 오전 1시가 지나자마자 영국 해군소장 버로의 지휘에 따라 알제의 동쪽과 서쪽 여러 지점에서 영미 연합군의 상륙이 시작되었다. 지정된 해변으로 상륙 주정을 유도하기 위해서 극도로 세심한 준비를 했다. 서쪽에서 영국 제11여단의 선발 부대는 완벽하게 상륙에 성공했다. 그러나 미군을 실은 선박과 주정은 그보다 동쪽 멀리서 예상하지 못한 조류 때문에 계획한 상륙 지점에서 몇 킬로미터 벗어나버렸고, 어둠 속에서 상당한 혼란을 겪으며 지체되었다. 다행히 우리의 상륙은 성공했고 해변에 심각한 상황은 전혀 없었다. 상륙 작전은 완결을 눈앞에 두고 있었다. 영국 해군항공대의 비행기 한 대가 지상에서 보낸 안전 신호를 보고 블리다 비행장에 착륙했다. 현지의 프랑스군 지휘관과 협력이 이루어져 해변의 연합군 부대가 전부 무사히 블리다 쪽으로 집결했다.

가장 격렬한 전투는 알제 항구에서 벌어졌다. 항구 접수와 포대 장악 그리고 선박들의 자침(自沈) 저지 임무를 띤 미국 유격대를 진입시키기 위해서 영국 구축함 브로크 호와 맬컴 호가 입항을 시도했다. 그러나 수비 포대의 직사 사정권에 들어가서 처참하게 당하고 말았다. 맬컴 호는 곧 행동이 불가능한 상태가 되었다. 그러나 브로크 호는 네 번째 시도 끝에 가까스로 입항하여 병력을 상륙시켰다. 그러나 다시 물러나오면서 심각한 피해를 당하고 결국 침몰하고 말았다. 해안에서 다수의 병사들은 붙잡혀 항복했다.

오후 5시, 다를랑은 상관에게 전문을 보냈다. "우리의 저지에도 불구하고 미군이 시내에 진입했습니다. 총사령관은 쥐앵에게 알제 시에 한해서 항복 교섭 권한을 부여했습니다." 알제의 항복은 오후 7시에 이루어졌다. 그 순간부터 다를랑 제독은 미군 휘하로 들어갔고, 쥐앵 장군 역시 연합군의 명령에 따라 지휘권을 다시 행사하게 되었다.

오랑에서는 강력한 저항에 부딪혔다. 시리아에서 영국군과 싸운 프랑스 정규 부대와, 1940년 영국의 프랑스 함대 공격의 쓰라린 기억을 가지고 있는 해군 병사들이 미군의 "기동부대"에 맞서 전투를 벌였다. 또 오랑의 비행장을 점령하는 임무를 띠고 영국에서 출발한 미국 낙하산 대대는 악천후로 인하여 스페인 상공에서 흩어지게 되었다. 선두 요원들은 계속 날아갔으나, 방향을 잘못 잡아 목표 지점에서 몇 킬로미터씩 벗어났다.

두 척의 영국군 소형 군함이 미군을 상륙시키기 위해서 오랑 항구 진입을 시도했다. 목표는 알제에서 프랑스군이 시설을 파괴하거나 선박을 자침시키는 것을 막고, 일찌감치 미군을 연합군 기지에 투입하려는 것이었다. 영국 해군 F.T. 피터스 대령이 지휘한 월니 호와 하틀랜드 호는 원래 미국의 해안 감시선이었는데, 무기대여법에 따라 영국에 양도된 것이었다. 그러나 바로 적의 직사 표격 사정권 내에서 끔찍한 공격을 받아 수많은 병력을 태운 채 파괴되고 말았다. 피터스 대령은 기적적으로 살아남았는데, 며칠 뒤 영국으로 귀환하는 도중 비행기 사고로 사망했다. 그에게는 빅토리아 십자 훈장과 미국 수훈십자훈장이 추서되었다. 새벽녘까지 프랑스 구축함과 잠수함들이 오랑 만에서 활발히 움직였지만, 결국 침몰되거나 모두 흩어졌다. 연안에 배치된 포 역시 로드니 호를 비롯한 영국 해군의 포격 대상이 되었다. 전투는 10일 아침까지 계속되었는데, 상륙한 미군이 시내를 공격했다. 정오 무렵 프랑스군은 항복했다.

"서부 기동부대"는 11월 8일 새벽 무렵 모로코 해안에 도착했다. 주된 공세는 카사블랑카 부근에서 펼쳐졌는데, 남북의 측면 공격이 함께 이루어졌다. 날씨는 맑았으나 안개가 좀 끼었다. 해변의 파도는 걱정했던 것만큼 심하지는 않았다. 시간이 지나자 물결이 거세어졌으나, 그때는 이미 든든한 발판이 구축된 뒤였다. 한동안 격전이 벌어졌다. 해상에서도 맹렬한 공방이 있었다. 카사블랑카 항에 정박 중이던 미완성 전함 장 바르 호는 움직일 수는 없었지만, 장착된 15인치 포는 사용이 가능했다. 따라서 미국 전함 매사추세츠 호와 맞붙었다. 순양함 프리모게 호의 지원을 받은 프랑스 소함대는 상륙을 저지하기 위해서 바다 멀리까지 나와 있었다. 프랑스군은 7척의 함정과 3척의 잠수함이 파괴되었고, 1,000명가량의 사상자를 냈다. 장 바르 호는 내부에 불이 붙어 해변에 얹혀버렸으며, 마침내 11월 11일 아침 다를랑의 명령에 따라 프랑스 통감(統監) 노게는 항복을 선언했다. 그는 이렇게 보고했다. "사흘에 걸친 격전 끝에 전투함과 비행기를 모두 잃었음." 프리모게 호의 메르시에 함장은 연합군의 승리를 원했으나, 자신은 지휘 도중 함교에서 전사했다. 그렇듯 비참한 문제가 많고 중심이 흔들림에도 불구하고 우리의 삶이 영향을 받지 않는 것에 대해서 감사할 수밖에 없다.

★ ★ ★ ★ ★

그 모든 정세에 관한 단편적인 소식들이 지브롤터의 아이젠하워 장군 사령부에 도착하기 시작했다. 그때 아이젠하워는 심각한 정치적 상황에 직면하고 있었다. 그는 애당초 연합국의 대의에 참여할 프랑스군의 지휘를 지로에게 맡기는 데 동의했다. 그런데 이제 무언가 질서정연한 흐름을 실제로 좌우할 인물이 국면의 중앙에 갑작스럽게 그리고 우연히 등장한 것이었다. 지로가 결속점 역할을 할 수 있을 것이라는 점에 대해서는 아직 충분한 검증이 되지 않은 상태였다. 상륙 직후 현지의 반응도 긍정적이지 못했다. 따라서 11월 9일 아침 지로 장군이, 그리고 조금 뒤에 아이젠하워 장군의 직속 대리인 역할을 하게 된 클라크 장군이 각각 알제로 날아갔다. 프랑스의 선임 지휘관들의 지로를 맞이하는 태도는 냉랭했다. 미국과 영국 첩보원들이 비밀리에 양성한 지역 저항 조직들은 이미 궤멸되고 없었다. 클라크와 다를랑의 첫 회동에서는 아무 합의점을 찾지 못했다. 핵심 인물들 중에서는 아무도 지로를 프랑스 최고사령관으로 인정하려고 하지 않는다는 사실은 분명했다. 이튿날 아침 클라크 장군은 다를랑 제독과 두 번째 회의를 마련했다. 클라크는 다를랑과 협상하는 것이 유일한 해결책이라고 아이젠하워에게 무선으로 보고했다. 런던과 워싱턴에 전문으로 의견을 주고받을 시간적 여유는 없었다. 두 번째 회합에 지로는 참석하지 않았다. 다를랑은 비시로부터 구체적 지시가 없다는 이유로 머뭇거렸다. 클라크는 다를랑에게 결정을 하도록 30분의 시간을 주었다. 마침내 제독은 북아프리카 전역에서 전반적인 "사격 중지" 명령을 내리는 데 동의했다. 다를랑은 "원수[페탱]의 이름으로" 프랑스령 북아프리카 전 지역의 완전한 전권을 부여받았으며, 모든 장교들에게 임무에 임하도록 명령했다.

★ ★ ★ ★ ★

다를랑은 튀니지에서 프랑스 통감 에스테바 제독에게 연합군에 합류할 것을 명령했다. 에스테바는 비시의 충실한 부하였다. 그는 연이어 발생하는 사태를 심적 혼란과 경악 속에서 바라보고 있었다. 시칠리아와 프랑스 동부 국경의 적과 근접해 있었기 때문에 다를랑이나 노게에 비해서 좋지 않은 상황을 경험했다. 그의 고위 부하들도 우유부단한 점에서는 똑같았다. 독일 공군의 몇 개 부대는 이미 11월 9일에 전략상의 요충지 엘 아우니아 비행장을 점령했다. 그날 독일과 이탈리아 부대가 도착했다. 트리폴리타니아의 추축국 병력은 동쪽에서, 연합군 병력은 서쪽에서 진군하는 동안, 의기소침한 상태에서 흔들리고 있던 에스테바는 외견적으로 비시에게 충성했다. 프랑스 장군 바레는 처음에는 누가 보더라도 해결되지 않은 문제 때문에 당황해했는데, 종국에는 프랑스 수비대의 대부분을 서쪽으로 이동시켜 스스로 지로 장군의 휘하로 들어갔다. 그러나 비제르태[지중해에 면한 튀니지 북부의 항구 도시/역주]에서 3척의 어뢰정과 9척의 잠수함이 추축군에게 항복하고 말았다.

1940년 이래로 프랑스 분견 함대가 꼼짝 못하고 묶여 있던 알렉산드리아에서는 아무 소용도 없는 평화 협상이 진행되었다. 사령관 고드프루아 제독은 비시에 대한 충성을 고집하며 다를랑의 권위를 부인했다. 그의 견해로는, 연합군이 튀니지를 정복하기 전까지는 프랑스를 해방할 힘을 가졌다고 할 수 없다는 것이었다. 따라서 우리가 튀니스를 완전히 장악할 때까지 그의 함대는 아무것도 하지 않았다. 다카르에서는 비시 정부의 총독 부아송이 다를랑의 명령에 따라 11월 23일부터 저항을 멈추었다. 그러나 그곳의 해군 부대들은 연합군에 가담하기를 거부했다. 우리가 북아프리카를 완전히 점령하고 난 뒤에야 전함 리슐리외 호와 그 소속의 순양함 3척이 우리의 대의에 참여했다.

* * * * *

영미 연합군의 북아프리카 습격은 프랑스에 즉각 영향을 미쳤다. 일찌감치 1940년부터 독일은 프랑스 자유 지대를 점령할 세부 계획을 세우고 있었다. 그것을 실행할 단계에 이른 것이었다. 히틀러의 주목적은 툴롱에 주둔한 프랑스 함대의 주요 부대를 차지하는 것이었다. 아이젠하워 장군 역시 프랑스 함대를 손에 넣고 싶은 생각이 간절했다. 아이젠하워가 다를랑과 교섭하고 다를랑은 비시 정부에 연락하는 동안, 독일군은 지중해 연안을 향해 급속히 진군했고 프랑스 전토를 점령했다. 그로써 제독의 지위가 아주 간명해졌다. 그는 지위를 계속 유지하면서 지역 장교와 지휘관들을 명령할 것이었고, 페탱 원수는 더 이상 마음대로 명령할 수 없게 되었다. 독일의 움직임은 다를랑의 신경을 극도로 곤두서게 만들었다. 1940년과 마찬가지로, 프랑스 함대의 운명은 다시 불안해졌다. 다를랑만이 프랑스 함대를 구할 수 있었다. 그는 단호하게 행동했다. 11월 11일 오후, 그는 프랑스 수도로 전문을 보냈는데, 독일군에게 나포될 위험에 처하게 될 경우 툴롱의 함대를 바닷속에 밀어넣어버리겠다고 했다.

비시 정부의 해군장관 오팡 제독은 다를랑 편에 서고 싶었다. 그러나 라발과 툴롱의 프랑스 사령관들 앞에서는 무력했다. 프랑스 지중해함대 사령관 드 라보르드 제독은 지독한 반영국주의자였다. 상륙 소식을 듣자마자 바다로 나가 연합군 호송선단을 공격하려고 했다. 그는 합류하라는 다를랑의 요청을 묵살하고, 독일군이 프랑스 해군 기지 부근에 도착했을 때 항구 주위의 자유 지역의 수비는 프랑스군이 맡는다는 협정을 체결했다. 오팡은 항구의 방위를 단단히 하려고 벼렸다. 그러나 11월 8일 독일군은 그 지역에서 프랑스군이 모두 철수할 것을 요구했다. 오팡은 다음날 바로 사임했다.

독일군은 프랑스 함대에 대한 급습을 꾀했다. 공격은 11월 27일 개시되었다. 드 라보르드를 비롯한 몇 명의 장교는 마지막으로 모여 용기와 지략으로 함대 전체를 자침시킬 수 있었다. 전함 1척, 전투순양함 2척, 순양함 7척, 구축함과 어뢰정 29척, 잠수함 16척을 포함하여 모두 73척의 배가 항구의 바닷속으로 가라앉았다.

★ ★ ★ ★ ★

그후 한 달도 채 지나지 않아 다를랑 제독은 살해당했다. 12월 24일 오후, 다를랑은 집에서 자동차를 타고 여름 궁전의 사무실로 갔다. 건물 문 앞에 이르렀을 때 보니에 드 라 샤펠이라는 20세의 청년이 쏜 총에 맞았다. 부근의 병원으로 실려 갔으나, 수술대 위에서 한 시간 만에 사망했다. 젊은 암살자는 사악한 조직의 두목이 설득하는 데 넘어가 프랑스를 구한다는 고양된 감정에 휩싸여 범행을 저지르게 된 것이었다. 청년은 지로의 명령에 따라 군법회의에 회부되었는데, 정말 놀랍게도 26일 날이 밝자 바로 총살형에 처해졌다.

다를랑만큼이나 판단의 착오를 범하고 성격 장애를 드러낸 사람도 드물다. 그는 전문가였으며, 개성이 강했다. 그는 일생을 프랑스 해군의 재건에 바쳤으며, 왕정시대 이래 지금까지 한번도 도달하지 못한 수준까지 해군 전력을 끌어올렸다. 그에게 충성을 맹세한 것은 해군 장교단뿐만 아니라 해군 전체였다. 그는 몇 차례 거듭한 자신의 약속에 따라 1940년에 함대를 영국으로, 미국으로 또는 아프리카의 항구로 어디든 독일의 힘이 미치지 않는 곳으로 보내려고 했다. 그는 자발적으로 그렇게 한 것일 뿐, 어떠한 조약이나 다른 의무의 속박에 따른 것이 아니었다. 그러나 그것은 1940년 6월 20일, 해군장관을 맡아달라는 페탱 원수의 제의를 받아들이기 전까지만이었다. 그때는 아마도 해군부라는 부서의 성격에서 비롯된 동기의 영향 때문이었겠지만, 그는 페탱 정부에 충성을 서약했다. 뱃사람 노릇을 그만두고 정치가가 되기 시작한 다를랑은 깊은 지식을 구축하고 있던 자신의 영역을 반영국의 편견을 앞세운 영역과 바꾸어버렸다. 이미 언급한 대로, 그의 반영국 감정은 그의 증조부가 트라팔가 해전에서 전사한 데서 생긴 것이다.

그러한 새로운 국면에서, 다를랑은 힘과 결단력은 지니고 있었으나 자신이 하는 일의 도덕적 의미에 대해서는 전혀 이해하지 못하는 사람임을 드러냈다. 야심이 오류를 유발한 것이었다. 제독으로서의 그의 시야는 자기 휘하의 해군을 넘어서지 못했고, 장관으로서의 시야는 지역적이거나 개인적인 이해관계의 범위를 벗어나지 못했다. 그는 1년 반 동안 지리멸렬한 프랑스의 큰 권력이 되었다. 우리가 북아프리카를 공격했을 때, 그는 의심의 여지없이 늙은 원수의 후계자였다. 그리고 일련의 놀라운 일들이 그에게 갑자기 일어난 것이다.

우리는 그가 겪었던 강박 상태에 대해서 돌이켜보았다. 프랑스령 북아프리카와 서아프리카 전체가 그에게 의지하고 있었다. 그때 히틀러의 비시 프랑스에 대한 침공이 그에게 새로운 결정을 할 힘과 권리라고 할 만한 것을 부여했다. 그는 영미 연합군이 필요로 하는 바로 그것, 곧 전쟁의 소용돌이에 지금 휘말린 그 거대한 무대에서 프랑스 장교와 공무원들이 복종할 수 있는 프랑스인의 소리를 제공한 것이다. 그는 우리를 위해서 마지막 결단을 내렸다. 그가 우리 쪽으로 접근해옴으로써 큰 이익을 본 뒤에 그의 지난날에 대해서 비난하는 사람들을 위해서 그가 그런 일을 하지는 않았을 것이다. 다를랑은 한때 자신이 피해를 입혔던 연합군과의 교섭을 모두 거부하고 그들에게 도전함으로써 그들이 그에게 대해서 최악의 행동을 하도록 만들었다고 말하는 것이 엄격하고 공평한 입장일지 모른다. 그런데 그가 정반대로 행동한 것에 대해서 우리는 반겨야 할 것이다. 그의 마지막 행동은 그의 생명을 대가로 치렀지만, 그의 인생에서 남아 있었던 것은 많지 않았다. 1940년 6월에 프랑스 함대를 연합국이나 중립국으로 보내지 않은 것은 그의 잘못이었다. 그러나 두 번째 결정은 옳았다. 아마도 다를랑에게 가장 괴로웠던 것은 툴롱 함대를 우리에게 넘겨주는 데에 실패한 일이었을 것이다. 그는 평소에 함대를 독일군에게 넘겨주어서는 안 된다고 말해왔다. 그 부분에서는 역사적 관점으로 볼 때 실패한 것은 아니다. 다를랑의 명복을 빈다. 그리고 다를랑을 좌절시켰던 바로 그러한 시련에 우리가 직면하지 않아도 되었다는 사실에 감사한다.

제20장

카사블랑카 회담

미국 군부의 의견은 최고위층뿐만 아니라 전체적으로 "횃불" 작전의 결정이 1943년 영국해협을 건너 프랑스 피점령 지역에 상륙할 가능성을 모두 배제해버렸다고 믿었다. 물론 나는 그러한 견해를 받아들이지 않았다. 나는 여전히 튀니지의 윗부분을 포함한 프랑스령 북아프리카가 몇 개월 정도의 전투를 거쳐 우리 손에 들어오기를 바랐다. 그러한 경우 1943년 7월이나 8월까지는 영국 땅에서 독일이 점령한 프랑스 땅에 대한 공격이 가능하다고 보았다. 따라서 우리의 선박 사정이 허용하는 한, 영국에서 최강의 미국 군사력을 편성하는 작업을 "횃불"과 동시에 시작했으면 하고 열망했다. 우리의 오른손뿐만 아니라 왼손까지 사용한다는 생각, 그리고 상대방은 그 양손에 대해서 각각 대비해야 한다는 사실은 바로 전쟁의 최고 경제 법칙에 부합하는 것이었다. 우리가 해협을 횡단하여 공격해야 하는지, 지중해에서 행운을 바라야 하는지, 아니면 둘 다 해야 하는지는 사태의 추이에 따라서 결정될 문제였다. 전쟁 전체의 이해관계에서 볼 때, 특히 러시아를 지원한다는 관점에서 볼 때, 영미 연합군이 다음해에는 동쪽에서건 서쪽에서건 유럽으로 진입해야 한다는 것은 절대적인 것 같았다.

그러나 우리가 둘 모두 행하지 못할 위험도 존재했다. 알제리와 튀니지 작전이 성공리에 신속하게 진행되더라도, 우리는 사르디니아나 시칠리아 또는 둘 모두를 점령하는 데에 만족하고, 해협 횡단은 1944년으로 연기하게 될지도 몰랐다. 그것은 서방 연합국에는 1년의 허송세월을 의미하며, 그 결과는 생존에는 지장이 없으나 결정적 승리를 쟁취하는 데에는 치명적인 영향을 끼칠 수밖에 없었다. 우리는 매달 50만 톤 내지 60만 톤씩 무한정 선박을 잃고 앉아 있을 수는 없었다. 우리가 막다른 궁지에 몰리는 것이 독일의 마지막 희망이었다.

알라메인에서 무슨 일이 일어날지 또는 "횃불"이 어떻게 전개될지 알 수 없을 때, 그리고 코카서스의 끔찍한 싸움이 미결 상태였을 때, 영국 3군 참모총장들은 그 모든 문제에 대해서 신중하게 검토했다. 그들의 지휘를 받는 계획 입안자들도 무척 바빴다. 내 견해로는 그들의 보고서 내용은 지나치게 소극적이었으며, 대서양 양안에서 우리는 일종의 복합적 교착 상태에 이르렀다. 영국 참모들은 이탈리아를 목표로 지중해 특히 사르디니아와 시칠리아 공격을 선호했다. 미국의 군사 전문가들은 1943년에 해협을 횡단하는 계획을 포기하고, 1944년의 대구상까지 방해하지 않도록 지중해 문제에 얽혀들지 않으려고 노심초사했다. 11월에 나는 이렇게 썼다. "미국의 두려움의 크기는, 육해공군이 서로 충실하게 돕는 가운데 영국의 두려움의 크기에 의해서 증폭되는 것 같다."

사태의 추이는 내가 북아프리카의 전망에 대해서 지나치게 낙관적이었다는 것과 7월의 "횃불" 작전에 대한 결정으로 1943년 해협 횡단의 가능성을 봉쇄해버렸다고 믿은 미국 참모본부들의 판단이 옳다는 것을 분명히 입증하고 있었다. 확실히 일은 그런 식으로 진행되었다. 당시만 하더라도 막대한 손실을 감수하고 히틀러가 거의 10만에 달하는 정예 병력을 하늘과 바다를 통해서 튀니지의 끝부분으로 보내 전력 증강을 위한 엄청난 노력을 하리라고는 아무도 예측하지 못했다. 그것은 히틀러의 중대한 전략적 실수였다. 그로 인하여 아프리카에서 우리의 승리가 몇 개월 지연된 것은 분명했다. 그런데 히틀러가 5월 아프리카에서 포로가 되거나 사망한 병력을 그대로 보유하고 있었더라면, 러시아 전선에서 퇴각하는 부대에 증원한다든지 아니면 우리가 해협 횡단을 결정할 경우 1943년 연합군의 유럽 상륙을 막기 위해서 노르망디에 집결시킬 수 있었을 것이다. 오늘날 우리가 1944년까지 기다리기로 한 결정의 예지에 대해서 거론하는 사람은 거의 찾아볼 수 없다. 그러나 나는 스탈린을 기만하거나 오도하지 않았다는 점에 대해서는 양심을 걸고 말할 수 있다. 나는 최선을 다했다. 반면 우리가 그 다음 작전에서 지중해로부터 유럽 본토에 진입했다면, 그리하여 영미의 군대가 전면적으로 적과 부딪쳤다면, 그렇다고 하더라도 나는 그러한 결정에 대한 운명과 현실의 응답에 불만을 가지지는 않았을 것이다.

북아프리카에서 우리는 드디어 결정적인 차질과 난관에 부딪히게 되었다. 우리가 선제권을 장악하고 기습의 이점을 확보했으나, 그것을 확고히 하는 데에는 불가피하게도 시간이 걸렸다. 선박 부족은 가혹할 정도의 한계를 드러냈다. 양륙 작업은 알제와 본에 대한 적의 공습 때문에 곤란을 겪었다. 수송 가능한 도로도 부족했다. 800킬로미터의 해안 단선 철도는 상태가 열악했는데, 수백 개의 철교와 암거(暗渠)는 언제 문제를 일으킬지 몰랐다. 수많은 독일군이 비행기로 튀니스에 도착하면서 완강하고 격렬한 고강도의 저항이 시작되었다. 우리 쪽에 가담한 프랑스군은 거의 10만이 넘었다. 그들의 대부분은 우수한 현지인 병사들이었지만, 장비가 부족하고 조직되어 있지 않았다. 아이젠하워 장군은 휘하의 모든 미군 부대를 진격시켰다. 우리도 내놓을 수 있는 모든 것을 쏟아부었다. 11월 28일 영국 보병 1개 여단이 미군 제1기갑사단 일부와 함께 튀니스에서 20킬로미터 정도 떨어진 제데이다에 접근했다. 그것이 그해 겨울 전투의 클라이맥스였다.

장마철이 왔다. 비가 퍼부었다. 임시 비행장은 진흙탕이 되었다. 독일 공군은 수적인 면에서는 아직 우세하지 못했으나, 어떠한 기후 조건에서도 가동 가능한 비행장을 사용했다. 12월 1일 독일군이 반격을 시작하자 계획하고 있던 우리의 진군은 엉망이 되었고, 며칠 뒤에는 메데츠까지 후퇴할 수밖에 없었다. 보급은 소규모로 해상을 통해 전방 부대에만 이루어졌다. 그것도 간신히 기본적 수요를 충족시킬 뿐이었고, 비축은 생각할 수 없었다. 새로운 공격의 시도는 12월 22일에야 가능했다. 초반에는 꽤 성공적이었으나, 밤이 지나고 새벽이 오면서 폭우가 시작되어 사흘 동안 계속되었다. 우리의 비행장은 모두 쓸모가 없어졌고, 차량은 정상 도로에서만 통행할 수 있었다.

크리스마스 이브에 열린 회의에서 아이젠하워 장군은 즉각 튀니스 점령 계획을 포기하고, 전투를 재개할 수 있을 때까지 이미 확보한 전체 전선에서 전방 비행장을 지키기로 결정했다. 독일군은 바다에서 심각한 손실을 입었음에도 불구하고, 튀니지의 병력이 계속 늘어났다. 12월 말경 그 수는 5만에 가까웠다.

그동안에도 제8군은 상당히 긴 거리를 통과했다. 롬멜은 지리멸렬한 부대를 이끌고 알라메인에서 퇴각하는 데 성공했다. 롬멜은 강한 압박을 받고 있던 후위 부대를 벵가지 남쪽으로 돌리려고 했으나 실패했다. 한편 몽고메리가 긴 행군 끝에 전임자가 그랬듯이 수송과 보급의 어려움과 싸우고 있을 때, 롬멜은 아게일라에서 멈추었다. 그런데 12월 13일 제2뉴질랜드 사단이 크게 우회하여 롬멜 부대를 격퇴하고 거의 고립 상태에 빠뜨렸다. 우리의 사막 공군 부대는 해안 도로의 롬멜 수송 부대에 큰 손실을 입혔으며, 롬멜은 엄청난 고통을 겪었다. 몽고메리는 초반에는 경장비 부대만을 사용했다. 제8군은 알라메인에서부터 2,000킬로미터를 진군했다. 12월 25일 시르테[리비아 북부의 지중해 항구 도시/역주]와 그곳의 비행장을 점령한 뒤, 성탄절에는 부에라트 부근에 위치한 롬멜 부대의 다음 주요 진지로 바싹 다가갔다.

★ ★ ★ ★ ★

3군참모총장위원회는 전쟁내각에 보고하기 위해서 앞으로의 전략적 견해에 관하여 요점을 정리한 두 개의 문건을 작성했다. 결론에서 3군 참모총장들은 그들과 미국 3군 참모총장들 사이에 초래된 심각한 의견 차이에 대해서 강조했다. 그것은 원칙의 차이라기보다는 어디에 중점과 우선권을 두느냐에 대한 차이였다. 영국 3군 참모총장들은 1943년 해협 횡단을 위한 준비를 폭넓게 하면서 우선은 "횃불"을 강력하게 밀어붙이는 것이 최선의 방책이라고 생각했다. 반면 미국 3군 참모총장들은 북아프리카를 잘 유지하는 가운데 우리의 주력을 해협 횡단에 집중시킬 것을 원했다. 그것이 결정적인 차이였다. 문제는 오직 대통령과 나만이 해결할 수 있었다. 깊이 논의를 한 끝에, 카사블랑카에서 만나 결정하기로 했다.

　1943년 1월 12일, 나는 비행기를 타고 카사블랑카로 갔다. 약간 불안한 여행이었다. "코만도" 내부를 따뜻하게 하려고 내부에 가솔린 히터를 설치했는데, 그것이 연기를 내뿜었고 객실에 설치한 히팅 포인트들의 온도를 매우 높여버렸다. 새벽 2시에 눈을 떴을 때 비행기는 대서양 한가운데, 그러니까 양안(兩岸) 어느 쪽에서도 800킬로미터가 되는 지점을 날고 있었다. 히팅 포인트 중 하나가 내 발 끝에 뜨겁게 닿았는데, 발갛게 달아올라 담요를 태워버릴 것만 같았다. 침대용 선반에서 나온 나는 층계 아래쪽 빈 공간에서 의자에 앉아서 자고 있는 피터 포털을 깨웠다. 그리고 뜨거워진 히팅 포인트를 가리켰다. 객실 내부를 둘러보니 벌겋게 달아오르기 시작한 히팅 포인트 두 개가 더 눈에 띄었다. 우리는 폭탄 운반 통로("코만도"는 폭격기를 개조한 것이었다)를 따라 급히 내려갔는데, 두 명의 승무원이 그 가솔린 히터를 열심히 작동시키고 있었다. 아무리 생각해도 그런 방식은 위험했다. 뜨거운 부분이 발화해서 큰 화재가 일어날 수 있었고, 연료가 곧 폭발할지도 몰랐다. 포털의 생각도 나와 같았다. 타죽느니 얼어붙는 것이 더 나았다. 나는 히터의 스위치를 모두 끄라고 했다. 비행기는 구름 위로 날아야 했기 때문에 해발 2,500미터 상공에 있었는데, 우리는 모두 차가운 겨울 공기 속에서 벌벌 떨면서 비행을 계속했다. 그 순간은 정말 기분이 좋지 않았다고 지금 나는 말하지 않을 수 없다.

카사블랑카에 도착했더니, 모든 준비가 정말 잘 되어 있었다. 안파 교외의 큰 호텔에 영국과 미국 참모진들이 묵을 충분한 방이 마련되었고, 대형 회의실도 여러 개가 있었다. 호텔 주변에는 아주 쾌적한 별장이 여기저기 있었는데, 대통령, 나, 지로 장군 그리고 참석할 경우 드골 장군을 위한 숙소로 사용할 것이었다. 전지역은 철조망으로 둘러쳐졌고, 미국 병사들이 엄중하게 경비를 섰다. 나와 우리 참모들은 루스벨트 대통령보다 이틀 먼저 도착했다. 나는 파운드를 비롯한 참모총장들과 해변과 바위 사이를 산책했다. 밀려들어오는 멋진 파도가 만들어내는 흰 거품은 끝없이 긴 구름처럼 보였는데, 이런 곳에서 상륙에 성공했구나 하는 생각이 들었다. 잔잔한 날은 하루도 없었다. 높이가 5미터나 되는 파도가 험악한 바위에 부딪치고 있었다. 수많은 상륙용 주정과 선박들이 병사를 실은 채 뒤집어진 것이 조금도 이상하지 않았다. 내 아들 랜돌프가 튀니지 전선에서 건너왔다. 생각할 것은 엄청나게 많았는데, 이틀은 순식간에 지나갔다. 그래도 그동안 참모진들은 매일 장시간 숙의를 거듭했다.

루스벨트 대통령은 14일 오후에 도착했다. 우리의 만남은 더없이 다정하고 따뜻했다. 그의 군사 전문가들의 충고에도 불구하고 그와 내가 확보했었던 정복과 해방의 땅에서 그 위대한 동료를 만나는 일은 내게 대단한 기쁨이었다.

그 다음날에는 아이젠하워 장군이 왔는데, 아주 위험한 비행을 해야 했다. 그는 영미 합동3군참모총장위원회가 어떤 방향을 취할지 확인하고자 했을 뿐만 아니라 그들과 긴밀한 관계를 유지하고자 애썼다. 그들의 지휘 권한은 모두 아이젠하워보다 높았다. 하루인가 이틀인가 지나서 알렉산더 장군이 나와 대통령을 찾아와서 제8군의 상황에 대해서 보고했다. 알렉산더는 대통령에게 아주 호감을 주는 좋은 인상을 심었고, 대통령은 조만간 제8군이 트리폴리를 장악하게 될 것이라는 그의 말에 더욱 매료되었다. 알렉산더는 강력한 두 개의 군단을 이끄는 몽고메리가 어떤 방식으로 한 군단의 사용을 중지시키고 모든 차량을 다른 한 군단에서만 사용하게 했는지, 그리고 그렇게 함으로써 어떻게 롬멜을 트리폴리를 거쳐 매우 중요한 장애물이었던 국경선 마레스까지 내몰 수 있었는지 설명했다. 그 소식을 듣고 모두가 기뻐했으며, 편안하고 너그러운 알렉산더의 미소는 모든 사람이 좋아했다. 그의 자신감은 이심전심으로 다른 사람들에게 전달되었다.

주요 문제에 대한 작업을 시작한 지 열흘 만에 영미 합동3군참모총장위원회는 합의에 도달했다. 대통령과 나는 매일 그들의 논의에 관여하며 합의점에 이르는 과정에 참여했다. 우리의 모든 전력을 튀니스에 집중하기로 결정했다. 사막 군단과 영국이 참가시킬 수 있는 모든 부대, 아이젠하워 휘하의 부대를 동원하는 동시에 알렉산더를 아이젠하워를 보좌하는 부사령관으로 임명하여 실질적으로 모든 작전을 책임지도록 했다. 다음 단계로 시칠리아를 공격할 것이냐 사르디니아를 공격할 것이냐 하는 문제도 의견의 일치를 보았다. 일부 의견의 차이는 국가 사이의 문제는 아니었고, 원칙적으로 3군 참모총장들과 영미 공동기획위원회 사이의 문제였다. 나는 시칠리아가 그 다음의 목표가 되어야 한다고 생각했고, 합동3군참모총장위원회의 의견도 마찬가지였다. 반면 영미 공동기획위원회는 마운트배턴 경과 함께 시칠리아보다는 사르디니아를 공격해야 한다고 주장했는데, 그 이유는 3개월 정도 빨리 끝낼 수 있다고 판단했기 때문이다. 마운트배턴은 그러한 주장을 홉킨스를 비롯한 다른 사람들에게 강요했다. 나는 영미 합동3군참모총장위원회와 함께 시칠리아를 고집하며 완강히 버텼다. 영미 공동기획위원회는 정중하지만 포기하지 않는 태도로, 이 작전은 8월 30일까지 실행될 수 없다고 말했다. 그 단계에서 나는 직접 그들과 함께 숫자를 가지고 씨름했는데, 그 결과 대통령과 함께 디데이를 7월 중 달이 뜨는 적절한 시기나 아니면 6월 중 달이 뜨는 날로 결정할 것을 지시했다. 마침내 공수부대는 7월 9일 밤에 작전에 들어갔고, 7월 10일 아침에 상륙을 시작했다.

★ ★ ★ ★ ★

그 사이에 드골에 관한 문제가 제기되었다. 다를랑이 범죄 행위에 의해서였지만 살해되는 바람에, 연합국은 그와 함께 일해야 하는 곤혹스러움에서 벗어나게 되었다. 다를랑의 역할은 11월과 12월에 걸쳐 미국의 동의 아래 만들어진 조직에 의해서 순탄하게 대치되어갔다. 지로가 그 공백을 메웠다. 그제서야 프랑스 병력이 북아프리카와 서북아프리카에 집결할 수 있는 길이 열려 드골을 중심으로 한 자유 프랑스 운동(Free French Movement) 그룹과 결합하게 되었고, 따라서 독일의 지배권에서 벗어난 전 세계의 프랑스인을 모두 아우르게 되었다. 나는 드골이 와주기를 열망하고 있었고, 대통령도 대체로 같은 생각이었다. 나는 루스벨트에게 전문을 보내 드골을 초대하라고 요청했다. 그러나 드골의 태도는 아주 오만하여 여러 차례 거절했다. 나는 이든을 시켜 드골에게 압력을 가했다. 심지어 나는 그가 오지 않겠다면, 런던의 프랑스 해방위원회(French Liberation Committee) 수장의 자리도 다른 사람으로 대체하겠다는 뜻을 전하라고 했다. 1월 22일, 마침내 드골이 왔다. 그는 지로의 숙소 옆에 있는 한 숙소로 안내되었다. 그러나 드골은 지로를 만나려고 하지 않았다. 나를 만나도록 설득하는 데도 몇 시간이 걸렸다. 나와 드골의 만남은 아주 딱딱한 분위기에서 이루어졌는데, 계속 비협조적인 태도를 보인다면 최종적으로는 결별할 수밖에 없다는 점을 분명히 알렸다. 그는 아주 형식적인 자세였고, 당당한 척 숙소 밖으로 나가더니 작은 정원 쪽으로 내려갔다. 결국 그는 지로를 만나기로 했다. 두 사람의 만남은 두세 시간 계속되었는데, 양쪽 모두 무척 좋아보였다. 오후가 되어 드골은 대통령을 만나러 갔다. 기대 이상으로 잘 되어가는 것 같아 나는 안도의 숨을 쉬었다. 대통령은 드골의 "영혼의 눈빛"에 매혹되었다. 그러나 두 사람 사이에 의견의 일치를 본 것은 거의 없었다.

그 시기와 관련해서는 바로 그때 있었던 사건에 토대를 두고 드골에 대한 수많은 기록이 발표되었고, 나 역시 계속해서 어려움을 느꼈기 때문에 그에게 아주 날카로운 반감을 가졌을 때가 많았다. 그러나 그와 나 사이의 관계에는 결정적으로 중요한 요소가 있었다. 나는 그를 굴복한 프랑스의 대표로 간주할 수도 없었고, 그렇다고 자유롭게 프랑스의 미래를 결정할 수 있는 권한을 가진 프랑스의 대표로 간주할 수도 없었다. 나는 그가 영국의 벗이 아니란 사실도 알고 있었다. 그러나 그의 내부에는 항상 역사의 장을 가로지르며 외치는 "프랑스"라는 말의 정신과 개념이 깃들어 있다는 것을 느꼈다. 그의 오만한 태도 때문에 화가 나기도 했지만, 그를 이해하고 감탄하기도 했다. 한 명의 망명객, 조국에서 사형 선고를 받은 추방자인 그는 전적으로 영국 정부의 호의에 의지하다가 이제는 다시 미국의 도움까지 받게 된 처지였다. 독일이 그의 조국을 정복한 것이었다. 그의 현실적 토대는 아무데도 없었다. 그럼에도 불구하고 그는 거리낌 없이 모든 것에 반발했다. 그는 최악의 행동을 할 때에도 긍지와 권위와 야망으로 가득 찬 위대한 국가 프랑스의 개성을 나타내는 것처럼 보였다. 그는 자신을 잔 다르크의 살아 있는 대표로 생각했는데, 그의 선조 중의 한 사람이 잔 다르크의 충직한 신봉자로서 그녀를 모셨다는 것이다. 내가 듣기에 그것은 그다지 틀린 말이 아닌 것 같았다. 또한 자기보다 훨씬 더 현명하고 노련한 정치가였지만, 자신을 클레망소와도 비교하려고 했다는 것이다. 불굴의 프랑스인이라는 점에서 두 사람은 같은 인상을 주었다.

★ ★ ★ ★ ★

또 하나 언급해야 할 것이 있다. 내가 전쟁내각에 보고한 내용 중에는 다음과 같은 제안이 포함되었다.

……우리는 적절한 시기에 언론에 발표하기 위해서 회의 결과와 관련한 성명서를 작성할 계획이다. 독일과 일본의 '무조건 항복(unconditional surrender)'을 받을 때까지 가차 없이 전쟁을 계속한다는 미국과 대영제국의 확고한 의도를 그 성명서에 포함시키는 데에 대하여 전쟁내각의 생각은 어떤지 알았으면 좋겠다. 성명서에서 이탈리아를 제외하는 것이 이탈리아의 이탈을 조장하는 데에 도움이 될 것이다. 대통령도 그 아이디어에 찬성했으며, 모든 나라의 우리 친구들을 고무하리라고 믿는다.……

독자들은 이 전보를 유의해서 읽어야 할 것이다. 대통령이 그 뒤에 이루어진 기자회견에서 사용한 "무조건 항복"이라는 표현이 여기에서도 등장할 뿐만 아니라 오랫동안 논쟁의 대상이 되었기 때문이다. 영국뿐만 아니라 미국에도 그러한 표현이 전쟁을 장기화하고 독재자들로 하여금 그들의 국민과 군대를 절망 속으로 몰아넣었다는 주장을 하는 일파가 생겼다. 계속 설명하면서 그 이유를 밝히겠지만, 나는 결코 그러한 견해를 수긍할 수 없다. 그런데 내 기억은 부분적으로는 불확실하므로, 내가 가지고 있는 자료에 근거한 사실을 진술하겠다.

전쟁내각의 기록에 의하면, 그 내용의 전문은 1월 20일 오후 회의 전에 도착했다. 당시 전쟁내각의 토론은 "무조건 항복"이라는 원칙보다 이탈리아를 대상에서 제외하는 문제에 더 관심을 두었던 것 같다. 1월 22일자로 애틀리와 이든은 우리에게 다음과 같은 메시지를 보냈다.

이탈리아를 제외하는 것은 우리에게 유리하지 못하다는 데에 전쟁내각의 의견이 일치했습니다. 터키나 발칸 제국 등에 불안을 야기시킬 수 있기 때문입니다. 이탈리아인들에 대한 효과도 긍정적이라고 볼 수 없습니다. 온갖 험난한 일들이 닥칠 수 있다는 인식을 하게 함으로써 오히려 이탈리아의 사기를 저하시키는 효과를 확실하게 기대할 수 있습니다.

초안으로 작성된 공동 성명서의 "무조건 항복"이라는 어구는 내가 전쟁내각에서 언급했고, 그 뒤에 어느 누구도 그 어구에 대해서 반대한 사실이 없다는 점은 분명하다. 반면 전쟁내각의 요구는 오직 당시 국면에서 이탈리아를 제외해서는 안 된다는 것뿐이었다. 나는 전쟁내각으로부터 이 전문을 받은 이후 그 문제와 관련하여 대통령과 무언가 주고받은 기록이나 기억이 전혀 없다. 어쩌면 바쁜 업무에 시달린 데다, 특히 지로와 드골 사이의 관계에 대한 토의와 그들과의 면담 등으로, "무조건 항복"은 더 이상 대통령과 나 사이에서는 언급되지 않았을 가능성이 높다. 그러는 사이에 우리 고문들과 참모총장들은 공식 공동 성명을 준비했다. 성명은 대통령과 내가 검토하고 승인한 내용으로 신중하고 형식적인 어법으로 작성되었다. 나는 무조건 항복을 이탈리아에 적용하는 것을 좋아하지 않았기 때문에 그 문제를 대통령에게 다시 거론하지 않았던 것 같다. 그리고 대통령과 나는 고문들과 함께 완성한 코뮈니케에 그대로 동의했다. 거기에는 "무조건 항복"에 관한 언급이 없다. 그 상태로 전쟁내각에 제출되었고, 그 형식대로 통과되었다.

1월 24일, 대통령이 기자 회견에서 우리는 모든 적들에게 "무조건 항복"을 요구할 것이라고 하는 말을 듣고 나는 약간 놀랐다. 서로 합의한 코뮈니케는 대화에서 오간 내용일 것이라고 생각하는 것은 자연스러운 일이다. 내 마음이 그날그날 어떻게 움직였는지 잘 알 뿐만 아니라 코뮈니케를 준비하기 위한 3군 참모총장들의 토의에 참여했던 이즈메이 장군 역시 놀랐다. 대통령에 이어서 내가 연설할 차례가 되었을 때, 나는 당연히 루스벨트의 말을 지지하고 동의했다. 그러한 장소와 그러한 때에 우리 사이에 어떠한 어긋남이 드러난다면, 설령 그것이 무엇을 생략함으로써 생긴 것이더라도 전쟁을 위한 노력에 해롭고 위험한 영향을 미칠 뿐이었다. 나는 전쟁내각과 함께 내가 말한 것에 대한 책임을 회피할 생각은 없다.

그러나 대통령이 홉킨스에게 설명한 내용을 보면 사태는 분명해진다.

"프랑스의 그 두 장군이 함께 협력하도록 하는 일은 무척 곤혹스러웠어요. 내게는 마치 그랜트와 리 두 사람의 회담을 조정하는 것만큼이나 어려웠지요. 그런데 갑자기 기자회견이 진행되었고, 윈스턴이나 나는 미처 준비할 시간이 없었어요. 그때 불현듯 내 마음속에 떠오른 말이 사람들이 그랜트에게 붙여준 '무조건 항복 노인(Old Unconditional Surrender)'*이었어요. 그런데 어느새 나도 모르게 내 입에서 그 말이 나오고 말았습니다."**

루스벨트 대통령이 이야기한 문서 속에 문제의 그 표현이 있다고 해서, 나는 이와 같은 그의 솔직한 진술의 신빙성이 약화되지는 않는다고 생각한다.

전쟁의 기억은 생생하고 진실한 것일지 모른다. 그러나 관련된 사건들이 연쇄적으로 일어난 경우에는 확증 없이 믿어서는 안 된다. 나는 확실히 "무조건 항복"과 관련하여 몇 차례 잘못된 말을 했다. 왜냐하면 당시 기록을 확인하지 않고 생각나는 대로 내가 믿는 바에 따라서 말했기 때문이다. 내 기억만이 틀린 것이 아니었다. 1949년 7월 21일 어니스트 베빈은 하원에서, 자기 자신은 물론 전쟁내각 역시 사전에 전혀 논의한 바 없었음에도 불구하고, "무조건 항복" 방침 때문에 전후 독일이 재건하는 데에 얼마나 어려움을 겪게 되었는지 모른다고 요란하게 설명했기 때문이다. 나는 나대로 그 순간

---

* 미국 남북전쟁 당시 북군의 최고사령관 율리시스 그랜트 장군은 남군의 최고사령관 로버트 리 장군의 항복을 받아 싸움을 종결했다. 훗날 그랜트는 제18대 미국 대통령에 취임했는데, 군인 시절 전투에 나가면 상대방에게 곧잘 무조건 항복을 요구했다고 해서 별명 중의 하나가 '무조건 항복 노인'이었다/역주
** 셔우드, 『루스벨트와 홉킨스』, 696면.

에 충동적으로, 그와 비슷할 정도로 부정확하고 열정적으로, 내가 그 표현을 처음 들은 것은 카사블랑카 기자 회견에서 루스벨트 대통령의 입을 통해서 였다고 대답했다. 집으로 돌아가서 찾아본 결과, 여기에서 밝힌 내용을 확인 하게 되었다. 마지막 충고를 한마디 해달라는 열성적인 학생들의 요청을 받은 어느 노경에 접어든 교수의 말이 떠올랐다. "인용할 때는 확인하라."

★ ★ ★ ★ ★

"무조건 항복"이란 표현은, 비록 당시에는 널리 환영받았으나, 그후 여러 방면의 권위자들로부터 영미의 전쟁 정책 중 최대의 실수로 평가되었다. 따라서 그 부분에 관해서는 조금 더 다룰 필요가 있다. 그러한 방침 때문에 싸움이 더 길어졌고, 회복을 어렵게 만들었다는 것이다. 나는 사실이 아니 라고 생각한다. 실제로 항상 그랬듯이 나는 강화 조건에 관한 또다른 성명 에 반대했는데, 그 주된 이유는 3개 연합국이 고집하고 여론이 압력을 가한 것과 같은 실제 조건에 관한 성명은 어떠한 독일의 평화 운동에도 "무조건 항복"이라는 일반적 표현보다 훨씬 더 혐오스러운 것이 될 터였기 때문이다. 나는 독일에 대한 정복자의 분노를 충족시킬 수 있는 강화 조건의 초안을 여러 차례 시도한 사실을 기억한다. 그것들은 일단 종이 위에 표현되면 아 주 무시무시한 내용이 되어, 실제로 독일의 책임 범위를 훨씬 넘어서는 것 이었다. 따라서 그러한 내용을 발표했더라면 독일의 저항만 자극했을 것이 라고 생각한다. 그런 초안은 실제로는 작성되기만 했을 뿐이고 철회되었다.

나는 여러 차례 공식적인 언급을 할 기회에 루스벨트 대통령과 내가 생각 하고 있는 것이 무엇인지 명확히 밝혔다.

1944년 2월 22일, 하원에서 나는 이렇게 말했다. "'무조건 항복'이란 표현 은 결코 독일 국민의 노예화나 파멸을 의미하지 않습니다. 오히려 그 말은 항복의 순간에 연합국이 어떠한 조약이나 의무에 의해서 독일 국민에게 묶 여 있지 않다는 것을 의미합니다.……무조건 항복은 승자가 자유롭게 처리할 수 있음을 의미합니다. 그렇다고 야만적인 행동을 할 권리를 가진다거나 독일을 유럽에서 완전히 배제해버린다는 것을 의미하지 않습니다. 우리가 묶여 있어야 한다면, 오직 양심에 의해서 묶여 있을 뿐입니다. 우리는 흥정의 결과에 따라서 독일 국민들에게 묶여 있지는 않을 것입니다. 이것이 바로 '무조건 항복'의 의미입니다."

전쟁의 막바지에 이르러, 거기에 관해서 독일이 오해할 여지가 있었다는 주장은 있을 수가 없다.*

★ ★ ★ ★ ★

일을 마무리할 때가 되었다. 양국 3군 참모총장들의 공식적인 마지막 전원 회의는 1월 23일에 열렸다. 그 자리에서 그들은 "1943년의 전쟁 지침"에 대해서 최종 보고서를 제출했다. 그 내용을 요약하면 다음과 같다.

반추축 국제연합의 첫 번째 의무는 유보트를 굴복시키는 것이다. 소련의 전력은 수송 가능한 최대의 보급에 의해서 유지되어야 한다.

유럽 전장에서 수행할 작전은 연합국이 동원할 수 있는 최대한의 전력으로 1943년에 독일의 패배를 목표로 해야 한다.

주요 공격선은 다음과 같다.

지중해

(a) 시칠리아 점령

　(i) 지중해의 교통선 강화를 목적으로 함.

　(ii) 러시아 전선에 대한 독일의 압박을 분산시키는 것을 목적으로 함.

　(iii) 이탈리아에 대한 압박을 강화하는 것을 목적으로 함.

(b) 터키를 적극적인 연합국 일원으로 편입할 수 있는 정세의 조성

……태평양과 극동 지역에 대한 작전은 일본에 대한 압박을 그대로 유지하기

* 그 문제에 관한 충분한 설명은, 원본 제5부 「운명의 기로」 제38장 참조.

위한 목표와 독일을 패배시키는 동시에 최대 규모의 전면 공격을 일본에게 가할 것을 목표로 계속되어야 한다. 영미 합동3군참모총장위원회의 의견에 따라, 모든 작전은 1943년에 독일을 결정적으로 패배시킬 수 있는 그 어떠한 좋은 기회도 방해하지 않는 한도 내에서 수행되어야 한다.……

24일 아침, 드디어 우리는 기자회견장으로 갔다. 드골과 지로는 대통령과 나 사이에 앉았는데, 우리는 두 사람이 모든 보도진들이 보는 앞에서 공개적으로 악수를 하도록 했다. 두 사람은 우리의 압력에 승복했다. 비극적 순간을 배경으로 한 웃음 없이는 볼 수 없는 장면이었다. 대통령과 내가 카사블랑카에 체류 중이었다는 사실은 보안이 잘 유지되었다. 언론사 기자들이 대통령과 내 모습을 발견했을 때 그들은 자신들의 눈을 의심하지 않을 수 없었는데, 무려 2주일 가까이 머물고 있었다는 말을 들었을 때 그들은 자신들의 귀를 의심했다.

신랑과 신부에게는 상당한 고통이 수반되었던 강제 결혼식(미국에서는 "샷건 결혼[shotgun marriage]"이라고 한다)이 끝나고 난 뒤, 루스벨트가 먼저 기자들을 향해 연설했다. 뒤이어 나는 그의 말을 지지했다.

★ ★ ★ ★ ★

대통령이 귀국 준비를 했다. 내가 말했다. "이렇게 북아프리카까지 와서 마라케시를 보지 않고 떠날 수는 없습니다. 가서 이틀만 머무르시지요. 아틀라스 산맥의 눈 위로 지는 석양을 함께 구경해야만 하겠습니다." 해리 홉킨스에게도 같은 식으로 권유했다. 나는 미처 몰랐는데, 마라케시에는 미국 부영사 케네스 펜다가 미국인인 테일러 부인에게서 임차한 참으로 쾌적한 별장이 있었다. 대통령과 나는 그 별장에 묵고, 일행도 다른 집들의 방을 충분히 이용할 수 있었다. 따라서 우리는 마라케시로 가기로 결정했다. 루스벨트와 나는 이미 녹색으로 변하기 시작한 듯한 사막을 가로지르며 240

킬로미터를 달려 그 유명한 오아시스에 도착했다.

나는 마라케시를 "사하라의 파리"라고 불렀다. 여러 세기에 걸쳐 중앙아프리카의 대상들이 그곳으로 몰려들었는데, 도중에 산악 부족들에게 세금으로 거금을 바치고 마라케시 시장에 도착하면 장사꾼들에게 사기를 당했다. 그래도 그들은 그 대가로 큰 가치가 있는 도시 생활의 화려함을 즐겼다. 점쟁이, 마술사, 풍부한 요리와 음료, 아프리카 대륙 전체에서 가장 크고 정교하게 조직된 매음굴 등이 있었다. 그 모든 제도는 오랫동안 명성이 높았다.

점심 식사는 내가 준비하기로 했다. 대통령과 나는 다섯 시간이나 차를 타고 가는 동안 줄곧 함께 있었는데, 일에 관련된 이야기를 많이 했지만, 신변잡기도 편하게 나누었다. 수천 명의 미군 병사들이 우리를 경호하기 위해서 도로변에 배치되어 있었고, 머리 위에서는 비행기가 쉴 새 없이 원을 그렸다. 저녁 무렵 별장에 도착했는데, 펜다의 호의로 아주 유쾌한 대접을 받았다. 나는 대통령과 함께 별장의 탑으로 올라갔다. 그는 휠체어에 앉아 아틀라스의 눈 위로 떨어지는 아름다운 석양을 감상했다. 모두 열대여섯 명이 함께 저녁 식사를 했는데, 무척 즐거웠다. 노래까지 불렀다. 내가 노래를 하자 루스벨트도 함께 불렀다. 그러다가 어느 순간 대통령은 혼자 노래를 시작하려고 했다. 그러나 누군가가 만류했고, 결국 그의 노래는 듣지 못했다.

그 훌륭한 나의 친구는 25일 새벽에 출발하여 라고스와 다카르를 거쳐 브라질로 간 다음에, 거기서 워싱턴으로 향하는 긴 여정을 떠나야 했다. 전날 밤 우리는 이미 작별 인사를 나누었음에도 불구하고, 이른 아침 비행장으로 가는 길에 그가 다시 찾아왔다. 그때 나는 침대에 누워 있었다. 도저히 그를 혼자 보낼 수 없어서 벌떡 일어나 짚 점프를 걸치고 슬리퍼를 신은 간단한 차림으로 함께 차를 타고 비행장으로 갔다. 기내에까지 들어가서 전송했다. 신체장애가 전혀 문제가 되지 않는 루스벨트의 의지에 찬사를 보내지 않을 수 없었다. 그러나 나는 항상 위험이 따르는 비행이 걱정되었다. 전시에 그러한 형태의 비행기를 이용한 여행은 어쩔 수 없는 것이었다. 그럼에도 불구하고 나는 그러한 여행은 위험천만한 것이라고 생각했다. 그러나 모든 일은 순조로웠다. 나는 테일러의 별장으로 되돌아갔다. 이틀 동안 더 머물면서, 앞으로의 행동에 대해서 전쟁내각과 연락을 취했다. 그리고 탑 위에서, 전쟁 기간 중 유일하게 남긴 그림을 그렸다.

제21장
터키, 스탈린그라드, 튀니스

연합군이 북아프리카를 점령함으로써 지중해의 전략적 국면에 변화가 생겼다. 지중해 남쪽 해안에 견고한 기지를 확보하여 적을 향해 바로 전진할 수 있게 된 것이다. 대통령과 나는 오래 전부터 러시아로 가는 새 노선을 개척하여 독일의 남쪽 측면을 타격할 수 있기를 바랐다. 그 모든 계획의 열쇠가 터키였다. 터키를 우리 편으로 전쟁에 끌어들이는 것은 몇 개월에 걸친 우리의 목표였다. 그것은 이제 새로운 희망과 긴급한 과제가 되었다.

스탈린은 터키 문제에 관해서 전적으로 대통령과 나의 결정에 따른다고 했다. 나는 터키 영토에서 이뇌뉘 대통령을 직접 만나 문제를 해결하고 싶었다. 카이로에서 해야 할 일도 아주 많았고, 혹시 트리폴리의 점령에 성공한다면, 귀국 길에 그곳의 제8군을 찾아보고 알제도 잠깐 들렀으면 좋겠다고 생각했다. 현지에서 내가 해결할 수 있는 일이 많았으며, 직접 확인할 필요가 있는 일은 더 많았다. 따라서 1월 20일, 마르케시에서 카이로로 가서 이틀이나 사흘 정도 머물고 바로 터키와 접촉하겠다는 계획을 수상 대리와 외무장관에게 전문으로 제안했다.

전쟁내각의 답변은 터키와의 직접 접촉은 시기상조이므로 즉시 런던으로 귀환하여 루스벨트와의 회담 내용을 의회에 보고해달라는 내용이었다. 그러나 여러 차례 전문을 통해 논의를 거듭한 끝에, 그들은 결국 내 계획을 받아들이게 되었다. 26일 오후 우리는 "코만도"를 타고 출발했다. 테일러 저택에서 펜다가 마련해준 매우 훌륭한 음식으로 기내 저녁 식사를 한 뒤 편하게 잠을 잤다. 일어나서는 다시 밴더클루트 옆의 부기장석으로 갔다. 앉아서 나일 강 수면 위의 빛나는 새벽을 두 번째로 감상했다. 알라메인 전투에서 승리하여 적을 서쪽 2,400킬로미터 바깥으로 밀어냈기 때문에, 더는 남쪽으로 멀리 돌아가지 않아도 되었다. 피라미드들에서 16킬로미터 떨어진 곳의 비행장에 착륙하자 우리의 대사 킬런 경과 카이로 사령부에서 마중을 나왔다. 우리는 모두 대사관으로 갔다. 나의 요청으로 파견되어 그곳에 상주하는 외무부 사무차관 알렉산더 캐도건 경과 합류했다. 우리 일행은 모두 1942년 8월과 당시 상황을 비교하고 안도와 만족감을 느꼈다.

이스메트 이뇌뉘 터키 대통령으로부터 메시지가 왔는데, 회담 제안을 환영한다는 내용이었다. 시간과 장소는 1월 30일 터키와 시리아 국경 가까운 해안의 아다나로 조정되었다. 나는 "코만도"에 몸을 싣고 터키 사람들을 만나러 갔다. 지중해를 건너 네 시간 동안 비행했는데, 눈에 보이는 지역은 거의 대부분 팔레스타인과 시리아 지역이었다. 일행 중 캐도건과 브룩, 알렉산더, 윌슨 장군 그리고 몇몇 장교들은 다른 비행기를 이용했다. 터키의 작은 비행장에 어렵게 착륙했다. 의전 행사가 끝나기가 무섭게 산의 협곡 사이에서 에나멜 칠을 한 기다란 열차가 기어나왔는데, 대통령과 터키 정부 각료 전원 그리고 차크마크 원수를 태우고 있었다. 그들은 성의를 다하여 열렬히 우리 일행을 맞이했다. 근처에 마땅한 숙소가 없었기 때문에 특별 객차 몇 량을 열차에 연결하여 방으로 사용했다. 우리는 열차 안에서 이틀 밤을 보내며 터키 측과 회의를 거듭했다. 식사 시간에는 이뇌뉘 대통령과 환담을 나누었다.

전체적으로 토론은 두 가지 문제에 집중되었다. 하나는 전후 세계의 구성과 국제기구 조직을 위한 조치였으며, 다른 하나는 터키와 러시아의 장래의 관계였다. 여기서는 기록을 참조하여 내가 터키 지도자들에게 강조한 내용의 예만 몇 가지 들기로 한다. 내가 이전에 몰로토프와 스탈린을 만났을 때 나는 두 사람이 영국이나 미국과 평화롭고 우호적인 관계를 맺기를 희망한다는 인상을 받았다고 그들에게 말했다. 경제 영역에서는 서방 국가들이 러시아에 줄 것을 많이 가지고 있으며, 러시아의 손실을 회복시키는 데 도움을 줄 수 있을 것이다. 나는 20년 앞을 내다볼 수는 없었지만, 우리는 20년 동안 유효한 조약을 체결했었다. 나는 러시아가 향후 10년 동안은 재건을 위해서 집중적인 노력을 할 것이라고 생각한다. 러시아에서는 변화가 일어날 것이다. 공산주의는 이미 수정되었다. 우리는 러시아와 좋은 관계를 유지하며 지내야 한다. 영미 양국이 공동으로 행동하며 강력한 공군력을 계속 유지한다면, 러시아가 확실하게 안정된 시간을 찾을 수 있을 것이다. 그로써 러시아는 이익을 얻게 될 것이다. 러시아는 미개발의 광대한 지역을 보유하고 있다. 예를 들면, 시베리아 같은 곳이다.

터키 수상은 내가 러시아의 제국주의화 가능성에 대해서 언급한 사실이 있지 않느냐고 말했다. 그렇기 때문에 터키는 아주 신중할 수밖에 없었다. 나는 평화와 안보를 보장할 종전의 국제연맹보다 훨씬 더 강력한 국제 기구가 조직될 것이라고 대답했다. 공산주의를 두려워하지 않는다는 말도 덧붙였다. 그러자 터키 수상은 무언가 보다 현실적인 것을 찾고 있다고 했다. 유럽은 온통 슬라브인과 공산주의자로 가득 차 있다. 만약 독일이 패퇴한다면, 패전국들은 모두 볼셰비키와 슬라브화가 되고 말 것이다. 그에 대해서 나는 모든 일이 항상 예상한 대로 나쁘게 돌아가지만은 않을 것이라고 대답했다. 만약 사태가 나쁘게 진전된다면, 터키가 더 강해지고 영국이나 미국과 긴밀한 관계를 맺는 것이 더 낫지 않겠느냐고 했다. 러시아가 아무런 이유 없이 터키를 공격하게 된다면, 내가 말한 국제 조직은 터키 편에 설 것이다. 뿐만 아니라 터키는 물론 유럽 전체에 대한 보장은 전후에 더욱 견고하게 될 것이다. 만약 러시아가 독일을 모방하는 경우에는 나는 러시아와 우방이 되기를 포기할 것이다. 러시아가 그렇게 된다면, 우리는 러시아에 대항해서 가능한 최선의 결합을 할 것이다. 그리고 이러한 생각을 주저하지 않고 스탈린에게 말할 것이다.

그렇게 전반적인 정치 토론을 벌이는 동안, 두 나라의 육군참모총장들과 다른 지휘관들은 군사 회담을 했다. 고려 대상이 된 주요 사항은 두 가지였는데, 터키가 어떤 정치적 움직임을 보이기에 앞서 또는 보임으로써 터키에 지원할 군사 장비의 준비 문제와, 터키가 참전할 경우 영국 단위 부대에 의한 터키군 증강 계획의 준비 문제였다. 회담의 결과는 군사 협정으로 구체화되었다.

나는 터키를 1943년 가을에는 참전시킬 의도로 논의했다. 이탈리아가 붕괴하고 러시아가 흑해 북쪽의 독일군을 향해 진격한 뒤에도 터키의 참전이 이루어지지 않은 것도, 그 해 후반에 에게 해에서 일어난 불행한 사건 때문이었다. 거기에 관해서는 적절한 부분에서 설명하기로 하겠다.

★ ★ ★ ★ ★

나는 아다나에서 비행기를 타고 카이로로 돌아가는 도중에 키프로스에 들렀다. 그리고 카이로에서 트리폴리도 다녀왔다. 트리폴리는 제8군이 정확히 1월 23일에 점령했다. 항구는 심각하게 파괴되어 있었다. 입구는 침몰한 선박들로 폐쇄되었고, 진입로에는 수많은 기뢰가 뿌려져 있었다. 그것은 이미 예상한 바였다. 보급을 위한 첫 번째 배는 2월 2일에 입항했다. 일주일 뒤부터는 하루에 2,000톤을 하역할 수 있게 되었다. 제8군은 여전히 가야 할 길이 멀었으나, 알라메인에서 시작한 2,400킬로미터의 행군 도중에 트리폴리 항을 신속하게 점령하여 개항했는데, 그 성과는 카이로의 린드셀 장군과 로버트슨 장군 그리고 제8군의 공적이었다. 1월 말경 제8군은 르클레르크 장군이 통솔한 총 2,500명가량의 프랑스 자유군 혼성 부대와 합류했는데, 프랑스령 적도 아프리카로부터 사막을 가로질러 2,400킬로미터를 행군한 것이었다. 르클레르크는 아무런 조건 없이 몽고메리 휘하로 들어갔다. 그와 그의 부대는 이후 튀니지 작전에서 중요한 역할을 하게 된다.

2월 4일, 제8군은 국경을 넘어 튀니지로 진입했다. 그리하여 대영제국에 의한 이탈리아 제국의 정복이 이루어졌다. 카사블랑카 회담의 결정에 따라서 제8군은 아이젠하워 장군 휘하로 들어갔으며, 알렉산더 장군은 지상 작전을 담당하는 부사령관직을 맡았다. 독자들은 그보다 6개월 전에 내가 카이로를 떠나면서 알렉산더에게 한 지시 사항을 기억할 것이다.* 그는 이제야 그 답신을 보냈다.

각하

1942년 8월[10일] 제게 내리신 명령은 완수했습니다. 적들은 모두 짐을 꾸려 이집트, 키에나이카, 리비아 그리고 트리폴리타니아에서 완전히 물러났습니다. 다음 지시 사항을 기다리고 있겠습니다.

이틀을 내내 유쾌하게 보내고 난 뒤, 나는 우리 일행과 함께 아이젠하워와 알제의 다른 사람들을 만나러 출발했다. 알제의 분위기는 긴장감으로 가득 차 있었다. 다를랑 암살이 유명 인사들에게 경각심을 불러일으켰다. 내각이 내 신변의 안전 문제에 계속 관심을 보이며, 가능한 한 빨리 귀국하기를 바랐다. 의례적인 인사의 의미도 포함되어 있었다. 1943년 2월 7일 일요일 밤, 우리는 비행기를 타고 무사히 귀국했다. 그것이 "코만도"를 이용한 마지막 여행이었다. 조종사와 승무원은 모두 그때와는 바뀌었지만, 훗날 "코만도"는 탑승자 전원과 함께 사라졌다.

★ ★ ★ ★ ★

귀국 직후 나의 첫 번째 과제는 하원에서 카사블랑카 회담 결과, 지중해

---

* 887면 참조.

방문 결과 그리고 전반적 정세에 관해서 상세히 보고하는 일이었다. 2월 11일, 두 시간 남짓 연설했다. 여행 중일 때와는 달리 몹시 피로를 느꼈는데, 틀림없이 감기에 걸렸다고 생각했다. 며칠 뒤 오한과 목의 통증 때문에 자리에 드러누울 수밖에 없게 되었다. 16일 저녁, 아내와 단 둘이 있는데 갑자기 열이 치솟았다. 모란 경이 달려와 살펴보더니, 폐에 염증이 생겼다고 단호하게 진단 소견을 말했다. 그는 자신의 판단에 따라 M과 B라고 불리는 약을 처방했다. 이튿날 세밀한 사진을 찍어본 결과 그의 진단이 확인되었다. 모란 경은 가이 병원의 의사 제프리 마셜을 불렀다. 별관에는 내가 처리해야 할 일이 시간마다 밀려들어왔다. 나는 상태가 좋지 않았음에도 불구하고 평소처럼 일을 계속했다. 그런데 왠지 내게 오는 서류의 양이 현격하게 줄어드는 것이었다. 의사들에게 항의하자, 아내의 지시를 받은 그들은 내가 일을 완전히 중단해야 한다고 주장했다. 나는 도대체 그러한 의견에 동의할 수 없었다. 그렇다면 하루 종일 무엇을 한단 말인가? 그러자 나는 폐렴 환자라는 대답이 돌아왔다. "좋소. 그러나 당신들은 치료할 수 있을 것 아니오. 새 약을 믿지 않소?" 마셜은 폐렴이 "노인의 벗"이라고 대답했다. "그게 무슨 말이오?" "폐렴은 아무도 모르게 조용히 노인들을 데려갑니다." 나는 거기에 대해서도 적절한 반론을 제기했다. 그러나 결국 아주 중요한 서류만 가져오게 하고, 소설 정도를 읽는 것은 허용하는 선에서 타협했다. 나는 『몰 플랜더스』[영국 작가 대니얼 디포가 『로빈슨 크루소』와 함께 1722년에 완성한 소설. 원 제목은 *The Fortunes and Misfortunes of the Famous Moll Flanders*이다/역주]를 골랐다. 그 소설에 관한 훌륭한 해설을 읽은 적이 있는데, 막상 작품은 읽지 못했던 것이다. 그렇게 그 다음 한 주일은 고열과 함께 불편하게 보냈는데, 가끔 아주 심하게 앓기도 했다. 따라서 19일부터 25일까지 사이에는 업무에 관해서 내가 써서 보내던 메모가 중단되기도 했다. 얼마 지나지 않아 소식을 들은 루스벨트 대통령과 스뫼츠 장군 등 여러 동료들이 전문을 보냈는데, 모두 의사의 지시에 따르라는 내용이었다. 나는 협의 사항을 충실히 지키기로 했다. 그리하여 『몰 플랜더스』를 다 읽었고, 그것을 마셜 의사에게 상으로 주었다. 그 처방은 성공적이었다.

★ ★ ★ ★ ★

그 무렵 스탈린이 스탈린그라드의 승리를 기록한 필름을 보내왔다. 필사적인 전투가 잘 묘사된 영화였다. 여기서 아주 간략하게나마 러시아 군대의 장대하고 결사적인 투쟁 이야기를 하고자 한다.

독일군의 코카서스를 향한 진격은 1942년 봄과 가을에 걸쳐 절정에 이르렀으나, 결국 박살이 나고 말았다. 초반에는 비록 원했던 만큼 빠른 속도는 내지 못했지만, 독일의 계획대로 진행되어갔다. 남부 집단군은 돈 강 하류의 만곡부 지역 속에 사는 러시아인들을 모두 쫓아냈다. 그리고 남부 집단군은 리스트 휘하의 A집단군과 보크 휘하의 B집단군으로 나뉘었는데, 7월 23일 히틀러는 두 집단군에게 개별 임무를 부여했다. A집단군은 흑해 동부 연안 전체와 부근의 유전을 점령하는 것이 목표였다. B집단군은 돈 강 측면 방어벽을 구축하면서 스탈린그라드로 진군하여 "집결하는 적군을 격퇴시키고 도시를 장악하는" 것이 목표였다. 모스크바 전선의 독일군은 작전을 유보하고, 대신에 북쪽의 레닌그라드를 9월 초순에 점령한다는 계획이었다.

폰 클라이스트 장군이 이끄는 15개 사단으로 구성된 제1기갑 집단군이 코카서스로 돌입했다. 일단 돈 강을 건너자 꽤 전진하는 동안에도 별다른 저항이 없었다. 8월 9일에 마이코프 유전에 도착했는데, 모두 철저히 파괴된 상태였다. 그로츠니 유전에 닿는 데는 실패했다. 가장 큰 유전인 바쿠는 여전히 500킬로미터나 떨어져 있었다. 흑해 연안 지역 전체를 장악하라는 히틀러의 명령은 수행이 불가능했다. 카스피 해 서부 해안을 따라 부설된 철도를 통해 증원군이 보강되었으나, 도처에서 러시아군이 완강히 버티고

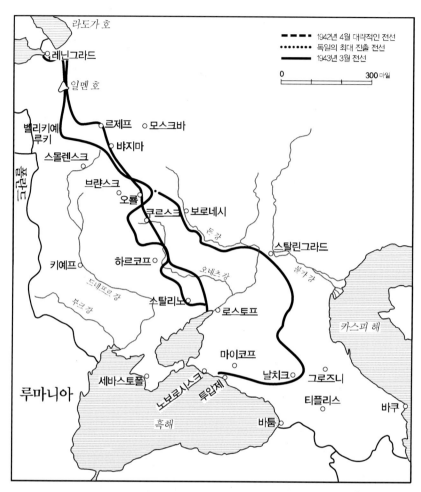

러시아 전선, 1942년 4월-1943년 3월

있었다. 스탈린그라드에서 다양한 공격을 시도하던 폰 클라이스트는 전력
이 약화된 채 코카서스의 구릉에서 11월까지 버텼다. 그리고 겨울이 닥쳤
다. 그는 완전히 탈진했다.

B집단군 전선에도 최악의 사태가 벌어졌다. 히틀러에게 스탈린그라드는
아주 매력적인 대상이었다. 도시 이름 그 자체가 도전을 유발했다. 공업의
중심지였으며, 히틀러의 코카서스 돌격 통로를 보호하는 측면 방어선 중

가장 강력한 요충지였다. 독일 육군과 공군의 모든 전력을 스탈린그라드에 집중했다. 러시아의 저항은 날이 갈수록 완강해졌다. 돈 강과 볼가 강 사이에서 치열한 전투를 치른 다음 스탈린그라드 외곽에 도착한 것은 9월 15일이 되어서였다. 그 다음 달에는 집중 포격을 퍼부었으나, 엄청난 희생을 치르고 약간 전진하는 데 그쳤다. 도시가 거의 폐허가 되었음에도 굴하지 않고 모든 것을 바쳐 싸우는 러시아인을 이길 수 있는 것은 아무것도 없었다.

오랫동안 불안 속에 빠져 있던 독일 장군들은 그 이유를 알게 되었다. 작전의 주된 대상인 코카서스, 스탈린그라드, 레닌그라드를 집중 공격하여 싸운 지 3개월이 지났지만, 목표물들은 여전히 러시아가 지키고 있었다. 손실은 막대했고, 보완은 불충분했다. 히틀러는 전력을 보강할 수 있는 강력한 새 부대를 파견하는 대신 기존 병력을 재조직하고 훈련되지 않은 병사들로 사단을 구성했다. 군사적 견지에서 볼 때 당시는 공격을 중단해야 할 바로 그러한 순간이었음에도, 그 "미치광이"*는 다른 사람의 말에 귀 기울이지 않았다. 9월 말, 히틀러에게 국방군 총참모장 할더는 끝내 대들었고, 즉시 해임당했다. 히틀러는 군대를 계속 몰아붙였다[이때 육군 최고사령관 브라우히치도 해임되었다. 이후 히틀러는 육군 최고사령관도 겸했다/역주].

10월 중순이 되자 독일군의 사정은 눈에 띄게 나빠졌다. B집단군의 전선은 무려 1,100킬로미터 이상으로 넓혀졌다. 파울루스의 제6군은 모든 힘을 스탈린그라드에 소진한 뒤, 그 측면을 믿을 수 없는 아군에게 맡겨 놓은 채 전개되어 있었다. 러시아의 반격이 틀림없이 시작될 겨울은 눈앞으로 다가왔다. 돈 강 전선을 지키지 못할 경우에는 코카서스 주둔 부대의 안전을 보장할 수 없었다. 그러나 히틀러는 후퇴와 관련해서는 그 어떤 의견에

---

* 독일에서는 미치광이 같은 사람을 표현할 때 'Teppichfresser(양탄자를 씹어 먹는 인간)'라고 한다. 저자는 이러한 독일식 표현을 영어로 옮겨 'Carpet-eater'라고 했다. 영어권에서는 'Carpet-gobbler'라고도 한다/역주

도 동의하지 않았다. 11월 19일, 드디어 러시아군은 그토록 오랫동안 든든하게 준비해왔던 포위 공격 작전을 감행했다. 스탈린그라드의 남북 양쪽에서 독일 방어벽의 취약한 측면을 파고들었다. 나흘 뒤 러시아의 양면 공격선은 완전히 좁혀 들어 합류하기에 이르렀고, 독일군 제6군은 돈 강과 볼가 강 사이에 갇히는 형국이 되었다. 파울루스는 적진을 돌파하여 탈출하겠다고 제안했다. 그러나 히틀러는 진지 고수를 명령했다. 하루하루가 지날수록 독일군은 점점 좁은 공간 속으로 밀어붙여졌다. 12월 12일, 혹독한 날씨 속에서 독일군은 러시아 전초선을 돌파하여 포위된 동료들을 구출하려고 필사적으로 노력했다. 그러나 실패했다. 그 뒤로 파울루스와 그의 부대는 무려 7주일 동안 끔찍한 시간을 보내야 했다. 그들의 운명은 확실해졌다.

파울루스를 지원하기 위하여 독일 공군은 온갖 노력을 기울였으나, 성과가 없었다. 오히려 엄청난 수의 항공기들을 잃었을 뿐이었다. 추위는 대단했다. 식량과 무기는 모자랐다. 게다가 발진티푸스까지 돌아 참상은 더욱 심해졌다. 1월 8일, 그는 항복하라는 러시아의 최후통첩을 거부했다. 바로 다음 날 서쪽에서 개시한 러시아군의 매서운 진격으로 마지막 국면이 펼쳐졌다. 독일군은 강력하게 싸웠다. 그 결과 8킬로미터를 전진할 수 있었다. 그러나 그 다음부터 흔들리기 시작했다. 17일에는 러시아군이 스탈린그라드 16킬로미터 이내로 접근했다. 파울루스는 무기를 쥘 수 있는 병사라면 모두 싸우게 했으나, 소용이 없었다. 1월 22일 러시아군이 다시 진격했고, 독일군은 그나마 조금 이루어졌던 전진도 헛되었고 시 외곽으로 밀려났다. 한때 대단한 군대였던 부대의 잔류병들은 세로 6.5킬로미터에 폭 13킬로미터 정도의 직사각형 속에 꼼짝없이 갇혔다. 러시아군의 집중 포격과 공습이 계속되는 가운데 독일군은 강력히 맞서 시가전을 벌였다. 그러나 희망은 보이지 않았다. 러시아군이 압박하자, 지친 독일군은 전면적 투항을 시작했다. 파울루스와 그의 참모들도 체포되었다. 2월 2일, 보로노프 원수는 적군의 저항이 완전 소멸되었으며, 포로는 모두 9만 명이라고 보고했다. 포로는 21개 사단과 루마니아군 1개 사단의 병사들이었다. 그리하여 무력으로 러시아를 정복하고 상대방과 똑같은 혐오스러운 전체주의적 독재에 의해서 상대방의 공산주의를 무너뜨리겠다는 히틀러의 장대한 노력은 종말을 고했다.

1943년 봄, 동부 전선에서 전쟁의 전환점을 맞이했다. 스탈린그라드 전투 이전부터, 점점 기세가 오른 러시아군은 모든 전선에서 적을 밀어붙이고 있었다. 코카서스의 독일군은 교묘하게 퇴각에 성공했다. 그러나 러시아군은 독일군을 돈 강으로부터 압박하여 도네츠 강 너머 한 해 전 히틀러가 공격을 개시했던 바로 그곳까지 후퇴하도록 만들었다. 멀리 북쪽에서도 점령했던 땅을 다시 잃고 말았는데, 모스크바에서 400킬로미터 이상 떨어진 곳이었다. 레닌그라드 포위망도 무너졌다. 독일과 그 위성국들은 병력과 물자 양면에서 엄청난 손실을 입었다. 지난 1년 동안 점령했던 영토는 모두 빼앗겼다. 지상군도 더 이상 러시아군보다 우월성을 유지하지 못했다. 하늘에서도 이제는 영국과 아프리카 양쪽에서 출격하면서 점점 전력이 강화되고 있는 영국과 미국 공군을 상대해야 했다.

★ ★ ★ ★ ★

승리한 스탈린은 더 이상 온화한 인물이 아니었다. 만약 카사블랑카에 왔더라면, 세 연합국이 얼굴을 마주보고 공동의 계획을 도모할 수 있었을 터이다. 그러나 그렇게 되지 않았다. 스탈린은 전문으로만 토의에 참여했다. 우리는 군사적 결정 사항을 그에게 알렸다. 나는 귀국한 뒤에 4월에 튀니지를 해방시키고, 시칠리아를 점령하며, 늦어도 8월이나 9월까지는 해협을 횡단할 준비를 위해서 박차를 가한다는 우리의 계획에 대한 부가적 설명을 루스벨트의 동의 아래 스탈린에게 전문으로 보냈다.

스탈린은 즉시 회신했다.

"······ 귀하의 메시지에 따르면, 튀니스 작전의 종결은, 종전 예상과는 달리 2월이 아니라 4월이 되어야 기대할 수 있습니다. 그러한 지연은 얼마나 실망스러운 사태인지 말할 나위가 없습니다.······ 메시지에 의하면 제2전선을, 특히 프랑스에 그것을 형성하는 것을 8월 또는 9월로 계획하고 있다는 것이 [역시] 분명합니다. 내가 보기에 현재 상황은 계획된 행동의 이행을 최대한 빨리 서둘러야 한다는 것을 보여주고 있습니다. 다시 말하면, 서부에서 제2전선을 여는 날짜를 제시한 날짜보다 훨씬 더 당겨야 할 필요가 있습니다. 적에게 여유를 주지 않기 위해서는 서부에서 봄이나 초여름에 공격을 개시하여 금년 전반기를 넘기지 않도록 하는 것이 매우 중요합니다.······"

그리고 한 달 뒤(3월 15일)에는 이렇게 보내왔다.

"시칠리아의 중요성에 대해서는 충분히 이해합니다만, 그것이 프랑스에 제2전선을 대체할 수는 없다는 사실을 분명히 지적하고자 합니다.······ 우리가 추구하는 공동의 대의에 비추어볼 때, 프랑스에 제2전선을 여는 일을 더 지연시키는 사태가 얼마나 위험한지 가능한 한 가장 강경한 태도로 경고하는 것이 나의 임무라고 생각합니다. 이미 계획된 해협 횡단을 통한 영미의 공격과 관련해서 귀하께서 하신 설명의 불확실성이 본인에게 깊은 우려를 일으키게 하는 이유가 바로 여기에 있으며, 따라서 나는 침묵할 수가 없습니다."

★ ★ ★ ★ ★

우리가 러시아에 제공할 수 있는 가장 효과적인 원조는 북아프리카에서 추축국을 신속하게 몰아내고 독일에 대한 항공전의 능력을 향상시키는 것이라는 사실은 명백했다. 동부 전선의 성과는 기대를 넘어섰지만, 그럼에도 불구하고 연합군의 상황은 여전히 불안했다. 몰타에 식량을 재공급하고 주둔 병력을 재무장시켜 총력전을 다시 개시하게 했다. 알제리와 키레나이카에 새로 건설한 우리 기지를 중심으로 해군과 공군의 행동 반경이 확대되었으며, 그로 인하여 연합국 선박은 보호되었고 적의 보급과 병력 증강 작업은 막대한 차질이 빚어졌다. 게다가 여전히 독일 공군이 막강한 힘을 발휘하던 튀니스를 봉쇄하여, 우리는 이탈리아 본토의 여러 항구까지 진출할 수 있게 되었다. 팔레르모, 나폴리 그리고 스페치아 등지에 우리 병력이 상륙하여 공격했다. 영국 공군 폭격기는 본국에서 출격하여 이탈리아 북부를 공습했다. 이탈리아 함대는 저지 작전을 시도조차 하지 않았다. 영국 함대가 대기하고 있다는 사실과는 무관하게, 연료 부족 사태가 심각했기 때문이다. 튀니스로 가는 보급선의 호송선단이 사용할 수 있는 연료가 시칠리아 전역에서 단 1톤도 구할 수 없는 날이 꽤 많았다.

그러나 그 모든 것도 12월의 튀니지 정복 실패 이후 우리의 선제 공격 기회가 사라져버렸다는 사실을 숨길 수 없었다. 시칠리아에서부터 튀니지까지는, 거리가 짧아도, 해상이나 상공으로부터의 호위를 할 수 없다는 사실을 인정하지 않은 채, 히틀러는 동서 양쪽으로부터 임박한 연합군의 공격에 대항할 새 군대의 조직을 명령했다. 롬멜은 추축국의 모든 부대에 대한 지휘권을 부여받는데, 파이드 동쪽에 독일 기갑부대 2개 사단을 집결시켜, 미국 군단에 대해서 반격하고 그리고 제8군과 전투를 벌이는 사이에 미군이 독일군 측면과 배후에 접근할 수 없도록 하려고 했다. 공격은 2월 14일에 시작되었다. 우리는 잘못 판단하여 그들이 파이드가 아니라 퐁둑을 통과하여 오리라고 예측했다. 결과적으로 미국 제1기갑사단은 앤더슨 장군의 명령으로 크게 분산되고 말았다. 17일에 독일군은 카세린과 페리아나 그리고 스베이틀라를 수중에 넣었다. 그런 다음 롬멜은 북쪽을 공격했다. 한 차례 격렬한 전투가 벌어졌고, 22일 정오 무렵 롬멜은 질서정연하게 총퇴각을 시작했다. 그 결과 우리는 우리의 원래 방어선을 회복하게 되었다. 그러나 롬멜의 공격은 끝난 것이 아니었다. 나흘 뒤 영국 제5군단을 향해 강력한 정면 공격을 수차례 시도했다. 메제즈 남쪽에서 독일군은 별다른 성과 없이 물러났다. 그러나 북쪽에서는 마을을 공포의 도가니에 몰아넣고 몇 킬로미터 전진했다. 해안에서 우리는 30킬로미터 남짓 후퇴했으나, 그곳은 견고하게 지켰다.

2월 마지막 주일에, 알렉산더 장군은 전선 전체를 지휘하게 되었다. 그와 동시에 카사블랑카 협약에 따라, 테더 공군 중장이 연합군 공군의 지휘관이 되었다. 튀니지 전투는 바야흐로 절정에 이르렀다. 3월 6일, 롬멜은 독일군 3개 기갑사단 전부를 동원하여 진군하는 제8군을 네 차례에 걸쳐 크게 공격했다. 그들 기갑사단은 엄청난 손실을 입고 모두 패퇴했다. 아마도 롬멜은 아프리카 작전 중에서 가장 뼈저린 좌절을 맛보았을 것이다. 그리고 그것이 아프리카에서 그의 마지막 전투였다. 얼마 뒤 롬멜은 독일로 후송되었고, 후임으로 폰 아르님이 그 자리를 맡았다.

제8군은 적의 주력 진지인 마레스 선을 공격하기 위해서 전진했다. 마레스 선은 전쟁 발발 이전에 이탈리아의 튀니지 침입을 막기 위한 목적으로 프랑스가 구축한 고도의 유기적 체계를 갖춘 32킬로미터 길이의 방어선이었다. 그런데 이제 이탈리아군이 영국군을 방어하기 위해서 그것을 이용하고 있었던 것이다! 그렇게 견고한 방어선에 대한 공격은 준비에만 2주일 정도가 소요되었다. 3월의 셋째 주일 동안 포화를 퍼부었고, 적의 측면을 공격했다. 4월 7일, 치열하고 어려운 전투를 치르고 난 뒤 제4 인도 사단 정찰대는 미국 제2군단 병사를 만나게 되었다. "어이, 라이미"*라고 외치는 미군의 인사말을 이해하지는 못했지만, 인도 병사는 그 어조에서 최상의 다정함을 느낄 수 있었다. 두 부대는 서로 거의 3,200킬로미터 떨어진 곳에

---

* Limey : 미국 해군들이 관행적으로 영국 해군들을 가리켜 부를 때 사용하는 말이다. 옛날 영국 함선에서 수병들이 괴혈병 예방을 위해서 라임 주스를 마시던 습관에서 유래한 별칭이다.

서 출발했는데, 거기서 합류한 것이었다. 18일에는 케이프 본 앞바다에서 우리의 스핏파이어와 미군의 워호크가 함께 출격하여 적의 호송기 총100기를 공격했다. 적군 호송 항공단은 혼란 속에서 흩어졌으며, 50기 이상이 격추되었다. 이튿날에는 남아프리카의 영국 공군 전투기 키티호크가 18기 중 15기를 파괴했다. 4월 22일에는 30기를 더 해치웠는데, 연료를 가득 실은 대부분의 적기는 불꽃을 날리며 바닷속으로 사라졌다. 그로써 독일군이 감당할 수 없었던 히틀러의 무모한 시도는 사실상 종결되었다. 독일은 더 이상 주간의 항공 수송은 엄두를 내지 못하게 되었다. 그때까지 그들의 성과는 대단했다. 12월부터 이듬해 3월까지 4개월 동안에 4만 명의 병력과 1만4,000톤의 보급품을 아프리카로 날랐던 것이다.

5월 6일, 알렉산더는 마지막 공격을 개시했다. 연합국 공군은 최대의 공격력을 동원하여 하루에 총 2,500회 출격을 기록했다. 추축군의 전력은 점점 소진되어, 겨우 60회의 출격으로 대응했을 뿐이다. 클라이맥스가 다가왔다. 해상과 상공의 가차 없는 봉쇄가 이루어졌다. 바다 위의 적의 움직임은 멈추었고, 하늘에서의 적의 시도는 모두 끝났다. 영국 제9군단이 적의 전선을 보기 좋게 돌파했다. 2개 기갑사단이 보병보다 먼저 튀니스까지의 중간 지점에 해당하는 마시콜트에 도착했다. 다음날인 5월 7일, 계속 전진한 끝에 제7기갑사단이 튀니스에 입성했다. 그런 다음 미군과 합류하기 위해서 북쪽으로 방향을 바꾸었다. 거의 그 무렵에 미군 주요 전선에 대한 적의 저항은 분쇄된 상태였고, 미군 보병 제9사단이 비제르타에 도착했다. 독일군 3개 사단이 영국군과 미군 사이에 갇혔고, 5월 9일 모두 항복했다.

영국군 제4사단을 뒤따르게 하고 제1기갑사단을 오른쪽에 둔 상태에서 제6기갑사단은 동쪽으로 진격하여 튀니스를 통과한 다음 그 너머로 갔다. 튀니스 도심에서 몇 킬로미터 떨어진 바닷가의 좁은 길에서 급조된 적군의 저항에 부딪혔으나, 탱크로 돌파한 뒤 해변을 따라 5월 10일 해질녘에 동부 해안의 하마메트에 이르렀다. 배후에서는 제4사단이 케이프 본 반도 주변을 휩쓸었는데, 아무런 저항도 받지 않았다. 나머지 적군은 남쪽의 포위망에 걸려 전원 생포되었다.

알렉산더 장군은 5월 11일자로 이러한 내용의 전문을 보냈다.

"적의 조직적인 저항은 향후 48시간 이내에 완전히 붕괴하리라고 예상합니다. 추축군 전체의 최종 처리는 2, 3일 이내에 이루어질 것입니다. 지금 추산으로 포로는 10만 명이 넘습니다만, 계속 투항하고 있는 상황이기 때문에 그 수를 확정할 수 없습니다. 저는 어제 독일군을 가득 실은 마차가 자진해서 포로수용소로 가는 장면을 목격했습니다. 마차가 우리 앞을 지나갈 때 웃지 않을 수가 없었는데, 그들도 함께 웃었습니다. 모든 광경이 마치 더비 경매[런던 근교의 서리주의 엡섬 다운스에서 열리는 유명한 경마 대회/역주]를 연상시켰습니다.……"

커닝엄 제독은 적의 최후에 대비하여 모든 준비를 완료하고, 기동할 수 있는 해군 함정들은 추축군이 됭케르크 식의 탈출을 하지 못하도록 초계하라고 명령했다. 그 작전명은 적절하게도 "복수(Retribution)"라고 붙였다. 8일, 커닝엄 제독은 신호를 보냈다. "침몰시키고, 불태우고, 파괴하라. 아무것도 통과시키지 말라." 그럼에도 불구하고 몇 척의 전마선이 탈출을 시도했는데, 모두 가라앉거나 나포되었다. 12일이 되자 포위망은 더욱 좁혀졌다. 적군은 무기를 던졌다. 5월 13일 오후 2시 15분, 알렉산더는 나에게 전문을 보냈다.

각하,

임무에 따라 튀니지 작전을 완료했음을 보고합니다. 적의 저항은 완전히 소멸되었습니다. 북아프리카 해안은 우리가 장악했습니다.

튀니스에서 거둔 승리가 얼마나 대단한 것인지는 아무도 의심하지 않을 것이다. 바로 스탈린그라드의 승리에 필적한다. 거의 25만 명에 달하는 포로를 획득했다. 적군은 수많은 전사자를 냈다. 적군의 선박 중 3분의 1은 침몰했다. 아프리카에서 우리의 적은 일소되었다. 하나의 대륙을 되찾은 것이었다. 런던에서는 개전 이래 처음으로 사기가 충전했다. 의회는 각료들을 존경의 뜻을 담아 열정적으로 맞이했고, 모든 지휘관들에 대한 감사의 뜻을 가장 따뜻하게 담아 기록으로 남겼다. 나는 모든 교회의 종을 울려달라고 요청했다. 애석하게도 그 종소리를 듣지 못했지만, 나는 대서양의 반대편에서 더 중요한 일을 해야 했다.

제22장

목표, 이탈리아

일단 아프리카 문제가 확실하게 해결되자, 내가 서둘러 워싱턴으로 가야 할 중대한 이유가 생겼다. 우리는 그 승리 이후에 어떻게 해야 하는가? 그 결실을 튀니지의 끄트머리에서만 모아야 하는가, 아니면 이탈리아를 전쟁에서 몰아내고 터키를 우리 편으로 끌어들여야 하는가? 그러한 것들은 대통령과의 직접 협의를 통해서만 결론을 내릴 수 있는 중대한 문제였다. 그 다음의 문제는 인도의 전장에서의 행동 계획이었다. 겉으로 표면화되지는 않았지만, 이면에서는 해결이 쉽지 않은 견해 차이들이 존재했는데, 조정이 되지 않을 경우 1943년의 나머지 기간 동안 중대한 난관에 봉착하거나 나약한 행동이 초래될 수 있다는 사실을 나는 의식했다. 따라서 나는 가능한 한 최고 수준의 협의를 가져야겠다고 결심하게 되었다.

의사들이 내가 폭격기가 날아다니는 고도에서 비행하는 것을 반대함으로써, 배편을 이용하기로 결정했다. 우리 일행은 5월 4일 밤에 런던을 떠나 다음날 클라이드 항에서 퀸 메리 호를 타고 출항했다. 그 배는 정말 우리가 필요로 하는 것을 모두 갖추고 있었다. 대표단의 방은 주갑판에 마련되었는데, 배의 다른 공간과 완전히 떨어져 독립되어 있었다. 집무실, 회의실은 물론 당연히 지도실까지 마련되어 필요할 때 즉시 사용이 가능했다. 승선한 순간부터 시작한 우리의 일은 끊임없이 진행되었다. 내가 "트라이던트(Trident)"라고 명명한 회의는 적어도 2주일 동안 계속될 예정이었으며, 전쟁의 모든 국면에 대처한다는 의도였다. 따라서 우리 일행은 대규모였다. "정식 멤버"는 모두 망라되었다. 각자 상당수의 참모를 거느린 3군 참모총장들, 전시수송부의 고위 공무원들을 거느린 레더스 경, 내가 장관을 겸임했던 국방부 간부들을 대동한 이즈메이 등이 참석했다. 그밖에 인도 총사령관 웨이벌 육군 원수, 서머빌 제독 그리고 공군 대장 피어스도 함께했다. 그들을 전부 모은 이유는, 미국 측이 인도에서 즉시 작전을 수행하기 위해서 우리가 할 수 있는 모든 것을—심지어 할 수 없는 일까지도—해주기를 바라고 있다고 확신했기 때문이다. 어떠한 문제든 선택된 임무를 맡은 사람으로부터 직접 의견을 들을 필요가 있었고, 그것이 그 회의의 목적이었다.

워싱턴에 도착하기 전에 우리 사이에서 먼저 해결해야 할 문제가 무척 많았고, 따라서 우리는 한 자리에 모였던 것이다. 합동기획위원회와 합동정보위원회는 거의 쉴 새 없이 회의를 계속했다. 3군 참모총장들은 매일, 때로는 하루에 두 번씩 회합을 가졌다. 나는 매일 아침 습관처럼 내 생각을 메모나 지시 형태로 그들에게 전달했으며, 당일 오후나 저녁에 함께 토의했다. 그러한 심층 조사와 엄밀한 검증 그리고 격론은 항해 내내 계속되었고, 그 결과 중대한 결정을 체계적으로 하게 되었다.

★ ★ ★ ★ ★

우리는 모든 전장을 동시에 생각하지 않으면 안 되었다. 아프리카에서 거둔 승리에 이은 유럽 작전에 관해서는 모두의 의견이 일치했다. 시칠리아 공격은 카사블랑카에서 결정했으며, 이미 대부분의 준비가 상당히 진척되어 있었다. 우리 영국의 3군 참모총장들은 이탈리아 본토에 대한 공격을 시칠리아 점령 후 또는 부분적으로 중복하여 진행해야 한다고 확신했다. 그들은 이탈리아의 발 끝 부분에 교두보를 확보하고, 이어서 바리와 나폴리에 진격하는 것을 필두로 뒤꿈치 부분까지 공격하자고 제안했다. 그러한 결론에 도달하게 된 견해와 논란을 담은 문서를 배에서 작성한 다음, 워싱턴에서 토론할 주제의 기초로 삼을 수 있도록 미국 3군 참모총장들에게 보냈다.

영국 군사 행동의 두 번째 대국면, 즉 인도로부터 시작될 작전에 관하여 미국 측의 일치된 의견을 끌어내는 데에는 상당한 어려움이 따르리라고 예상했다. 문서로 작성한 계획은 아주 많았지만, 실제로 보여줄 것은 별로 없었다. 루스벨트 대통령과 그의 측근은 여전히 무기와 장비가 충분히 보급될 경우 중국이 발휘할 수 있는 군사력을 과대 평가했다. 따라서 지원이 이루어지지 않으면, 중국이 곧 붕괴하지 않을까 하는 지나친 두려움까지 지니고 있었다. 나는 아셈의 끔찍한 도로를 뚫고 버마를 다시 정복한다는 구상을 아주 싫어했다. 나는 정글—어차피 승자의 몫이 될 것이었다—을 증오했고, 공군력과 해군력 또는 수륙 양면 작전 그리고 주요 핵심 지점의 견지에서 생각했다. 우리의 중대사에서 가장 중요한 것은, 이미 합의하여 미국 측이 원하는 바를 실현할 수 있도록 우리가 최선을 다할 태세를 갖추었으며 결코 느슨한 태도를 가지고 있지 않다는 사실을 미국 사람들이 믿도록 만드는 일이었다. 버마에서 무슨 일이 일어났는지에 대해서는 뒤에 상세하게 설명할 것이다.

5월 11일, 우리는 스태튼 섬[뉴욕 만에 있는 작은 섬/역주] 앞바다에 도착했다. 해리 홉킨스가 마중을 했고, 우리 일행은 즉시 워싱턴행 기차를 탔다. 대통령은 플랫폼까지 나와서 나를 맞이했으며, 백악관의 낮익은 방으로 함께 갔다. 다음날 오후, 5월 12일 2시 30분 우리는 오벌 룸에 모여 회의에서 다룰 내용을 훑어보며 검토했다.

루스벨트 대통령은 나에게 토의를 시작해달라고 요청했다. 기록에 의하면, 내가 한 말의 요지는 다음과 같다.

"……우리는 아직도 독일군 185개 사단이 러시아 전선에 있다는 사실을 잊어

서는 안 됩니다. 우리는 아프리카에서 독일군을 물리쳤습니다만, 조만간 어디에
선가 또 만날 수밖에 없습니다. 러시아의 노력은 대단한 것이었고, 우리는 러시
아에 빚을 지게 되었습니다. 1943년에 러시아 전선의 부담을 덜어주는 가장 최
선의 방법은 이탈리아를 전쟁에서 이탈하게 하거나 강제로 몰아내는 것입니다.
그리하여 독일이 대규모의 병력을 발칸으로 내려보내 지키도록 하는 것입니
다.……우리 영국은 본토에 대규모 육군과 수도 방위 전투 비행단이 있습니다.
서북 아프리카에는 영국군 13개 사단이 주둔 중입니다. 만약 시칠리아 작전이
8월 말에 완결된다고 가정하면, 그 부대들은 해협 횡단 작전이 시작되는 날[1944
년의 어느 날]까지 7, 8개월 동안 무엇을 합니까? 아무것도 하지 않고 놀 수도
없으며, 그렇게 장기간 아무런 활동을 하지 않는 상태로 지내게 되면 부적절할
정도로 무거운 부담을 지고 있는 러시아에도 좋지 않은 영향을 끼치게 됩니다."

루스벨트 대통령도 러시아의 부담을 덜어주기 위해서는 우리가 독일과
교전할 수밖에 없다는 점에 동의했다. 그러나 대통령은 이탈리아 정복에
나서게 되면, 그 사이에 독일을 다른 곳에서 전투를 벌이게 내버려두는 결과
가 되지 않겠느냐고 의문을 제기했다. 독일을 우리의 전투에 끌어들일 수
있는 최선의 방법은 해협 횡단 작전을 개시하는 것뿐이라고 그는 생각했다.
 이제 우리는 모두 해협 횡단을 1944년 이전에는 할 수 없다는 데 합의했
기 때문에, 우리의 대군을 이탈리아 공격에 사용할 수밖에 없다는 것이 나
의 대답이었다. 내 생각에 이탈리아 반도 전체를 모두 점령할 필요는 없었
다. 이탈리아가 무너지면, 연합국이 이후 발칸과 서유럽에서 펼칠 작전에
필요한 이탈리아의 항구와 비행장들을 점령하는 것으로 충분했다. 국가의
관리는 연합국의 감독 아래 이탈리아인 정부가 맡도록 하면 되었다. 중요한
모든 문제들이 우리의 영미 합동3군참모총장위원회와 그 소속 전문가들에
의해서 샅샅이 규명될 터였다.

처음에는 영미 양국 사이에 극복하기 어려운 의견의 차이가 발생하면 해결의 가능성이 없을 것처럼 보였다. 그러한 시기에 미국 고위 장교로부터 미국 민주당과 공화당 상원의원들에게 정보가 유출되어 상원에서 토론이 벌어졌다. 우리는 꾸준한 인내로 그러한 난관을 극복해 나갔다. 대통령과 내가 함께 지내면서 거의 하루 종일 만나고 있다는 사실, 두 사람이 서로 긴밀한 관계 속에서 의견의 일치에 이르게 된다는 사실, 대통령은 궁극적인 문제에 대해서 스스로 결정하려고 한다는 사실 등이 홉킨스의 소중한 역할에 힘입어 양국 참모진들의 토론 진행 과정을 부드럽게 하거나 국면을 통제하는 데에 영향을 미쳤다. 단계마다 전문가들 사이의 원만한 개인 관계에 따라서 조정이 이루어지는 가운데 심각한 의견 차이의 위기를 넘긴 다음, 시칠리아를 공격한다는 데에 거의 완전한 의견의 일치를 보았다.

모든 일이 잘 진행되고 있었으나, 시칠리아를 정복한 다음 이탈리아 본토를 공격한다는 데에 대한 합동3군참모총장위원회의 확실한 건의가 없어 나는 몹시 신경이 쓰였다. 미국 참모들의 마음은 사르디니아로 기울어져 있다는 사실을 나는 알았다. 그들은 기왕에 지중해에 집결한 막강한 군대가 1943년까지 남은 기간을 통해 실행할 목표는 그것이어야 한다고 생각했다. 군사적으로든 정치적으로든, 여러 측면에서 볼 때 그러한 관측에 대해서 나는 개탄했다. 러시아는 그 광대한 전선에서 매일 싸우면서 엄청난 피를 흘리고 있었다. 그런데 우리는 거의 1년 가까운 세월 동안 150만의 정예 육군과 가공할 공군과 해군의 힘을 놀려야 한다는 말인가?

대통령은 이탈리아 공격과 관련해서 고문들에게 더 정확한 입장을 요구하는 것처럼 보이지는 않았다. 그러나 내가 다시 대서양을 건너간 주된 목적이 그것이었으므로, 나는 가만 있을 수가 없었다. 홉킨스는 슬쩍 이렇게 말했다. "목적을 달성하려면 일주일 정도 여기 머무르실 필요가 있습니다. 그 정도로 충분하다고 확신할 수는 없습니다만." 그 문제로 너무 신경을 곤두세웠기 때문에, 5월 25일 대통령에게 개인적으로 마셜 장군을 알제까지 나와 동행하도록 해달라고 부탁했다. 나는 회의에서 이렇게 설명했다. 그 문제에 대해서 아이젠하워 장군과 논의하는 자리에 미국의 최고위급 대표가 참석하지 않는다면, 나로서는 당혹스러울 수밖에 없다. 만약 어떠한 결정이 이루어지더라도, 결과적으로 내가 부당한 영향을 미친 것처럼 여겨질지 모른다. 따라서 마셜 장군이 나와 동행하게 된다면 고마운 일이다. 그리고 이제는 알제에서 결정한 다음 합동3군참모총장위원회가 잘 검토할 수 있도록 보고서를 작성하여 보내는 것이 확실히 가능해졌다.

다음날 아침 일찍 나는 마셜 장군, 영국 육군참모총장, 이즈메이 그리고 우리 일행과 함께 비행정을 타고 포토맥 강에서 이륙했다. 우리는 긴 비행시간 동안 유쾌하게 이야기를 나누었다. 나는 틈을 이용하여 꽤 쌓여 있던 서류들도 모두 말끔히 처리했다. 지브롤터에 가까워졌을 때 우리를 호위하러 나온 비행기를 찾아 주위를 두리번거렸으나, 아무것도 보이지 않았다. 그런데 갑자기 정체불명의 비행기가 하나 나타나서 모두의 관심이 집중되었다. 처음에는 우리와 관계가 있는 비행기로 생각했다. 그러나 더 이상 다가오지 않는 것을 보고는 스페인 비행기로 판단했다. 그 비행기가 완전히 사라질 때까지 모두 걱정하지 않을 수 없었다. 오후 5시경 착륙하자, 총독이 마중을 나왔다. 그날 밤중에 알제까지 가기에는 너무 늦었으므로, 총독 관저로 사용하고 있는 수녀원으로 갔다. 200년 전에 수녀들이 떠난 수녀원이었다.

이튿날 오후까지 우리는 알제로 출발하지 않았다. 따라서 마셜 장군에게 바위를 구경시켜줄 기회를 마련했다. 일행은 몇 시간 동안 걸어다니면서 요새에 항구적으로 맑은 물을 공급하는 증류 시설, 전략적으로 중요한 여러 종류의 포, 몇몇 병원, 큰 부대를 살펴보았다. 마지막으로 총독의 특별한 보물인 바위 속 갱도를 보러 갔다. 바위 깊숙이 8문의 속사포가 지협과 영국과 스페인 사이의 중립 지역을 내려다보고 있었다. 그것은 대단한 작업의 결과였다. 걸어가면서 보니, 스페인 지역으로부터의 공격에 의해서 지브롤터에 어떠한 형태의 위험이 닥치더라도 그곳은 상관이 없을 것 같았다. 영국의 방문객들은 총독의 그러한 자부심을 함께 나누었다. 비행정에서 작별을 고할 순간에, 마셜 장군이 다소 머뭇거리다가 말했다. "갱도는 정말 훌륭합니다. 우리도 코레히도르에 비슷한 것이 있습니다. 그런데 일본군이 수십 미터 위에서 바위를 향해 포격을 퍼붓고는, 이삼일 뒤에 깨진 바위 조각 더미로 입구를 막아버렸습니다." 나는 그가 경고를 해주었다고 생각했다. 총독은 충격을 받은 인상이었다. 그의 얼굴에서 웃음이 사라져버렸다.

우리는 오후 일찍 12기의 보파이터가 머리 위에서 선회하는 가운데 이륙했다. 그리고 석양 속에서 알제의 비행장에 도착했는데, 아이젠하워 장군, 베델 스미스 장군, 앤드루 커닝엄 제독, 알렉산더 장군 그리고 여러 동료들이 우리를 마중했다. 차를 타고 바로 커닝엄 제독의 저택으로 갔다. 나는 아이젠하워 장군 옆방을 사용했다.

★ ★ ★ ★ ★

전쟁 기간 중 알제와 튀니스에서 보낸 8일보다 더 유쾌한 기억은 없다. 나는 우리가 주선한 지로와 드골의 회동 때 두 눈으로 직접 목격한 사실을 확인하고 동시에 다른 중요한 업무 처리를 하기 위해서, 이든에게 그곳으로 오라는 전문을 보냈다.

나는 아프리카를 떠나기 전에 시칠리아 점령 뒤에는 바로 이탈리아를 공격하기로 결정했다. 브룩과 나는 그러한 우리의 견해를 알렉산더 장군, 앤드루 커닝엄 제독, 테더 공군 중장 그리고 나중에 몽고메리에게까지 알렸다. 최근의 전투에서 중요한 역할을 맡았던 그들은 저마다 최대 규모의 행동을 취해야 한다는 데로 생각이 기울어져 있었다. 그리고 이탈리아 정복은 알라메인 승리 이후에 거둔 일련의 전과에 따르는 당연한 것으로 생각했다.

그러나 최대 동맹국인 미국의 동의를 얻어야 했다. 아이젠하워는 아주 유보적인 태도를 보였다. 그는 우리의 토론 내용을 하나도 빠뜨리지 않고 주의 깊게 들었고, 그 목적에 동의하는 것이 확실해 보였다. 그러나 마지막 순간까지 침묵으로 일관했으며, 묘한 태도를 취했다.

회담의 분위기는 영국 측에 유리했다. 우리는 미국보다 3배나 많은 병력, 4배나 넘는 전함을 보유했고, 출격 가능한 비행기 수는 비슷했다. 전쟁 초반까지 따질 필요 없이 알라메인 전투 이후로만 계산하더라도, 우리는 지중해에서 미국보다 8배나 많은 병사를 잃었으며 3배에 달하는 선박을 상실했다. 그런데 그러한 유력한 사실관계에 대해서 미국의 지도급 인사들의 공정하고 극도로 세심한 배려를 이끌어낼 수 있었던 것은, 월등한 전력에도 불구하고 우리가 아이젠하워 장군의 연합군 최고사령관으로서의 지위를 계속 받아들이고, 모든 실전에서 미국 작전의 성격을 잘 지켰기 때문이다. 미국의 지도자들도 도량의 면에서 뒤지기를 싫어한다. 미국인만큼 자발적으로 페어플레이에 호응하는 국민은 없다. 누구든 미국인에게 잘 대해준다면, 언제나 미국인으로부터 그보다 더 나은 대접을 받게 될 것이다. 그 모든 어려움에도 불구하고 논쟁에서 미국 측을 납득시키게 된 결과는, 결론 그 자체의 압도적인 장점 때문이었다고 생각한다.

우리의 첫 번째 회의는 5월 29일 오후 5시에 알제의 아이젠하워 장군의 숙소에서 열렸다. 주인인 아이젠하워 장군이 회의를 주재했는데, 미국 측 주요 참석자는 마셜과 베델 스미스였다. 나는 아이젠하워 바로 맞은편에 앉았고, 브룩, 알렉산더, 커닝엄, 테더, 이즈메이 그리고 다른 몇 사람이 배석했다. 마셜은 미국 3군 참모총장들의 견해는 시칠리아 공격의 결과가 나오고 러시아의 정확한 상황을 파악하기 전까지는 이탈리아 공격을 결정할 수 없다고 말했다. 논리적으로 접근한다면, 별개의 참모부를 가진 두 개의 부대를 서로 다른 장소에 배치하는 것이었다. 한 부대는 사르디니아와 코르시카 작전에 대비해서, 또다른 부대는 이탈리아 본토 작전에 대비해서 훈련한다. 어느 하나를 선택할 수 있을 정도로 상황이 분명해지면, 그때 결정된 계획을 수행할 부대에 필요한 공군, 상륙용 주정 등을 모두 넘겨준다는 것이었다. 그러나 아이크[아이젠하워의 애칭/역주]는 시칠리아를 쉽게 점령하게 되는 경우, 자기라면 즉시 이탈리아를 바로 공격하겠다고 말했다. 알렉산더 장군도 그 의견에 찬성했다.

육군참모총장 브룩은 일반론을 펼쳤다. 러시아와 독일의 일대 격전이 임박했다. 따라서 우리는 할 수 있는 모든 것을 동원하여 도와야 한다. 독일군의 전력을 분산시켜야 한다. 독일군은 이미 넓게 전개되어 있는데, 러시아 전선과 프랑스 중 어디서든 전력을 감축시킬 수는 없다. 그나마 가장 편하게 병력을 다른 곳으로 돌릴 수 있는 곳이 이탈리아이다. 만약 이탈리아의 아래쪽에 병력이 밀집되어 있다면, 다른 쪽을 노려보자. 이탈리아를 전쟁에서 이탈시키게 되면, 독일군은 발칸의 26개 이탈리아군 사단을 대신해야 한다. 그리고 브레너 고개, 리비에라, 스페인 국경과 이탈리아 국경에 병력을 보충해야 한다. 이러한 독일군의 분산이야말로 해협 횡단을 위해서 반드시 필요한 조건이므로, 독일군이 필요한 곳을 더 많이 만들도록 모든 노력을 해야 한다.

논의가 그 정도에 이르렀을 때, 아이젠하워는 문제를 간단하게 정리할 수 있을 것 같다고 했다. 만약 시칠리아 작전을, 말하자면 1주일 이내에 끝내게 된다면, 즉시 메시나 해협을 횡단하여 교두보를 만들겠다는 것이었다. 나는 개인적인 판단으로 시칠리아 작전을 8월 15일까지 종결할 수 있을 것이라고 밝혔다. 만약 그렇게 되고, 부대의 후유증이 크지 않을 경우에는 곧장 이탈리아 아래쪽으로 가야 하는데, 독일군이 많은 병력을 그곳으로 집결시키지 않는 것을 조건으로 해야 한다고 말했다. 독일 입장에서는 이탈리아를 잃는 것보다 터키가 우리 쪽에 유리하게 움직이는 것이 훨씬 더 위험하다고 느꼈다.

브룩은 우리의 지중해 전력 전반에 관해서 설명했다. 해협 횡단 작전을 위해서 귀국시켜야 하는 7개 사단과 터키에 대한 약속 이행을 위해서 보내야 하는 2개 사단을 제외하면, 지중해 지역에서 가용한 연합군 병력은 모두 27개 사단이라고 했다. 그 정도의 전력을 보유하면서 8월이나 9월부터 다음 해 5월까지 사이에 아무 일도 할 것이 없다면, 정말 그것은 좋지 않을 것이라는 의견이었다.

★ ★ ★ ★ ★

해결해야 할 일은 많았지만, 그럼에도 불구하고 나는 초반의 토론 결과가 만족스러웠다. 지도자들은 모두 대담하게 나아가기를 원한다는 사실은 분명했다. 내가 느끼기에 불확실성을 이유로 하는 유보 사항들은 장차 내가 바라는 바에 따라서 일이 진행되어가면서 해결되리라고 느꼈다.

우리는 5월 31일 오후에 다시 모였다. 이든도 시간에 맞추어 도착했다. 나는 어떻게든 결말을 지으려고 했고, 내 마음은 이탈리아 남부 공격에 두어져 있었지만, 전투의 운명이란 또 어떠한 다른 과정을 필요로 하는지 모르겠다고 말했다. 어쨌든 이탈리아 남부와 사르디니아 중 하나를 선택한다는 것은, 하나는 화려한 작전임에 비하여 다른 하나는 단순히 편의적 대안에 불과하다는 차이를 내포했다. 마셜 장군은 그러한 구상에 반대하는 것은 아니었지만, 그 순간에 명확한 결정을 내리기를 원하지 않았다. 우선 시칠리아 공격을 시작하고 난 연후에 무엇을 어떻게 해야 할지 결정하는 편이 좋겠다는 태도였다. 이탈리아 남부에서 실제로 저항이 있을지 없을지 판단하기 위해서는 독일의 반응을 알아볼 필요가 있다고 느꼈기 때문이다. 예를 들면, 독일군이 포 강으로 퇴각할 것인지, 기민하게 이탈리아 군을 재조직해서 직접 움직일 것인지, 사르디니아는 물론 코르시카 또는 발칸에 어떤 준비가 되어 있는지, 러시아 전선에서는 어떠한 재조정을 시도할지 알 수 없는 일이었다. 이탈리아가 몰락하는 데에는 서로 다른 두세 가지의 길이 있었다. 그리고 그때부터 7월 사이에 수많은 일이 일어날 터였다. 아이젠하 워와 영미 합동3군참모총장위원회는 이탈리아 공격에 대한 내 생각을 충분히 알고 있었지만, 그들이 바라는 바는 "시칠리아 이후"를 선택함으로써 최선의 결과를 도모한다는 것이었다.

나는 이탈리아가 전쟁의 대열에서 이탈하고 우리가 로마를 장악하게 되기를 간절히 바란다고 말했다. 이탈리아를 전쟁에서 배제시킬 수 있는 대군을 보유하면서도 그냥 놀려둔다는 일은 참을 수가 없었다. 군대가 행동하지 않으면, 의회와 국민도 가만히 있지 않을 것이다. 그러한 비극을 막기 위해서라면, 나는 필사적이라고 할 만한 조치도 기꺼이 취할 생각이었다.

★ ★ ★ ★ ★

그때 사건이 하나 일어났는데, 전후 오해와 논쟁의 발단이 된 것이어서 이 자리에서 언급하지 않을 수 없다. 이든은 나의 요청에 따라 터키 상황에 대해서 의견을 제시했는데, 이탈리아를 전쟁에서 배제시키면 터키를 참전시키는 데 도움이 될 것이라고 했다. 그리고 "우리 부대가 발칸 지역에 진입하면," 터키는 더욱 우호적인 태도를 보일 것이라고 했다. 이든과 나는 전쟁 정책에 관한 한 완전히 의견이 일치했는데, 그의 그 말이 미국 측의 오해를 사지 않을까 걱정되었다. 기록에는 이렇게 되어 있다. "수상은 지금도, 가까운 장래에도 군대를 발칸 지역으로 보낼 의사가 없음을 강조하며 개입했다." 우리가 발칸을 즉각 위협할 수 있는 조직적 움직임을 보이기만 해도 터키가 우호적인 반응을 보일 것이기 때문에, 이든 역시 군대를 발칸으로 파견할 필요는 없다는 데 동의했다.

회의를 마치고 헤어지기 전에 나는 알렉산더 장군에게 의견을 물었다. 그는 무척 인상적인 얘기를 했다. 이탈리아 본토에 교두보를 확보하는 것을 계획의 일부로 포함시켜야 한다. 시칠리아 작전을 이용해서 한 걸음 더 나아가 이탈리아 본토에 진입할 수 없다면, 큰 승리를 거두는 일은 불가능할 것이다. 이 모든 사정은 시칠리아 작전이 진행됨에 따라서 명료해질 것이다. 비록 그런 일이 일어날 것 같지도 않지만, 우리의 작전을 전면적으로 재조정할 정도로 이탈리아 남쪽의 저항이 강할 수는 없기 때문에, 일단 시칠리아에 대한 공격을 개시하면 조금도 멈추지 말고 계속 전진할 준비를 해두어야 한다. 무선통신이 원거리에서 부대를 통제하고 공군이 광범위한 지역에 걸쳐 엄호와 지원을 할 수 있는 현대전은 아주 빠른 전진을 가능하게 한다. 이탈리아 본토에서 북상하는 일은 더 어려울지 모르지만, 시칠리아를 동력으로 삼아 우리가 계속 전진하는 것은 그렇지 않다. 전시에는 가끔 믿을 수 없는 일이 일어난다. 롬멜과 그의 아프리카 군단에서 실제로 발생한 사태는, 불과 그 몇 개월 전만 하더라도 상상할 수 없는 일이었다. 30만 명의 독일군이 궤멸했다는 사실은, 불과 몇 주일 전만 하더라도 생각조차 할 수가 없었을 것이다. 하늘에서 적의 공군이 완전히 사라졌기 때문에, 원하기만 한다면 우리는 적기의 위험을 의식하지 않고 튀니지의 한 들판에 북아프리카의 병력 전체를 집결시켜 열병식을 치를 수도 있었다.

커닝엄 제독은 알렉산더의 견해를 즉각 지지하면서, 시칠리아에서 잘 되면 바로 해협을 건너야 한다고 말했다. 아이젠하워는 영미 합동3군참모총장위원회가 했던 일을 자신을 위해서 명료하게 할 목적으로 여행을 마다하지 않은 마셜 장군과 나에게 감사의 뜻을 표시한다는 말과 함께 회의를 종료했다. 그는 시칠리아 공격의 초기 국면에 관련한 정보를 입수하여, 잠시도 지체하지 않고 영미 합동3군참모총장위원회에 넘겨 그 뒤에 어떤 계획을 따라야 할지 결정하도록 하는 일을 자신의 책임으로 생각했다. 또한 그는 그때그때의 상황에 근거해서 정보뿐만 아니라 강력한 권고 사항도 제시하겠다고 했다. 그리고 3인의 최고 지휘관(알렉산더, 커닝엄, 테더)은 그들이 진술한 내용에 대해서 완전히 서로 동의하지만, 그러한 문제와 관련하여 충분한 논의를 할 기회를 가지게 되기를 바란다고 했다.

★ ★ ★ ★ ★

그뒤 이틀 동안 우리는 불과 한 달 전의 전투로 역사적 장소가 된 몇몇 아름다운 곳을 비행기와 자동차를 타고 다니면서 구경했다. 마셜 장군은 혼자 잠깐 미국과 관계가 있는 관광을 한 다음, 알렉산더 장군 그리고 나와 합류하여 여행하면서 모든 지휘관들을 만나고 우리의 가슴을 뛰게 만드는 부대원들의 모습을 살펴보았다. 어디든 온통 승리의 기운이 넘쳤다. 북아프리카 전역에서 적은 소탕되었다. 25만 명의 포로가 우리 수용소에 갇혀 있었다. 모두 자부심을 느꼈고 기쁨에 넘쳤다. 사람들이 승리에 열광한다는 사실은 의심의 여지가 없다. 나는 카르타고의 대형 원형극장 유적지에서 수천 명의 우리 병사들을 향해 연설했다. 때와 장소가 연설에 아주 적합했다. 무슨 말을 했는지 전혀 기억이 나지 않지만, 병사들은 2,000년 전 그들의 선조들이 검투를 보고 그러했듯이 손뼉을 치며 환호했다.

★ ★ ★ ★ ★

나는 토론을 통해서 큰 진전을 이루었으며, 모든 사람들이 이탈리아 진군을 바라고 있다고 느꼈다. 따라서 나는 6월 3일에 열린 마지막 회의에서 모든 것을 요약하면서, 가장 정중한 형식으로 결론을 말하고, 아이젠하워 장군에게 경의를 표했다.

이든과 나는 비행기를 이용하여 지브롤터를 거쳐 귀국했다. 내가 북아프리카에 머물고 있다는 사실은 완벽하게 그대로 보도되었기 때문에 독일은 예외적으로 경계심을 발동했는데, 그 결과 나를 고통스럽게 만든 비극적 사태가 일어나고 말았다. 정기 운항하는 민간 항공기가 막 리스본 공항에서 출발하려고 할 때 시가를 입에 문 뚱뚱한 한 사내가 비행기로 다가갔는데, 태도로 보아 승객인 것 같았다. 그는 독일 첩보원이었고, 내가 그 비행기에 탑승했다는 신호를 보냈다. 그 여객기는 아무런 제약 없이 수개월 동안 포르투갈과 영국 사이를 왕복하고 있었다. 그런데 독일 전투기 한 대가 명령을 받고 즉시 출격하여 무방비 상태의 그 여객기를 무참하게 격추시켜버렸다. 13명의 승객이 목숨을 잃었는데, 그중에는 유명한 영국 배우 레슬리 하워드도 있었다. 그의 기품과 재능은 출연한 수많은 영화를 통해서 여전히 우리에게 전해지고 있다. 독일인의 야만성은 그들 첩보원의 우둔함에 의해서 적나라하게 드러나게 되었다. 영국의 모든 자원에 대한 결정권을 가진 내가 무장도 하지 않고 경호도 없는 비행기를 예약하고, 그것도 대낮에 탑승하여 리스본에서 귀국한다는 것은 상상이나 할 수 있는 일인가. 당연히 우리는 밤 시간을 이용하여 바다를 멀리 우회한 끝에 무사히 돌아왔다. 도저히 짐작조차 할 수 없는 운명의 장난으로 다른 사람들에게 그러한 사고가 일어났다는 소식은 나에게 고통스러운 충격이었다.

제4부
승리와 비극
1943-1945년

"대연합국은 압도적인 승리를 거두었지만,
우리의 불안한 세계에 평화를 가져다주지는 못했다."

제1장

시칠리아 점령과 무솔리니의 몰락

제2차 세계대전은 그 전환점에 도달했다. 일본의 진주만 공격 이후 미국이 참전함으로써 자유의 대의가 결코 버림받지 않게 되었다는 사실이 확실해졌다. 유럽과 아시아의 침략자들은 이제 수세에 몰리고 말았다. 1943년 2월의 스탈린그라드는 러시아에서 전세의 흐름을 바꾸어놓았다. 5월에 이르러 아프리카 대륙의 독일군과 이탈리아군은 모두 전사하거나 포로가 되었다. 1년 전 산호해와 미드웨이 섬에서 벌어진 전투에서 미국이 승리함으로써 태평양으로 확장하려던 일본의 계획은 저지되었다. 오스트레일리아와 뉴질랜드는 침공의 위협에서 벗어났으며, 일본의 지도자들은 그들의 진격이 이미 정점을 지났다는 사실을 깨달았다. 히틀러는 러시아를 침공, 정복하려고 시도한 자신의 치명적 과오에 대해서 계속 상당한 대가를 치러야 했다. 여전히 여러 전장에서 중요한 결과에 영향을 미치지도 못하면서 잔존한 대군을 낭비하듯 소모하기만 했다. 조만간 독일은 분노하여 무기를 든 세계에 포위되어 유럽에서 고립될 처지였다.

그러나 생존과 승리 사이에는 여러 단계가 있는 법이다. 2년 이상 우리 앞에 펼쳐진 것은 치열하고 피비린내 나는 싸움이었다. 그 이후로 위험한 것은 파괴가 아니라 궁지에 몰리는 것이었다. 위대한 공화국 미국은 전쟁에 전력을 집중하기 이전에 그들의 육군을 더 충실하게 해야 했으며, 다량의 선박을 건조해야 했다. 국면을 유리하게 전환시키는 변화가 일어나지 않고서는 서방의 연합국의 힘으로 히틀러의 유럽 본거지에 결정타를 날려 전쟁을 종국으로 이끌 수 없었다. 영미의 "해양 군사력(maritime power)"—이것은 해군과 공군을 적절히 혼성 편성한 전력을 표현하는 새 용어이다—은 1943년 한 해 동안 해안과 대양의 해상은 물론 해저에서 지배적이 되었다. 그러한 전력이 없었다면, 유럽을 해방시키기 위한 거대한 규모의 육해공 수륙양면작전은 불가능했을 것이다. 유럽의 대부분이 히틀러의 손아귀에 있는 한, 소련도 단독으로 히틀러의 남아 있는 군사력 전체와 대결해야 할 것이었다.

★ ★ ★ ★ ★

이미 설명한 바와 같이 전쟁의 초반 2년 6개월 동안 영국은 단독으로 유보트, 자석 기뢰 그리고 레이더 망에 맞서 싸웠다. 일본의 진주만 공격에 의해서 우리가 그토록 갈망하던 미국의 참전이라는 최대의 사건이 실현되었지만, 처음에는 해상에서 우리에 대한 위험을 증가시키는 것같이 보였다. 1940년과 1941년에는 해마다 400만 톤에 달하는 우리 상선을 잃었다. 미국이 우리의 동맹국이 되고 난 이후인 1942년에 그 수치는 두 배로 늘어났다. 그리고 유보트는 미국이 새 선박을 건조하는 속도보다 더 빠르게 해상의 선박을 격침시켰다. 그런데 1943년에는 미국의 방대한 선박 건조 계획에 힘입어 새로 건조되는 톤수가 여러 요인으로 상실되는 톤수를 능가하게 되었다. 그리고 2/4분기에는 처음으로 격침된 유보트의 수가 대체되는 유보트의 수를 앞질렀다. 이제 우리 상선보다 유보트가 더 많이 침몰하는 시기가 오고 있었다. 그러나 그때가 오기까지 기나긴 고통의 시간이 필요했다.

대서양 전투는 전쟁 전체의 향방을 좌우하는 결정적인 요인이었다. 우리는 지상이든 바다든 혹은 하늘이든, 궁극적으로 대서양 전장에서 일어나는 사태에 모든 것이 달려 있다는 생각에서 단 한순간도 벗어날 수 없었다. 다른 모든 상황에 신경을 쓰면서도, 우리는 하루하루 희망과 불안이 교차하

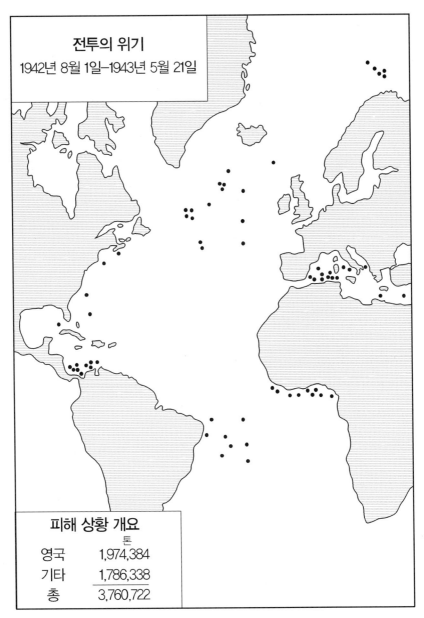

피해 상황 개요	
	톤
영국	1,974,384
기타	1,786,338
총	3,760,722

대서양 전투 : 독일 유보트에 의해서 침몰된 상선들

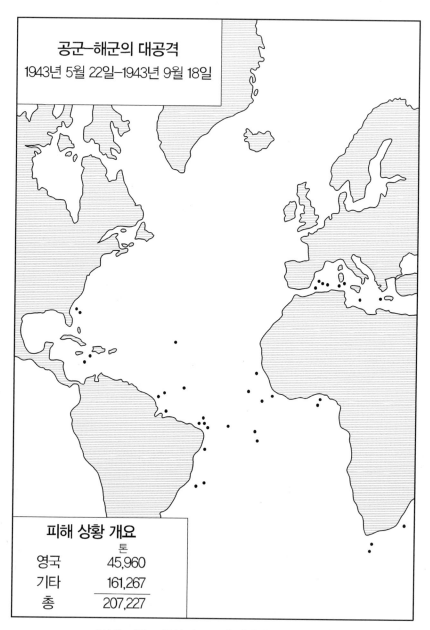

공군—해군의 대공격
1943년 5월 22일-1943년 9월 18일

피해 상황 개요	
	톤
영국	45,960
기타	161,267
총	207,227

대서양 전투 : 독일 유보트에 의해서 침몰된 상선들

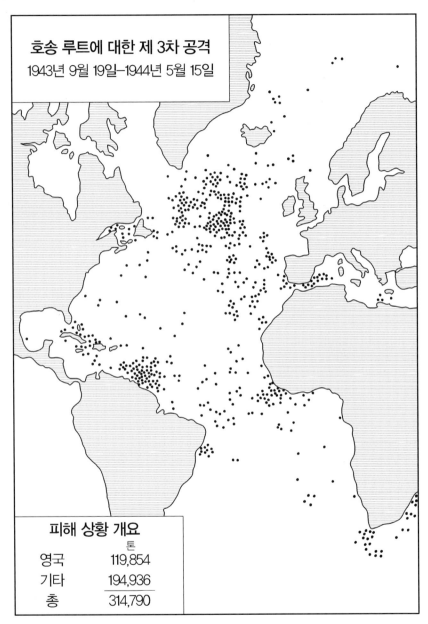

호송 루트에 대한 제 3차 공격
1943년 9월 19일–1944년 5월 15일

피해 상황 개요	
	톤
영국	119,854
기타	194,936
총	314,790

대서양 전투 : 독일 유보트에 의해서 침몰된 상선들

는 가운데 대서양 전황의 추이를 지켜보았다. 몹시 불안하고 초조한 정세에 가슴 조이며 항상 보이지 않는 위험에 노출된 상태에서도 열심히 부단하게 노력했던 이야기는 우연한 기회에 또는 드라마 등을 통해서 알려져 있다. 그러나 수병이나 항공병 개개인들은 끝없이 이어지는 불안 속에서 아무 일도 일어나지 않는 날이 계속되었지만, 그런 단조로움을 깨뜨리고 눈부신 활약을 보여줄 기회란 거의 없었다. 그럼에도 불구하고 잠시도 경계를 늦추어서는 안 되었다. 끔찍한 위기는 어떤 순간에 미래가 밝은 국면으로 나타나기도 했고, 치명적 비극의 전조로 불타오르기도 했다. 수없이 많은 용맹한 행동과 믿을 수 없을 정도의 인내를 보여준 눈부신 성공은 기록으로 남아 있다. 그러나 전장에서 사라진 인물들의 행적은 전혀 알려질 길이 없다. 우리 상선의 승무원들은 우수한 자질을 최고로 발휘했다. 유보트를 격멸하겠다는 굳은 결의 속에서 해양인의 눈부신 형제애를 보여주었다.

1943년 4월, 드디어 균형이 뒤집히는 것을 볼 수 있었다. 물속에서 계속 횡포를 부리는 유보트 떼에 대해서 우리의 선단을 호위하는 공군과 해군이 정면으로 맞서게 되었다. 우리는 호송 경호 임무를 떠나 기병 사단처럼 활동하는 독립 소함대 그룹들을 편성할 수 있는 역량을 갖추게 되었다. 그것이야말로 내가 그토록 바라던 바였다. 독일이 보유한 최대의 수치에 해당하는 235척의 유보트가 활동 중이었다. 그러나 유보트 대원들은 동요하기 시작했다. 그들은 불안감을 떨칠 수가 없었다. 아주 유리한 조건에서도 그들은 더 이상 급소를 압박하는 공격을 하지 못했다. 대서양에서 우리의 손실은 거의 30만 톤 수준으로 하락했다. 5월에만 40척의 유보트가 격침되었다. 독일 해군참모본부는 신경을 곤두세운 채 해상 상황도를 지켜보고 있었는데, 그달 말 되니츠 제독은 휘하의 잔여 함정 전부를 불러들여 휴식을 취하거나 위험도가 낮은 해역에서 전투하도록 지시했다. 6월이 되자, 우리 선박의 침몰 상황은 미국의 참전 이후 최저치를 기록하기에 이르렀다. 호송선단은 아무 사고 없이 항행했고, 공급선은 안전을 유지했다. 결정적 전투에서 우리는 승리했던 것이다.

드디어 우리 군대는 히틀러가 지배하는 유럽의 하복부를 노리고 지중해를 건널 수 있게 되었다. 북아프리카의 추축군이 전멸하면서 우리의 호송선 단에게 이집트, 인도, 오스트레일리아로 가는 직통 항로가 열렸다. 그리고 그 항로를 따라 확보된 기지에서 출동하는 해군과 공군이 지브롤터에서부터 수에즈까지 항해하는 선박을 호위하게 되었다. 엄청난 시간과 노력 그리고 비용이 들었던 저 먼 희망봉을 우회하는 항해는 이제 막을 내릴 단계였다. 중동까지 가는 데에 각 호위함마다 평균 45일의 기간을 단축함으로써, 그만큼 단숨에 선박 보유량을 엄청나게 증가시킨 셈이 되었다.

유보트를 격퇴한 결과는 모든 사태에 영향을 미쳤기 때문에, 여기서 이야기를 더 진전시키지 않으면 안 된다. 한동안 유보트는 남대서양이나 인도양 같은 멀리 떨어진 해역에 분산하여 활동했는데, 그곳의 우리 방어망은 비교적 허술했지만 적의 표적이 되지는 않았다. 유보트를 공격하기 위한 비스케이 만의 우리 공군은 점점 전력을 더 강화했다. 7월 중에 37척의 유보트를 격침했는데, 대부분 공군의 공격에 의한 결과였으며 그중 절반은 비스케이 만에서 이룬 성과였다. 1943년 마지막 3개월 동안, 우리가 파괴한 유보트는 모두 53척이었으며, 침몰한 우리 상선은 47척에 불과했다.

폭풍우가 몰아친 그해 가을 동안 독일 해군의 유보트는 북대서양에서의 우위를 탈환하기 위해서 분투했으나 미미한 결과만 얻었을 뿐 대부분 헛수고에 그쳤다. 이런저런 난관에 부딪힌 되니츠 제독은 후퇴할 수밖에 없는 상황이었음에도 불구하고, 계속해서 종전과 같이 많은 유보트를 움직였다. 그러나 유보트는 공격이 둔화되었고, 우리 방어선을 돌파하려는 시도조차 거의 보이지 않았다. 그렇다고 되니츠가 절망에 빠진 것도 아니었다. 1944년 1월, 그는 이렇게 밝혔다. "적은 방어상 유리한 지위를 차지하는 데 성공했다. 내가 처칠에게 1급 잠수함전을 제안할 날이 올 것이다. 1943년의 전세 역전에도 불구하고 잠수함의 위력은 사라지지 않았다. 오히려 더 강해졌다. 1944년은 성공의 해가 되겠지만, 어려움도 많을 것이다. 우리는 영국의 공급[라인]을 새로운 잠수함의 위력으로 분쇄할 것이다."

되니츠의 그러한 자신감은 근거가 전혀 없지는 않았다. 독일에서는 물속에서 더 빠른 속도로 더 멀리 잠항할 수 있는 신형 유보트 개발을 위해서 비상한 노력을 쏟고 있었다. 그와 동시에 구형 보트를 철수시켜 "슈노르켈 (Schnorkel)"을 장착한 다음 영국 연안에서 활동하도록 할 계획이었다. 그 새로운 장치는 공기 흡입용 튜브만 수면 위에 남기고 계속 잠수한 채로 반격을 가능하게 한 것이었다. 하늘에서 잠수함을 발견하지 못하도록 개량한 것이다. 연합군이 공격을 위해서 나설 때마다 영국해협의 통로에서 슈노르켈식 잠수함으로 싸움을 벌이겠다는 의도가 명백했다. 그에 따라서 어떠한 일이 벌어졌는가는 적당한 곳에서 설명하겠다. 이제 다시 지중해의 국면, 1943년 7월로 돌아가야 할 때가 되었다.

★ ★ ★ ★ ★

아이젠하워는 우리의 목적이 지중해 해상 루트를 깨끗하게 정리하는 것일 때에 한하여 시칠리아를 공격해야 한다고 생각했다. 만약 우리의 실제 의도가 이탈리아를 침공하여 쓰러뜨리는 것이라면, 가장 우선적인 목표물은 사르디니아와 코르시카가 될 것이라고 판단했다. "왜냐하면 이 섬들은 장화 모양의 이탈리아 측면에 위치하여, 반도의 산이 많은 발끝에서 좀 떨어져 있는 시칠리아를 단순하게 점령하는 것보다는 이탈리아에 주둔한 적군을 훨씬 더 광범위하게 분산시킬 수 있기 때문이었다."* 그것은 의심의 여지가 없는 권위 있는 군사 전문가의 의견이었다. 그러나 내 생각은 달랐다. 그런 상황에서 정치적 세력은 자기 역할을 했고, 시칠리아 점령과 이탈

---

* 『유럽의 십자군』, 176면.

리아 본토에 대한 직접 공격은 보다 신속하고 광범위한 결과를 가져올 수 있었다.

　암호명 "허스키(Husky : 에스키모)"의 시칠리아 점령 작전은 최초의 대규모 계획이었다. 노르망디에서 일어난 사건들 때문에 가려지긴 했지만, 작전의 중요성이나 어려움은 결코 과소평가되어서는 안 되었다. 상륙은 북아프리카에서 얻은 경험을 토대로 진행했으며, 나중에 "대군주" 작전을 기획한 사람들은 "허스키"에서 많은 것을 배웠다. 최초 공격에는 3,000척에 가까운 선박과 주정이 참여하여 16만 명의 병력, 1만 4,000대의 차량, 600대의 탱크 그리고 1,800문의 포를 실어 날랐다. 그 병력은 지중해와 영국 그리고 미국 등지의 광범위한 지역에 분포된 기지에서 집결하여 훈련하고 장비를 갖춘 다음, 육해공 전투를 위한 거대한 병참부대와 함께 배를 타지 않으면 안 되었다. 불안과 우려에도 불구하고 모든 일은 순조롭게 진행되었으며, 양국 합동 참모본부의 뛰어난 공동 작전의 예를 보여주었다. 정책적 이유에서 우리는 북아프리카 원정 때부터 작전의 명령권과 지휘권을 미국에 양보했다. 그러나 이제 새로운 국면으로 접어들고 있었다. 시칠리아를 향한 진격, 그리고 그로부터 뒤따르는 현상이었다. 이탈리아 본토에 대한 행동은 시칠리아 전투의 경과를 보아서 결정한다는 데에는 의견이 일치되었다. 미국 측은 그해의 남은 기간 동안 사르디니아를 공격하는 대신 시칠리아 점령이라는 대모험에 관심을 보였고, 양국의 다른 합동작전의 가능성이 큰 상황이었으므로, 나는 적어도 미군과 대등한 수준의 영국군이 참여할 필요가 있다고 생각했다. 7월에 동원 가능한 전력의 비율은 이러했다. 육군은 영국군 8개 사단에, 미군이 6개 사단이었다. 공군은 미군이 55퍼센트에, 영국군이 45퍼센트였다. 해군은 영국군이 80퍼센트였다. 그밖에 중동과 지중해 동부에 상당한 영국군이 있었는데, 거기에는 카이로의 영국군 사령부와는 별도로 메이틀랜드 윌슨 장군이 독자적으로 지휘하는 리비아 주둔 병력까지 포함되어 있었다. 그러한 상황에서 우리가 최고사령부에서 대등한 지위를 요구하는 것은 지나치지 않을 것 같았다. 우리의 충실한 동맹국에서도 우리의 요구를 기꺼이 받아들였다. 거기에다 우리는 전투의 직접 수행 권한을 가졌다. 알렉산더가 제15집단군을 지휘하기로 예정되었는데, 패턴 장군 휘하의 미국 제7군과 몽고메리 휘하의 영국 제8군으로 구성되었다. 테더 공군 대장은 연합국 공군의, 커닝엄 제독은 연합국 해군의 지휘를 맡았다. 전군의 총지휘권은 아이젠하워 장군의 몫이었다.

섬들에 대한 집중공격은 7월 3일 개시되었는데, 시칠리아는 물론 사르디니아의 비행장을 폭격하여 사용이 불가능한 상태로 만들었다. 적의 전투기들은 수세에 몰렸고 원거리 폭격기들은 기지 자체를 이탈리아 본토로 철수했다. 메시나 해협을 오가던 열차 수송선 5척 중 4척이 침몰되었다. 우리 수송선단이 시칠리아에 접근할 즈음에는 공군이 제공권을 장악했으며, 추축군의 군함이나 비행기는 해상 공격을 저지하려는 진지한 노력조차 하지 않았다. 우리의 은폐 전술에 따라 적은 최후의 일격을 맞기 전까지 어리둥절한 상태에 있었던 것 같았다. 우리 해군의 움직임과 육군의 준비 상황은 그리스 원정 때를 연상시켰다. 튀니스 함락 이후 적은 지중해 쪽으로 많은 비행기를 배치했는데, 증원한 편대는 시칠리아가 아니라 동지중해와 이탈리아 북서부 그리고 사르디니아로 갔다. 결행이 예정된 것은 7월 10일이었다. 7월 9일 아침, 동서 양쪽에서 몰려든 거대한 함대가 몰타 남부에 집결한 다음 시간을 맞추어 일제히 시칠리아 해안을 향해 질주했다. 나는 결과를 기다리기 위해서 체커스로 가는 도중에 한 시간가량 해군부 상황실에 머물렀다. 거대한 수송선단과 호위선들 그리고 해변을 공격하는 지원 분견함대의 상황을 한눈에 보여주는 지도가 벽 전체를 뒤덮고 있었다. 역사상 그때까지 시도된 육해군의 거대한 공동작전 중에서 최대의 작전이었다. 그러나 모든 것을 좌우한 것은 날씨였다.

아침에는 아주 맑았다. 그러나 정오 무렵이 되자 계절에 맞지 않은 시원한 북서풍이 불었다. 오후에는 바람이 거세어졌으며, 저녁때가 되자 강한 풍랑이 일었다. 상륙은 위험한 상황이었으며, 특히 미군이 담당한 서쪽 해변이 더 심각했다. 몰타에서 출발한 한 그룹과 비제르타와 벵가지 사이의 아프리카 여러 항구에서 출발한 상륙용 주정 호송선단은 북행을 감행했다. 어쩔 수 없는 경우에는 상륙을 연기하기로 조정이 되었으나, 그 결정도 정오까지 내려야만 했다. 해군부에서 근심스러운 표정으로 상황을 지켜보고 있던 장관은 신호를 보내 날씨에 대해서 물었다. 커닝엄 제독은 오후 8시에 답신을 보냈다. "날씨는 좋지 않음. 그러나 작전은 계속 진행 중임." 그리고 덧붙였다. "연기하기에는 시간이 너무 늦었음. 불안한 요소는 있음. 특히 소형 주정 호송선단의 항해가 걱정됨." 실제로 소형 주정 호송선단은 너무 지체된 데다 흩어져 있었다. 늦게 도착한 함선이 많았는데, 그럼에도 불구하고 큰 문제는 없었다. 커닝엄이 말했다. "바람은 고맙게도 밤중에 잦아들었고, 10일 아침에는 완전히 멎었다. 다만 서쪽 해변에는 여전히 신경이 쓰일 정도의 풍랑이 남아 있다."

나쁜 일기가 우리의 기습에는 도움이 되었다. 커닝엄 제독은 이렇게 설명했다. "아주 교묘한 비밀 작전과 적을 속이기 위한 호송선단의 위장 항로가 효과적이었다. 게다가 달이 좋지 않아서 야간의 적의 경계는 느슨해질 수밖에 없었다. 마지막으로 바람이었는데, 전혀 가능성이 없지는 않을지 몰라도 현실적으로는 상륙이 불가능하게 보일 정도였다. 명백히 상륙에 불리할 수밖에 없는 그러한 요인들이 실제로는 좋은 결과를 만들게 되었다. 며칠 밤을 경계하느라 지친 이탈리아 병사들은 '어쨌든 오늘 밤에는 적이 쳐들어오지는 않을 거야'라며, 날씨를 고맙게 여기며 잠자리에 들었던 것이다. 그런데 적이 오고 말았다."

공수부대는 어려움을 겪었다. 제1공수여단을 수송하던 글라이더의 3분의 1 이상이 미군 예인기에서 너무 빨리 분리된 까닭에 상당한 병력이 익사하고 말았다. 나머지는 시칠리아 동남부 전역에 흩어졌으며, 주요한 목표 지점에 도착한 글라이더는 12기에 불과했다. 8명의 장교와 65명의 병사는 지원군이 도착할 때까지 12시간 동안 그곳을 지켰는데, 결국 19명만이 살아남았다. 허망한 성과였다. 미군의 낙하 병력 역시 광범위한 지역에 분산되었는데, 소규모 부대들이 내륙에서 혼란을 야기하는 공격을 함으로써 이탈리아군 해안 사단들을 괴롭혔다.

전투기의 지속적인 엄호 아래 이루어진 해안 상륙은 모든 지점에서 극히 성공적으로 이루어졌다. 12개의 비행장이 우리 손안에 들어왔고, 7월 18일까지 섬에 남은 가동 가능한 독일군 비행기는 25기뿐이었다. 1,100기의 적군 비행기가 파괴되거나 손상되었는데, 그중 절반 이상이 독일군의 것이었다. 최초의 기습으로부터 일단 회복한 적군은 완강하게 싸웠다. 지상의 사정은 아주 좋지 않았다. 도로는 협소했고, 지상 이동은 보병 이외에는 불가능했다. 제8군의 전선 앞에는 에트나 산이 우뚝 가로막고 있었는데, 따라서 적은 아군의 움직임을 관찰할 수 있었다. 제8군은 카타니아 평원의 저지대에 있었기 때문에 병사들이 말라리아에 감염되었다. 그런 사정에도 불구하고 우리 부대는 무사히 해안에 상륙했고, 확보한 비행장에서 공군이 움직이기 시작하여 모든 결과는 명확해 보였다. 일찌감치 전세는 우리 쪽으로 기울었고, 반면 독일군은 메시나 해협을 건너 퇴각에 성공했다. 38일 동안의 전투 끝에, 알렉산더 장군은 전문을 보내왔다. "1943년 8월 17일, 바로 오늘 아침 독일군은 시칠리아에서 완전히 사라졌음. 우리가 섬 전체를 장악했음."

우리의 다음 단계의 전략적 행동은 미정이었다. 메시나 해협을 건너 이탈리아의 발가락 부분을 점령할 것인가? 발뒤꿈치에 해당하는 타란토를 점령할 것인가? 아니면 서쪽 해안을 타고 북상하여 살레르노 만과 나폴리를 점령할 것인가? 그것도 아니면 다시 사르디니아 섬을 점령하는 데 그칠 것인가? 그때까지 성취한 결과는 국면을 분명하게 만들었다. 그 이전인 7월 19일에는 이미 미국 폭격기가 로마의 역들과 공항들을 공격했다. 파괴력은 대단했고, 그 충격은 심각했다. 이탈리아의 급격한 붕괴를 예측할 수 있는 상황이었다. 그러나 미국 쪽이 제동을 걸었다. 지중해에서 예상보다 더 많은 행동을 함으로써 다른 지역에 계획된 작전, 특히 "대군주" 작전 등에 차질을 가져오게 해서는 안 된다는 이유에서였다. 그러한 유보적 태도 때문에 살레르노 상륙 작전 기간 동안에 긴장된 불안감이 야기되었다. 상당히 날카로운 토론이 진행되었으나, 무솔리니의 몰락으로 국면은 완전히 바뀌고 말았다.

오랫동안 이탈리아를 지배한 총통은 마침내 자신의 국가를 군사적 파국 속으로 밀어넣었고, 이제 자신이 그 모든 상황을 책임져야 했다. 그는 거의 절대적인 권한을 휘둘러 왔기 때문에, 이제 책임을 군주제나 의회제도, 파시스트 당, 또는 참모본부 등에 떠넘길 수가 없었다. 모든 것은 자신의 책임이었다. 전쟁에서 패할 것이라는 분위기가 이탈리아 정보망을 통해 파급된 마당에, 비난은 그렇게 오만한 태도로 국민을 오도하여 결국 패전으로 몰고 간 인물에게 집중될 수밖에 없었다. 그러한 분위기가 확실히 형성된 것은 1943년 초반이었으며, 몇 개월 사이에 확산되었다. 외톨이가 된 독재자는 홀로 권력의 정상에 앉아 있었다. 그 동안 러시아, 튀니스 그리고 시칠리아에서 패퇴하며 이탈리아 병사들이 살육당하는 사태는 이탈리아 본토 공격의 서곡임이 명백했다.

무솔리니는 내각과 군부 인사들에 대한 경질을 단행하여 변화를 꾀했으나, 헛수고였다. 2월에는 암브로시오 장군이 카발레로 뒤를 이어 총참모장이 되었다. 암브로시오는 궁정부 장관 아쿠아로네 공작과 함께 국왕의 개인적 조언자로서 왕실의 신임을 얻고 있었다. 몇 개월 이내에 그들은 총통을 축출하고 파시스트 체제에 종지부를 찍으려고 했다. 그러나 무솔리니는 유럽 정치무대에서 중요한 요소인 것처럼 계속 버텼다. 신임 총참모장이 발칸에서 이탈리아 사단을 즉각 철수시키자는 제안을 했을 때 무솔리니는 모욕을 당한 것이나 다름없었다. 무솔리니는 그 병력이 유럽에서 독일군이 지배권을 유지하는 데에 균형추 역할을 한다고 생각했던 것이다. 해외의 패전과 국내의 사기 저하로 인하여 히틀러의 맹우로서의 지위를 박탈당하고 있다는 사실을 알지 못했다. 자신이 생각하는 현실은 모두 사라졌음에도 불구하고, 그는 여전히 권력과 욕망의 환상을 추구했다. 그리하여 그는 암브로시오의 강력한 요청을 거절했다. 어쨌거나 사람들 사이에서는 그의 권위에 대한 인상이나 극단적 행동에 대한 두려움이 너무 오랫동안 지속되어왔기 때문에, 그를 어떻게 몰아낼 것인가 하는 문제에 대해서는 이탈리아 사회의 모든 세력이 저마다 주저하며 서로 미루기만 했다. 과연 누가 "고양이 목에 방울을 달 것인가?" 그렇게 봄은 지나갔지만, 그 사이에 육해공군에서 우월한 전력을 가진 적의 공격은 점차 임박하고 있었다.

드디어 클라이맥스가 왔다. 2월부터 신중하게 침묵을 유지하던 이탈리아의 입헌 군주는 1940년 그리스 참사 이후에 파면당한 바돌리오 원수와 접촉했다. 왕은 바돌리오야말로 국가의 통치를 맡길 만한 믿을 수 있는 인물이라고 생각했다. 확실한 계획이 세워졌다. 7월 26일에 무솔리니를 체포하기로 결정했다. 암브로시오 장군은 계획을 실행할 조건들을 찾고, 그 상황을 조성하는 일을 맡았다. 암브로시오는 예기치 않게 파시스트의 옛 친위대 분자들의 도움을 받게 되었다. 그들은 당의 쇄신책을 찾고 있었는데, 어떤 경우든 잃을 것이 없는 존재들이었다. 그들은 1939년 이래로 한번도 개최된 적이 없는 당 최고 기관인 파시스트 최고평의회를 소집함으로써 총통에 대한 최후통첩의 대결을 도모하게 되었다. 그리고 7월 13일 무솔리니를 찾아가서,

7월 24일 정기 평의회를 개최해달라고 설득했다. 그 두 가지 움직임은 각각 별개의 것으로 보였지만, 실제로 날짜 등의 일치는 깊은 의미를 내포하고 있었다.

7월 19일, 무솔리니는 암브로시오 장군을 대동하고 비행기로 리미니[아드리아 해의 항구/역주] 부근의 펠트레에 있는 별장으로 히틀러를 만나러 갔다. "더할 나위 없이 아름답고 서늘하고 그늘이 있는 정원이었다." 무솔리니는 회고록에서 그렇게 썼다. "그리고 사람에 따라서는 신비하게 느낄 수도 있는 미로 같은 건물이 있었다. 그것은 마치 낱말 맞추기 퍼즐로 만들어진 집 같았다." 적어도 독일 총통이 이틀 동안 충분히 즐기도록 만반의 준비가 되어 있었는데, 히틀러는 그날 오후에 바로 떠났다. 무솔리니는 이렇게 기술했다. "회담은 여느 때처럼 좋은 분위기에서 이루어졌다. 그러나 총통의 수행원들과 독일 공군 고위 장교들과 군인들의 태도는 냉담했다."*

독일 총통은 최대의 노력이 필요하다는 점에 대해서 장시간 강조했다. 겨울에는 새로 개발한 비밀 무기를 영국 전투에 사용할 수 있을 것이라고 말했다. 이탈리아는 반드시 적을 막아내야 한다면서, "우리가 스탈린그라드를 손에 넣었듯이, 적은 시칠리아를 노리게 될 것이기 때문이라고 했다."** 이탈리아는 인력과 조직을 키워야 하며, 독일은 러시아 전선의 압박 때문에 이탈리아가 요청하는 군대 증원과 장비 지원을 할 수 없는 상황이라는 등의 얘기도 했다.

암브로시오는 이탈리아는 더 이상 전쟁을 계속할 수 없다고 히틀러에게 솔직히 말할 것을 무솔리니에게 촉구했다. 그렇다고 해서 이탈리아에 어떠한 유리한 결과가 있을지 전혀 분명하지 않았다. 그러나 암브로시오와 배석한 이탈리아 장군들은 아무 말도 하지 못한 채 앉아 있는 무솔리니를 보고

---

* 무솔리니, 『회고록』(1942-43), 영어판, 50면.
** 리치오, 『히틀러와 무솔리니; 서한과 문서』, 173면.

더 이상 지도자로서 기대할 바가 없다는 결심을 굳히게 되었다.

히틀러가 정세에 대해서 일장연설을 늘어놓고 있을 때, 흥분한 이탈리아 장교가 방으로 뛰어들어 뉴스를 전했다. "지금 로마가 적의 무자비한 공습을 받고 있습니다." 시칠리아에 대한 독일의 증원군 파견의 약속도 받지 못한 채, 무솔리니는 아무런 성과 없이 급히 로마로 귀환했다. 로마에 접근하자 비행기는 리토리오 역에서 피어오른 거대한 검은 연기 속에 잠기고 말았는데, 수백 대의 화차가 불타고 있었던 것이었다. 무솔리니는 국왕을 만났는데, "몹시 언짢고 불안한" 모습이었다. "정세가 긴박하오." 국왕이 말했다. "우리는 더 이상 버틸 수가 없소. 시칠리아는 이미 서방에게 넘어가고 말았소. 독일은 우리를 배신하고 말 것입니다. 군대의 사기는 완전히 땅에 떨어지고……" 기록에 따르면, 무솔리니는 9월 15일까지 이탈리아가 추축국 동맹에서 탈퇴하게 되기를 바란다고 대답했다. 그가 현실을 얼마나 모르고 있는가를 잘 보여주는 날짜였다.

이제 드라마의 마지막 장면에서 주역이 등장할 차례가 되었다. 노련한 파시스트로서 외무장관과 영국 주재 대사를 역임한 디노 그란디는 과단성이 있는 인물이었는데, 이탈리아의 영국에 대한 선전포고에 분개하기도 한 적이 있었다. 그러나 대세에 굴복하고, 최고평의회에서 지도적 역할을 맡기 위해서 로마에 도착했다. 그는 7월 22일 무솔리니를 찾아가서, 거국내각을 구성하고 군 통수권을 국왕에게 넘길 것을 제안하려고 한다고 노골적으로 말했다.

★ ★ ★ ★ ★

24일 오후 5시에 최고평의회가 열렸다. 회의가 폭력에 의해서 방해되어서는 안 된다는 경찰청장의 배려가 엿보였다. 구식 머스킷 총을 휴대한 무솔리니의 친위대를 베네치아 궁의 경호 임무에서 배제하고, 대신 무장 경찰들을 빼곡히 배치했다. 이탈리아 총통은 자신의 입장을 밝혔고, 모두 검은

색의 파시스트 제복을 입은 평의원들은 토론에 들어갔다. 무솔리니가 한 연설의 마지막 부분은 이러했다. "전쟁이란 항상 당파의 전쟁입니다. 그것을 원하는 당파의 전쟁이란 말입니다. 언제나 한 사람의 전쟁입니다. 선전 포고를 한 사람의 전쟁이란 말입니다. 오늘날의 전쟁을 무솔리니의 전쟁이라고 부른다면, 1859년의 전쟁은 카부르의 전쟁이라고 할 수 있습니다. 지금은 고삐를 단단히 죄고 필요한 책임을 져야 할 때입니다. 통일된 우리 영토가 유린당하고 있는 지금, 조국의 이름으로 사람을 교체하고 나사를 더욱 조이며 아직 전장에 나가지 않은 병력을 동원하는 일에 나는 그다지 어려움을 느끼지 않습니다."

그때 그란디가 나서서 왕실에 보다 많은 권한을 부여함과 동시에 국왕이 그늘에서 벗어나 직접 책임을 지는 직책을 맡도록 하는 결의안을 제출했다. 그러면서 무솔리니의 말을 "폭력적인 연설", "오랫동안 품어왔던 증오를 터뜨리는 말투"라고 비난했다. 최고평의회 의원들과 왕실 사이에 사전 접촉이 있었다는 것이 명백히 드러났다. 무솔리니의 사위 치아노도 그란디를 지지했다. 참석자들은 모두 정치적 격랑이 임박했음을 직감했다. 심야까지 토론이 계속되자, 파시스트 당서기 스코르차가 다음날 속개하자고 제의했다. 그러자 그란디가 자리에서 벌떡 일어나며 소리쳤다. "아니오, 그 제안에 반대합니다. 이미 시작했으니 바로 오늘 밤 안에 끝을 내야 합니다!" 표결에 들어간 것은 새벽2시가 지나면서였다. "최고평의회 의원들의 입장은 이미 투표하기 전에 분명히 알 수 있었다." 무솔리니는 회고록에서 그렇게 기억했다. "이미 사전에 국왕과 협상한 배신자 그룹이 있었고, 거기에 동조하는 공범 그룹이 존재했다. 그리고 아무것도 모르는 그룹도 보였는데, 그들은 표결의 심각한 의미를 전혀 인식하지 못했음에도 불구하고 동일한 투표를 했다." 그란디의 동의안에 대한 "찬성"이 19표, "반대"가 7표였다. 두 사람은 기권했다. 무솔리니가 자리에서 일어났다. "당신들은 우리 체제의 위기를 자초했소. 사태는 더 나빠질 것이오. 폐회를 선언합니다." 당서기가 경례를 하려고 하자 무솔리니는 몸짓으로 제지했다. "아냐, 필요 없어." 모두 침묵 속에서 회의장을 빠져나갔다. 그날 밤, 그들은 아무도 잠을 이루지 못했다.

그러는 사이에 무솔리니의 체포를 위한 준비가 조용히 진행되고 있었다. 궁정부 장관 아쿠아로네 공작이 암브로시오에게 지시를 내려, 경찰 내부의 심복들과 믿을 만한 요원들 그리고 일반 경찰관들이 행동을 개시했다. 주요한 전화교환국, 경찰본부, 내무부의 각 부서들을 아무 저항도 받지 않고 비밀리에 접수했다. 헌병 소대가 왕실 빌라 가까이에 보이지 않게 배치되었다.

7월 25일 일요일, 아침부터 무솔리니는 그의 집무실에서 시간을 보냈다. 그리고 폭격을 당한 로마의 몇몇 지역을 살펴보았다. 왕에게 알현을 요청했는데, 오후 5시로 시간이 잡혔다. "나는 국왕이 군 통수권에 관한 1940년 6월 10일의 권한 이양을 철회할 것이라고 생각했다. 사실 나는 그것을 이미 전부터 포기하려고 생각해왔던 터였다. 따라서 정말 아무런 거리낌없이 궁으로 들어갔다. 지금 돌이켜보더라도, 전혀 아무 의심도 하지 않았다." 무솔리니는 그렇게 회고했다. 왕의 빌라에 도착했을 때, 그는 여기저기에 경찰관이 증원되어 서 있는 것을 발견했다. 왕은 국가 원수의 복장을 하고 현관에서 기다렸다. 두 사람이 접견실로 들어갔다. 왕이 입을 열었다. "친애하는 총통, 이제 이것으로 끝이오. 이탈리아는 이제 갈 데까지 가버렸소. 군대의 사기는 최악의 상태요. 병사들은 더 이상 싸우려고 하지 않소……최고평의회 표결 결과는 끔찍하오. 19명이 그란디의 동의에 찬성했는데, 그중 무려 네 사람이 성 수태고지 훈장을 받은 인물이라는 사실을 알아야 하오!……이제 귀하는 이탈리아에서 가장 미움을 받는 사람이 되었소. 귀하는 이제 단 한 명의 친구 외에는 의지할 곳이 없게 되었소. 그 한 명의 친구가 바로 나요. 내가 보호할 터이니 당신 신변 문제에 대해서 걱정할 필요는 없소.

그 일을 맡을 인물은 바로 바돌리오 원수라고 생각하오.……"

거기에 대해서 무솔리니는 이렇게 대답했다. "전하께서는 아주 중요한 결정을 하시는 중입니다. 전쟁을 선포한 사람을 해임함으로써 평화가 가능한 것처럼 사람들이 생각하도록 하는 일 자체가 오히려 지금의 위기입니다. 군대의 사기에 끼치는 영향은 심각할 것입니다. 지금의 이 위기는 처칠과 스탈린, 특히 스탈린에게는 승리로 생각될 것입니다. 나는 국민들의 증오감을 잘 이해하고 있습니다. 어젯밤 최고평의회 중에 그것을 충분히 느낄 수 있었습니다. 누구든지 그렇게 오랜 시간 동안 통치하고 희생을 요구하다보면 미움을 사지 않을 수 없습니다. 어쨌든, 저는 현재 이 사태를 담당할 사람에게 행운을 빌겠습니다." 왕은 무솔리니를 문까지 배웅했다. 무솔리니는 계속 이렇게 썼다. "왕의 얼굴은 창백했고, 그 어느 때보다도 작아 보여 거의 난쟁이 같은 느낌을 주었다. 그는 나와 악수를 나눈 뒤 다시 들어갔다. 나는 몇 걸음 계단을 내려선 다음 자동차가 있는 쪽으로 향했다. 그때 갑자기 경찰대장이 막아서면서 이렇게 말했다. '전하께서 각하의 신변을 보호하라고 명령하셨습니다.' 경찰대장의 말을 들으면서 내가 계속 승용차 쪽으로 다가가자, 그는 바로 곁에 세워 둔 앰뷸런스를 가리키며 외쳤다. '아닙니다, 우리는 저 차를 타야 합니다.' 나는 내 비서와 함께 앰뷸런스에 올랐다. 경찰대장 외에 중위 한 명, 경찰 세 명, 사복 차림의 형사 두 명이 타고 있었다. 그들은 기관총을 들고 문 곁에 자리했다. 문이 닫히자 앰뷸런스는 최고 속도로 달렸다. 나는 여전히 그 상황이 국왕이 말한 것처럼 나의 신변보호 조치인 줄 알았다."

그날 오후 늦게 바돌리오는 국왕으로부터 군부의 수뇌들과 문관들로 새 내각을 구성하라는 명령을 받았다. 그리고 저녁에 라디오를 통해서 전 세계에 그 사실을 알렸다. 이틀 뒤, 이탈리아 총통은 바돌리오 원수의 명령에 따라 체포된 뒤 폰차 섬에 유폐되었다.

그렇게 무솔리니의 21년에 걸친 독재는 끝이 났다. 그동안 그는 1919년에 휩쓸려 들어갔을지도 모를 이탈리아 국민을 볼셰비즘으로부터 구출했으며, 유럽에서 한번도 차지해본 적이 없는 지위에까지 이탈리아를 올려놓았다. 국민들의 일상에 새로운 자극이 주어진 것이었다. 북아프리카에 이탈리아 제국이 건설되었다. 이탈리아 본토에서는 수많은 주요 공공사업이 완성되었다. 1935년에는 이탈리아 총통 자신의 의지력에 의해서 국제연맹을 압도했다. "50개국이 1개국에게 끌려갔다." 그리하여 아비시니아를 완전히 정복할 수 있었던 것이다. 그의 권력 체계는 이탈리아 국민들이 감당하기에는 너무 많은 대가를 요구했지만, 전성기에는 대다수 국민을 사로잡은 것도 의심의 여지가 없는 사실이었다. 프랑스가 굴복했을 때 내가 그를 지칭한 것처럼, 그는 "이탈리아의 입법자"였다. 만약 그가 지배하지 않았더라면, 이탈리아는 공산당이 통치했을 것이다. 그랬더라면 이탈리아 국민은 물론 유럽 전체에 또 다른 성격의 위험과 불행을 가져다주었을 것이다. 무솔리니의 치명적인 실수는 1940년 6월 히틀러의 연이은 승리에 덩달아 프랑스와 영국을 상대로 선전포고를 한 것이었다. 그렇게만 하지 않았더라면 적절한 위치에서 이탈리아를 잘 유지할 수 있었을 것이다. 양국으로부터 경의와 보답을 받고, 다른 나라들 사이의 싸움에서 예상하지 못한 경제적 이익을 거두어 번영을 누렸을 터이다. 전쟁의 결과가 확실해졌을 때조차도 무솔리니는 연합국 측으로부터 환영을 받았을 것이다. 전쟁 기간을 단축시키는 데에 그가 기여할 수 있는 역할은 무척 많았다. 기술적으로 잘 배려했으면, 히틀러에게 선전포고를 할 기회를 잡을 수도 있었다. 그런데 그는 잘못된 다른 방향으로 길을 잡았다. 그는 영국의 힘은 물론 섬나라의 저항력과 해군 군사력의 오랫동안 인내할 수 있는 저력을 이해하지 못했다. 그리하여 그는 파멸을 향해서 갔다. 그의 거대한 길은 개인의 힘과 장기 집권이라는 기념물로만 전할 것이다.

그때 히틀러는 전략에서나 전쟁 지도에서나 최고의 과오를 저질렀다. 이 탈리아의 추축국 이탈이 임박하고, 러시아는 승리의 행진을 계속하고, 영국 과 미국이 해협 횡단을 통한 공격 준비를 하고 있는 것이 명백한 상황에서 히틀러는 독일의 가장 강력한 군대를 중앙 예비부대로서 집결시켜 전개했 다. 그와 같은 방식으로 그는 최고의 자질과 능력을 갖춘 독일군 지휘부와 전투 부대를 활용했으며, 동시에 내부 진용과 우수한 통신망이 구축된 기존 점령 지역의 중앙 부분의 이점을 충분히 이용했다. 폰 토마 장군이 포로가 되어 우리의 관리 하에 있을 때 이렇게 말했다. "우리의 유일한 기회는 육군 을 활용할 수 있는 상황을 만들어내는 것이었다." 내가 이미 지적한 바와 같이, 히틀러는 실제로 거미줄을 쳐놓고는 막상 거미는 잊고 있었다. 그는 승리로 얻은 것은 무엇이든 놓치려고 하지 않았다. 결정적으로 중요한 역할 도 하지 못하면서 방대한 전력을 발칸과 이탈리아에서 낭비하게 되었다. 질적으로 가장 우수하고 기동성이 뛰어난 30개 내지 40개 사단의 중앙 예비 부대만 있으면 그는 공세를 취하는 어떠한 상대도 격파하고 중요한 전투에 서 유리한 전망과 성공을 기대할 수 있다고 생각했던 것이다. 물론 실제로 일 년 뒤에 영국과 미국이 노르망디에 상륙했을 때, 초기 40일 내지 50일 동안 약동하는 뛰어난 군대로 맞서 싸웠다. 그는 그러한 그의 힘을 발칸이 나 이탈리아에서 소모할 필요가 없었다. 그런데 그렇게 함으로써 히틀러는 마지막 기회를 놓쳐버린 것이었다.

히틀러에게는 어떠한 선택도 가능하다는 사실을 우리는 알고 있었기 때 문에, 나는 오른손을 써서 이탈리아를 칠 것이냐 왼손을 써서 해협을 횡단 할 것이냐 아니면 양손 모두 사용할 것이냐 하는 선택권을 가지고 싶었다. 히틀러가 잘못된 선택을 했기 때문에 우리는 아주 좋은 조건에서 직접 공격 에 주력할 수 있었고, 성공을 거둘 수 있었다.

무솔리니와 회담을 마치고 펠트레에서 돌아올 때, 히틀러는 이탈리아를 전쟁 속에 계속 묶어두려면 파시스트 당 내부의 숙청과 파시스트 지도자들에 대한 독일의 압박밖에 없다고 확신했다. 마침 무솔리니의 60세 생일이 7월 29일이었고, 공식 축하 사절로 괴링이 지명되었다. 그런데 7월 25일의 놀라운 소식이 로마로부터 히틀러 사령부에 전달되었다. 저녁 무렵이 되자 무솔리니가 사임했거나 제거된 사실이 분명해졌다. 그리고 국왕이 후임으로 바돌리오를 임명했다는 사실도 확실해졌다. 따라서 새로운 결정이 내려졌다. 이탈리아의 새 정부를 상대로 중대한 조치를 취하려면 러시아의 공격에 대비하여 배치한 동부 전선의 사단들을 가능한 한도보다 더 많이 동원할 수밖에 없다고 판단했다. 그리고 무솔리니를 구출하고, 로마를 점령하며, 필요한 경우에는 어디서든 이탈리아 파시스트를 지원하기로 하는 계획이 수립되었다. 만약 바돌리오가 연합국과 강화한다면, 이탈리아 함대를 장악하고 이탈리아 전역에서 주요 지점을 점거할 뿐만 아니라 발칸과 에게 해 방면의 이탈리아 수비대를 위협하는 추가 계획까지 세웠다.

7월 26일, 히틀러는 측근들에게 말했다. "우리는 행동에 나서야만 하오. 만약 그렇게 하지 않으면, 영미군이 비행장들을 점령하면서 진군해 올 것이오. 파시스트 당은 지금 완전히 정신을 잃은 상태지만, 우리의 전선 뒤에서 회생할 것이오. 우리 편에 서서 싸움을 계속할 의지가 있는 유일한 세력이 파시스트 당입니다. 따라서 우리가 파시스트 당을 다시 일으켜세워야 합니다. 어떠한 이유로도 지체는 허용될 수 없소. 그러다가는 이탈리아를 영미에 빼앗기고 말 것이오. 이러한 사태의 본질을 군인은 이해하지 못할 것입니다. 정치적 통찰력을 가진 자만이 명확하게 자신의 길을 볼 수가 있을 것이오."

제2장
인공 항구

시칠리아에서의 승리의 전망, 이탈리아의 정세 그리고 전쟁의 전개 상황에 따라 나는 7월 중에 대통령과 다시 만나 또 한 번의 영미 회담을 가질 필요성을 느꼈다. 루스벨트는 장소로 퀘벡을 제안했다. 매킨지 킹이 좋다고 했고, 우리 중에서도 이의를 제기할 사람은 아무도 없었다. 그 중요한 시기에 서방의 전쟁 정책을 이끌어가는 지도자들의 회담 장소로 캐나다의 관문이자 웅장한 세인트 로렌스 강이 굽어보이는 퀘벡의 고성은 더할 나위 없는 곳이었다. 대통령은 캐나다의 호의는 기꺼이 받아들이면서도, 캐나다가 회담의 정식 당사자의 일원으로 참여할 가능성에 대해서는 부정적이었다. 왜냐하면 브라질이나 연합국의 다른 우방국들로부터도 같은 요구가 있을지 모른다는 고려 때문이었다. 우리도 오스트레일리아나 그밖의 자치령 국가들의 요청을 감안해야 했다. 그러한 미묘한 문제는 캐나다 수상과 정부의 대범한 이해로 해결될 수 있었다. 내 입장에서도 영국과 미국에 공통적인 모든 중요한 업무의 견지에서 두 나라만의 회담이 되어야 한다고 마음 속으로 결정을 내렸다. 3개국 수뇌부의 정상회담은 향후의 과제였다. 당시에는 영국과 미국만의 회담이어야만 할 필요가 있었다. 따라서 우리는 그 회담을 "쿼드런트(Quadrant, 四分儀)"라고 불렀다.

8월 4일 밤, 회담에 참석할 대규모의 우리 일행은 기차를 함께 타고 런던을 떠나 퀸 메리 호가 기다리고 있는 클라이드로 향했다. 대략 50명의 해병

대 요원을 제외하고도 200명이 넘는 인원이었다. 회담의 안건은 막 그 첫 번째 정점에 이른 지중해 작전은 물론이고, 1944년 영국해협 횡단 작전의 준비, 인도 전장을 무대로 한 전쟁의 전반적 운영, 일본 전투에서 영국이 맡아야 할 역할 등이었다. 해협 횡단 작전에 관해서는 F. E. 모건 육군 중장이 파견한 세 명의 장교가 우리와 함께 작업하고 있었다. 모건은 영미 합동 참모부에서 우리 공동 계획의 골격을 완성한 뒤 연합군 최고사령부 사령관의 마지막 참모장으로 임명된 인물이었다. 인도와 극동 전장의 전반적 문제에 관해서는 검토 중이었기 때문에, 나는 특별히 인도에서 날아온 웨이벌 장군의 군사 작전 지휘관을 대동했다.

나는 또한 윈게이트란 이름의 젊은 준장도 데려갔는데, 그는 이미 아비시니아에서 비정규군 지휘자로 두각을 나타냈을 뿐만 아니라 버마 밀림전에서 큰 공헌을 한 군인이었다. 그와 같은 눈부신 활약으로 군의 일각에서 "버마의 클라이브"[영국의 군인이자 정치가였던 클라이브는 1757년 플라시 전투에서 프랑스와 뱅골 연합군을 격파했다. 그는 인도의 영국 식민지화에 큰 공적을 남겼다/역주]라는 칭호를 얻었다. 나는 그와 같은 모든 일에 대해서 전해들었으며, 유대 민족주의자들이 언젠가 창설될 이스라엘 군대의 미래를 짊어질 총사령관감으로 생각하고 있다는 사실도 알았다. 퀘벡으로 떠나기 전에 나는 그를 만나보기 위해서 미리 와달라고 했다. 8월 4일 밤, 다우닝 가에서 혼자 저녁 식사를 시작하려는 참에 그가 비행기로 도착하여 숙소에 있다는 연락이 왔다. 즉시 함께 저녁을 하자고 초대했다. 불과 30분 정도 이야기를 나누었는데도 그가 대단히 뛰어난 인물이란 사실을 알 수 있었다. 그는 단도직입적으로 자신의 지론을 펼쳤는데, 적진 배후에 낙하한 장거리 침투 공수부대에 의해서 밀림전에서 일본군을 제압할 수 있다는 것이었다. 무척 흥미로운 화제였다. 나는 그 부분에 대해서 이야기를 더 듣기를 원했을 뿐만 아니라, 3군 참모총장들에게도 설명해달라고 했다.

바로 그 자리에서 나는 그와 함께 가기로 결정했다. 기차가 10시에 출발할 것이라고 알려주었다. 이미 거의 9시가 다 되어가고 있었다. 윈게이트는 실전이 벌어지고 있는 전선에서 3일 동안의 비행 끝에 막 도착한 터라, 몸에 걸친 것 외에는 아무것도 없었다. 그 역시 같이 갈 생각이었다. 그러나 스코틀랜드에서 그가 귀국한 사실조차 모르고 있는 아내를 만나지도 못하고 가야 하는 안타까움을 토로했다. 나의 개인적인 즉석 처방으로 해결 방법을 찾았다. 윈게이트 부인은 경찰의 안내로 집에서 에딘버러로 간 다음, 우리 열차를 도중에 타고 함께 퀘벡으로 가게 되었다. 그녀는 다음날 이른 아침 웨이벌리 역 플랫폼에서 남편의 얼굴을 볼 때까지 무슨 영문인지 아무것도 몰랐다. 그들 부부는 무척이나 행복한 항해를 즐겼다.

루스벨트 대통령이 젊은 영웅적인 인물들을 만나는 것을 얼마나 좋아하는지 알고 있었기 때문에 나는 그때 뫼네 댐과 에데르 댐 폭파 공격을 이끌었던 공군 중령 가이 깁슨을 초대했다. 두 댐은 루르 공업지역은 물론 광대한 영역의 논밭, 강 그리고 운하의 급수를 맡았다. 댐의 폭파를 위해서 특수 형태의 공뢰가 개발되었는데, 야간에 20미터 이하의 상공에서 투하해야 했다. 몇 개월에 걸친 지속적이고 집중적인 훈련을 한 뒤, 5월 16일 밤 영국 공군 제617중대의 랭카스터 16기가 공격에 나섰다. 아군의 비행기 절반이 격추되고 말았다. 그러나 깁슨은 대공 포화 속에서도 끝까지 위치에서 벗어나지 않고 목표물 상공을 선회했다. 그는 지금 빛나는 훈장들을 달고 있다. 빅토리아 십자훈장, 수훈장 및 표장, 그리고 공군 수훈 십자장 및 표장 외에 다른 리본은 없었다. 특별한 경우였다.

나의 아내와 딸도 동행했는데, 딸 메리는 대공포대의 부관으로 나의 참모 역할을 맡았다. 우리의 항해는 8월 5일에 시작되었다. 이번에는 뉴욕이 아니라, 캐나다 동남부의 노바 스코샤 주의 핼리팩스가 목적지였다.

★ ★ ★ ★ ★

퀸 메리 호는 파도를 헤치고 나아갔다. 우리는 전쟁이 일어나기 전 시절의 일상의 음식을 먹으며 안락한 선상 생활을 즐겼다. 여느 항해 때와 마찬가지로, 나는 종일 일을 손에서 놓지 않았다. 전문 송신을 위한 순양함들과 함께 간 대규모 암호반 덕택에, 우리는 시시각각 일어나는 사태에 대응할 수 있었다. 나는 3군 참모총장들과 함께 미국 측과 토의하게 될 주제들의 다양한 측면에 관해서 매일 연구를 했다. 그중에서도 가장 중요한 것은 단연 "대군주" 작전이었다.

항해 중 어느 날 아침, K.G. 매클레인 준장과 모건 장군 참모부에서 온 두 명의 장교가 나에게 왔다. 그때 나는 널찍한 선실의 침대에 누워 있었다. 그들은 대형 지도를 펼치고는 해협 횡단을 통한 프랑스 공격의 준비에 관해서 간결하고 설득력이 넘치는 설명을 했다. 독자들은 이미 그 긴급한 문제와 관련하여 1941년과 1942년에 불붙었던 논쟁의 분분한 측면을 잘 알고 있을 것이다. 그런데 내가 영미 양국 장교들의 오랜 연구의 결과로서 병력의 수나 선박의 톤수 같은 상세한 내용이 포함된 전체 계획에 대하여 들었던 것은 그때가 처음이었다.

후보지는 파 드 칼레와 노르망디 두 곳으로 좁혀졌다. 전자는 공중 엄호를 하기에 가장 적합했다. 그러나 적의 방어망이 가장 견고했다. 횡단해야 할 바닷길이 최단거리라는 이점 역시 표면적인 이점일 뿐이었다. 도버와 포크스턴에서 칼레와 불로뉴에 이르는 거리는 와이트 섬에서 노르망디까지의 거리보다 훨씬 더 가까웠지만, 그곳의 항구들은 너무 작아 공격을 지원하기에 부적당했다. 거의 대부분의 선박은 잉글랜드 남부 해안 전체의 항구와 템스 강 하구에서 출항해야 할 것이었다. 어쨌든 상당한 거리의 바다를 건너야 하는 것은 어쩔 수 없었다. 모건 장군과 그의 측근들은 노르망디 해안을 지지했는데, 그곳은 마운트배턴이 처음부터 주장했던 장소였다. 그렇게 결정하는 것이 옳다는 데에는 더 의심의 여지가 없었다. 노르망디야말로 가장 희망적인 곳이었다. 적의 방어망이 파 드 칼레처럼 강력하지 않았다. 바다나 해변이 전반적으로 적당했으며, 코탕탱 반도가 강한 서풍을 어느 정도 막아 주기도 했다. 배후지는 대군이 신속하게 전개하기에 적당했고, 적의 주력 부대와 거리가 많이 떨어져 있었다. 셰르부르 항은 작전 초반에 고립시켜 점령할 수 있었다. 브레스트 역시 측면 공격으로 장악이 가능했다.

아브르에서 셰르부르 사이의 해안은 당연히 콘크리트 요새와 토치카로 방어 진지가 구축되어 있었다. 그러나 길이 80킬로미터에 달하는 반월형 해변에는 대군을 수용할 수 있는 항구가 없었기 때문에 독일군이 해안선을 즉각 지원하기 위해서 대규모 병력을 집결할 것 같지는 않았다. 독일군 최고사령부에서는 조금도 망설이지 않고 이렇게 떠들었다. "이 지역은 일이만 명으로 기습작전을 하기에 적당한 곳이다. 그러나 순조롭게 셰르부르를 장악하지 못하면 어떤 형태로든 공격 임무를 띤 부대가 상륙도 하지 못할 뿐만 아니라 보급도 받을 수 없을 것이다. 급습을 하기에는 적합한 해안이지만, 광범위한 작전에는 적당하지 않는 해안이다." 만약 대군을 움직일 수 있는 항구만 있다면, 격전이 벌어질 수 있는 전선이 형성될 곳이었다.

★ ★ ★ ★ ★

독자들도 알게 되겠지만, 나는 병력 상륙용 주정과 탱크 상륙용 주정을 항상 함께 고려했다. 그래서 오래 전부터 상부가 물 위에 뜨는 잔교 제작을 주장해왔다. 우리의 토론 과정에서 1942년 5월 30일자로 내가 합동작전 사령관인 루이스 마운트배턴 경에게 보낸 메모에 의해서 잔교에 관한 많은 일들이 이루어져왔다.

그것은 조류에 따라 뜨거나 가라앉지 않으면 안 된다. 닻의 문제가 해결되어야만 한다. 측면에 날개 형식의 펼칠 수 있는 문이 필요하고, 계류장에 닿을 수 있는 긴 도개교가 필수적이다. 최선의 결론을 얻을 수 있도록 노력해야 할 것이다. 문제를 번거롭게 만들어서는 안 된다. 곤란한 점은 저절로 논의될 것이다.

미리 정해진 위치까지 자동으로 이동한 다음 가라앉는 폐색선(閉塞船)의 원리에 기초하여 방파제를 만들고, 그 방파제로써 물살을 피할 수 있는 넓은 수역을 확보하자는 고안이 제시되어 실행에 옮겨졌다. 그 아이디어는 1943년 6월 모건 장군 참모부의 해군 참모장이었던 J. 휴스-핼릿 제독에게서 나온 것이었다. 구상, 연구 그리고 실험이 끊임없이 진행되었고, 1943년 8월 현재에 이르기까지 최초 상륙으로부터 이삼일 이내에 견인하여 가동할 수 있는 완전한 규모의 임시 항구 두 개를 제작한다는 계획이 완성되었다. 그러한 인공 항구를 "오디(Mulberry)"라고 부르기로 했는데, 성격이나 목적이 전혀 드러나지 않는 암호명을 고른 결과였다.

기획의 전모는 거대했다. 해변 쪽으로는 그 자체가 거대한 잔교들이 되어, 바다 쪽으로는 끝 부분이 물 위로 떠서 차단막 역할을 해야 했다. 그 잔교들에서는 어떠한 조류 상황에서도 연안선과 상륙용 주정을 육지로 끌어올릴 수 있어야 했다. 세찬 바람과 파도를 막기 위해서 바다 방향으로는 거대하게 펼친 활 모양의 방파제가 되고, 안쪽으로는 감아싸면서 넓은 안전 해역을 형성해야 했다. 그렇게 안전한 상태에서 항구 깊숙이 들어온 선박은 닻을 내리고 양육(揚陸)할 수 있게 되며, 온갖 종류의 상륙용 주정이 해안 여기저기를 마음대로 다닐 수 있어야 했다. 방파제는 침몰된 콘크리트 구조물과 폐색선으로 만들 계획이었다. 나는 제1차 세계대전 때 리골란드 만에 인공 항구를 만들기 위해서 내가 고안했던 비슷한 구조물을 이미 다른 곳에서 기술한 바 있다. 그런데 그 구조물이 이제 이 거대한 계획의 한 중요한 부분이 되려는 것이었다.

★ ★ ★ ★ ★

며칠 동안 계속 토론이 진전되어 기술적인 세부 사항까지 논의했다. 해협의 조수는 6미터 이상 높이까지 물결이 일었기 때문에 해안 전역에 걸쳐 대처해야 했다. 기상은 항상 불안정했고, 인간이 만든 연약한 구조물은 강풍에 서너 시간 이상 버티기가 힘들었다. 지난 2년 동안 우리의 벽에 "이제 제2전선을"이라고 낙서를 했던 어리석은 바보나 무뢰한들은 그런 문제를 알 수 없었다. 나는 그 모든 과제에 대해서 오랫동안 깊이 고민해왔다.

나는 당시에 아브르-셰르부르 지역을 공격하는 계획에 큰 장점이 있다는 사실을 확신했다. 생각하지도 못했던 항구를 처음부터 구축하여 100만에서 200만에 이르는 군대와 막대한 양의 현대적 장비 및 병참 물자를 양륙시키고 전진할 수 있도록 만드는 조건이 전제되었기 때문이다. 그렇게 되면 적어도 하루에 1만2,000톤의 양륙이 가능하다는 것을 의미했다.

세 가지 중요한 선결 문제가 기획자와 영국 3군 참모총장들에 의해서 제기되었다. 나 역시 전적으로 동의했다. 뒤에서 알게 되겠지만, 훗날 미국도 승인하고 러시아 역시 수용한 문제였다.

1. 공격을 개시하기 전에 서북유럽 독일 전투기 전력의 실질적인 감소가 있어야만 한다.

2. 작전이 시작될 때 프랑스 북부에 동원되는 독일군 병력이 12개 사단 규모를 넘어서는 안 된다. 그리고 그뒤 2개월까지 독일군의 병력 증강이 15개 사단을 넘는 수준이 되어서는 안 된다.

3. 기간이 연장될 경우 영국 해협의 조류 속에서 대군이 해안에 계속 머물수 있도록 하는 문제가 해결되어야 한다. 이 문제를 확실하게 하기 위해서 적어도 두 개의 효율적인 인공 항구를 건조하는 것이 필수적이다.

나의 전폭적인 지지와 함께 그러한 문제와 관련한 모든 내용이 루스벨트 대통령에게 전달될 것이라는 생각에 나는 무척 만족스러웠다. 그렇게 하면 적어도 미국 측 관계자들이 "대군주" 작전에 대하여 우리가 무성의한 것이 아니었으며 준비에 생각이나 시간이 부족한 것이 아니었다는 사실을 믿을 수 있을 터였다. 나는 그 문제와 관련하여 워싱턴과 런던의 최고 전문가들을 퀘벡으로 불렀다. 모두 한 곳에 모여 모든 자료를 공유하는 가운데 기술적인 문제들에 관련한 최선의 해답을 얻을 수 있을 것이었다.

★ ★ ★ ★ ★

인도와 극동을 무대로 한 우리의 전투에 관해서 역시 3군 참모총장들과 많은 논의를 거듭하기도 했다. 우리에게는 좋은 이야깃거리가 전혀 없었다. 1942년 말, 1개 사단이 아키얍 항구를 재탈환할 목적으로 버마의 아라칸 해안 아래쪽으로 진군했다. 완전한 1개 군단 병력을 갖추어 교전할 수 있을 정도가 되었음에도 불구하고, 작전은 실패로 돌아갔다. 우리 부대는 인도 국경 너머로 후퇴할 수밖에 없었다.

거기에는 여러 가지 설명할 부분이 많지만, 나는 무엇보다 대일 영국군 최고사령부의 문제를 전반적으로 검토해볼 필요를 느꼈다. 새로운 방법과 새 인물이 요구되었다. 인도 총사령관으로 하여금 그의 광범위한 의무에 부가해서 버마 지역 작전의 지휘까지 맡게 한 것은 좋지 않다는 것이 나의 오래된 생각이었다. 동남아에서 일본군에 대한 대규모 작전을 강력히 추진하기 위해서는 별도의 연합군 최고사령부를 설치할 필요가 있을 것 같았다. 3군 참모총장들도 전적으로 같은 의견이었기 때문에, 퀘벡에서 미국 측과 토의하기 위한 메모를 준비했다. 신설할 사령부의 지휘관을 누구로 할 것이냐의 문제가 남았는데, 우리는 당연히 영국 측에서 맡아야 한다는 생각이었다. 거론된 여러 이름 중에서 나는 마운트배턴이야말로 그 중대한 임무에 걸맞는 뛰어난 자질을 갖춘 인물이라고 확신했다. 따라서 대통령을 만나면 가장 먼저 그의 임명을 제안하려고 결심했다. 전쟁에서 주요 전장의 총사령관에 영국 해군 대령급을 임명하는 것은 아주 이례적인 조치였다. 그러나 사전에 그 근거를 신중하게 준비했기 때문에, 대통령이 진심으로 동의했을 때 나는 전혀 의외로 받아들이지 않았다.

잠자는 시간 외에는 일에 몰두해 있을 경우 항해가 얼마나 빨리 이루어지는지 그저 놀라울 따름이었다. 그래도 나는 끊임없는 전쟁의 소음 속에서 잠시나마 벗어나기를 기대했다. 그러나 배가 목적지에 가까워지는 순간, 휴식은 채 시작도 되기 전에 끝나버린 느낌이었다.

8월 9일, 핼리팩스에 도착했다. 거대한 배가 부두에 닿자 우리는 곧장 열차에 옮겨 탔다. 사전에 비밀유지를 하도록 조치했음에도 불구하고, 수많은 사람들이 몰려들었다. 아내와 함께 나는 열차의 맨 마지막 객실에 앉아 있었는데, 사람들이 찾아와 인사를 했다. 발차하기 전, 나는 그들에게 "단풍잎"["단풍잎(The Maple Leaf)" 또는 "단풍잎이여 영원하라(The Maple Leaf Forever)"는 1980년 이전까지 캐나다 국가로 사용되었다/역주]과 "오 캐나다"["O Canada"는 1880년경 프랑스어로 쓴 가사에 곡을 붙인 노래인데, 1980년 캐나다 의회에서 국가로 의결했다/역주]를 부르게 했다. "브리타니아여, 지배하라"["Rule, Britannia"는 영국 국가이다. 여기서 브리타니아는 대영제국을 의인화한 여신이다/역주]를 모를 것 같아서였다. 밴드가 있었더라면, 연주하게 해서 함께 불렀을 것이다. 대략 20분 정도 악수를 나누고 사진을 찍고 사인 공세에 시달린 뒤에 퀘벡으로 향했다. 8월 17일에 대통령과 홉킨스가 도착했고, 이든과 브렌던 브래컨도 영국에서 날아왔다. 대표들이 모이면서 이탈리아 휴전에 관한 동향이 전해졌고, 이탈리아의 항복이 임박했다는 분위기 속에서 회담을 가지게 되었다.

첫 번째 전원 회의는 8월 19일에 열렸다. "'대군주' 작전의 선행조건으로" 전략상 최우선적으로 다루어진 것은 독일에 대한 합동 폭격이었다. "대군주" 작전에 관한 긴 논의가 모건 장군이 런던에서 작성한 합동 계획의 관점에서 정리되었다. 3군 참모총장들은 다음과 같이 요약하여 보고했다.

"대군주" 작전

이 작전은 유럽에서 추축국에 대항하는 미영 연합군의 지상과 상공에서의 가장 중요한 행동이 될 것이다(목표 일자 : 1944년 5월 1일)……

"대군주" 작전과 지중해 방면의 다른 작전을 모두 유지하기에는 물자가 부족하기 때문에, 가용한 물자는 "대군주"의 성공을 확보하는 것을 주목표로 하고 배분해야 될 것이다. 지중해에서 펼칠 각종 작전은 "트라이던트[5월에 열린 워싱턴 회담]"에서 할당한 병력으로 수행한다. 단, 영미 합동3군참모총장위원회의 결정에 따라 변경될 수 있다.……

이 몇 구절은 회의에서 논쟁의 대상이 되었다. 나는 "대군주"의 성공은 상대적 전력에 관련된 조건의 충족 여부에 달려 있다는 점을 지적했다. 나는 1942년 또는 1943년에 브레스트나 셰르부르를 공격하는 것에는 찬성하지 않았지만, 1944년의 "대군주" 작전은 강력하게 지지한다는 사실을 강조했다. 한때 나는 해협횡단에 대해서 반대했는데, 이제 그런 반대는 더 이상 존재하지 않았다. 최초의 공격에 최소한 전체 전력의 25퍼센트를 투입해야 한다는 것이 내 생각이었다. 그렇게 하려면 상륙용 주정이 더 필요했다. 아직 9개월의 여유가 있었고, 그 시간이라면 많은 것을 준비하기에 충분했다. 선택된 해안의 조건은 양호했다. 행동 개시와 동시에 코탕탱 반도 안쪽의 해안으로 상륙할 수 있다면, 훨씬 더 좋을 터였다. 나는 말했다. "무엇보다도 최초의 거점이 탄탄해야 합니다."

아프리카 지휘권을 미국에서 행사했기 때문에, "대군주" 지휘권은 영국이 가진다는 것에 대해서는 일찌감치 대통령과 합의한 사항이었다. 따라서 나는 대통령의 동의를 얻어 영국 육군참모총장인 브룩 장군을 추천해놓은 상태였다. 그는 휘하의 알렉산더와 몽고메리와 함께 됭케르크로 가는 결전에서 한 군단을 지휘한 바 있었다. 그에게도 이미 1943년 초에 귀띔을 해두었다. 작전에는 영국군과 미군이 동등한 비중으로 참여할 계획이었다. 그런데 영국 본토를 기지로 삼아야 했기 때문에 그러한 결정은 합당하다고 생각했다. 그러나 해가 지나고 거대한 침공 계획의 구체적 모습이 드러나면서, 처음 상륙 시에는 양국의 병력이 대등한 수준이더라도 상륙에 성공하고 난 이후에는 미군의 수가 압도적으로 많을 수밖에 없겠다는 느낌을 점차 강하게 받게 되었다. 그리하여 퀘벡에서 나는 대통령에게 프랑스 원정에 미군 사령관을 임명하는 것이 어떻겠느냐고 먼저 제안해보았다. 그는 아주 고맙게 받아들였는데, 이미 그렇게 생각하고 있었던 것 같았다. 따라서 우리는 "대군주"의 지휘는 미군 사령관에게, 지중해 작전은 영국군 사령관에게 맡기기로 합의했다. 실제로 교체하는 일시는 전쟁의 상황에 따라 결정하기로 했다. 나는 전폭적으로 신뢰하는 브룩 장군에게 그러한 결과와 이유를 알려주었다. 그는 군인의 위엄을 지키며 엄청난 실망감을 견뎌냈다.

★ ★ ★ ★ ★

극동의 문제와 관련하여 양국의 3군 참모총장들 사이에서 벌어진 주된 논쟁은 독일의 함락 직후부터 대일본전에서 영국 측이 요구한 충분하고 공평한 역할과 지위였다. 영국은 비행장과 해군 기지의 공동 이용, 히틀러 몰락 이후 극동으로 이동하는 영국 사단에 대한 적절한 임무의 부여 등을 원했다. 나는 합동3군참모총장위원회 소속의 동료들에게 그 문제와 관련해서는 우리 주장을 관철하기 위해서 싸울 수 있는 데까지 싸워야 한다고 압박했다. 왜냐하면 전쟁의 그러한 국면에서 자칫 "영국은 히틀러를 격퇴할 때는 우리의 도움을 받을 대로 받고, 일본과의 전쟁에서는 우리만 남겨둔 채 물러나 있다"는 미국 국내의 비판에 신경이 쓰였기 때문이다. 어쨌든 퀘벡 회담에서 그러한 인상을 불식시키는 데에는 성공한 셈이었다. 막상 해야 할 실제 작전에 관한 결정은 아무것도 하지 못했다. 다만 "중국과 육상 교통망을 연결하고, 공로를 개선하여 확보한다"는 목표로 공격 작전에 주된 노력을 경주한다는 원칙만 결정했을 뿐이었다. 대일전의 "종합 전략적 개념"에서 확정한 계획은 독일 붕괴 이후 12개월 이내에 일본을 패배시킨다는 것이었다.

마지막은 지중해였다. 8월 10일, 아이젠하워는 휘하의 지휘관들을 불러 이탈리아에서 수행해야 할 작전의 방법을 결정하기 위한 회의를 열었다. 그는 당시 적군의 배치에 대해서 특별한 설명을 하지 않을 수 없었다. 이탈리아의 독일군 16개 사단 중에서 8개 사단은 북쪽의 롬멜 휘하에, 2개 사단은 로마 부근에, 6개 사단은 남쪽의 케셀링 휘하에 있었다. 그러한 이탈리아에 러시아 전선에서 철수하여 프랑스에서 재정비하려던 20개의 사단으로부터 증원이 이루어질 가능성이 컸다. 우리가 오랜 시간에 걸쳐 병력을 결집시킨다고 해도 그에 필적할 수는 없었지만, 영국군과 미군은 제해권과 제공권 장악을 비롯하여 기선을 제압하고 있었다. 모두 신경을 쓰는 공격은 대담한 모험일 수밖에 없었다. 나폴리 항구와 타란토 항구를 모두 확보하는 것이 목표였다. 두 곳의 시설을 합치면 우리가 움직이지 않으면 안 되는 규모의 군대를 수용할 수 있었다. 비행장을 먼저 점령하는 일이 급선무였다. 로마 근교의 비행장은 우리의 손이 미치지 못했지만, 포지아에는 중폭격기의 이착륙에 적합한 일군의 중요한 비행장들이 있었다. 우리의 전술 비행부대는 이탈리아의 발뒤꿈치 부분과 살레르노 근방의 몬테코르비노의 비행장을 목표로 했다.

아이젠하워는 9월 초에 메시나 해협 횡단 공격으로 진군을 시작하고, 아울러 칼라브리안 해안 상륙을 함께 시도하기로 했다. 그것은 영미 양국 군단이 살레르노 만의 주요 해안을 상륙하면서 전개할 나폴리 점령["눈사태 (Avalanche)" 작전]의 서곡이 될 터였다. 그곳은 이미 확보한 시칠리아 비행장에서 엄호를 위해서 출격하는 전투기의 비행 한계 지역에 해당했다. 연합 군은 상륙 직후 가능한 한 신속하게 나폴리 장악을 목표로 북진해야 했다.

합동3군참모총장위원회는 대통령과 나에게 그 계획에 대한 승낙을 원했으며, 아울러 사르디니아와 코르시카 점령을 그 다음 목표로 하도록 해달라고 요청했다. 우리는 즉시 동의했다. 실제로 그것은 내가 그토록 바라던 바와 일치했다. 그뒤에 로마 남부 비행장들의 점령을 위해서 공수사단을 보내야 한다는 제안이 있었다. 우리는 그 계획 역시 승인했다. 여기에서 생략한 몇 가지 사정에 대해서는 뒤에서 설명하기로 한다.

제3장
이탈리아 침공

퀘벡 회담은 8월 24일에 막을 내렸다. 모든 동료들은 작별을 고하고 흩어졌다. 마치 조개껍질의 부서진 조각처럼 제각기 갈 길로 떠났다. 모든 고민과 논쟁의 시간이 끝나자 대체로 며칠 동안이라도 휴식을 가지자는 요구가 있었다. 나의 캐나다 친구 중 한 사람인 클라크 대령은 회담이 진행되는 동안 자치령 정부에서 나에게 배속시켜준 장교인데, 퀘벡에서 120킬로미터 정도 떨어진 곳에 큰 농장을 가지고 있었다. 농장은 깊은 산속의 소나무 숲에 둘러싸여 있었는데, 삶의 여정에서 안내자가 되는 신문 용지는 모두 거기서 나오는 것이었다. 그곳에는 스노 호수가 자리 잡았고, 큰 댐의 엄청난 물 속에는 대형 송어가 그득하다고 했다. 브룩과 포털은 낚시광이었는데, 회담 중의 계획들 가운데 그들의 기량을 겨루어볼 계획도 하나 포함시켰다. 나도 가능하면 합류하겠다고 했는데, 31일 방송 연설이 예정되어 있어 그 약속은 창공의 독수리처럼 내 머릿속에서 맴돌고 있었다. 나는 고성에 며칠 더 머물기로 하고, 매일 오후 한 시간 정도씩 성벽을 거닐며 세인트 로렌스 강의 영화와 부침을 생각했다. 그리고 울프 섬[캐나다 온타리오 호의 세인트 로렌스 강이 시작되는 부분에 있는 큰 섬/역주]과 퀘벡의 온갖 이야기도 떠올렸다. 퀘벡 시내를 한 바퀴 드라이브하겠다는 약속도 했는데, 모든 시민들의 유쾌한 환영을 받았다. 캐나다 자치령의 내각 회의에 참석해서 퀘벡 회담과 전쟁에 관한 이야기를 전해주기도 했다. 캐나다 내각의 추

밀고문관 서임의 선서를 하는 영예도 누렸다. 그러한 배려는 40년 동안 변함없는 신뢰를 간직하고 있는 오랜 친구이자 동료인 매킨지 킹이 주선한 것이었다.

방송을 하게 되면 할 말도 많았지만 할 수 없는 말도 많았기 때문에 어찌할 바를 몰랐다. 따라서 내 마음은 항상 스노스 호수에 가 있었는데, 이미 그곳에 먼저 간 사람들이 아름다운 소식들을 전하고 있었다. 낮에는 낚시를 즐기고 어둠이 내리면 방송 연설 준비를 하면 되지 않을까 생각했다. 클라크 대령의 말을 믿어보기로 작정하고 아내와 함께 차를 타고 출발했다. 파운드 제독은 두 참모총장과 동행하지 않았기 때문에, 함께 호수로 가자고 권유했다. 그의 참모 장교가 말하기를, 회담 결과를 정리하는 일이 쌓였다는 것이었다. 나는 광범위한 영역에 걸친 해군 관련 토론 과정에서 그가 장악하고 있는 분야를 보고 놀랐는데, 낚시를 갈 수 없다는 말에 무언가 잘못되어 가고 있는 것이 아닌지 걱정이 되었다. 그와 나는 전쟁 발발 첫날부터 가장 밀접한 관계를 유지하며 함께 일해왔다. 나는 그의 진가와 용기를 잘 알고 있었다. 게다가 그가 해군부로 돌아가기 전에 조금만 틈이 나면 낚시를 즐기기 위해서 새벽 너덧 시에 일어났다는 사실도 잘 알고 있었다. 그런데 그는 자리를 지켰고, 나는 그를 남겨둔 채 출발했다.

우리는 강이 흐르는 계곡을 따라 온종일 멋진 드라이브를 했고, 도중에 휴게실에서 잠깐 낮잠도 잔 뒤에 호숫가의 널찍한 숙소에 도착했다. 브룩과 포털은 이튿날 떠날 예정이었다. 다행이라는 생각이 들었다. 그들은 매일 100마리씩 물고기를 잡아들이고 있었는데, 계속 그렇게 했다가는 호수의 바닥이 드러날 것이 분명했기 때문이다. 아내와 나는 서로 다른 보트에 타고 몇 시간씩 노를 저었다. 둘 다 낚시꾼이 아니었으나 아주 많이 낚았다. 가끔 낚시 바늘 세 개가 달린 낚싯대를 던지면, 세 마리의 물고기가 동시에 물었다. 그러한 낚시가 공정한 낚시꾼의 태도인지 도무지 알 수 없었다. 우리의 훌륭한 식탁에는 싱싱한 송어 요리가 넘쳐났다. 대통령도 오고 싶어 했으나, 업무 때문에 움직일 수 없었다. 내가 잡은 생선 중에서 가장 큰 것을 골라 하이드 파크의 대통령에게 보냈다. 방송 준비도 했으나, 연설 원고의 작성은 토론이나 낚시에 비하면 훨씬 더 심신을 지치게 만들었다.

29일 밤에 퀘벡으로 돌아갔다. 나는 또 한 번 캐나다 각료 회의에 참석한 뒤, 워싱턴으로 출발하기에 앞서 31일에 캐나다 국민과 세계 연합국에 전하는 방송 연설을 했다. 그리고 다음날 백악관에 도착했다. 대통령과 내가 저녁식사를 마치고 그의 서재에서 담소를 나누고 있을 때, 파운드 제독이 해군 문제를 의논하기 위해서 찾아왔다. 대통령은 전쟁의 일반적 국면에 관해서 몇 가지 질문을 했다. 그런데 나는 그토록 신뢰하던 해군 동료가 자신의 뚜렷한 개인적 장점이었던 사태의 핵심을 관통하는 뛰어난 능력이 흐려진 것을 보고 마음이 아팠다. 대통령과 나는 그가 몹시 아픈 상태라고 판단했다. 이튿날 아침, 파운드는 커다란 내 침실로 찾아왔다. "수상 각하, 아무래도 저는 사임해야겠습니다. 한 차례 뇌졸중을 맞았는데, 오른쪽 반신이 거의 마비가 되고 말았습니다. 곧 지나가리라 생각했는데, 점점 악화되는 것 같아 더 이상 일을 할 수 없습니다." 나는 그 자리에서 해군참모총장의 사의를 받아들였다. 그리고 그의 건강 악화에 깊은 심려를 표시했다. 즉시 모든 임무에서 벗어나도록 조치하고, 며칠 휴식을 취한 다음 나와 함께 리나운 호를 타고 귀국하자고 했다. 그는 완벽하게 억제하고 절제할 줄 아는 인물이었다. 그리고 항상 위엄이 충만한 자세를 유지했다. 그가 방을 나가자, 나는 즉시 해군부에 전문을 보냈다. 신임 해군참모총장을 임명할 때까지 시프렛 해군 중장이 직무를 대행하도록 지시했다.

★ ★ ★ ★ ★

퀘벡에서 회담하는 동안, 이탈리아에서는 일련의 사태가 진행되고 있었다. 대통령과 나는 그 결정적인 시기에 바돌리오 정부를 상대로 한 비밀

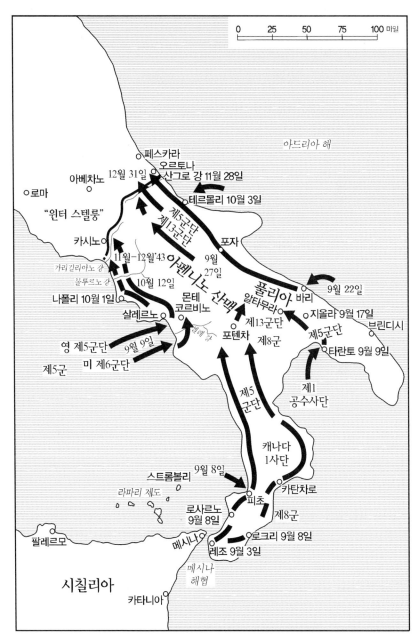

남이탈리아에서의 작전들 : 1943년 9월-12월

강화 협상을 지시했고, 이탈리아 본토 상륙을 위한 군사적 조치를 신중하고 세심하게 검토했다. 이탈리아 문제 해결과 관련하여 아주 중요한 그 순간에 미국 측 동료들과 긴밀한 관계를 유지하기 위해서, 나는 자발적으로 미국 체류 기간을 연장하기로 했다. 내가 워싱턴에 도착하던 날, 바돌리오가 연합국에 항복하기로 했다는 확실하고 공식적인 첫 번째 소식이 보고되었다. 9월 3일, 시라쿠스 근처의 올리브 숲에서 카스텔라노 장군이 이탈리아의 항복에 관련된 군사적 조건에 서명을 했다. 같은 날 동이 채 트기 전에 영국 제8군이 이탈리아 본토 진입을 위해서 메시나 해협을 건넜다.

우리의 군사 전략과 아울러 이탈리아의 항복 조건을 조정하는 일만 남게 되었다. 미군 제82공수사단의 테일러 장군이 로마로 파견된 것은 9월 7일이었다. 그의 비밀 임무는 9일 밤 동안 로마 주변 비행장들을 장악하기 위해서 이탈리아 총참모본부와 협의하는 것이었다. 그러나 카스텔라노가 연합군에 보호를 요청한 이후로 상황이 급변하고 말았다. 독일군은 강력한 부대를 동원하여 비행장들을 장악하려는 것 같았다. 이탈리아 육군은 사기도 저하된 데다 무기마저 부족했다. 바돌리오 주변에서는 온갖 조언이 난무했다. 테일러는 바돌리오에게 만나자고 요청했다. 모든 것이 불안한 상태였다. 이탈리아 지도자들은 이미 항복 문서에 서명했지만 그것을 발표하는 순간 독일군이 즉각 로마를 점령하고 바돌리오 정부는 끝나는 것이 아닌가 하고 두려워했다. 9월 8일 오전 2시에 테일러는 바돌리오를 만났다. 바돌리오는 이미 비행장들을 빼앗겼으니 강화 조건 방송을 연기해달라고 간청했다. 테일러는 그때 이미 로마 비행장의 안전은 보장할 수 없다는 내용의 전문을 알제리로 보낸 뒤였다. 따라서 공수부대의 낙하 침투는 취소되었다.

아이젠하워는 신속한 결단을 내려야만 했다. 살레르노 공격을 24시간 이내에 단행하지 않으면 안 되었다. 따라서 바돌리오의 요청을 거절하고, 저녁 6시에 강화 조건을 방송으로 공표했다. 그 한 시간 뒤, 바돌리오가 로마에서 같은 내용의 선언문을 발표했다. 그로써 이탈리아의 항복은 완결되었다.

9월 8일에서 9일로 넘어가는 밤 시간에, 독일군은 로마를 포위하기 시작했다. 바돌리오와 왕실 가족은 육군부 건물 안에 갇힌 상태가 되었다. 긴장과 공포가 팽팽한 상황에서 황급히 토론이 벌어졌다. 한밤중에 다섯 대의 호송 차량이 로마 동쪽 문을 통과하여 아드리아 해의 페스카라 항구로 가는 도로를 질주했다. 항구에서는 두 척의 코르벳 함이 일행을 태웠다. 이탈리아 왕실 가족과 바돌리오, 그리고 내각과 고위 관리들이었다. 그들은 9월 10일 이른 아침 브린디시에 도착했는데, 연합군이 점령한 지역에 반파시스트 이탈리아 정부의 주요 기관이 급히 설치되었다.

망명자들이 떠난 뒤, 제1차 세계대전 당시 비토리오 베네토[이탈리아 북부의 작은 도시. 제1차 세계대전 때 이곳 전투에서 이탈리아가 승리함으로써 이탈리아 전선의 전쟁은 종결되었다/역주]의 승자였던 백전노장 카빌리아 원수가 로마에 들어가서 포위망을 좁히고 있던 독일군과 협상하는 임무를 맡았다. 산발적인 전투가 로마 진입 도로에서 벌어지고 있었다. 이탈리아 정규군의 몇 개 부대와 로마 시민 게릴라 부대가 근교에서 독일군과 교전했다. 그러나 9월 11일 휴전 협정이 체결되자 저항은 멈추었으며, 나치군 사단은 자유롭게 시내로 진입하게 되었다.

한편 9월 8일 어둠이 내린 뒤, 연합군의 지시를 받은 이탈리아의 주력 함대가 연합군이나 이탈리아 공군의 엄호도 없이 무모하게 몰타를 포위한다는 목표로 제노바와 스페치아를 출발했다. 다음날 아침 사르디니아 서쪽 해안으로 접근하던 중에 프랑스 기지에서 출격한 독일 공군의 공격을 받았다. 기함 로마 호가 폭격당하고 총사령관 베르가미니 제독을 비롯한 수많은 전사자를 내며 파괴되었다. 전함 이탈리아 호 역시 심각하게 손상되었다. 생존자 구출을 위해서 경함정 몇 척만 남겨두고 함대는 고난의 항해를 계속했다. 10일에는 영국 함대를 만났다. 한때는 공격 대상이었던 이탈리아 함대를 쫓아다니던 워스파이트 호와 밸리언트 호를 포함한 영국 함대가 이번에는 정반대의 입장에서 그들을 몰타까지 호위했다. 9일에는 두 척의 전함을 포함한 함대가 타란토에서 출항했는데, 11일 아침 해군부는 커닝엄 제독으로부터 전문 한 통을 받았다. "이탈리아 전투 함대가 지금 몰타 요새의 포 아래에서 닻을 내리고 있다."

★ ★ ★ ★ ★

연합군의 입장에서는 모든 일이 순조롭게 진행되어갔다. 메시나 해협을 건넌 제8군은 이렇다 할 저항을 받지 않았다. 순식간에 레지오를 점령하고, 칼라브리아의 좁고 기복이 심한 도로를 따라 진군을 계속했다. 알렉산더의 9월 6일자 전문은 이러했다. "독일군은 총격이 아닌 후위 부대의 파괴 활동으로 전투를 진행 중임.……오늘 아침 레지오에서는 어떠한 경보도 들리지 않았고 적기도 보이지 않았음. 반면 이 아름다운 여름날 이탈리아 본토와 시칠리아 사이의 바다에서는 인력, 물자, 탄약 등을 운반하는 온갖 해군 함정이 바삐 움직이고 있었음. 그 생동감 넘치는 광경은 전시의 중대한 작전이 아니라 평화로운 상태의 보트 경주 같은 모습이었음." 실제 전투는 거의 없었으나, 지형 문제로 아군의 진격은 계속 지체되었다. 그리고 적군의 파괴 행위와 소규모 후위 부대의 능숙한 교란 활동 때문에 더욱 늦어졌다.

그러나 8일 밤, 알렉산더는 나에게 "짚" 신호를 보냈다. 나를 비롯하여 우리 일행 중 아직 영국으로 돌아가지 못한 사람들은 바다로 귀국할 예정이었다. 핼리팩스에서는 리나운 호가 대기중이었다. 나는 대통령에게 작별 인사를 하기 위해서 기차 여행 도중에 내렸다. 따라서 살레르노 전투가 시작되었을 때 나는 하이드 파크에서 그와 함께 있었다. 12일 밤 기차를 다시 탔고, 14일 아침 무렵 핼리팩스에 닿았다. 기차 안에서 읽은 신문 기사뿐만 아니라 보고 받은 온갖 정보 때문에 걱정이 많았다. 아주 결정적이고 장기화로 치달을 싸움이 진행 중이라는 생각이 들었다. 나는 이탈리아 본토 상륙을 강력하게 주장했기 때문에 관심은 온통 거기에 쏠렸으며, 성패에 대한 특별한 책임감까지 느낄 수밖에 없었다. 기습과 강공 그리고 신속함이 육해공 공동 상륙 작전의 핵심 요소였다. 우리의 강력한 해군력은 24시간이 지나자 의미가 없어졌다. 10명이 있던 자리에 금방 1만 명이 나타났다. 마음은 세월을 거슬러올라갔다. 1915년 무스타파 케말이 터키군 2개 사단을 벌레어 전선에서 무방비 상태의 전장으로 진군시켰을 때, 3일 동안 수블라 만의 해안에서 기다리고 있었던 스태퍼드 장군이 떠올랐다. 나도 그 즈음 유사한 경험을 했다. 모든 것이 걸린 사막의 전투가 자신에게 불리하게 결정되어가던 중에도 광범위하고 다양한 지휘 영역의 중앙 정상에서 통상적으로 관전하면서 카이로 사령부에 머물렀던 오킨렉이 그랬다. 나는 알렉산더를 최대한 신뢰하고 있었지만, 기차가 덜커덩거리며 노바스코샤의 쾌적한 평원을 달리는 동안 고통스러운 심경에서 벗어날 수가 없었다. 마침내 나는 알렉산더가 받아 보더라도 기분이 상하지 않으리라고 확신하며 그에게 보낼 전문을 작성했다. 그리고 배를 탄 이후에 발송했다.

"본인은 무엇보다도 귀관이 모든 것을 결정하게 될 '눈사태' 전투를 지켜보고 있으리라 기대하오. 참전 중인 지휘관들 중 그러한 대규모 전투를 경험한 사람은 아무도 없소. 수블라 만 전투에서 이언 해밀턴은 참모장의 조언에 따라 그가 모든 것을 파악할 수 있는 지점으로부터 너무 떨어진 곳에 머물러 있었기 때문에 패하고 말았소. 그가 적절한 위치를 지켰다면, 사태를 수습할 수 있었을 것이오. 나는 지금 공간적 거리는 물론 시간적 간격까지 존재하는 곳에서 제대로 판단할 수 없지만, 지난날의 경험을 토대로 귀관에게 나의 생각을 밝히는 것을 의무라고 느끼오.

2. 나폴리의 결전에 도움이 되는 것이라면 **어떤 것**도 배척해서는 안 되며……"

나를 안심시키는 알렉산더의 답신이 즉시 도착했다. 그는 이미 살레르노에 가 있었다.

"각하의 조언에 깊이 감사드립니다. '눈사태'의 성공을 위해서 모든 조치를 다하고 있습니다. 며칠 내로 성패의 운명이 판가름날 것입니다."

커닝엄 제독이 육군을 지원하기 위해서 위험을 아랑곳하지 않고 휘하의 전함을 내해로 진입시켰다는 소식을 들으니 마음이 한결 놓였다. 14일 커닝엄은 몰타에서 이탈리아 주력 함대의 투항을 받고 돌아온 워스파이트 호와 밸리언트 호를 파견했다. 다음날 두 척의 전함은 행동을 개시했는데, 공군의 유도에 따른 중포의 정확한 포격은 피아를 모두 놀라게 할 정도였다. 당연히 적은 격퇴되었다. 그러나 16일 오후 적군의 신형 활공폭탄(滑空爆彈)에 의해서 전투력을 상실하고 말았다. 활공폭탄에 대해서 들은 바는 있었지만, 상세한 내용은 알지 못했다.

리나운 호에 승선한 것은 축복이었다. 거대한 위용의 배는 부두에서 기다리고 있었다. 워싱턴에서 곧장 달려온 파운드 제독은 이미 갑판 위에서 지휘 중이었다. 그는 언제나 곧은 자세를 유지했기 때문에, 그를 본 사람이라면 그가 앓고 있다고 꿈에도 생각할 수 없었다. 항해 도중 식사에 초대했지만, 그는 선실에서 참모 장교들과 함께 하겠다며 사양했다. 10월 21일, 트라팔가 승전의 날[넬슨의 영국 해군이 스페인 서남부 해안 트라팔가에서 나폴레옹 함대를 격파한 1805년 10월 21일/역주]에 그는 눈을 감았다. 그는 해군부에서나 3군 참모총장위원회에서나 항상 나의 진정한 동료였다. 그를 이어 해군참모총장은 제독 앤드루 커닝엄 경이 맡게 되었다.

★ ★ ★ ★ ★

우리가 대양의 물결을 지그재그로 헤치며 나아가고 있는 동안 타란토는 적의 공격을 받았다. 그 사태는 알렉산더와 작전 수행 책임자였던 커닝엄 제독이 훌륭하게 처리했다. 제1급의 항구는 상륙하는 우리의 전군을 수용할 수 있었다. 이탈리아의 항복에 고무되어 알렉산더가 그렇게 대담한 행동을 할 수 있었던 것 같다. 영국 제1공수사단을 수송할 비행기도 준비되지 않았고, 해상 수송을 맡을 통상의 선박조차 없었다. 영국 군함을 타고 출항한 선발된 병사 6,000명은 살레르노 해안에 상륙한 9월 9일 바로 그날, 과감하게 타란토 항으로 진격하여 아무 저항도 받지 않은 상태에서 다른 부대를 상륙시켰다. 우리 순양함 중 한 척이 기뢰에 맞아 침몰했는데, 그것이 아군의 유일한 손실이었다.*

살레르노 전투는 계속 진행되었다. 전문도 끊임없이 날아들었다. 알렉산더는 친절하게도 나에게 모든 정보를 전달했다. 그가 보낸 생생한 전문에 의해서 사태의 전모를 파악할 수 있었다. 결정적인 3일 동안은 아무도 결과를 예측할 수 없었다. 우리가 심각한 곤경에 처한 순간을 포함하여 치열한 전투를 치렀는데, 독일군은 우리를 바다 쪽으로 밀어내는 데에 실패했다. 케셀링은 이길 수 없다는 사실을 깨달았다. 그는 살레르노를 굽어보는 고지 오른쪽으로 돌아 모든 전선을 질서정연하게 뒤로 이동시키기 시작했다. 몽고메리가 박차를 가한 제8군은 심한 압박을 받고 있던 제5군과 합류했다. 영국군 제10군단은 오른편으로 미군 제6군단과 나란히 적군의 후위 부대를 베수비우스 주변으로 몰아냈고, 폼페이와 헤르쿨라네움의 유적지를 지나 10월 1일 나폴리에 입성했다. 우리가 승리를 거두었다.

---

* 나는 알렉산더가 선물한 영국 국기를 집에 보관하고 있다. 타란토에 게양했던 그 유니언 잭은 우리가 프랑스에서 퇴각한 이후 유럽에서 최초로 펄럭인 연합국 국기 중의 하나였다.

제4장

지중해에서의 교착 상태*

　핼리팩스에서 돌아와 며칠이 지난 뒤, 나는 아이젠하워에게 전문을 보냈다[1943년 9월 25일/역주]. 그 해 가을과 겨울의 내 심중을 읽을 수 있는 내용이었다. 두 번째 문단은 다양한 시도를 향해 쏟아야 할 우리의 노력 배분, 특히 애로 사항이 관련된 문제에 대한 비율을 확립해두었으면 하는 희망에서 표현한 것이다. 이 장에서 다루는 논쟁을 이해하려면 내가 주장한 그 비율을 간과해서는 안 된다. 전쟁은 가용한 수단의 정확한 사용이라는 문제를 제기하는데, 그것은 결코 "한 번에 하나씩"이라는 식으로 요약될 수는 없다.

　1. 그동안 다방면에 걸쳐 작전을 추진해왔기 때문에, 이제 귀관에게 그 여러 목표에 대해서 내가 마음속에 두고 있는 우선순위를 밝혀야 할 필요를 느끼게 되었습니다.

　2. 우리 노력의 5분의 4는 이탈리아 확보에 두어야 합니다. 10분의 1은 코르시카의 확보(곧 완료될 것입니다)와 아드리아 해 방면에 할애해야 합니다. 그리고 나머지 10분의 1은 로도스에 집중해야 합니다. 물론 이러한 것은 한정적인 요소들에 한해서만 적용됩니다. 내가 생각하기에는 해군 경항공기를 포함하여 주로 상륙용 주정, 공격용 함정 등이 해당될 것입니다.

---

* 638면의 "크레타 섬과 에게 해" 지도 참조.

3. 단지 내 생각의 개략적인 면을 제시하는 것일 뿐입니다. 귀관이 판단하고 있는 한계를 제대로 이해하지도 못하면서 전 분야에 걸쳐 모든 것을 강요하는 것처럼 느끼게 하려는 것은 결코 아닙니다.

이튿날, 아이젠하워의 답신이 도착했다.

우리는 이번 계획에서 중동에 필요한 자원을 지원하기 위해서 면밀히 검토하고 있으며, 중동지역에서 요구하는 최소한은 충족시킬 수 있으리라고 확신합니다.

몽고메리가 제5군의 우측을 지원하기 위해서 휘하의 병력 대부분을 진격시킬 수 있을 때 나폴리 전선에서는 좀더 급속하게 움직이기 시작할 것입니다. 합동 작전의 초기 단계 직후에 항상 발생하는 일이지만, 전략적으로나 행정적으로나 미숙하게 전개된 면이 있습니다. 우리는 상황을 개선하기 위해서 고심하는 중이 므로, 조만간 좋은 소식을 전해드릴 수 있으리라고 기대합니다.

그의 답변은 나의 전문에서 가장 중요하게 받아들여주기를 바랐던 부분에 대해서는 구체적인 언급을 하지 않았다. 즉, 부수적인 계획에 요구되는 소수의 부대들의 할당 문제들이었고, 다른 문제들도 많았다.

이탈리아가 항복하게 되면서 우리는 에게 해에서 중요한 전리품을 매우 작은 비용과 노력으로 얻을 수 있는 기회를 가지게 되었다. 이탈리아 수비 대는 왕과 바돌리오의 명령에 복종했다. 만약 독일군이 점령하여 강제로 무장해제시키기 전까지 우리가 도착한다면, 그들은 모두 우리 편에 가담할 터였다. 비록 수는 적었지만, 이미 상당한 기간 동안 추축국 동맹에 회의를 품고 별도의 계획을 세우고 있었던 것 같았다. 로도스, 레로스 그리고 코스 섬은 모두 요새로 오래 전부터 제2전선에서 매우 중요한 전략적 목표물이 었다. 따라서 9월 10일 퀘벡 회담에서 영미 합동3군참모총장위원회는 그 섬들을 장악하는 계획을 승인한 바 있었다. 로도스는 그중에서도 핵심이었다. 우리가 섬 전체를 점령하고 그쪽 방면의 제해권을 장악하여 작전을 완결시킨다면, 나머지 섬들을 방위할 수 있는 비행장들이 로도스에 있었기 때문이다. 게다가 이집트나 키레나이카의 비행기가 로도스로 옮기더라도 이집트 방위에 아무런 영향을 미치지 않을 뿐만 아니라 더 유리한 면도 있었다. 그러한 보물을 차지하지 않는 것은 굴러들어온 행운을 버리는 것이나 다름없었다. 그로써 에게 해의 제공권과 제해권은 모두 우리 수중에 들어왔다. 그 결과는 당시 이탈리아의 몰락에 큰 충격을 받았던 터키에게 결정적인 영향을 미쳤다. 우리는 에게 해와 다르다넬스 해협을 사용할 수 있게 됨으로써 러시아로 가는 해상로의 지름길을 확보하게 되었다. 더 이상 위험하고 비용이 많이 드는 북극 항로나 길고 힘겨운 페르시아 만 통과 항로를 이용할 필요가 없어지게 되었다.

윌슨 장군은 작전 개시를 열망했다. 수개월에 걸쳐 중동사령부에서 로도스 점령을 위한 계획 수립과 준비를 완벽하게 끝냈다. 8월에는 작전 훈련과 연습을 거듭한 제8인도사단이 9월 1일자로 출동할 준비가 되었다. 그러나 훈련이 완료된 우리 공격 선단은 지중해를 벗어나 꽤 시간적 여유가 있는 "대군주" 작전의 준비를 위해서 서쪽으로 이동하거나 아니면 인도로 가야 한다는 미국 측의 요구가 매우 강력했다. 이탈리아의 붕괴 전에 체결되었을 뿐만 아니라 전반적으로 완전히 다른 상황에 맞추어진 내용의 협정이 8월 26일 부수적인 문제에 엄격히 적용되었는데, 그러한 시행은 이전의 5월의 워싱턴 회의 결정의 취지에 따른 것이었다. 그 결과 합동3군참모총장위원회는 로도스로 병력을 수송할 선박에 대해서 버마 연안 작전에 참여하도록 극동으로 가라는 명령을 내렸다. 그리하여 도데카네스 방면에서 신속한 행동을 개시하려던 윌슨의 신중한 계획은 무참하게 무너지고 말았다. 윌슨은 아주 신속하게 다른 여러 섬에 소규모의 해군과 공군 부대를 파견했다. 그러나 로도스 점령의 희망이 없어지자 에게 해에서 우리가 얻을 수 있는 것이 매우 불확정적이 되었다. 강력한 공군을 이용해야만 우리는 우리가 원하는 것을 손에 넣을 수 있었다. 공군이 지원만 한다면 그다지 많은 시간이 필요할 것 같지도 않았다. 우리는 우리가 보유하던 상당한 정도의 전략 자원을 자발적으로 모두 그들의 손에 맡겼음에도 불구하고, 아이젠하워 장군과 그의 참모진은 우리가 지적하는 것에 그다지 주의를 기울이지 않는 것 같았다.

★ ★ ★ ★ ★

독일군이 우리가 그들의 동남부 측면을 향해 작전을 전개할 것이라는 예측을 하고 무척 당황해하고 있었다는 것은 지금에 와서야 알게 된 사실이다. 9월 24일 총통 사령부에서 열린 회의에서 독일 육군과 해군 대표들은 시간적 여유가 있을 때 크레타를 비롯한 에게 해의 섬들로부터 퇴각해야 한다고 강력히 촉구했다. 그들은 그곳의 전진 기지들은 동지중해에서 공격적 작전을 펼치기 위해서 확보한 것인데, 상황이 완전히 바뀌어버렸다는 점을 근거로 내세웠다. 그리고 대륙의 방위에 절대적으로 중요한 역할을 할 군대와 물자의 손실 예방을 강조했다. 그러나 히틀러는 그들의 판단을 뒤엎었다. 히틀러는 결코 후퇴를 명령할 수 없다고 고집했다. 특히 크레타와 도데카네스에서의 철수를 지시할 수 없는데, 바로 뒤따르게 될 정치적 반응 때문이라고 했다. "동남부 유럽의 동맹국과 터키의 태도는 오직 우리의 힘에 대한 그들의 신뢰를 바탕으로 하고 있소. 섬들을 포기하게 되면 아주 좋지 않은 인상을 줄 우려가 있소." 에게 해의 섬들을 지키기 위해서 싸우기로 한 결정이 정당했다는 것은 그 뒤의 사태로 증명되었다. 히틀러는 부수적 전장에서 적은 비용을 들여 주요 전략적 요충지를 차지하는 큰 이익을 누렸다. 발칸에서는 틀렸지만, 에게 해에서는 옳았다.

한동안 우리는 부수적인 작은 섬들을 대상으로 활발하게 작전했다. 9월 말에는 코스, 레로스, 사모스 섬을 제각각 1개 대대가 점령했으며, 다른 여러 섬들 역시 분견대가 상륙했다. 섬에서 마주한 이탈리아 수비대는 아주 우호적이었다. 그러나 그들이 자랑하던 연안의 대공 방위 시설은 빈약하기 짝이 없는 수준이었으며, 아군의 중화기와 차량 수송을 위해서 우리가 자유롭게 사용할 수 있는 선박은 거의 없었다.

로도스를 제외하고는, 코스가 전략적으로 대단히 중요한 섬이었다. 우리 전투기가 출격할 수 있는 비행장을 가진 유일한 곳이었다. 서둘러 비행장을 사용하기 위해서 준비를 갖추고, 보포스 대공포[2연발식 자동 대공포. Bofors는 스웨덴 병기 제조 공장의 이름/역주] 24문을 설치했다. 그러자 당연하게도 반격에 나선 적군의 첫 번째 목표가 되었다. 10월 3일 새벽, 독일군 낙하산 부대가 중앙의 비행장에 내려 경계하고 있던 우리의 1개 중대를 제거해버렸다. 섬의 북쪽에 주둔하던 우리의 대대 병력은 우리의 해군을 피해서 해안으로 상륙한 적군에 의해서 차단되었다. 섬은 순식간에 적의 수중에 들어갔다.

9월 22일, 윌슨은 로도스 점령을 시도하기 위해서 필요한 최소한의 사항을 간단하게 보고한 바 있었다. 제10인도사단과 기갑여단 일부를 동원할 경우 그가 요구한 것은 호위함과 엄호할 폭격기, 탱크 상륙용 함정(L.S.T.) 세 척, 자동차 수송선 몇 척, 병원선 한 척과 공수부대 1개 대대를 수송할 비행기였다. 나는 그의 작전계획을 지원할 능력이 우리에게 없다는 것을 알고 크게 당황했고, 즉시 아이젠하워 장군에게 도움을 요청하는 전문을 보냈다. 우리가 필요로 했던 소규모 지원은 미국 입장에서 보면 극히 미미한 것이었을 터이다. 지난 3개월 동안 끊임없었던 나의 요구에 그들이 보여준 양해 탓에, 더 많은 도움을 요청할 수 없었는지 모른다. 1개 사단에 필요한 상륙용 주정에 연합군 공군 주력 부대가 며칠만 지원해주면, 로도스는 우리 손에 들어올 것 같았다. 주변 상황을 다시 장악하기 시작한 독일군은 다수의 비행기를 에게 해로 출동시켜 나의 목표를 혼란스럽게 만들었다. 10월 7일, 나는 사태의 전모를 대통령에게 알렸다. 그러나 사실상 모든 요청을 거부하는 전문을 받고 고통스러웠다. 이미 밝혀진 대통령과 미국 3군 참모총장들의 일치된 의사에 따라 목전에 다다른 일격을 나 혼자 상대하게 되었다. 그동안 가까스로 눌러왔던 소극적인 세력이 원래의 지배력을 회복한 것이었다. 루스벨트가 보낸 전문은 이러했다.

이탈리아 작전을 로마 북쪽의 확실한 선까지 조속히 전개하여 성공시키는 데 지장을 초래할 병력의 전용(轉用)을 아이젠하워에게 강요하고 싶지 않습니다.

나는 이탈리아에서 직면한 현재 상황에서 아이젠하워가 위험할 수 있다고 판단하게 될 어떠한 형태의 병력의 전용에 대해서도 반대합니다. 지상군과 기갑 사단의 현저한 우월성을 자랑하는 적군의 특성을 고려하더라도, 아이젠하워의 이탈리아 본토에 대한 거점 구축은 더딘 속도로 진행 중에 있습니다.

병력이나 장비의 전용으로 이미 계획한 "대군주" 작전에 지장을 초래해서는 안 된다는 것이 나의 생각입니다. 미국의 3군 참모총장들도 같은 의견입니다. 이 전문의 사본 한 통을 아이젠하워에게도 보냅니다.

나는 특히 "병력이나 장비의 전용으로 이미 계획한 '대군주' 작전에 지장을 초래해서는 안 된다는 것이 나의 생각입니다"라는 문장에 주목했다. 어쨌든 6개월이나 남은 작전에 사용할 500척이 넘는 상륙용 주정 중에서 9척을 빌렸다가 반환하는 데 걸리는 6주간의 시간이 1944년 5월의 "대군주" 작전을 위태롭게 한다는 주장은 어떤 의미로도 나의 요청에 대한 거절이었다. 10월 8일, 나는 다시 진지하게 호소했다. 우리에게 행운의 원천이 되다시피 한 마셜 장군이 동행한 6월의 여행에서 얻은 흔쾌한 결과를 돌이켜보며, 나는 그때와 동일한 방법을 시도해볼 생각을 했다. 즉시 총사령관이 참석하는 회의가 열릴 튀니스로 날아갈 준비를 마쳤다.

그러나 다시 온 루스벨트의 회신이 나의 마지막 희망마저 좌절시켰다. 내가 그 회의에 참석하는 것이 적절하지 못하다는 것이 그의 생각이었다. 따라서 준비한 비행편을 취소시켰다. 그때 총사령관 회의의 결정적 순간에 정보 하나가 보고되었다. 히틀러가 이탈리아의 독일군을 증원하여 로마 남쪽에서 결전을 벌이기로 작정했다는 내용이었다. 그로 인해서 로도스 공격에 요청한 소규모 증원마저도 어렵게 되었다.

상황의 변화가 이탈리아 작전에 참여중인 장군들에게 어떠한 영향을 미쳤는가에 대해서는 이해할 수 있었지만, 그렇다고 로도스 섬의 점령이 적절하지 않다는 견해에 대해서는 당시는 물론 지금도 나는 납득할 수 없다. 그럼에도 불구하고 전쟁 기간 중 가장 큰 고통을 당한 상태였지만, 나는 승복할 수밖에 없었다. 어차피 승복할 바에야 깨끗하게 미련을 버리지 않으면 소모적인 결과만 초래할 뿐이다. 눈앞에 닥친 일들이 많았기 때문에, 대통령과 나의 개인적 관계에서 마찰을 일으킬 수는 없었다. 이탈리아에서 들려오는 소식을 살펴보면, 결국 그러한 결정은 그때나 지금이나 장래에 대한 통찰력 부족의 소치로 받아들일 수밖에 없다.

지나친 조심 끝에 결국 아무것도 얻지 못하고 말았다. 로마 점령은 8개월 뒤의 일이란 것이 드러났다. 단 2주일 동안 로도스 작전에 지원 요청을 했던 선박의 20배에 해당하는 해상 운송이 가을과 겨울에 걸쳐 아프리카의 영미 중폭격기 기지를 이탈리아로 이전하는 과정에서 이루어졌다. 로도스는 여전히 우리의 골칫거리로 남았다. 터키 측은 터키 연안의 연합군의 지지부진한 상황을 보고는 접근하기를 꺼리는 것 같았다. 그리고 우리의 비행장 사용을 거부했다.

★ ★ ★ ★ ★

미국 참모본부들은 그들의 판단을 밀어붙였고, 그 대가는 영국이 치렀다.

우리는 레로스의 진지를 지키기 위해서 온갖 노력을 다했지만, 우리의 소규모 병력의 운명은 끝나고 말았다. 현지의 우리 수비대는 1개 여단 규모 정도였는데, 몰타에서 포위 공격과 기근을 겪은 영국의 정예 보병 3개 대대*로 구성되어 있었다. 그 부대원들은 점차 그들의 체력을 회복하고 있는 중이었다. 우리 해군부는 최선을 다해 지원했고, 아이젠하워 장군은 장거리 전투기 2개 편대를 일시적 방편으로 중동에 파견했다. 지원 부대는 즉각 현장에 모습을 드러냈다. 그러나 10월 11일에 모두 철수할 수밖에 없었다. 그 이후로 제공권은 적이 장악했다. 전력의 손실 없이 우리 함선이 작전할 수 있는 시간은 야간뿐이었다. 11월 12일 이른 아침 독일군 부대가 해안에 상륙했고, 이어서 오후에는 600명에 이르는 공수부대가 우리 방어진을 둘로 나누어 차단시켰다. 마지막 국면에서 사모스의 수비대, 곧 제2 로열 웨스트 켄트 부대를 레로스로 출동시켰으나, 모든 것이 끝나버렸다. 전원이 희생되고 말았다. 엄호하는 공군의 지원이라고는 거의 없는 상태에서 적기의 격렬한 공습을 받으며 우리의 3개 대대는 16일 저녁까지 사투를 벌였다. 그리고 더 이상 싸울 수 없을 정도로 기진했다. 그 정예 여단은 적 앞에 굴복했다. 에게 해에서 희망은 당분간 사라졌다. 아군은 즉시 사모스와 다른 섬의 수비대를 탈출시키고 레로스의 생존자를 구출하려고 했다. 1,000명 이상의 영국군과 그리스군, 그뿐만 아니라 우호적인 이탈리아군과 독일군 포로를 구출했다. 그러나 우리 해군이 입은 손실은 심각했다. 구축함 6척과 잠수함 2척이 공중 폭격이나 기뢰에 맞아 침몰했고, 순양함 4척과 구축함 4척은 심하게 손상되었다. 전투에 함께 참여하여 시종 불굴의 투지를 보였던 그리스 해군도 심각한 피해를 입었다.

나는 로도스와 레로스의 고통스러운 기억을 비교적 상세히 설명해왔다. 그 에피소드들은 다행스럽게도 작은 문제였지만, 그것은 나와 아이젠하워

---

* 이스트 켄트 연대 제4대대, 로열 아일랜드 퓨질리어 연대 제2대대, 왕실 연대 제1대대.

장군 사이에서 빚어진 가장 첨예한 의견 대립이었다. 수개월 동안 온갖 난관에 부딪히면서 나는 아이젠하워가 이끄는 이탈리아 작전이 성공할 수 있도록 노력했다. 단순히 사르디니아를 얻는 대신, 이탈리아 본토에 대규모 군대를 진출시켜 기반을 구축했다. 코르시카는 덤으로 우리 수중에 들어왔다. 다른 전장에서 독일 예비부대의 중요 부분이 동원되었다. 이탈리아 정부와 국민들은 우리 편으로 넘어왔다. 이탈리아가 독일을 상대로 선전포고를 하기에 이르렀다. 이탈리아 함대가 우리 해군에 편입되었다. 무솔리니는 망명자 신세가 되었다. 로마의 해방이 머지않아 보였다. 동맹이었던 이탈리아군으로부터 버림받은 독일군 19개 사단이 발칸 지역에 분산되어 있었는데, 그곳의 아군 장병은 1,000명도 채 되지 않았다. "대군주"의 일정에 중대한 차질은 전혀 없었다.

나는 동원 가능한 부대 말고도 이집트의 영국 본토 부대와 대영제국 부대에서 일급의 4개 사단을 차출하려고 노력했다. 우리는 아이젠하워 장군의 영미 합동참모부가 영광스러운 성과를 쌓는 데 지원을 아끼지 않았을 뿐만 아니라, 그들이 예상하지도 않았던 충실한 방안까지 제공했다. 만약 그러한 도움이 없었더라면, 끔찍한 재앙을 당했을 수도 있었다. 나로서는 이미 성취한 결과와 거의 동등한 가치의 전략적 목적을 위해서 요청한 작은 사항이 단호하게 거절당한 것은 유감이었다. 물론 전쟁에서 승리의 진격이 이루어지고 있을 때에 일어나는 모든 일은 옳고 현명한 것처럼 주장되는 법이다. 그다지 중요하지 않은 부문에서 나타난 현학자연하는 태도의 거절만 없었더라면, 에게 해를 장악하여 터키를 참전시키고 이탈리아 작전의 기대했던 모든 성과를 거두기가 한결 쉬웠을 것이다.

★ ★ ★ ★ ★

그 무렵, 히틀러는 케셀링의 조언을 받아들여 이탈리아 전략에 대한 생각을 바꾸었다. 그때까지는 군대를 로마 배후로 이동시켜 북부 이탈리아를 지킨다는 생각이었다. 그런데 이제 가능한 한 남쪽으로 진출하여 싸울 것을 명령했다. 선택한 전선은 소위 "겨울 진지(Winterstellung)"로, 아드리아 해 방면의 산그로 강 배후지를 따라가다가 이탈리아 반도의 척추를 이루는 산 맥을 넘은 다음 서해안의 가릴리아노 하구에 이르렀다. 험준한 산들과 급류 의 강들이 많은 이탈리아 국토의 자연 형상 자체가 진지가 되어, 해안에서 수 킬로미터 안쪽까지 견고했다. 거의 일 년 동안 아프리카, 시칠리아 그리 고 이탈리아에서 줄곧 후퇴만 거듭했던 독일군은 비로소 뒤돌아서서 싸우 기 시작했다. 이탈리아 전선의 독일군은 19개 사단이었으며, 연합군은 그와 동등한 전력의 13개 사단이었다. 우리의 신속하고 눈부신 점령 작전을 저지 하기 위해서 독일군은 대규모의 증원과 여러 대책을 강구해야만 했다. 모든 상황은 수송을 맡은 우리 선박에 영향을 미쳤다. 독일군 전선에서 시험적으 로 맞붙은 최초의 시도는 성공적이지 못했다. 우리 병사들은 두 달 동안 치열하게 싸웠으나, 혹독한 날씨에 시달렸다. 부대의 휴식과 재편성이 필요 했다. 우리의 교두보는 강 건너 아래쪽에 구축된 반면에, 적군의 주된 방어 진지는 저 멀리 높은 곳에 전개되어 있었다. 추운 날씨에 비와 진창 그리고 범람하는 강물 때문에 제8군의 공격은 9월 28일까지 연기되었다. 그러나 보다 늦게 개시한 공격은 순조롭게 진행되었다. 일주일 동안의 격렬한 전투 끝에, 산그로 강 건너편 16킬로미터 지점에 진지를 구축했다. 그러나 적은 여전히 흔들림 없이 버텼으며, 이탈리아 북부에서 증원군이 도착했다. 12월 중에 약간의 진격이 이루어지긴 했으나, 결정적인 목표물을 획득하지는 못 했다. 그러다가 추운 겨울 날씨 때문에 더 이상 활발한 작전을 전개할 수 없는 지경에 이르렀다. 클라크 장군 휘하의 미국 제5군(영국 제10군단이 포함되어 있었다)은 카시노로 향하는 도로까지 진출했으며, 독일군 주요 진 지의 전초 방어선을 공격했다. 적은 도로를 내려다보는 양쪽 산 위에서 완 강히 싸웠다. 아군은 서쪽을 가로막은 견고한 몬테카시노 언덕의 요새에서 치열한 공방전을 거친 끝에 적군을 몰아냈다. 그러나 제5군이 가릴리아노 강안과 그 지류인 라피도 강을 완전히 점령하여 전열을 가다듬게 된 것은 1944년 초에 이르러서였다. 라피도 강은 카시노 언덕과 그 유명한 수도원을 바라보는 자리에 위치했다.

그러한 과정을 거치면서 이탈리아의 정세는 우리에게 크게 불리하게 바뀌어버렸다. 독일군은 퇴각하지 않고 계속 병력을 증원하여 버텼다. 반면에 연합군은 1944년의 해협 횡단 공격에 대비하여 이탈리아와 지중해의 최정예 8개 사단을 영국으로 돌려보냈다. 내가 모으고 있거나 이미 파견한 별도의 4개 사단으로는 피해를 회복할 수 없었다. 교착 상태는 계속되었으며, 8개월 동안 격렬한 전투를 벌였으나 상황은 타개되지 않았다.

실망스러운 상황에도 불구하고, 이탈리아 작전에 독일군 정예 20개 사단을 끌어들이는 데에까지 이르렀다. 나는 그것을 제3전선이라고 불렀다. 만약 그들이 아군의 공격을 두려워하여 발칸에 주둔하고 있던 병력을 불러들였다면, 지중해에서 거의 40개 사단이 연합군과 대치하게 되었을 것이다. 유럽 북서부의 우리 제2전선은 아직 화염이 불을 뿜지는 않았으나 실제로 존재하고 있었다. 거기에 상시적으로 배치되는 적군은 최고 30개 사단이었는데, 침공의 징후가 보였을 때에는 그 규모는 60개 사단으로 늘어났다. 영국에서 개시된 전략 폭격 때문에 독일군은 대군과 엄청난 군수물자를 본국 방위 쪽으로 돌려야 했다. 그러한 양상은 결과적으로 러시아가 오직 자국의 입장에서 말하는 제1전선에 기여한 바가 결코 적지 않았다.

★ ★ ★ ★ ★

이제 이 장의 마지막에서 나는 이후의 사태를 요약해야겠다.

전쟁의 바로 그 시기에 서구 연합국들의 거대한 전략적 공동 작전을 제약하고 방해하는 요소는 수송에 필요한 상륙용 주정은 물론 탱크와 각종 차량의 부족이었다. 당시 군사 문제를 다루는 사람들의 가슴에 각인되어 떨어지지 않았던 글자는 "L.S.T.(탱크 상륙용 함정)"였다. 우리는 막강한 병력을 동원하여 이탈리아를 공격했다. 그러한 우리의 군대가 만약 지원을 받지 못한다면, 프랑스 함락 이후로 히틀러에게 최대의 승리를 안겨주며 완전히 패퇴당할 터였다. 반면에 1944년에 우리의 "대군주" 작전의 공격에 지장을 초래할 우려에 대해서는 특별한 문제가 없었다. 내가 가장 크게 요구했던 것은 필요한 경우에 최대 2개월, 즉 1944년 5월 어느 날부터 7월 어느 날까지 편의적으로 하자는 것이었다. 그것이 바로 상륙용 주정의 문제와 부딪쳤다. 1943년 겨울 강풍이 몰아치기 직전인 늦가을에 영국으로 돌려보내는 대신 1944년 이른 봄에 출동할 수도 있지 않느냐는 것이다. 그러나 만약 5월의 어느 때를 굳이 5월 1일로 기산(起算)했다면, 이탈리아의 연합군에 닥친 위험을 제거할 수 없었을 것이다. "대군주" 작전을 위해서 대기중이던 상륙용 주정 중에서 약간만 지중해에서 겨울을 보내게 했더라면, 별 어려움 없이 이탈리아 작전을 성공리에 마무리할 수 있었을 것이다. 지중해에는 아무것도 하지 않고 시간을 보내는 대군이 있었다. 프랑스군 3, 4개 사단, 미군 2, 3개 사단, (폴란드군을 포함한) 영국군 및 영국군 관할 병력 최소 4개 사단 등이었다. 그러한 우리 군대와 효과적인 이탈리아 작전 사이에 가로놓인 문제는 L.S.T.였다. 그리고 우리와 L.S.T. 사이에 놓인 주요한 문제는 L.S.T.의 영국 조기 복귀의 주장이었다.

독자들이 결코 오해해서는 안 될 것이 있다. 첫째, 내가 "대군주" 작전의 포기를 원했다는 주장이다. 둘째, 내가 "대군주" 작전에서 핵심 전력을 빼돌리려고 했다는 주장이다. 셋째, 내가 발칸 반도에서 작전중인 군대를 이용하여 이탈리아 전투를 치르려고 했다는 주장이다. 그러한 주장은 모두 만들어낸 이야기에 불과하다. 그러한 생각은 내 마음속에 깃든 적조차 없었다. "대군주" 작전 기간에서 5월 1일부터 6주일 내지 2개월가량을 유예해서 나의 요구에 응했더라면, 실질적으로 동원 가능한 병력을 이탈리아에 집결시켜 로마의 점령뿐만 아니라 러시아 전선과 노르망디 전선 중 어느 한 곳 또는 양쪽 모두에서 독일군 사단을 몰아내는 데에 상륙용 주정을 몇 개월 동안 사용할 수 있었을 것이다. 그에 관해서 내 주장의 성격을 최소한으로도 고려하지 않은 채, 워싱턴에서 논의가 진행된 것이다.

이제 곧 알게 되겠지만, 결국에는 내가 요구했던 모든 것이 이루어졌다. 상륙용 주정은 지중해에서만 사용된 것이 아니었다. 1월에는 조금 더 위쪽의 안치오 작전에도 동원되었다. 그러한 결과가 6월 6일 "대군주" 작전이 적절한 병력을 갖추고 무사히 출범하는 데에 아무런 장애를 일으키지 않았다. 그러나 그러한 작은 편의를 얻음과 동시에 광대한 전선의 작전이 지연되지 않고 결정된 일정을 지키도록 하기 위해서 펼친 나의 오랜 싸움은 장기간의 만족스럽지 못한 이탈리아 작전으로 귀결되었다.

제5장

북극해 호송선단

1942년은 북극해에서 러시아 북쪽으로 가는 호송선단을 호위한 영국 구축함들의 용감한 활약으로 종결되었다. 그 일로 독일군 최고사령부는 위기의식을 느끼고, 레더 제독을 해군 관련의 모든 직책에서 해임했다. 1월과 3월 사이의 극야(極夜) 기간 동안, 42척의 선박과, 그와 별도로 움직이는 6척의 선박을 포함하는 2개 남짓의 호송선단이 북극해를 통과하는 위험한 항해에 나섰다. 그중 40척이 도착했다. 같은 시기에 36척의 배가 러시아 항구들로부터 출발하여 안전하게 귀항했는데, 5척은 사라졌다. 호송선단이 밝은 대낮에 움직일 때 적군의 공격을 받기가 쉬웠다. 티르피츠 호를 비롯하여 남아 있던 독일 함대는 노르웨이 해역에 집결했는데, 부근의 항로에 지속적이고 가공할 위협을 가했다. 게다가 유보트와 맞선 대서양 전투는 더욱 격렬한 국면으로 치달았다. 우리 구축함들은 한계를 넘어선 압박감에 시달렸다. 3월에 예정되었던 호송선단의 출항이 연기되었고, 4월이 되자 해군부는 러시아 호송선단의 항해를 낮 시간이 짧아지는 가을까지 연기할 것을 제안했다. 나는 그 제안에 찬성했다.

★ ★ ★ ★ ★

그것은 심히 유감스러운 결정이었다. 왜냐하면 1943년 중 가장 중요한 전투가 러시아 전선에서 거대한 규모로 벌어졌기 때문이다. 봄이 시작되자 러시아와 독일은 일대결전에 대비하여 각자 병력을 집결시켰다. 러시아는

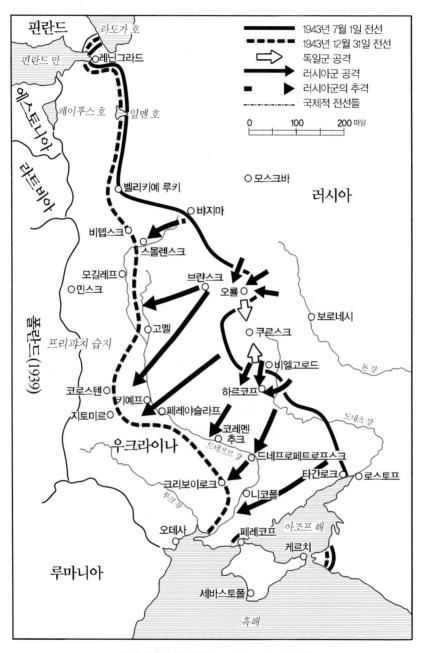

러시아에서의 작전들 : 1943년 7월-10월

지상군과 공군이 모두 우세한 지위에 있었고, 독일은 최종의 승리가 불투명했다. 독일군은 막대한 손실을 회복할 길이 없었다. 승리의 희망을 걸었던 탱크 "타이거"는 러시아의 포격에 무너지고 말았다. 독일군은 이미 그때까지의 러시아와의 싸움에서 힘을 많이 소모한 데다가, 2류 동맹국 병력으로 인해서 전력 자체도 약화된 상태였다. 러시아의 맹공이 시작되자 독일은 대응할 능력이 없었다. 쿠르스크, 오렐, 하르코프의 3대 전투는 모두 2개월을 넘지 못했고 동부 전선에서 독일군은 궤멸되었다. 모든 곳에서 지치고 압도당했다. 대규모의 전투였지만, 러시아는 전력과 물자를 소진하지 않았다. 러시아가 힘의 우위를 증명한 것은 지상군뿐만이 아니었다. 2,500기의 비행기를 보유한 독일 공군이 상대한 러시아 비행기는 최소한 그 두 배였는데, 이전보다 훨씬 효율적인 활동을 보였다. 그 시기에 독일의 공군력은 정점에 달해 있었는데, 보유 비행기는 모두 6,000기가량이었다. 그런데 러시아 전선의 그 결정적인 전투에 절반 이하의 비행기밖에 출동할 수 없었던 현상은 우리의 지중해 작전과 영국에 기지를 둔 연합군 폭격부대의 노력에 의한 결과임을 입증했다. 특히 독일 공군은 전투기가 곤경에 처했다. 동부 전선이 열세임에도 불구하고, 9월에 들어서서 서부 전선의 자체 방위를 위해서 동부의 전력을 더 약화시키는 조치를 취할 수밖에 없었다. 겨울까지 전체 전투기의 4분의 3을 서부에 배치했다. 신속하고 거듭되는 러시아 공군의 폭격에 독일 공군은 그들이 가진 수단을 충분히 활용할 기회를 잃어버렸다. 독일 항공부대는 새로운 위기에 대처하느라 여기저기 전장을 자주 옮겨다니면서 항상 빈틈을 남겼고, 러시아 공군기는 압도적인 힘을 발휘했다.

9월이 되자 독일군은 남부 전선 전체에 걸쳐서 모스크바 반대 방향의 흑해 쪽으로 퇴각하기 시작했다. 러시아군은 전력을 다해 추격했다. 9월 25일에는 러시아군이 북쪽의 요충지 스몰렌스크를 점령했다. 독일군은 그 다음에 있는 드네프르 강의 큰 물줄기에 희망을 걸고 버틸 생각이 틀림없었다.

그러나 러시아군은 10월 초에 키예프 북쪽에서 강을 건넌 다음 남하하여 페레야슬라브와 크레멘추크에 이르렀다. 거기서 더 밀고 내려간 러시아군이 드네프로페트롭스크를 점령한 것은 10월 25일이었다. 드네프르 강 서쪽에 독일군의 일부가 남아 있었는데, 그것도 오직 하구 근처일 뿐이었다. 크림 반도의 강력한 독일 수비대는 퇴로를 차단당했다. 양쪽 측면을 포위당한 키예프는 수많은 포로를 남기고 11월 6일 러시아군에게 함락되었다. 추격전이 벌어진 지 3개월 만인 12월, 러시아 중앙과 남부의 독일군은 300킬로미터 이상 밀려났다. 그리하여 저지선으로 삼았던 드네프르 강을 유지하지 못했으며, 혹독한 경험을 하게 되는 겨울 전투에 거의 무방비 상태로 노출되었다. 그들의 상대는 월등하게 능숙했다. 그것이 1943년의 위대한 러시아의 이야기였다.

* * * * *

소련 정부가 호송선단의 일시적 중단에 대해서 비난하는 눈길로 바라보는 것은 당연한 일이었다. 그들의 군대가 굶주릴 처지였기 때문이다. 9월 21일 저녁, 몰로토프는 모스크바 주재 영국 대사를 불러 호송선단의 항해 재개를 요구했다. 몰로토프는 이탈리아 함대가 제거되었고 유보트 역시 남쪽 항로를 노리는 대신 북대서양을 포기한 사실 등을 지적했다. 페르시아 철도를 이용한 수송은 불충분했다. 소련은 3개월에 걸쳐 방대하고 치열한 공세를 펼쳤는데, 1943년에는 전체 공급 계획량의 3분의 1에도 미치지 못하는 지원만 받았다. 따라서 소련 정부는 호송선단의 항해 재개를 "고집했으며," 며칠 내로 영국 정부가 필요한 모든 수단을 강구해주기를 기대했다.

그 모든 문제를 토의하기 위해서 29일 밤 런던에서 모였을 때, 반가운 새 소식이 기다리고 있었다. 우리 초소형 잠수함들의 대담하고도 영웅적인 활약으로 티르피츠 호가 활동 불능의 상태가 된 것이었다. 출동한 6척의 잠수함 중 2척이 온갖 정교한 방어망을 뚫는 데에 성공했다. 두 잠수함의 지휘관이었던 예비역 해군 대위 캐머런과 해군 대위 플레이스는 독일군에 의해서 구조되어 전쟁포로 신분으로 생존했다. 두 사람 모두 빅토리아 십자 훈장을 받았다. 그 뒤 항공 정찰의 결과 전함 티르피츠는 심하게 손상되었으며, 다시 가동하려면 조선소에서 수리를 받아야 할 정도였다. 뤼초브 호는 이미 발트 해로 가고 없었다. 따라서 우리는 적어도 몇 개월 동안은 북극해 수역에서 안전했다.

그러나 이든이 우리 사람들에 대한 러시아의 처우에 대해서 크게 반발을 했다. 따라서 나는 스탈린에게 전문을 보냈다.

……우리는 11월, 12월, 1월 그리고 2월에 북러시아로 가는 호송선단들을 출항시킬 계획이라는 사실을 말씀 드리게 되어 매우 기쁩니다. 각 선단은 대략 35척의 선박으로 구성될 것이며, 우리 영국과 미국은……

소련을 지원하려는 우리의 노력이 실패로 돌아갈 경우 그들로부터 신뢰를 저버렸다는 비난을 받지 않기 위해서, 다음과 같은 오해 방지를 목적으로 하는 안전조항을 따로 삽입했다.

그러나 나는 이러한 약속이 결코 계약이나 거래가 아니라 우리의 진지하고 성실한 해결책을 밝히는 일임을 분명히 하고자 합니다. 그러한 토대 위에서 35척의 선박으로 구성된 호송선단을 네 차례에 걸쳐 보내기 위한 모든 조치를 지시했습니다.

그런 다음에는 북러시아에서 우리 국민들에게 보인 처우에 관해서 유감의 뜻을 열거했다.

……해군 관련 업무에 종사하는 현재 인원은, 교대 근무자 없이 귀국해야 할 사람들 때문에, 지금 우리의 요구를 충족시키는 데 필요한 수보다 적습니다. 그런데 귀국 당국은 북러시아로 가려는 사람들에 대한 비자 발급을 전면 거부하고 있습니다. 심지어 기한이 한참 지난 근무자와 교대하기 위한 사람에 대해서도 마찬가지입니다. 몰로토프는 북러시아에서 근무하는 영국 공무원의 수가 영국에서 근무하는 소련 공무원 및 무역 대표부 종사자 수를 초과해서는 안 된다는 원칙에 영국 정부가 동의하도록 강력하게 주장하고 있습니다. 그러나 우리는 그러한 제안을 받아들일 수 없습니다. 왜냐하면 양자의 업무 성격은 아주 다를 뿐만 아니라, 전쟁 수행에 필요한 인원을 그렇게 비현실적인 방법으로 결정할 수는 없기 때문입니다.……

그러므로 본인은 귀하께 현재 우리가 필요로 하는 추가 인원에 대한 비자를 즉시 발급해달라고 요청하는 바입니다. 그리고 북러시아 물자 지원 업무와 관련한 요원에 대해서 비자 요청이 필요한 경우 발급을 거절하는 일이 발생하지 않도록 보장해줄 것을 바랍니다. 현재 북러시아에 근무 중인 해군 요원 170명 중 150명이 이미 몇 개월 전에 교대했어야 함에도 불구하고, 소련 당국은 아직 비자 발급을 보류하고 있다는 사실을 강조하고자 합니다. 기후를 비롯한 갖가지 환경 조건에 적응하지 못하는 요원들의 건강 상태 때문에도, 그들의 근무 교대는 더 이상 지체할 수 없는 일입니다.……

또한 본인은 우리 공무원과 해군 요원이 현재 북러시아에서 처한 환경 조건을 개선하는 데에 귀하의 도움이 필요하다는 사실을 말씀드리지 않을 수 없습니다. 그들은 양국 공통의 이해관계 속에서 적에 대항하는 작전에 참여하고 있는 것이며, 특히 귀국에 대한 연합국의 물자 지원 업무를 담당하고 있습니다. 그들은, 귀하께서도 동의하시리라고 믿습니다만, 러시아 영토에 입국하는 보통 여행자들과는 전적으로 다른 지위에 있습니다. 그러나 그들은 귀국 당국으로부터 다음과 같은 규제를 받고 있는데, 소련 최대의 국가적 이익에 관련된 작전을 수행하기 위해서 동맹국이 파견한 요원에 대한 적절한 조치가 아니라고 봅니다.

(a) 소련 관리의 면전에서 매회 서류 검사를 거친 뒤 소련 보트를 이용하는 경우를 제외하고, 영국 해군 함선이나 상선으로부터 누구도 직접 상륙하지 못하게 하고 있음.

(b) 영국 군함 승무원은 사전에 소련 당국자에게 통보하지 않으면 영국 상인과 동행하는 것이 허용되지 않음. 이러한 조치는 심지어 지휘관 영국 제독에게도 적용되고 있음.

(c) 영국 장병이나 일반인이 배에서 해안으로 가거나 영국 해안 사무소 사이를 오갈 때 특별 통행증을 발급받아야 한다고 규정하고 있음. 통행증 발급은 자주 지체되어 작업의 차질을 초래함.

(d) 수송 작전 부대의 물품, 화물, 우편물은 소련 관리의 입회 없이는 상륙이 불가능하며, 물품이나 우편물을 선적할 때에는 복잡한 절차를 거쳐야 함.

(e) 수송 작전 부대의 개인적 우편물은 검열을 받아야 함. 우리의 견해로는, 그러한 검열 권한은 영국 당국에 속하는 것임.

이와 같은 규제를 하는 것은 영소 관계에 대해서 장병이나 일반인들에게 좋지 않은 인상을 줄 수 있습니다. 뿐만 아니라 우리 의회에서 알게 된다면, 대단히 우려할 만한 사태가 야기될 것입니다. 여러 가지 절차로 인한 영향들이 중첩되면서 사람들은 맡은 임무를 유효적절하게 수행하는 데 몹시 방해를 받으며, 급하고 중요한 작전에 지장을 준 경우도 많습니다. 이러한 규제는 현장의 소련인에게는 적용되고 있지 않습니다.……나는 진정으로 스탈린 귀하께서 이러한 어려움을 우정 어린 마음으로 원만하게 처리해줄 것이라고 믿습니다. 그리하여 우리는 서로 도우면서 힘을 합쳐 공동의 대의를 이룰 수 있게 될 것입니다.

내가 보낸 내용은 당시 우리가 노력해야 할 것을 고려한 끝에 정리한 정중한 요청이었다. 그런데 2주일 동안 스탈린으로부터 아무런 소식이 없었다. 그 뒤에 도착한 답장은 이러했다.

나는 11월, 12월, 1월 그리고 2월에 북쪽 항로를 통해 소련으로 향하는 4개의 호송선단을 보내겠다는 귀하의 의지가 담긴 10월 1일자 메시지를 받았습니다. 그러나 귀하의 통지는 다음과 같은 이유로 그 가치를 상실하고 있습니다. 즉, 북극 항로를 통한 호송선단을 소련으로 보내겠다는 귀하의 의지는 의무나 협정에 의한 것이 아니라, 그것이 전선의 소련 군대에게 미칠 영향과는 무관하게 영국 측의 사정에 따라 언제든 중단할 수 있다는 의미로 이해되기 때문입니다. 나는 그 문제를 그와 같이 주장하는 데에는 결코 동의할 수 없다는 말씀을 드리지 않을 수 없습니다. 영국 정부가 소련으로 무기와 기타 군수물자를 보내는 지원 사업은 양국 사이에 체결된 특별 협정에 따른 의무 이상도 이하도 아닙니다. 따라서 영국 정부는 그런 관계를 존중하여 의무를 이행해야 합니다. 소련은 벌써 3년째 히틀러의 독일이라는 연합국 공동의 적과 힘겨운 싸움을 벌이고 있기 때문입니다.……이미 경험한 바와 같이, 무기와 군수물자를 페르시아의 항구들을 통해서 수송하는 것은 어떤 경우에도 북극 항로를 경유하는 수송량에 상응할 수 없습니다.……이러한 문제에 대하여 그와 같이 주장하는 것은 영국 정부가 의무의 이행에 대한 거부임과 동시에 소련 정부에 대한 일종의 협박이라고 보지 않을 수 없습니다.

귀하가 언급한 몰로토프 씨의 발언에 함축된 논쟁의 여지에 대해서는 그렇게 볼 만한 아무런 근거가 없다는 것이 나의 판단입니다.……나는 북러시아에 근무할 영국 공무원의 수를 늘일 필요가 전혀 없다고 봅니다. 그 영국 공무원들은 대다수가 아직 제대로 자기 할 일을 찾지 못하고 있기 때문입니다. 그리고 이미 몇 개월 동안 나태한 상태로 지내고 있어, 소련 측으로부터 여러 차례 지적을 받기도 했습니다.······또한 영국 공무원이 개인적으로 여러 경우에 정보 취득을 목적으로 소련 인민을 매수하는 등 용납할 수 없는 행동을 보이는 유감스러운 일도 있습니다. 소련 인민에게는 불쾌할 수밖에 없는 그러한 사례들은 자연히 바람직하지 못한 복잡한 갈등을 야기합니다.

귀하는 북부의 여러 항구에서 행해지고 있는 절차나 규제에 대해서 언급하는 데, 현재 소련의 전쟁 상황을 망각하지 않는다면 그러한 절차나 규제는 전선과 가까운 지역에서는 불가피한 조치입니다.······그럼에도 불구하고 소련 당국은 그 점에 관하여 영국 해군과 선원에게 많은 혜택을 베풀고 있었습니다. 그러한 사실은 지난 3월 영국 대사에게 이미 통지했습니다. 따라서 절차와 규제에 관한 귀하의 언급은 불확실한 정보에 근거한 것이라고 하겠습니다.

영국 해군에 대한 검열과 처벌에 관해서 말씀드리자면, 상호주의 원칙에 입각 하는 한, 북부 각 항구에서 영국인 개인 우편물에 대한 검열을 영국 당국이 시행 하는 것에는 아무런 이의가 없습니다.

"지금 엉클 조[Uncle Joe는 스탈린의 별칭/역쥐로부터 전문을 한 통 받았 습니다." 나는 대통령에게 그 사실을 알렸다. "귀하께서 보시면, 우리가 온 갖 불편과 희생을 감수하면서 값진 노력을 하고 있음에도 불구하고 기대를 저버리는 듯한 느낌을 받으실 것입니다.······나는 이 전문을 보내는 데에 12일이나 걸린 것으로 보아 스탈린이 아니라 기관에서 보낸 것이라고 생각 합니다. 아니면, 적어도 그렇게 생각하고 싶습니다. 소련의 기관은 협박을 수단으로 무엇이든 얻을 수 있다고 확신하는 것이 분명합니다. 따라서 그러 한 방식이 항상 뜻대로 되는 것은 아니라는 사실을 보여주는 일이 중요하다 고 생각합니다."

★ ★ ★ ★ ★

18일, 나는 소련 대사를 보자고 했다. 마이스키 후임으로 온 구세프를 대사로서는 처음 만나는 자리였는데, 그는 스탈린 원수와 몰로토프의 안부를 전했다. 나는 그가 우리와 함께 캐나다에 머물 때 사람들 사이에 오간 좋은 평판을 언급했다. 서로 인사말을 나눈 뒤, 제2전선에 관해서 짧게 논의했다. 나는 우리가 얼마나 러시아와 함께 협력하면서 우호적인 관계를 맺고자 하는가에 대해서 진지하게 설명했다. 전후 세계무대에서 러시아가 위치할 자리가 얼마나 클 것이며, 우리는 또한 그러한 상황을 환영할 것이라는 이야기를 했으며, 러시아와 미국 사이의 관계 촉진을 위해서도 최선을 다하겠다고 전했다.

그런 다음, 호송선단과 관련한 스탈린의 전문으로 화제를 돌렸다. 나는 그 전문이 지금 상황에서 아무런 도움이 되지 않는다고 생각하며, 나에게 무척 큰 고통을 안겨주고 있다는 사실, 그리고 거기에 대한 어떠한 대답도 사정을 악화시키지 않을까 우려된다는 점에 대해서 간략히 말했다. 우리 외무장관이 현재 모스크바에 체류 중이므로 그에게 현지에서 사태를 해결하라고 지시했으며, 나는 그런 전문을 받고 싶지 않다고 했다는 이야기까지 덧붙였다. 그러면서 봉투를 대사에게 돌려주었다. 구세프는 봉투를 열어 전문임을 확인하더니, 자기는 그것을 나에게 전달하라는 훈령을 받았노라고 했다. "나는 그것을 받을 준비가 되어 있지 않습니다." 그렇게 대답하며, 나는 정중한 태도로 우리의 대화가 끝났음을 표시했다. 그리고 출입문을 열었다. 문 입구에서 우리는 조만간 점심식사를 함께 하자면서 내 아내와 러시아 기금과 관련한 의논이 필요하다는 사정, 그리고 기금이 벌써 400만 파운드 가까이 모금되었다는 이야기 등을 나누었다. 나는 구세프에게 호송선단 문제를 꺼내거나 봉투를 다시 나에게 전하려는 시도를 할 기회를 주지 않고 작별인사를 했다.

전쟁내각은 나의 스탈린 전문의 수령 거부를 지지했다. 그것은 분명히 외교관계에서는 이례적인 사건이었다. 뒤에 알게 된 사실이지만, 소련 정부도 충격을 받았다. 실제로 대화 중에 몰로토프는 여러 차례 그 문제에 대해서 언급했다. 모스크바에 보고되기 전부터 소련 내부에서는 불안을 느끼고 있었다고 했다. 3대 연합국 외무장관 회의 참석 때문에 모스크바에 가 있던 이든이 10월 19일 전문을 보냈는데, 몰로토프가 영국 대사관으로 찾아와 러시아 정부는 호송선단을 굉장히 중요하게 여기며, 수송이 이루어지지 않는 데 대하여 매우 섭섭하게 생각한다고 전했다는 내용이었다. 북극 항로는 당시 러시아가 어려움을 겪고 있던 전선에 필요한 물자를 공급하는 가장 짧고 빠른 길이었다. 러시아는 독일군의 겨울 방어선을 돌파해야만 했다. 몰로토프는 스탈린에게 모든 것을 보고하고, 회담을 주선하겠다고 약속했다.

21일, 중요한 토의가 진행되었다. 그동안 이든 스스로 원하기도 했지만, 그에게 힘을 실어주기 위해서 호송선단의 업무 재개 이후 예정된 영국 구축함들의 첫 출항을 연기시켰다. 회담이 끝나고 수송이 시작되었다. 첫 번째 선단이 11월에 출발하고, 12월에 그 다음 선단이 뒤따랐다. 두 선단의 선박은 모두 72척이었다. 전부 안전하게 도착했으며, 빈 선박의 귀항도 무사했다.

★ ★ ★ ★ ★

12월에 외양으로 항해하는 호송선단은 만족스러운 해전을 치를 준비가 되어 있었다. 티르피츠 호가 움직일 수 없게 되자, 북노르웨이에서 적의 주요 전함은 샤른호르스트 호 1척뿐이었다. 1943년 크리스마스 저녁, 샤른호르스트는 5척의 구축함을 거느리고 베어 섬 남쪽 80킬로미터 부근을 지나던 호송선단을 공격할 목적으로 출동했다. 보강된 호송선단은 순양함 세 척의 엄호를 받는 14척의 구축함으로 구성되어 있었다. 선단 총사령관 프레이저 제독은 기함 듀크 오브 요크 호에 타고 순양함 자메이카 호를 비롯한 4척의 구축함과 함께 남서쪽을 향해서 닻을 내리고 있었다.

샤른호르스트 호는 선단을 향해 두 차례 공격을 시도했다. 두 번 모두 호위하던 순양함과 구축함이 저지하고 나서 전투가 벌어졌다. 서로 느슨한 전투를 벌이던 중 적의 샤른호르스트 호와 영국 순양함 노퍽 호가 포격을 맞았다. 독일군은 공격을 멈추고 남쪽으로 퇴각했고, 우리 순양함들은 계속 추격했다. 독일군 순양함은 더 이상 나타나지 않았다. 그 사이에 총사령관 은 거친 파도를 헤치며 전 속력으로 적함에 접근했다. 오후 4시 17분, 북극 의 석양이 사라지고 난 한참 뒤 듀크 오브 요크 호는 약 37킬로미터 떨어진 곳에 있는 적을 레이더로 탐지했다. 샤른호르스트 호는 어둠 속에서 다가오 는 듀크 오브 요크 호의 존재를 알아차리지 못했다. 4시 50분, 듀크 오브 요크 호는 조명탄을 쏜 뒤 11킬로미터 지점에서 포문을 열었다. 그와 동시 에 프레이저 제독은 네 척의 구축함을 출동시켜 기회를 보아 공격하도록 지시했다. 그중 스토드 호에는 노르웨이 해군이 타고 있었다. 기습을 당한 샤른호르스트 호는 동쪽으로 달아났다. 추격전 중에 샤른호르스트 호는 몇 발의 포를 맞았으나, 빼어난 속력으로 조금씩 도망에 성공하는 듯했다. 그 러나 오후 6시 20분, 샤른호르스트 호의 속력이 현격히 떨어지기 시작하자 우리 구축함들이 양 측면에서 밀어붙였다. 7시경, 우리의 모든 함정이 상대 의 급소를 공격했다. 네 발의 어뢰가 날아왔는데, 우리 구축함 한 척에 명중 했을 뿐이었다.

샤른호르스트 호가 갑자기 공세로 전환하면서 우리 구축함을 향해서 달 려들었다. 그때 듀크 오브 요크 호가 재빨리 다가서서 약 9킬로미터 전방에 서 포격을 했고, 적함은 파괴되었다. 30분에 걸쳐 우리의 한 전함과 적의 손상된 한 전투순양함 사이에서 벌어진 일방적인 전투가 끝났다. 듀크 오브 요크 호는 뒷마무리를 위해서 순양함과 구축함들을 현장에 남겨두고 떠났 다. 샤른호르스트 호는 침몰했다. 독일 해군 소장 바이를 포함한 1,970명의 장병 및 승무원들 중 우리가 구조한 사람은 겨우 36명에 불과했다.

전투력을 상실한 티르피츠 호의 수명은 일 년 정도 더 연장되긴 했지만, 샤른호르스트 호의 침몰로 북극해 호송선단 항로에 최대의 위협이 제거되었을 뿐만 아니라 본국 함대도 자유를 누리게 되었다. 우리는 항상 기회를 틈타 대서양에 나타나는 독일의 중무장 군함에 대비하는 비상사태에서 벗어날 수 있었다. 그것은 우리의 부담이 낮아지는 아주 중요한 변화였다. 1944년 4월이 되어 티르피츠 호가 충분한 수리를 거친 다음 재정비를 위해서 발트 해로 움직이려는 조짐을 보이자, 항공모함 빅토리어스 호와 퓨어리어스 호에서 출격한 폭격기가 공격을 퍼부었다. 그로 인해서 티르피츠는 다시 활동 불능의 상태가 되었다. 그때 공격을 한 영국 공군은 북러시아 기지를 이용했다. 거듭된 타격으로 티르피츠 호는 노르웨이 트롬쇠 피오르드로 움직이는 중이었다. 그곳은 영국 본토와 300킬로미터 정도밖에 떨어지지 않아 우리 본국 기지의 중무장 폭격기 활동 반경 이내였다. 독일은 수리를 위해서 티르피츠 호의 귀항을 포기하고, 원양전투함으로 개조하려고 했다. 11월 12일, 특별 장비를 갖춘 영국 공군의 랭커스터 29기가 뫼네 댐의 공훈으로 빛나는 제617 비행 중대와 함께 1만2,000파운드의 폭탄을 투하했다. 모두 스코틀랜드의 각 기지로부터 3,000킬로미터 이상을 비행했지만, 다행히 날씨가 맑아 세 발의 폭탄을 명중시켰다. 티르피츠 호는 정박 중에 뒤집혔으며, 1,900명의 승무원 중 절반 이상이 사망했다. 우리는 폭격기 한 기가 추락했으나, 조종사는 살아남았다.

그로써 모든 영국의 주요 선박은 자유롭게 극동 지역으로 진출할 수 있게 되었다.

★ ★ ★ ★ ★

전쟁의 전 기간 중 북극해 항로에서 잃은 우리 상선은 모두 91척이었다. 선적하여 출항한 화물선의 7.8퍼센트, 귀항 화물선의 3.8퍼센트에 해당되었다. 그중 호송선이 붙은 경우는 55척이었다. 미국과 영국에서 보낸 400만 톤의 화물 가운데 8분의 1정도를 상실했다. 그 험난한 수송 과정에서 상선 종사자 829명이 사망했다. 영국 해군의 손실은 그보다 훨씬 더 컸다. 2척의 순양함과 17척의 군함이 침몰했고, 1,840명의 장병이 목숨을 잃었다. 40회에 걸쳐 운항한 호송선단은 5,000대의 탱크와 7,000기가 넘는 비행기를 포함하여 모두 4억2,800만 파운드에 해당하는 물자를 옮겼는데, 영국에서 출발한 것만 그 정도였다. 소련 지도자들의 거친 언행과 우리 선원들에 대한 무례한 태도에도 불구하고, 우리는 약속을 모두 이행했던 것이다.

제6장

테헤란 회담 : 개막

1943년 8-9월에 열린 퀘벡 회담 기간 도중에 캐나다의 성채와 백악관 그리고 하이드 파크를 방문한 뒤 귀국하자마자 영미 회담의 결과에 따라서 필연적으로 대두된 3자 정상회담의 문제에 몰두했다. 정상회담이 시급하고 절대적이라는 점에는 원칙적으로 의견이 일치했다. 그러나 당시 빅 스리 (Big Three)로 불리던 3국의 최초 회담의 일시와 장소 그리고 여러 조건을 조정하는 데에 따르는 어려움과 복잡함은 실제로 겪어보지 않은 사람은 알 수가 없을 것이다.

회담을 앞두고 심각한 여러 문제들이 나를 사로잡았다. 1944년 해협을 횡단하여 유럽으로 진격하는 "대군주" 작전의 최고사령관을 선정하는 일이 급선무였다. 그것은 당연히 전쟁의 군사행동에 가장 직접적인 영향을 미치는 것이지만, 그와 동시에 인사 문제의 중요성과 민감성에도 긴밀히 관련되었다. 이미 퀘벡 회담에서 "대군주" 작전 지휘권은 미국이 가져야 한다는 데에 나는 대통령과 합의했고, 내가 이전에 지휘를 부탁했던 브룩 장군에게도 그러한 사실을 알렸다. 나는 루스벨트 대통령이 마셜 장군을 임명하려고 하는 것을 알고 있었고, 우리는 전적으로 만족스러워했다. 그러나 퀘벡 회담과 카이로 회담 사이에 대통령이 마셜에 대해서 최종 결정을 하지 못하고 있다는 사실을 느꼈다. 그 중요한 문제가 해결되지 않는 한 다른 아무것도 진척이 될 수가 없었다. 그러는 동안 미국 언론에서는 여러 풍설이 나돌았고, 런던의 의회에서도 반작용의 기미가 있었다.

　나도 역시 영미 양국의 참모본부들, 그리고 그 상위의 대통령과 내가 "대군주" 작전의 정책과 그것이 지중해에 미치는 영향에 대해서 일반적으로 의견의 일치를 보는 일이 가장 중요하다고 생각했다. 그 작전에는 양국의 해상 전 병력이 포함되며, "대군주" 작전의 개시와 동시에 참여할 영국군의 수는 이탈리아에 주둔하는 미군의 두 배였으며 그밖의 지중해 방면 영국군의 세 배에 달했다. 정치적으로든 군사적으로든 우리와 협력하게 될 소련 대표를 부르기 전에, 영미 양국 사이에 확실한 합의에 도달하지 않으면 안 되었다. 대통령 역시 그러한 생각에는 호의적이었으나, 시기에 대해서는 견해가 달랐다. 전쟁에서 영미의 협력 관계를 다소 희생하더라도 러시아의 신뢰를 얻고 싶어하는 경향이 미국 정부 내부에 있었다. 반면 나는 영미 양국이 "대군주" 작전의 현저한 문제점과 최고 지휘권 문제에 대한 명확하고 통일된 의견을 가진 상태에서 러시아와 회담하는 것이 가장 중요하다고 생각했다. 나는 3단계로 나누어 일이 진행되기를 바랐다. 첫 번째, 카이로에서 영국과 미국 사이에 광범위한 협정이 이루어져야 한다. 두 번째, 테헤란에서 주요 3국의 정부 수반들의 정상회담을 가진다. 세 번째, 다시 카이로로 돌아와서 가장 시급한 인도와 인도양 전장에서 영미의 진정한 과제가 무엇인가에 대해서 토론한다. 나는 전쟁의 전반적 과정을 포함하는 결정이 최소한 잠정적 해결을 필요로 하는 순간에, 비교적 사소한 문제 때문에 우리에게 허용된 짧은 시간을 허비하고 싶지 않았다. 루스벨트 대통령도 카이로에서 먼저 만나는 데에는 동의했다. 그런데 그는 몰로토프는 물론 중국 대표까지 참석시키자고 했다. 그러나 스탈린은 일본의 적인 3개국과 어울려 4강 회담에 참여함으로써 일본과의 관계를 위태롭게 만들려고 하지 않았다. 그리하여 소련 대표가 카이로에 오는 문제는 제거되었다. 아주 다행스러운 일이었다. 그렇지만 그로 인하여 불편한 문제가 생겼으며, 대가를 치러야만 하는 결과를 초래하게 되었다.

★ ★ ★ ★ ★

11월 12일 오후, 측근들과 함께 리나운 호를 타고 플리머스 항을 출발하여 2개월 남짓 영국을 비우는 여행길에 올랐다. 알제와 몰타에 잠깐씩 들른 다음, 21일 아침 알렉산드리아에 도착했다. 나는 곧장 비행기로 갈아타고 피라미드 부근의 사막 활주로로 갔다. 거기에는 케이시의 안락한 별장이 있었는데, 그는 나를 위해서 그 별장을 기꺼이 내주었다. 우리는 세계적 도시 카이로의 부유층의 호사스러운 저택과 정원이 여기저기 있는 드넓은 카세린 숲 속에서 늦잠을 즐겼다. 장제스 총통 부부는 약 800미터쯤 떨어진 곳에서 쉬고 있었다. 루스벨트 대통령은 카이로로 가는 도로 아래쪽으로 5킬로미터 가량 떨어진 곳에 위치한 미국 대사 커크의 넓은 별장에 체류할 예정이었다. 이튿날 대통령이 "세크리드 카우"를 타고 사막 비행장에 착륙할 때 나는 마중을 나갔다. 나는 그가 묵을 별장까지 함께 차를 타고 갔다.

참모들이 신속하게 모였다. 회담 본부와 영미 3군 참모총장들의 회의 장소는 피라미드를 마주보는 메나 하우스 호텔에 마련되었는데, 내가 머무는 곳에서 700-800미터 정도밖에 떨어져 있지 않았다. 전 지역은 군대와 대공포로 둘러싸였고, 모든 접근로에 삼엄한 경계가 이루어졌다. 사람들은 즉시 결정하거나 조정해야 할 엄청난 과제를 눈앞에 두고 각자 자기가 맡아야 할 일에 달려들었다.

우리가 우려했던 장제스의 등장으로 인한 문제가 현실로 드러났다. 영국과 미국의 참모들은 지루하고 복잡하고 사소하기도 한 중국 문제를 이야기하다가 불행하게도 혼란에 빠지고 말았다. 게다가, 뒤에 알게 되겠지만, 인도와 중국 전장에 과도한 관심을 보이던 대통령은 장제스와 장시간의 비밀회의를 했다. 우리가 테헤란에서 돌아올 때까지 장제스 부부가 피라미드 구경이나 하며 소일하기를 기대했던 우리의 꿈은 완전히 무산되어버렸다.

카이로에서 마지막에 다루려고 했던 중국 문제가 최초의 주제로 대두될 판국이었다. 대통령은 나의 반대에도 불구하고 몇 개월 이내에 벵골 만을 횡단하는 상당한 규모의 육해공 합동 상륙 작전을 중국에 약속했다. 그것은 나의 터키와 에게 해 구상은 물론 이미 문제가 되고 있던 "대군주" 작전의 병력 및 탱크 상륙용 주정 확보에 차질을 빚을 수밖에 없었다. 또한 진행 중이던 방대한 이탈리아 작전에도 방해가 될 터였다. 11월 29일, 나는 3군 참모총장들에게 서한을 보냈다. "수상은 버마 상륙 작전과 동시에 육해공 합동작전을 수행해주기를 원하는 총통의 요청에 특별히 반대한다는 사실을 기록으로 남겨두기를 바랍니다." 내가 마침내 대통령으로 하여금 장 총통에게 한 약속을 철회하도록 설득하기에 성공한 것은 테헤란에서 카이로로 다시 돌아왔을 때였다. 그처럼 복잡한 일들이 수없이 일어났다. 거기에 관해서는 나중에 다시 이야기할 기회가 있을 것이다.

나는 물론 장 총통의 숙소를 방문할 기회가 있었다. 총통 부부는 저택에서 그들에게 상응하는 대접을 받고 있었다. 내가 장제스와 만나는 최초의 자리였다. 침착하고, 겸손하며, 유능한 인물이라는 인상을 받았다. 그로서는 그때가 권력과 명성을 최고로 누리던 시절이었다. 미국인들의 눈에 그는 세계에서 가장 영향력을 행사하는 인물 중의 한 사람으로 비쳤다. 그는 "새 아시아"의 투사였다. 일본 침략에 맞선 견고한 방패였다. 강력한 반공주의자였다. 미국 정계에서는 전쟁에서 승리한 뒤 그가 세계 네 번째 열강의 지도자가 될 인물이라는 믿음을 가지고 있는 것 같았다. 그러한 전망과 평가는 훗날 모든 사람들이 내팽개쳐버리게 되었지만 말이다. 나는 다른 사람들처럼 장제스의 권력이나 중국의 장래성 평가에 대해서는 공감하지 않았다. 여기서 나는 당시 중국의 총통이 그와 같은 자신에 대한 광범위한 명성을 드높이게 된 공동의 대의에 대해서 여전히 공헌하려 애쓰고 있었다는 사실을 기록해두고자 한다. 그러나 그는 그뒤에 공산주의자들에 의해서 조국에서 쫓겨났다. 아주 애석한 일이었다. 나는 장제스의 아내와 유쾌한 담소를 나누었는데, 아주 뛰어나고 매력을 지닌 여성이었다. 대통령의 숙소에서 연 회담 중에 모두 함께 사진 촬영을 한 적이 있었다. 이제 총통과 그의 아내는 이전에 그를 찬미했던 자들로부터 부정부패의 반동주의자로 간주되지만, 나는 그 기념사진을 소중히 간직하고 있다.

★ ★ ★ ★ ★

11월 24일, 대통령의 주재로 유럽과 지중해의 작전을 논의하기 위해서 중국 대표를 제외한 가운데 영미 합동3군참모총장위원회의 회의가 열렸다. 우리는 두 전장의 상호관계를 검토하고, 테헤란으로 떠나기 전에 서로 의견을 교환하기로 했다. 대통령이 먼저 터키의 참전 문제를 포함하여 지중해에서 우리가 취할 행동이 "대군주" 작전에 미칠 영향에 대해서 발언했다.

내 차례가 돌아왔을 때, 나는 "대군주"에 대해서 입을 열었다. 안건의 정점에 놓여 있는 것이기는 하지만, 지중해에서 필요한 다른 군사 행동을 배제해버리는 무소불위의 존재가 되어서는 안 된다는 의견을 밝혔다. 예를 들면, 상륙용 주정의 사용에 어느 정도의 신축성이 있어야 한다는 점을 들었다. 알렉산더 장군은 "대군주" 작전을 위한 함대의 출발 날짜를 12월 중순에서 1월 중순까지 연기해야 한다고 주장했다. 추가로 주문한 L.S.T 80척을 영국과 캐나다에서 건조 중이었다. 그 이상을 확보하려고 노력하고 있었다. 미국 참모부와 영국 참모부 사이에 쟁점이 된 부분의 핵심을 따져보면 태평양 지역을 제외하고 우리 공동 자원의 10분의 1 정도에만 영향을 미칠 뿐이었다. 그럼에도 불구하고 나는 자원의 신축적 사용이 "대군주" 작전 역량을 약화시킨다거나, 냉담하게 다룬다거나, 아예 포기하려는 것이 아닌가 하는 우려를 불식시켰으면 했다. 우리는 "대군주" 작전에 완전히 빠져 있었다. 내 주장을 요약하면 이러했다. 1월에는 로마, 2월에는 로도스를 점령하도록 노력해야 한다. 유고슬라비아에 보급을 재개하고, 최고 지휘권들에 관한 조정 문제를 결정하며, 터키에 대한 접촉의 시도 결과에 따라 에게 해로 통하는 길을 연다. 기존의 지중해 정책의 기본 틀 내에서 "대군주" 작전을 위한 준비에 전력을 투구한다.

모스크바 협상을 마치고 영국으로 돌아갔던 이든이 다시 우리에게로 날아와 합류했다. 이든의 도착은 나에게 큰 힘이 되었다. 모스크바 회담을 끝내고 귀국하는 길에 이든은 이즈메이 장군과 함께 터키 외무장관을 비롯한 몇몇 인사들을 만났다. 이든은 우리가 아나톨리아 남서쪽에 항공 기지를 설치해야 할 긴급한 필요성을 지적했다. 독일의 우세한 공군력 때문에 레로스와 사모스에서 우리의 군사적 상황이 아주 위태롭다고 설명했다. 그 뒤에 우리는 두 곳 모두 잃고 말았다. 이든은 또 터키가 참전함으로써 얻을 수 있는 이점에 대해서 강조했다. 우선 그렇게 되면 불가리아 군대가 국경 전선으로 집결하지 않을 수 없게 되고, 불가리아 군을 대신하여 독일군 10개 사단 정도가 그리스와 유고슬라비아에 배치되어야 하는 상황을 만들게 될 것이었다. 다음으로, 결정적인 하나의 목표물, 플로에스티의 유정(油井) 같은 곳을 골라 공격하는 것이 가능해질 것이다. 셋째, 독일에 대한 터키의 크롬 공급을 끊게 될 것이다. 마지막으로, 정신적 영향력도 기대할 수 있다. 터키의 참전으로 독일의 내부 분열과 위성국가들 사이의 분열을 촉진할 수도 있을 것이다. 이러한 주장에도 불구하고 터키 대표부는 움직이지 않았다. 그들은 아나톨리아에 기지를 허용하면 그것은 전쟁에 개입하는 결과가 되고, 전쟁에 개입하게 되면 독일이 콘스탄티노플, 앙고라, 스미르나에 보복을 감행하는 것을 막을 길이 없을 것이라고 말했다. 그들은 독일이 공습을 해올 때 대처할 수 있는 충분한 전투기를 제공하겠다는 우리의 보장과 독일군은 세계 전역에 배치되어 터키를 공격할 부대조차 없을 것이라는 우리의 설득을 거부했다. 터키 대표단이 논의 결과를 정부에 보고하겠다는 정도가 유일한 결과였다. 그들의 눈앞에서 벌어지고 있는 에게 해의 사태를 고려하면, 그들의 조심스러운 태도를 비난할 수 없는 일이었다.

최종적으로, 최고 지휘권 문제가 남았다. 공식적이든 비공식적이든 우리와 만날 때 미국 측은 항상 우호적이었지만, 대통령이나 측근들은 최고 지휘권 문제에 대해서 전혀 언급하지 않았다. 따라서 나는 마셜이 "대군주"의 지휘를 맡고, 아이젠하워 장군이 워싱턴으로 복귀하여 마셜의 자리를 대신할 것이라 믿고 있었다. 따라서 지중해 사령관 임명은 영국 정부를 대표해서 내가 하게 될 것이고, 당시라면 당연히 이탈리아 전투를 이미 수행해왔던 알렉산더를 지명할 터였다. 그러나 그 문제는 우리가 카이로로 다시 돌아올 때까지 해결되지 않았다.

★ ★ ★ ★ ★

영국 3군 참모총장들의 전적인 동의 아래 테헤란 3자 회담에서 내가 취한 기본 방향에는 수많은 오해가 있었다. 내가 "대군주"로 불리는 해협횡단 작전을 저지하려고 애쓴다거나, 연합군을 대거 발칸 제국으로 진격시키거나 동지중해에 대규모 전선을 전개하도록 유도하여 결국 "대군주" 작전을 포기하게 만들려는 헛된 노력을 기울이고 있다는 등의 풍문이 미국에서 나돌았다.

그 터무니없는 주장들에 대해서 나는 이미 앞에서 충분히 밝히고 반박했지만, 실제로 내가 추구한 것, 그리고 대체로 얻고자 했던 것을 알릴 필요가 있다고 생각한다.

"대군주" 작전은 이제 세부사항까지 계획이 수립되어, 1944년 5월이나 6월 아니면 늦어도 7월초까지는 결행해야만 했다. 작전에 동원될 부대와 수송 선박은 모든 면에서 최우선이었다. 그 다음으로, 이탈리아에서 활동 중인 대규모 영미 부대가 로마를 점령하고 그 북쪽의 비행장들을 확보할 수 있도록 지원해야만 했다. 그래야 거기서부터 남부 독일에 대한 공습이 가능했다. 그 비행장들을 확보한 뒤에는 계속 피사-리미니 선을 넘어 전진하지는, 즉 이탈리아 반도 전역으로 전선을 확장하지는 않을 것이었다. 그러한 작전에서 적이 저항할 경우에는 상당한 규모의 독일군 전력을 끌어들여 묶어두는 결과가 될 것이며, 이탈리아 군에는 "뱃삯 대신 일할" 기회를 주는 셈이 되어 전선은 계속 불을 뿜을 터였다.

나는 당시만 하더라도 마르세유와 툴롱을 목표로 리비에라 해안을 따라 남프랑스에 상륙하고, 그 다음 해협을 횡단하여 침공할 주력 부대를 지원하여 론 강 계곡을 따라 북진하는 계획에 반대하지는 않았다. 그러나 그보다는 이스트리아 반도와 류블랴나 협곡을 이용하여 빈을 향해 이탈리아 북쪽에서 오른쪽으로 움직이는 안을 더 선호했다. 대통령이 그 대안에 대해서 관심을 보였을 때 나는 무척 기뻤고, 뒤에서 보다시피 그가 그 계획을 선택하도록 노력했다. 만약 독일이 저항한다면, 우리는 가능한 한 많은 독일군 사단을 러시아나 영국해협 전선으로부터 유인해야 할 것이었다. 만약 적이 저항하지 않는다면, 그때는 광대하고 너무나 중요한 지역을 손쉽게 해방시킬 수 있을 것이었다. 나는 독일이 틀림없이 저항할 것이며, 그 결과 "대군주" 작전에 결정적인 형태로 도움을 주게 될 것이라고 확신했다.

나의 세 번째 요청은, 해협 횡단 작전에 참여할 전력을 조금도 할애할 수는 없다고 하더라도, 동지중해와 거기서 파생되는 이익에 대해서 태만해서는 안 된다는 것이었다. 나는 이미 두 달 전에 아이젠하워 장군에게 제기했던 전력의 할당 비율을 고수하고 있었다. 즉, 이탈리아 본토에 5분의 4, 코르시카와 아드리아 해에 10분의 1, 동지중해에 10분의 1이었다. 그러한 나의 생각은 1년 동안 조금도 바뀌지 않았다.

영국, 러시아 그리고 미국의 3개국은 가동 가능한 전체 전력의 10분의 9를 처음 두 작전에 투여하는 데에 의견의 일치를 보았다. 오직 내가 호소하지 않을 수 없었던 것은 나머지 10분의 1을 동지중해에 유효적절하게 사용하자는 계획이었다. 어리석은 자들은 이렇게 주장할 것이다. "모든 힘을 결정적인 작전 한 곳에 집중시키고, 전력을 분산시키는 다른 기회는 무시하는 편이 더 낫지 않은가?" 그러나 그러한 생각은 지배적인 사실들을 무시하는 데서 비롯했다. 서반구에서 가용한 모든 선박은 이미 한 척도 남김없이 모두 "대군주" 작전 준비와 우리의 이탈리아 전선 유지를 위해서 배치가 완료되었다. 설사 그밖의 선박이 있다고 하더라도, 관련된 모든 항구와 진지가 수용할 수 있는 최대치까지 상륙 계획이 수립되었기 때문에 더 이상 사용할 수 없었다. 동지중해에서는 다른 곳에 사용될 그 어떠한 것도 요구되지 않았다. 이집트 방위를 맡았던 공군은 전진 전선에서 활용될 경우 그 임무를 벗어나는 것이 아니었다. 2, 3개 사단에 불과했지만 모든 전력이 이미 그곳에 주둔하고 있었으며, 그들을 다른 더 큰 전장으로 수송하기 위한 수단은 그 지역에 남아 있는 선박뿐이었다. 내버려두면 구경꾼에 지나지 않을 그 병력을 적극적으로 활발하게 이용하면 적에게 큰 타격을 줄 것이 틀림없었다. 만약 로도스를 점령한다면 에게 해는 우리 공군이 지배할 것이고, 터키와 해상을 통해 직접 접촉할 수 있었다. 그와는 달리 터키를 설득해서 참전하도록 한다면, 또는 터키가 중립을 포기하고 우리가 터키를 위해서 건설했던 비행장을 우리에게 사용할 수 있도록 허용해준다면, 마찬가지로 우리는 로도스를 확보할 필요도 없이 에게 해의 제공권을 장악할 수 있었다. 둘 중 어느 것이든 상관없었다.

물론 목표는 터키였다. 터키만 손에 넣는다면, 우리는 다른 중요한 전투에서 단 한 명의 병사나 단 한 척의 배 또는 한 기의 비행기도 동원하지 않더라도 오직 잠수함과 통상의 해군 병력만으로 흑해를 장악할 수 있었다. 그러면 그 자체로 러시아에 큰 힘이 될 뿐만 아니라, 러시아 군대에 대한 보급 수송도 북극해나 페르시아 만 항로를 이용할 때보다 훨씬 더 많은 물량을 아주 적은 비용으로 빠르게 할 수 있을 터였다.

그것이 바로 내가 기회가 있을 때마다 대통령과 스탈린에게 강조했을 뿐만 아니라, 조금도 주저하지 않고 단호하게 반복해서 주장했던 세 가지 요점이었다. 스탈린은 설득이 가능했다. 그러나 대통령은 군사 고문들의 편견에 영향을 받아 논의 중에 입장이 흔들렸으며, 그로 인해서 부수적이긴 하지만, 아주 소중한 기회들을 팽개치는 결과가 되었다. 우리의 미국 친구들은 "어쨌든 우리를 발칸으로 몰아넣으려는 처칠을 막아냈다"고 평가하며 그들의 완고한 태도 속에 안주했다. 나는 추호도 그러한 생각을 한 적이 없다. 어차피 놀고 있는 병력을 터키를 참전시키고 에게 해를 장악하는 데에 이용하지 못한 것은 전쟁의 승리에도 불구하고 용납되지 않는 실책이었다고 판단한다.

★ ★ ★ ★ ★

첫 번째 전원 회의는 11월 28일 일요일 오후4시 소련 대사관에서 열렸다. 회의실은 아주 크고 좋았으며, 우리는 대형 원탁에 둘러앉았다. 나는 이든, 딜, 3군 참모총장들 그리고 이즈메이와 함께 참석했다. 대통령은 해리 홉킨스, 레이히 제독, 킹 제독 그리고 다른 두 명의 장교를 대동했다. 마셜 장군과 아널드 장군은 오지 않았다. 훗날 홉킨스의 전기 작가에 따르면, "그 두 사람은 회의 시간을 잘못 알고 테헤란 주변 관광을 하러 갔다." 나는 그 전해에 훌륭한 통역을 해주었던 버스 소령도 데려갔다. 파블로프는 소련 통역을 맡았고, 새로운 인물 볼른은 미국의 통역인이었다. 스탈린은 몰로토프와 보로실로프만 대동하고 참석했다. 그와 나는 서로 마주보고 앉았다. 첫날 토론은 가장 중요한 문제에까지 이르렀다. 기록에 의하면 다음과 같다.

스탈린 원수는 수상에게 아래와 같이 질문했다.

질문 : "프랑스 공격은 35개 사단으로 수행된다고 생각해도 좋습니까?"

대답 : "그렇습니다. 특별히 강력한 부대입니다."

질문 : "지금 이탈리아에서 작전 중인 병력으로 수행하겠다는 의미입니까?"

대답 : "아닙니다. '대군주'에 참여할 7개 사단은 이미 이탈리아와 북아프리카에서 철수를 완료했거나 철수 중에 있습니다. 그 7개 사단은 귀하가 처음 질문에서 언급한 35개 사단에 포함되어 있습니다. 그 부대들이 모두 철수하고 나면, 지중해를 비롯한 그밖의 지역에는 22개 사단이 남게 됩니다. 22개 사단 중 일부를 남프랑스 작전이나 아드리아 해 위쪽 끝에서 다뉴브를 향한 진격에 동원할 수도 있습니다. 그 두 가지 작전은 '대군주' 작전의 진행 상황에 따라서 시기가 결정될 것입니다. 그 사이에 에게 해 섬들을 점령하기 위해서 2, 3개 사단 정도를 할애하는 일은 그다지 어렵지 않을 것입니다."

루스벨트와 스탈린 그리고 나 사이에서 정작 중요한 대화는 공식 회의 틈틈이 점심과 만찬 시간에 이루어졌다. 그러한 자리에서는 격의 없는 분위기 속에 온갖 이야기가 오갔다. 그날 밤 만찬은 대통령이 초대자였다. 참석자는 통역을 포함해서 모두 10명이나 11명이었는데, 일반적인 화제가 점점 심각한 것으로 바뀌어갔다.

만찬이 끝나고 모두들 방안을 이리저리 어슬렁거리고 있을 때, 나는 스탈린을 소파로 끌고 가서 전쟁에서 이기고 난 뒤 일어날 일들에 관해서 이야기나 나눠보면 어떻겠느냐고 했다. 그는 흔쾌히 동의했고, 함께 자리에 앉았다. 이든이 동석했다. 소련의 원수가 말했다. "먼저 일어날 수 있는 최악의 사태에 대해서 한번 생각해봅시다." 스탈린은 독일이 패전하더라도 다시 일어설 가능성이 높으며, 비교적 빠른 시일 이내에 새로운 국가로 출발할 것이라고 생각했다. 그러면서 독일 민족주의의 부활을 우려했다. 베르사유 조약 이후 평화가 보장되는 듯이 보였었지만, 독일은 재빨리 기력을 회복했었다. 따라서 우리는 독일이 또 새로운 전쟁을 시도하지 못하도록 하기 위한 강력한 체제를 구축해야 한다. 그렇게 말하면서 그는 독일의 재기를 확신했다. "얼마나 빠를 것 같소?" 내가 묻자, 그는 이렇게 대답했다. "15년에서 20년 안쪽이오." 나는 세계의 안전이 적어도 50년 동안은 보장되어야 한다고 말했다. 겨우 15년이나 20년 정도밖에 평화를 유지할 수 없다면, 우리는 우리의 모든 병사들을 배신하는 결과가 될 것이다.

스탈린은 독일의 생산 능력에 제한을 가하는 방안을 고려해야 한다고 생각했다. 독일인은 유능한 국민이며, 근면하고 자질이 풍부해서 신속하게 재기할 것이었다. 그러므로 나는 그것을 조절할 수단이 강구되어야 한다고 대답했다. 민간 항공과 군사 항공을 금지시키고, 총참모본부 제도(General Staff System) 역시 허용하지 않을 것이라고 했다. 그러자 스탈린이 물었다. "탄환 부품을 만들지 못하도록 시계나 가구 공장의 존재도 금지하자는 말입니까? 독일은 수많은 사람들에게 총 쏘는 법을 가르치려고 장난감 라이플을 만들지 않았소."

"무엇이든 종국적인 것은 없습니다. 세상은 계속 변하기 마련이지요. 우리는 지금 배우는 것이 많습니다. 우리의 의무는 독일을 무장해제시키고, 재무장을 못하게 막고, 독일 공장을 감시하고, 모든 항공 운항을 금지시키고, 광범위한 영토 변경 등을 통해서, 최소한 50년 동안은 세계의 안전을 유지하는 것입니다. 그 모든 것은 다시 영국, 미국, 소련이 긴밀한 우호 관계를 지속시키면서 상호 이익을 위해서 독일을 감시할 수 있느냐 하는 문제로 귀착합니다. 조금이라도 위험이 엿보이면 지체 없이 명령을 내려야 합니다."

나의 말에 스탈린이 다시 받았다. "지난번 전쟁이 끝나고 난 뒤에도 관리를 했지요. 그러나 실패했소."

"그때는 우리에게 경험이 없었습니다." 내가 대답했다. "지난번 전쟁은 국가간 전쟁으로 지금과 같은 규모가 아니었고, 러시아는 평화 협상의 당사국도 아니었습니다. 이번과는 다릅니다." 당시 나는 프로이센을 분리시켜서 영토를 축소하고, 바이에른과 오스트리아 그리고 헝가리는 평화적이고 비

침략적인 연방을 결성했으면 하는 생각이었다. 프로이센은 독일 제국의 다른 지역보다 엄격히 다루어서, 나머지 지역이 같은 운명에 처하지 않도록 해야 한다는 판단이었다. 그것은 전시의 분위기 속에서 일어난 일들이었다는 사실을 잊어서는 안 된다.

"모두 좋습니다. 그러나 충분하지는 않아요." 스탈린의 촌평이었다.

러시아는 계속 그들의 육군을, 영국과 미국은 해군과 공군을 그대로 유지할 것이다. 모두 강력하게 무장하고, 결코 무장해제를 해서는 안 된다. 나는 계속 말을 이었다. "우리는 모두 세계 평화를 위한 수탁자입니다. 만약 우리가 실패하면, 아마도 100년 정도는 혼란이 계속될 것입니다. 우리가 강력하기만 하면, 우리에게 맡겨진 임무를 수행할 수 있습니다. 그리고 단순히 평화를 유지하는 일 이상의 것이 있습니다. 세 강국은 세계의 미래를 인도해야 합니다. 나는 다른 국가에 대해서 어떠한 체제를 강요하고 싶지 않습니다. 내가 바라는 것은 자유, 그리고 각자 자신들이 원하는 대로 발전할 권리입니다. 우리 세 나라는 모든 국가의 행복한 가족 생활을 보장할 수 있도록 계속 우방으로 남아야 합니다."

스탈린은 독일이 어떻게 될 것 같으냐고 다시 물었다.

나는 내가 생각하는 적은 독일의 노동자들이 아니라 지도자들이나 위험한 단체들이라고 대답했다. 스탈린은 독일군 사단에는 명령에 따라 싸운 노동자들이 아주 많다고 했다. 독일군 포로들 중 노동계급(그렇게 기록되어 있지만, 아마도 스탈린이 의미한 바는 "공산당"이었을 것이다) 출신들에게 왜 히틀러를 위해서 싸웠느냐고 물었더니, 명령을 수행했을 뿐이라고 대답했다는 것이었다. 스탈린은 그러한 포로들을 모두 사살해버렸다.

★ ★ ★ ★ ★

나는 폴란드 문제에 대해서 논의하자는 제안을 했다. 스탈린은 좋다고 하면서, 나에게 먼저 의견을 말하라고 했다. 우리는 폴란드 때문에 전쟁을 시작했다. 그러므로 폴란드는 우리에게 중요할 수밖에 없었다. 러시아 서쪽 국경의 안전보장보다 더 중요한 문제는 없었다. 나는 그 전에 국경에 대해서 아무런 약속을 한 적이 없었다. 그 문제에 관해서 러시아와 허심탄회하게 이야기를 나누고 싶었다. 스탈린 원수가 그 문제에 대해서 어떻게 생각하는지 우리에게 털어놓았다면, 그때 논의를 통해서 다 같이 합의점에 도달할 수 있었을 것이다. 그리고 원수는 러시아 서부 국경을 방위하는 데 필요한 것이 무엇인지 나에게 말해주어야 했다. 전쟁이 1944년에 끝난다면, 그 후 소련은 유럽에서 압도적으로 강력한 존재가 될 것이며, 소련은 자신이 내리는 폴란드에 관한 어떠한 결정에 대해서도 큰 책임을 져야 할 것이다. 개인적으로 나는 마치 군인들이 "좌로" 두 걸음 가듯이 폴란드가 서방으로 움직일 것같이 생각했다. 그런데 폴란드가 독일의 발가락 끝이라도 밟는 일이 생기면 곤란하지만, 그러나 폴란드는 강한 국가가 되어야만 했다. 유럽이라는 오케스트라를 구성하는 데 폴란드는 빠뜨릴 수 없는 악기의 하나였다.

폴란드 국민은 반드시 지켜야 할 그들의 문화와 그들의 언어가 있다고 스탈린이 말했다. 그러한 것들이 사라져서는 안 된다고 했다.

"우리가 국경선을 그어야 합니까?" 내가 물었다.

"그렇습니다."

"나는 국경선을 획정할 권한을 의회로부터 부여받지 않았고, 대통령도 마찬가지라고 믿습니다. 그러나 3개국 정부 수반들이 함께 노력해서 폴란드가 받아들일 수 있도록 권유할 만한 일종의 정책을 만들면 어떨지 테헤란에서 검토하고자 하는 것입니다."

스탈린은 폴란드의 참여 없이 그러한 일이 가능한가를 물었다. 나는 "그렇습니다"고 대답했다. 그리고 우리 사이에서 먼저 비공식적으로 합의가 되면, 나중에 폴란드와 협의할 수 있으리라고 말했다. 이든은 그날 오후 폴란드가 오데르 강까지 서쪽으로 진출할 수 있다는 스탈린의 말에 무척 놀랐다고 강조했다. 이든은 거기서 희망을 발견하고 고무되었다. 스탈린은 우리더러 혹시 자기가 폴란드를 삼키려는 것은 아닐까 의심하고 있지 않느냐고 물었다. 러시아는 도대체 얼마나 많이 먹으려는 것인지 알 수 없다고 말한 사람은 이든이었다. 러시아가 소화시키지 못한 채 남겨두는 것은 얼마나 될까? 스탈린은 러시아는 다른 국민에게 속하는 것을 탐내지 않는다고 하면서도, 독일은 한입 베어물 만하다고 말했다. 이든이 폴란드는 동쪽에서 잃고 서쪽에서 회복할 것이라고 한마디 던졌다. 거기에 대한 스탈린의 대답은, 아마도 그렇게 되겠지만, 자기는 잘 모르겠다는 것이었다. 나는 성냥개비 세 개를 이용하여 폴란드의 서쪽 이동에 대한 내 생각을 설명했다. 스탈린은 흡족해했다. 우리는 그 문제에 대해서 잠시 이야기를 나누었다.

★ ★ ★ ★ ★

29일 아침에는 영국, 소련, 미국 군부 수뇌부의 회의가 열렸다. 나는 스탈린과 대통령이 사전에 개별 회담을 가진 것을 알고 있었으며, 두 사람은 실제로 같은 대사관 건물에서 지내는 중이었다. 따라서 나는 오후에 두 번째 전체 회의가 열리기로 된 그날 점심 식사를 함께하자고 대통령에게 제의했다. 대통령은 거절 의사를 표시하면서, 해리먼을 보내 대통령과 내가 개인적으로 만나는 것을 스탈린이 알게 되기를 원하지 않는다며 그 이유를 설명했다. 나는 대통령의 그런 태도에 깜짝 놀랐다. 우리 세 사람은 서로가 서로에게 동일한 신뢰를 유지해야 한다고 생각했기 때문이다. 점심시간 뒤에 대통령은 스탈린, 몰로토프와 함께 기자회견을 했는데, 특히 전후 세계의 관리에 대한 루스벨트 구상을 포함한 중요한 문제들을 거론했다. 그러한 계획은 "4개 경찰국가," 즉 소련, 미국, 영국, 중국이 수행해야 한다는 것이었다. 스탈린은 거기에 대해서 탐탁찮은 반응을 보였다. "4개 경찰국가"는 유럽의 약소국들이 좋아하지 않을 것이라고 말했다. 그는 전쟁이 끝날 때쯤에는 중국이 그렇게 강력한 국가로 남게 되리라고 믿지 않았다. 설사 강대국으로 존재한다고 하더라도, 유럽 국가들이 중국의 권위를 인정하려고 하지 않을 것이라는 의견이었다. 그런 면에서는 소련 지도자들이 대통령보다 통찰력이 있고 가치에 대한 더 올바른 감각을 지녔다는 사실을 보여주었다. 스탈린은 대안으로 유럽과 극동 위원회를 따로 설치하자고 제안했다. 유럽 위원회는 영국, 러시아, 미국 그리고 유럽의 다른 국가 하나 정도로 구성하자는 생각이었다. 대통령은 그것이 유럽 위원회, 극동 위원회, 아메리카 위원회를 지역별 위원회로 하나씩 만들자는 내 생각과 유사하다고 대답했다. 대통령은 그 세 지역 위원회로 구성되는 최고 연합국 협의회를 내가 생각하고 있다는 사실을 분명하게 밝히지는 않은 것 같았다. 그러한 사정에 관해서는 훨씬 훗날에 알게 되었으므로, 나로서는 표현에 오류가 있어도 수정할 수가 없었다.

오후 4시에 예정된 두 번째 전체 회의가 시작되기 전에, 나는 폐하의 명을 받아 스탈린그라드의 영광스러운 방어를 기려 특별히 폐하께서 직접 디자인하여 제작한 영예의 검을 전달했다. 넓은 바깥쪽 홀에는 러시아 장교와 병사들로 가득 차 있었다. 짧은 설명을 한 다음 그 멋진 검을 건네자, 스탈린은 극히 인상적인 몸짓으로 입술 가까이 가져가서는 칼집에 입을 맞추었다. 그리고 브로실로프에게 넘겨주었는데, 그만 바닥에 떨어뜨리고 말았다. 검은 러시아 의장대의 호위 속에 운반되었다. 행렬이 사라지고 나자 방 한쪽에 앉아 지켜보고 있던 대통령이 눈에 띄었는데, 분명히 그 의전을 보고 감동한 듯했다. 우리는 회의실로 들어가서 원탁에 다시 앉았다. 그때는 그날 아침의 작업 결과를 보고하려고 3군 참모총장들이 전원 참석했다.

이어진 토론에서 나는 스탈린에게 "대군주" 작전의 성공 여부가 달려 있는 세 가지 조건을 상기시켰다. 첫째, 북서 유럽의 독일 전투기 전력이 공격 당시에는 현재보다 상당한 정도로 감소되어 있어야 한다. 둘째, 프랑스와 베네룩스 3국에 주둔 중인 독일 예비 병력이 공격 개시일에 1급의 전력으로 완전히 장비를 갖춘 기동부대 12개 사단 이상이 되어서는 안 된다. 셋째, 작전 개시 최초 60일 동안 독일이 다른 전선에서 차출하는 병력이 1급 전력의 15개 사단 이상이 되어서는 안 된다. 이러한 조건을 성취시키기 위해서 우리는 가능한 한 독일군을 이탈리아와 유고슬라비아에 묶어두어야 한다. 터키가 참전한다면 큰 도움이 되겠지만, 핵심적인 조건은 아니다. 현재 이탈리아에 있는 독일군도 대부분 프랑스에서 이동한 병력이다. 만약 우리가 이탈리아에서 느슨하게 움직인다면, 그곳의 독일군은 다시 프랑스로 복귀할 것이다. 우리는 현재 우리가 싸우고 있는 특별한 전선에 적을 계속 묶어두어야만 한다. 우리가 겨울 동안 지중해에서 적과 치열하게 교전할 수 있게 된다면, "대군주" 작전의 성공에 필요한 조건을 조성하는 데에 최대의 기여를 하는 결과가 될 것이다.

스탈린은 만약 독일에게 프랑스에 동원 가능한 사단이 13개 또는 14개가 있고, 다른 전선에서 끌어올 수 있는 사단이 15개 이상이 된다면, 어떻게 될 것이냐고 물었다. 그런 경우에는 "대군주" 작전은 불가능한가?

내가 대답했다. "반드시 그런 것은 아니오."

헤어지기 전에, 테이블 맞은편에서 스탈린이 나를 쳐다보며 말했다. "수상 각하께 '대군주' 작전에 대해서 단도직입적으로 물어보고 싶은 것이 있습니다. 수상께서는 물론 영국 참모본부 역시 실제로 '대군주' 작전을 신뢰합니까?" "조금 전에 말한 '대군주' 작전을 위한 조건이 작전 개시일에 갖춰진다면, 전력을 다해 해협을 건너 독일군을 향해 진격하는 일은 우리의 준엄한 의무가 될 것입니다." 나는 그렇게 대답했다. 그리고 헤어졌다.

제7장

테헤란 회담 : 난제와 결말

11월 30일, 그날은 나에게 복잡하면서도 잊을 수 없는 날이었다. 69번째 생일이기도 했지만, 거의 하루 종일 평소 얽매여 있던 중요한 업무를 수행하느라 정신없이 보낸 하루였다. 대통령은 스탈린 원수와 개별적인 접촉을 했으며 소련 대사관에 머물렀다. 그리고 우리가 카이로를 떠난 이후로는 줄곧 나와 단 둘이 만나는 것을 피했다. 따라서 그와 내가 여전히 긴밀한 사이이며 중대한 여러 문제들이 서로 얽혀 있었음에도 불구하고, 나도 개인적으로 스탈린과 따로 만나 이야기를 나누게 되었다. 내가 보기에 그 소련의 지도자는 영국의 태도에 대해서 진의를 파악하고 있지 못했다. 그의 마음속에는 그릇된 인식이 형성되어 있었는데, 그것은 요약하면 "처칠과 영국 참모진은 가능하다면 '대군주' 작전을 중단시키려고 한다. 대신 발칸 제국을 공격하고 싶어한다"는 것이었다. 그와 같은 이중의 잘못된 인식을 제거하는 것이 나의 과제였다.

"대군주" 작전의 정확한 날짜는 비교적 적은 수의 상륙용 주정의 이동에 달려 있었다. 그 상륙용 주정들은 발칸 제국 작전에는 필요하지 않은 것이었다. 대통령은 우리에게 벵골 만에서 일본군을 상대로 하는 작전을 약속했었다. 만약 그것만 취소하더라도, 내가 원하던 상륙용 주정을 충분히 확보할 수 있었다. 다시 말하면, 이탈리아나 남프랑스 해안에 적의 저항에 맞서 한 번에 2개 사단의 육해군 병력을 상륙시킬 수 있는 동시에, 5월로 예정된

"대군주" 작전까지 수행할 수 있었다. 작전 개시일을 5월중으로 한다는 데에는 대통령과 의견의 일치를 보았다. 그런데 대통령은 날짜를 5월 1일로 구체화하는 것은 단념했다. 그렇다면 나에게는 필요한 시간의 여유가 생기는 셈이었다. 만약 대통령을 설득해서 장제스에게 한 약속을 취소하게 하고 테헤란 회담에서 언급조차 한 적이 없는 벵골 만 계획을 포기하게 한다면, 지중해 작전과 동시에 계획대로 "대군주" 작전을 수행하는 데에 필요한 충분한 상륙용 주정을 확보할 수 있었다. 실제로 그 대상륙 작전은 6월 6일에 시작되었는데, 날짜가 그렇게 늦게 결정된 것은 나의 요청 때문이 아니라 달빛과 날씨 탓이었다. 나는 또한, 뒤에서 보게 되겠지만, 카이로로 돌아온 뒤 벵골 만 작전을 포기하도록 대통령을 설득하는 데에 성공했다. 나는 필연적일 수밖에 없는 일이라고 확신하던 결과를 얻게 되었다고 생각했다. 그러나 테헤란에서 맞은 11월의 그날 아침, 모든 것이 불확실해지고 말았다. 나는 스탈린에게 주요 사실들을 알려야겠다고 결심했다. 그렇지만 대통령과 5월 중에 "대군주" 작전을 결행하기로 합의한 사실을 내가 스탈린에게 말하는 것은 옳지 않다고 생각했다. 내가 스탈린과 협의를 한 직후에 시작될 오찬에서 루스벨트가 직접 이야기하고 싶어 한다는 것을 알고 있었다.

다음은 내가 신뢰했던 통역 버스 소령이 나와 스탈린의 개별 회담에 대한 기록을 바탕으로 한 내용이다.

★ ★ ★ ★ ★

나는 스탈린 원수에게 내가 절반은 미국인이며 미국 국민에게 대단한 애착을 가지고 있다는 사실을 상기시키는 것으로 이야기를 시작했다. 내가 하려는 말이 미국을 얕보려는 것으로 오해되어서는 안 되었다. 오히려 나는 미국에 대해서 전적으로 성의를 다하고 있었다. 그렇지만 스탈린과의 사이에서는 솔직하게 말할 필요가 있었다.

지중해에 주둔하고 있는 우리 병력은 미국 병력보다 훨씬 많았다. 영국군은 미국군의 두 배 내지 세 배 가까이 되었다. 바로 그것이 내가 가능한 지중해의 군대를 무기력하게 내버려두어서는 안 된다고 걱정하는 이유였다. 나는 그 병력을 항상 운용하고 싶었다. 이탈리아에는 13개 내지 14개 사단이 주둔중이었는데, 그 중 9개 또는 10개 사단이 영국군이었다. 제5영미군과 제8군도 있었는데, 후자는 완전히 영국 병사로만 구성된 부대였다. 선택지는 "대군주" 작전의 기한을 지키느냐 아니면 지중해 작전을 밀어붙이느냐의 두 가지가 제시되었다. 그러나 실상은 그것과 달랐다. 미국 측은 내가 3월에 벵골 만에서 일본군을 상대로 육해공군의 작전을 수행하기를 바랐다. 나는 그렇게 하고 싶지 않았다. 만약 우리에게 벵골 만 작전에 소요되는 상륙용 주정을 지중해에서 확보하고 있다면, 우리가 원하는 모든 것을 지중해에서 다한 뒤 "대군주" 작전 일정에도 일찌감치 맞출 수 있었다. 지중해 작전과 "대군주"의 일정 사이에는 선택의 문제가 개재되어 있지 않았다. 선택은 벵골 만 작전과 "대군주"의 날짜 사이에서만 존재했다. 그런데 미국은 우리를 "대군주" 작전의 일정에 묶어놓고, 2개월 동안 지중해 작전에서 어려움을 겪게 만들었다. 이탈리아의 영미 군대는 7개 사단이 철수해버리는 바람에 어느 정도 사기가 저하되었다. "대군주" 작전 준비를 위해서 우리는 3개 사단을, 미국은 4개 사단을 영국 본토로 보냈다. 그로써 우리는 이탈리아 붕괴의 이점을 충분히 이용할 수 없게 되었다. 그러나 역시 그렇게 함으로써 "대군주" 작전 준비에도 열성적이었다는 사실을 증명한 셈이었다. 스탈린은 그렇게 되어야 할 일이라고 말했다.

나는 상륙용 주정 문제로 돌아가서, 왜 그것이 걸림돌이 되는지 다시 한 번 설명했다. 7개 사단을 덜어낸 뒤에도 지중해에는 상당히 많은 부대가 남아 있었고, 영국 본토에는 "대군주" 작전에 충분한 영미 합동군이 대기중이었다. 그 모든 것이 상륙용 주정과 관련되었다. 이틀 전 스탈린이 히틀러가 항복하면 러시아는 일본과 싸우겠다는 중대한 발언을 했을 때, 나는 즉시 미국 측에 우리더러 수행하라고 한 인도양 작전에 필요한 상륙용 주정을 더 확보할 수 있게 되지 않겠느냐고 했다. 아니면 미국이 태평양의 상륙용 주정을 "대군주" 작전 초기에 사용하도록 가져올 수 있을 것이라고 설명했다. 그렇게 되면 만사가 해결되는 셈이었다. 그러나 미국 측은 태평양 문제에 관해서 몹시 성급했다. 나는 러시아가 대일전에 뛰어든다면, 일본을 신속하게 격퇴할 수 있다는 점을 지적했다. 그렇다면 미국이 우리를 더 지원할 수 있는 여유가 생길 것이었다.

나와 미국 측 사이의 견해 차이라는 것은 실제로는 아주 작은 것이었다. 어쨌든 내가 "대군주" 작전에 대해서 미온적이지 않았다는 것이다. 나는 지중해 작전을 위해서 필요한 것을 얻는 동시에, "대군주"의 일정도 지키기를 원했다. 세부적인 사항은 참모들이 고심해서 해결할 문제였으며, 나는 그러한 작업이 카이로에서 이루어지기를 기대했다. 그런데 운이 나쁘게도 장제스가 거기 있었고, 카이로 회담 기간 내내 중국 문제가 화제의 대상이었다. 그러나 결국에는 모든 작전을 위한 상륙용 주정이 충분히 확보될 수 있다는 것이 나의 확신이었다.

다음은 "대군주" 작전에 관한 이야기이다. 영국은 5월이나 6월로 결정되는 날짜까지 대략 16개 사단, 즉 군단급 부대들과 상륙용 주정 부대, 대공포 및 각종 부속 부대와 함께 모두 50만 명이 조금 넘는 병력을 준비할 것이었다. 그 병력은 지중해에서 철수한 전투 경험이 풍부한 병사들을 포함하여 최정예들로 구성할 예정이었다. 게다가 영국 해군은 육군의 수송과 엄호에 필요한 모든 것을 제공할 것이며, 약 4,000기의 제1선 영국 비행기가 연속적인 작전을 펼칠 터였다. 미국의 부대 수송은 그제서야 시작되었다. 그때까지 미국은 주로 공군부대와 육군의 보급품만 보냈는데, 나는 향후 4, 5개월 동안 매월 약 15만 명씩 5월까지 전부 70만 내지 80만 명의 병력이 올 것이라고 생각했다. 대서양에서 적군의 잠수함을 격퇴했기 때문에 그러한 수송이 가능했다. 나는 "대군주" 작전의 시작과 거의 동시에, 아니면 다른 적당한 시기에 남프랑스에서 작전을 펼칠 것을 지지했다. 적군을 이탈리아에 붙잡아두어야 하기 때문에, 지중해의 22개 내지 23개 사단 중 가능한 많은 병력을 남프랑스로 보내고 나머지는 이탈리아에 남겨두게 될 것이었다.

이탈리아에서 대규모 전투가 벌어지기 직전이었다. 알렉산더 장군은 휘하에 약 50만 명을 거느리고 있었다. 9개 내지 10개 사단의 독일군에 맞서는 연합군은 13개 내지 14개 사단 규모였다. 날씨는 나빴고 교량은 모두 파괴되었지만, 우리는 12월에 제8군을 이끄는 몽고메리 장군과 함께 계속 밀어붙이기로 했다. 티베르 강 부근에서 육군과 해군이 상륙할 계획이었다. 그와 동시에 제5군이 격전을 벌이며 적군을 저지할 것이었다. 우리는 스탈린그라드의 축소판이 될 것으로 예상했다. 우리의 의도는 이탈리아의 넓은 지대로 확전하는 것이 아니라, 반도의 다리 부분을 확보하는 것이었다.

스탈린은 소련의 붉은 군대는 오직 우리의 북프랑스 진격의 성공만 기다리고 있다며 경고하듯이 말했다. 1944년 5월에 작전이 이루어지지 않는다면, 붉은 군대는 그해 한 해 동안 아무 작전도 생각할 수 없다고 했다. 날씨는 좋지 않을 것이며, 수송에는 많은 어려움이 따를 것이었다. 스탈린은 혹시 작전이 개시되지 못하더라도 붉은 군대가 실망하지 않기를 바랐다. 실망은 바람직하지 않은 분위기를 만들 뿐이었다. 1944년 유럽의 전쟁에 큰 변화가 일어나지 않는다면, 러시아는 전쟁을 계속 수행하기가 몹시 힘들었다. 그들은 전쟁에 지쳐 있었다. 그는 그렇게 되면 러시아 부대에 고립감이 조성되지나 않을까 두려워했다. 스탈린이 계획된 일정대로 "대군주" 작전이 수행될지 알고 싶어 하는 이유가 바로 그런 점 때문이었다. 만약 작전이 실행되지 않는다면, 그는 붉은 군대 내부에 나쁜 감정이 발생하지 않도록 조치를 취해야만 했다. 그것은 아주 중요한 문제였다.

나는 적이 프랑스에 미국과 영국이 집결할 병력보다 더 많은 병력을 집결시키지 않는 한, "대군주" 작전은 틀림없이 실행한다고 말했다. 만약 프랑스에 독일군이 30개에서 40개에 이르는 사단을 집결시킨다면, 해협을 건너기로 되어 있는 우리 병력이 감당할 수 없다고 생각했다. 해안 상륙 자체는 걱정할 필요가 없었다. 그러나 그 이후 13일, 14일, 15일째 되는 날이 문제였다. 그러나 붉은 군대가 적과 교전하고, 우리가 적군 일부를 이탈리아에 묶어두고, 가능하다면 터키까지 참전한다면 우리는 승리할 수 있다고 믿었다.

스탈린은 "대군주" 작전의 착수는 붉은 군대에 좋은 영향을 미칠 것이라고 하면서, 5월이나 6월에 작전이 시작되리라는 것을 안다면, 자신은 미리 독일에 타격을 가할 준비를 완료할 수 있을 것이라고 말했다. 봄이야말로 최적기였다. 3월과 4월은 활발하게 움직이기 힘들기 때문에 그 기간 동안에는 부대와 물자를 집결시키고, 5월과 6월에 공격할 수 있다는 것이었다. 독일은 프랑스에 부대를 주둔시킬 필요가 없을 것이었다. 독일군은 계속 병력을 동쪽으로 보내고 있다. 독일은 그들의 동쪽 전선을 더 우려했다. 왜냐하면 그쪽에는 횡단할 해협도 없고 중간에 개입할 프랑스군도 없었기 때문이다. 독일군은 붉은 군대의 진격을 두려워한다. 붉은 군대는 연합군의 지원이 시작된다는 사실을 아는 순간 진격할 것이다. 그렇게 말하며, 스탈린은 "대군주" 작전의 개시일이 언제냐고 물었다.

나는 대통령의 동의 없이는 "대군주" 작전의 일정을 밝힐 수 없지만, 점심식사 시간에 그 대답을 들을 수 있을 것이라고 말해주었다. 스탈린은 만족스러운 것 같았다.

★ ★ ★ ★ ★

잠시 시간이 흐른 뒤, 스탈린과 나는 대통령이 초대한 "3인만"(통역들은 대동했다)의 오찬에 참석하기 위해서 각자 따로 루스벨트의 숙소로 갔다. 루스벨트는 스탈린에게 5월 중에 "대군주" 작전을 개시하기로 합의가 되었다고 말했다. 스탈린은 분명히 대통령과 내가 함께 행한 그 엄숙하고 직접적인 약속에 크게 안도하며 기뻐하는 표정이었다. 대화는 가벼운 주제로 넘어갔다. 그 부분에서 내가 기록으로 남겨놓은 유일한 부분은 러시아를 해양으로 연결하는 출구였다. 러시아 제국처럼 거의 2억의 인구를 가진 강력한 대륙 국가가 겨울철 동안 대양에 접근할 수 있는 유용한 통로를 확보하지 못했다는 것은 바람직한 현상이 아니며 위험한 분쟁을 조장할 가능성만 배태한다는 것이 평소 나의 생각이었다.

잠시 후 오후 4시에, 종전과 마찬가지로 러시아 대사관에서 제3차 전체 회의를 열었다. 전원이 참석했는데, 모두 30명 가까이 되었다. 브룩 장군은 영미 합동3군참모총장위원회의 공동회의의 결과를 발표했다. "대군주" 작전을 "당시 허용 가능한 최대한도의 상륙용 주정을 사용하여 남프랑스 공격을 목표로 하는 지원작전과 연계하여" 5월에 개시할 것을 권고한다는 내용이었다.

스탈린은 결정의 중요성과 수행에 따르는 어려움을 잘 이해한다고 말했다. "대군주" 작전의 가장 위험한 시기는 상륙한 이후부터 전개되는 과정이 될 것이다. 바로 그 시점에 독일은 동부의 병력을 이동시켜 "대군주" 작전을 최대한으로 저지하려고 할 것이다. 동부 전선의 우려할 만한 수준의 어떠한 독일군 부대도 움직이지 못하도록, 스탈린은 5월에 공격을 감행할 대규모 러시아군의 공격을 조직하겠다고 했다.* 나는 러시아의 3군 참모본부들 사이에 상호 작전 계획을 세우는 데 어려움이 없느냐고 물었다. 스탈린은 러시아군이 모형 탱크, 비행기, 비행장 등을 만들어 적을 속이는 방법을 많이 사용했다고 설명했다. 무선 통신을 사용한 속임수도 효과적이라는 사실이 증명되었다. 그는 공동의 엄호와 기만전술을 연구하기 위해서 3국의 참모본부들이 서로 협력하는 데 전적으로 찬성했다. 그때 내가 말했다. "전시에는 진실이 대단히 중요합니다. 그렇기 때문에 진실은 항상 거짓이라는 호위가

* 러시아의 본격 공격은 6월 23일에 시작되었다.

붙지 않을 수 없습니다." 그 말이 통역되었을 때, 스탈린과 그의 동료들은 아주 반색했다. 그로써 우리의 공식 회담은 유쾌한 분위기 속에서 끝났다.

★ ★ ★ ★ ★

그때까지 우리는 회의나 식사를 하기 위해서 소련 대사관에 모이곤 했다. 그러나 세 번째 만찬은 내가 초대해야 했고, 따라서 영국 공사관에서 열겠다고 주장했다. 그러한 내 뜻을 누가 반대할 이유는 없었다. 영국이나 나는 알파벳순으로도 가장 앞이었으며, 연배로도 루스벨트나 스탈린보다 내가 4, 5년 위였다. 세 국가 중 정부 수립도 우리가 몇 세기는 더 먼저 이루었다. 실제로 밝히지는 않았지만, 전쟁도 우리가 가장 오랫동안 치르는 중이었으며, 11월 30일은 내 생일이란 사실도 덧붙일 수 있었다. 결국은 맨 마지막 이유가 결정적이었다. 우리 공사가 모든 준비를 맡았는데, 정부와 군부 수뇌들뿐만 아니라 그들의 고위 참모진을 포함한 참석 인원 40명 정도 규모의 만찬이 예정되었다. 소련 정치경찰 NKVD는 스탈린이 등장하기 전에 각 출입문 뒤쪽은 물론 모든 쿠션까지 포함하여 공사관을 샅샅이 점검해야 한다고 고집했다. 그리고 경찰대장의 지휘 아래 약 50명의 러시아 무장 경찰을 모든 문과 창가에 배치했다. 미국의 보안요원들도 대단했다. 그러나 만사는 순조롭게 진행되었다. 엄중한 경호 속에 나타난 스탈린은 기분이 아주 좋은 듯했고, 휠체어를 타고 온 대통령은 호의가 충만한 유쾌한 웃음으로 우리 모두에게 인사를 했다.

그날의 만찬은 내 생애에서 기념할 만한 순간이었다. 내 오른쪽에는 미국의 대통령이, 왼쪽에는 러시아의 지도자가 앉았다. 세 사람은 함께 세계 해군력의 지배적인 부분과 전체 공군력의 4분의 3 가량을 통제하고, 인류 역사상 유례가 없었던 끔찍한 전쟁에 참여하는 2,000만에 가까운 군대를 지휘할 수 있었다. 나는 1940년 여름부터 시작하여 승리를 향하여 달려온 그 기나긴 여정을 흔쾌한 마음으로 되새겨보지 않을 수 없었다. 한때 우리는 완전히 고립무원의 상태였으며, 해군과 공군은 그렇다고 하더라도 특히 육군은 무장도 채 안된 상황이었음에도, 거의 전 유럽과 그 자원을 장악하고 승승장구하는 막강한 힘의 독일과 이탈리아에 맞섰다. 루스벨트는 생일선물로 아주 아름다운 페르시아 도자기 화병을 가져왔다. 나는 그것을 귀국 길에 깨뜨려버리고 말았는데, 놀랍게도 다시 복원하는 데 성공하여 지금까지 애장품의 하나로 간직하고 있다.

만찬 동안 나는 소중한 두 손님과 즐거운 담소를 나누었다. 스탈린은 회의에서 했던 질문을 되풀이했다. "'대군주' 작전은 누가 지휘합니까?" 나는 대통령이 아직 최종결정을 내리지 않았지만, 바로 테이블 맞은편에 앉은 마셜 장군이 될 것으로 확신한다고 말하며 그간의 경위에 대해서 설명했다. 그는 아주 만족스러워했다. 그리고 이어서 브룩 장군에 대해서 말문을 열었다. 스탈린 생각에 브룩은 러시아 사람을 좋아하지 않는다는 것이었다. 브룩은 1942년 가을 최초의 모스크바 회담에서 러시아 측에 무뚝뚝하고 거친 인상을 심어주었다. 나는 같은 직업군인들 사이에서 전쟁과 관련한 문제를 다룰 때면, 군인이란 아무래도 무례하고 딱딱한 느낌을 주기 쉬울 것이라고 해명하며 스탈린을 달랬다. 그러자 스탈린은 그래서 그와 같은 군인이 더 좋다고 받아넘겼다. 그는 방을 가로질러 브룩을 뚫어지게 쳐다보았다.

건배 차례가 되자 나는 우리의 귀한 손님들을 위한 건배를 제안했다. 대통령은 나의 건강과 행복을 기원하는 건배사를 했고, 이어서 스탈린도 같은 덕담을 건넸다.

러시아 관습에 따라 비공식적인 건배가 수없이 있었는데, 그러한 연회에는 확실히 어울리는 것이었다. 홉킨스는 흥에 겨운 목소리로 일장연설을 했는데, 도중에 자신은 "성문화되지 않은 영국 헌법, 그리고 권한과 구성이 세부적으로 확정되지 않은 전쟁내각에 대해서 아주 오랜 시간 동안 철저히 연구했습니다"는 말을 했다. 그가 밝힌 연구 결과는 이러했다. "제가 확인한 바에 따르면, 영국 불문 헌법의 내용과 전쟁내각의 권한은 어느 일정한 때에 처칠이 그러했으면 하는 바로 그것이라고 말씀 드릴 수 있습니다." 그의 말에 모두가 웃음을 터트렸다. 이 책의 독자라면 농담조의 그 말이 얼마나 근거가 없는 것인지 잘 알 터이다. 내가 의회와 내각의 동료 각료들로부터 전쟁 지휘와 관련해서 전례가 없는 충직한 지지를 받고 있었던 것은 물론, 그러면서 내가 제압해야 할 큰 문제가 거의 일어나지 않았던 것도 사실이다. 그러나 나는 우리 세 사람 중에서 보통선거로 자유롭게 선출된 하원의 투표에 따라 언제든 권력을 잃게 될 수도 있고, 국가의 모든 정파를 대변하는 전쟁내각의 의견에 따라 그날그날 제약을 당하는 한 사람이란 것을, 위대한 나의 두 지도자 동료에게 상기시키는 일에 자부심을 느꼈다. 대통령의 임기는 정해져 있으며, 대통령으로서뿐만 아니라 군통수권자로서의 권한은 미국 헌법상 거의 절대적이었다. 스탈린은 러시아의 전지전능한 권력자였는데, 당시에는 확실히 그러했다. 그들은 명령할 수 있었다. 그러나 나는 확신을 심어주고, 설득해야 했다. 그렇게 해야 하는 것을 나는 기쁘게 생각했다. 그러한 과정은 힘들었지만, 그렇게 일이 진행되어가는 데에 불만을 가질 이유가 없었다.

만찬이 진행되는 동안 여러 사람들이 연설을 했다. 몰로토프와 마셜 장군을 비롯한 주요 인물들 역시 제각기 할 말을 했다. 그러나 내 기억에 남아 있는 것은 브룩의 발언이었다. 여기에 인용할 만한 충분한 가치가 있는 말이었다.

"만찬 도중에 대통령께서 자상하게도 저를 위한 건배를 제의하면서, 우리 아버지가 하이드 파크에서 당신의 아버지를 만났던 일을 언급하셨습니다. 대통령의 말씀이 끝났을 때, 저는 적당히 기회를 봐서 그 친절한 덕담에 답례의 건배사를 올려야겠다고 생각하고 있었습니다. 그런데 그때 스탈린 원수께서 일어나 건배를 끝내자는 제안을 하셨습니다. 그러면서 저를 붉은 군대에 대한 진정한 우호의 감정을 표시한 적이 없으며 러시아군의 우수성을 제대로 평가하는 태도가 결여되어 있다고 탓하시면서, 앞으로는 붉은 군대의 용사들에 대해서 더 큰 우정을 보여주기 바란다는 당부를 하셨습니다.

저는 그러한 비난의 말을 듣고 깜짝 놀랐습니다. 그런 평가의 근거를 알 수 없기 때문입니다. 저는 스탈린을 이전부터 잘 알고 있었기 때문에, 오늘과 같은 비난을 받게 되면 저에 대한 원수의 관심을 잃을 뿐만 아니라 앞으로도 계속 공격을 당할 수밖에 없다는 사실 역시 잘 압니다.

따라서 저는 우선 대통령께 더없이 깊은 감사의 말씀을 드립니다. 그리고 다음으로, 스탈린 원수께 대략 이렇게 말씀 드리고자 합니다.

이제, 원수 각하, 저는 각하를 위한 건배를 하도록 하겠습니다. 저는 원수께서 저에 대하여 어떻게 아무런 근거 없이 비난할 필요를 느끼시게 되었는지 놀라울 따름입니다. 원수께서는 오늘 아침 엄호 작전 계획에 관해서 토의하면서 처칠 수상께서 하신 "전시의 진실은 거짓이 호위한다"는 말을 기억하시리라 믿습니다. 그리고 또 원수께서는 스스로 그 모든 거대한 공격들에서 당신의 진의가 외부 세계에 드러나지 않도록 항상 주의한다고 말씀하셨습니다. 러시아의 모형 탱크와 모형 비행기를 당장 필요한 전선에 대량으로 배치한다고 하시면서, 언제나 그 의도는 완전히 비밀로 감추었습니다.

그런데 말입니다, 원수 각하. 각하께서는 모형 탱크와 모형 비행기에만 신경을 쓴 탓에 다른 것을 모르고 계십니다. 제가 붉은 군대에 대해서 품고 있는 진정한 우정을 알지 못하십니다. 제가 러시아 군인들에 대해서 느끼고 있는 진정한 동료의식을 깨닫지 못하고 계십니다."

한문장 한문장마다 파블로프가 통역할 때, 나는 스탈린의 표정을 찬찬히 살폈다. 무슨 생각을 하는지 도무지 알 수가 없었다. 그러나 브룩의 연설이 끝나자, 나에게 분명한 어조로 말했다. "저 사람이 마음에 듭니다. 진실을 말하고 있습니다. 나중에 저 사람과 이야기를 나누고 싶군요."

우리는 모두 옆의 작은 방으로 옮겨가서 제각기 번갈아 무리를 지어가며 이야기를 나누었다. 대연합 결성 이래 그 어느 때보다도 연대감과 우호적인 동료의식이 넘쳐흘렀다. 나는 랜돌프와 새러를 부르지 않았는데도, 내 생일 축하 건배 때 둘 모두를 보았다. 스탈린은 그 둘을 알아보고 불러서 아주 정중하게 인사를 주고받았다. 대통령 역시 나의 아들과 딸을 잘 알고 있었다.

내가 방안을 오가는 동안 스탈린이 몇 사람과 함께 둥글게 모여 있었는데, "브루키"도 보았다. 나는 브룩을 그렇게 불렀다. 훗날 브룩 장군은 당시의 정황을 이렇게 설명했다.

"만찬장에서 걸어나올 때, 수상은 내가 '진실'과 '거짓'에 대해 언급하자 그 다음에 무슨 말을 할지 몹시 신경을 곤두세웠다고 했다. 그러나 수상은 내가 건배로 응답함으로써 스탈린에게 뜻이 전해졌다며 격려했다. 따라서 곁방에서 나는 그의 공격에 대한 반격을 하기로 작정했다. 스탈린에게 다가가서, 축배 제의를 하면서 왜 나에게 그러한 비난을 하게 되었는지 무척 놀랐을 뿐만 아니라 상심했다고 말했다. 그러자 그는 파블로프에게 이렇게 통역하게 했다. '최상의 우정은 그렇게 오해 위에서 세워지는 법이오.' 그러고는 내 손을 다정하게 잡고 흔들었다."

드리웠던 모든 구름이 말끔하게 걷힌 기분이었다. 진실로 나의 친구 브룩에 대한 스탈린의 신뢰는 존중과 선의를 바탕으로 형성되어, 향후 우리가 함께 일하는 동안에는 조금도 흔들림이 없었다.

우리가 그날 헤어진 것은 새벽 2시가 지나서였다. 원수는 경호원들과 함께 떠났고, 대통령은 자동차를 타고 숙소가 있는 소련 대사관으로 갔다. 나는 완전히 지친 상태에서 침실로 들어갔지만, 만사가 잘 되었다고 확신하며 만족스러웠다. 분명히 행복한 생일이었다.

12월 1일, 길고 험난했던 테헤란의 토론은 마침내 종점에 다다랐다. 군사상 결론은 대체로 전쟁의 미래를 지배하는 것이었다. 해협 횡단 공격은 5월로 확정했으나, 조류와 달빛 사정에 좌우될 수밖에 없었다. 러시아의 대공세가 큰 도움이 될 터였다. 처음에 나는 잠깐 이탈리아의 연합군 일부가 프랑스 남부 해안을 기습하는 작전에 관심이 있었다. 그 계획은 세부적으로 검토된 바는 없었다. 그러나 미국과 러시아가 모두 긍정적이었기 때문에 이탈리아 작전과 로마 점령—그 두 가지가 전제되지 않으면 가능성이 없었다—의 성공을 위해서 필요한 상륙용 주정의 확보는 어렵지 않았다. 나는 당연히 이스트리아와 트리에스테를 거쳐 이탈리아 반도의 오른쪽으로 빠져나와 류블랴냐 협곡을 통과한 뒤에 빈에 이른다는 대통령의 대안이 더 매력적으로 느껴졌다. 그 모든 계획은 5, 6개월 앞의 일이었다. 이탈리아에 주둔 중인 우리 군대의 활동이 그들이 필요로 하는 상륙용 주정을 빼앗김으로써 마비 상태에 빠지는 일만 없다면, 전반적인 전쟁이 형태를 갖추어가는 정황에 따라 최종 선택할 시간적인 여유는 충분했다. 수많은 육해공 공동 작전 또는 그에 준하는 계획의 가능성이 제시되었다. 나는 벵골 만 해상 상륙 작전을 포기하기를 바랐다. 다음 장에서 알게 되겠지만, 그러한 나의 판단은 옳았다. 여전히 중요한 작전 중에서 몇 가지 선택의 가능성이 남아 있다는 사실에 나는 안도감을 느꼈다. 우리는 터키를 참전시키도록 노력하고, 나아가 그에 뒤따르는 에게 해의 모든 사태와 흑해의 문제까지 해결하기 위해서 다시 최대의 노력을 경주해야만 했다. 그러나 결과는 우리에게 실망을 가져다줄 것이었다. 우정과 단합의 분위기 속에서 우리가 헤어졌을 때, 전반적인 군사 상황을 훑어보며 나는 어느 정도 만족스러운 기분이 되었다.

정치적 측면에서는 모든 것에 대한 견해 사이에 한번 더 거리감이 생겼고 생각이 복잡해졌다. 그러한 정치적 문제는 계속 싸워야 할 대전투의 결과에, 또한 승리할 경우 각 연합국의 분위기에 좌우될 것이 틀림없었다. 승리를 거두고 난 뒤, 그리고 온갖 위험이 제거되고 난 뒤 러시아의 태도에 대해서 의심을 품고, 거기에 기초해서 계획을 수립하는 것은 서방 민주주의 국가들이 테헤란에서 취할 올바른 입장은 아니었다. 히틀러가 무너지고 그의 군대가 격퇴되면 즉시 대일전에 나서겠다고 한 스탈린의 약속은 가장 중요한 사실이었다. 미래의 희망은 전쟁을 가장 신속하게 종결하고, 지도자들이 원탁에서 서로 우정의 손을 잡은 세 열강의 뭉쳐진 힘을 바탕으로 또다른 전쟁을 예방할 수 있는 세계 기구를 수립하는 데에 있었다.

우리는 핀란드에 대해서는 온건책을 폈는데, 오늘날 그 효과가 전반적으로 드러나고 있다. 폴란드의 새 국경은 동서에 걸쳐 넓게 획정되었다. 동쪽은 기존의 판단에 따라 "커즌 라인"[Curzon Line : 제1차 세계대전이 끝난 뒤 열린 연합국 최고회의에서 결정한 소련과 폴란드의 국경선. 폴란드에 불리하게 획정되었다/역주]으로 하고 서쪽은 오데르 강으로 했는데, 온갖 고초를 겪은 폴란드 국민에게 진정한 항구적 조국을 부여하는 것으로 생각되었다. 당시에 두 줄기가 만나서 오데르 강을 형성하는 동나이세 강과 서나이세 강 사이의 문제는 제기되지 않았다(오데르-나이세 선). 1945년 6월 그 문제가 포츠담 회담에서 전혀 다른 조건으로 격렬하게 제기되었을 때, 나는 즉시 영국은 동쪽 지류를 주장한다고 선언했다. 그것은 지금도 변함없는 나의 입장이기도 하다.

바로 그 지점에서 전승국들이 일치된 형태로 독일에 대해서 행할 조치 중 최우선의 문제는 "방대한 정치적 문제의 예비적 검토", 다시 강조하면 스탈린이 표현한 대로 "분명히 매우 예비적인" 검토에 관련한 주제였다. 우리는 막강한 나치스의 힘과 무시무시한 싸움의 소용돌이 가운데 있다는 사실을 잊어서는 안 되었다. 전쟁의 온갖 위험이 우리 주변을 둘러싸고 있는 가운데 연합국 사이의 동료의식과 공동의 적에 대한 응징의 열정이 우리 모두의 가슴을 압도했다. 독일을 다섯 개의 자치 국가와 두 개의 영토로 분할하여 반추축 연합국의 지배 아래 둔다는 대통령의 시안은, 프로이센을 고립시키고 다뉴브 연방을 결성하게 하든지 아니면 남독일과 다뉴브 연방으로 나누자는 나의 제안보다 스탈린이 받아들일 가능성이 더 높았다. 그것은 순전히 나의 개인적은 견해였을 뿐이다. 그러나 테헤란의 그 분위기에서 그러한 내 생각을 제안한 것을 후회하지는 않았다.

우리는 모두 통일된 독일의 힘을 두려워했다. 프로이센은 그들만의 위대한 역사가 있었다. 내 생각에 그러한 독일과 엄격하지만 명예스러운 평화협정을 체결하고, 동시에 "만약 존재하지 않았다면 만들어냈을 것이다"고 우리가 곧잘 얘기했던 오스트리아-헝가리 제국과 같은 것을 전체적인 윤곽 내에서 근대적인 형태로 재건하는 일이 가능할 것 같았다. 그렇게 되면 그곳은 어떠한 다른 해결책보다 훨씬 더 빨리 평화는 물론 우호의 정신이 지배하는 위대한 지역이 될 것이었다. 그 결과로 나는 통일 유럽을 형성하여 승자든 패자든 가릴 것 없이 고통을 겪어온 모든 수백만 국민의 생명과 자유를 보장하는 확고한 토대를 만들 수 있다고 생각했다.

나는 그 광대한 영역에 대한 나의 생각을 조금도 어긋남 없이 일관되게 유지해왔다고 느꼈다. 그러나 실재하는 현실에서는 엄청나게 참혹한 사태가 일어나고 말았다. 폴란드 국경은 명목상으로만 존재했고, 폴란드는 러시아 공산당의 손아귀에서 전율해야만 했다. 독일은 실제로 분할되기는 했으나, 단지 군사적 점령 지역으로 나누어진 가증할 구분에 지나지 않았다. 그러한 비극적 사태에 대해서 할 수 있는 말이라고는, **그것은 영속될 수 없다**는 것뿐이었다.

제8장
카르타고와 마라케시

12월 2일, 테헤란에서 다시 카이로로 돌아와 피라미드 근처의 숙소로 갔다. 대통령도 그날 저녁에 도착했는데, 우리는 전쟁의 전체적 국면과 스탈린과의 테헤란 회담 결과에 대해서 긴밀하게 논의했다. 그 다음날에는, 테헤란에서 돌아오는 길에 예루살렘을 여행하며 기분전환을 한 영미 3군참모총장들이 모여 눈앞의 중차대한 임무에 관해서 토의하기로 되어 있었다. 마운트배턴 제독은 인도로 복귀했다. 거기서 안다만 제도[벵골 만 남동부에 있다/역주]에 육해공 합동 공격을 개시하라는 지시("해적[Buccaneer]" 작전)에 따라 계획 수정에 착수했다. 그 작전에서 이미 지중해로부터 보낸 필수불가결한 상륙용 주정을 사용할 예정이었다. 나는 그 작전 대신 로도스를 공격하기로 하자고 미국을 설득하는 마지막 시도를 하려고 했다.

다음날 저녁, 나는 또 대통령과 식사를 같이 했다. 이든이 합석했다. 우리는 심야까지 식탁에 마주앉아 상호 견해의 차이를 좁히기 위해서 토론을 거듭했다. 내 생각은 우리 3군참모총장들의 견해와 같았다. 그들은 대통령이 테헤란으로 가기 전에 장제스에게 약속한 벵골 만 횡단 공격을 일찌감치 결행하겠다는 약속에 대해서 몹시 우려했다. 그렇게 되면 터키의 참전을 유인할 수 있는 로도스 점령 계획에 대한 나의 희망에 찬물을 끼얹는 결과가 되기 때문이었다. 그러나 루스벨트의 마음은 벵골 만으로 기울어져 있었다. 군사 회담에서 우리 참모총장들이 그 문제를 제기했을 때, 미국 참모총장들은 아주 가볍게 그에 대한 논의를 거부했다. 대통령이 내린 결정이기 때문에 그들로서는 복종하는 것 외에 달리 선택의 여지가 없다는 것이 그들의 대답이었다.

12월 4일 오후, 테헤란 회담 이후 첫 번째 전체 회의를 소집했으나 진척된 내용은 없었다. 대통령은 12월 6일에는 떠나야 했으므로, 양측의 최종 합의를 위한 모든 보고서를 일요일인 12월 5일 저녁 무렵까지는 준비해야 한다고 했다. 터키의 참전 문제와는 별도로, 유일하게 두드러진 쟁점인 20척 가량의 상륙용 주정과 부속 장비 사용을 비교적 사소한 문제로 다루려는 것 같았다. 그런 하찮은 일로 골머리를 앓을 것이 없고, 세부적인 것은 적당히 처리하면 그만이라는 것이 그의 생각인 것 같았다.

나는 회담에 임한 영국 대표단이 큰 불안감 속에서 너무 서둘러 해산하는 것을 보고만 있지 않았나 하는 의심을 받지 않기를 바랐다. 여전히 해결해야 할 제1급의 중요성을 가진 일들이 많았다. 두 가지 결정적 사건이 그 며칠 사이에 일어났다. 먼저 독일의 패배가 확정되는 순간 소련은 일본에 대해서 선전포고를 할 것이라는 스탈린의 자발적 공언이 있었다. 그렇게 되면, 우리는 종전의 중국보다 훨씬 더 나은 기지를 확보하는 셈이었으며, "대군주" 작전의 성공을 위한 노력을 집중하는 일이 한층 더 중요해졌다. 참모본부에서는 그 새로운 사실이 태평양과 동남아시아의 작전에 어떠한 영향을 미칠 것인지 검토할 필요가 생겼다.

제1급의 중요성을 띤 두 번째 일은 5월 중에 해협 횡단을 하기로 한 결정이었다. 나 자신은 7월이 더 낫다고 생각했지만, 그렇게 결정된 이상 5월에 결행하여 완전히 성공을 거둘 수 있도록 모든 힘을 기울이는 수밖에 없었다. 그것은 다른 모든 것에 우선했다. 100만 명의 미국 병사와 50–60만 명의 영국 병사가 동원될 예정이었다. 그때까지 우리가 단 한번도 겪어보지 못했던 엄청난 규모의 대단한 전투가 예상되었다. "대군주"의 성공 가능성을 드높이기 위해서는 리비에라 해안 상륙 작전(암호명 "모루[Anvil]")을 가능한 한 강력하게 펼칠 필요가 있다고 생각했다. 공격군에게 가장 위험한 시기는 13일째 날이 될 것 같았는데, 그때 우리 상륙 지점에 독일군이 집결하지 못하도록 모든 곳에서 가능한 조치를 총동원하는 것이 중요했다. "대군주"와 "모루"의 부대가 같은 지역으로 진입하는 순간, 모두 동일한 지휘권 아래로 들어가야 했다.

대통령은 토의 사항을 요약하면서, 다음과 같은 점에 대해서 전반적인 합의가 이루어졌다고 생각해도 틀리지 않는 것인지 물었다.

(a) "대군주" 작전에 방해가 되는 것은 아무것도 허용되지 않는다.

(b) "모루" 작전에 방해가 되는 것 역시 아무것도 허용되지 않는다.

(c) 터키가 참전하게 된다면, 어떻게 해서든지 지중해 작전에 필요한 상륙용 주정을 확보해야 한다.

(d) 마운트배턴 제독은 이미 할당된 병력과 장비로 [벵골 만에서] 최선을 다하도록 한다.

마지막 (d)항과 관련하여, 나는 "대군주"와 "모루"의 전력을 강화하도록 마운트배턴의 군대에서 필요한 것을 가져올 수 있지 않겠느냐고 했다. 대통령은 나의 제안에 동의하지 않는다고 밝혔다. 우리는 중국을 위해서 무엇인가 해야 할 도덕적 의무가 있으며, 확실하고 명백한 이유가 없는 한 육해공 상륙 작전 준비를 포기할 수 없다는 것이었다. 나는 프랑스에서 감행할 최고의 모험이 "확실한 이유"가 된다고 대답했다. 조만간 시작해야 할 "대군주" 공격은 오직 3개 사단을 기초로 하는 작전이었다. 그에 반하여 시칠리아 공격 때 첫날 해안에 상륙했던 병력은 9개 사단이었다. 목전에 둔 주요 작전이 얼마나 위태로운가 알 수 있었다.

리비에라 공격으로 돌아가서, 나는 그 작전은 어쨌든 2개 사단 병력 정도의 공격을 기초로 계획해야 한다고 의견을 밝혔다. 그러면 이탈리아의 측면 우회 작전과, 터키가 바로 참전할 경우 로도스 점령 작전에 필요한 상륙용 주정을 넉넉하게 공급할 수 있을 터였다. 그리고 동남아시아 작전은 그에 앞서 절대적으로 중요한 "대군주" 작전과의 관계를 반드시 고려해야 한다고 지적했다. 나는 마운트배턴 제독의 안다만 제도 점령 계획을 듣고 몹시 놀랐다고 말했다. 러시아가 대일전에 뛰어들 것이라는 스탈린의 공언으로 동남아시아 작전의 중요도는 많이 떨어지는 반면, 거기에 투입된 비용은 막대했다.

안다만 제도 계획을 강행할 것인가 말 것인가에 대해서 토론을 계속했다. 대통령은 그 계획을 중단했으면 하는 영국의 희망을 거부했다. 결론은 나지 않았고, 참모총장들이 세부적으로 더 검토하기로 했다.

★ ★ ★ ★ ★

12월 5일, 우리는 다시 모였다. 대통령은 유럽 전장의 작전에 관한 영미 합동3군참모총장위원회의 보고서를 읽고 동의했다. 모든 것은 극동 작전에 대한 문제로 좁혀졌다. 로도스 작전은 논쟁의 대상에서 사라졌고, 나는 "모루"와 지중해 작전에 필요한 상륙용 주정의 확보 문제에 집중했다. 새로운 요인이 하나 나타났다. 안다만 제도를 공격하는 데에 필요한 동남아시아 사령부의 병력 동원 계획은 놀랄 만한 것이었다. 대통령은 1만4,000명이면 충분하다고 했다. 어쨌든 그 회의에서는 제안된 5만 명으로 안다만 제도 원정 문제를 서둘러 종결했다. 마운트배턴에게 필요한 대부분의 상륙용 주정과 공격용 함정을 향후 몇 주일 동안 한시적으로 동남아시아에서 가져온다는 전제 아래, 비교적 소규모의 육해공 상륙작전을 시도하라고 요구하기로 합의했다. 우리는 고민에 사로잡힌 루스벨트를 뒤로하고 헤어졌다.

무언가 더 손을 써보기 전에, 카이로에서 막혔던 일이 해결되었다. 군사

참모들과 협의한 끝에, 그날 오후 대통령은 안다만 제도 계획을 포기하기로 결심했다. 그가 나에게 보낸 개인적인 전문은 간결했다. "'해적'은 사라졌습니다." 이즈메이 장군의 회고에 따르면, 내가 그에게 전화를 걸어 대통령이 마음을 바꾸어 장제스에게 연락할 것이라는 반가운 소식을 간결하게 전하면서 이렇게 말했다고 했다. "한 도시를 점령하는 자보다 자기 마음을 다스리는 자가 더 훌륭하다." 다음날 저녁 7시 30분, 우리는 회담의 최종 보고서를 검토하기 위해서 모두 모였다. 남프랑스 공격 작전이 정식으로 승인되었으며, 대통령은 안다만 제도 계획을 포기하기로 결정했다는 사실을 알리는 장제스 앞으로 보낼 전문을 낭독했다.

★ ★ ★ ★ ★

카이로 회담의 주된 목적 중의 하나는 터키 지도자들과 대화를 재개하는 것이었다. 나는 이미 테헤란에서 12월 1일자로 이뇌뉘 대통령에게 전문을 보내 카이로에서 루스벨트와 함께 만나자고 제의했다. 회담에는 비신스키도 참석하는 것으로 조정이 되었다. 그 대화의 성사는 11월 초 모스크바에서 귀국하던 이든이 터키 외무장관과 면담한 결과물이었다. 터키 대표단은 12월 4일에 다시 카이로에 도착했고, 이튿날 저녁 나는 터키 대통령과 만찬을 즐겼다. 나의 초대 손님은 몹시 경계하는 태도였다. 그의 참모들이 독일의 군사 기관으로부터 얼마나 압박을 받고 있는지 사정이 명백했다. 나는 사태의 엄중함을 강조했다. 이탈리아가 전쟁에서 빠져나감으로써 터키의 참전에 따르는 이점이 많아졌으며, 위험은 그만큼 줄어들 것이었다.

터키 측은 의회에 보고를 해야 한다며 자리를 떴다. 그 사이에 터키 국내의 연합군 결성을 위한 첫 단계의 실행을 목적으로 영국의 군사전문가들이 모이기로 결정되었다. 문제는 거기에 있었다. 크리스마스가 올 때까지, 나는 터키의 중립 고수에 따를 수밖에 없었다.

카이로에서 가진 여러 차례의 회담에서 대통령은 가장 중요하고 시급한 문제인 "대군주" 작전의 지휘권에 대해서는 전혀 언급하지 않았다. 따라서 나는 우리가 애당초 조율하고 합의한 대로 진행되고 있다는 인상을 받았다. 그런데 그가 카이로를 떠나기 전날, 비로소 최종 결정 내용을 말했다. 나는 그의 승용차에 함께 타고 피라미드 쪽을 향해 달려가고 있었다. 루스벨트는 마치 우연히 생각났다는 듯이 마셜 장군을 보낼 수는 없다고 말했다. 대통령 직속이자 군부와 전쟁 지휘의 수뇌로서 그의 영향력이 지대할 뿐만 아니라 역할 또한 매우 중요해서 전쟁을 승리로 이끄는 데에 없어서는 안 될 존재라는 것이 이유였다. 따라서 그는 "대군주" 지휘관으로 아이젠하워를 지명하려고 한다면서, 내 생각은 어떠냐고 물었다. 결정은 대통령이 할 일이지만, 어쨌든 우리는 그에게 최대의 경의심을 지니고 있으며 전폭적인 신뢰를 보낸다고 대답했다.

그때까지만 해도 나는 아이젠하워가 워싱턴으로 가서 육군참모총장직을 맡고, 마셜이 "대군주"를 지휘할 것이라고 생각했다. 아이젠하워 역시 그렇게 알고 지중해를 떠나 워싱턴으로 가게 되는 것에 못마땅해 했다. 그런데 마침내 모두 결말이 난 것이었다. 아이젠하워는 "대군주"를 지휘하고, 마셜은 워싱턴에 머물며, 지중해는 영국 지휘관이 맡게 되었다.

대통령이 최종 결심을 하게 될 때까지 오랫동안 시간을 끌며 망설인 이야기는 홉킨스의 전기 작가가 전해준다. 루스벨트는 12월 5일 일요일, "홉킨스와 스팀슨의 열정적인 조언에 반대되는, 스탈린과 처칠의 공개적인 지지에 반대되는, 그 자신이 스스로 표명한 의향에 반대되는" 결정을 내렸다는 것이다. 셔우드는 전후 마셜 장군의 기록에서 뽑은 다음과 같은 내용을 인용하고 있다. "내 기억으로, 우리의 대화가 끝날 무렵 대통령은 '당신이 나라 바깥에 있다는 생각을 하면 밤에 잠을 이룰 수가 없소'라고 말했다." 대통령은 오직 "대군주" 작전 지휘만을 이유로 마셜 장군이 워싱턴을 떠나는 것은 합당하지 않다고 생각했던 것이 분명했다.*

마침내 우리의 작업은 종결되었다. 나는 양국의 참모총장들, 이든, 케이시 그리고 그밖의 한두 사람을 불러 만찬을 열었다. 당시 최고위층들 사이에 흐르고 있던 낙관적 분위기에 새삼 놀랐다. 히틀러는 봄에 전투를 치를 만큼 전력이 충분하지 못하며, "대군주" 작전이 전개될 여름이 오기 전에 붕괴될 것이라는 공론이 떠돌고 있었다. 나는 그러한 견해가 몹시 흥미진진하여 식탁에 둘러앉은 모든 사람에게 의견을 물어보기도 했다. 그 방면의 권위자라고 하는 전문가들은 이구동성으로 독일의 몰락이 임박했다고 말했다. 참석자들 중 세 정치인만이 다른 의견이었다. 수많은 사람의 목숨이 걸려 있는 그러한 큰 문제와 관련해서는 당연히 추측이 개재하기 마련이다. 알지 못하는 것과 짐작할 수 없는 것들이 너무 많았다. 불을 뿜는 전선의 적진과 철면피한 표정의 배후에 어떠한 약점이 존재하는지 누가 밝힐 수 있다는 말인가? 어느 순간에 적의 굳센 의지가 부서지리라고 알 수 있다는 말인가? 어느 순간에 적이 무너지리라고 예상할 수 있다는 말인가?

대통령은 관광할 여유조차 가지지 못했다. 나는 스핑크스도 보지 못한 채 그를 보낼 수가 없었다. 하루는 차를 마시고 난 뒤, 내가 말했다. "그럼, 함께 갑시다." 우리는 바로 차를 타고 달렸다. 그리고 그 세계적인 불가사의를 여러 각도에서 살펴보았다. 땅거미가 질 무렵, 루스벨트와 나는 몇 분 동안 침묵에 잠겨 스핑크스를 응시했다. 석상 역시 신비스러운 미소만 지을 뿐, 우리에게 아무 말도 하지 않았다. 더 기다려도 마찬가지였다. 12월 7일, 나는 위대한 나의 친구에게 작별을 고했다. 그는 피라미드 건너편의 비행장에서 이륙했다.

* * * * *

---

* 셔우드, 『루스벨트와 홉킨스』, 802-803면. 당시 한 차례 "대군주" 작전뿐만 아니라 지중해 작전까지 모두 마셜 장군이 사령관을 맡아야 한다는 안이 있었다. 그러나 그 안은 폐기되었다.

나는 카이로와 테헤란의 여행과 회담 기간 동안 줄곧 건강 상태가 좋지 않았다. 막바지에 몹시 피곤했다. 어느 정도였는가 하면, 목욕을 한 뒤 몸을 제대로 닦을 수가 없었다. 수건을 몸에 감은 채 마를 때까지 침대에 누워 있었다. 12월 11일, 자정이 지나서 나는 일행과 함께 비행기를 타고 튀니스로 떠났다. 그곳의 아이젠하워 숙소에서 하룻밤을 보내고, 이탈리아로 날아가 알렉산더 사령부와 몽고메리 사령부를 차례로 방문할 계획이었다. 그런데 이탈리아의 날씨가 몹시 좋지 않다는 예보가 있어 일정은 오리무중이었다.

아침이 되자, 우리가 탄 비행기는 튀니스 비행장 상공에 이르렀다. 처음 지정된 장소에 착륙하지 말라는 신호를 받고, 우리는 65킬로미터 정도 떨어진 다른 비행장 쪽으로 이동했다. 모두 비행기에서 내렸고, 그곳 사람들이 짐을 옮겼다. 자동차를 타고 한참 가야 했는데, 한 시간 가량 기다려야만 했다. 비행기 옆에 마련된 자리에 앉았는데, 나는 완전히 탈진한 느낌이었다. 그때 아이젠하워가 전화를 했는데, 그는 우리가 원래 내릴 예정이었던 비행장에서 기다리는 중이었다. 우리가 잘못 이동했으며, 그 비행장에 착륙이 가능하다고 알려왔다. 우리는 다시 비행기에 올랐고, 10분쯤 뒤에 아이젠하워 숙소 부근에서 그의 영접을 받았다. 겸양과 친절의 정신이 충만한 아이크는 아무렇지도 않게 두 시간을 기다렸던 것이다. 그의 차를 함께 타고 달리면서, 나는 말했다. "예정보다 더 오래 여기 머물게 되지 않을까 걱정입니다. 한계에 도달한 느낌입니다. 체력을 좀 회복하지 않으면 전선으로 갈 수 없을 것 같습니다." 나는 그날 하루 종일 잠만 잤다. 다음날에는 열이 올랐고, 폐의 기부에서 폐렴의 징후가 나타났다. 그리하여 그토록 많은 일들이 쌓인 순간에 나는 고대 카르타고의 폐허 속에 몸을 눕혔다. 엑스레이 사진을 통해 한쪽 폐에 음영이 생긴 것을 보았을 때, 모든 것은 모란 박사가 진작에 진단하고 예견했던 것이라는 사실을 알았다. 베드퍼드 박사를 비롯한 지중해 지역 의료계의 권위자들이 마치 마법 상자에서 나오듯이 여기저기서 모여들었다. 약효가 탁월한 M과 B─나는 그 두 약 모두 부작용 없이 잘 받아들였다─를 처음부터 사용했다. 그랬더니 일주일 동안 지속되던 열이 멈추고, 내 몸을 괴롭힌 증세는 격퇴되었다. 모란은 그러한 사태가 언젠가는 발생하리라고 기록하고 있었지만, 나는 그의 견해에 동의하지 않았던 것이다. 2월에 증상이 나타났을 때 나는 심각하게 생각하지 않았다. M과 B를 나는 모란과 베드퍼드라고 불렀는데, 투약의 효과는 정말 놀라웠다. 그 뛰어난 약이 개발되기 전의 폐렴은 그 뒤의 폐렴과 완전히 다른 질병이 된 것 같았다. 그런 와중에도 나는 해야 할 일을 결코 등한시하지 않았으며, 내가 내려야 할 결정을 조금도 미루지 않았다.

전쟁내각의 국방장관으로서 나의 당면한 임무는 지중해 총사령관에 임명할 후보자를 영국군인 중에서 선택하는 것이었다. 우리는 윌슨 장군에게 그 자리를 맡기려고 생각했다. 이탈리아의 모든 작전 지휘권은 아이젠하워 휘하에 있었던 알렉산더 장군에게 주기로 결정했다. 미국 육군의 디버스 장군을 지중해 사령관 윌슨의 부사령관으로, 공군 중장 테더 장군을 "대군주" 작전에서 아이젠하워의 부사령관으로 임명했다. 그리고 사령부를 프랑스로 옮겨 총사령관이 직접 작전을 지휘할 수 있을 때까지, 실제 해협 횡단 공격 전체 병력의 지휘는 몽고메리가 맡도록 조정했다. 그 모든 일은 대통령과 내각의 승인을 얻은 나 사이에서 의견의 일치를 보아 매우 원활하게 진행되었으며, 관련된 사람들은 모두 동료애와 전우애로 뭉쳐 수행했다.

며칠 동안 몹시 불편한 상태에서 지냈다. 열은 계속 오르내렸다. 나는 전쟁이라는 나의 테마 속에서 살았으며, 그 주제는 나 자신을 완전히 몰입시켰다. 의사들은 일거리들이 내 곁에 접근하지 못하도록 애썼지만, 나는 그들을 물리쳤다. 그들은 쉬지 않고 내게 "일하지 마세요, 신경 쓰지 마세요"라고 했고, 그에 따라 나는 소설을 읽기로 했다. 제인 오스틴의 『이성과

감성』은 오래 전에 보았기 때문에, 『오만과 편견』을 골랐다. 새러가 침대 머리맡에 앉아 고운 목소리로 읽어주었다. 그동안 늘 나는 이 소설이 앞에 읽었던 것보다 더 나을 것이라고 생각해왔다. 이야기 속의 주인공들은 얼마나 평온한 삶을 살았던가! 프랑스 혁명의 소용돌이에 대한 불안도, 격렬한 나폴레옹 전쟁의 고통도 겪지 않아도 되었다. 어떠한 불행이 닥쳐도 함께 양식이 있는 해석으로 극복하며 가능한 한 자연적 감정을 절제하는 태도로 생활했다. 소설의 삶은 M 그리고 B와 함께 순조롭게 이루어져갔다.

어느 날 아침, 새러가 내 머리맡의 자신의 자리를 비웠다. 새러가 자기 엄마와 함께 산책하고 있는 시간에 나는 금지된 행위를 감행하여 전문이 담긴 통을 뒤졌다. 나는 아내가 나에게 오기 위해서 영국을 떠나리라고는 생각조차 못했다. 아내는 쌍발기 다코타를 타려고 서둘러 비행장으로 갔던 것이다. 날씨가 아주 나빴기 때문에, 비버브룩 경이 잘 챙겨주었다. 그는 비행장에 먼저 도착했는데, 4기통 엔진의 비행기가 준비될 때까지 이륙을 막았다. (나는 바다를 건너는 장거리 비행에는 4기통 엔진 비행기가 더 낫다고 생각했다.) 아내는 한겨울에 난방도 되지 않는 비행기를 타고 힘들게 도착했다. 조크 콜빌이 아내를 수행했는데, 그는 나로 인하여 혹사당하는 개인 참모의 대열에 합류한 셈이 되었다. "클레미에게 안부를 전해주십시오." 대통령이 나에게 전문을 보냈다. "그녀가 상전이 되어 당신 곁에 있게 되었으니 안심이 됩니다."

★ ★ ★ ★ ★

병석에서 탈진하여 지내는 동안, 나는 우리가 전쟁의 클라이맥스 중의 한 곳에 위치하고 있다는 느낌을 받았다. "대군주" 작전을 완수하는 것은 가장 큰 세계적 과업이자 의무였다. 그러나 해외 주둔중인 우리의 주력군이 개입한 이탈리아에서 우리가 할 수 있는 일을 하지 않아야 된단 말인가? 우리가 원하던 온갖 물고기들을 낚아올린 웅덩이에 그 물고기들을 다시 풀어주어야만 한단 말인가? 문제를 직시하면, 우리 영국군과 영국이 지휘하는 군대와 연합군 100만 명 이상이 참여하고 있는 이탈리아 전투는 해협을 횡단하는 주요 작전의 충실하고 필수불가결한 동반 작전이었다. 여기에서 명확히 선을 긋고, 논리적이고, 대규모적이면서 동시에 대량 생산을 추구하는 미국식은 위험했다. 인생에서 먼저 배우는 것 중의 하나가 "중요한 것에 집중하라"이다. 그것은 분명히 혼란과 어리석음에서 벗어나기 위한 첫 단계였다. 그러나 오직 첫 단계일 뿐이었다. 전쟁의 두 번째 단계는 모든 것을 종합하고, 전투력의 각 부분이 제 기능을 다하도록 노력함으로써 전반적인 조화가 이루어지게 만드는 것이다. 나는 1944년 전반기에 이탈리아에서 활발한 작전을 펼치는 것이야말로, 모든 관심이 집중되고 모든 자원이 투여된 해협 횡단 작전에 최대의 원군이 된다는 사실을 확신했다. 누구든지 참모본부 장교가 그 낡아빠진 표현대로 "핵심적" 또는 "결정적"이라고 주장하는 것이 있다면, 반드시 주된 목적의 성패와 관련하여 토론을 해보아야 한다. 아주 중요한 문제가 걸려 있다면, 20척 또는 10척 남짓의 상륙용 주정으로 싸워야만 하는 것이다.

나에게는 문제가 아주 단순해 보였다. 우리가 보유하고 있는 모든 선박은 미국이 제공하는 모든 무기와 병력을 영국으로 수송하는 데 사용해야 했다. 그렇다면 우리가 해상을 통해 이동시킬 수 없는 이탈리아 전장의 엄청난 병력은 그들의 역할을 수행할 수 있어야 했다. 이탈리아를 간단히 점령하여 즉각 독일 내부 전선을 공격하든지, 아니면 5월 말이나 6월 초에 달빛과 조수의 사정을 고려하여 감행할 해협 횡단 공격의 전선에서 싸울 독일군 상당 부분을 그쪽으로 끌어들이든지 해야 했다.

이탈리아의 우리 군대가 이쪽 바다에서 저쪽 바다에 이르는 130킬로미터의 전선에서 완강한 독일군의 저항에 부딪힌 교착 상태에서, 아이젠하워는 이미 육해공 합동 작전에 의한 측면 공격을 시도할 생각을 하게 되었다.

그는 1개 사단을 티베르 강 남쪽으로 상륙시켜 주력 부대의 공격에 합류하게 한 다음 로마를 향해 일시에 진격한다는 계획을 가지고 있었다. 주력 부대의 상황이나 상륙지점과의 거리 등을 감안하면 1개 사단으로는 부족하다는 것이 대체적인 의견이었다. 물론 나도 항상 미국인들의 표현으로는 "엔드 런"[end run : 미식축구에서 바깥쪽으로 크게 우회하여 상대 진영 측면을 파고드는 공격 방법/역주], 내 방식대로라면 "고양이 발톱" 전술의 지지자였다. 그렇지만 우리의 사막 작전에서도 언제나 있었던 해군의 기동작전에 적용해서 성공한 예가 없었다. 다만 시칠리아에서 패턴 장군이 섬의 북쪽 해안을 따라 진격할 때 해상 측면 공격을 두 차례 지휘하여 큰 효과를 보았다.

큰 폭의 전문적인 지원이 가능했다. 아이젠하워는 "대군주" 작전의 지휘관으로 새로 임명되면서 가치관이 달라졌을 뿐만 아니라 시야의 지평이 확대되었지만, 이미 원칙적으로 지중해 작전의 권한을 위임받은 상태였다. 이탈리아 주둔군을 지휘하면서 "대군주"의 부사령관 직을 맡은 알렉산더 역시 지중해 작전이 타당하고 필요하다고 생각했다. 베델 스미스는 열정적이었으며, 다방면에 걸쳐 지원을 아끼지 않았다. 전 해군의 가능한 작전 계획을 장악하고 있는 존 커닝엄 제독과 테더 공군 중장도 마찬가지였다. 따라서 나는 지중해 방면에서 권위 있는 강력한 진용을 갖추게 되었다. 게다가 영국의 3군 참모총장들은 나의 계획이 좋다고 생각했으며, 나는 그들의 지지를 기반으로 전쟁내각의 승인까지 얻을 수 있다고 확신했다. 그러한 경우 명령을 내릴 수 없다면, 긴 시간 동안 힘든 감내의 시간을 직면할 수밖에 없었다.

★ ★ ★ ★ ★

12월 19일, 이탈리아의 몽고메리 사령부에서 귀국하던 육군참모총장이 나를 만나러 카르타고에 들렀을 때, 나는 내 나름대로의 노력을 하기 시작했다. 우리는 함께 떠나려고 했으나, 내 병세 때문에 불가능했다. 대신 충분한 논의를 했다. 브룩 장군은 생각의 경로는 달랐지만, 결론은 나와 똑같다는 사실을 알았다. 그와 나는 의견의 일치를 확인했고, 내가 현지 사령관들과 협의하는 동안 그는 국내에서 모든 난관을 극복할 수 있도록 최선을 다하기로 했다. 그리고 그는 비행기로 런던을 향해 떠났다. 3군 참모총장들은 같은 생각을 하고 있는 것이 분명했다. 그들은 브룩의 설명을 듣고 난 뒤, 22일자로 전문을 보내왔다. "현재의 정체 상태가 계속되어서는 안 된다는 점에서 우리는 각하와 의견이 일치합니다.…… 해결책은, 이미 말씀하신 바와 같이 우리의 육해공군의 전력을 적의 측면을 우회하여 공격하는 데 이용하여 로마로 신속하게 진격할 수 있는 길을 여는 것입니다.…… 목표 달성을 위해서는 최소한 2개 사단을 상륙시켜야 한다고 생각합니다.……" 그러한 새 계획을 수행하려면 로도스 점령과 버마의 아라칸 해안 상륙작전을 포기해야 한다는 설명과 함께, 다음과 같은 내용으로 전문은 마무리되었다. "만약 각하께서 승인하신다면, 우리는 즉시 그 정책 노선에 따라 행동한다는 입장에서 영미 합동3군참모총장위원회와 의견 조율에 들어가고자 합니다."

그로 인하여 우리의 모든 자원의 이용에 대해서 엄격한 제한이 가해졌다. 안다만 제도 상륙 작전의 취소로 그쪽으로 갔던 상륙용 주정들은 인도양을 거쳐 지중해로 돌아오는 중이었다. 다른 주정들은 "대군주" 작전에 대비하여 본국으로 귀환했다. 모든 주정은 극단적으로 철저히 관리되었다.

카르타고에서 맞은 크리스마스 오전 내내, 우리는 회의를 열었다. 아이젠하워, 알렉산더, 베델 스미스, 윌슨 장군, 테더, 존 커닝엄 제독 그리고 다른 고위급 장교들이 참석했다. 유일하게 빠진 사람은 제5군을 지휘했던 마크 클라크 장군이었다. 바로 그것이 내가 유감으로 여긴 부분이었다. 새 작전은 결국 그 부대에 맡겨질 터였고, 그렇다면 그는 마음속으로 만반의 준비를 하고 있어야만 했기 때문이다. 우리는 모두 2개 사단의 상륙으로 충분하다는 데에 의견을 모았다. 당시 나는 몽고메리에 이어 리스 장군이 지휘권을 맡은 제8군의 영국군 2개 사단으로 공격하면 되겠다고 생각했다. 육해공군의 상륙 작전의 경우 상륙군에는 치명적인 위험이 잠재되어 있으므로, 나는 영국 부대가 그 역할을 맡는 편을 원했다. 내가 책임질 수 있는 부대는 영국 부대였기 때문이다. 게다가 공격은 영미군의 혼성 부대가 아니라 단일 국가의 부대가 되어야 했다.

모든 것은 상륙용 주정으로 귀결되었다. 상륙용 주정은 몇 주일에 걸쳐 우리의 모든 전략을 옭아매고 있었다. 이미 확실하게 고정된 "대군주" 작전의 날짜와 함께, 소주정 100여 척의 이동, 수리, 재정비를 비롯한 모든 것이 우리의 계획을 구속했다. 우리는 큰 상처를 받았음에도 불구하고, 그러한 곤경에서 탈출했다. 그 원칙에 대한 싸움에 몰두하느라, "고양이 발톱"에 필요한 병력과 물자를 얻기는커녕 요구조차 하지 않았음을 인정하지 않을 수 없었다. 실제로 우리의 계획된 작전에 사용할 수 있는 상륙용 주정은 충분했다. 내 견해로는, 육군의 과도한 요구가 조금만 준다면, 다른 어떠한 약속이나 공약을 침범하지 않고도 대군을 완전히 가동하여 티베르 강 남쪽 기슭으로 충분히 상륙시킬 수 있었다. 그러나 그 문제는 판에 박힌 육군의 필요와 요구 그리고 상륙용 주정이 해금될 수 있는 "대군주" 작전 개시일의 정확한 일정 등의 견지에서만 논의될 뿐이었다. 상륙용 주정은 비스케이 만의 겨울 날씨 속에서 영국으로 돌아가게 되고, 최적의 상태를 유지하게 하기 위해서 정비에 충분한 시간적 여유를 가지도록 고려되었다. 설사 내가 3개 사단의 상륙을 요구했더라도, 단 한 척의 상륙용 주정도 얻을 수 없을 터였다. 인생에서 자기가 얻을 수 있는 것에 만족해야 하는 경우가 얼마나 많은가! 지금도 여전히 그렇다고 할 수밖에 없었다.

토론을 마치면서, 나는 대통령에게 전문을 한 통 보냈다. 거의 같은 내용을 본국에도 타전했다. 기본적인 사실을 솔직하게 말하려고 신중을 기했다.

……56척의 상륙용 주정을 그렇게 오랫동안 지중해에 묶어두고 있다가, 결정적인 곳에 사용할 바로 그 몇 주일을 앞두고 옮기는 것은 불합리하다고 말할 수밖에 없습니다. 또한 이탈리아 전투를 그 상태로 방치한 채 3개월 동안 아무 손도 쓰지 않는 것보다 더 위험한 일이 있겠습니까? 우리는 절반만 하다 만 일을 남겨둔 채 다른 목표를 향해서 나아갈 만큼 여유가 없습니다. 따라서 회의 참석자들의 견해는 1월 20일을 전후해서 2개 사단 병력을 기초로 안치오 공격에 전력을 기울여야 한다는 것이었으며, 그에 따라서 알렉산더 장군에게 준비 명령을 이미 내렸습니다. 만약 이 기회를 놓치고 만다면, 1944년의 지중해 작전은 파국으로 종결될 것을 각오해야 합니다. 그러므로 상륙용 주정 56척의 귀환을 3주일 늦추는 결정에 각하께서 동의해주시기를 간절히 바라는 바입니다. 아울러 5월의 "대군주" 작전에 지장을 초래하지 않도록 모든 당국자들이 확약하도록 지시하시기 바랍니다.……

* * * * *

모란 경은 크리스마스가 지나면 내가 카르타고를 떠나도 좋다고 했다. 그러나 어디에서든 3주일 정도는 쉬면서 건강을 회복해야 한다고 고집했다. 그렇다면 한 해 전 카사블랑카 회담을 마치고 대통령과 함께 지냈던 마라케시의 별장보다 더 나은 곳이 있을 수 없었다. 며칠 동안 모든 준비가 완료되었다. 나는 마라케시에 주둔하는 미국 육군의 손님이 되기로 했다. 카르타고에서는 이미 오래 머물렀으므로 더 이상 있을 필요가 없다고 생각했다. 유보트의 기습에 대비하여 별장 앞 만에는 소주정들이 쉴 새 없이 순찰을 돌았다. 장거리 공습의 가능성도 없지 않았다. 왕실 근위 연대의 한 대대 중에 내 개인 경호대가 있었다. 그동안 나는 너무 아팠거나 아니면 너무 바빴기 때문에 휴식에 대해서는 의논할 겨를도 없었는데, 내가 좋아하는 마라케시에서 기력을 되찾을 수 있는 낙원을 발견한 것이었다.

별장 외부에서는 당당한 경호대가 도열하고 있었다. 나는 병으로 인하여 얼마나 쇠약해졌는지 전혀 모른 채 지내왔던 것이다. 대열 속에서 걷는다거나 자동차에 오르는 일조차 많이 힘들었다. 1,800미터 고도의 비행은 날씨가 쾌청하리라는 일기예보에 따라 마련된 계획이었다. 그러나 비행을 시작하여 튀니지 상공에 오르자 양털 같은 구름과 함께 어느새 검은 구름이 몰려들었고, 두 시간쯤 지나서는 햇빛보다 안개 속에서 날아가는 형국이 되었다. 나는 언제나 소위 밀운(密雲), 곧 그 안에 산을 숨기고 있는 짙은 구름 속을 비행하는 것을 몹시 싫어했다. 그리고 1,800미터 이하의 고도를 유지하려고 온갖 계곡을 누비며 복잡한 항로를 날아가는 일은 다른 동승자들을 배려하지 않는 것 같았다. 따라서 나는 조종사에게 150킬로미터 이내에서는 가장 높은 봉우리보다 적어도 600미터 정도 높게 가자고 했다. 모란 경도 동의했다. 비행을 위해서 특별히 준비한 산소가 담당자의 능숙한 솜씨로 공급되었다. 우리는 창공으로 솟아올랐다. 내 상태는 좋았고, 우리는 오후 4시경 마라케시 비행장에 안착했다. 뒤따라오던 비행기는 지침을 엄격히 지켜 협곡들을 헤쳐 통과했고 언뜻언뜻 나타났다가 사라지는 산봉우리들을 스쳐 아주 힘들고 위험한 비행을 했다. 그렇게 낮은 고도에서는 기상 조건이 나쁠 수밖에 없었다. 두 번째 비행기는 우리보다 한 시간 뒤에 도착했는데, 문짝 하나가 떨어져나갔고 탑승자들은 모두 창백한 얼굴이었다. 나 때문에 그렇게 불편하고 위험한 비행을 한 것 같아 미안했다. 그들도 구름을 벗어나서 3,500미터 전후의 고도로 푸른 하늘을 바라보며 비행했으면 좋았을 터였다.

★ ★ ★ ★ ★

나를 위해서 마련된 새 숙소는 더할 나위 없이 안락하고 호사스러웠으며, 사람들도 모두 친절했다. 그러나 내 마음을 조이게 하는 일이 하나 있었다.

내 전문에 대한 대통령의 답신은 어떤 내용일까? 모든 지중해 계획과 관련하여 시기의 적절성과 작전의 비중에 대한 설명도 없이 늘 어리석게 맞서기만 한 것을 생각하면, 대통령의 반응을 기다리는 일이 걱정스러울 수밖에 없었다. 내가 요청한 것은 이탈리아 해안을 대상으로 한 위험이 뒤따르는 모험이었으며, 동시에 해협 횡단 작전의 날짜를 5월 1일에서 3주일, 달빛의 사정에 따라서는 4주일 연기하는 결정이었다. 나는 현지의 사령관들로부터는 동의를 얻었다. 영국 3군 참모총장들은 원칙적으로 같은 생각이었으며, 마침내 세부 사항에서도 찬성하게 되었다. 미국 측은 "대군주"의 4주일 연기에 대해서 어떻게 생각할 것인가? 그러나 사람은 완전히 지쳐 있을 때, 수면이라는 축복을 거부하는 법은 없었다.

12월 28일자의 대통령이 보낸 전문을 받고 나는 몹시 기뻤는데, 솔직히 말하면 놀랐다고 하는 편이 옳을 것 같다. 루스벨트는 "'대군주'가 가장 중요한 작전이며 카이로와 테헤란 회담에서 합의한 일정에 따라 수행한다는 사실의 바탕으로" 상륙용 주정 56척의 출발 연기에 동의한다고 했다. 나는 즉시 회신했다. "위대한 모험을 앞두고 우리 모두를 진심으로 다시 한번 결합하게 만드는 이 훌륭한 결단에 대해서 신께 감사드립니다.……"

"고양이 발톱" 작전을 성취하기 위해서 엄청난 애를 쓰고 있었던 본국의 참모본부들, 그리고 특히 해군부에 서둘러 격려의 말을 전했다. 대통령의 전문은 정말 놀라웠다. 모두가 대통령의 선의뿐만 아니라 마셜의 정신적 균형, 현장으로 떠나면서 보여준 아이젠하워의 충성심, 베델 스미스의 적극적이며 풍부한 지식에 근거한 사실 위주의 외교 덕분이었다. 같은 날 알렉산더는 자신의 기획안을 보내왔다. 마크 클라크 장군 그리고 브라이언 로버트슨 장군과 협의한 뒤 미군과 영국군을 1개 사단씩 동원하기로 했다. 기갑부대, 공수부대, 특공대는 모두 5:5로 구성하여 미군 지휘관 휘하에 두었다. 공격 개시일은 1월 20일경이었다. 그에 앞서 약 10일 동안 카시노에 대규모 공격을 가하여 독일 예비부대를 떨어뜨려놓으려는 계획도 있었다. 그리고 주력 부대의 진격이 뒤따를 터였다. 나는 아주 만족스러웠다. 잘 되기를 빌 뿐이었다.

안치오의 격돌이 있기 전에 나는 귀국을 결심했다. 1월 14일, 우리 일행은 쾌청한 날씨 속에서 지브롤터로 비행했다. 전함 킹 조지 5세가 기다리고 있었다. 이튿날 조지 5세는 알헤시라스 만을 빠져나가 대서양으로 접어든 뒤 플리머스를 향했다. 항해의 끝에는 전쟁내각과 3군 참모총장들의 환영이 기다리고 있었는데, 그들은 나의 귀환을 진심으로 반가워했다. 나는 2개월 이상 영국을 떠나 있었는데, 그 동안 나의 활동과 건강 때문에 많은 걱정들을 한 것 같았다. 그야말로 그것은 귀향이었다. 충실한 친구들과 동료들에게 깊이 감사했다.

제9장
티토 원수와 그리스의 고뇌

　여기서 독자들은 그동안의 진행에서 잠깐 보류해두었던 끔찍하고 우울한 이야기로 돌아가야 한다. 1941년 4월의 히틀러 침공과 정복 이후 유고슬라비아는 공포의 무대가 되었다. 용감한 소년 국왕은 독일의 공격에 저항했던 파울 공작 내각의 각료 및 정부 관리들과 함께 영국으로 망명했다. 산악지대에서는 수 세기 동안 터키에 대항하던 세르비아인들의 격렬한 게릴라전이 다시 시작되었다. 미하일로비치 장군은 게릴라 부대를 처음으로 이끈 최초의 영웅이었으며, 그의 주변에는 생존한 유고슬라비아의 엘리트들이 모여들었다. 세계 정세의 소용돌이 속에서 그들의 투쟁은 주목을 받지 못했다. 그것은 "평가되지 않은 인간 고통의 총화"에 속하는 것이었다. 미하일로비치는 그의 추종자들이 세르비아에 친척이나 친구가 있거나 어딘가에 재산 또는 특별한 인적 관계를 가진 유명 인사들이라는 사실 때문에 게릴라 지도자로서의 역할을 감내했다. 독일군은 잔인한 공포 정책을 썼다. 게릴라 활동에 대한 보복으로 베오그라드 시민 400-500명을 한꺼번에 총살하기도 했다. 그러한 압력 속에서 미하일로비치는 휘하의 사령관들 일부가 독일군이나 이탈리아군과 내통하여 적에 대한 저항을 거의 하지 않거나 아예 하지 않음으로써 산악지역에 고립되는 사태에 이르렀다. 등을 돌려 성공한 배신자들은 그에게 오명을 뒤집어씌우겠지만, 보다 분별력 있는 역사는 세르비아 애국자 명부에서 그의 이름을 삭제하지 않을 것이다. 1941년 가을에 이르자 독일군의 공포 정책에 대한 세르비아의 저항은 실체가 없어져버렸다. 민족의 투쟁심은 일반 민중의 내면의 기백 속에서만 유지되고 있었다. 그러나 그것은 부족하지 않았다.

독일군에 저항하며 생존하기 위한 거칠고 격렬한 전쟁이 빨치산 사이에서 일어났다. 자신을 티토라고 부르는 그 남자는 그 선두에 섰는데, 두드러진 그의 존재는 곧 지배자가 되었다. 소비에트에서 훈련을 받은 공산주의자 티토는 히틀러가 러시아를 공격하기 전까지 그리고 유고슬라비아를 휩쓴 뒤에는, 코민테른의 일반 정책에 따라 달마치아[아드리아 해의 동부 지방/역주] 해안 지역에서 정치 스트라이크를 선동했다. 그러나 그는 가슴과 머릿속에서 극도의 고통에 시달리는 조국을 향한 불타는 열정과 함께 코민테른 강령을 자신과 일체화시켰고, 마침내 지도자로 부상했다. 이미 죽을 각오가 되어 있고, 적을 죽이기 위해서라면 기꺼이 죽겠다는, 잃을 것이라고는 목숨 외에 아무것도 가진 것이라고는 없는 지지자들을 거느렸다. 독일군은 명사나 재산가의 처형으로는 해결할 수 없는 문제에 봉착했다. 굴속까지 쫓긴 자포자기한 인간들과 마주하게 된 것이었다. 티토 휘하의 빨치산들은 독일군의 무기를 탈취하여 사용했으며, 급격히 늘어났다. 독일군은 인질이나 마을에 대한 유혈 보복에도 불구하고 게릴라들을 저지할 수 없었다. 자유가 아니면 죽음밖에 없었기 때문이다. 얼마 지나지 않아 빨치산들은 독일군에게 치명적 손실을 입히게 되었고, 넓은 지역을 장악했다.

빨치산 운동은 마침내 비적극적 저항을 하거나, 공통의 적과 생존을 위한 거래를 하는 동포와 불가피하게 잔인한 싸움을 벌여야 했다. 빨치산들은 미하일로비치 장군의 추종자들인 체트니크[Cetnik : 세르비아 민족주의 운동 단체의 구성원. 제2차 세계대전 중에는 나치에 저항했고, 티토가 이끄는 빨치산과도 싸웠다/역주]가 적과 체결한 협정을 의도적으로 파기했다. 독일군은 체트니크 인질들을 사살했고, 협정 파기에 대한 보복으로 체트니크는 빨치산에 대한 정보를 독일군 측에 제공했다. 그 모든 일이 거친 산악을 무대로 통제 불능의 상태에서 돌발적으로 벌어졌다. 비극 중의 비극이었다.

★ ★ ★ ★ ★

나는 다른 업무에 몰두하면서도 가능한 한 유고슬라비아에서 일어나는 사태를 챙겼다. 간혹 비행기로 떨어뜨려주는 보급물자 외에 우리가 도울 수 있는 방법은 없었다. 중동의 우리 사령부는 그 지역의 전장에서 전개되는 모든 작전을 책임지고 있었기 때문에, 미하일로비치 추종 세력과 정보원 및 연락 장교를 통한 접촉 체계를 유지했다. 1943년 여름 우리가 시칠리아와 이탈리아 본토로 진격했을 때 발칸, 특히 유고슬라비아 일이 내 머릿속에서 떠나지 않았다. 그때까지도 우리 특명부대가 미하일로비치 휘하 단체에 파견되어 있었는데, 그들이 공개적으로 독일군에 저항할 뿐만 아니라 카이로의 유고슬라비아 정부를 대표했기 때문이다. 1943년 5월에 우리는 방침을 변경했다. 소규모의 영국군 장교와 하사관 조직을 유고슬라비아 빨치산과 교섭하기 위한 목적으로 보낼 것을 결정했다. 빨치산과 체트니크 사이에 참혹한 투쟁이 진행 중이었으며, 티토가 공산주의자로서 독일군에 대해서뿐만 아니라 세르비아 국왕 정부 및 미하일로비치에 대항해서도 전쟁을 수행중인 상황임에도 불구하고 내린 조치였다. 그달 말경 전쟁 전 5년 동안 옥스퍼드 교수로 내 집필 관계를 도와주었던 디킨 대위가 특명부대의 임무를 띠고 티토를 만나기 위해서 낙하산을 타고 착륙했다. 다른 대원들이 그뒤를 이어 파견되었고, 6월이 되자 상당한 양의 정보가 축적되었다. 6월 6일, 3군 참모총장들이 보고한 내용은 이러했다. "육군부의 정보에 따르면, 체트니크가 헤르체코비나와 몬테네그로에서 추축군과 절망적인 타협을 하고 있는 것이 분명하다. 몬테네그로에서 벌어진 최근 전투에서 추축국을 저지한 것은 체트니크라기보다는 잘 조직된 빨치산이었다."

그달이 끝나갈 무렵, 나는 유고슬라비아에서 추축국에 대한 지역적 저항에서 얻을 수 있는 최선의 결과에 관심이 쏠렸다. 완전한 정보를 얻기 위해서, 6월 23일 수상 관저에서 3군 참모총장 회의를 주재했다. 토의 도중에 나는 그 지역에서 추축군 33개 사단을 봉쇄하고 있는 유고슬라비아의 반추축 운동에 대해서 가능한 한 모든 지원을 하는 일이 매우 중요하다고 강조했다. 그 문제가 얼마나 중대한 것이었느냐 하면, 독일의 폭격과 유보트전이 더욱 왕성해지는 일이 있더라도, 나는 우리의 지원을 확대하기 위해서 필요한 비행기를 조금이나마 추가로 늘이라는 지시를 할 정도였다.

퀘벡으로 떠나기에 앞서, 빨치산에 더 많은 특명부대를 보내기 위해서 고위 장교를 임명하고, 향후 그들에 대한 우리의 행동 방향에 관해서 정책적 조언을 할 수 있는 권한을 부여함으로써, 발칸 지역의 장래를 위한 준비 작업을 했다. 피츠로이 매클린은 하원의원으로서 외무부에서도 일한 대담한 성격의 인물이었다. 그가 속한 특명부대는 1943년 9월 낙하산으로 유고슬라비아에 침투했는데, 상황이 일변한 것을 알게 되었다. 유고슬라비아에서는 이탈리아의 항복 소식을 관영 라디오 방송을 통해서만 알 수 있었다. 우리가 단 한마디도 하지 않았음에도 불구하고, 티토는 신속하고 성공적인 행동을 취했다. 몇 주일 만에 빨치산은 이탈리아군 6개 사단을 무장해제시켰고, 다른 2개 사단을 독일에 대항한 전투에 나서게 했다. 유고슬라비아는 이탈리아군의 장비로 8만 명 이상을 무장시키게 되었고, 우선 아드리아 해 연안 대부분을 점령하는 데 성공했다. 마침내 이탈리아 전선과 관련하여 아드리아 해에서 우리의 전반적 위상을 강화할 수 있는 절호의 기회가 온 것이었다. 모두 20만 명에 달하는 유고슬라비아 빨치산 부대는, 원시적인 게릴라 전법으로 싸우긴 했지만, 광대한 지역에 걸쳐 독일군에게 대항했다. 그에 따라 독일군은 더욱 사납게 잔혹한 보복 행위를 계속했다.

★ ★ ★ ★ ★

유고슬라비아에서 전개된 그러한 현상의 확대는 티토와 미하일로비치 사이의 갈등을 한층 더 악화시켰다. 티토 군의 세력은 아주 강해져서 유고슬라비아 국왕과 망명 정부의 지위를 높이는 데에 기여했다. 그로부터 전쟁이 끝날 때까지 런던에서나 유고슬라비아 내부에서나 양자가 실질적인 타협에 이르도록 진지한 노력이 계속되었다. 나는 그 문제에 관해서는 러시아가 잘 해결해줄 것으로 기대했다. 1943년 10월 이든이 모스크바를 방문했을 때, 유고슬라비아 문제가 회담의 의제로 등장했다. 이든은 유고슬라비아에 대해서 연합국 공통의 정책을 희망한다는 우리의 입장을 솔직하고 분명하게 설명했다. 그러나 러시아는 정보를 수집하여 공유하거나 행동 계획을 토의하려는 의욕을 보이지 않았다.

몇 주일이 흘러도 나는 유고슬라비아 내의 적대 세력들 사이의 실질적 조정을 위한 아무런 전망도 할 수 없었다. 루스벨트에게 전문을 보냈다. "싸움은 가장 잔인하고 피비린내 나는 것이 되었으며, 독일군에 의한 무자비한 복수와 인질 살해도 자행되고 있습니다. ……그리스의 분쟁은 조만간 가라앉으리라 기대하지만, 티토의 빨치산과 미하일로비치의 세르비아인의 불화는 아주 뿌리 깊은 것입니다."

나의 어두운 예상은 사실이 되었다. 11월 말 티토는 보스니아의 예이스에서 그가 주도하는 빨치산의 정치 회의를 소집한 다음, "유고슬라비아 국민을 대표하는 유일한 기구로" 임시정부를 수립하는 동시에 카이로의 유고슬라비아 왕조 정부의 권한을 공식적으로 모두 박탈했다. 국왕은 유고슬라비아가 해방될 때까지 귀국이 금지되었다. 빨치산은 특히 이탈리아 항복 이후 아무 문제없이 유고슬라비아 저항운동의 지도적 역할을 담당하는 그들 자신의 위치를 확고히 했다. 그러나 유고슬라비아 미래의 정권에 관한 최종적인 결정이 점령과 내전과 망명 정치의 분위기 속에서 이루어져서는 안 된다는 점이 중요했다. 미하일로비치의 비극적 모습이 가장 큰 장애물이 되었다. 우리는 빨치산과 긴밀한 군사적 접촉을 계속 유지해야 했고, 따라서 국왕을 설득하여 미하일로비치를 육군장관에서 물러나게 하도록 하지 않으면 안 되었다. 12월 초 우리는 미하일로비치에 대한 지지를 공식적으로 철회했고, 그의 통치 지역에서 활동하던 특명부대를 모두 불러들였다.

유고슬라비아 문제는 그와 같은 사정을 배경으로 테헤란 회담에서 논의되었다. 연합국 3국은 빨치산에 최대의 지원을 하기로 결정했음에도 불구하고, 스탈린은 전쟁에서 유고슬라비아의 역할이 중요하지 않을 것이라고 생각했다. 또한 러시아는 발칸 반도의 연합군 사단 수와 관련하여 우리의 계획을 반박하기까지 했다. 그러나 이든의 발의에 따라서 러시아 특명부대를 티토에게 보내는 데 찬성했으며, 미하일로비치와도 계속 관계를 유지하기를 원했다.

테헤란 회담을 마치고 카이로로 가는 길에, 나는 페타르 국왕을 만났다. 빨치산 운동의 세력과 의미에 대해서 설명하고, 내각에서 미하일로비치를 해임할 필요가 있을 것이라고 전했다. 국왕이 자신의 귀국에 대한 희망을 확보하는 유일한 길은, 우리 생각에 빨치산이 유고슬라비아에서 세력을 더 확장하기 전에 티토와 잠정적인 협정을 체결하는 것이었다. 러시아도 어떤 형식이든 타협을 위해서 기꺼이 일정한 역할을 하겠다고 했다. 그 난처한 상황에서 나는 어떠한 방향으로 가야 할 것인가에 대해서 거의 일치된 조언을 들었다. 티토와 함께 일했던 장교들은 물론 미하일로비치에게 파견되었던 특명부대의 지휘관들도 비슷한 구상을 제시했다. 유고슬라비아 왕실 정부의 영국 대사 스티븐슨은 외무부에 타전했다. "우리 정책은 세 가지의 새 요인을 바탕으로 삼아야 한다. 빨치산이 유고슬라비아를 지배하게 될 것이다. 우리에게 그들은 군사적으로 가치가 있으므로, 정치적 고려보다는 군사적 고려를 우선하여 충분히 지원해야 한다. 군주정권을 유고슬라비아의 통일 요소로 볼 수 있는가는 극히 의문스럽다."

1944년 1월, 여러 사람들의 분분한 의견을 종합한 결과 나는 미하일로비치가 국왕에게 목에 걸린 맷돌처럼 부담이 되는 존재라는 사실을 알았다. 국왕으로서는 그를 제거하지 않는 한 아무 희망이 없다는 것이 확실했다. 외무장관은 내 의견에 동의했고, 나는 그러한 뜻을 담아 티토에게 편지를 썼다. 그러나 유고슬라비아의 정치적 분쟁은 런던의 망명객들 사이에서 2개월 이상 계속되었다. 하루하루 시간이 지나면서 균형적인 조정을 할 수 있는 기회는 사라졌다. 미하일로비치가 해임된 것은 거의 5월 말이 되어서였고, 온건한 정치가인 수바시치 박사가 새 행정부를 구성했다. 나는 티토와 수바시치에게 해줄 수 있는 것이 아무것도 없었다. 8월에 나는 나폴리에서 두 사람을 만났을 때, 유고슬라비아와 그 남쪽 끝의 이웃 그리스의 고통을 위로하는 정도였다. 이제 우리가 관심을 가져야 할 대상은 그리스 문제와 그 운명이었다.

★ ★ ★ ★ ★

1941년 4월 연합군이 철수하고 난 뒤, 그리스는 유고슬라비아와 마찬가지로 추축군이 점령했다. 육군이 무너지고 국왕과 그 정부가 망명함으로써, 그리스는 다시 정치적 논쟁의 소용돌이에 휩싸였다. 국내에서나 해외의 그리스인들 사이에서나 왕정에 대한 거센 비난이 일어났다. 그로 인하여 메타크사스 장군의 독재가 가능했으며, 그 문제는 바로 패퇴한 정권과 연결되었다. 첫 해 겨울에는 엄청난 기근이 들었고, 일부는 적십자의 구호품으로 해결할 수 있었다. 국력은 싸움으로 소진되었고, 육군은 붕괴했다. 그러나 항복하면서 무기는 모두 산 속에 숨겨 산발적으로 적에 대한 소규모의 저항을 꾀했다. 그리스 중부 지방의 여러 도시에서는 기근 때문에 징집 결과가 좋았다. 1942년 4월, 이미 전해 가을에 창설된 민족해방전선(그리스어 두 문자로 E.A.M.)이 인민해방군(E.L.A.S.) 구성을 공표했다. 다음해에 몇 개의 작은 전투부대가 대원을 모집했고, 에피루스와 서북 산악지역에서는 그리스 육군 잔류병과 주민들이 나폴레옹 제르바스 대령을 중심으로 결집했다. 민족해방전선-인민해방군의 조직은 핵심 공산당 지도자들에 의해서 만들어졌다. 제르바스 추종자들은 원래 심정적으로는 공화주의자였는데, 시간이 지나면서 배타적인 반공주의자로 바뀌었다. 그 두 개의 조직을 중심으로 그리스의 대독일 저항 세력이 모여들었다. 두 세력은 모두 런던의 국왕 정부에 대해서 접촉을 시도하지 않았을 뿐만 아니라 동정심 같은 것도 없었다.

알라메인 작전 전날 우리는 그리스를 거쳐 피레우스—독일군의 북아프리카 항로의 주요 기지 역할을 했던 아테네의 항구—에 이르는 독일군 보급선을 공격하기로 결정했다. 마이어스 중령이 이끄는 첫 번째 영국군 특명부대가 낙하산으로 침투하여 게릴라들과 접선했다. 그들은 아테네 주요 철도 노선의 고가교를 파괴했으며, 동시에 그리스 기관 요원들은 피레우스의 추축국 선박에 대해서 대규모의 사보타주를 벌였다. 뒤이어 여름에는 영국군 특명부대가 더욱 강화되었다. 튀니스에서 승리한 뒤, 아주 대규모로 그리스에 상륙할 계획인 것처럼 보이게 하려고 특별한 노력을 기울였다. 영국과 그리스의 합동 부대가 아테네 간선 철도의 교각 하나를 더 폭파했으며, 다른 작전도 성공리에 전개했다. 그로 인해서 독일은 시칠리아에서 활동할 계획이던 독일군 2개 사단을 그리스로 파견하게 되었다. 그러나 그것이 전쟁에서 그리스 게릴라들이 군사적으로 직접 기여한 마지막 활약이었다.

모두 세 개의 분파가 대립하고 있었다. 민족해방전선은 2만 명 규모였는데, 주로 공산당의 통제 아래 있었다. 민족민주군(E.D.E.S.)으로 알려진 제르바스 무리는 5,000명 정도였다. 국왕 게오르기오스 2세를 중심으로 카이로와 런던에서 모인 왕당파 정치가들은 전쟁에서 연합군이 승리하리라고 예상하고, 그들 사이의 권력 다툼은 결국 공동의 적에게 유리하게 될 뿐이라고 생각하고 있었다. 1943년 9월 이탈리아가 항복하자 민족해방전선은 사단 전체의 무기를 포함한 장비 대부분을 획득했는데, 그로써 군사적 우위를 차지할 수 있게 되었다. 10월에 민족해방전선은 민족민주군(곧 제르바스군)을 공격했는데, 그러자 카이로의 영국 사령부는 민족해방전선에 대한 무기 선적을 전면 중지시켰다.

피폐해진 피점령국의 내전을 현장에서 막고 종식시키기 위해서 우리 특명부대는 온갖 노력을 다했다. 1944년 2월, 영국군 장교들은 민족해방전선과 제르바스군이 휴전하도록 하는 데 가까스로 성공했다. 그런데 그때 소련 군대가 루마니아 국경에 진을 쳤고, 발칸에서 독일군이 철수할 가능성이 커졌다. 따라서 영국의 지원을 받는 국왕 정부의 귀환 가능성이 높아지자 민족해방전선 지도자들은 공산주의 쿠데타를 결정했다.

민족해방전선 정치위원회는 산 속에서 만들어졌고, 그 사실을 전 세계에 방송을 통해 알렸다. 그것은 왕실 정부의 권위에 대한 직접적인 도전이었다. 그러나 중동 지역의 그리스 군부 세력과 해외 그리스 정부 조직 사이에 분쟁의 조짐이 나타났다. 3월 31일, 육해공군의 일부 장교 그룹이 카이로에서 트소우데로스 수상에게 사임을 요구했다. 그리스 육군 제1여단은 내가 이탈리아 작전에 참여해주기를 바랐던 부대인데, 내부에서 하극상의 폭동이 일어났다. 그리스 해군 소속 군함 5척은 공화제 지지를 선언했고, 4월 8일에 이르러 구축함 1척은 민족해방전선의 대표를 포함하는 정부가 수립되지 않는 한 출동 명령을 거부하겠다고 했다.

그때는 이든의 부재로 외무장관의 업무도 내가 맡고 있었다. 따라서 나는 직접 모든 사람을 만나며 해결에 나섰다. 그리고 이집트의 영국군 사령관 패짓 장군을 독려하여 반란을 일으킨 그리스 여단을 포위하도록 했다. 제1여단 병력은 4,500명이었고, 50문 이상의 포를 갖추어 우리를 향해 수비 형태로 포진했다. 23일 저녁에는 반란군의 군함에 그리스 국왕파 수병들이 승선했고, 약 50명의 사상자를 낸 반란군을 모두 해변으로 쫓아냈다. 다음 날 반란 여단은 무기를 던지고 투항했고, 주동자가 체포되어 있던 포로수용소에 감금되었다. 그 과정에서 그리스군의 인명 피해는 전혀 없었으나, 영국군 장교 1명이 사망했다. 해군 반란군들은 그보다 24시간 전에 무조건 항복했다.

그 사이에 그리스 국왕은 카이로에 도착했다. 4월 12일, 국내에 거주하는 그리스인을 중심으로 국민을 대표하는 정부가 구성될 것이라는 취지의 선언문을 발표했다. 수도에서는 그리스 정부를 대표하는 인물의 교체를 위한 작업이 비밀리에 진행되었고, 26일 그리스 사회민주당 당수 파펜드레우가 수상으로 취임했다. 5월에 들어서서 그리스 산악지대의 지도자들까지 포함한 모든 정파를 망라한 회의가 레바논의 산악 휴양지에서 열렸다. 3일 동안의 격렬한 논쟁 끝에 합의가 이루어졌다. 파판드레우는 수상을 정점으로 모든 단체를 대표하는 행정부를 카이로에 설치하기로 했다. 그리고 그리스 국내에서는 산악지대에 통일된 군사 조직을 유지하며 독일군에 대한 싸움을 계속하기로 결의했다. 유럽과 세계의 중추신경에 해당하는 그곳에서 우리가 당면한 어려움과 투쟁에 대해서는 적당한 곳에서 다시 이야기할 기회가 있을 것이다. 이제 이 국면에서 떠나서 보다 더 격동적이고 거대한 무대로 가기로 한다.

제10장
안치오 공격

이탈리아에서 전개된 상황을 이해하기 위해서는 불가피하게 다시 이전으로 돌아가야 한다. 1943년 9월에 이탈리아가 항복한 이후 독일에 대한 레지스탕스 조직은 로마의 지하 해방위원회에 의해서 모두 장악되었고, 그것은 이탈리아 반도 전역으로 활동 범위를 넓힌 산악지대의 빨치산 무리와 연계하기 시작했다. 그 위원회는 1920년대 초반 무솔리니에 의해서 권력을 박탈당한 정치인이나 파시스트 지배에 적대적이던 그룹의 대표자들로 구성되어 있었다. 패배 시기에 파시즘 핵심 세력의 위협적인 부활 조짐이 있었다. 독일이 그 부활을 조장하기 위해서 온갖 노력을 다한 것이 틀림없다.

무솔리니는 폰차 섬에 유폐되어 있다가, 나중에는 사르디니아 근해의 라마달레나 섬으로 이송되었다. 독일의 기습을 우려한 바돌리오는 자신의 이전 주군을 중부 이탈리아의 아브루치 지방의 산속 휴양지로 옮겼다. 무솔리니를 로마에서 비행기에 태워 압송할 때 황급했던 나머지 경찰요원과 카라비니에리[이탈리아의 군경찰/역주]에게 정확한 지시를 내리지 못했다. 9월 12일 일요일 아침, 글라이더를 타고 온 90명의 독일군 낙하산 부대원들이 무솔리니가 감금된 호텔 부근에 내렸다. 그들은 단 한 명의 사상자도 내지 않은 채 무솔리니를 구출하여 독일군 경비행기에 태워 뮌헨의 히틀러에게로 보냈다.

그뒤 이틀 동안 두 총통은 아직 독일군이 점령하고 있는 이탈리아 지역에

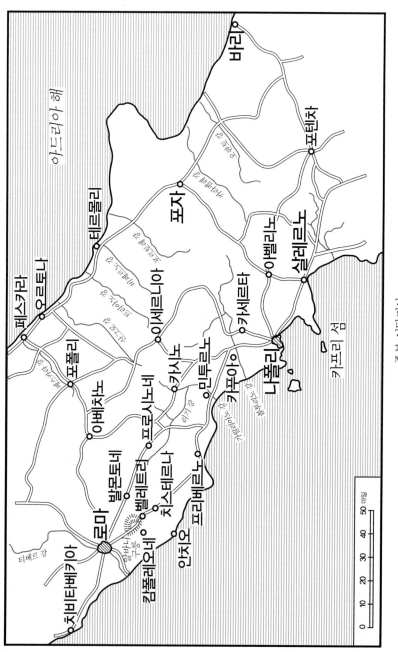

중부 이탈리아

서 이탈리아 파시즘의 목숨을 연장할 방안에 대해서 논의했다. 15일, 이탈리아 총통은 자신이 파시즘의 지도력을 회복했으며 반역 분자들 중에서 교화 개선한 자들로 새로 공화 파시스트당을 창설하여 이탈리아 북부에 충실한 정부를 재건하겠다고 선언했다. 잠시 동안 혁명의 새 옷으로 위장한 구체제가 다시 한번 생명의 불꽃을 피우는 듯했다. 그렇지만 결과는 실망스러웠다. 그러나 되돌릴 방법도 없었다. 무솔리니의 반신불수의 "100일"이 시작되었다. 9월 말에는 가르다 호수변에 자신의 사령부를 설치하기도 했다. 그 가여운 그림자 정부가 이른바 "살로 공화국(Republic of Salo)"이다. 저급한 비극이 연출되었다. 20년 넘게 이탈리아의 독재자이자 입법자였던 그는 그의 연인과 함께 독일 상전들의 손바닥 위에서 살면서 그들의 의지에 종속되었으며, 신중하게 선발된 독일 경비병과 의사들에 의해서 바깥 세상과 단절되었다.

이탈리아가 항복하면서 발칸 지역의 군대가 아무것도 모르는 상태에서 묶이고 말았는데, 많은 부대가 지역 게릴라와 복수심에 불타는 독일군 사이에 끼여 위험한 지경에 처했다. 참혹한 보복 행위가 이루어졌다. 코르푸[그리스 북서부 알바니아 국경 부근 해상의 그리스 섬/역주]의 7,000명이 넘는 이탈리아 수비대는 어제까지 동맹군이었던 독일군에게 전멸당했다. 세팔로니아 섬의 이탈리아 부대는 9월 22일까지 저항했다. 그러나 생존자의 상당수는 총살당했고, 나머지는 추방되었다. 에게 해의 여러 섬에 남아 있던 일부 수비대는 몇 명씩 짝을 지어 이집트로 탈출했다. 알바니아, 달마치아 해안 그리고 유고슬라비아 내륙의 분견대들은 빨치산에 합류했다. 그들은 강제 노역에 동원되었고, 장교들은 처형당했다. 몬테네그로에 있던 이탈리아군 2개 사단은 그 대부분을 티토가 "가리발디 사단"으로 개편했는데, 전쟁 막바지에 큰 손실을 당했다. 발칸 지역과 에게 해의 이탈리아 군대는 9월 8일 휴전 선포 이후 거의 4만 명을 잃었는데, 그 수치에 추방 캠프에서 사망한 병사는 포함되지 않았다.

이탈리아는 내전의 공포에 휘말려들었다. 독일군이 점령한 북쪽에 주둔하던 이탈리아 군대의 장병과 지방의 애국자들은 빨치산 부대를 조직하여 독일군과 여전히 무솔리니를 추종하는 동포들과 싸웠다. 그들은 로마 남쪽의 연합군이나 바돌리오 정부와 접촉하기도 했다. 독일 점령 지역의 이탈리아 레지스탕스 조직은 수개월 동안 시민 항쟁, 암살, 처형 등이 횡행하는 잔혹한 분위기 속에서 만들어졌다. 중부와 북부 이탈리아에서 일어난 저항운동은 유럽 다른 점령 지역의 모든 계층의 국민들에게 충격을 주었다.

그들의 저항운동이 휴전과 동시에 북부 이탈리아 수용소에 갇힌 우리 포로들에게 제공한 구원과 지원의 성과는 적지 않았다. 외관상 눈에 띄는 전투복을 착용한 데다 현지의 언어나 지리에 대해서 무지한 8만여 명의 포로 중 최소한 1만 명이 사복 차림의 지역 주민들의 도움으로 안전한 곳으로 옮겨졌다. 그것은 전적으로 위험을 무릅쓴 이탈리아 레지스탕스 대원과 평범한 주민들 덕분이었다.

고통과 혼란은 새해가 되자 절정에 이르렀다. 무솔리니의 유령 공화국은 독일의 압력 아래 짓눌렸다. 남부에 있던 바돌리오 주변의 통치 그룹은 이탈리아 국내에서는 온갖 모략으로 매도당하고, 영국과 미국에서는 여론의 멸시를 받았다. 가장 먼저 반응한 것은 무솔리니였다. 탈출한 뒤 뮌헨에 도착한 무솔리니는, 그곳에서 딸 에다와 사위 치아노 백작을 만났다. 두 사람은 이탈리아의 항복과 동시에 로마를 빠져나왔다. 치아노는 운명을 결정짓는 최고회의 표결에서 장인에게 반대하는 투표를 했으나, 아내의 힘을 빌어 화해하기를 원했다. 뮌헨에 머무르던 며칠 동안 두 사람은 화해했다. 그러자 치아노 가족이 도착하자 가택연금을 지시했던 히틀러가 격노했다. 파시즘의 배신자들, 특히 그중에서도 치아노에 대한 처벌을 주저한 이탈리아 총통의 태도가 그 중요한 시기에 히틀러로 하여금 자기의 동지를 낮게 평가하게 만든 주된 요인이 되었던 것이다.

무솔리니가 계산된 복수에 동의한 것은, "살로 공화국"의 쇠퇴하는 힘이 채 바닥에 떨어지지 않고 독일 지도자들의 초조함이 날카로워지기 전이었다. 7월의 표결에서 무솔리니에게 반대표를 던진 옛 파시스트 체제 지도자들로서 독일 점령하의 이탈리아에서 체포된 요인들은 1943년 말 베로나의 중세 성채에서 재판에 회부되었다. 그중에는 치아노도 있었다. 예외 없이 모두에게 사형이 선고되었다. 에다의 애원과 협박에도 아랑곳하지 않고, 총통이 보여준 태도는 완강했다. 1944년 1월, 치아노를 비롯한 로마 진군의 동료였던 78세의 원수 데 보노 등이 반역자라는 죄목으로 의자에 묶인 채 총살당했다. 그들은 모두 의연하게 죽음을 맞았다.

치아노의 말로는 르네상스 비극의 모든 요소를 지니고 있었다. 복수를 요구하는 히틀러에게 굴복한 무솔리니에게 안겨진 것은 치욕뿐이었다. 가련한 새 파시스트 공화국은 가르다 호반에서 우왕좌왕하고 있었다. 부서진 추축국 동맹의 유물처럼.

★ ★ ★ ★ ★

1월의 시작과 함께 첫 몇 주일은 "지붕 널(Shingle)"—안치오 공격의 암호명—작전 준비와 그 적의 주의를 해변의 상륙지점으로부터 다른 데로 돌리는 예비 작전으로 정신이 없었다. 전투는 치열했다. 우리가 중심부를 차지하고 있는 카시노와 더불어 견고한 적 지역의 최후 요소인 구스타프 선을 돌파하는 것을 저지하겠다는 독일군의 의도가 분명히 드러났다. 그들은 암벽 산악지역에 콘크리트와 강철을 아낌없이 사용하여 견고한 요새를 구축하고 있었다. 높은 지점에 있는 관측소들에서 내려다보며 계곡 아래쪽 어디든지 바로 총구를 겨냥할 수 있었다. 우리 부대는 전력을 기울였다. 비록 진전은 없었지만, 어느 정도 원하는 만큼 적에게 영향을 미쳤다. 적군은 주의를 그들의 취약한 부분이었던 해안 쪽 측면으로부터 다른 데로 돌렸다.

그 결과 적은 예비부대에서 강력한 3개 사단을 차출하여 상황에 대비하게 되었다.

21일 오후, 안치오로 향하는 우리 수송선단이 비행기의 호위를 받으며 출항했다. 일기는 은밀한 접근에 안성맞춤이었다. 우리는 적의 비행장을 집중 공격했다. 특히 독일 공중 정찰 기지였던 페루지아를 맹공함으로써 적군의 비행기 출격을 저지했다. 적군의 기세를 꺾어놓았다고 확신하면서도, 나는 대공격의 결과를 흥분한 상태에서 기대했다. 곧이어 미군 제3사단과 영국군 제1사단으로 구성된 미국의 루커스 장군 휘하의 제6군단이 22일 새벽 2시 안치오 해변에 상륙했다는 사실을 보고받았다. 적의 저항은 거의 없었으며, 무엇보다도 아군의 사상자는 전무했다. 심야에 3만6,000명의 병력과 3,000대 이상의 차량이 양륙되었다. "우리의 기습 작전이 완벽하게 성공했다고 생각합니다." 현지에서 알렉산더가 알려왔다. "눈에 띄는 대로 적군을 해치우는 강력한 화력의 기동순찰부대가 밀어붙이는 것이 중요하다고 생각했는데, 현재 적의 움직임에 대해서 보고받은 것이 없습니다." 나는 그의 견해에 전적으로 동의하며, 답신을 보냈다. "귀관의 메시지는 잘 받았음. 해변의 교두보를 파헤치기보다 우리가 요구하는 바가 무엇인지 분명히 확인하고 있어 매우 기쁨."

그러나 바로 재앙이 닥쳤고, 작전의 첫 번째 목표가 좌절되었다. 루카스 장군은 해안의 교두보를 장악하여 장비와 병력을 상륙시키는 데에만 몰두했다. 영국군 제1사단을 지휘한 페니 장군 역시 내륙으로 돌입하려고 서둘렀다. 예비 여단은 군단과 함께 뒤에 처져 있었다. 22일과 23일 이틀 동안 키스테르나와 캄폴레오네를 대상으로 탐색전을 펼쳤다. 그러나 원정대 사령관은 전반적인 공격 명령을 내리지 않았다. 23일 저녁이 되자 영미의 2개 사단 전체는 부속 부대는 물론 2개의 영국 돌격대, 미군 유격대, 낙하산 부대 등과 함께 상륙했다. 병참 물자도 양륙했다. 해변 상륙 거점의 방어는 점점 더 두터워졌다. 그러나 대격전을 벌일 기회는 이미 지난 뒤였다.

위기 상황에 처한 케셀링은 신속하게 대응했다. 그의 한 예비부대는 벌써 카시노 전선에서 우리와 일전을 치렀으며, 가동 가능한 전력을 모두 모았다. 그리하여 48시간 이내에 2개 사단에 해당하는 병력을 집결시켜 우리의 진격을 막았다. 27일, 심각한 소식이 들려왔다. 근위 여단이 진군했지만, 여전히 캄폴레오네 2.5킬로미터 못 미친 곳에 있었고, 미군도 키스테르나 남쪽에서 멈추었다. 알렉산더의 보고에 따르면, 자신이나 클라크 장군이나 모두 진군 속도에 불만이었다. 클라크는 곧장 해변의 상륙 거점으로 가려고 했다. 나는 이렇게 회신했다.

클라크가 상륙 거점으로 가겠다는 소식을 환영함. 만약 귀관의 부대가 거기서 봉쇄당하고, 주력군이 남쪽에서 전진하지 못한다면 유감임.

그러나 실제로 그렇게 되고 말았다.

★ ★ ★ ★ ★

그 동안에도 카시노의 각 지점에 대한 공격은 계속되었다. 케셀링 부대의 측면을 겨냥한 위협은 그들의 저항 의지를 조금도 약화시키지 못했다. 독일 군의 의도는 24일자로 탐지된 히틀러의 명령에 의해서 분명히 드러났다.

구스타포 선은, 방어가 완벽하게 성공함으로써 초래되는 정치적 결과를 고려 한다면, 어떠한 희생을 치르더라도 반드시 지켜야 한다. 총통은 단 한뼘의 땅을 위해서라도 최대의 가차없는 싸움을 기대한다.

히틀러의 명령은 그대로 지켜졌다. 초반의 진행은 우리에게 유리했다. 우 리는 카시노 시내 건너편의 라피도 강을 건너 남쪽의 수도원 언덕을 향해 공격했다. 그러나 독일군은 보강되었으며, 필사적으로 저항했다. 2월 초가 되자 우리의 전력은 거의 소진되었다. 3개 사단으로 구성된 뉴질랜드 군단이 아드리아 해로부터 달려왔다. 15일에는 수도원 자체를 폭격 대상으로 삼아 두 번째 공격을 개시했다.* 수도원이 있는 고지는 라피도 강과 리리 강의 합류 지점을 내려다보는, 전체 독일군 방어의 요충지였다. 그곳은 난공불락의 요새로 일찌감치 강력한 방어시설을 갖추고 있었다. 양쪽으로 충격 세례를 받은 가파른 절벽 위에는 이전의 전쟁들에서 약탈과 파괴를 당하고 다시 재건된 그 유명한 건물이 우뚝 솟아 있었다. 바로 그러한 건축물을 다시 파괴해도 좋은가에 대해서 논쟁이 벌어졌다. 수도원 내부에는 독일군이 없었다. 그러나 적의 요새와 그리 많이 떨어져 있지 않았다. 수도원은 주변의 모든 전장을 압도하는 곳에 위치했기 때문에, 군단장 프레이버그 장군은 보병 공격을 개시하기 전에 공중 폭격을 원했다. 군사령관 마크 클라크 장군은 내키지 않았지만, 승인을 요청했고 책임자였던 알렉산더 장군으로부터 승인을 받았다. 2월 15일, 수도사들에게 충분한 경고를 한 뒤 450톤이 넘는 폭탄을 투하했다. 수도원은 크게 부서졌으나, 거대한 외벽과 입구는 무사했다. 결과가 좋지 않았다. 오히려 독일군은 파괴된 돌무더기를 이용할 수 있게 되었고, 따라서 건물이 파괴되기 전보다 더 방어에 유리한 상황이 되었다.

공격 명령을 받은 것은, 막 수도원 북쪽 산기슭에서 미군을 구출한 제4인도 사단이었다. 이틀 밤 동안 연속으로 그들의 위치와 수도원 언덕 사이에 있는 얕은 고지를 점령하려고 시도했으나 헛수고였다. 2월 18일 밤, 세 번째 공격을 했다. 전투가 치열했는데, 목표였던 고지에 도달한 아군은 모두 전사했다. 그날 밤 늦게 1개 여단이 중간의 고지를 우회하여 수도원으로 바로 갔으나, 계곡에서 지뢰밭과 최단거리에서 적의 기관총 세례를 받았다.

---

* 바로 이 장 시작 부분의 "중부 이탈리아" 지도 참조.

결국 엄청난 손실을 입고 공격을 멈추었다. 그렇게 맹렬한 싸움이 벌어지고 있는 동안, 언덕 너머에서는 뉴질랜드 사단이 라피도 강을 건너는 데 성공했다. 그러나 교두보를 채 확보도 하기 전에 탱크의 반격을 받아 물러서지 않을 수 없었다. 카시노를 목표로 한 정면 공격은 실패로 돌아갔다.

★ ★ ★ ★ ★

여기서 다시 해변의 상륙 거점으로 돌아가보자. 1월 20일 미군 제1기갑사단이 안치오에 상륙했으며, 미군 제45사단은 이동 중이었다. 모두 여건이 까다로운 해변이나 작은 어항을 통해서 상륙해야만 했다. 존 커닝엄 제독은 이렇게 보고했다. "현재 상황은 말라케시에서 구상한 2개 내지 3개 사단에 의한 전격 공격과는 관계가 별로 없지만, 승리의 조건을 위해서는 해군의 힘을 아끼지 않아야 한다는 사실입니다." 나중에 알게 되겠지만, 그 약속은 충분히 이행했다.

같은 날, 제6군단은 전력을 다해 최초의 공격을 했다. 어느 정도 전진의 성과가 있었다. 그러나 2월 3일, 적은 반격을 개시하여 영국군 제1사단의 돌출부를 휩쓸어버렸다. 그것은 곧 닥쳐올 험난한 사태의 서곡에 불과했다. 윌슨 장군의 보고에 따르면, "돌출부를 완전히 봉쇄당하여 우리 병력이 더 이상 전진할 수 없었다." 루카스 장군이 기습에는 성공했으나, 그 이점을 이용하지 못했다. 모든 상황이 런던에서도 미국에서도 실망스러웠다. 나는 당연히 루카스가 어떤 명령을 받았는지 알지 못했지만, 적진으로 돌입하여 겨루는 것이 기본방침이었는데도 불구하고, 그의 판단은 처음부터 원칙과 상반된 것 같았다. 당시에 말했듯이, 내가 원했던 것은 해안의 살쾡이를 쫓아버리는 일이었는데, 얻은 것은 궁지에 몰린 고래였다. 전투력은 여전히 우리가 독일군보다 우세했다. 그런데 독일군이 광대한 지역에서 부대를 움직이는 기민성, 남부 전선에서 위험한 틈새를 처리한 신속성은 아주 인상적이었다. 그 모든 것이 "대군주" 작전을 앞두고 있는 우리에게는 불리한 데이터를 제시하는 것 같았다.

우리를 바다로 되몰려는 듯한 적의 대공격이 개시된 것은 2월 16일이었다. 4개 사단이 450문의 대포의 지원 아래 캄폴레오네로부터 바로 남하했다. 그날 공격을 시작하기에 앞서 모든 부대에 히틀러의 특별 명령이 하달되었다. 해변에 "종기"처럼 나 있는 우리 상륙 거점을 3일 이내에 제거하라는 지시였다. 적의 공격은 우리의 상황이 좋지 않은 시기에 이루어졌다. 카시노 전선에서 이동한 미군 제45사단과 영국군 제56사단이 우리의 용감한 제1사단을 막 지원하려던 참이었고, 완전한 행동 돌입 태세에 있었다. 날카로운 일격이 우리 전선 깊숙이 들어왔고, 거기서 우리는 원래의 상륙 거점으로 돌아갈 수밖에 없었다. 모든 것이 불확실한 상태였다. 더 이상 퇴각은 불가능했다. 그렇다고 조금이라도 전진했다가는 적이 상륙 지점을 차지하고 선박을 괴롭히는 장거리포를 사용하게 될 뿐만 아니라, 우리의 출입구를 고유의 야전포대로 봉쇄해버릴 터였다. 나는 그 문제에 대해서 어떤 환상도 가지지 않았다. 생사의 기로였다.

한동안 당혹스러운 상태였으나, 필사적으로 싸우던 영미군에 전혀 예상하지 않았던 행운이 찾아들었다. 히틀러가 못박은 3일이 지나기 전에 독일군의 공격이 멈추었다. 그러자 우리의 모든 포대와 모든 비행기가 폭격을 퍼부어 그들의 돌출부 측면을 맹공하여 단절시켰다. 전투는 치열했고, 피아 쌍방의 손실은 막대했다. 그러나 목숨을 건 싸움의 결과는 우리의 승리였다.

히틀러의 의지력의 작용이었을까, 2월 말 다시 한 차례의 공격이 시도되었다. 독일군 3개 사단이 동쪽 측면에서 미군 제3사단을 공격했다. 그러나 적군은 이전 공격의 실패로 전력이 약화되어 있었고 동요하고 있었다. 미군은 완강히 저지했으며, 단 하루 사이에 적의 공격을 꺾었다. 독일군의 사상자는 2,500명이 넘었다. 3월 1일, 케셀링은 실패를 자인했다. 그는 안치오 원정을 좌절당했다. 그러나 그는 그 원정의 희망을 깨뜨릴 수 없었다.

3월이 시작되는 첫 날, 날씨가 모든 것을 마비시키고 말았다. 나폴레옹이 말했던 제5요소, 곧 진창이 피아의 양쪽을 모두 가두어버렸다. 우리는 카시노의 두 전선을 돌파할 수 없었고, 적은 마찬가지로 안치오에서 우리를 바다쪽으로 몰아내지 못했다. 교전중인 전투 병력의 수는 양쪽이 거의 차이가 없었다. 바로 그 시점에 이탈리아에 아군 20개 사단이 있었지만, 미군과 프랑스군은 모두 큰 피해를 당한 상태였다. 적군은 로마 남부에 18개 또는 19개 사단을 보유했고, 이탈리아 북쪽에 5개 사단 이상이 있었다. 그러나 그들 또한 모두 기진맥진한 상황이었다.

　전세는 안치오 교두보에서 돌파구를 열 만한 가능성도 없었고, 적의 카시노 전선을 뚫지 못하는 경우에 둘로 분리된 우리 병력의 조기 합류를 전망할 수도 없었다. 따라서 우선 필요한 것은 해안 교두보를 견고하게 하고, 지원군과 증원군을 파견하고, 결전에 대비해서뿐만 아니라 이후 추격전까지 고려해서 보급 물자를 비축하는 일이었다. 시간은 촉박했고, 상륙용 주정의 대부분은 "대군주" 작전을 위해서 곧 떠나야 할 처지였다. 그동안 상륙용 주정의 이동은 당연한 이유로 연기되었지만, 더 이상 늦출 수는 없었다. 해군은 전력을 기울여 지원했고, 성과는 대단한 것이었다. 그 이전까지는 해안에서 이루어진 양륙 규모는 평균적으로 하루 3,000톤이었으나, 3월의 첫 열흘 동안에는 그 두 배 이상이 되었다.

★　★　★　★　★

　안치오는 더 우려할 필요가 없었으나, 이탈리아 전선 전체가 곤경에 빠졌다. 계획대로라면 그때쯤 독일군을 로마 이북으로 몰아내고, 여유를 얻은 우리 주력군이 프랑스 리비에라 해안에 상륙하여 해협 횡단 공격의 주력 부대를 지원할 수 있어야 했다. 바로 그것이 "모루" 작전이었으며, 테헤란에서 합의한 내용이었다. 그런데 그것이 우리와 미군 사이에 곧 논쟁의 원인이 되었다. 이탈리아 작전은 그 문제가 제기되기 이전에 이미 상당히 진행되어 있어야 했으며, 당장 카시노 전선의 교착 상태도 돌파해야만 했다. 2월의 실패 직후에 제3차 카시노 전투를 위한 준비에 들어갔으나, 날씨가 나빠 3월 15일까지 연기되었다.

이번에는 카시노 시가지가 주된 목표였다. 거의 1,000톤의 폭탄과 1,200톤의 포탄을 동원하여 격렬한 포격을 퍼부으며 우리 보병이 전진했다. "어떠한 부대도 그 정도의 끔찍한 폭격을 8시간 동안이나 당하고 살아남았다는 것은 믿을 수가 없다." 알렉산더의 말이었다. 그러나 적은 죽지 않았다. 아마도 전 독일군 중 가장 강력한 전사들이라고 할 수 있는 제1공수사단은 깨진 기와와 벽돌 무더기 속에서 뉴질랜드와 인도 사단에 맞서 싸웠다. 날이 저물 때쯤 시가지의 대부분이 우리 수중에 들어왔다. 북쪽에서 내려온 제4인도 사단은 계속 밀어붙여 이튿날에는 수도원 언덕에 이르는 길 전체의 3분의 2까지 확보했다. 바로 그때부터 전세가 우리에게 불리하게 돌아갔다. 우리 탱크는 폭탄이 만든 구덩이를 건너지 못했고, 따라서 뒤따르던 보병이 전진할 수가 없었다. 거의 이틀이 지나서야 움직일 수 있게 되었다. 그 사이에 적은 증원을 했다. 폭풍우까지 몰아쳤다. 치열한 공격과 반격을 주고받으며 폐허가 된 카시노 시가지에서 벌어진 전투는 23일까지 계속되었다. 뉴질랜드 사단과 인도 사단은 더 이상 싸울 힘이 없었다. 그러나 우리는 라피도 강 건너편에 견고한 교두보를 확보했는데, 거기에는 1월에 다른 부대가 가릴리아노 저지대를 통과하면서 만든 종심(縱深)이 깊은 돌출부가 포함되어 나중에 승리를 결정짓는 전투에서 중요한 기능을 하게 되었다. 따라서 우리는 이탈리아의 중심부인 카시노와 안치오에서 거의 20개 사단 규모의 강력한 독일군 병력을 묶어두었던 것이다. 그 병력의 대부분은 애당초 프랑스로 이동할 예정이었다.

이상이 안치오 전투의 줄거리이다. 절호의 기회와 부서져버린 희망의 이야기이며, 우리의 노련한 선제 공격과 적의 신속한 회복에 관한 이야기이자, 서로 용맹을 겨룬 이야기였다. 지금 우리가 알게 된 것은, 1월 초순에 이미 독일군 최고사령부는 이탈리아에 주둔중인 최정예 5개 사단을 북서 유럽으로 이동시킬 생각을 했다. 그러나 케셀링이 강력히 반발했는데, 그렇게 할 경우 자신은 로마 남쪽에서 계속 싸우라는 명령을 수행할 수 없으며 후퇴할 수밖에 없다고 했다. 그렇게 논란이 절정에 이르렀을 때, 안치오 상륙이 전개된 것이었다. 그러자 최고사령부는 이동 계획을 포기하고, 병력을 이탈리아 전선에서 북서 유럽으로 보내는 것이 아니라 그 반대로 했다. 당시 우리는 그러한 계획의 변경 사실에 대해서 전혀 모르고 있었다. 그러나 결국 이탈리아에서 이루어진 우리 군대의 공세와 특히 안치오 공략은 "대군주" 작전의 성공에 완벽하게 기여한 것이 드러났다. 그리고 그것이 로마 해방에서 역할을 하게 된 사실은 다음 장에서 확인하게 될 것이다.

제11장
"대군주" 작전

　실제의 경험에서 나오는 생각은 어쩌면 말의 고삐 아니면 박차와 같은 것일 터이다. 독자들은 알겠지만, 나는 영국해협을 가로질러 프랑스의 독일군 해안 전선을 직접 공격하겠다는 미국의 계획에 항상 자발적으로 협력해왔다. 그렇다고 해서 그것만이 전쟁을 승리로 이끌 수 있는 유일한 길이라고 생각하지는 않았다. 그것은 대단히 힘들고 위험한 모험이라는 점도 잘 알았다. 제1차 세계대전의 대공격에서 우리가 치르지 않으면 안 되었던 목숨과 피의 대가는 지금도 내 가슴속에 깊이 새겨져 있다. 근대식 화력을 갖추고 충분히 훈련된 용감한 병사들이 지키는 콘크리트와 강철의 요새는 오직 시간이나 장소를 적절히 고려하여 측면으로 기습하거나 탱크와 같은 최신 장비로써만 공략할 수 있다는 사실은 4반세기가 지난 뒤에도 여전히 유효한 것 같았다. 그것이 아무리 대단한 것일지라도, 폭격 능력의 우월성이 결코 최종적인 해답이 되지는 못했다. 방어군들은 그들의 제1선 배후에서 다른 전선을 쉽게 다시 준비할 수 있었고, 포화로 제압할 수 있는 중간지대는 분화구처럼 되어 통과하기가 어렵다. 바로 프랑스와 영국이 1915년부터 1917년 사이에 그토록 비싼 대가를 지불하고 얻은 지식이었다.

　그때 이후로 새로운 요인들이 나타났는데, 모든 것이 같은 길을 가르쳐주지는 않았다. 방어전의 화력은 엄청나게 증강되었다. 육상의 지뢰와 해양의 기뢰 부설은 모두 말할 수 없을 정도로 늘어났다. 반면 공격하는 쪽인 우리는 제공권을 확보하면서 수많은 낙하산 부대를 적군 전선의 배후에 침투시켜 무엇보다도 반격에 필요한 증원군의 수송을 저지하고 마비시킬 수 있었다.

1943년 여름 동안 모건 장군과 그 휘하의 연합군 막료들은 바로 그 계획을 위해서 작업에 나섰다. 앞의 장에서 내가 "쿼더런트" 회담을 위해서 퀘벡으로 가는 항해 중에 설명을 들었다고 말한 바 있다. 계획에 대해서는 전반적으로 모두 동의했으나, 한 가지 중요한 점에 관해서 아이젠하워와 몽고메리의 의견이 갈렸다. 미군측이 바라는 것은 보다 넓은 전선에 전력을 동원하여 대공격에 필요한 병력을 집결할 수 있는 좋은 교두보를 신속하게 확보하는 것이었다. 따라서 원래 계획보다 더 빨리 셰르부르의 항만을 점령하는 일이 중요했다. 최초의 공격을 3개 사단이 아닌 5개 사단 규모로 하고 싶어했다. 물론 그 판단은 전적으로 옳았다. 모건 장군은 직접 최초 상륙 규모의 확대를 지지하고 나섰다. 그러나 충분한 자원을 확보하지 못했다. 필요한 상륙용 주정을 어디서 가져온다는 말인가? 동남아시아 쪽에서는 이미 전부 모아서 가져왔다. 지중해 방면에는 2개 사단을 수송하기에 충분한 주정이 있었지만, 모두 "모루" 작전에 필요한 것들이었다. 남프랑스에 대한 해상공격은 "대군주" 작전과 동시에 펼칠 예정이었는데, 그로써 북쪽의 독일군 일부를 남쪽으로 이동하게 만들려는 의도였다. 따라서 "모루" 작전을 축소하게 되면 "대군주" 작전에 대한 효과가 그만큼 약화될 뿐이었다. 아이젠하워 장군이 영국 3군 참모총장들과 협의한 끝에 최종 결정을 내린 것은 3월이었다. 미국 3군 참모총장들은 아이젠하워에게 모두 위임하고 있었다. 아이젠하워는 지중해에서 온 지 얼마 되지 않았기 때문에, "모루"에 관련된 내용을 소상히 알고 있었다. 그러한 그가 이제 "대군주"의 최고사령관을 맡게 되었으므로, 양쪽의 요구에 대해서 최선의 판단을 할 수가 있었다. "모루"에서 1개 사단 수송에 필요한 상륙용 주정을 차출하여 "대군주"에 사용하기로 했다. 나머지 1개 사단을 수송할 상륙용 주정은 "대군주" 작전을 6월의 달빛을 확보할 수 있는 시기로 연기함으로써 확보하려고 했다. 그동안 새로 건조하는 주정으로 부족한 부분을 채운다는 생각이었다.

★ ★ ★ ★ ★

일단 원정군의 규모가 결정되자, 강력한 훈련과 함께 모든 일을 추진할 수가 있었다. 충분한 공간적 여유가 없는 것이 어려움 중의 하나였다. 잉글랜드 지역을 크게 둘로 나누어 영국군은 동남쪽을, 미군은 남서쪽을 사용했다. 해안 지역의 주민들은 온갖 불편함을 흔쾌히 받아들였다. 영국군 1개 사단은 작전 파트너인 해군 부대와 함께 스코틀랜드의 모레이퍼스 지역에서 모든 훈련을 조기에 실시했다. 겨울의 폭풍우가 디데이[6월 6일]의 거친 전투에 대비하여 그들을 단련시켰다.

육해공 수륙양면작전의 이론과 실제는 마운트배턴 제독이 이끄는 합동작전참모부(Combined Operations Staff)에서 오랫동안 연구해왔고, 레이콕 장군이 그 자리를 승계했다. 그 결과가 바야흐로 현대전에서 요구되는 전반적인 훈련과 함께 작전에 참여하는 모든 부대가 숙지해야 할 내용이 되었다. 영국군과 미군이 실탄을 가지고 크고 작은 규모의 훈련을 할 때도 마찬가지였다. 수많은 장병은 전투에 처음 참가했지만, 마치 경험 많은 부대원처럼 행동하게 되었다.

지난날 대규모의 훈련을 통해서, 또한 디에프[영국해협을 끼고 있는 북부 프랑스의 항구/역주]에서 겪은 호된 경험을 통해서 습득한 것들을, 5월 초에 결정한 3군 전체의 최종 예행연습에 적용했다. 적은 그러한 우리의 행동을 알아차렸다. 우리는 내버려두었다. 오히려 파 드 칼레에서 적이 유심히 관찰할 수 있도록 특별히 신경을 썼다. 독일군으로 하여금 우리가 그곳으로 진격할 것처럼 믿게 하기 위해서였다. 끊임없는 공중 정찰을 통해 해협 건너편에서 벌어지고 있는 상황에 대한 정보를 입수했다. 물론 필요한 내용을 알아내는 다른 방법도 동원했다. 자주 소주정을 이용하여 가서 연안의 수심을 재고, 새로운 장애물을 조사하고, 해변의 경사나 특성을 살펴보는 등의 방식으로 의문점들을 하나하나 해결했다. 그 모든 행동은 야간의 어둠 속에서 조용히 접근하여 은밀하게 수행했으며, 적당한 순간에 재빨리 되돌아와야 했다.

아주 복잡한 과정을 거쳐 디데이와 에이치아워, 즉 해변을 점거할 주정의 선제 공격 시각이 결정되었다. 거기에 맞추어 다른 모든 시간을 재조정하지 않으면 안 되었다. 달빛을 이용하여 적군의 해안으로 접근하는 데에는 이견이 없었다. 그렇게 하는 것이 우리 함정과 공수부대의 행동에 유리했기 때문이다. 에이치아워 이전의 날이 밝은 짧은 시간은 소주정의 전개와 엄호 포격의 정확성을 위한 조정을 요구했다. 그러나 일출 시간과 에이치아워 사이의 간격이 너무 길면, 적이 기습으로부터 벗어나 전력을 재정비하고 상륙하는 아군을 포격할 수 있는 시간을 충분히 가질 수 있었다.

다음은 조수가 문제였다. 만조 때 상륙한다면, 수중의 장애물들이 함정의 접근을 어렵게 만들 것이었다. 반면 간조 때 상륙한다면, 상륙 부대가 노출된 해변을 가로질러 이동하는 거리가 너무 길었다. 그밖의 수많은 요인들에 대한 검토 끝에, 만조 세 시간 전에 상륙하기로 최종 결정을 보았다. 그러나 그것으로 끝난 것이 아니었다. 동쪽 해변과 서쪽 해변의 조수는 40분 정도의 시간 차이가 났다. 그리고 영국군 상륙 지역에는 수중에 사주(砂州)가 있었다. 각 구간마다 별도의 에이치아워가 필요했는데, 장소에 따라 무려 85분의 차이가 생겼다.

우리가 원하는 조건을 모두 충족시키는 날은 음력으로 1개월에 오직 사흘뿐이었다. 아이젠하워 장군이 목표로 삼은 5월 31일 이후 최초의 그 사흘은 6월 5, 6, 7일이었다. 그리하여 선택한 날짜가 6월 5일이었다. 그런데 그 사흘 중 하루라도 날씨가 좋지 않으면, 전체 작전을 최소한 2주일 연기하지 않을 수 없었는데, 달의 사정을 고려하면 실제로 꼬박 한 달을 늦추어야만 했다.

★ ★ ★ ★ ★

당연하게도 우리는 우리가 실제로 실행하려는 것만 계획한 것이 아니었다. 적은 대공격이 준비되고 있다는 사실 자체는 알고 있었음에 틀림없다. 우리는 공격의 시간과 장소를 숨겨야만 했다. 따라서 적으로 하여금 다른 시간에 다른 어떠한 장소로 우리가 상륙할 것처럼 믿게 만들어야 했다. 그것만으로도 엄청난 생각과 행동이 필요했다. 출발 장소가 될 영국 해안 지역에 출입금지령이 내려졌다. 검문검색을 철저히 했으며, 특정 일자 이후에 배달된 우편물은 반송했다. 외국 대사관에서 암호로 전문을 전송하는 것을 중단시켰으며, 외교 행낭조차 운반을 연기하도록 조치했다. 우리의 가장 중요한 기만전술은 우리가 도버 해협을 횡단하려는 것처럼 보이게 하는 것이었다. 적을 속인 방법은 지금 이 순간에조차 상세히 기술하는 것이 적절하지 않다고 생각하지만, 이미 명백히 드러난 것들로는 부대를 켄트와 서식스 지역에 위장 집결시킨 사실, 위장 선박들로 편성한 함대를 5항[영국 동남부의 켄트와 서식스에 위치한 특별 항구를 5항(Cinque Ports)이라고 했다/역주]에 모이게 한 사실, 그 부근의 해안에서 상륙 훈련을 한 사실, 무전 활동을 증가시킨 사실 등이었다. 우리가 상륙할 지점보다 상륙하지 않을 장소에 대한 지상 및 항공 정찰 횟수를 늘렸다. 그 결과는 아주 만족스러운 것이었다. 독일군 최고사령부는 우리가 그들에게 걸려들 것처럼 만든 증거를 확신했다. 서부 전선의 총사령관 룬트슈테트는 파 드 칼레가 우리의 목표 지점이라는 사실을 믿어 의심치 않았다.

★ ★ ★ ★ ★

공격 병력의 집결은 그 자체가 하나의 거대한 작업이었다. 17만6,000명의 병력, 2만 대의 차량 그리고 수천 톤의 식량을 이틀 동안에 선적해야 했다. 영국 전역의 주둔지로부터 출발한 각 부대는 남부지역으로 이동했다. 해상 공격에 앞서 노르망디에 침투할 공수부대 3개 사단은 그들이 이륙할 비행장 부근에 모였다. 각 부대는 집결지의 후미에서부터 전진하여 승선을 위한 순서에 따라 해안 근처의 캠프에 배치되었다. 캠프에서 각 부대는 다시 승선할 함정의 적재량에 맞추어 분견대로 나뉘었다. 그 상태에서 각자의 임무를 명령받았다. 일단 지시를 받은 이상, 아무도 캠프를 떠날 수 없었다. 캠프는 각 부대가 승선할 지점으로부터 가까운 곳에 위치했다. 승선을 위해서 마련된 장소는 항구 또는 "양륙장"으로, 소주정에 쉽게 탈 수 있도록 해변을 따라 콘크리트로 만든 시설이었다. 소주정을 타고 해군 함정으로 가야 했다.

그러한 육상과 해상의 움직임을 적이 눈치 채지 않을 수 없었다. 적의 공군기에 좋은 표적이 될 가능성이 높았으므로, 철저한 경계 태세에 들어갔다. 거의 7,000문에 가까운 총포와 로켓포 그리고 1,000개 이상의 기구(氣球)가 엄청난 규모의 병력과 차량을 지키기 위해서 동원되었다. 그러나 독일 공군기는 어떠한 기미도 보이지 않았다. 4년 전과 비교하면 얼마나 많이 달라진 현상인가! 그 몇 년 동안 그렇게 보람된 일을 하기 위해서 참고 기다려온 본토방위군은 비로소 때를 만난 것이었다. 그들은 대공 및 해안 방위에 소임을 다했을 뿐만 아니라, 그밖의 온갖 일상적인 보안 활동을 함으로써 다른 병사들을 전장으로 보낼 수 있었다. 잉글랜드 남부의 전역은 그 자체가 광대한 병영으로 변모했으며, 군인들에 대한 훈련과 교육이 행해졌고, 바다를 건너 독일군과 싸우겠다는 열기가 충만했다.

디데이 3주일 전인 5월 15일 월요일, 우리는 런던의 세인트 폴 사관학교에 자리 잡은 몽고메리의 사령부에서 마지막 회의를 했다. 국왕, 육군 원수 스뫼츠, 영국 3군 참모총장들, 원정군의 각 지휘관 그리고 중요한 참모들이 참석했다. 전면에는 노르망디 해안과 그 연결 배후지의 지도가 비스듬히 설치되어 참석자들이 모두 잘 볼 수 있었고, 작전을 설명하는 고위 장교가 그 주변을 오가며 주요 지점을 바로 가리킬 수 있었다. 아이젠하워 장군이 개회를 선언했고, 국왕의 연설로 오전 회의를 끝냈다. 몽고메리가 아주 인상적인 발언을 했다. 그는 육해공군 지휘관들과 최고 지원 부대장을 동반했는데, 그들은 상륙한 공격군을 운영하기 위해서 마련한 정교한 계획에 대해서 상세히 설명했다.

모든 일의 진행은 신속하고 순조롭게 클라이맥스를 향해 치닫고 있었다. 적이 우리의 비밀 작전을 탐지했다는 징후는 여전히 보이지 않았다. 적이 셰르부르와 아브르에 해군을 약간 증강시킨 것을 관측할 수 있었다. 해협에서의 기뢰 부설 작업이 보다 활발한 점도 눈에 띄었으나 대체로 잠잠한 상태였으며, 우리가 어떻게 행동할지 기다리는 눈치였다. 5월 28일에는 하급 지휘관들에게도 디데이가 6월 5일이라는 사실을 통보했다. 그 순간부터 공격군 전원은 지정된 함선이나 캠프 또는 해안의 집결지에서 "금족" 상태로 들어갔다. 우편물은 모두 압수되었으며, 긴급한 사정을 제외하고는 어떠한 형태의 개인적 연락도 금지되었다.

일기가 다시 불안의 요소로 등장했다. 일정 기간 맑은 날씨의 지속은 기대할 수 없는 조건이었으므로, 매일 두 차례씩 지휘관들이 모여 일기예보를 검토했다. 첫 회의에 보고된 디데이의 날씨는 낮은 구름과 함께 비관적이었다. 폭격이나 공수부대의 착륙에 영향을 미치는 직접적인 요인이므로, 공군에게는 매우 중요했다. 6월 2일, 최초의 함대가 클라이드 항에서 출발함과 동시에 두 척의 극소형 잠수함이 포츠머스를 떠났다. 임무는 공격 지역을 포착하는 일이었다. 6월 3일에도 고무적인 날씨 소식은 없었다. 서풍에 잔잔하던 바다 물결이 일렁였다. 먹구름이 낮게 깔렸다. 6월 5일의 예보도 암울했다.

그날 오후, 나는 베빈 그리고 스뫼츠 원수와 함께 포츠머스로 가서 노르망디를 향해 출항하는 대규모의 부대를 보았다. 우리는 제50사단 사령부 함선을 찾았고, 이어서 론치를 타고 솔렌트 수로를 따라 각 함선을 차례로 방문했다. 돌아오는 길에 아이젠하워 장군의 캠프에 들러 행운을 기원했다. 시간에 맞추어 기차에 오른 다음, 아주 늦은 저녁 식사를 했다. 기차 속에서 베델 스미스가 이즈메이에게 전화를 했는데, 날씨가 점점 나빠지고 있기 때문에 작전을 24시간 연기해야 할 것 같다는 내용이었다. 아이젠하워 장군은 확정적인 결정을 내리기 전에 우선 6월 4일 이른 아침까지 기다려 보기로 했다. 그러는 사이에도 대군을 실은 함선은 계획에 따라 단위 함대별로 계속 출항했다.

이즈메이가 돌아와서 그 난감한 소식을 전했다. 솔렌트에서 그 엄청난 규모의 행렬을 본 사람이라면 눈사태처럼 이미 멈출 수 없다는 것을 느꼈을 것이다. 만약 날씨가 계속 좋지 않아 6월 7일 이후로 연기할 수밖에 없다면, 최소한 2주일을 더 기다려야 달빛과 조수를 맞출 수 있어 마음이 조급했다. 그 사이에 모든 부대에 작전 명령이 전달되었다. 모든 병력을 시간도 정하지 않고 그 좁은 함상에 계속 묶어둘 수 없다는 사실은 명백했다. 작전의 기밀은 어떻게 유지할 수 있단 말인가?

그러나 모두가 느끼고 있던 불안감은 기차 안의 저녁식사 자리에서는 전혀 표출되지 않았다. 스뫼츠 원수는 한껏 유쾌한 태도를 보였다. 1902년 베리니깅[남아프리카 트란스발 주의 도시/역주]에서의 보어인들의 항복 이야기를 했다. 계속 싸운다는 것은 아무 소용이 없었으며, 결국 보어인들은 영국인에게 자비를 구할 수밖에 없었다는 말로, 함께 있던 사람들에게 깊은 인상을 남겼다. 그는 친구들로부터 비겁한 패배주의자라는 비난을 받으면서 생애에서 가장 어려운 시절을 겪었다. 그러나 끝내 승리를 거두고, 베리니깅에서 강화를 했던 것이다. 제2차 세계대전이 발발하자 그는 자신의 경험을 이야기했으며, 의회에서 중립을 유지하려는 자신의 조국 남아프리카 공화국 수상과 싸우지 않으면 안 되었다.

우리는 밤 1시 30분경이 되어서야 잠자리에 들었다. 이즈메이는 아침 회의의 결과를 기다리겠노라고 했다. 날씨 문제에 관하여 내가 할 수 있는 일은 없었으므로, 회의 결과를 알리기 위해서 나를 깨울 필요는 없다고 말했다. 오전 4시 15분경 아이젠하워는 다시 지휘관 회의를 소집했고, 기상 전문가로부터 좋지 않은 예보를 들어야 했다. 하늘은 흐리고 구름이 낮게 깔리면서 강한 남서풍이 비를 몰고 오는 일은 바다에서 흔히 있는 현상이었다. 5일의 일기 예보는 더욱 나빴다. 아이젠하워는 어쩔 수 없이 공격을 24시간 연기하는 명령을 내렸고, 거대한 전 함대의 대열은 치밀하게 준비된 계획에 따라 원래 위치로 복귀했다. 모든 호송선단은 방향을 되돌렸고, 소주정들은 숨을 곳을 찾아 적당히 닻을 내렸다. 138척의 소주정으로 구성된 대규모 호송선단 하나가 연락을 받지 못했는데, 뒤늦게 통보를 받고 적의 의심을 사지 않은 상태에서 되돌아오는 데 성공했다. 해안을 둘러싼 상륙용 주정 속에 갇힌 수천 명의 장병에게는 고통스러운 하루였다. 서부 항구들에서 출발한 미군은 가장 먼 거리를 왔기 때문에 극심한 고통을 겪었다.

그날 아침 5시경 베델 스미스는 다시 이즈메이에게 전화를 해서 연기 사실을 확인시켰고, 이즈메이는 취침에 들어갔다. 그 30분쯤 뒤에 나는 잠자리에서 일어났고, 바로 이즈메이를 불렀다. 그는 그동안의 일을 내게 보고했다. 그의 기억에 의하면, 나는 아무 말도 하지 않았다고 한다.

느리게 시간은 흘러 6월 4일 밤 9시 15분이 되었고, 아이젠하워의 전투사령부에서는 또 하나의 결정적인 회의가 열렸다. 모든 상황은 좋지 않았고, 6월이라기보다는 전형적인 12월 같았다. 그러나 기상 전문가들은 6일 아침에 일시적으로 날씨가 호전될 것이라고 관측했다. 그뒤에는 다시 거친 날씨로 돌변하여 언제까지 계속될지 알 수 없다고 예상했다. 위험을 감수하고 곧장 공격을 감행할 것인가 아니면 최소한 2주일을 연기할 것인가 하는 절체절명의 기로에서, 아이젠하워는 지휘관들의 의견을 참작한 끝에 작전을 추진하기로 결심했다. 이튿날 새벽에 최종 확인을 하기로 했다. 그것은 대담한 결정이었고, 뒤에 판명되었듯이 현명한 판단이었다. 6월 5일 새벽 4시, 마침내 주사위는 던져졌다. 공격은 6월 6일 개시하기로 했다.

돌이켜보건대, 그 결정은 마땅히 상찬의 대상이 될 수밖에 없었다. 당시의 일들이 그것을 충분히 증명하고도 남았다. 우리가 기습에 의해서 중대한 이익을 얻을 수 있었던 것도 결국 그러한 결정 덕분이었다. 이제 알게 된 사실이지만, 당시 독일군 기상 장교들은 6월 5일이나 6일에는 폭풍 때문에 공격이 불가능하며 그러한 날씨는 며칠 동안 계속될 것이라고 최고사령부에 보고했던 것이다.

6월 5일 하루 종일 공격 선봉대를 태운 호송선단은 와이트 섬[영국 남부 해안의 섬/역주] 남쪽에 모여들었다. 그 다음에는 넓게 전선을 형성하며 연합군 해군과 공군의 엄호를 사방으로부터 받는 소해정 그룹에 인도되어, 끝이 보이지 않는 거대한 함대는 다시 출발하여 프랑스 연안으로 향했다. 거친 파도는 전투 전야의 부대원들에게는 아주 혹독한 시련이었는데, 특히 소주정에 탄 병사들이 겪은 불편은 끔찍했다. 그러나 그 모든 악조건에도 불구하고 거대한 이동은 정확성을 유지했다. 전체적으로 보면 손실이 전혀 없었던 것은 아니지만, 주로 뒤따르던 소주정에 한정된 것이었을 뿐, 그러한 사고나 지연은 대세에 영향을 주지 않았다.

우리 해안 전체에 걸친 방어망 역시 최고의 활동으로 보조를 맞추었다. 본토 방위 함대는 독일군 해상 함정들의 동향을 경계했으며, 공군 초계는 노르웨이에서부터 영국해협에 이르는 적의 해안을 훑었다. 멀리 외양으로 통하는 서유럽의 모든 통로와 비스케이 만에서는 연안사령부 비행기가 대편대를 형성하여 구축함대의 지원을 받으며 적의 반격에 대비했다. 우리 정보기관이 입수한 첩보에 따르면, 50척을 상회하는 유보트가 프랑스 비스케이 만의 항구들에 집결했는데, 활동의 기미가 보이면 우리는 즉시 대응할 준비가 되어 있었다. 나는 별관의 지도상황실의 내 의자에 앉아 있었는데, 바로 그때 로마를 점령했다는 전율의 승전보가 도착했다.

제12장

로마와 디데이

안치오와 카시노에서의 교착 상태는 연합군의 이탈리아 진군을 멈추게 하는 요인이 되었고, 그러한 상황은 거의 2개월 동안 지속되었다. 우리 부대들은 모두 휴식과 재정비가 필요했다. 제8군의 대부분을 아드리아 해 방면에서 소환했으며, 다음 공격을 위해서 2개 군[제5군과 제8군/역주]을 집결시켰다. 그 사이에 윌슨 장군은 휘하의 공군력을 전부 동원하여, 우리와 마찬가지로 소강 상태를 틈타 군대를 재조직하고 다음 전투를 위해서 재충전하고 있던 적군을 괴롭혔다.

강력한 연합군 공군이 적의 육상 교통로를 공격하는 데 참여했는데, 도로를 차단시켜 적군을 물러나게 하려는 의도에서였다. 작전명은 낙천적이게도 "숨통 조르기(Strangle)"였다. 북이탈리아에서 시작하는 주요 철도 3개 노선의 봉쇄를 목표로 했는데, 주요 공격 대상은 교량과 고가교 그리고 기타 병목 지점이었다. 독일군을 아사시키겠다는 시도였다. 작전은 6주일 동안 계속 진행되었고, 적에게 엄청난 타격을 주었다. 로마 북쪽 멀리까지 철도가 운행을 멈추었다. 그러나 우리가 기대했던 것을 완전히 이루지는 못했다. 적은 연안의 선박을 최대한 이용하고, 어둠을 틈타 차량을 이용하여 보급을 유지했다. 그렇지만 장기간 계속되는 치열한 전투에 필요한 물자를 비축할 수는 없었기 때문에, 격렬한 지상전을 한 차례 끝낸 5월 말이 되자 독일군의 전력은 급격히 약화되었다. 따라서 분리되어 싸우던 우리 군대의 합류와 로마 점령이 예상보다 훨씬 더 빠르게 이루어졌다. 독일 공군은 심각한 타격을 입어, 5월 초순경 1,000기의 아군 전투기에 대항할 수 있는 적기는 모두 합쳐야 700기에 불과했다.

제5군의 클라크 장군은 4개의 프랑스군 사단을 포함한 7개 사단 이상의 병력을 보유하고 있었는데, 바다에서 시작하여 리리 강에 이르는 전선에 포진한 상태였다. 그 뒤로는 리스 장군이 이끌게 된 제8군이 거의 12개 사단에 해당하는 병력으로 카시노에서 산악 지역까지 전선을 지켰다. 연합군은 모두 28개 사단 이상이 집결한 상황이었고, 3개 사단 정도만 아드리아해 지역에 남았다.

그에 맞선 독일군은 23개 사단이었는데, 우리의 위장전술에 당황한 케셀링은 병력을 넓은 지역에 걸쳐 분산시켰다. 우리의 주공이 펼쳐질 예정이던 카시노와 바다 사이의 전선에는 겨우 4개 사단만 배치되었고, 예비부대는 먼 곳에 떨어져 있었다. 우리의 공격을 그들은 예상하지 못했다. 적은 지원군을 영국군의 반대쪽으로 보냈으며, 육군 지휘관 한 명은 휴가를 떠날 계획이었다.

대공격이 시작된 것은 5월 11일 밤 11시였다. 2,000문의 우리 포가 불을 뿜었고, 새벽녘에는 전술 공군이 대거 참여하여 지원했다. 한차례 격렬한 전투가 끝나자 적군은 약화되기 시작했다. 5월 18일 아침에 영국군 제4사단이 카시노의 독일군을 몰아냈고, 폴란드군은 수도원의 폐허 위에 적백의 선이 뚜렷한 국기를 자랑스럽게 휘날렸다. 케셀링은 다급하게 병력을 모아 보냈지만, 간헐적으로 도착한 증원군은 연합군의 노도와 같은 진군의 물결에 속수무책이었다. 25일이 되자 독일군은 전면 퇴각하지 않을 수 없었으며, 제8군의 전체 전선으로부터 황급히 쫓겨났다.

미군 트러스콧 장군 휘하의 6개 사단은 안치오 해안 교두보에 집결해 있다가 제8군의 공격과 동시에 물밀듯이 밀고 나왔다. 이틀 동안의 지독한 전투가 끝나자, 그들은 미군 제2군단과 연결하는 데 성공했다. 결국 우리 군대는 모두 합류할 수 있었고, 겨울부터 준비한 결실을 거두기 시작했다. 남부의 적군은 총퇴각을 단행했고, 연합군 공군은 그들의 이동과 집결을 저지하기 위해서 공격했다. 그러나 적의 후방 방어군은 우리의 추격을 곧잘 뿌리치곤 하여, 그들의 후퇴 행렬이 혼란에 빠지는 일은 일어나지 않았다. 여건만 맞았다면 큰 효용을 발휘했을 아군의 강력한 기갑부대는 산악 지형 때문에 제대로 기능을 하지 못했다.

6월 2일 밤, 독일군의 저항은 무너지고 말았다. 그리고 이튿날에는 알반 언덕의 트러스콧 군단들이 왼편으로부터 영국군 제1사단과 제5사단의 지원을 받으며 로마로 들어갔다. 미군 제2군단은 그보다 한발 앞서 진격했다. 진격하는 도중에 있었던 교량은 거의 손상되지 않은 상태였다. 그리하여 마침내 6월 4일 저녁 7시 15분, 미군 제88사단의 선두가 수도의 심장부에 해당하는 베네치아 광장에 진입했다. 온 사방에서 축하의 메시지가 쇄도했다. 심지어 나는 곰[스탈린]으로부터도 격려의 인사를 받았다.

1944년 6월 6일, 디데이 바로 그날 정오 무렵 나는 이미 전날 밤 배포된 보도 자료에서 "알렉산더 장군이 지휘한 연합군이 로마를 해방시킨 사실을 공식 확인할 것"을 하원에 요청했다. 프랑스 상륙과 관련하여 항간의 분위기가 고조되어 있었지만, 그때는 이미 모든 사람이 작전이 진행 중인 사실을 알았다. 그럼에도 불구하고 나는 처음 10여분 동안을 이탈리아 작전을 언급하는 데에 할애했으며, 현지의 연합군에게 경의를 표했다. 그렇게 잠시 하원의원들을 초조하게 만든 다음, 도대체 무슨 일이 벌어진 것인가에 대해서 설명을 시작했다. 그리고 그날 오후, 스탈린에게 알려도 좋겠다고 생각했다.

시작은 모든 것이 순조롭습니다. 지뢰, 장애물, 대포 등은 대체로 넘어섰습니다. 공수부대의 낙하도 성공적이며, 광범위한 지역에 걸쳐 착륙했습니다. 보병의 상륙도 빠른 속도로 진행중이며, 수많은 탱크와 자동추진포는 이미 해안에 도착했습니다. 날씨 역시 평범한 가운데 점차 좋아지리라고 예상합니다.

회신이 즉시 왔는데, 아주 중대한 희소식을 담고 있었다. "'대군주' 작전의 출발이 아주 성공적이라는 귀하의 전언을 잘 받았습니다." 스탈린의 전문은 그렇게 시작되었다. "아주 기쁜 소식이 아닐 수 없으며, 계속 잘 진행되리라고 기대합니다. 테헤란 회담에서 약속한 바에 따라 조직된 소련군의 여름 공격은 전선의 중요한 지역을 선택하여 6월 중순경 시작하려고 합니다.…… 6월 말부터 7월 한 달 동안 소련군의 공격 작전은 총공세로 전환할 것입니다."

스탈린의 회신이 도착했을 때, 나는 실제로 그에게 상륙작전의 상황에 대한 상세한 설명을 하기 위해서 또다른 전문을 보내고 있던 중이었다. "오늘[6월 7일] 오전의 상황은 아주 만족스럽습니다. 미군의 작전 지역 중 한 곳의 해안에서 어려움을 겪었는데, 그마저도 지금은 깨끗이 해결되었습니다. 2만 명의 공수대원이 안전하게 착륙하여 적의 측면 배후로 침투한 다음 영미군의 해상 공격이 있을 때마다 협공하고 있습니다. 아군의 손실은 사소합니다. 애당초 우리는 1만 명 정도의 희생을 예상했습니다만.……"

며칠 뒤 스탈린이 다시 전문을 보내왔다.

분명히 알 수 있듯이, 거대한 규모로 기획된 상륙작전이 완벽한 성공을 거두었습니다. 규모의 면에서든 그 방대한 구상의 면에서든 또한 탁월한 실행의 면에서든, 전사상 일찍이 유례를 찾아볼 수 없는 일이었다는 것이 나와 동지들의 생각입니다. 이미 잘 알려진 바와 같이, 나폴레옹도 그의 시대에 영국해협 횡단에 실패한 치욕을 당했습니다. 미치광이 히틀러 역시 2년 동안 해협을 공략할 수 있다고 자만하다가, 실제로는 제대로 시도조차 해볼 엄두도 내지 못했습니다. 오직 우리 연합국만이 영광스럽게도 해협횡단 공격이라는 거대한 계획을 실현하는 데 성공한 것입니다. 이것이야말로 역사에 기록될 대업적입니다.

"거대한(grandoise)"이란 어휘는 러시아어를 번역하면서 선택한 것에 불과했다. 내 생각에 스탈린이 의도한 의미는 "당당한(majestic)"이었던 것 같다. 어쨌든 모든 것은 완벽했다.

★ ★ ★ ★ ★

6월 10일, 몽고메리 장군이 해안을 충분히 정리했으므로 방문해도 좋다고 보고했다. 나는 스뫼츠, 브룩, 마셜 장군 그리고 킹 제독과 함께 기차에 몸을 싣고 포츠머스로 갔다. 긴급한 군사적 결정이 필요할 경우에 대비하여 미국 3군 참모총장들이 6월 8일에 영국으로 와서 대기중이었다. 영미 양국의 구축함 각 한 척씩이 우리를 기다리고 있었다. 스뫼츠와 브룩 그리고 나는 영국 구축함에, 마셜 장군과 킹 제독 그리고 나머지 참모들은 미국 구축함에 승선했다. 무사히 해협을 건너 우리의 전선이 전개된 지역에 도착했다. 우리가 기어오르다시피 하여 상륙용 주정을 빠져나오자, 몽고메리가 미소를 띠며 자신만만한 표정으로 맞이했다. 그의 부대들은 벌써 내륙으로 11내지 13킬로미터 정도 진입한 상황이었다. 전투도, 움직임도 거의 없었다. 날씨는 화창했다. 일부에 불과했지만 우리가 확보한 노르망디의 비옥한 땅을 차를 타고 달렸다. 풍요로운 전원의 풍경을 보는 일은 즐거웠다. 들판은 햇볕 속을 거니는 희고 붉은 소들로 그득했다. 주민들은 밝은 표정이었으며 건강 상태가 좋아 보였고, 우리를 향해 열심히 손을 흔들었다. 해변으로부터 8킬로미터 떨어진 내륙의 호수와 잔디로 둘러싸인 대저택에 몽고메리의 사령부가 자리잡고 있었다. 우리는 적을 바라볼 수 있는 텐트 속에서 점심을 먹었다. 장군의 기분은 최고였다. 실제 적과 대치하고 있는 전선은 얼마나 떨어져 있느냐고 물었다. 불과 5킬로미터밖에 되지 않는다는 것이 그의 대답이었다. 전선이 계속 이어져 있느냐는 질문에 대한 답변은, "아니오"였다. "그렇다면 갑자기 독일군 장갑차가 뚫고 들어와 우리 점심을 망치면 어떻게 하오?" 그러자 그는 독일군이 공격해 오지 않을 것이라고 했다. 한 참모가 전날 밤 저택에 대한 적의 포격이 심했다고 알려주었는데, 확실히 주변에 폭탄으로 팬 자국이 많았다. 나는 그러한 곳에 사령부를 오래 유지하는 것은 위험하지 않겠느냐고 했다. 전쟁 중에는 무엇이든, 한 번 또는 잠시는 괜찮지만, 습관적으로 반복한다든지 오래 끄는 일은 가급적 피해야만 하는 법이다. 몽고메리나 그의 참모에게 아무 일도 일어나지 않았음에도 불구하고, 그들은 이틀 뒤에 사령부를 다른 곳으로 옮겼다.

날씨는 계속 맑았다. 가끔씩 들려오는 공습경보와 대공포 소리만 없었다면, 전장이라고 할 수 없을 정도였다. 그다지 넓지 않은 우리 교두보 일대를 살펴보았다. 나는 특별히 포르-앙-브생, 쿠르쇨 그리고 위스트르앙 등의 항구에 관심이 쏠렸다. 대규모 상륙작전 계획을 세우면서 우리는 그러한 작은 항구들을 중시하지 않았다. 그런데 실제로는 아주 가치가 높은 항구들로, 하루에 2,000톤가량의 하역을 감당할 수 있었다. 나는 그런 생각에 잠겨 비록 극히 제한된 지역이긴 했지만, 우리가 정복한 땅의 주변을 자동차로 또는 도보로 살펴보았다.

스뫼츠 그리고 브룩과 함께 나는 구축함 켈빈 호를 타고 돌아왔다. 함상에는 주변의 모든 함대는 물론 아로망슈 항의 경비를 맡은 소함대를 지휘하고 있던 비앙 제독이 기다리고 있었다. 그는 영국군 진영 왼쪽 측면을 지켜주는 전함과 순양함이 독일군 진지에 포격하는 것을 보고 가라고 제안했다. 우리는 약 18킬로미터 거리에서 적을 향해 포격 중인 두 척의 전함 사이를 지나고, 다시 13킬로미터 전방에서 함포를 쏘고 있는 순양함 선단까지 통과하여 나무가 우거진 해변에서 6, 7킬로미터 떨어진 해상에 있었다. 우리

함대의 사격은 느린 속도로 계속 이어졌는데, 적의 반응은 전혀 없었다. 우리 일행이 돌아설 즈음, 내가 비앙에게 말했다. "이렇게까지 가까이 온 바에야, 우리가 돌아가기 전에 한번 제대로 쏴보는 건 어떻소?" 제독의 대답은 "좋습니다"였다. 1, 2분 뒤 아군의 모든 포가 침묵의 해안을 향해 불을 뿜었다. 당연히 우리는 적의 사정거리 안에 있었기 때문에, 비앙은 포격이 끝나자마자 즉시 최고 속도로 물러나도록 명령했다. 우리는 즉시 위험지역을 벗어나서 순양함과 전함 대열을 통과했다. 그것이, 표현이 적절할지 모르지만, "성난" 포격을 퍼붓는 해군 함상에 타본 유일한 경험이었다. 나는 제독의 용감한 기질을 치하했다. 스뫼츠 역시 기분이 좋았다. 포츠머스로 돌아오는 네 시간 동안 아주 편하게 잠을 잤다. 모든 것이 흥미롭고 유쾌한 하루였다.

★ ★ ★ ★ ★

곧 나는 드골의 프랑스 방문을 비롯한 여러 문제에 관해서 대통령에게 편지를 썼다. 드골의 프랑스행에 대해서는 대통령과 사전 협의 없이 내가 추진해온 일이었다. 그리고 이렇게 덧붙였다.

나는 월요일 하루를 해변과 내륙을 오가며 즐겁게 보냈습니다. 우리 배들이 연안을 따라 80킬로미터에 걸쳐 장사진을 치고 있었습니다. 날씨가 나빠져도 대처할 수 있는 인공 항구를 구축했는데, 거의 모든 점에서 성공적입니다. 향후 좋지 않은 날씨에도 선박은 효과적으로 보호될 것입니다. 우리 공군과 대(對)유보트 함대는 아주 완벽한 보호 수단임에 틀림없습니다. 힘겹게 임무를 마치고 돌아오는 길에, 우리 구축함에서 그 야만인들에게 한바탕 포격을 퍼부었습니다. 5,6킬로미터밖에 되지 않는 거리였음에도 불구하고, 적은 아무 반응을 보이지 않았습니다.

마셜과 킹도 내가 탄 열차로 돌아왔습니다. 두 사람 모두 미군 지역을 둘러본 뒤 마음을 놓았습니다. 마셜은 마운트배턴에게 멋진 전문을 보냈는데, 그의 주도 아래 얼마나 많은 새 주정을 건조했으며 그것이 얼마나 큰 도움이 되었는가 하는 내용이었습니다. 귀하께서 오래 전 보낸 전문에 "굉장한(Stupendous)"이란 표현을 사용하신 적이 있습니다. 제가 직접 목격한 광경이 바로 그 어휘를 사용하지 않고서는 설명할 수 없다는 사실을 인정할 수밖에 없습니다. 귀하의 장군들도 같은 생각이리라고 믿습니다.…… 귀하께서 이 자리에 함께하지 못해 아쉽습니다!

제13장
노르망디에서 파리로

이쯤에서 지금에 와서야 우리가 알게 된 당시 적군의 배치와 계획에 대해서 살펴보기로 하자. 룬트슈테트 원수는 60개 사단을 거느리고 베네룩스 3국으로부터 비스케이 만에 이르기까지, 그리고 마르세유에서부터 프랑스 남부 해안을 따라가는 일대를 포함하는 대서양 연안 전 지역을 방어하고 있었다. 그 휘하의 롬멜이 네덜란드에서 루아르에 이르는 해안을 맡은 상황이었다. 룬트슈테트의 제15군은 19개 사단으로 칼레와 불로뉴 지역을 지켰고, 제7군은 노르망디에 9개 보병사단과 1개 기갑사단을 보유하고 있었다. 서부전선 전체에 10개 기갑사단이 있었는데, 벨기에서부터 보르도까지 넓게 배치된 상황이었다. 방어 태세로 전환한 독일군이 1940년의 프랑스군처럼 그들의 강력한 반격의 무기를 그렇게 분산시켜놓았다니 얼마나 신기한 일인가!

시기로 보나 장소로 보나, 그러한 적을 상대로 방대하고 오랫동안 준비한 공격 계획이 기습으로 이루어진 것은 참으로 놀라운 일이 아닐 수 없었다. 6월 5일 일찌감치 롬멜은 사령부를 떠나 베르히테스가덴으로 히틀러를 만나러 갔으며, 그가 독일에 있을 때 우리의 공격이 시작되었다. 그들은 연합군이 어느 전선을 선택하여 공격해올 것인가에 대해서 여러 차례 토론을 했다. 룬트슈테트는 우리의 주된 공격은 틀림없이 도버 해협을 통해 전개될 것이라고 믿었다. 항로의 길이가 가장 짧았으며, 독일의 중심부로 접근하기에 최적의 조건을 갖추었기 때문이다. 롬멜 역시 줄곧 그러한 의견에 동조했다. 그러나 히틀러와 그의 참모진은 노르망디가 주요 전장이 될 것이라는 보고를 받았던 것 같다.* 그런데 우리가 상륙을 단행한 뒤에도 그들은 확신하지 못했다. 히틀러는 가장 근접한 곳에 위치한 2개 기갑사단을 전선에 배치하기로 마음을 정하는 데에 결정적으로 중요한 하루를 허비하고 말았다. 독일 정보기관은 영국에 집결한 사단 수와 가용한 호송선단의 규모를 너무 과대평가했다. 그들이 보기에는 우리가 두 번째 대규모 상륙작전을 펼칠 충분한 자원을 가지고 있으며, 노르망디 상륙은 서막에 해당하는 부수적 작전 정도로 판단했던 것 같았다. 독일군 제15군의 예비부대가 전투에 참가하기 위해서 파 드 칼레로부터 남쪽으로 파견된 것은 7월의 셋째 주일, 그러니까 디데이로부터 6주일이 지난 뒤였다. 디데이를 전후해서 우리가 사용했던 기만전술은 바로 그러한 적의 혼란을 노린 것이었다. 기만전술의 성공은 참으로 상찬할 만한 것으로 전투에서 대단한 결과를 낳았다.

그러나 적은 완강히 버티며 싸웠다. 쉽게 물리칠 만한 상대가 아니었다. 미군 지역에서는 카랑탕 부근과 비르 강어귀의 습지 때문에 군사 행동에는 방해가 되었지만, 그 일대는 보병이 방어하기에는 아주 좋았다. 노르망디 전역은 프랑스 특유의 보카쥐[작은 숲과 들판으로 이루어진 프랑스 전원/역주]로 구릉으로 갈라진 수많은 작은 들판에 도랑과 높은 울타리가 있었다. 사계(射界)가 좋지 않아 지원포가 제대로 활약할 수 없었고, 탱크가 움직이는 데에도 막대한 지장이 있었다. 따라서 주로 보병 전투가 될 수밖에 없었는데, 그러한 경우 한 뼘의 땅도 유력한 방어 거점이 되었다. 그럼에도 불구하고 전황은 좋았다. 오직 캉 점령에 실패한 것만이 예외였다.

작지만 유명한 그 도시는 곧 며칠 동안 치열한 전장이 될 참이었다. 캉은 우리에게 중요한 곳이었다. 동쪽에는 임시 활주로를 건설하기에 좋은 땅이

* 블루멘트리트, 『폰 룬트슈테트』, 218-219면.

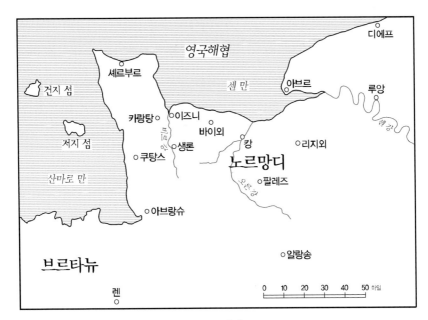

노르망디

있었고, 우리의 전체 계획을 전환시킬 수 있는 요충지였으며, 몽고메리는 그곳을 중심으로 미군을 왼쪽으로 크게 선회시킬 생각이었다. 마찬가지로 독일측에도 가치가 높은 지역이었다. 만약 캉에서 독일군이 돌파당하면 제7군 전체가 루아르 강이 있는 동남쪽으로 밀리게 되고, 그로 인하여 제7군과 제15군 사이에 간격이 벌어져 통로가 생기기 때문이었다. 우리에게는 파리로 향하는 길이 열리는 것이었다. 그래서 캉은 쉴 새 없는 공격과 완강한 방어가 서로 부딪치는 무대가 되었다. 독일군은 그들의 기갑사단을 포함하여 대부분의 사단을 그쪽으로 집결시켰다. 그것은 우리에게 큰 난관이면서 동시에 구원이었다.

제15군의 예비사단을 계속 센 강 북쪽에 그대로 둔 채, 독일군은 다른 곳에서 병력을 증강했다. 6월 12일 전투에 가담한 부대는 4개 기갑사단을 포함한 12개 사단이었다. 우리가 예상했던 것보다는 작은 규모였다. 우리의 압도적인 공중 폭격으로 센 강을 가로지르는 교량 중 파리 이남의 것과 루아르 강 위의 주요 다리를 모두 폭파했다. 적의 증원 부대들은 어쩔 수 없이 파리와 오를레앙 사이를 통과하는 도로나 철도를 이용할 수밖에 없었는데, 밤낮을 가리지 않고 끊임없이 계속되는 우리 공군의 공습을 당해야 했다. 증원 사단들은 조금씩 도착했는데, 장비는 부족했고 장시간의 야간 행군으로 지친 상태였음에도 그대로 일선에 배치되었다. 강력하고도 치밀한 반격을 위한 전투의 배후에서 독일군 지휘관은 공격 부대를 조직할 기회를 가지지 못했다.

6월 11일이 되면, 연합군은 연속적인 전선을 형성했으며, 우리 전투기는 6개의 전방 활주로에서 출격하기 시작했다. 미군은 서쪽에 이어 북쪽을 밀어붙인 뒤, 격전 끝에 22일 셰르부르 방어선의 외곽에 이르렀다. 적은 26일까지 거세게 항전하면서 파괴 작업을 수행했다. 폭파 작업은 아주 철저해서, 8월 말까지 셰르부르 항구를 통한 중하물 반입은 불가능했다.

★ ★ ★ ★ ★

전장 바깥에서도 장래에 영향을 미치는 중대한 일들이 벌어졌다. 6월 12일에서 13일로 넘어가는 밤중에, 최초의 비행폭탄이 런던에 떨어졌다. 그 폭탄은 우리 상륙군들의 손길이 미치지 않는 북프랑스 지역에서 발사된 것이었다. 상륙군이 빨리 대륙을 점령해야만 우리 시민들은 폭탄 세례로부터 벗어날 수 있었다. 우리의 전략 공군의 일부가 비행폭탄 발사 지점을 맹폭했지만, 그렇다고 지상전에 어떠한 지장을 초래해서는 안 되었다. 내가 의회에서 말한 바와 같이, 본국의 국민들도 군인들이 겪는 위험을 분담해야 했다.

6월 17일, 수아송 근처의 마르지발에서 히틀러는 룬트슈테트와 롬멜을 불러 회의를 했다. 두 장군은 독일군이 노르망디에서 어리석게도 출혈 작전을 펼친 데 대하여 강력하게 항의했다. 그들은 제7군을 센 강까지 질서정연하게 후퇴시킨 다음 제15군과 합동으로 작전하게 하면 비록 방어전이더라도 어느 정도 성공을 기대할 수 있다고 주장했다. 그러나 히틀러는 동의하지 않았다. 러시아나 이탈리아에서처럼, 단 한치의 땅도 포기할 수 없다는 이유로 끝까지 버틸 것을 요구했다. 당연히 두 장군의 판단이 옳았다.

그동안 우리는 전력을 강화시켰다. 처음 6일 동안 32만6,000명의 병력이 상륙하고, 5만4,000대의 차량과 10만4,000톤의 물자를 양륙했다. 막대한 양의 보급 조직이 급속도로 정비되었다. 6월 19일에는 아로망쉬와 거기서 1.5킬로미터 떨어진 미군 지역에 "오디" 항구[인공항구/역주]가 모양을 드러냈다. 해저 송유관("플루토[Pluto]")은 곧 부설할 예정이었는데, 그동안 포르-앙-베생이 유류 공급항으로 개발되었다.* 그러나 그때 4일 동안 계속된 폭풍 때문에 병력과 물자의 상륙과 양륙이 이루어지지 못했고, 새로 축조한 방파제마저 크게 훼손되었다. 부유 구조물들은 애당초 폭풍 등을 예상하고 설계한 것이 아니었기 때문에 계류 장치에서 떨어져나와 다른 방파제나 정박 중인 선박에 부딪쳐 파괴되었다. 미군 지역의 항구도 파손되었는데, 그 부품들은 아로망쉬의 인공 항구를 보수하는 데에 사용했다. 6월의 그러한 폭풍은 40년 만에 처음 나타난 현상으로, 우리에게는 지독한 불운이었다. 우리의 양륙 계획에는 이미 차질이 생겨버렸다. 따라서 동시에 진군 계획도 지연되었고, 6월 23일에도 앞에서 말한 11일에 도달한 전선에 계속 머물러 있었다.

★ ★ ★ ★ ★

6월 마지막 주일에 영국군은 캉의 남쪽에 교두보를 마련했다. 확보한 교두보를 남쪽이나 동쪽으로 확장하려던 노력은 수포로 돌아갔고, 남쪽 지역

---

* "플루토" 계획은 먼저 우리가 기습한 지역에 파이프라인을 부설하여 원양 유조선이 연료를 직접 해안으로 공급할 수 있도록 하는 것이었다. 영국해협을 횡단하는 해저 파이프라인은 그 뒤에 아일오브와이트에서 셰르부르, 그리고 던지니스에서 불로뉴를 연결하는 두 구간에 부설했다.

은 두 차례에 걸쳐 기갑사단들의 공격을 받았다. 그렇지만 그 치열한 교전에서 우리 공군과 포대의 공격을 받은 독일군은 심각한 손실을 입고 패퇴했다.* 마침내 우리가 치명타를 날릴 차례가 된 것이다. 7월 8일, 북쪽과 북서쪽 방향에서 캉을 향한 강공을 개시했다. 영국 중폭격기 부대는 독일군 방어 진지에 2,000톤 이상의 폭탄을 퍼부었으며, 영국군 보병은 폭탄 구덩이와 무너진 빌딩 잔해의 장애물에도 불구하고 잘 나아갔다. 10일이 되자 강의 우리 쪽 구간의 캉 전체가 우리 수중에 들어왔고, 7월 중순에는 연합군 30개 사단이 해안에 상륙했다. 절반은 미군, 나머지 절반은 영국군과 캐나다군이었다. 그에 대응해서 독일군 27개 사단이 집결했다. 그러나 독일군은 이미 16만 명의 사상자를 냈기 때문에, 아이젠하워 장군은 상대의 전투력을 대략 16개 사단 정도로 평가하고 있었다.

그때 중요한 사건이 하나 일어났다. 7월 17일, 롬멜이 심각한 부상을 당했다. 저공 비행하던 우리 전투기가 롬멜이 탄 승용차를 폭격했는데, 그는 빈사 상태에서 병원으로 이송되었다. 롬멜은 기적적으로 회복했다. 그러나 후에 히틀러의 명령으로 죽음에 이르게 되었다. 7월 초에 서부전선 전체를 지휘하던 룬트슈테트가 경질되고, 후임으로 러시아 전선에서 두각을 나타냈던 클루게가 임명되었다. 7월 20일, 히틀러를 암살하려는 새로운 시도가 있었지만, 성공하지 못했다. 믿을 만한 소식통에 의하면, 폰 슈타우펜베르크 대령이 참모회의 때 히틀러의 책상 밑에 시한폭탄이 든 상자를 가져다놓았다. 육중한 책상 상판과 책상 가로대가 폭발의 충격을 흡수하고, 빌딩의 가벼운 구조가 순간의 압력을 분산시켜 히틀러는 목숨을 건졌다. 여러 명의 장교가 사망했지만, 총통은 충격 속에 경상만 입은 채 소리를 치르며 벌떡

---

* 그 공격은 수아송 회의에서 히틀러의 지시에 따른 것이었다. 7월 1일 카이텔이 룬트슈테트에게 전화로 물었다. "어떻게 해야 하지?" 룬트슈테트가 대답했다. "강화해, 이 바보 같으니라고. 아니면 뭘 할 수 있겠어?"

일어났다. "이래도 신의 특별한 가호가 없다고?" 그 음모로 인해서 히틀러의 광포한 기질이 폭발했다. 혐의자들에 대한 그의 보복은 가혹했다.

★ ★ ★ ★ ★

7월 18일로 예정된 몽고메리의 전면 공격이 임박했다. 연합군 공군의 폭격에 이은 영국 육군의 공격에는 3개 군단이 나섰다. 그러나 독일 공군은 제대로 저지하지 못했다. 캉의 동쪽에서는 전과가 아주 좋았다. 그러나 흐린 하늘 때문에 우리 비행기들이 제대로 움직일 수가 없어 미군 지역의 돌파 작전은 일주일 지연되었다. 나는 그때가 셰르부르를 가볼 수 있는 기회라고 생각하고, "오디"항에서 며칠 지내려는 계획을 세웠다. 20일, 미 육군 항공기 다코타 호를 타고 셰르부르 반도의 비행장으로 바로 가서 미군 지휘관의 안내로 항구 전체를 둘러보았다. 거기서 비행폭탄 발사대를 처음으로 보았다. 아주 정교한 장치였다. 독일군이 도시에 가한 파괴의 참상에 놀랐는데, 항구가 정상적으로 움직이려면 시간이 더 필요할 수밖에 없다는 사실에 참모진들의 실망감을 이해하게 되었다. 항구 연안 해역에는 접촉 기뢰가 부설되어 있었다. 따라서 불과 몇 명의 영국 잠수부가 생명의 위험을 무릅쓰고 밤낮으로 제거 작업을 했다. 미국 병사들이 잠수부들에게 뜨거운 격려를 보냈다. 자동차로 위험한 먼 길을 달려 유타 비치라고 이름 붙인 미군 담당 해변 교두보를 살펴보고, 다시 영국 어뢰정을 타고 거친 수로를 헤치고 아로망쉬에 갔다. 사람이 나이가 들면 멀미를 덜 하는 것 같았다. 배를 타고 가는 동안 전혀 이상이 없었고, 오히려 우리 인공항구의 잔잔한 해역에 도착할 때까지 편하게 잠을 잤다. 나는 순양함 엔터프라이즈 호에서 사흘을 머물렀는데, 항구의 전체적인 기능을 시찰하면서 그 시설에 우리 상륙군이 전적으로 의존하고 있다는 사실을 확인했다. 그와 동시에 나는 함상에서 런던의 업무를 모두 처리했다.

야간에는 몹시 소란스러웠다. 단 한 기의 적기라도 나타나면 여러 차례 공습경보가 울리는 일이 잦았다. 낮에는 오래 전부터 내가 관심을 가졌던 부두의 잔교와 해변에서 물자와 군대를 양륙하는 전체 과정을 보며 학습을 했다. 한번은 6척의 탱크 상륙용 주정이 나란히 해변으로 들어왔다. 뱃머리가 지면에 닿자 도개교 같은 철판이 앞으로 열렸고, 각 주정마다 서너 대씩의 탱크가 물을 튀기면서 뭍으로 올라왔다. 내 스톱워치로는 단 8분 만에 탱크가 도로 위에 열을 지어 전투 준비를 완료했다. 참으로 인상적인 광경이었는데, 대체로 모든 양륙이 그러한 속도로 이루어지고 있었다. 나는 또 미군의 수륙 양용 트럭(D.U.W.K.)이 항구의 물살을 헤치고 나와 해안으로 오른 뒤, 급히 언덕을 달려 보급품을 여러 단위로 쌓아놓은 화물 집적장으로 가는 것을 흥미롭게 구경했다. 계획했던 것보다 훨씬 더 큰 성과를 내는 그 수송 능력은 우리에게 신속한 승리를 가져다줄 전투를 약속하는 것이나 다름없었다.

아로망슈에서 보낸 마지막 날, 내륙으로 몇 킬로미터 안쪽에 위치한 몽고메리의 사령부를 방문했다. 대작전을 앞둔 전날 밤, 그는 사기가 충만해서 나에게 세부 계획을 설명해주었다. 그가 이끄는 대로 폐허가 된 캉 시가지와 강 건너편을 둘러보고, 영국군 담당 전선의 다른 지역까지 찾아갔다. 몽고메리는 적으로부터 나포한 비행기 슈토르히[독일의 단거리 이착륙 정찰기. 정식 명칭은 Fi156기이며 황새라는 뜻/역주]를 내주었다. 공군사령관이 직접 조종한 적기를 타고 나는 영국 진지 상공을 비행했다. 슈토르히는 유사시 어디에든 착륙이 가능했으며, 지상에서 불과 몇백 미터 떨어진 상공을 날아다닐 수 있기 때문에 정찰용으로는 다른 어떤 것보다 나았다. 공군 기지도 여러 곳을 방문했는데, 장병들과 이야기를 나누기도 했다. 마지막으로 들른 곳은 야전 병원이었다. 전투가 없어 조용한 날이었음에도 불구하고 부상자들이 조금씩 들어왔다. 심각한 수술을 앞둔 불운의 병사 한 명이 마취제를 맞기 위해서 수술대 위에 누워 있었다. 발걸음을 옮기려 할 때 병사가 나를 보고 싶다고 했다. 그는 힘없이 웃으며 내 손에 입을 맞추었다. 순간 나는 깊은 감동을 느꼈다. 후에 그 수술이 아주 성공적으로 끝났다는 소식을 듣고 나는 무척 기뻤다.

★　★　★　★　★

독일군 제15군을 센 강 배후에서 저지하라는 명령은 취소되었고, 적은 그때까지 전투에 참여하지 않은 몇 개 사단을 악전고투하고 있는 제7군을 지원하도록 파견했다. 독일군은 철도와 도로로 혹은 파괴된 교량을 대신하여 거룻배로 센 강을 건넜는데, 우리 공군의 공격으로 매우 지체되었을 뿐만 아니라 많은 사상자를 냈다. 그나마 도착한 증원 부대는 이미 국면을 전환시키기에는 너무 늦었다.

마침내 오마 브래들리 장군의 지휘로 전개될 미군의 대돌파 작전 개시 시간이 왔다. 7월 25일, 미군 제7군단은 생 로에서 남쪽 방면으로 공격했다. 이튿날에는 제8군단이 오른쪽에서 합류했다. 미국 공군의 폭격이 철저하게 이루어져, 보병의 공격은 순조로웠다. 이어서 기갑부대가 맹렬하게 쿠탕스의 요충지로 쇄도했다. 그리하여 노르망디 해안에서 남하하려던 독일군의 퇴로가 차단되었고, 비르 강 서쪽의 독일군 방어선 전체가 위험에 빠져 큰 혼란이 일어났다. 후퇴하는 독일군 부대로 도로는 꽉 막혔고, 연합군 폭격기와 전투폭격기가 적의 병력과 차량에 막대한 피해를 입혔다. 진격은 계속되었다. 7월 31일에 아브랑쉬를 점령했고, 곧 이어 브르타뉴 반도로 통하는 바다 모퉁이가 열렸다. 그와 동시에 크레라르 장군이 이끄는 캐나다군은 캉에서 공격을 시작하여 팔레즈 가도로 내려갔다. 그러자 4개의 독일군 기갑사단이 맞섰다. 전체 전선을 지휘하고 있던 몽고메리는 영국군의 공격 방향을 다른 전선으로 돌리면서, 뎀프시 장군 휘하의 영국군 제2군에 코몽에서 비르 쪽으로 다시 밀어붙이라는 명령을 내렸다. 다시 공군의 대폭격을 앞세운 다음, 7월 30일에 진격을 시작하여 며칠 뒤 비르에 도착했다.

8월 7일, 나는 비행기를 타고 다시 몽고메리의 사령부로 갔다. 몽고메리가 지도를 가지고 전황을 상세하게 설명했다. 그때 나를 브래들리에게 안내할 미군 대령 한 사람이 들어왔다. 그들은 미군이 싸우면서 진군한 노선에서 도시와 촌락이 파괴된 처참한 광경을 잘 살펴볼 수 있도록 내가 거쳐 갈 길을 계획해두었다. 모든 건물은 공중폭격으로 철저히 부서져 있었다. 브래들리 사령부에는 오후 4시쯤 도착했다. 장군은 아주 공손하게 나를 맞이했지만, 엄청난 긴장감이 감돌고 있었다. 전투는 절정에 이른 상황이었고, 각종 보고가 몇 분마다 하나씩 들어오고 있었다. 나는 체류 시간을 줄이고 자동차를 이용하여 대기중인 비행기로 돌아왔다. 비행기에 막 탑승하려는데, 뜻밖에 아이젠하워가 도착했다. 런던에서 자신의 전방 사령부로 왔다가, 내 소식을 듣고 맞이하러 온 것이었다. 그는 아직 몽고메리로부터 전장의 군대에 대한 지휘권을 넘겨받기 전이었음에도 불구하고, 빈틈없는 자세로 모든 것을 지휘 감독하고 있었다. 그는 스스로 타인에게 위임한 권한을 훼손하지 않으면서 막중한 일을 다룰 줄 아는 탁월한 인물이었다.

★ ★ ★ ★ ★

패턴 장군이 지휘하는 미군 제3군 역시 이미 편성이 완료되어 전투에 참여하고 있었다. 패턴은 서부와 남부 방면으로 진격하여 브르타뉴 반도의 적을 소탕하기 위해서 2개 기갑사단과 3개 보병사단을 파견했다. 퇴로가 끊긴 적은 즉시 그들의 요새화한 항구를 향해서 도망쳤다. 3만 명에 달하는 프랑스 레지스탕스 부대가 뛰어난 활약을 보여, 브르타뉴 반도는 금방 점령할 수 있었다. 8월 첫 번째 주말에는, 약 4만 5,000명의 독일군 수비대와 4개 사단의 잔여병력이 생 말로, 브레스트, 로리앙 그리고 생 나제르 등지의 방어 지구로 몰려들어갔다. 그들은 거기에 그대로 갇히게 되었으므로, 자멸하도록 내버려두는 편이 바로 공격을 퍼부어 불필요한 아군의 손실을 초래하는 것보다 나았다.

그렇게 브르타뉴의 적을 소탕하거나 묶어놓은 뒤, 패턴 군대의 잔여 부대는 동쪽으로 "긴 갈고리" 형태의 길을 따라 루아르와 파리 사이의 틈을 통과하여 센 강 아래쪽에서 루앙을 바라보게 되었다. 8월 6일에는 라발에 입성했고, 이어서 9일에는 르 망을 점령했다. 넓은 그 모든 지역 어디에서도 독일군은 거의 찾아볼 수 없게 되었다. 어려움이 있다면, 오직 진격하는 미군에 대한 보급로가 멀다는 것이었다. 제한된 방식의 공중 수송을 제외하면, 모든 것은 해변의 최초 상륙 지점으로부터 노르망디 서해안으로 남하한 다음 아브랑쉬를 거쳐 전선으로 보내야 했다. 따라서 아브랑쉬에서 병목 현상이 일어나게 되었는데, 그로 인하여 독일은 바로 부근의 팔레즈에서 서쪽으로 돌아 아브랑쉬를 공격할 기회를 엿볼 수 있었다. 히틀러는 그 유혹을 떨쳐버리지 못했고, 최대한의 전력으로 모르텡을 공격한 뒤 아브랑쉬에 돌입하여 패턴의 수송로를 차단하라고 명령했다. 독일 지휘관들은 이구동성으로 그 계획을 비판했다. 노르망디 전투에서 이미 패배를 인정한 지휘관들은 북쪽의 제15군에서 막 도착한 4개 사단을 센 강 쪽으로 질서정연하게 퇴각하는 데 이용하기를 원했다. 새 부대를 서쪽에 투입하는 것은 그들을 완전히 단절시켜 "목을 내미는" 행위나 다름없다는 생각이었다. 그러나 히틀러는 고집을 꺾지 않았다. 8월 7일, 5개의 기갑사단과 2개의 보병 사단이 동쪽에서부터 모르텡을 격렬하게 공격하기 시작했다.

독일군의 일격을 맞은 것은 미군 1개 사단이었는데 잘 버텼으며, 곧 3개 사단이 지원에 나섰다. 닷새 동안의 치열한 전투와 집중 공중 폭격이 이루어진 끝에 적은 혼란에 빠져 물러났다. 그리고 독일 장군들이 예견한 대로, 팔레즈에서 모르텡에 이르는 돌출부 전체가 세 방향으로부터 집중 공격을 받았다. 연합군 공군은 좁고 긴 지대에 갇혀 혼란을 극한 독일군을 맹공했고, 포대의 포격은 그들을 참상의 도가니로 몰아넣었다. 독일군은 팔레즈와 아르장탱 사이의 좁은 지역에서 거세게 저항했으며, 기갑부대를 앞세워 수단과 방법을 가리지 않고 탈출을 시도했다. 그러나 8월 17일이 되자 적의 지휘 체계는 완전히 무너졌고, 혼란에 빠졌다. 8월 20일 적의 저항선의 입구는 완전히 폐쇄되었다. 상당수는 동쪽으로 도주했다. 적어도 독일군 8개 사단 병력이 섬멸 상태였다. 팔레즈의 포위망은 그대로 그들의 무덤이 되고 만 것이다. 폰 클루게는 히틀러에게 보고했다. "적의 제공권은 압도적이어서 우리의 모든 움직임을 꼼짝 못 하게 했습니다. 적의 행동은 사전에 계획된 대로 공군의 엄호 아래 이루어지고 있습니다. 인명과 장비의 손실은 막대합니다. 끊임없이 계속되는 적의 가공할 포격 때문에 부대의 사기가 극도로 저하되어 어려움이 많습니다."

브르타뉴 반도를 휩쓸며 "짧은 갈고리" 형태의 우회 작전으로 팔레즈 승리에 기여한 미군 제3군은 르 망에서 동쪽과 북동쪽으로 3개 군단을 진격시켰다. 그들은 8월 17일에 오를레앙, 샤르트르, 그리고 드뢰에 도착했다. 거기서 다시 북서쪽으로 방향을 틀어 루앙을 향해 진군하고 있던 영국군과 합류하려고 했다. 영국군 제2군의 진격은 다소 지체되고 있었다. 팔레즈 전투를 끝낸 뒤 재조직이 필요했고, 그 사이 적군이 후미 진지를 보수했기 때문이었다. 그러나 추격전은 맹렬히 계속되었고, 모든 독일군은 거센 공습을 감수하며 센 강 남쪽에서 도강하여 퇴각하기 위한 방법을 필사적으로 강구했다. 종전의 폭격으로 파괴된 교량은 전혀 보수되지 못한 상태였으나, 몇 개의 부교(浮橋)와 비상용 도선의 이용이 가능했다. 그렇지만 차량은 겨우 몇 대만 옮길 수 있을 뿐이었다. 수많은 수송 차량이 루앙 남쪽에 방치되었다. 따라서 강을 건너 탈출에 성공한 병사들은 더 이상 저항할 수 있는 상황이 아니었다.

★ ★ ★ ★ ★

최고사령관 아이젠하워는 파리 전투는 피하기로 결심했다. 스탈린그라드와 바르샤바의 전례를 보더라도, 정면 공격으로 인한 피해나 애국적 봉기로 인한 결과가 얼마나 공포스러운 것인지 증명되었으므로, 수도를 포위하여 수비대가 항복하거나 도주하도록 압박하는 방식을 택하기로 결정했다. 8월 20일, 행동 개시의 날이 왔다. 패턴은 망트 부근의 센 강을 건넜고, 오른쪽 부대가 퐁텐블로에 이르렀다. 프랑스 지하 운동 부대가 봉기를 했고, 경찰은 파업에 돌입했다. 관청은 애국운동가들이 장악했다. 레지스탕스 부대 장교 한 명이 중요한 내용이 담긴 보고서를 가지고 패턴 사령부로 찾아왔고, 그것은 수요일 아침 르 망의 아이젠하워에게 전달되었다.

패턴 휘하에 배속된 프랑스 제2기갑사단은 르클레르 장군이 이끌었는데, 8월 1일 노르망디에 상륙한 다음 진격에서 제 역할을 충분히 했다. 같은 날 드골 역시 프랑스에 들어왔다. 그는 연합군 최고사령관에게서 오래 전부터 합의된 대로 때가 되면 르클레르 부대가 가장 먼저 파리에 입성하는 약속을 받아냈다. 그날 저녁 수도에서 시가전에 벌어지고 있다는 소식이 들어오자, 아이젠하워는 르클레르에게 진군을 지시했다. 8월 23일자로 발령된 작전 명령은 이렇게 시작되었다. "임무(1) 파리 점령……"

8월 24일, 1940년 5월 전사한 프랑스 제1집단군 사령관의 아들 비요트 대령이 이끄는 주공격 부대가 오를레앙에서 북상하기 시작했다. 그날 밤 탱크 선봉 부대가 도를레앙 문에 도착했고, 이어서 시청 앞 광장으로 진입했다. 다음날 이른 아침, 비요트의 탱크 부대는 시테 섬 맞은편의 센 강 양안을 점령했다. 오후가 되자 독일 지휘관 폰 콜리츠 장군은 사령부 건물로 사용하던 뫼리스 호텔에서 완전히 포위되었다. 폰 콜리츠는 르클레르 앞에 서게 되었다. 그로써 됭케르크에서 시작하여 차드 호수[아프리카 중서부에 있는 호수/역주]를 거쳐 다시 조국에 이르는 긴 여정의 종지부를 찍게 되었다. 르클레르는 낮은 목소리로, 그러나 강하게 자신의 감회를 터뜨렸다. "이제야 돌아왔다." 그리고 항복한 적장에게 독일어로 자신을 소개했다. 짧고 간명한 대화가 오간 뒤, 수비대의 항복 문서에 서명이 이루어졌다. 남아 있던 시가지의 방어 거점은 레지스탕스와 정규군이 하나씩 모두 점령했다.

시가지에서는 환희에 넘친 시위가 벌어졌다. 독일군 포로들에게 침을 뱉었고, 부역자들은 조리를 돌렸다. 그리고 해방군들에게는 열광적인 환호를 보냈다. 바로 그러한 광경 속에서 그토록 오랫동안 기다려왔던 드골이 개선했다. 시청사에 레지스탕스 주요 간부들과 르클레르 장군 그리고 쥐앵을 대동한 드골은 열광하는 군중 앞에 자유 프랑스의 지도자로서 처음으로 모습을 드러냈다. 열정적인 지지와 환호가 끊임없이 터져나왔다. 8월 26일 오후, 드골은 공식적인 개선 행사를 열었다. 샹젤리제를 걸어 콩코드 광장까지 간 다음, 자동차를 타고 열을 지어 노트르담에 이르렀다. 노트르담 성당 안팎에서 몰래 잠입한 나치 부역자들이 발포했다. 군중들이 흩어지면서 일순 아수라장이 되었으나, 잠시 후 정리가 되었다. 파리 해방의 엄숙한 행사는 계속 이어졌고, 무사히 마쳤다.

★ ★ ★ ★ ★

8월 30일까지, 우리 부대들은 여러 지점에서 센 강을 건넜다. 적군의 손실은 엄청났다. 사상자는 40만 명이었는데 그 중 절반이 포로였으며, 1,300대의 탱크, 2만 대의 차량, 1,500문의 야전포를 잃었다. 독일군 제7군과 그 증원 부대는 모두 와해되었다. 상륙 직후 연합군의 진격은 악천후와 히틀러의 오판으로 지연되었다. 그러나 한 차례 전투가 끝나자 모든 것이 빠른 속도로 진척되어, 원래 계획보다 엿새를 앞당겨 센 강에 도착했다. 노르망디의 영국 전선은 속도가 느렸다는 이유로 비판의 도마 위에 올랐다. 그리고 그 뒤의 국면에서 이루어진 미군의 장대한 진군은 영국군의 활약에 비하면 대작전의 대성공에 단단히 제 몫을 한 것처럼 보였다. 그러므로 여기에서 강조하지 않을 수 없는 사실은, 작전의 전반적 계획이 영국 전선을 회전축으로 삼아 적의 예비 부대를 끌어들여 미군의 선회 이동을 용이하게 만들었다는 것이다. 그러한 목표는 단호한 결의와 치열한 싸움을 통해서 성취할 수 있었다. 아이젠하워 장군은 공식 보고서에 이렇게 썼다. "캉과 팔레즈의 격렬한 전투에서 영국군과 캐나다군이 그렇게 큰 희생을 치르지 않았더라면, 다른 모든 지역에서 이루어진 연합군의 장대한 진군은 없었을 것이다."

제14장

이탈리아와 리비에라 상륙

노르망디 해방은 1944년 유럽 작전에서 가장 중요한 사건이기는 했지만, 나치 독일에 대한 여러가지 집중 공격 형태 중 하나였을 뿐이다. 동쪽에서는 러시아군이 폴란드와 발칸 지역으로 쇄도했으며, 남쪽 이탈리아의 알렉산더 부대는 포 강을 향해 진격하는 중이었다. 다음은 지중해에서 어떻게 행동할 것인가를 결정해야 할 단계였다. 그런데 유감스럽게도 고도의 전략적인 문제와 관련하여 우리와 미국 사이에 처음으로 중대한 견해 차이가 발생했다.

1943년 11월의 테헤란 회담에서 장시간 논의한 끝에, 유럽의 최종 승리에 대한 구상의 윤곽을 잡았다. 그때의 여러 결정이 여전히 우리 계획의 지침이 되었으며, 언제든 그 내용은 기억될 수 있었다. 최우선으로 중요한 것은 "대군주" 작전을 수행하기로 한 약속이었다. 그것은 단연 압도적인 과제였으며 최대의 임무라는 사실에 대해서 이의를 제기할 사람은 아무도 없었다. 그러나 우리는 여전히 지중해에 강력한 병력을 운용하고 있었기 때문에 의문을 제기하지 않을 수 없었다. 그들은 도대체 무엇을 해야 한다는 말인가? 우리가 일찍이 결정했던 것은 로마를 점령하여 남부 독일의 폭격에 필요한 부근의 비행장을 확보하고, 피사-리미니 선까지 이탈리아 반도를 진격하여 북상함으로써 가능한 한 많은 독일 사단을 묶어둔다는 계획이었다. 그것뿐만이 아니었다. 제3의 작전에 대해서도 합의가 되었는데, 육해공의 남프랑스 상륙 계획이었다. 바로 그 계획과 관련해서 의견 충돌이 발생했던 것이다. 애당초 그 작전은 독일군 병력을 리비에라에 묶어두어 노르망디 전투에 가담하지 못하게 하기 위한 위장 또는 위협용 전술의 일환이었다. 그러나 미국 측은 10개 사단을 동원하여 실제로 공격을 하자고 밀어붙였고, 스탈린 역시 지지했다. 나는 이탈리아에서 멋진 성공을 거둘 별도의 복안이 있었음에도 불구하고, 대체로 버마[미얀마]에서 불필요한 의견 대립이 생기는 것을 막을 의도로 그러한 계획의 변경을 받아들였다. 그 작전명은 "모루"였다.

그러나 그 작전에는 여러 가지 조건이 개재되어 있었다. 많은 부대가 이탈리아로부터 올 수밖에 없었는데, 그들은 무엇보다 먼저 로마와 주변 비행장을 장악하는 중대한 임무를 완수해야만 했다. 그전에는 알렉산더 휘하의 병력을 할애할 수가 없었다. "모루" 작전이 시작되기 이전에 로마를 함락시켜야 했다. 그리고 "모루"의 작전 개시는 최소한 "대군주"보다 늦어서는 안 되었다. 그 부대들이 노르망디의 아이젠하워 군대와 합류하기 위해서는 가야 할 길이 멀었다. 그리고 제때에 상륙하지 못하면 지원하기에는 너무 늦어 해변의 전투는 이미 종료되고 말 터였다. 모든 것은 로마 점령에 달려 있었다. 테헤란에서 판단할 때에는 이른 봄이면 로마에 당도할 것이라고 확신했다. 그러나 이미 불가능한 것으로 판명되었다. 로마 점령에 박차를 가하기 위해서 안치오를 습격하면서 독일군 8개 내지 10개 사단을 주요 전장으로부터 유인할 수 있었다. 그렇지 않았으면 "모루" 작전으로 그보다 조금 더 많은 독일 병력을 리비에라 해안으로 끌어들였을 것이다. 따라서 그로써 "모루" 작전의 목표는 이미 달성된 것이었다. 그럼에도 불구하고 마치 아무 일도 없었다는 듯이 리비에라 계획은 계속 진행되었다.

다소 모호한 상태로 유예된 "모루" 작전과는 관계없이, 이탈리아에 주둔하던 군대 중 최정예 몇 개 사단은 즉시 "대군주" 작전을 지원하도록 배속되어 1943년이 저물기 전에 영국으로 건너갔다. 따라서 알렉산더의 군대는 전력이 약화된 반면, 케셀링 부대는 다소 증강되었다. 독일은 이탈리아의 병력을 증강했으며, 우리의 안치오 급습의 위기를 잘 극복하고 디데이 직전까지 우리의 로마 입성을 저지했다. 당연히 치열한 전투 때문에 프랑스로 보낼 수 있었던 적의 중요한 예비 병력을 붙잡아두게 되었고, 그로 인하여 결정적인 초기 국면의 "대군주" 작전에 확실한 도움이 되었다. 그러나 지중해에서 우리의 진군은 상당한 지장을 받게 되었다. 게다가 상륙용 주정 또한 장애 요소였다. 대부분의 주정은 "대군주" 작전에 동원되어 있었다. 상륙용 주정이 돌아올 때까지 "모루" 작전은 제대로 추진될 수 없는 형편이었는데, 노르망디의 사정에 따라 언제 복귀할 수 있을지 알 수 없는 상황이었다. 그러한 요인들은 이미 오래 전부터 예상했던 것으로, 멀리 3월 21일로 거슬러올라가 지중해 총사령관 메이트랜드 윌슨 장군은 "모루" 작전이 7월 하순 이전에 개시할 수 없을 것으로 전망된다는 보고까지 한 바 있었다. 그 뒤에는 8월 중순경으로 늦추어지더니, 나중에는 "대군주"를 돕는 최선의 길은 리비에라 공격을 포기하고 이탈리아에 집중하는 것이라고 밝혔다. 윌슨과 알렉산더 두 장군 모두 공동의 목표에 가장 잘 기여할 수 있는 방안은 모든 가용 자원을 포 강 협곡에 집중하는 것이라고 생각했다. 그런 뒤에 트리에스테에서 내려다보이는 트리에스테 남쪽 아드리아 해 상부에 위치한 이스트리아 반도로 수륙 양면 상륙 작전을 펼치면, 류블랴나 협곡을 통과하여 오스트리아나 헝가리로 진입한 다음 전혀 다른 방향에서 독일의 심장부를 찌를 수 있다는 매혹적인 전망이 보였다.

6월 4일, 로마가 함락되자 문제가 다시 제기되었다. "모루" 작전을 계속 추진해야 하는가, 아니면 새로운 계획을 수립해야 하는가?

당연하게도 아이젠하워 장군은 가능한 모든 수단을 동원하여 북서유럽의 공격을 강화하고 싶어했다. 이탈리아 북부 작전의 전략적 가능성은 그에게 아무런 관심을 불러일으키지 못했다. 다만 "모루" 작전을 빨리 끝내는 데에 도움이 된다면, 상륙용 주정을 돌려보내는 것에는 동의하는 정도였다. 미국 3군 참모총장들은 가장 중요한 요소에 최대의 병력을 집중시킨다는 아이젠하워의 강경한 태도를 지지했는데, 그들의 눈에 그곳은 오직 북서유럽이었다. 대통령 역시 견해가 같았는데, 그는 여러 달 전 테헤란에서 스탈린과 합의했던 것을 잊지 않고 있었다. 이탈리아에서 발생한 작전의 지연이 모든 것을 바꿔놓고 말았다.

루스벨트는 류블랴나 협곡[북부 디나르알프스 산맥의 높은 산들로 둘러싸인 저지대. 류블랴나는 슬로베니아의 수도이다/역주]을 통과하는 진격은 독일군을 견제할 수는 있지만, 프랑스의 독일군 사단을 유인할 수는 없을 것이라고 생각했다. 따라서 그는 이탈리아에서의 영국군 작전을 포기하고 "모루" 작전을 수행해야 한다고 주장했다. "내 생각에는 영국과 미국의 자원으로 제각기 중요한 임무가 부여된 두 개의 주요 전장을 유럽에서 동시에 감당할 수는 없다"고 이유를 말했다. 영국 3군 참모총장들은 정반대의 견해였다. 리비에라 상륙보다는 이탈리아에 있는 병력을 해로로 아이젠하워에게 직접 보내는 편이 낫다고 생각했다. 영국 참모총장의 주장은 통찰력이 있었다. "'모루' 작전을 충분히 성공할 수 있도록 추진하려면 알렉산더 장군 휘하의 병력이 약화되고, 따라서 그 잔여 부대로는 다른 작전을 할 수 없게 될 것이다."

그러한 의견의 정면충돌 사태를 맞아 양측에서 서로 진지하고 우호적으로 토의했지만, 결국 대통령과 내가 해결할 수밖에 없었다. 그 때문에 또 전문이 오갔다.

내가 보낸 6월 28일자 전문은 이러했다.

"우리 3군 참모총장들 사이의 의견 충돌로 인한 혼란은 심각한 상황을 초래했습니다. 무엇보다 우리가 바라는 것은 가장 신속하고 효과적인 방식으로 아이젠 하워를 돕는 일입니다. 그러나 그 때문에 지중해의 대과업을 전부 수포로 돌아 가게 해서는 안 된다는 것이 우리의 생각입니다. 만약 그렇게 된다면, 우리는 아주 힘들 수밖에 없습니다.…… 귀하께서 직접 이 문제에 대해서 세부적으로 검토해주시기를 바랍니다.…… 테헤란에서 이스트리아 문제에 관해서 귀하께서 제게 했던 말씀을 기억해주시기 바랍니다. 그리고 테헤란 회담 전체 회의에서 제가 제안했던 내용을 잊지 않으시기 바랍니다. 지금 당장 결정해야 할 문제는 아닐지 모르나, 제 마음속에 깊이 각인되어 있는 것입니다."

대통령의 회신은 곧 왔으나, 내용은 반대였다. 그는 스스로 테헤란의 "대 전략(grand strategy)"이라고 불렀던 "대군주" 작전을 완전히 수행하면서, 이 탈리아에서 승리의 진군과 동시에 남프랑스의 조기 공격의 감행을 결심한 것이었다. 정치적 목적이 중요할지 모르나, 그것을 달성하기 위한 군사 작 전은 독일의 심장부를 타격하는 데에 유용한 유럽 군사 행동이 주가 되어야 한다는 주장이었다. 스탈린도 "모루" 작전을 지지하면서 지중해의 다른 모 든 작전을 그보다 덜 중요한 것으로 치부해버렸기 때문에, 루스벨트는 "모 루"를 포기하는 데에는 스탈린의 동의가 필요하다고 입장을 밝혔다. 대통령 의 전문은 계속 이어졌다.

본인의 관심과 희망은 **이탈리아에서 충분한 노력을 다하기 위하여 필요한 곳에 서 군사 행동의 제약을 받기보다는*** 아이젠하워 전선에서 독일군을 격파하고 독 일로 진격하는 데 있습니다. "모루" 작전에 병력을 이동시키더라도, 이탈리아에 서 케셀링을 피사-리미니 북쪽으로 내몰고 계속 압박을 가해 그의 현재 병력 전체를 견제하는 데 충분하다고 확신합니다. 나는 독일이 우리의 북이탈리아 진

---

* 강조 표시는 저자가 한 것임.

격을 막기 위해서 윌슨 장군이 추측하는 바와 같이 10개 사단을 추가로 배치하리라고는 생각하지 않습니다.

우리는 이탈리아에서 즉시 5개 사단(미군 3개 사단과 프랑스군 2개 사단)을 차출하여 "모루" 작전에 투입할 수 있는데, 이것은 윌슨 장군도 확인한 사실입니다. 남아 있는 21개 사단에 독립 여단들을 합치면 알렉산더의 지상군은 여전히 적에 비해서 우세할 것이 확실합니다.

루스벨트가 이스트리아 반도 급습과 류블랴나 협곡을 통과하여 빈으로 진격하는 데 반대함으로써, 미국 군사 계획의 경직성과 루스벨트 자신이 "발칸에서의" 작전이라고 불렀던 것에 대한 기대가 별로 없다는 사실이 드러났다. 그는 주장하기를, 내 견해를 지지했던 알렉산더와 스뫼츠가 "당연하고도 인간적인 이유 때문에" 아주 중요한 두 가지 점에 대해서 충분히 고려하지 않는 쪽으로 기울었다는 것이었다. 첫째, 그 작전은 테헤란에서 결정한 "대전략" 구상에 위배된다는 것이었다. 둘째는, 그 작전은 장기화될 수밖에 없을 터인데, 우리가 6개 사단을 초과해서 전개할 수 없다는 사실을 감안하지 않았다는 것이다. 루스벨트는 이렇게 전문을 계속했다. "나는 미군을 이스트리아에 대해서 그리고 **발칸 반도**에 투입하는 데 동의하지 않습니다. 뿐만 아니라 프랑스 역시 프랑스군을 그러한 곳에 사용하는 데 찬성하리라고 보지 않습니다.…… 순전히 정치적인 측면에서 고려할 경우, **만약 상당한 규모의 병력을 발칸 쪽으로 돌린 사실이 국민들에게 알려지면**, '대군주' 작전에서 사소한 실패만 생겨도 본인은 용서받을 수 없을 것입니다."

그 문제와 관련하여 군대를 발칸 반도로 이동시켜야 한다고 생각한 사람은 아무도 없었다. 그러나 이스트리아와 트리에스테는 전략적으로나 정치적으로나 요충지여서, 루스벨트 자신도 분명히 생각한 바와 같이 러시아군의 진격 이후에 대단한 반향을 불러일으킬 만한 곳이었다. 당분간 나는 내 주장을 포기하기로 했고, 7월 2일 윌슨 장군은 8월 15일을 기하여 프랑스 남부를 공격하라는 명령을 받았다. 즉시 준비가 시작되었다. 그런데 여기서 독자들이 알아두어야 할 것은, 작전명이 "모루"에서 "용기병(龍騎兵, Dragoon)"으로 변경되었다는 사실이다. 적이 우리의 원래 암호명을 알 수 있는 경우에 대비한 조치였다.

★ ★ ★ ★ ★

8월 초 노르망디의 전장에 뚜렷한 변화가 일어났으며, 큰 규모의 전개를 눈앞에 두고 있었다. 8월 7일, 포츠머스 부근의 아이젠하워 사령부를 찾아가서 남프랑스 공격을 중단해야 한다는 나의 마지막 희망을 털어놓았다. 화기애애한 분위기에서 점심식사를 한 다음, 우리는 오랫동안 심각한 이야기를 나누었다. 아이젠하워는 베델 스미스와 램지 제독을 배석시켰다. 선박 이동 문제가 요점 중의 하나였기 때문에, 나는 해군참모총장을 대동했다. 간단히 말해서 "용기병" 작전에 파견할 병력을 계속 승선시키되, 지브롤터 해협을 거쳐 보르도를 통해 프랑스로 들어가자는 것이 나의 제안이었다. 그 방법에 관해서 영국 3군 참모총장들은 오랜 시간 동안 숙고했는데, 가능하다는 결론에 도달했다. 나는 대통령에게 보냈으나 아직 답신은 받지 못한 전문을 아이젠하워에게 보여주면서, 그가 확신을 가질 수 있도록 최선을 다했다. 두 해군참모총장들은 강력한 어조로 내 말에 동조했다. 그러나 램지 제독은 기존의 계획에 어떠한 변경도 있어서는 안 된다는 입장을 고수했다. 반면 베델 스미스는 공격의 급격한 변화를 강력하게 찬성했다. 우리 해군력으로 모든 기습을 수행할 수 있다고 보았다. 아이젠하워는 그의 참모장의 의견에 대해서 결코 화를 내지 않았다. 아이젠하워는 일단 결정되고 나면 무엇이든 충실하게 실행에 옮기도록 했지만, 그 이전까지는 아주 자유롭게 의견을 발표하도록 분위기를 조성했다.

어쨌든 나는 아이젠하워의 동의를 얻는 데 실패하고 말았는데, 이튿날 대통령으로부터 답신을 받았다. "내가 충분히 생각한 결과는, 가능한 한 빠른 시일 내에 계획한 대로 '용기병' 작전을 개시해야 한다는 것입니다. 작전은 성공할 것이며, 아이젠하워가 프랑스에서 독일군을 몰아내는 데 큰 기여를 하게 될 것임을 확신합니다."

더 이상 할 수 있는 일은 없었다. 7월 중에 유럽과 극동 지역으로 진출한 그 위용의 미군의 병력이 전쟁이 개시된 이래 최초로 우리 영국군의 병력을 능가했다. 연합군의 작전은 언제나 증원군의 규모에 큰 영향을 받았다. 그러므로 만약 그러한 전략적 문제에 관해서 영국의 견해가 받아들여졌더라도, 작전의 전술적 준비 때문에 약간의 시일이 지체되었을 터이다. 그렇게 되면 다시 상당한 시비가 일어났을 것이다.

나는 이탈리아 방문을 결심했다. 서신보다는 현장에서 직접 해결할 수 있는 일이 많아 보였기 때문이다. 결과적으로 그렇게 많은 요구를 받아들이고 양보를 하게 만든 우리 지휘관들과 부대들을 직접 찾아보는 일은 매우 유익할 것이라고 판단했다. 알렉산더의 군대는 상당히 약화된 상태였지만, 또다른 공격을 준비중이었다. 나는 티토를 만나고 싶었다. 그는 비스 섬에서 우리 군대의 보호를 받고 있었던 만큼 이탈리아로 금방 올 수 있었다. 그리스 수상 파판드레우 역시 그의 측근 몇몇과 함께 카이로에서 이탈리아로 오는 것이 가능했다. 독일군이 물러나면 그를 아테네로 복귀시킬 계획을 세울 수 있었다. 8월 11일 오후, 나는 나폴리에 도착했다. 내가 묵기로 정해진 곳은 좀 황량한 그러나 궁전 같은 리발타 빌라였는데, 베수비우스 화산과 바다쪽 만의 장려한 경관이 보이는 저택이었다. 윌슨 장군은 다음날 아침 티토, 그리고 페타르 왕의 유고슬라비아 런던 망명정부의 새 수상이 된 수바시치와 함께 할 회담의 준비 내용에 대한 설명을 했다. 그 두 사람은 이미 나폴리에 와 있었고, 회의가 끝난 뒤 저녁 식사를 같이 하기로 예정되어 있었다.

8월 12일 아침, 티토 원수가 빌라로 올라왔다. 티토는 목 아래쪽이 꽉 조이는 황금색과 푸른색의 멋진 제복 차림이었는데, 찌는 듯한 날씨에는 어울리지 않았다. 나중에 안 사실이지만 그 제복은 러시아가 제공한 것이었고, 황금빛 레이스는 미국 제품이었다. 나는 매클린 준장과 통역을 대동하고 테라스에서 그를 만났다. 나는 티토 원수에게 윌슨 장군의 작전 상황실을 구경하자고 제안했고, 같이 안쪽으로 자리를 옮겼다. 험악한 인상을 한 두 명의 경호원이 티토를 따라왔는데, 모두 자동 권총을 소지하고 있었다. 티토는 불상사가 일어날 경우에 대비하여 경호원들과 함께 작전상황실로 들어가기를 원했다. 나는 가까스로 만류하는 데 성공했는데, 대신 만찬 때 그들이 경호할 수 있게 하겠다고 제안했다.

나는 그를 넓은 방으로 안내했다. 사방의 벽이 온통 전선의 지도로 뒤덮인 곳에서 오랫동안 대화를 나누었다. 내가 지도에서 이스트리아 반도를 가리키자 티토는 우리가 그곳을 공격하는 데 찬성했으며, 협력을 약속했다. 이어서 며칠 동안 우리는 유고슬라비아 전쟁을 위한 힘을 강화하고 집중시키는 데에 최선의 방안을 모색했다. 티토와 페타르 왕 사이의 불화를 해소할 방법에 대해서도 마찬가지였다.

8월 14일 오후, 윌슨 장군의 다코타 기를 타고 코르시카로 갔다. 내가 그토록 강력하게 반대했던 리비에라 상륙 작전을 보기 위해서였는데, 무사히 성공하기를 바라는 마음뿐이었다. 영국 구축함 킴벌리 호에 승선하여 미군 돌격대원을 가득 태운 보트들의 긴 대열이 생 트로페 만으로 끊임없이 밀려들어가는 광경을 목격했다. 해안으로 접근하는 선단에 대해서는 물론 해변에서도 적의 총소리는 전혀 들을 수 없었다. 아무것도 없는 것으로 보여 우리 전함들도 포격을 멈추었다. 8월 16일에 나폴리로 돌아갔는데, 전선의 알렉산더를 방문하기에 앞서 하룻밤을 쉬었다. "모루-용기병" 작전과 관련해서 나는 최소한의 할 바를 다했다. 가까이에서 관심 있는 부분을 지커볼 수 있었던 것은 아주 유익한 일이었다. 여기에 그 간략한 기록을 남겨 두고자 한다.

패치 장군 휘하의 제7군이 공격을 맡기 위해서 편성되었다. 프랑스군 7개 사단, 미군 3개 사단 그리고 영미 혼성의 공수사단으로 구성되었다. 최소한 6척의 전함, 21척의 순양함, 100척의 구축함이 엄호에 나섰다. 공군의 전력은 우리가 압도적으로 우세했으며, 남프랑스의 독일군 지역에서는 2만 5,000명 이상의 레지스탕스 대원이 봉기를 일으킬 준비를 마친 상태였다. 15일 이른 아침 칸과 예르 사이에서 상륙과 공격이 이루어졌다. 인명 손실이 거의 없는 가운데 미군은 신속하게 이동했다. 28일에는 이미 발랑스와 그르노블을 통과했다. 몽텔리마르에서 독일 기갑사단이 거세게 저항한 것을 제외하고는, 적군의 진지한 방어 행위는 없었다. 연합군의 전술 공군은 적의 수송로를 철저히 파괴했다. 노르망디에서 추격해온 아이젠하워 군대는 적의 후미를 잘라 공격하면서, 8월 20일에 퐁텐블로의 센 강에 도달했다. 닷새 뒤에는 벌써 트루아를 지났다. 명목상 5개 사단 규모인 독일 제19군의 잔존 병력은 5만 명의 포로를 우리 손에 남겨둔 채 총퇴각에 나섰다. 9월 3일에는 리옹을, 8일에는 브장송을 점령했다. 레지스탕스는 11일에 디종을 해방시켰다. 바로 그날 "용기병" 부대와 "대군주" 부대가 송베르농에서 합류했다. 남서부 프랑스의 삼각지대에서 그렇게 쇄도한 아군 부대들에 포위된 2만 명이 넘는 독일 제1군 잔존 병력은 자진해서 투항했다.

한마디로 요약하면, 1943년 11월 테헤란에서 애당초의 제안은 남프랑스를 기습함으로써 "대군주" 작전의 부담을 덜어주자는 것이었다. 시기는 노르망디 상륙 디데이를 전후한 각 일주일이었다. 그러나 그 사이에 벌어진 일들로 인하여 모든 것이 바뀌고 말았다. 지중해에서 우리가 공격을 개시할지 모른다는 위협 때문에 독일은 10개 사단을 리비에라에 주둔시켰다. 안치오 전투만 하더라도, 4개 사단에 상당하는 병력을 다른 전선에 배치할 기회를 잃게 만들었다. 안치오 전투 덕분에 우리 전선 전체가 전진할 수 있었으며, 로마 점령을 눈앞에 두고 북쪽에 설치한 적의 고딕 라인(Gothic Line)까지 위협하게 되자 독일군은 추가로 8개 사단을 급히 이탈리아에 파견했다. 그런데 로마 점령이 지연되고 지중해의 상륙용 주정을 "대군주"로 돌려보내는 바람에 "모루-용기병" 작전이 8월 중순까지, 처음 계획보다 적어도 2개월 더 늦어지게 된 것이다. 따라서 "대군주" 작전에는 아무런 도움이 되지 못한 셈이다. 뒤늦게 개시된 탓에 노르망디 전장으로부터 적의 병력 이동을 전혀 유인하지 못하게 되었다. 테헤란에서 우리가 생각했던 것과 실제는 많은 차이가 있었고, 결과적으로 "용기병" 작전은 아이젠하워가 대치했던 적의 병력을 분산시키는 데 실패한 것이다.* 아이젠하워를 돕기는커녕, 실제로는 아이젠하워가 론 계곡으로 후퇴하는 적군의 후미를 위협하여 "용기병" 작전을 지원한 셈이 되었다. 그러나 작전 수행의 결과 아이젠하워 전선 우측에 다른 군대가 와서 새로운 수송로를 열게 되었기 때문에, 중요한 기여를 한 사실을 부인할 수는 없었다. 거기에는 무척 값비싼 대가를 치러야 했다. 이탈리아의 아군은 독일군에 강력한 일격을 가할 기회를 잃고 말았을 뿐만 아니라, 러시아보다 먼저 빈에 입성할 시기를 놓쳐 거기서 기대할 수 있었던 수확까지 포기해야만 했다. 비록 내가 처음에는 "모루-용기병" 작전을 반대하여 무산시키는 데 안간힘을 쏟았지만, 일단 결정된 이후에는 당연하게도 전적으로 지지했다.

★ ★ ★ ★ ★

8월 17일 아침, 자동차를 타고 알렉산더 장군을 만나러 떠났다. 그가 승리를 거두고 로마에 입성한 뒤에는 처음 만나는 일이라 무척 반가웠다. 그는 나를 차에 태우고 엊그제의 카시노 전선을 따라가며 전투의 경과와 격전

---

* "용기병" 작전 군대가 아이젠하워 병력과 합류한 뒤 주요 작전에 처음 참가하게 된 것은 11월 중순이었다.

이 벌어진 장소를 설명하며 보여주었다. 저녁식사 때에는 주요 장교들을 불렀고 자신의 고충과 계획에 대해서 상세한 보고를 했다. 제15집단군은 그야말로 가죽만 남을 정도로 굶주리는 상황이었다. 우리가 품어왔던 그 원대한 계획을 포기할 수밖에 없는 지경이었다. 가능한 한 많은 독일군을 아군 전선에 묶어두는 일은 여전히 우리의 임무였다. 그 목적을 달성하려면 한 번은 공세를 취해야만 했다. 그러나 잘 통합된 독일군은 우리 전력에 못지않게 강했다. 게다가 아군은 매우 다양한 파견부대와 인종으로 구성된 혼성군이었다. 26일 아침에 전체 전선에서 공격을 개시하기로 계획되어 있었다. 우리의 우익은 아드리아 해까지 진격하기로 예정되었으나, 당면 목표는 리미니였다. 서쪽 방면은 알렉산더 휘하의 미군 제5군이 맡았다. 그 부대는 "모루" 작전 때문에 전력이 많이 약화되었지만, 조금도 굴하지 않고 진격할 태세였다.

8월 19일, 나는 레그혼의 마크 클라크 장군을 만나러 갔다. 그와 함께 바닷가 야외에서 점심을 먹었다. 우정과 신뢰 속에서 대화하는 가운데, 그 훌륭한 부대가 입은 상처가 지휘관인 그에게 얼마나 큰 고통이 되었는지 짐작할 수 있었다. 클라크 장군은 절호의 기회를 놓친 데 대해서 비통해했는데, 나도 공감하지 않을 수 없었다. 그럼에도 여전히 영국군 좌측에서 전력을 다해 진군하며 전체 전선에 불을 붙였다. 시에나의 저택으로 돌아왔을 때는 이미 늦은 시간이었고, 나는 몹시 지친 상태였다. 다시 나를 찾아온 알렉산더와 함께 식사를 했다.

행동에 영향을 미치는 큰 문제를 서면으로 결정하거나 설명하는 일은 정신적으로 부담을 준다. 그런데 현장에서 직접 보고 느끼게 되면 훨씬 더 깊은 자극을 받게 된다. 그 현장에는 무려 25개 사단에 해당하는 대군이 있었고, 4분의 1은 미군이었다. 그러나 전력은 점점 더 약화되어 어느덧 강력한 적의 방어에 맞서 기대할 만한 성과를 거두기 힘든 정도에 이르렀다. 아주 조금만 더, 다른 곳으로 차출된 병력의 절반 정도라도 더 있었더라면, 우리는 포 강 계곡까지 진격하여 빈까지 멋지게 진출할 수 있는 기회를 만들었을 것이다. 그러나 거의 100만에 가까운 우리 병력은 전략적 지휘 개념상 단지 부수적 역할만 할 수 있을 뿐이었다. 그래도 그 정도로는 적을 전선에 묶어두고 온갖 희생을 치르며 방어에 골몰하게 만들 수 있었다. 최소한의 자기 임무는 다할 수 있었다. 알렉산더는 군인답게 활기를 잃지 않았다. 그러나 나는 무거운 마음을 안고 잠자리에 들었다. 그러한 큰일에서 자신의 의지를 펼치는 데 실패하는 경우 차선의 해결책을 강구하는 수밖에 없었다.

★ ★ ★ ★ ★

26일까지는 알렉산더 부대의 공격이 시작될 것 같지가 않아, 나는 21일 아침 비행기를 타고 로마로 갔다. 거기에는 또 여러 문제와 새로운 이상한 명사들이 줄줄이 나를 기다리고 있었다. 먼저 해결해야 할 일은 당면한 그리스의 위기였는데, 내가 이탈리아를 방문한 중요한 이유 중의 하나였다. 독일군이 철수한다는 소문이 파판드레우 내각 내부에 흥분과 알력을 불러일으켰으며, 그동안 이루어졌던 그들의 공동 행보 이면의 취약하고 위선적인 기반이 실체를 드러냈다. 따라서 나는 더욱 파판드레우와 그의 측근을 만날 필요성을 느꼈다. 바로 그날 저녁에 그들을 만났다. 파판드레우 정부는 물론 그리스 국가 자체에 아무런 무기도 경찰도 없었다. 파판드레우는 독일에 저항하기 위한 레지스탕스 세력의 통일을 도와달라고 요청했다. 오직 불온분자들만 무기를 소유하고 있는데, 그들은 소수라고 했다. 나는 어떠한 약속도 할 수 없고, 영국 군대를 그리스에 파견할 수도 없으며, 그러한 문제를 공공연하게 논의할 사정이 아니라고 대답했다. 그러나 파판드레우에게 그의 정부를 카이로의 음모와 모략의 분위기에서 벗어나 이탈리아의 연합군 최고사령부 근처로 옮길 것을 권고했다. 그는 그렇게 하겠다고 했다. 향후의 문제와 관련하여, 우리는 군주제와 공화제 사이에서 그리스 국민의 숭고한 선택권 행사에 개입할 의도가 전혀 없다는 사실도 알렸다. 그렇지만 그 중대한 문제의 결정은 몇몇 이론가가 아니라 그리스 국민 전체가 행하는 것이어야만 했다. 나는 개인적으로 영국에서 형성된 입헌군주제에 충성을 다했지만, 영국 정부는 공정한 투표만 이루어진다면 그리스에서 일어나는 일에 대해서 간섭하지 않겠다는 태도였다. 우리는 무슨 일이 생길지 당연히 주시하고 있을 뿐이었다.

로마에서는 우리의 대사관저에 머물렀는데, 대사 노엘 찰스 부부는 내가 쉬면서 업무를 처리할 수 있도록 최선의 편의를 제공했다. 그의 권유로 20년 동안의 독재, 불행한 전쟁, 혁명, 침략, 점령, 연합군의 지배 그리고 그밖의 여러 사태로 황폐화된 이탈리아 정계의 주요 인물들을 만났다. 그 중에서도 보노미, 바돌리오 장군, 오랫동안 러시아에 체류하다가 연초에 귀국한 톨리아티 등과 대화를 나누었다. 이탈리아의 모든 정파의 지도자들을 초대하여 만나기도 했다. 유권자의 지지를 통해 조직된 정당은 하나도 없었다. 정당의 명칭도 과거의 것을 되살렸는데, 나름대로 장래를 고려하여 선택한 결과였다. "그쪽은 무슨 당입니까?" 어느 한 그룹을 향해 질문을 던졌다. 당수의 대답은 이랬다. "우리는 기독교 공산주의당입니다." 나는 참지 못하고 이렇게 말했다. "카타콤[초기 기독교도들이 박해를 피해서 은신처로도 사용했던 지하 묘지/역주]이 가까이 있어 많은 영감을 받겠군요." 그들은 내 말의 진의를 깨닫지 못한 것 같았다. 지금 돌이켜 생각해보건대, 그들은 그 무렵 독일군들이 부근의 옛 묘지에서 저지른 무참한 대학살을 말한 것으로 오해한 것 같았다. 그러나 로마에서 역사적 사실을 언급하는 일은 양해될 것이다. 언덕의 도시 그리고 위용과 불멸을 자랑하는 "영원의 도시(Eternal City)"는 그 유적 및 궁전들과 함께, 그리고 웅장함과 폭격이 아닌 세월이 빚은 폐허와 함께, 그 지역에서 왔다가 사라지는 보잘것없고 일시적인 인간 존재와 뚜렷이 대비되었다. 나는 움베르토 왕세자도 처음으로 만났는데, 그는 로마 제국의 대리인으로 우리 전선에서 이탈리아군을 지휘하고 있었다. 그의 힘에 넘치는 적극적인 성격과 군사적으로나 정치적으로나 전체 상황을 파악하는 그의 능력은 신선했으며, 정치인들에게서는 느낄 수 없었던 활력과 확신을 주는 인물이었다. 자유롭고 강하며 통일된 이탈리아의 입헌군주제를 세우는 일에 자신의 역할을 다하기를 기원했다. 그러나 그것은 근본적으로 나와 무관한 일이었다.

8월 24일 이른 아침, 비행기로 시에나에서 몇 킬로미터 떨어진 저택에 자리 잡은 알렉산더 사령부로 돌아갔다. 그리고 이튿날 오후 비행기로 아드리아 해 한쪽의 제8군 전투사령부로 가서 리스 장군을 만났다. 우리는 텐트에 머물렀는데, 북쪽의 경관이 파노라마처럼 펼쳐졌다. 아드리아 해는 불과 30킬로미터밖에 떨어져 있지 않았으나, 마지오레 산에 가려 보이지 않았다. 부대의 진격을 엄호하는 사격이 한밤중에 시작될 것이라고 리스 장군이 말했다. 우리는 기다란 포탄의 섬광을 멀리서 잘 바라볼 수 있는 곳에 자리를 잡았다. 쉴 새 없이 들려오는 대포 소리는 제1차 세계대전을 떠오르게 했다. 참으로 대대적인 포격이었다. 한 시간쯤 지난 뒤 나는 잠자리에 들었다. 알렉산더는 다음날 일찍 출발하여 하루 종일 전선을 시찰해야 했다. 그는 내가 원하는 어느 곳이든 가겠다고 약속했다.

알렉산더와 내가 함께 나선 때는 9시경이었다. 그의 부관과 토미는 다른 차를 타고 따라왔다. 우리 일행은 그렇게 단출했다. 부대의 진군은 6시간 동안 계속 진행 중이었으며, 곧 진척이 있을 것이라는 보고가 들어왔다. 그러나 결정적인 소식은 없었다. 우리는 자동차로 높은 바위산 위까지 올라갔는데, 교회와 마을이 자리 잡고 있었다. 주민들은 대피해 있던 지하에서 나와 우리를 반겨주었다. 마을은 직전에 포격을 당한 것이 분명했다. 하나뿐인 길에는 돌조각과 파편이 어지러웠다. "폭격이 언제 끝났습니까?" 알렉산더가 얼굴을 찌푸리며 주위에 모여든 사람들을 향해 물었다. "15분쯤 전입니다." 그들이 대답했다. 수백 년이 된 성벽에서 바라보는 전경은 그야말로 장관이었다. 공격을 펼치고 있는 영국군의 전체 전선이 한눈에 들어왔다. 그러나 6, 7킬로미터 저편에서 터지는 포탄의 연기 말고는 구체적인 아무것도 보이지 않았다. 잠시 뒤, 알렉산더는 적도 당연히 관측소에서 우리처럼 포격을 시작할지 모르니 더 이상 머물지 않는 것이 좋겠다고 했다. 우리는 자동차를 타고 서쪽으로 3내지 5킬로미터 정도 옮겨갔다. 언덕의 넓은 경사면에 앉아 점심을 먹었다. 정상 못지않게 경관이 좋았으며 적이 전혀 주목하지 않을 곳이었다.

우리 부대가 메타우로 강 2, 3킬로미터 건너편까지 진격했다는 소식이 도착했다. 지난날 하스드루발이 패하여 카르타고의 운명을 결정지은 장소[기원전 207년 제2차 포에니 전쟁 때 메타우로 강 전투에서 한니발의 동생 하스드루발이 이끄는 카르타고 군이 로마공화정 군대에 대패했다. 그는 이 전투에서 전사했다/역주]였다. 나는 강을 건너자고 제안했다. 우리는 즉시 차에 탔고, 30분쯤 뒤에는 강 건너편에 서 있었다. 도로는 올리브 숲 사이로 굽이쳤고, 햇빛을 받아 밝게 반짝였다. 교전중인 대대 장교 한 사람의 안내로 숲 속을 달렸는데, 어느새 우리는 총포 소리가 들리는 전선 부근까지 이르렀다. 조금 뒤 정지하라는 경고를 받았다. 지뢰 밭이 나타났기 때문이었는데, 다른 차량들이 무사히 통과한 길만이 안전했다. 알렉산더와 그의 부관은 정찰을 위해서 우리 부대가 확보한 전방의 회색 석조 건물로 갔다. 건물 안에서는 앞쪽을 훨씬 더 자세히 살펴볼 수 있었다. 내가 보기에, 진행 중인 전투는 아주 느슨했다. 몇 분 뒤 부관이 달려오더니 나를 알렉산더에게로 안내했다. 알렉산더는 석조 건물 안의 좋은 위치에서 기다리고 있었다. 꽤 경사진 내리막 길 위에 자리잡아 전망이 아주 좋은 오래된 저택이었다. 모든 것을 다 볼 수 있었다. 독일군은 겨우 500미터 정도 떨어진 골짜기의 두터운 관목 덤불 속에서 소총과 포를 쏘았다. 아군의 전선은 우리가 내려다보는 바로 아래쪽이었다. 총성은 산만하고 간헐적이었다. 그러나 그때가 내가 적군에게 가장 근접한 순간이었다. 제2차 세계대전 중 총소리를 가장 많이 들었던 순간이기도 했다. 30분쯤이 지나서 우리는 차로 돌아갔고, 강을 건너기 위해서 달렸다. 우리가 올 때 만든 차바퀴나 다른 차량이 간 흔적을 따라 조심스럽게 나아갔다. 강에서 소규모 접전을 벌이고 있던 아군을 지원 나온 보병 대열을 만났다. 5시경에야 다시 리스 장군의 사령부에 도착했는데, 전체 전선의 상황이 지도 위에 정확히 표시되고 있었다. 15 내지 20킬로미터의 전선에서 제8군 전체가 새벽에 출발한 이후 6킬로미터 남짓 전진했으며, 손실은 그다지 크지 않았다. 고무적인 시작이었다.

★ ★ ★ ★ ★

이튿날 아침, 전문과 파우치로 일이 송두리째 밀려왔다. 아이젠하워 장군은 이탈리아에서 철수한 독일군 몇 개 사단이 접근한 데 대해서 우려하고 있었다. 그래도 나는 위축된 분위기 속에서도 우리의 공격이 개시되어 무척 기뻤다. 나는 대통령에게 보낼 전문의 초안을 작성했는데, 현장의 장군들로부터 얻은 것은 물론 나 혼자만의 지식과 판단에 따라 전황을 설명하는 내용이었다. 우리의 좌절감을 점잖은 형식으로 전달하면서, 동시에 향후의 나의 희망과 구상을 말하고자 했다. 그 국면에서 대통령의 관심을 다시 불러일으키기만 한다면, 우리는 여전히 궁극적으로 빈까지 진격하는 계획을 되살릴 수 있었다. 알렉산더의 계획을 설명한 뒤, 나는 다음과 같이 마무리했다.

테헤란에서 이스트리아 반도에 관하여 귀하께서 한 말을 잘 기억하고 있습니다. 4, 5주일 이내에 강력한 군대가 트리에스테와 이스트리아로 들어온다면, 단순한 군사적 가치를 넘어서는 커다란 파급 효과가 있으리라고 확신합니다. 티토의 국민들은 이스트리아에서 우리를 기다리고 있습니다. 헝가리의 사정이 어떨지 나로서는 잘 예상할 수 없습니다만, 우리는 새로 발생하는 상황을 어떻게든 유리하게 활용할 수 있게 될 것입니다.

나는 28일 나폴리에 도착한 이후에 그 전문을 발송했으며, 귀국하고 며칠이 지난 뒤에야 답신을 받았다. 루스벨트는 이렇게 대답했다.

이탈리아의 연합군 사단은 당면 임무를 완수하는 데에 충분한 병력이며, 전투 지휘관들이 적을 분쇄하겠다는 목표로 가차없이 밀어붙이리라는 데에 대해서 믿음을 가지고 있습니다.……향후 이탈리아에서 우리 군대를 운용하는 문제에 관해서는 논의해보아야 할 것입니다.……현재 프랑스 남부에서 독일군이 보여주는 혼란을 감안하면, 남쪽과 북쪽의 아군이 합류하게 될 날이 처음 예상한 것보다 훨씬 앞당겨지리라 생각합니다.

그러한 희망은 결국 헛된 것이 되고 말았다. 우리가 이탈리아 작전을 일부 희생시키는 고통을 감수하면서 리비에라에 상륙시킨 군대는 시기가 너무 늦어 북쪽에서 아이젠하워가 첫 번째 주공을 펼치는 데에 도움이 되지 못했다. 그러는 사이 반드시 성공하리라고 믿었고 우리가 몹시 바라고 있었던 알렉산더의 공격은 간발의 차이로 성공하지 못했다. 이탈리아의 완전한 해방이 이루어지기까지는 그로부터 8개월이 더 소요되었다. 오른쪽으로 우회하여 빈으로 진격하려던 계획도 무산되었다. 그리스를 제외하고 동남부 유럽의 해방에 영향을 줄 만한 우리의 군사력은 소멸되고 없었다.

★ ★ ★ ★ ★

나머지 이야기를 하자면 이렇다. 제8군의 공격은 활발히 전개되었고, 조짐이 좋아 보였다. 독일군을 기습한 결과, 9월 1일 고딕 라인을 30킬로미터에 걸쳐 돌파하는 데 성공했다. 18일에는 영국군에 밀려 그 선은 동쪽 끝부분에 이르렀으며, 미군에 의해서 그 중앙이 뚫렸다.

엄청난 사상자를 댓가로 치렀지만, 아군의 공격은 대성공을 거두었으며, 전망도 밝았다. 그러나 케셀링은 추가로 병력을 지원받아 독일군은 모두 28개 사단 규모로 증강되었다. 평온한 지역에서 2개 사단을 동원하여 맹렬한 반격을 시작했다. 따라서 산길을 통한 우리의 보급이 더욱 어려워져, 연합군의 전진은 멈추게 되었다. 적의 저항은 완강했고 지면의 사정은 몹시 어려웠는데, 폭우가 계속 쏟아졌다. 절정은 10월 20일에서 24일 사이의 볼로냐 부근의 전투였다. 마크 클라크 장군은 가까스로 제8군과 대치하던 적군의 후미에서 뚫고 들어가는 데 성공했다. 그러나 알렉산더의 표현을 빌리면, 당시 상황은 이랬다. "엄청난 비와 강한 바람 그리고 지친 제5군 때문에 적은 방어선을 지킬 수 있었다." 날씨는 소름이 끼칠 정도로 나빴다. 집중호우로 수많은 강과 관개수로가 범람했으며, 개간된 농토는 황폐한 원래의 모습으로 되돌아갔다. 포장되지 않은 길은 간혹 이용 자체가 불가능했다. 부대가 전진하는 것은 몹시 힘든 일이었다. 결정적인 승리의 희망은 점점 사라졌지만, 계속 압박을 가함으로써 적군이 곤란을 당하고 있는 라인 강 유역으로 지원군을 보내지 못하게 만들어야 한다는 이탈리아 주둔군의 가장 중요한 임무만은 지키려고 했다. 따라서 조금이라도 날씨가 호전될 때마다 진격을 시도하며 싸웠다. 그러나 11월 중순경부터 제대로 된 대공세는 불가능했다. 기회가 생기면 조금씩 전진했을 뿐이다. 봄이 되어도 그토록 열망했던 승리는 찾아오지 않았다. 마침내 승리를 거두었을 때는 이미 가을이었다.

제15장
러시아의 승리

　독자들은 여기서 러시아의 싸움으로 되돌아가야만 할 수밖에 없다. 러시아가 수행한 전투는 규모 면에서 그동안 내가 설명해온 작전들을 훨씬 능가할 뿐만 아니라, 영미의 군대가 전쟁의 클라이맥스에 근접해가는 과정의 토대를 형성했다고 할 수 있다. 러시아군은 1943년 초겨울 혹독한 역전승을 한 이래로 적에게 회복의 기회를 주지 않았다. 그들은 1944년 1월 중순, 일멘 호에서 레닌그라드까지 200킬로미터에 걸친 전선을 공격하여, 그 도시 바로 앞에서 적의 방어선을 돌파했다. 2월 말경에는 독일군을 남쪽으로 더 밀어붙여 페이푸스 호[러시아와 에스토니아 국경에 위치한 호수/역주] 기슭까지 후퇴하게 만들었다. 레닌그라드는 단번에 전체가 해방되었고, 러시아군은 발트 3국 국경선까지 진출했다. 서쪽으로는 키예프 쪽으로 계속 공세를 가해 독일군을 옛 폴란드 국경까지 밀어냈다. 남쪽 전선은 전 구간에서 격전이 벌어져 독일 전선은 여러 곳이 돌파되었다. 독일군은 케르손 배후 지역에서 완전히 포위되었는데, 거의 대부분 탈출하지 못했다. 3월 내내 러시아는 지상의 전선 전체에서 또 하늘에서 자신의 이점을 최대한 이용했다. 독일군은 고멜에서부터 흑해에 이르기까지 총퇴각에 나섰는데, 결국 드니에스테르 강을 건너 루마니아와 폴란드까지 물러났다. 봄의 해빙기를 맞아 약간의 소강상태가 있었다. 그러나 크림 반도에서는 작전이 계속 진행되었다. 러시아는 4월에 독일 제17군을 격파하고 세바스토폴을 탈환했다.

그러한 승리의 대행진은 심대한 문제를 제기하기에 이르렀다. 붉은 군대가 이제 중부 유럽과 동유럽에 불길한 그림자를 드리우기 시작한 것이다. 폴란드, 헝가리, 루마니아 그리고 불가리아는 어떻게 될 것인가? 무엇보다도 우리가 그렇게 많은 희생을 치러가며 도우려고 했던 그리스는 또 어떻게 될 것인가? 터키는 우리 편에 가담할 것인가? 유고슬라비아는 러시아의 거센 물결에 휩쓸리고 말 것인가? 전후 유럽의 모습이 형성되기 시작했고, 따라서 소련과의 정치 협상이 시급했다.

5월 18일 런던 주재 소련 대사가 외무부를 방문했다. 그는 그리스 문제를 우리에게 맡기는 대신 전쟁 상태에서 루마니아 문제를 잠정적으로 소련의 주 관심 사항으로 삼는다는 이든의 전반적 제안에 대해서 토의하자고 했다. 러시아는 그 제안을 받아들일 준비가 되어 있었으나, 우리가 그 문제에 관해서 미국과 사전 협의를 거쳤는지 알고 싶어 했다. 만약 그렇다면, 그들은 우리 제안에 찬성하겠다는 것이었다. 따라서 나는 31일자로 루스벨트에게 직접 전문을 보냈다.

······귀하께서 이 제안을 기꺼이 수용해주시기를 바랍니다. 우리는 당연히 발칸 반도를 세력권으로 분할하기를 원하지 않습니다. 오직 전시하에서만 적용되는 잠정적 조치를 취하는 데에 동의할 뿐이며, 강화 협정 체결 및 그 이후 유럽 전체와 관련해서 3강이 행사할 권리와 책임에 아무런 영향을 미치지 않는 성질의 것이라는 점을 분명히 말씀 드립니다. 물론 여러 국가에 대해서 연합국의 정책을 공동으로 추진해 나가는 데에 이 조치가 우리와 귀하와의 현재의 협력관계에 아무런 변화도 초래하지 않을 것입니다. 지금 이 조치가 발칸 반도에서 우리와 그들 사이의 정책에 대한 의견 차이를 방지하는 데 유용한 수단이 될 것입니다.

미국 국무부의 첫 반응은 냉담했다. 헐은 "세력권을 형성한다든가 승인하는 기미가 있는" 제안에 대해서는 예민했다. 6월 11일, 대통령이 전문을 보내왔다.

……요컨대, 우리는 일정한 지역에 군사적 책임을 지고 있는 정부는 불가피하게 군사적 사태의 진전에 따라 요구되는 결정을 하지 않을 수 없다는 것을 압니다. 그러나 제안하신 형식에 동의할 경우 군사적 결정이 자연스럽게 군사영역의 바깥까지 확대되는 경향이 강화될 수 있다고 생각합니다. 이러한 조치가 군사 문제에 한정된다고 공언하는 의도와는 달리, 결과적으로는 귀하와 소련 사이의 불화가 지속되고 발칸 반도를 세력권들로 분할시키고 말 것이라는 것이 우리의 견해입니다.

우리는 오해를 불식시키고 독점적 영역 확대의 경향을 억제하기 위하여 협의기구를 설치하는 노력이 필요하다고 확신합니다.

나는 불안감에 못 이겨 그날 즉시 답신을 보냈다.

……무슨 일이든 실행하기 전에 모든 것에 대해서 모든 사람들과 협의해야한다면, 행동은 마비되고 말 것입니다. 발칸 반도 지역에서 일어나고 있는 사태는 종잡을 수 없을 정도로 변화가 심합니다. 계획을 수립하고 행동에 옮길 힘을 지닌 존재가 필요합니다. 협의위원회 같은 것은 장애가 될 뿐이며, 비상시에는 결국 귀하와 나 또는 우리 둘 중 한 사람과 스탈린 사이에서 직접 처리되고 말 것입니다.

부활절에 벌어진 일만 해도 그렇습니다. 우리는 당시 귀하의 의견에 따라 그리스 군대의 반란을 잘 수습할 수 있었습니다. 왜냐하면 본인이 언제든지 지휘관들에게 명령을 내릴 수 있었기 때문입니다. 지휘관들은 처음에는 그들을 회유

해야 하며, 무력으로 위협하는 것은 무용하다고 반대했습니다. 인명 피해는 거의 없었습니다. 그리스의 상황은 즉시 호전되었으며, 그러한 강경책을 계속 유지한다면, 혼란과 재난으로부터 벗어나게 할 수 있을 것입니다. 러시아는 그리스 문제의 주도권을 우리에게 맡길 의향이 있습니다. 그것은 곧 그리스 민족해방전선(E.A.M.)*과 그 진영의 모든 반란을 그리스 국군의 힘으로 통제하는 것이 가능하다는 의미입니다. ……이러한 어려움 속에서 우리가 다른 국가와 협의를 거쳐야 한다거나, 3국 또는 4국 사이에 전문을 주고받아야 했다면, 결국 혼란이나 무기력한 상태로 귀결되었을 것입니다.

러시아가 대군을 이끌고 루마니아를 침공하려 하고, 그에 따라 루마니아가 협력할 경우 헝가리로부터 트란실바니아[루마니아 북서부 지방을 총칭하는 역사적 지명/역주]를 재탈환하는 일을 도울 수 있을 터인데, 그러한 모든 것을 고려하면 소련에 주도권을 맡기고 따르는 것도 좋다고 봅니다. 어차피 미국이나 영국은 루마니아에 군대가 없으므로 러시아가 하고 싶은 대로 할 것이라는 점까지 감안하면 더욱 그러합니다. ……요컨대, 내가 5월 31일자 메시지에서 설명한 조치를 3개월 동안 시험적으로 시행해본 다음 3국이 재검토하도록 하는 데 동의해주시기 바랍니다.

대통령은 6월 13일자로 보낸 답신에서 내 제안에 동의하면서, 이렇게 덧붙였다. "우리가 결코 전후 세력권의 수립을 도모하는 것이 아니라는 점을 분명히 해야 합니다." 나 역시 그 의견에 찬성하면서, 다음날 다시 전문을 보냈다.

귀하의 회신에 깊이 감사드립니다. 우리 외무장관에게 그 내용을 몰로토프에

---

* E.A.M.은 "민족해방전선(National Liberation Front)"이라는 의미의 그리스어 약칭이다. 공산당이 주도하고 있었다.

게 전하도록 지시했으며, 3개월 동안의 기한은 전후 세력권 수립의 문제와는 전혀 별개라는 사실을 분명히 하기 위한 것임을 밝히도록 했습니다.

그날 오후 나는 전쟁내각에서 상황을 보고했다. 그리고 3개월 기한을 조건으로 책임 지역을 분할한다는 그 안에 우리가 동의한다는 사실을 외무장관이 소련 정부에 통보하는 데 대해서 승인을 얻었다. 소련 정부에 통보가 된 것은 6월 19일이었다. 그러나 대통령은 우리가 일을 처리한 방식이 마음에 들지 않았던 모양이었다. "귀국이 소련과 먼저 협의를 마친 다음 우리에게 알리는 방식으로 협의를 요청하여 무척 당혹스러웠습니다"는 불만에 찬 내용의 전문을 보내왔다. 따라서 나는 6월 23일자로, 대통령의 책망에 대한 답변과 함께 전체 정세에 관한 런던의 입장을 설명하는 답신을 보냈다.

러시아는 루마니아에서 무엇이든지 행할 수 있는 유일한 국가입니다.……반면에 1941년 그리스를 돕기 위한 노력 끝에 4만 명의 우리 병사를 헛되이 희생시킨 이래 그들의 모든 문제는 전적으로 우리가 책임을 져야 했습니다. 또한 귀하께서는 터키 문제를 영국이 주도하도록 했지만, 우리는 터키 정책과 관련해서는 항상 귀하와 협의했으며, 그 협의 결과에 따랐습니다. 그리스 국왕이 퇴위당할 때, 그리고 민족해방전선이 그리스에서 공포정치를 하려고 할 때, 극단적인 무정부 상태를 막기 위하여 독일의 보호하에서 주민들과 다른 여러 계급들의 사람들에게 각각 방위대를 조직하도록 함으로써 그런 사태를 방치하는 것은 외교 정책에서 매우 인기가 있는, 서서히 좌파가 되어가는 일반 원칙에 입각한 것으로 나로서도 아주 편합니다. 그러한 사태를 방지할 수 있는 유일한 방법은 러시아로 하여금 민족해방전선과 그 모든 세력의 발호를 봉쇄하도록 하는 것입니다. 그러한 이유로 나는 러시아가 보다 나은 전쟁 수행을 위한 일시적인 조치들을 받아들이도록 제안한 것입니다. 그것은 단지 하나의 제안이었을 뿐이며, 또한 귀하의 동의를 구해야만 하는 제안이었습니다.

　나는 또 티토의 군대를 우리가 승인한 세르비아의 병력 및 유고슬라비아 왕실 정부 부대와 통합시키려는 노력을 했습니다. 우리가 수행하는 중책의 어려움에 대해서는 단계마다 귀하께 통지했는데, 여전히 그 모든 짐은 우리가 부담하고 있습니다. 여기서 유고슬라비아의 국왕과 정부를 이리 떼에게 던져버리고 유고슬라비아에서 내전이 발발하도록 방치하는 것만큼 쉬운 일은 없겠습니다만, 그렇게 되면 독일만 좋아할 것입니다. 나는 그리스와 유고슬라비아의 혼란 상태에 질서를 부여하고 공동의 적에 대항하기 위해서 모든 노력을 집결하는 데에 진력하고 있습니다. 나는 항상 귀하께 상황을 알릴 것입니다. 귀하께서는 우리에게 주도권이 주어진 영역의 행동에 대해서 신뢰와 지원을 아끼지 말아주시기를 바랍니다.

　연이은 루스벨트의 답신으로 우방 사이의 논쟁은 해결되었다. 그는 "우리 쌍방 모두가 결국 일시적 대책으로 합의하게 될 내용에 대해서 경솔하게도 일방적인 행동을 한 것 같습니다. 연합국의 전쟁 노력과 관련한 문제에 대해서 우리는 항상 일치된 의견으로 대처하는 것이 중요합니다"라고 전문을 보내 왔다.

　"나는 언제나 우리의 일치된 의견을 구할 것입니다. 사전에, 도중에 그리고 사후에도 말입니다"라고 나도 회신했다.

　그러나 정부 차원에서 어려움은 계속 나타났다. 스탈린은 미국이 의문을 가지고 있다는 사실을 알자 즉시 미국과 직접 협의하겠다고 고집했다. 그리고 마침내 우리는 발칸 반도에서 책임을 나눠가지는 최종 합의를 할 수밖에 없었다. 8월 초 러시아는 구실을 잡아 이탈리아에서 민족해방전선의 군사 조직인 북부 그리스의 인민해방군(E.L.A.S.)에 사절단을 파견했다. 미국이 공식적으로 꺼려한 데다 소련의 신의에 반하는 행동으로 인하여, 우리는

2개월 뒤 내가 모스크바에서 스탈린을 만날 때까지 큰 틀에서 상호이해에 도달하기 위한 노력을 포기해버렸다. 그때까지 동부 전선에서는 많은 사건이 일어났다.

핀란드에서는 1940년 전투 때와는 병력의 질과 장비 면에서 크게 달라진 러시아 부대가 만네르헤임 선을 돌파하고, 레닌그라드에서 우리의 북극 호송선단의 터미널인 무르만스크까지 철도를 재개통했다. 그리고 8월 말에는 휴전을 간청하도록 핀란드를 굴복시키기에 이르렀다. 독일군 전선에 대한 러시아의 주공격은 6월 23일에 시작되었다. 수많은 도시와 마을은 전면적 방위 태세를 갖추고 강력한 진지를 구축했으나 결국 포위되어 함락되었으며, 붉은 군대는 물밀듯이 진격했다. 7월 말 러시아군은 코브노와 그로드노의 니멘 강가에 도착했다. 거기서 5주일 동안 400킬로미터를 더 진격한 뒤, 보급을 위해서 잠시 멈추었다. 독일군의 손실은 막대했다. 25개 사단이 궤멸했고, 25개 사단은 쿠글란트에서 고립되었다.* 7월 17일 하루 동안에만 5만7,000명의 독일군 포로가 모스크바를 지나갔는데, 그들은 어디로 간 것일까?

러시아가 승승장구한 지역의 남쪽에 위치한 것이 루마니아였다. 8월까지 독일군은 체르노비츠에서 흑해에 이르기까지 방어선을 전진시켜 플로에슈티 유전과 발칸 반도로 가는 길을 가로막았다. 그런데 더 북쪽의 전선 유지를 위해서 병력이 이동한 이후로 약화된 독일군은 8월 22일에 시작된 러시아군의 맹렬한 공격을 받아 급속히 무너지고 말았다. 해안 상륙군의 지원을 받은 러시아군은 손쉽게 적을 물리쳤다. 독일군 7개 사단이 궤멸했다. 8월 23일 부쿠레슈티에서 젊은 왕 미하이와 측근 고문단이 조직한 쿠데타가 일어나자 전체적 군사 정세가 완전히 역전되었다. 루마니아 군대는 모두 왕을 따랐다. 소련군이 도착하기 전 사흘 이내에 독일군은 무장해제당하거나 아

---

* 구데리안, 『판저 리더』, 352면.

러시아 전선의 작전, 1944년 6월-1945년 1월

니면 북쪽 국경 너머로 물러났다. 9월 1일, 독일군은 부쿠레슈티에서 완전히 철수했다. 루마니아 군대는 붕괴하고, 국토는 소련군에게 유린당했다. 루마니아 정부는 항복했다. 마지막으로 독일에 대한 선전포고를 시도했던 불가리아 역시 압도당하고 말았다. 러시아 군대는 서쪽으로 선회하여 다뉴브 강 계곡과 트란실바니아 알프스 산맥을 통과하여 헝가리 국경선까지 진격했고, 다뉴브 남쪽의 좌측 부대는 유고슬라비아 접경 지역에 배치되었다. 거기서 러시아는 적당한 시기에 빈까지 입성할 대서진 작전을 준비할 수 있었다.

한편 폴란드에서는 비극이 있었는데, 거기에 대해서는 별도의 상세한 설명이 필요하다.

★ ★ ★ ★ ★

7월 말, 러시아 군대는 비스와 강에 도착했다. 모든 정보는 조만간 폴란드가 러시아의 수중에 들어갈 것이라고 시사하고 있었다. 런던의 망명정부에 충실히 봉사하던 폴란드 지하군 지도자들은 조국의 해방을 앞당기고 적군이 폴란드 영토 내에서, 특히 바르샤바에서 치열한 방어전을 펼치는 사태를 막기 위해서 독일군을 상대로 전면적인 반란을 일으키기로 하고 일시까지 결정했다. 폴란드 사령관 보르-코모로프스키 장군과 그의 민간인 고문은 런던의 망명정부로부터 적절한 시기에 전면적인 반란을 선포하라는 권한을 부여받았다. 절호의 시기가 도래한 것 같았다. 7월 20일에 히틀러 암살 시도 소식이 들려왔고, 연합군이 노르망디 교두보에서 진격을 개시했다는 뉴스가 뒤이었다. 7월 22일경 폴란드는 무선 통신 도청을 통해 독일군 제4기갑군이 비스와 강 서쪽으로 총퇴각하라는 명령을 받은 사실을 알아냈다. 바로 같은 날 러시아군도 강을 건넜고, 정찰대가 바르샤바 방면으로 진출했다. 의심의 여지없이 전면적 붕괴가 임박했다.

그리하여 보르 장군은 일대 봉기를 일으켜 바르샤바를 해방시키기로 결정했다. 4만 명의 병력 그리고 일주일에서 열흘 정도 싸울 수 있는 식량과 탄약 재고를 보유하고 있었다. 러시아군의 총포 소리가 비스와 강 건너편에서 들려오기 시작했다. 소련 공군기는 그 무렵에 점령한 부근의 비행장에서 출격하여 바르샤바의 독일군을 폭격했는데, 가장 가까운 비행장은 겨우 20분 거리였다. 그와 동시에 민족해방 공산당위원회가 동폴란드에서 결성되었고, 러시아는 해방된 지역을 직접 통치하겠다고 발표했다. 소련 방송국은 한동안 폴란드 국민을 향해 러시아에 대한 경계심을 버리고 독일군에 대항하라며 전면적 봉기를 촉구했다. 반란을 일으키기 3일 전인 7월 29일, 모스크바 라디오 방송국은 폴란드 공산당이 바르샤바 시민들에게 보내는 호소문을 방송했다. 귓가에 자유의 포성이 들려오는 지금이야말로 결정적 행동이 필요한 때였다. 1939년처럼 결정적 행동이 될 독일에 대항한 싸움에 참여하라고 고무했다. "굴복하지 않고 계속 싸워온 바르샤바를 위해서 행동해야 할 시간이 이미 우리 앞에 와 있다." 독일군이 방어 진지를 구축하게 되면, 시가지는 파괴되고 말 것이라는 점을 지적하고는, 다음과 같이 주민들에게 당부하며 방송을 끝냈다. "적극적으로 나서서 구원하지 않으면 모든 것을 잃고 만다. 거리에서든 집에서든 또는 그밖의 어떤 장소에서든 적극적이고 직접적인 투쟁만이 바르샤바의 종국적 해방 시기를 앞당기며 우리 동포의 생명을 구할 수 있다."

7월 31일 저녁 무렵, 소련군 탱크가 시의 동쪽 독일군 방어선을 돌파했다는 소식이 바르샤바 지하군 사령부에 전달되었다. 독일군의 무전에 따르면, "러시아군이 오늘 바르샤바 동남쪽에서부터 전면 공격을 개시했다"는 것이었다. 러시아 부대는 불과 15킬로미터도 채 되지 않는 곳까지 접근해 있었다. 수도에서 폴란드 지하군 사령부가 다음날 오후 5시를 기해 전면적인 봉기를 일으키라는 명령을 내렸다. 보르 장군이 묘사한 상황은 이러했다.

정확히 5시가 되자 수천 개의 창문이 열리면서 섬광이 번쩍였다. 사방에서 쏟아지는 총탄이 지나가던 독일군을 향했다. 독일군의 건물들과 행진 대열에 벌집을 냈다. 눈 깜짝할 사이에 시가지에 있던 시민들이 사라졌다. 집집마다 숨어 있던 우리 군인들이 현관에서 물밀듯이 뛰쳐나와 공격을 감행했다. 15분쯤 지나자 100만 명이 거주하는 도시 전체가 싸움터로 변하고 말았다. 모든 교통은 마비되었다. 독일군 전선의 바로 배후에서 사방의 모든 도로가 통과하는 교통의 대중심지였던 바르샤바라는 도시가 완전히 멈추었다. 시가전은 계속되었다.

그 소식은 다음날에야 런던에 도착했다. 우리는 모두 불안하게 그뒤의 뉴스를 기다렸다. 소련 라디오 방송은 침묵을 지켰고, 소련 공군도 행동을 멈추었다. 8월 4일, 독일군은 시내와 근교에 확보한 강력한 진지를 발판으로 공격을 시작했다. 런던의 폴란드 망명정부는 우리에게 보급품을 긴급 공수해달라고 요청했다. 봉기군은 황급히 편성된 독일군 5개 사단과 맞붙었다. 헤르만 괴링 사단이 이탈리아에서 이동해왔고, 친위대(SS) 2개 사단이 추가로 도착했다. 나는 스탈린에게 타전했다.

폴란드 지하군의 긴급 요청에 따라 우리는 기상 조건이 허용하는 한 독일군에게 대항하는 폴란드의 봉기 전투가 치열하게 벌어지고 있는 바르샤바의 남서 지역에 60톤가량의 장비와 탄약을 투하할 예정입니다. 그들은 조만간에 러시아의 원조도 호소할 것 같습니다. 그들은 현재 독일군 1.5개 사단의 공격을 받고 있습니다. 귀하의 작전 계획에 참고하시기 바랍니다.

스탈린의 답신은 즉시 도착했으나, 내용은 단호했다.

바르샤바와 관련한 귀하의 메시지를 받았습니다.

폴란드측이 귀하께 전달한 정보는 몹시 과장되어 그대로 믿기 어려운 내용이라고 생각합니다. 이전에 폴란드 망명자들이 폴란드 국토방위군에서 낙오한 몇 개 부대가 빌내[리투아니아의 수도 빌뉴스의 옛 이름/역주]를 점령했다고 주장하면서, 라디오 방송으로 발표까지 한 적이 있습니다. 그러나 당연하게도 그것은 사실이 아니었습니다. 폴란드 국토방위군이란 단지 몇 개의 분견대로 구성된 것에 지나지 않았음에도, 그들은 부당하게 사단이라고 지칭합니다. 그들은 대포도 비행기도 탱크도 없습니다. 독일군이 헤르만 괴링 사단을 포함한 4개 기갑사단을 출동시켜 방어하려고 했던 바르샤바를 그 정도의 분견대가 점령할 수 있다고는 도저히 상상조차 할 수 없는 일입니다.

독일군 "타이거" 탱크에 대항한 전투가 이 거리 저 도로에서 계속되었다. 8월 9일, 독일군은 바르샤바 바로 건너편 비스와 강을 건너 폴란드군 점령지역을 고립시켰다. 폴란드군, 영국군, 영국 자치령군 소속의 조종사들이 탑승한 영국 공군기가 이탈리아의 각 기지에서 출격하여 바르샤바 구출을 위해서 출격했으나, 아무 소용이 없을 정도로 절망적이었다. 처음으로 8월 4일 밤에 2기의 비행기가 나타났고, 4일 뒤에는 3기의 비행기가 나타났을 뿐이었다.

★ ★ ★ ★ ★

폴란드 수상 미코와이치크는 소련 정부와 모종의 타협을 할 목적으로 7월 30일부터 모스크바에 체류 중이었다. 소련은 우리가 루블린 위원회라고 부르던 폴란드 민족해방공산당위원회를 장래의 국가 정부로 인정하고 있었다. 협상은 바르샤바 봉기 초반부터 진행되었다. 탄약과 대전차 무기 그리고 붉은 군대의 지원을 요청하는 보르 장군의 메시지가 미코와이치크에게 매일 도착했다. 그동안 소련은 전후 폴란드 국경 획정과 연립정부 수립 문제에 관한 협정 체결을 요구하며 압박했다. 8월 9일, 스탈린과 마지막 담판을 가졌으나 아무 효과도 없었다.

8월 16일 밤, 비신스키는 모스크바 주재 미국 대사를 불러 오해의 소지가 없기를 바란다고 하면서 다음과 같은 놀라운 내용의 성명을 읽어 내려갔다.

소련 정부는 당연히 영국이나 미국이 비행기로 바르샤바 지역에 무기를 투하하는 것을 반대하지는 않는다. 그것은 미국이나 영국의 일이기 때문이다. 그러나 미국 또는 영국 비행기가 바르샤바 지역에 무기를 투하하고 난 뒤 소련 영토에 착륙하는 행위는 단호히 반대한다. 소련 정부는 직접적으로든 간접적으로든 바르샤바의 모험에 개입하는 것을 원하지 않기 때문이다.

그날 스탈린의 전문도 받았는데, 다소 부드러운 표현으로 작성된 것이었다.

미코와이치크와 회담한 뒤, 나는 붉은 군대 사령부에 바르샤바 지역에 무기를 집중적으로 투하하라는 명령을 내렸습니다. 그런데 사령부의 보고에 따르면, 낙하산부대 연락 장교 한 명이 낙하했으나 목적지에 도달하기 전에 독일군에게 사살되었다고 합니다.

더구나 바르샤바 사태에 관해서 더 상세하게 확인한 결과, 바르샤바 전투는 시민들의 큰 희생을 초래하는 무모하고도 두려운 모험이라는 사실을 확신하게 되었습니다. 만약 소련군 사령부가 바르샤바 전투가 시작되기 전에 사정을 알았더라면, 또한 폴란드 측이 소련군 사령부와 항상 연락을 유지했더라면, 그러한 사태는 발생하지 않았을 것입니다.

현재의 사태로 보아 소련은 바르샤바의 모험에서 손을 뗄 수밖에 없다는 결론에 도달했습니다. 소련 정부가 바르샤바 전투에 대해서 직접 또는 간접적으로 책임을 질 수 없기 때문입니다.

미코와이치크의 설명에 따르면, 전문의 첫 단락은 완전히 거짓이라고 했다. 소련 장교 두 명은 무사히 바르샤바에 도착했으며, 폴란드 사령부의 영접을 받았다. 소련군 대령 한 명도 바르샤바에서 며칠을 묵었는데, 봉기군을 지원해달라는 메시지를 런던을 경유하여 모스크바로 보냈다는 것이었다.

나흘 뒤, 루스벨트와 나는 공동의 소망을 담은 전문을 스탈린에게 보냈다. 초안은 대통령이 작성했다.

우리는 바르샤바의 반나치주의 행동이 사실상 버림받게 될 경우에 세계 여론을 고려하지 않을 수 없습니다. 우리 3국은 바르샤바의 애국자들을 가능한 한 많이 구하기 위해서 최선을 다해야 합니다. 귀국에서 즉시 보급품과 탄약을 바르샤바의 폴란드 애국자들에게 투하해주어야 합니다. 아니면 우리가 비행기로 신속하게 그 의무를 이행하는 데 동의하시겠습니까? 우리는 귀하께서 우리의 제안을 받아들이기를 희망합니다. 시간이 몹시 급합니다.

그에 대한 답신은 다음과 같았다.

귀하와 루스벨트 대통령의 메시지를 잘 받아보았습니다. 내 의견을 말씀 드리도록 하겠습니다.

권력 장악을 목적으로 바르샤바의 모험에 착수한 범죄자 그룹의 실체가 곧 만천하에 밝혀질 것입니다. 그들은 바르샤바 시민들의 충성심을 이용하여 수많은 사람들을 맨주먹으로 독일군 총포와 탱크 그리고 비행기에 맞서도록 내몰았습니다. 바르샤바의 해방을 원하는 폴란드인보다 바르샤바 시민을 비인간적으로 학살하는 히틀러 도당을 위한 하루하루가 되고 있습니다.

군사적인 관점에서 보더라도, 지금 발생한 사태 때문에 독일군의 바르샤바에 대한 관심이 점점 증폭되어 폴란드뿐만 아니라 붉은 군대에도 불리한 결과가 초래되었습니다. 그 사이 소련군 각 부대는 최근 독일군의 일대 반격에 부딪히게 되었는데, 바르샤바 지역에서 히틀러 군대를 분쇄하고 새롭게 전면 대규모 공세에 나서기 위해서 가능한 방법을 모두 모색하고 있습니다. 붉은 군대가 폴란드인을 위하여 바르샤바 부근의 독일군을 격퇴하고 바르샤바를 해방시키기 위한 온갖 노력을 아끼지 않고 있다는 사실은 의심의 여지가 없습니다. 반나치의 폴란드인들에게 이보다 더 나은 그리고 효과적인 지원은 없을 것입니다.

★ ★ ★ ★ ★

바르샤바의 곤경은 한계에 달했다. 어느 목격자의 전언에 의하면 이랬다.

"어젯밤(8월 11일) 독일군 탱크 부대가 시내의 주요 거점을 확보하기 위해서 결사적인 노력을 했다. 그러나 모든 거리의 모퉁이마다 대형 바리게이트가 쳐져 있었기 때문에 그것은 쉬운 일이 아니었다. 대부분의 바리게이트는 바로 가두에서 일어날 그런 사태를 예상하고 포장도로를 뜯어낸 큰 콘크리트 조각으로 만든 것이었다. 독일군 탱크는 거의 매번 진출을 시도해도 헛수고였고, 따라서 탱크병들은 분풀이로 가두의 집에 불을 지르고 조금 멀면 포격을 했다. 또한 거리 곳곳에 널려 있는 시신을 불태우기도 했다.……

독일군은 탱크로 전초기지에 보급품을 나를 때, (폴란드) 지하군의 저항을 막으려고 부녀자와 아이들 500명을 앞장세웠다. 그들 중 상당수가 사망하거나 부상을 당했다. 바르샤바의 도처에서 그와 유사한 사례가 들려왔다.

시신은 집의 뒤뜰이나 광장에 묻었다. 식량 사정은 나날이 악화되어갔으나, 아직 굶어 죽는 사람은 생기지 않았다. 오늘(8월 15일)은 모든 수도관이 말라버렸다. 물은 드물게 있는 우물에서 긷거나 집에 저장해두었던 것을 사용했다. 시내의 모든 구역에 포탄이 떨어졌고, 수많은 화재가 발생했다. 그러한 상황에서 보급품의 투하는 시민의 사기를 올려주었다. 모두가 싸울 의사가 있었고, 결의를 다졌다. 그러나 신속하게 끝난다는 보장이 없는 싸움이란 사실 때문에 불안해했다.……

전투는 문자 그대로 지하에서도 벌어졌다. 서로 다른 구역 사이의 유일한 연락 수단은 하수도였다. 독일군은 맨홀 아래로 수류탄과 가스탄을 던져 넣었다. 칠흑 같은 어둠 아래 허리까지 차는 오물 속에서 싸우기도 했다. 손에 칼을 쥐고 휘두르거나, 상대를 진흙 속에 눌러 익사시키기도 했다. 지상에서는 독일군 포대와 전투기가 시내 전역을 불바다로 만들었다.

★ ★ ★ ★ ★

나는 미국이 우리를 단호한 태도로 지지해줄 것으로 기대했는데, 루스벨트는 그렇지 않았다. 9월 1일, 모스크바에서 귀국하는 길에 들른 미코와이치크를 만났다. 나는 그를 위로할 방법이 없었다. 그는 루블린 위원회에 14석을 제공하고 연립정부를 구성하는 방식의 정치적 해결책을 제안할 생각이라고 말했다. 포화의 와중에서도 바르샤바의 폴란드 지하군 대표들이 모여 열띤 토론을 벌였다. 미코와이치크의 제안은 만장일치로 받아들여졌다. 그 결정에 참여했던 대부분의 인물은 1년 뒤 "반역죄"로 모스크바의 소비에트 법정에 서게 된다.

9월 4일 밤, 각의가 열렸다. 나는 그 문제가 매우 중요하다고 생각하고, 몸에 열이 느껴졌음에도 불구하고 자리에서 일어나 지하 회의장으로 갔다. 그동안 내각에서는 숱한 불편한 문제들을 다루어왔다. 그러나 그때처럼 전원이 분노를 보인 적은 없었다. 토리당, 노동당 그리고 자유당 할 것 없이 모두 같은 심정이었다. "우리 비행기는 바르샤바에 보급품을 수송한 뒤 바로 귀국의 영토에 착륙할 것이다. 만약 우리 비행기와 승무원들을 제대로 대우하지 않는다면, 바로 그 순간부터 우리의 호송선단은 일제히 멈춰설 것이다." 나는 그렇게 말하고 싶었다. 훗날 이 부분을 읽는 독자는 당시 누구나 전 세계에 걸쳐 싸우고 있는 수백만 병사의 운명을 염두에 두지 않으면 안 되었다는 사실을 이해해야 한다. 대의를 위해서 때로는 두렵고 굴욕적이기까지 한 굴복도 감수해야만 했다. 그랬기 때문에 나는 극단적인 태도로 나가지 않았다. 감성보다는 타산에 지배되는 크렘린의 인물들과의 일이었으므로, 차라리 강경하게 대응하는 것이 효과적이었을지 모른다. 그들은 바르샤바에서 폴란드인의 사기 고취 같은 일 따위는 원하지 않았다. 그들의 계획은 근본적으로 루블린 위원회의 존립이었다. 그들에게 폴란드는 오직 루블린 위원회였다. 러시아가 대진격을 하는 그 중요한 시기에 우리가 원조를 중단해버리면, 그들은 평범한 사람들이 명예나 인도주의 정신 또는 일반적 신의를 고려하는 정도로 그 문제에 대해서 다시 생각했을 것이다. 전쟁 내각은 일치하여 전체 의견으로 스탈린에게 다음과 같은 전문을 발송했다. 그렇게 하는 것이 우리로서는 최선이라고 생각했기 때문이었다.

　　전쟁내각은 바르샤바에서 일어난 사태와 그곳의 폴란드 국민이 겪는 참혹한 고통으로 인하여 영국 국민의 여론이 심각하게 반응하고 있다는 사실을 소련 정부가 알아주기를 원합니다. 바르샤바 봉기의 동기가 옳건 그르건, 바르샤바 시민에게는 그 결정에 관한 책임이 없습니다. 우리 국민들은 왜 외부로부터 바르샤바의 폴란드 국민에 대한 물질적 지원이 이루어지지 않고 있는지 이해하지 못합니다. 지원하려는 보급품 수송을 하지 못하는 이유가 미국 비행기의 소련 지배하의 비행장 착륙을 불허하는 귀하 정부 때문이라는 사실은 이제 널리 알려지게 되었습니다. 게다가, 우리가 듣기로는 이삼일 이내에 틀림없이 그렇게 되리라고 예상합니다만, 독일군이 바르샤바의 폴란드 국민을 압도해버린다면 그러한 사태가 영국의 여론에 미치는 충격은 헤아릴 수 없을 정도로 클 것입니다.……

　　장차 우리가 함께 일하고자 열망하는 스탈린 원수와 소련 국민들께 경의를 표하면서, 우리 전쟁내각은 소련 정부가 그 권한 내에서 가능한 한 조력을 아끼지 않을 것과, 무엇보다 바르샤바 지원을 목적으로 귀하의 비행장에 착륙하고자 하는 미국 비행기에 편의를 제공해줄 것을, 나를 통해서 호소하는 바입니다.

폴란드의 수난이 시작된 지 6주일이 지난 9월 10일, 크렘린은 전술을 변경한 것으로 보였다. 그날 오후부터 소련군 포대가 발사한 포탄이 바르샤바 동쪽 근교에 떨어지기 시작하더니, 다음에는 소련군 비행기가 시가지 상공에 나타났다. 소련의 지시를 받은 폴란드 공산군이 수도 주변까지 진격했다. 9월 14일부터 소련 공군이 보급품을 투하했다. 그러나 대부분의 낙하산이 펴지지 않아 보급품은 사용이 불가능할 정도로 부수어졌다. 이튿날 러시아군은 프라가 근교를 점령했는데, 거기서 더 나아가지는 않았다. 그들은 비공산당 폴란드군이 전멸하기를 원하고 있으면서도, 표면상으로는 구출하려고 노력하는 것처럼 보이려고 했다. 그러는 사이에 독일군은 폴란드 저항 세력의 근거를 말살할 목적으로 한 집 한 집씩 시내 전체를 훑었다. 시민들은 끔찍한 공포에 짓눌렸다. 수많은 사람들이 체포되어 끌려나갔다. 보르 장군이 소련군 사령관 로코소프스키에게 호소했지만, 반응이 없었다. 굶주림이 휩쓸었다.

미국의 지원을 받으려던 나의 노력의 결과, 대규모 작전이 단 한 차례 시도되었다. 9월 18일, 모두 104기의 중(重)폭격기가 수도 상공을 선회하며 보급품을 투하했다. 그러나 너무 늦었다. 10월 2일 저녁에 미코와이치크가 나를 찾아와 바르샤바의 폴란드군이 독일군에 곧 항복할 것이라고 말했다. 그 영웅적인 도시에서 보내는 마지막 라디오 방송을 런던에서 청취할 수 있었다.

이것은 엄연한 사실입니다. 히틀러의 위성국가는 물론 이탈리아, 루마니아, 핀란드보다 더 가혹한 처우를 받았습니다. 신이여, 이제 폴란드 국민이 겪고 있는 참혹한 불의의 심판을 거두고, 죄를 저지른 모든 자들을 처벌해주십시오.

진실로 영웅은 오직 권총과 석유병만 들고 탱크와 비행기와 대포에 맞선 군인들입니다. 부상자를 돌보고, 화염 속을 뛰어다니며 메시지를 전달하고, 아이들과 어른들을 먹이기 위해서 폭탄이 투하되어 파괴된 지하방에서 음식을 마련하고 죽어가는 동포를 위무한 여성들, 바로 그들이야말로 영웅입니다. 포연이 자욱한 잿더미 속에서 말없이 뛰놀던 어린이들이 당신의 영웅입니다. 그들이 바로 바르샤바의 시민입니다.

그렇게 용감한 사람들이 모인 국가는 결코 사라지지 않을 것입니다. 죽은 자는 승리한 자요, 살아 있는 자는 계속 싸울 것입니다. 그리고 승리를 거둠으로써, 한 가지 사실을 증명할 것입니다. 폴란드인이 살아 있는 한, 폴란드는 살아 있다는 것을.

그 말은 지금도 잊을 수가 없다. 바르샤바의 항쟁은 60일 이상 계속되었다. 남녀를 합쳐 4만 명의 폴란드 지하군 중에서 1만5,000명이 전사했다. 100만 명의 시민 가운데 거의 20만 명이 피해를 입었다. 봉기를 진압하던 독일군은 1만 명이 사망하고, 7,000명이 실종되었으며, 9,000명이 부상당했다. 쌍방의 피해 결과를 보면 그 전투가 얼마나 치열한 백병전이었는가를 알 수 있다.

3개월 뒤 러시아군이 바르샤바에 입성했을 때, 남은 것은 폐허가 된 시가지와 널려 있는 시신뿐이었다. 그것이 바로 소련이 폴란드를 해방시킨 방식이었다. 그리고 지금 그들이 폴란드를 통치하고 있다. 그러나 이것이 이야기의 끝은 아니다.

제16장

버마

이제 광대한 다른 무대가 될 동남아시아의 막을 올릴 차례가 되었다. 일본은 18개월이 넘도록 이전에 정복했던 여러 지역을 연결하는 드넓은 부채꼴 방어선을 장악하고 있었다. 그것은 우리 영국군과 인도군 부대가 근접하여 주둔한 버마 북부와 서부의 정글 산악 지대에서 시작하여 바다를 가로질러 안다만 제도 및 네덜란드령 수마트라와 자바를 아우르고, 그보다 작은 섬들을 따라 동쪽으로 휘어져 뉴기니까지 잇는 형상이었다.

미군은 중국에 폭격기 부대를 두고 있었기 때문에 일본 본토와 필리핀 사이의 해상 연락망을 교란하는 데 효과적이었다. 미국은 그것을 확장해서 중국에 장거리 비행 기지를 마련하여 일본 본토 자체를 공격하고자 했다. 버마 로드는 차단되었고, 미국은 버마와 중국에 필요한 모든 보급품을 비행기로 "혹(Hump)"이라 부르는 히말라야 남쪽 지맥(地脈)을 넘어 수송했다. 그것은 경이로운 일이었다. 미국은 공중 보급을 계속 늘려가는 가운데 육상을 통해서도 중국을 지원하기를 원했는데, 따라서 영국과 인도 제국은 큰 부담을 지게 되었다. 미국은 리도[인도 북동부 아삼 지방의 도시/역주]에서 시작하여 정글과 산악지대를 통과하여 중국 영토에 이르는 800킬로미터의 자동차 도로를 건설하는 것이 긴급하고도 중요한 일이라고 강력히 주장했다. 그때는 오직 아삼을 가로질러 리도까지 이르는 단선 협궤 철도만이 부설되어 있었다. 그 철도는 이미 국경 진지를 지키는 부대의 보급로를 비롯하여 여러 용도로 끊임없이 사용되고 있었다. 그러나 미국은 중국까지 도로를 건설하기를 주장했고, 그렇게 하기 위해서 우리 영국이 북부 버마 지대를 우선적으로 신속히 탈환하기를 희망했다.

분명히 우리도 중국이 일본을 상대로 계속 싸우고, 중국 영토에서 공군 작전이 이루어지기를 원했다. 그러나 균형감각을 유지하며 대안의 강구가 필요하다고 생각했다. 나는 버마 북부에서 대규모 작전을 벌이는 것이 아주 싫었다. 일본군과 싸우는데 그렇게 나쁜 장소를 선택할 이유가 없었다. 리도에서 중국까지 도로를 내는 일은 막막하고 몹시 힘든 작업으로, 그 필요성이 존속하는 기간 이내에 완성될 것 같지도 않았다. 다행히 교전 중인 중국 군대에게 필요한 보급이 가능하도록 완공한다고 하더라도, 그것이 중국군의 전투력을 두드러지게 향상시킬 것 같지도 않았다. 중국의 미국 공군 기지를 강화하는 문제도, 우리의 견지에서는 연합군의 태평양 진출과 일본에 가까운 오스트레일리아에 확보되어 있는 비행장을 감안하면 그 필요성이 감소될 것이었다. 따라서 어떻게 생각하더라도 우리는 그렇게 막대한 인력과 물자를 소모할 만한 가치가 없다고 주장했다. 그러나 미국 측의 계획을 바꾸도록 하는 데는 실패했다. 미국인의 국민적 심리에는 이상이 크면 클수록 그것을 성공시키기 위해서 전심전력으로 집요하게 노력하는 요소가 있었다. 이상이 훌륭한 것일 때, 그러한 기질은 상찬할 만한 것이다.

우리 역시 버마 탈환을 바라고 있었다. 그러나 취약한 교통로를 이용하여 진군한다거나, 상상할 수 있는 한 가장 악조건의 지형을 횡단하는 방식의 전투는 원하는 바가 아니었다. 랭군[지금의 양곤/역주] 항구를 포함한 버마 남부 지역은 북쪽보다 훨씬 더 가치가 높았다. 그러나 일본으로부터 거리가 너무 멀었다. 반면에 나는 일본군을 버마에서 봉쇄하고, 네덜란드령 동인도제도의 외곽선에 해당하는 부채꼴의 선을 돌파하기를 원했다. 각 국면마다 육해공의 전력을 활용하여 우리 대영인도제국의 전선이 벵골 만을 지나도록 전진시켜 적에게 접근하는 것이었다. 모두 솔직하게 그리고 허심탄회하게 토론하고 결정 사항을 충실히 이행했음에도 불구하고, 의견 충돌은 없어지지 않고 계속되었다. 이 전선의 이야기는 항구적인 지리적 배경과 제한된 자원 그리고 정책 충돌의 싸움이었기 때문에, 독자들이 반드시 알아야 할 부분이다.

★ ★ ★ ★ ★

전투는 1943년 12월에 시작되었다. 스틸웰 장군은 자신이 인도에서 조직하고 조련한 중국군 2개 사단을 이끌고 리도에서 출발하여 그 분수령을 넘어 산맥 본류 아래쪽의 정글 속으로 진입했다. 당시 명성이 드높던 일본군 제18사단의 저항에 부딪혔으나, 꾸준히 밀어붙여 1월 초에는 65킬로미터나 뚫고 들어갔다. 그 뒤에서는 도로 건설부대가 땀을 흘렸다. 남부에서는 영국군 군단이 벵골 만의 아라칸 해안 쪽으로 남하하기 시작했다. 그와 동시에 막 도착한 스핏파이어의 지원을 받아 어느 정도 제공권을 확보할 수 있었는데, 그것은 뒤에 아주 중요한 조건이 되었다는 사실이 증명되었다.

2월에 들어서서 우리의 진군은 갑자기 중단되었다. 역시 일본도 계획이 있었다. 11월 이후 그들은 버마의 병력을 5개 사단에서 8개 사단으로 증강했다. 그리고 이제 동인도를 침공하여 영국에 대한 반란을 책동하려 했다. 우선 치타공 항구를 목표로 아라칸에서 반격을 시작하여, 우리 예비부대를 유인하면서 관심을 그쪽으로 끌어들이려고 시도했다. 아군 제5사단을 해안 전선에 묶어놓고, 적의 정예부대가 훨씬 내륙 쪽에 있던 우리 제7사단 측면을 우회하여 정글을 통과하여 전진했다. 며칠 뒤 적은 제7사단을 포위했으며, 제5사단 배후의 해안 도로를 차단했다. 일본군은 우리 2개 사단이 후퇴할 것으로 기대했던 것 같은데, 다른 요인 하나를 간과하고 있었다. 그것은 공군의 지원이었다. 제7사단 전체가 전선 돌출부로 진입한 뒤, 전열을 가다듬고 싸웠다. 아군에게는 2주일치의 음식과 식수 그리고 탄약이 신의 선물처럼 하늘에서 공급되었다. 적에게는 그러한 보급로가 없었다. 그들은 10일 치의 물량만 확보한 상태였으며, 우리 제7사단의 완강한 저지로 육로를 통한 추가 보급이 불가능했다. 우리 예비부대에 의해서 북쪽에서부터 압박을 당한 적은 아군 전위부대를 제압할 수 없었다. 따라서 그들은 소부대로 분산해서 정글 안쪽으로 퇴로를 개척하면서 후퇴했다. 그들의 발걸음 뒤로는 5,000명의 시신이 남았다. 정글 전투에서 무적을 자랑하던 일본군 신화의 종말이었다.

그러나 그것은 끝이 아니었다. 1944년의 바로 그 2월, 임팔[인도 북동부 마니푸르 주의 주도/역주]의 아군 중앙 전선을 적이 공격할 것이라는 뚜렷한 징후가 보였다. 우리는 친드윈 강[미얀마 서북부를 흐르는 이라와디 강의 지류/역주]으로 진군할 준비를 했다. 지금에 유명해진 친디츠*는 적의 보급선과 교통로에 일격을 가할 준비를 했는데, 그 일본군 사단은 스틸웰과 근접해 있었다. 먼저 공격한 것은 일본군이었지만, 윈게이트[사망 당시 소장이었던 윈게이트는 뛰어난 게릴라전 지휘관이었다/역주]의 여단들은 원래 계획에 따라 임무를 수행하기로 되어 있었다. 윈게이트 사단의 한 여단은 이미 2월 5일에 출발했다. 그들은 오직 공중 보급만 받으며 산과 정글을 지나며 700킬로미터 이상을 행군했다. 3월 5일, 250기의 비행기로 구성된 미군 "에어 코만도"의 지원을 받아 영국군과 구르카 부대[구르카는 네팔 카트만두 부근의 도시/역주] 2개 여단이 비행했다. 모두 합류 지점에 집결한 다음, 임무에 착수하기 시작하여 먼저 인다우 북쪽의 철도를 끊었다.** 그런데 윈게이트는 첫 번째 성공과 그 결실을 제대로 즐기지 못한 채 3월 24일, 너무나 애석하게도 하늘에서 전사하고 말았다[일본군은 자기들이 격추했다고 주장하고, 영국 측은 짙은 안개 때문에 비행기가 산허리에 부딪쳐

---

* "친디츠(Chindits)"는 윈게이트의 장거리 돌격대로 널리 알려진 이름이다.
** 이 장의 1228면의 지도 참조.

추락했다고 한다. 처칠은 이 책의 원본에서 사망 원인이 불분명하다고 기술하고 있다/역주]. 눈부신 불꽃은 그렇게 스러져갔다.

예상했던 대로, 우리의 중앙 전선을 향해서 적의 주공격이 개시되었다. 3월 8일 일본군 3개 사단이 공격해왔다. 스콘스 장군은 휘하의 3개 사단의 제4군단을 이끌고 임팔 고원으로 퇴각했다. 기회를 보아 평지에서 집중 공격을 하기 위해서였다. 일본군은 아라칸에서 실패한 전술을 반복했다. 그들은 임팔을 점령하여 그곳에 저장해놓은 우리 물품으로 자기 부대의 보급을 해결하려고 계산했다. 디마푸르로 가는 도로는 물론 철도까지 차단하여 스틸웰 부대로 가는 보급과 미국의 중국에 대한 공중 보급을 못하게 막겠다는 계획이었다. 중대한 순간이 임박했다.

문제의 핵심은 수송 비행편이었다. 마운트배턴의 전투 자원은 꽤 상당한 수준이었지만, 넉넉한 형편은 아니었다. 마운트배턴은 "혹"을 넘는 수송 작전 때 미군으로부터 빌린 20기의 비행기를 그대로 사용하면서, 추가로 70기의 비행기를 더 요청했다. 그것은 빌려줄 수도 빌릴 수도 없는 무리한 요구였다. 그 뒤 몇 주일 동안 노심초사하던 그에게 나는 격려의 말을 전했다. 우리는 아라칸 해안에서 작전을 중단하고, 승승장구의 인도군 2개 사단을 철수시켜 마운트배턴을 지원하도록 비행기로 파견했다. 제5인도사단은 적이 고원의 3개 방면에서 주변을 압박해오고 있던 임팔에, 제7인도사단은 디마푸르에 배치되었다. 이어서 스토퍼드 장군의 제32군단 사령부가 영국군 1개 사단 및 별도의 2개 여단과 함께 그곳에 도착했다. 이제 산맥을 통과하는 길은 완전히 차단되었으므로, 그때부터 새로 도착한 부대들은 제각각 싸우면서 북쪽으로 진격하기 시작했다.

적군과 임팔 사이의 산길을 따라 코히마 촌락이 자리 잡고 있었다. 아삼 계곡으로 난 산길이 내려다보이는 그곳을 목표로 일본군이 맹렬한 공격을 개시한 것은 4월 4일이었다. 일본군 1개 사단 전 병력이 동원되었다. 우리 수비군은 왕실 웨스트 켄트 대대, 네팔군 대대, 아삼 라이플 대대로 구성되었는데, 병원에서 회복기의 환자를 비롯한 모든 병사들이 포함되어 있었다. 그들은 일본군에 밀려 점점 협소한 지역으로 몰리다가 마침내 하나의 언덕에 다다랐다. 그리고 낙하산으로 투하되는 보급품에만 의존하게 되었다. 사방으로부터 공격을 당하면서 완강히 버텼다. 공군의 폭격 지원을 받다가, 마침내 20일에 스토퍼드 장군 부대에 의해서 구출되었다. 일본군 전사자는 4,000명이었다. 압도적으로 우세한 적을 맞아 용감하게 싸웠던 코히마 방어전은 하나의 빛나는 에피소드였다.

★ ★ ★ ★ ★

클라이맥스는 1944년 5월에 찾아왔다. 현대적 장비를 갖춘 6만 명의 영국군 및 인도군 병사가 임팔 평원에서 포위당했다. 수많은 사태 중에서 나를 가장 긴장하게 만든 사태였다. 모든 것은 보급을 맡은 비행기에 달려 있었다. 나는 항상 내가 근거로 삼는 원칙에 의지했다. "전투 이외에 아무것도 중요하지 않다." 5월 4일, 마운트배턴 제독에게 전문을 보냈다.

"귀관이 승리하기 위해서 필요한 것이라면, 전투에서 어떠한 것도 양보하지 마시오. 나는 어떤 쪽의 반대 의견도 받아들이지 않고, 귀관을 전적으로 지원하겠소." 마침내 그는 필요한 것을 대부분 얻었다. 그러나 다시 한 달 가량은 완전한 긴장 상태가 지속되었다. 우리 공군은 우위를 확보하고 있었지만, 계절풍 탓에 전투의 승패가 달린 공중 보급을 제대로 하지 못했다. 제4군단의 4개 사단은 모두 포위망 바깥으로 조금씩 밀고 나오기 시작했다. 코히마 가도를 따라 지원군과 포위군이 진로를 놓고 전투를 벌였다. 그것은 시간 싸움이었다. 우리는 긴장상태에서 진행 상황을 지켜보았다. 6월 22일, 나는 마운트배턴에게 전문을 보냈다.

3군 참모총장들은 임팔의 상황, 그중에서도 특히 보급품과 탄약의 재고에 대해서 많은 걱정을 하고 있습니다. 귀관은 현재의 정세를 유지하기 위해서 필요한 모든 비행기를 요청할 자격이 절대적으로 있습니다. 비행기를 "혹" 수송 작전에서 가져오든 다른 어떠한 곳에서 가져오든 상관없습니다. "혹" 수송기는 일반적인 예비 부문이라고 생각해야 하므로, 필요한 경우 언제든 동원할 수 있습니다.……지금부터 도움이 필요할 경우 나에게 요청할 것을 포함하여 무엇이든 제때에 요구하지 않으면, 실패한 뒤 불평하더라도 아무 소용이 없을 것입니다. 결코 임무에 소홀하지 않기를 바랍니다. 이번 일은 나에게 중대하고도 절박합니다. 무운을 빕니다.

나의 메시지가 가는 동안, 모든 일은 종결되었다. 그의 보고를 여기에 인용한다.

6월 셋째 주일에 들어서서 정세는 중대한 국면에 접어들었습니다. 앞서 2개월 동안 온갖 노력을 다했고, 이어서 7월 초에는 제4군단은 예비부대를 동원하는 것이 가능할 것 같았습니다. 그러나 일주일 하고 절반 정도 지난 6월 22일, 영국군 제2사단과 인도군 제5사단이 임팔 북상 46.4킬로미터 지점에서 합류함으로써 평원으로 가는 길이 열렸습니다. 바로 그날 군용 차량대가 줄지어 들어가기 시작했습니다.

그리하여 일본의 인도 침공은 끝나고 말았다. 일본군의 손실은 처참했다. 전장에서 전사한 병사만 1만3,000명 이상이었고, 부상이나 질병 또는 굶주림으로 사망한 병사까지 포함하면 일본측 추산으로도 모두 6만5,000명에 이르렀다.

한 해 전에도 활발한 작전을 중지시킨 적이 있었던 장마가 그때 다시 시작되어 최고조에 달했다. 일본군은 그 소강상태를 이용하여 어수선해진 부대를 재건하려고 했다. 그러나 기대했던 휴식기를 가지지 못했다. 유능하고 강력한 리더십의 슬림 장군이 지휘하는 영국군 및 인도군으로 구성된 제14군이 공격을 개시했다. 산 속으로 난 길을 따라 일본군이 당한 재난의 흔적이 역력했다. 버려진 총포, 차량, 각종 장비 등이 수없이 널려 있었으며, 이미 사망했거나 죽어가고 있는 병사가 수천 명에 이르렀다. 하루에 겨우 몇 킬로미터씩, 진군 속도는 아주 더뎠다. 그러나 우리 병사들은 뼛속까지 적시며 밤낮 가리지 않고 퍼붓는 열대 호우에도 전투를 수행했다. 길이라고 하는 것이 맑은 날씨에는 먼지투성이였다가 비가 오면 진흙탕으로 변했기 때문에 병사들이 손으로 포와 차량을 끌어야 하는 경우도 있었다. 정작 진군 속도의 지체보다 그러한 상황에서 전진할 수 있다는 사실 자체가 놀라운 일이었다.

그동안 친디츠 사단은 전력이 보강되었다. 친디츠의 5개 여단은 인다우 북쪽 철도에서 작전을 전개하여 적군의 병력 증강을 방해하고 수송 트럭을 폭파했다. 전열이 완전히 무너졌음에도 불구하고 일본군은 임팔 전선에서 조금도 물러나지 않았다. 단지 스틸웰의 전선에서 1개 대대만 철수했을 뿐이었다. 그들은 샴에서 제53사단을 불러들여 아군의 방해를 제거하려고 했으나, 5,400명을 희생시키고도 성공하지 못했다. 스틸웰은 꾸준히 진격을 계속하여 8월 3일에는 미치나[미얀마 북쪽의 이라와디 강 상류에 위치한 도시/역주]를 점령했다. 그로써 미국의 중국에 대한 공중 보급에 필요한 중간 지점을 확보하게 되었다. 비로소 "혹" 수송 작전에서도 더 이상 북부 아삼에서 직접 거대한 산맥을 넘어 쿤밍으로 가는 위험한 비행을 하지 않아도 되었다. 아삼 북쪽의 장거리 도로 공사는 계속 진행되었는데, 훗날 그것은 버마에서 중국에 이르는 옛 도로와 연결되었다. 그리고 캘커타[지금의 콜카타/역주]로부터 1200킬로미터의 송유관이 부설되면서, 후방의 교통 문제가 해결되었다. 그 파이프라인은 이라크에서 하이파까지의 그 유명한 사막의

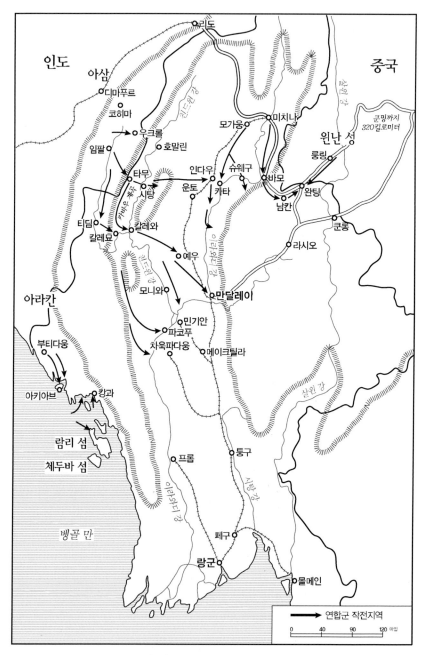

버마, 1944년 7월-1945년 1월

파이프라인보다 더 길었다.

★ ★ ★ ★ ★

그 중요한 시기에 나는 퀘벡에서 루스벨트와 회담을 하고 있었다. 여러 성공적 결과에도 불구하고 정글에서 언제까지나 싸우는 것은 바람직하지 않다는 내 주장을 강조했다. 나는 버마 대륙을 기반으로 삼고 육해공 작전으로 벵골 만을 건너 랭군을 공략하기를 원했다. 만약 제14군이 중부 버마를 휩쓴다면, 우리는 수마트라를 공격하는 길을 열 수 있었다. 그 모든 계획에는 병사와 물자가 필요했는데, 동남아시아에는 충분하지가 못했다. 동원이 가능한 지역은 유럽뿐이었다. 상륙용 주정은 지중해 또는 "대군주" 작전 부대에서 가져올 수 있었고, 병력은 이탈리아나 그밖의 어디서든 곧 출발이 가능했다. 벌써 9월이었다. 랭군은 구불구불한 강어귀 위쪽 72킬로미터 지점에 위치했고, 뒤쪽에도 역류 지역과 진흙 지대가 형성되어 있었다. 열대 장마는 5월 초에 시작되기 때문에, 우리는 늦어도 1945년 4월에는 공격을 개시해야 했다. 유럽을 소홀히 해도 괜찮을 것인가? 우리는 미군도 랭군 계획에 참여시켰다. 나는 애당초 그러한 생각에 동의하지 않았지만, 그해 연말경이면 독일이 패망한 것이라는 낙관적인 희망이 사라진 뒤였다. 독일의 저항은 겨울은 물론 해를 넘겨서까지 계속될 것이 명백했다. 따라서 마운트배턴에게는, 처음이 아니었지만, 현재 보유한 병력으로 임무를 수행해야 한다고 지시했다.

광대한 대륙을 무대로 일본과 맞선 전투에서, 갈 길은 멀었지만 우리는 서서히 쉬지 않고 나아갔다. 우리 부대는 모두 잘 정비된 위생 규칙을 지켰는데, 신약 메파크린의 사용과 살충제 디디티를 항상 살포하여 발병률을 현격히 낮추었다. 일본군은 그러한 예방법을 몰라 수백 명이 질병으로 사망했다. 제14군은 영국 사단에 편입된 북쪽의 중국 및 미국 혼성부대와 합류한 뒤, 12월 초에는 친드윈 강 건너편에 두 개의 교두보를 확보하여 버마

중앙의 평원으로 진군할 준비를 갖추었다.

여기서 시간적 순서를 무시하고 승리의 결과에 이르는 과정을 추적해보기로 한다. 아주 난처한 행정적인 문제가 앞을 가로막았다. 멀리 중국 동남부에서는 일본군이 장제스 총통 정부의 수도 충칭과 미국의 공중 보급 지점인 쿤밍에 대한 진격을 시작했다. 미군측은 그러한 사태를 심각하게 받아들였다. 미국 공군의 전진 기지는 이미 함락되었다. 장제스의 군대는 가망이 없어보였고, 따라서 미군은 버마 북부의 중국군 2개 사단과 미국 공군 편대, 그중에서도 특히 수송 비행부대 3개 편대를 쿤밍으로 보내줄 것을 요청했다. 어려운 점이 많았음에도 불구하고, 받아들이지 않을 수 없었다. 정예 중국군 2개 사단을 잃는 것은 수송 비행편대를 잃는 것만큼 큰 불편은 아니었다. 제14군은 군수 철도 종점으로부터 640킬로미터 정도 떨어져 있었기 때문에, 슬림 장군은 가능성이 희박한 육로보다는 공중 보급에 의존할 수밖에 없었다. 수송편대는 가야만 했다. 출발한 뒤에는 대부분 영국 비행기로 보충될 예정이었지만, 수송편대의 부재는 버마 작전에서 심각한 지연을 초래했다. 그 모든 사정에도 불구하고 제14군은 언덕과 구릉을 돌파하여 만달레이 서북쪽 평원으로 진출했다. 그리고 1945년 1월 말, 스틸웰의 후임 설턴 장군이 중국으로 가는 육로를 다시 열었다.

그 다음달 이라와디 강을 건너 격전이 벌어졌을 때, 마운트배턴 제독은 곤란한 전략상의 결정에 직면했다. 그가 내린 명령은 버마를 해방시키는 것이었다. 그러나 그는 당시 보유하고 있던 병력 외에는 아무것도 바랄 수 없는 상황이었다. 게다가 말라야를 점령하고 말라카 해협으로 통하는 길을 확보해야 했다. 날씨가 모든 것을 좌우했다. 첫 번째 임무는 5월 초부터 시작하는 우기가 닥치기 전에 버마 중앙 평원과 랭군을 점령하는 일이었다. 그는 제14군 전체를 만달레이 평원의 결정적 전투에 집중시켜 남쪽으로 빠르게 진출하거나, 아니면 병력 일부를 랭군을 목표로 한 육해공 작전에 사용하는 것이었다. 어떤 경우든 공중 보급에 크게 의존할 수밖에 없었는데, 그 대부분은 미군 비행기가 수행해야 가능했다. 그러나 중국 지원이 여전히 미국의 주도적 정책이었으므로, 미군 비행기들이 그쪽으로 차출될 경우 마운트배턴의 계획은 좌절되고 말 것이었다. 머잖아 본격화할 그러한 위험에 직면하여, 마운트배턴은 제14군 단일 작전으로 만달레이 서쪽 적의 주력 부대를 향해 총공세를 가하기로 결정했다. 이어서 계획에 따라 4월 15일까지 랭군으로 진출할 예정이었다.

사태는 급속히 전개되었다. 1개 사단은 이미 이라와디 강을 건너 만달레이 북방 65킬로미터 지점에 교두보를 확보했으며, 2월 중에는 적군의 격렬한 반격을 여러 차례 격퇴했다. 2월 20일에는 제20사단이 강의 남쪽을 건너 만달레이 서부 지역에 도착했다. 확보한 영역을 지키기 위해서 2주일 동안 힘든 싸움을 하고 있을 때, 제2영국사단과 합류하게 되었다. 일본군 최고사령부는 결전이 임박했음을 확신하고, 병력을 대거 증강했다. 그들은 심각할 정도의 측면 공격이 있으리라고 전혀 생각하지 않았다. 심지어 우리는 여유가 없음에도 불구하고 1개 사단을 샴타이(태국)의 옛 이름. 1939년 샴을 타이로 변경했다/역주]으로 급파하기까지 했다. 그런데 바로 그것이야말로 슬림 장군이 준비했던 일격이었다. 2월 13일, 제7사단이 파코쿠 남쪽의 이라와디를 도강하여 교두보를 만들었다. 적은 그것을 단순한 견제 행위로만 여겼는데, 곧 사정을 알게 되었다. 21일 제17사단의 차량화 부대 2개 여단과 2개 전차여단이 교두보로부터 돌연히 발진하여, 28일 메이크틸라에 도착했다. 일본군 주요 전선의 통할 본부가 위치한 메이크틸라는 그들의 연락망의 요충지이면서 여러 비행장들의 중심부였다. 그곳의 방위는 철저했다. 적은 급히 2개 사단을 그곳 수비대를 지원하도록 파견했는데, 우리 증원군이 도착할 때까지 멀리 떨어진 곳에 있었다. 일주일 동안의 격전 끝에 메이크틸라는 우리 수중에 들어왔고, 적의 탈환 시도를 모두 물리쳤다. 그후 일본군 총사령관이 "연합군 전략의 완벽한 일격"이라고 표현한 그 전투에서, 그들은 5,000명의 전사자와 같은 수의 부상자를 냈다고 자인했다.

멀리 동북지방으로는 설턴 장군이 움직이고 있었는데, 3월 중순경 라시오에서 만달레이로 가는 도로에 닿았다. 그런데 그때 장제스가 진군 중지를 요구했다. 중국군 사단의 행군을 계속하도록 허용하지 않겠다는 것이었다. 중국군의 이동을 고집하면서, 슬림 장군도 만달레이를 장악한 뒤에는 멈추어야 한다고 주장했다. 마운트배턴이 한 달 전 계획을 세울 때 우려했던 바로 그런 사태가 벌어진 것인데, 그럴 경우 일본군은 그 전선의 3개 사단 중 2개 사단을 동원하여 우리 제14군을 향해 진군시킬 수 있었다.

만달레이와 메이크틸라 양쪽에 걸쳐서 전개된 전투는 3월 내내 계속되었다. 만달레이에는 9일에 진입했고, 주변을 둘러싸고 있는 238미터 고지의 만달레이 언덕은 이틀 동안 싸워 점령했다. 그러나 일본군은 완강히 저항했고, 더퍼린 요새의 거대한 방벽은 보통의 포탄으로는 파괴할 수가 없었다. 마침내 2,000파운드의 폭탄을 사용하여 무너뜨렸고, 20일에 적은 도주했다. 그 동안 제33군단의 잔여 부대는 메이크틸라에서 싸웠다. 일본군은 대단한 힘으로 반격했다. 적의 배후 전선에 아군 제17사단이 치고 들어갔음에도 불구하고, 일본군 총사령관은 물러날 기미를 보이지 않고 팽팽히 맞섰다. 그러나 3월 말에 이르자 적은 싸우기를 포기하고 후퇴하기 시작하더니, 통가와 랭군 방향의 간선도로로 내려가 산악지대를 거쳐 동쪽으로 후퇴하기 시작했다.

그렇지만 전투는 우리의 예상보다 훨씬 오래 걸렸다. 설턴 장군은 라시오 가도에서 진군을 멈추었고, 제14군은 4월 중순까지 랭군에 입성할 전망이 보이지 않았다. 우기가 오기 전에 도착할 수 있을지조차 의심스러웠다. 마운트배턴은 결국 육해공 공격을 결행하기로 했다. 그 작전은 우리가 원했던 것보다 훨씬 더 소규모로 수행할 수밖에 없었는데, 그나마 5월 첫째 주일에는 시작도 못했다. 너무 지체될 가능성도 있었다.

그러한 상황에도 불구하고 슬림 장군은 육로로 랭군에 도착할 뿐만 아니라, 남부 버마에 이중의 그물을 쳐서 적이 걸려들도록 만들겠다고 결정했다. 따라서 제33군단은 메이크틸라에서 이라와디 강 아래쪽으로 파상 공격을 펼치면서 5월 2일에 프롬에 도달했다. 임팔과 만달레이에서 승리했던 제4군단은 도로와 철로를 따라 동쪽으로 빠르게 진군했다. 기갑부대 그리고 제5사단 및 제17사단의 기계화여단들은 서로 앞서거니 뒤서거니 하면서 4월 22일 퉁구에 이르렀다. 그 다음 목적지는 페구였는데, 그곳을 점령하면 남버마에서 적의 최남단 퇴로를 차단할 수 있을 것이었다. 우리 진격 부대가 그곳에 도착한 것은 4월 29일이었다. 그날 오후 이른 우기를 예고하는 폭우가 쏟아졌다. 임시 활주로는 사용할 수 없었고, 탱크와 차량은 포장도로 외에는 운행이 불가능했다. 일본군은 시가지와 교량을 점거하기 위해서 병력을 최대한 모았다. 5월 2일, 제17사단은 마지막 돌파를 시도하며, 랭군에 가장 먼저 입성할 희망을 안고 남은 몇 킬로미터를 진격할 채비를 갖추었다.

그런데 5월 2일은 육해공 공격의 디데이이기도 했다. 이틀 전 연합군의 중폭격기가 랭군 강 입구를 지키는 일본의 수비군을 공습했다. 5월 1일에는 공수대대가 수비군 상공에서 강하한 다음 수로의 기뢰 제거를 시작했다. 다음날 영국 제224공군부대의 지원을 받으며 제26사단 병력을 실은 선박이 강어귀로 들어갔다. 모스키토 전투기 한 기가 랭군 상공을 비행했는데, 적의 움직임을 전혀 발견하지 못했다. 부근의 비행장에 착륙하여 전투기 병사들이 걸어서 랭군 시내로 들어갔는데, 그들이 맞이한 것은 아군 포로들이었다. 육해공 공격이 없으리라고 확신한 일본군 수비대는 며칠 전 페구를 지키기 위해서 떠나고 없었다. 그날 오후 우기가 시작되어 열대성 호우가 맹렬히 퍼붓기 시작했고, 몇 시간 지나지 않아 랭군을 함락했다.

육해공 병력은 곧 페구와 프롬에 도착했다. 수천 명의 일본군이 포로가 되었으며, 이후 3개월에 걸쳐 수많은 일본군 장병이 동쪽으로 탈출을 꾀하다가 죽었다. 그리하여 제14군이 장기간에 걸쳐 용감하게 싸웠던 전투는, 온갖 장애를 극복하고 불가능한 것으로 보였던 목표를 성취한 가운데 끝이 났다.

제17장

레이테 만 전투

일본을 상대로 한 해양전이 그 정점에 도달했다. 벵골 만에서부터 중부 태평양에 이르기까지 연합군의 해군력은 상승세였다. 미국의 조직력과 생산고는 전면적으로 위력을 발휘하여 놀라운 결과를 낳았다. 미국의 노력으로 이룩한 규모와 성과를 짐작하기 위해서는 한 가지 예만 들어도 충분할 것이다. 1942년 가을만 하더라도 바다에 떠 있는 미국 항공모함은 단 3척에 불과했다. 그것이 1년 뒤에는 50척, 전쟁이 끝날 무렵에는 100척이 넘었다. 비행기 생산의 증가도 그에 못지않게 놀라울 정도였다. 그러한 거대한 전력은 공세적 전략과 정교하고 참신하고 효과적인 전술에 의해서 활력을 얻었다. 거기에 부과된 과업은 거대한 것이었다.

일본에서부터 마리아나 제도[사이판, 괌 등을 포함하는 서태평양의 화산 섬들/역주]와 캐롤라인 제도[팔라우와 코스라에를 포함하는 태평양 중서부와 미크로네시아의 섬들/역주]에 이르기까지 태평양을 가로지르며 남쪽으로 약 3,000킬로미터가량 뻗은 섬의 사슬이 있다. 일본군은 수많은 섬을 요새화했고, 좋은 시설을 갖춘 비행장을 건설했다. 그 사슬의 가장 남쪽 끝의 섬 트룩[캐롤라인 제도에 속한 섬/역주]은 일본의 해군 기지였다. 그 제도의 방벽 뒤로 대만, 필리핀, 중국이 있었고, 그 보호막 안쪽에서 일본군은 최전방 기지까지 보급품을 수송했다. 따라서 일본 본토를 침공하거나 폭격하는 것은 아예 불가능했다. 그 사슬을 끊는 일이 급선무였다. 요새화한 섬들을 하나씩 정복하기에는 시간이 너무 걸렸기 때문에, 미군은 개구리 뛰기 (leap-frog) 방식을 택했다. 비교적 중요한 섬들만 장악하고 나머지는 그냥 건너뛰었다. 그런데 미국의 해군력이 대단한 데다 급속도로 강화되면서 그들의 연락선은 계속 연결되어가는 한편, 적의 연락선은 단절시켰다. 따라서 그냥 지나쳐온 섬들에 남은 적은 발이 묶여 점점 약화되었다. 미국의 공격 방식은 한결같이 성공적이었다. 먼저 항공모함에서 출동한 비행기들이 적의 전력을 소모시키는 공격을 한 다음, 해상에서 격렬한 포격과 필요한 경우 장시간 포격을 퍼부었다. 그리고 마지막에는 육해군이 상륙해서 해안에서 전투를 벌였다. 그리하여 섬을 점령하면 수비대 기지를 구축하여 비행기를 이동시킨 다음 적의 반격을 격퇴했다. 그와 동시에 비행부대는 그 다음 섬의 공격을 지원했다. 함대는 사다리 꼴[梯形] 진용으로 임무에 따라 행동했다. 한 그룹이 전투를 수행하는 동안 다른 그룹은 그 다음 전투에 대비했다. 그러한 방식은 전투뿐만 아니라 전진하는 선을 따라 기지를 건설하는 작업에 막대한 자원이 소요되었다. 미군은 그 모든 것을 자기들 힘으로 완수했다.

* * * * *

1944년 6월, 태평양을 가로지르며 두 갈래 방식으로 진행된 미군의 공격은 상당한 진척을 보였다. 대양의 남서쪽에서는 맥아더 장군이 뉴기니 점령을 거의 마쳤고, 중앙에서는 니미츠 제독이 요새화한 섬들의 사슬 안쪽 깊숙이 압박을 가했다. 두 장군의 공격은 필리핀으로 좁혀들었고, 그 지역의 일본군 함대는 곧 궤멸될 처지였다. 일본 함대는 이미 극도로 약화된 데다, 특히 항공모함이 부족했다. 그럼에도 불구하고 일본군은 유일한 생존의 희망을 해전의 승리에 걸고 있었다. 그 위험하고 결정적인 모험을 위한 전력을 보전하는 방식으로, 일본 주력 함대는 트럭 섬에서 철수하여 동인도와 일본 해역 두 곳에 나누어 대기했다. 전투는 곧 벌어지고 말았다. 6월 초에

스프루언스 제독은 항공모함을 이끌고 마리아나 제도 공격에 나섰는데, 15일에 요새화한 사이판 섬에 상륙했다. 만약 사이판과 부근의 티니안 섬과 괌 섬까지 점령한다면, 적의 방어선 돌출부는 붕괴될 수밖에 없었다. 그 위협은 대단한 것이었으므로, 일본군 함대는 전투를 결정했다. 그날 필리핀 근해에 적의 전함 5척과 항공모함 9척이 나타났는데, 동쪽으로 움직이고 있었다. 스프루언스는 진용을 갖출 시간이 충분했다. 주된 목적은 사이판 상륙을 엄호하는 것이었는데, 그 임무를 무사히 수행했다. 그뒤 항공모함 15척을 포함한 함선을 결집하여 섬의 서쪽에서 적을 기다렸다. 6월 19일, 일본군 항공모함 탑재기들이 사방에서 날아들어 미군 항공모함 함대를 공격했다. 그날 종일 공중전이 계속되었다. 미군의 피해는 거의 없었다. 그러나 일본군 비행편대는 막대한 손실을 입었고, 항공모함은 퇴각했다.

그날 밤 스프루언스는 사라진 적의 행방을 찾았으나, 헛수고였다. 20일 오후 늦게 400킬로미터 떨어진 지점에서 적의 함대를 발견했다. 일몰 직전에 공격을 개시하여, 미국 공군은 일본 항공모함 한 척을 침몰시켰다. 그리고 네 척의 다른 항공모함과 전함 및 중순양함 각 한 척을 파손시켰다. 그 전날 미국 잠수함은 적의 대형 항공모함 두 척을 격침했다. 공격할 능력을 상실한 적의 잔여 함대는 가까스로 탈출에 성공했다. 그로써 사이판의 운명은 결정되었다. 섬에 남은 적의 수비군은 강렬히 저항했지만, 미군의 상륙은 계속되었고 병력은 증강되었다. 7월 9일, 적의 조직적 저항은 완전히 종식되었다. 괌과 티니안을 비롯한 부근의 섬들도 장악했다. 그리하여 8월 초순 미군의 마리아나 제도 점령은 완결되었다.

사이판의 함락은 일본군 최고사령부에 큰 충격을 주었으며, 간접적으로는 도조 장군 내각의 퇴진 원인이 되었다. 적의 불안은 당연한 현상이었다. 그 요새는 도쿄에서 2,000킬로미터 이상 떨어진 곳에 있었다. 그들은 사이판을 난공불락으로 믿었는데, 이제 사라져버린 것이었다. 일본의 남방 방위 지역이 차단되었고, 미국 공군 중폭격기는 일본 본토를 공격하는 데 필요한 제1급 기지를 얻은 셈이었다. 오랫동안 미군 잠수함이 중국 연해에서 일본 상선들을 격침시켰는데, 이제 군함까지 공격할 길을 연 것이었다. 미군이 조금만 더 전진하면, 그때는 일본의 석유와 원자재 공급까지 끊어질 판국이었다. 일본 함대는 여전히 강했으나, 균형을 잃은 상태였다. 구축함, 항공모함 그리고 항공요원의 현저한 부족으로 육지에 기지를 둔 비행기의 지원 없이는 효과적인 공격을 할 수 없었다. 연료가 모자라 훈련을 제대로 하지 못할 뿐만 아니라, 함선을 한 장소에 집결하는 것조차 불가능했다. 따라서 늦여름에는 대부분의 중장비 선박들이 싱가포르 근해와 네덜란드령 동인도 유류보급소 부근에 머물렀다. 나머지 몇 척의 항공모함은 일본 본토 해역에 정박해 있었는데, 신입 항공요원의 훈련이 끝난 단계에 있었다.

일본군이 처한 난국은 호전될 기미가 보이지 않았다. 여전히 수적으로는 우세했지만, 병력이 전부 중국과 동남아로 흩어져 있거나 지원이 어려운 머나먼 섬에 고립되어 힘을 쓸 수가 없었다. 적의 지도자들 중에서도 보다 냉정한 인물들은 전쟁을 종결할 방안을 찾기 시작했으나, 일본의 군부는 지나치게 강경한 태도를 보였다. 최고사령부는 만주의 병력을 차출하여 대만과 필리핀에서 최후의 결전을 명령했다. 현지든 본토든 군인은 그 자리에서 목숨을 바쳐야 했다. 일본 해군부의 결의는 단호했다. 섬들을 놓고 벌어질 전투에서 패배하면 동인도로부터의 유류 공급이 끊어질 터였다. 연료가 없는 선박은 유지할 이유가 없다고 주장했다. 승리에 대한 희망을 안고 희생을 각오했다. 그리하여 8월에 모든 함대를 전투에 출동시키기로 결정했다.

9월 15일, 미군은 또 한 번 진격했다. 맥아더 장군이 뉴기니 서단과 필리핀 사이의 모로타이 섬을 점령했고, 미국 해군 사령관 홀지 제독은 팔라우 군도의 휘하 함대에 필요한 전진 기지를 확보했다. 동시에 이루어진 그러한 군사행동은 매우 중요한 의미를 지녔다. 그와 함께 홀지는 전 함대를 가동하여 쉬지 않고 적의 방어선을 공격했다. 그렇게 해서 해상에서 전면적 전투가 벌어지기를 기다려 일본 함대, 특히 그중에서도 남아 있는 항공모함을 격침시키려고 했다. 그 다음 목표는 바로 필리핀이었는데, 그곳에서는 이미 미국의 계획에 극적인 변화가 일어나고 있었다. 그때까지 연합군의 목표는 필리핀 제도 남단의 민다나오 섬이었고, 이미 홀지의 항공모함에서 출격한 비행기들이 그곳과 북쪽의 보다 큰 루손 섬의 비행장을 공격했다. 수많은 일본 비행기를 파괴했는데, 격돌 과정에서 레이테 섬의 일본 수비군이 예상과 달리 취약하다는 사실을 알게 되었다. 크지만 전략적으로 덜 중요한 두 개의 섬 민다나오와 루손 사이에 놓인 그 작고 유명한 섬은 이제 미군의 명백한 기습 목표가 되었다. 연합국들이 여전히 퀘벡에서 회담 중이었던 9월 13일, 홀지 제독의 제안에 따라 니미츠 제독이 즉시 침공을 촉구했다. 맥아더도 찬성했다. 따라서 이틀 뒤 미국 3군 참모총장들은 10월 20일에 공격을 개시할 것을 결정했다. 원래 계획보다 2개월이나 앞당긴 일정이었다. 그렇게 레이테 만 전투는 시작되었다.

★ ★ ★ ★ ★

10월 10일, 미군은 일본과 필리핀 사이의 비행장들을 급습함으로써 작전을 개시했다. 대만에 대한 파괴적이고 반복적인 공격으로 격렬한 저항을 야기시켰으며, 12일부터 16일까지 항공모함과 육상기지에서 발진한 비행기들 사이에 격렬한 공중전이 펼쳐졌다. 미군은 공중전에서나 지상전에서나 적에게 심각한 타격을 가했고, 피해는 거의 입지 않았다. 미군 항공모함은 적의 육상기지 비행기들의 강력한 공격을 잘 막았다. 결과는 아주 결정적이었다. 적의 공군은 레이테 전투에 합류하기도 전에 궤멸되었다. 항공모함에 탑재할 계획이었던 수많은 일본 해군기가 아무 대책 없이 증원군으로 대만에 갔다가 파괴되었다. 그 결과 임박한 최대의 해전에 나선 항공모함에는 훈련이 끝나지 않은 파일럿 100명 정도가 승선해 있었다.

이후에 전개된 교전 상황을 이해하려면, 1241, 1242, 1243페이지의 지도들을 살펴볼 필요가 있다. 필리핀은 북쪽의 루손과 남쪽의 민다나오 두 개의 큰 섬으로 구분되는데, 그 사이에 놓인 한 무리의 작은 섬들 중에서 가장 핵심이 되는 중앙의 섬이 레이테 섬이다. 그 중앙의 섬들 사이로 관통하는 항해가 가능한 두 개의 해협이 있는데, 바로 그 유명한 전투의 향방을 가늠하게 할 존재였다. 북쪽의 해협은 샌버너디노였으며, 그보다 남쪽으로 320킬로미터 떨어진 곳에 위치하여 레이테 섬으로 곧장 통하는 해협이 수리가오였다. 미군은 바로 그 레이테 섬의 점령을 노렸고, 일본군은 그러한 의도를 저지하면서 적의 함대를 격파하겠다는 결의를 다진 것이었다. 그들의 계획은 단순했지만, 결사적이었다. 맥아더 휘하의 4개 사단이 미군 함대의 포와 비행기의 지원하에서 레이테 섬에 상륙할 예정이었으며, 일본군도 그 정도는 알았거나 예상하고 있었다. 이 미군 함대를 북쪽으로 유인한 다음 제2의 전투를 벌인다는 것이 일본군의 계획의 첫 번째 단계였다. 그러나 그것은 준비 작업에 불과한 것이었다. 주력 함대를 유인한 뒤 즉시 전함 2개 편대가 각각 샌버너디노 해협과 수리가오 해협을 통과하여 레이테 섬의 상륙 지점에서 합류할 계획이었다. 모든 신경은 레이테의 해안에 집중되었고, 모든 포는 해변을 향해 조준되었다. 그리고 적의 공격을 단독으로 견딜 수 있는 중장비 함선과 대형 항공모함들은 멀리 북쪽의 유인 함대를 뒤쫓아간다는 것이었다. 그 계획은 거의 성공할 뻔했다.

10월 17일, 일본군 연합함대 최고사령관[司令長官]은 함대에 출동 명령을 내렸다. 총사령관 오자와 제독이 이끄는 유인 함대는 일본에서 직접 출발하여 곧장 루손 섬으로 향했다. 그것은 항공모함, 전함, 순양함 그리고 구축함들로 이루어진 혼성함대였다. 오자와의 임무는 루손 섬 동쪽 해안에서 미국 함대와 교전하면서, 그 함대가 레이테 만의 상륙지점에서 떨어져 있도록 만드는 것이었다. 오자와 함대의 항공모함에는 비행기와 조종사들

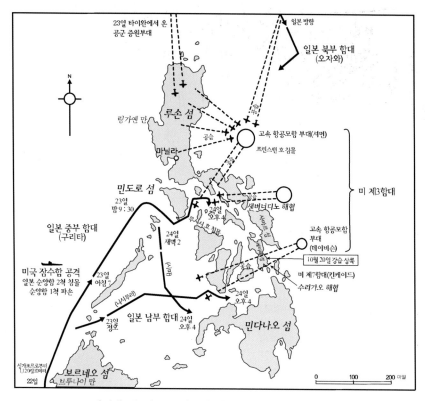

레이테 만 전투 : 접근과 접촉(1944년 10월 22-24일)

이 모두 부족한 상태였지만, 아무 문제가 되지 않았다. 그들은 오직 유인용 미끼였고, 미끼는 먹히면 그만이었다. 그동안 일본군 주력 공격 함대는 두 해협을 향해 진격했다. 중앙부 함대라고 할 수 있는 싱가포르에서 출발한 대형 함대는 5척의 전함, 12척의 순양함, 15척의 구축함으로 구성되어 구리타 제독의 지휘 아래 샌버너디노를 향했는데, 사마르 섬을 돌아 레이테 섬에 도착할 의도였다. 보다 작은 남부 함대는 각 2척의 전함, 4척의 순양함, 8척의 구축함으로 구성된 독립한 두 그룹으로 나뉘어 수리가오 해협을 통과했다.

미군은 10월 20일에 레이테 섬에 상륙했다. 초반에는 모든 것이 순조로

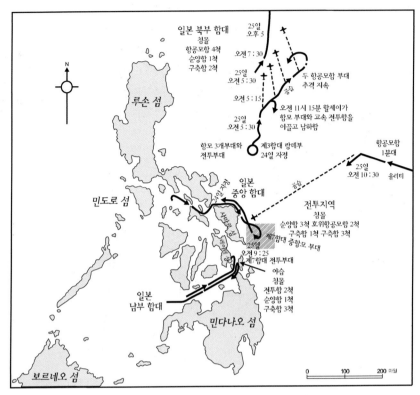

레이테 만 전투 : 결정적인 전세(1944년 10월 25일)

웠다. 해안에서 적군의 저항은 미미하여 신속하게 교두보를 설치할 수 있었고, 맥아더 부대가 진군을 시작했다. 역시 맥아더의 지휘를 받던 킨케이드 제독의 미군 제7함대가 지원했는데, 구식 전투함과 소형 항공모함은 육해군 상륙작전을 충분히 도왔다. 멀리 북쪽에 있는 홀지 제독의 주력 함대가 상륙 함대를 적의 해상공격으로부터 보호했다.

그러나 위기는 여전히 남아 있었다. 10월 23일, 미군 잠수함이 보르네오 근해에서 [구리타 제독의] 일본군 중앙 함대를 발견하고 중순양함 두 척을 격침시켰는데, 그중 한 척은 구리타의 기함이었다. 그밖의 또다른 한 척은 손상을 입혔다. 다음날인 10월 24일, 홀지 제독의 항공모함 비행기들이 공

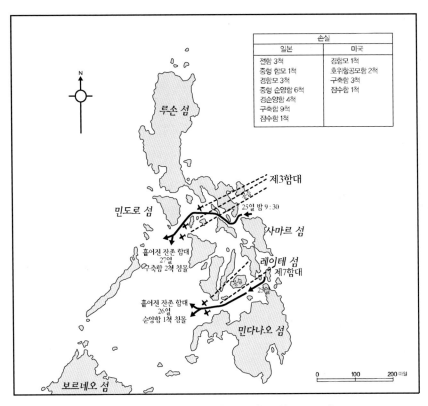

손실	
일본	미국
전함 3척	경함모 1척
중형 함모 1척	호위항공모함 2척
경함모 3척	구축함 3척
중형 순양함 6척	잠수함 1척
경순양함 4척	
구축함 9척	
잠수함 1척	

루손 섬

제3함대

25일 밤 9 : 30

민도로 섬

사마르 섬

흩어진 잔존 함대
27일
구축함 2척 침몰

레이테 섬
제7함대

흩어진 잔존 함대
26일
순양함 1척 침몰

민다나오 섬

보르네오 섬

0   100   200 마일

레이테 만 전투 : 추격전(1944년 10월 26-27일)

격에 가담했다. 9문의 18인치 포를 탑재한 초대형 전함 무사시(武藏)가 침몰하고 다른 함선들도 포격을 당하자, 구리타는 뒤로 물러섰다. 미군 조종사들의 낙관적인 보고는 일종의 오보였는데, 그로 인해서 홀지는 틀림없이 전투에서 이겼다고 결론을 내렸다. 아니면 적어도 부분적으로는 승리했다고 단정했다. 홀지는 적군의 다른 함대 혹은 남부 함대가 수리가오 해협으로 접근 중이라는 사실을 알고 있었지만, 킨케이드의 제7함대가 격퇴하리라고 판단했고, 그것은 옳았다.

그러나 한 가지 그를 당혹스럽게 만드는 일이 일어났다. 그날 온종일 홀지의 함대는 일본 해군기의 공격을 받았다. 대부분의 적기를 격추시켰지만,

홀지의 항공모함 프린스턴 호가 격파되어 사용할 수 없게 되었다. 홀지는 적기가 항공모함에서 출격한 것으로 생각했다. 적의 함대가 항공모함 없이 전투에 나왔으리라고는 믿을 수 없었는데, 단 한 척도 눈에 띄지 않았다. 구리타 휘하의 일본군 주력 함대의 위치로 보아 후퇴 중임이 분명했는데, 항공모함은 없었다. 뿐만 아니라 남부 함대에도 마찬가지였다. 그렇다면 항공모함 부대가 따로 있는 것이 틀림없다고 판단했고, 그것을 찾아내는 일이 급선무였다. 따라서 그는 북쪽 방향으로 수색을 명령했다. 10월 24일 오후, 홀지의 정찰기들이 루손 섬 동북쪽 먼 곳에서 남쪽으로 향하고 있던 오자와 제독의 유인 함대를 발견했다. 항공모함 4척, 활주용 갑판을 갖춘 전함 2척, 순양함 3척 그리고 구축함 10척으로 구성되어 있었던 것이다! 홀지는 문제의 원인이 거기에서 비롯한 것으로 판단하고 진정한 목표로 결론지었다. 만약 그 항공모함만 격파한다면, 일본 함대가 향후 작전에 참가할 힘을 완전히 상실할 것이라고 생각했고, 홀지와 그의 참모장 카니 제독은 그러한 판단이 정확하다고 믿었다. 그것은 홀지의 마음속에 부동의 확신으로 자리 잡았는데, 특히 뒤에 맥아더가 루손 섬을 공격할 때 아주 도움이 될 것이라고 생각했다. 홀지는 눈앞의 적이 얼마나 엉성한 전력이었는지 알 수 없었을 뿐만 아니라, 공격을 한 대부분의 적기가 항공모함이 아닌 루손 섬의 지상 비행장에서 출동한 것이라는 사실을 알지 못했다. 구리타의 중앙함대는 퇴각 중이었다. 킨케이드는 적의 남부 함대를 상대하여 레이테 섬 상륙을 지원할 뿐만 아니라 어려움 없이 최후의 일격을 가할 것이었다. 따라서 홀지는 그 다음날 전 함대에게 북쪽으로 진격하여 오자와 제독을 격퇴하라는 출동 명령을 내렸다. 그리하여 그는 적의 그물에 걸려들고 말았다. 바로 그날, 10월 24일 오후, 구리타는 다시 동쪽으로 방향을 되돌렸다. 그리고 다시 한번 샌버너디노 해협을 향해 항해했다. 이번에는 아무도 가로막지 않았다.

그동안 일본군 남부 함대는 수리가오 해협에 접근했고, 그날 밤 2개 진용으로 나뉘어 진입했다. 뒤이어 치열한 전투가 벌어졌다. 전함부터 연안 경비정까지 모든 종류의 함선이 참가하여 근접전을 펼쳤다.* 일본군의 첫 번째 그룹은 해협 북쪽 출구에 집결해 있던 킨케이드 함대가 섬멸했다. 두번째 그룹은 어둠과 혼란 속을 틈타 통과를 시도했으나, 결국 후퇴했다. 모든 것이 잘되어갔으나, 구리타 제독을 처리할 일이 남아 있었다. 킨케이드가 수리가오 해협에서 싸우고 홀지는 북쪽의 일본 해군 유인 함대를 맹렬히추격하고 있는 동안, 구리타는 아무 저항도 받지 않은 채 어둠을 뚫고 샌버너디노 해협을 통과했다. 그리고 10월 25일 이른 아침, 맥아더 장군의 상륙부대를 지원하던 호위 항공모함 부대를 급습했다. 기습을 당한 데다 탈출하기에는 속도가 너무 느렸고, 해상공격에 대항하여 즉시 함상기를 출격시켜퇴치할 여유도 없었다. 거의 두 시간 반 동안 소형 미국 함선들은 연막 속에서 용감하게 싸우다가 후퇴했다. 항공모함 2척과 구축함 3척 그리고 100기가 넘는 비행기를 잃었다. 항공모함 한 척은 일본군 자폭기의 공격을 받았다. 그러나 적의 순양함 3척을 격침했고, 다른 함선들을 파손시켰다.** 지원군은 너무 멀리 떨어져 있었다. 킨케이드의 중장비 함선들은 일본군 남부함대를 쫓아 레이테 섬 남쪽 먼 곳에 있었는데, 탄약과 연료가 부족한 상태였다. 홀지는 10척의 항공모함과 쾌속 전투함 전부를 이끌고 여전히 너무먼 곳에 있었다. 그의 나머지 항공모함들은 연료를 채우러 갔는데, 돌아오려면 몇 시간이 필요했다. 승리는 구리타의 손아귀로 들어가는 듯이 보였

---

* 그중 2척은 오스트레일리아 군함이었는데, 하나는 순양함 슈롭서 호였고 다른 하나는 구축함 아룬타 호였다.

** 자폭기는 레이테 만 전투에 처음 등장했다. 킨케이드 함대 작전에 참여했던 오스트레일리아 순양함 오스트레일리아 호가 그 며칠 전 자폭기의 공격을 받아 사상자를 냈으나, 심각한 피해를 입지는 않았다.

다. 구리타 함대가 레이테 만으로 진격하여 맥아더의 상륙 함대를 격파하는 것을 막을 방법이 없었다.

그런데 구리타는 또다시 돌아섰다. 그 이유는 알 수가 없었다. 휘하의 수많은 함선이 폭격을 당했고, 킨케이드의 경호위 항공모함에 의해서 사방으로 흩어졌다. 그리고 남부 함대가 참변을 당했다는 소식도 그때 들어 알게 되었다. 그는 또 북쪽의 유인 함대가 어떻게 되었는지 전혀 알지 못했고, 미국 함대의 소재도 불확실했다. 가로챈 미군의 신호로 미루어 구리타는 킨케이드와 홀지가 압도적인 병력을 이끌고 자기 쪽으로 몰려오고 있는 중이며, 맥아더의 수송선단은 이미 탈출에 성공했다고 생각했다. 고립무원의 상태에서 그동안 그렇게 큰 희생을 치르고 이제 막 결실을 거두려는 순간에, 그는 그 결사적인 모험을 포기하기로 한 것이었다. 레이테 만으로 진입을 시도하지 않고, 그는 뱃머리를 돌려 다시 샌버너디노 해협으로 향했다. 돌아가는 길에 홀지 함대와 최후의 일전을 겨루고 싶었는데, 그 기회조차 그를 외면했다. 킨케이드의 거듭된 지원 요청에 응해서, 홀지는 두 그룹의 항공모함 함대만을 북쪽으로 계속 추격하도록 하고는 전함을 이끌고 돌아왔다. 그날 홀지 함대는 오자와의 항공모함 4척을 모두 격파했다. 그러나 정작 홀지 자신은 샌버너디노에 너무 늦게 도착했다. 일본군 함대를 만나지 못했다. 구리타는 이미 빠져나간 뒤였다. 다음날 홀지와 맥아더 함대의 비행기들이 일본 제독을 추격하여 다시 순양함 1척과 구축함 2척을 가라앉혔다. 그것으로 전투는 끝이 났다. 긴박하게 돌아가는 사태에 구리타의 마음은 혼란 상태에 빠진 것 같았다. 그는 사흘 내내 끊임없는 공격을 받았으며, 막대한 손실을 입었고, 보르네오에서 출발한 지 얼마 되지 않아 자신의 기함을 잃었다. 비슷한 시련을 겪어보지 않고는 그를 심판할 수 없을 것이다.

★ ★ ★ ★ ★

레이테 만 전투는 결정적이었다. 미군은 3척의 항공모함, 3척의 구축함 그리고 1척의 잠수함을 희생시키고 일본 함대를 정복했다. 싸움은 10월 22일부터 27일까지 계속되었다. 일본군의 전함 3척, 항공모함 4척, 그밖의 다른 군함 20척이 격침되었다. 그 뒤로는 자폭기만이 적에게 남은 유일한 해상 무기였다. 그것은 절망의 수단이었기 때문에, 가공할 것이었다. 그러나 승리의 희망을 줄 수 있는 것은 아니었다.

　레이테 만의 승리는 미국의 역사에 길이 빛날 것이다. 용맹성과 전술 그리고 대담성은 물론이거니와, 그때까지의 그 어떠한 승리보다 우리의 앞날을 분명하고도 원대하게 밝혀주었다. 대포에 의존하는 것이 아니라 제공권으로 싸운 전투였다. 당시만 하더라도 혼란스러운 유럽에는 거의 알려지지 않은 사례였기 때문에, 여기서 상세하게 설명했다. 그러한 사례 연구를 통해서 얻을 수 있었던 가장 중요한 결론 중의 하나는, 절대적으로 필요한 것은 당시 맥아더와 홀지 사이에 존재했던 협력에 의한 통제 개념보다 공동 작전에서 단일의 통합 지휘권이라는 사실을 깨달은 것이다. 미국은 그러한 교훈을 얻었고, 그리하여 일본 본토에 대한 마지막 몇 개의 작전에서는 필요에 따라 수시로 니미츠 장군 또는 맥아더에게 번갈아가며 최고지휘권을 부여했다.

　그 다음 몇 주일에 걸쳐 전투는 필리핀 자체를 목표로 확산되고 발전되었다. 11월 말에 거의 25만 명의 미군이 레이테 섬에 상륙했으며, 12월 중순에 이르러 일본의 저항은 분쇄되었다. 맥아더는 주력군의 진격을 강행하여 바로 마닐라에서 160킬로미터 정도 떨어진 민도르 섬에 아무 저항도 받지 않고 상륙했다. 1945년 1월 9일, 마닐라 북쪽의 링가옌 만에 4개 사단이 상륙하면서 새로운 국면이 전개되었다. 3년 전 일본이 대상륙 작전을 펼쳤던 곳이었다. 정교한 기만 전술에 일본군은 어디서 공격이 있는지 모르고 있었다. 공격은 기습으로 이루어졌으며, 제대로 저항할 수 없었다. 미군이 마닐라를 향해 진격했을 때 적의 저항은 완강했다. 그러나 미군은 추가로

마닐라 서해 연안의 2개 이상의 지점을 통해 상륙하여 시가지를 포위했다. 일본의 필사적인 저항은 3월 초까지 계속되었으나, 결국 전멸하고 말았다. 폐허에서 발견된 일본군 전사자는 1만6,000명으로 밝혀졌다. 자폭기의 공격은 여전히 미군에 상당한 피해를 입히고 있었는데, 하루에 16척의 함선을 명중시키기도 했다. 순양함 오스트레일리아 호는 4일 동안 다섯 차례 공격을 당하는 불운을 맞았으나, 계속 작전을 수행했다. 적의 그러한 결사적인 항전도 미군 함대의 활동을 멈추게 할 수는 없었다. 1월 중순 홀지 제독의 항공모함들은 아무 방해도 받지 않은 채 남중국해로 진출하여 연안을 따라 광범위한 지역을 순항하며 비행장과 선박들을 폭격하면서, 서쪽 멀리 사이공까지 나아갔다. 1월 16일 홍콩 전역은 피해를 당했는데, 광둥의 석유 저장소에 대형 화재가 일어나기도 했다.

필리핀 제도의 전투는 몇 개월 동안 더 진행되었다. 그러나 남중국해의 지배권은 이미 승자의 손에 넘어갔으며, 일본이 의존했던 석유와 기타 물자 역시 마찬가지였다.

제18장
서유럽의 해방

사전 합의에 따라서, 아이젠하워 장군이 9월 1일부터 북부 프랑스의 지상군의 지휘권을 직접 맡았다. 지상군은 몽고메리 원수 휘하의 영국 제21집단군과 오마 브래들리 장군이 이끄는 미국 제12집단군으로 구성되었는데, 후자의 작전은 그때까지 몽고메리가 통할하고 있었다. 아이젠하워는 37개 사단 규모의 50만 명이 넘는 병력을 운용하게 되었다. 그 대군은 서부전선의 독일군 잔류 부대를 내모는 중이었는데, 그들은 제공권을 장악한 우리 공군에게 밤낮으로 시달리고 있었다. 적은 여전히 17개 사단 정도의 병력을 보유하고 있었지만, 재편성하고 증원하지 않는 한 전투 능력이 없는 것 같았다. 롬멜의 이전 참모장이었던 슈파이델 장군은 그들이 처한 곤경을 이렇게 묘사했다.

질서정연한 후퇴는 불가능하게 되었다. 연합군 차량화부대는 지쳐 전의를 상실한 독일군을 포위한 뒤 개별 단위로 나누어 섬멸했다.⋯⋯더 이상 투입할 수 있는 중요한 지상군은 없고, 공군의 경우는 전무했다.*

아이젠하워는 가능한 최대의 병력으로 최대의 물자를 동원하여 동북 방향으로 진격할 계획을 세웠다. 주된 임무는 영국 제21집단군이 맡았는데,

---

* 슈파이델, 『우리는 노르망디를 지켰다』, 152-153면.

영국해협 해안을 따라 적을 몰아가며 무인 조종 비행폭탄 발사 기지의 점령 뿐만 아니라 안트베르펜까지 점령할 계획이었다. 안트베르펜의 대형 항구를 이용하지 못하면 라인 강 하류를 건너 북독일 평원 지대로 들어갈 수 없었기 때문이다. 미국 제12집단군 역시 적을 추격 중이었다. 그 중 제1군은 영국군과 나란히 진격했고, 나머지 군은 베르됭과 뫼즈 강 상류를 향해 동진하면서 자르 지방 공격 준비를 할 예정이었다.

몽고메리는 두 가지 상반된 제안을 했다. 하나는 8월 하순에 제안한 것으로, 자신의 집단군과 미국 제12집단군이 40개가량의 사단을 구성하여 함께 북쪽으로 진격한다는 내용이었다. 다른 하나는 9월 4일에 제안한 것으로, 루르 지방이나 자르 지방 중 한 곳으로만 진격한다는 내용이었다. 두 가지 방안 중 하나를 선택하여 필요한 모든 물자와 지원을 하자고 했다. 그는 주요 공격의 이익을 위해서 다른 전선의 활동을 줄일 필요가 있다고 역설했다. 주요 공격은 한 사람의 지휘관이 통할해야 하는데, 사정에 따라서 몽고메리 자신 또는 브래들리가 맡으면 된다고 했다. 그는 그 진격의 종착지가 베를린이 될 수도 있다고 믿었고, 그렇다면 자르보다는 루르 쪽이 더 낫다고 생각했다.

그러나 아이젠하워는 자기 계획을 고집했다. 독일 본토에는 아직 예비부대가 남아 있기 때문에, 상대적으로 소규모인 병력이 라인 강을 건너 너무 멀리 진격했다가는 적의 전술에 좌우될 우려가 있다는 것이 아이젠하워의 판단이었다. 그는 제21집단군이 라인 강을 건너 교두보를 구축하는 데 최선을 다하고, 그동안에 제12집단군은 지크프리트 선을 향해서 가능한 한 깊숙이 진군하는 편이 더 낫다고 생각했다.

아마도 군사 전략가들이라면 그 문제에 관해서 오랜 시간 동안 논전을 벌일 수 있을 것이다.

그러나 토론은 추격을 저지할 수 없었다. 실전에서 유지될 수 있는 사단의 수 그리고 진군 속도와 범위 등은 전적으로 항구와 수송과 보급이 좌우했다. 상대적으로 탄약은 그리 많이 필요하지 않았다. 그러나 식량, 무엇보다도 연료가 모든 순간의 행동을 지배한다. 셰르부르와 아로망슈의 "오디" 항은 우리가 소유한 단 두 개의 항구였으며, 진군에 따라 나날이 멀어져 갔다. 전선의 보급품은 여전히 노르망디에서 출발했다. 매일 거의 2만 톤에 달하는 보급품과 도로 및 교량 보수 그리고 비행장 건설에 필요한 수많은 자재가 하루가 지날 때마다 늘어나는 거리를 통과하여 수송되어야만 했다. 브르타뉴의 항구들은 확보한다고 하더라도 거리가 너무 멀었다. 반면 아브르 북쪽의 해협 연안 항구들, 특히 안트베르펜 같은 곳은, 만약 크게 파괴되기 전에 우리가 점령한다면 아주 중요한 전리품이 될 것이었다.

그러한 이유로 안트베르펜은 즉시 몽고메리 집단군의 목표가 되었고, 부대의 기동성을 보여줄 첫 번째 기회였다. 8월 31일, 제11기갑사단은 아미앵에서 아침 식사 중이던 독일 제7군 지휘관을 생포했다. 1940년의 영국 원정군에게 익숙했던, 그리고 그보다 25년 더 이전의 병사들에게는 적어도 이름만은 알려져 있었던 아라스, 두에, 릴과 같은 국경 도시들을 차례로 점령했다. 독일군이 황급히 탈출한 브뤼셀에 근위기갑사단이 입성한 것은 9월 3일이었는데, 벨기에의 다른 지역에서와 마찬가지로 우리 부대는 주민들로부터 환영을 받았으며, 잘 조직된 현지 레지스탕스의 도움 역시 컸다. 그리고 근위기갑사단은 동쪽의 루뱅으로 방향을 돌렸고, 제11기갑사단은 9월 4일 안트베르펜으로 들어갔다. 그런데 놀랍고 다행스럽게도 안트베르펜의 항구는 거의 완전한 상태였다. 진격의 속도는 빨라 4일 동안 300킬로미터 이상 나아갔다. 극도로 지친 적군은 평소 관례처럼 행하던 철저한 파괴 전술조차 시도해볼 여유가 없었다.

우리의 선박은 굴곡이 심하여 항해가 어려운 스헬데 강 하구를 통해서만 안트베르펜 항구로 진입이 가능했고, 그나마 강의 양안은 독일군이 지키고 있었다. 독일군을 몰아내기 위해서는 힘들고 상당한 대가를 치러야만 했는데, 그 작전의 임무는 크레라 장군이 지휘하는 캐나다 제1군*이 맡게 되었다. 수많은 것이 그 성공에 달려 있었다. 마침내 9일까지 캐나다군은 비행폭탄 발사 기지를 포함하여 파 드 칼레 일대를 완전히 소탕했다. 디에프, 불로뉴, 칼레, 됭케르크 같은 해협 연안의 항구들을 차례로 점령하거나 포위했다. 1만1,000명의 수비군이 치열하게 저항했는데, 해상에서 15인치 포로 포격을 하고 상공에서 무려 1만 톤 이상의 폭탄을 퍼부었음에도 불구하고 9월 20일까지 항복하지 않고 버텼다. 폴란드 기갑사단은 겐트를 장악했는데, 안트베르펜으로부터 불과 60킬로미터밖에 떨어져 있지 않았다. 그러나 그러한 쾌조의 상황이 계속될 수는 없었다. 진격은 끝이 났고, 반격이 확실해졌다.

라인 강 하류 쪽을 횡단할 기회는 여전히 남아 있었다. 아이젠하워는 그것을 매우 중요한 행운으로 생각하고, 스헬데 하구 부근 연안을 소탕하는 일을 안트베르펜으로 가는 길을 확보하는 일보다 우선해서 수행하기로 했다. 몽고메리의 노력에 새로운 활기를 불어넣기 위해서 아이젠하워는 추가로 미국 수송선을 보내고 공중보급을 지원했다. 미국 브레러턴 장군 휘하의 제1공수군은 영국에서부터 공격을 개시할 준비를 갖추었고, 몽고메리는 아른헴에 교두보를 확보하기로 결정했다. 미군 제82사단이 네이메헌과 그라베의 교량들을 점거하고, 그 사이에 미군 제101사단은 그라베로부터 에인트호벤에 이르는 도로를 확보하기로 했다. 근위기갑사단을 선두로 제30군단은 에인트호벤으로 가는 도로까지 강행군을 한 뒤 공수부대가 "융단" 같은 길을 따라 아른헴으로 가서, 이미 안전하게 아군 수중에 들어온 앞을 가로막은 세 개의 주요 물길을 건널 수 있는 교량을 발견하리라고 기대했다.

---

* 영국 제1군단과 캐나다 제2군단으로 구성되었다. 후자에는 폴란드 기갑사단도 포함되어 있었다.

그 대담한 공격의 준비는 규모가 전례 없이 컸는데, 적의 세력이 나날이 강해지고 있었기 때문에 일이 아주 복잡하고 다급해졌다. 공격 개시일로 정해 놓은 9월 17일까지 준비를 완료한 것은 놀랄 만했다. 공수부대 병력 전원을 동시에 실어나를 비행기가 부족하여, 3일 동안 이동해야만 했다. 그러나 연합군 공군의 기민한 움직임 덕분에 3개 사단의 선발대가 17일까지 목적지에 무사히 안착할 수 있었다. 미군 제101사단은 맡은 임무를 거의 대부분 완수했는데, 다만 에인트호벤으로 가는 도중에 있는 운하 다리가 소실되어 18일까지 시가지를 점령하는 데 실패했다. 미군 제82사단 역시 계획대로 작전을 잘 수행하고 있었으나, 네이메헌의 주요 교량을 장악하지 못했다.

아른헴에서는 소식이 거의 없었다. 그러나 아군 공수 연대가 교량 북단에 거점을 마련한 것 같았다. 그날 오후 근위기갑사단은 포병의 포격과 로켓포 발사기의 지원을 받아 에인트호벤 도로로 진격을 시작했는데, 양 측면에서 두 군단이 엄호했다. 도로에서 적의 완강한 저항에 부딪혀 근위기갑사단은 18일 오후가 되어서야 미군과 만났다. 이튿날 독일군은 좁은 돌출부를 향해 공격을 개시했고, 강도는 점점 더 세졌다. 제101사단은 도로를 계속 확보하는 데 무척 어려움을 겪고 있었다. 간혹 적을 격퇴할 때까지 통행을 중지해야 할 때가 생겼다. 그때 아른헴에서 들려온 소식은 좋지 않은 내용이었다. 우리 낙하산 대원들은 여전히 다리 북단을 지키고 있었지만, 시내에는 적군이 남아 있었기 때문에 서쪽으로 낙하 침투한 영국 제1공수사단의 나머지 병력이 진입하여 아군을 지원하는 데 실패했다.

18일 운하에 다리가 놓였고, 다음날 아침 일찍 근위기갑사단이 그라베로 진입하여 미군 제82사단과 만났다. 어둠이 깔리자 그들은 적이 강력하게 방어하고 있는 네이메헌 다리로 접근했다. 그리고 20일, 다리를 놓고 치열한 쟁탈전을 벌였다. 미군은 시가지 서쪽의 강을 건너 오른쪽을 공격하여 멀리 철교 끝부분을 점령했다. 근위기갑사단은 다리를 건너 돌격했다. 방어하던 적군을 완벽하게 압도하고, 두 개의 다리를 아무 손상 없이 점령했다.

한 번만 더 진격하면 아른헴이었다. 나쁜 날씨 탓에 지원군, 식량, 탄약 등의 공수가 어려워져 제1공수사단은 심각한 곤경에 처했다. 다리까지 갈 수가 없어 사단의 나머지 병력은 북쪽 제방의 작은 돌출부에 갇힌 채 적의 격렬한 공격을 감수해야 했다. 남쪽 제방에서 그들을 구출하기 위해서 가능한 모든 노력을 다했지만, 적은 너무 강했다. 근위기갑사단, 제43사단, 폴란드 공수여단이 도로에 접근하여 용감하게 구조를 시도했지만 모두 성공하지 못했다. 이후에도 나흘 동안 계속 싸웠으나, 허사였다. 25일, 몽고메리는 생존한 제1공수사단 병사들에게 철수 명령을 내렸다. 그들은 야간에 적의 근접 사격이 쏟아지는 가운데 소주정을 타고 물살이 빠른 강을 건너야 했다. 새벽녘에 이르러 1만 명 중 2,400명만이 무사히 아군들이 지키고 있던 제방으로 돌아왔다.

아른헴 전투에서는 엄청난 위험을 감수해야 했지만, 거의 눈앞에 다가온 승리의 결과로 얻을 수 있는 이익이 너무나 컸기 때문에 당연하게 여겼다. 중요한 순간에 악천후로 인해서 우리의 제공권 발휘가 제한되었는데, 만약 날씨만 좋았더라면 작전은 성공했을 터였다. 네덜란드 레지스탕스 대원을 비롯한 모든 용사들은 조금도 두려워하지 않고 아른헴을 점령하기 위해서 싸웠다. 나는 캐나다에서 좋은 소식만을 들었는데, 막상 돌아와보니 실정을 알 수 있었다. 작전 실패 때문에 비관하고 있는 스뫼츠 장군에게 전문으로 격려했다. "아른헴에 관한 한, 귀관의 입장은 핵심을 조금 벗어나 있다는 것이 나의 생각입니다. 그 전투는 결정적인 승리를 거두었습니다. 그러나 선두 사단은 당연하게도 증원을 요청했지만 차단되고 말았습니다. 나는 이번 사태에 대해서 전혀 실망감으로 인한 고통을 느끼지 않습니다. 오히려 우리 지휘관들이 그러한 모험을 감행할 수 있었다는 사실을 기쁘게 생각합니다."

★ ★ ★ ★ ★

스헬데 강어귀의 기뢰를 제거하고 안트베르펜 항구를 여는 일이 최우선 과제였다. 9월 마지막 2주 동안 여러 가지 예비 활동을 하여 토대를 마련했다. 브레스켄스 "섬"[브레스켄스는 네덜란드의 작은 항구인데, 남쪽에 레오폴드 운하가 있어 섬과 같다/역주]은 노련한 독일군 사단이 지키면서 완강히 저항했기 때문에, 레오폴드 운하를 건너기 위해서 격렬한 전투를 치러야 했다. 남베버란트 점령의 험난한 임무는 캐나다 제2사단이 맡았는데, 물이 병사들 허리까지 차오르는 서쪽의 넓은 범람 지대를 통과해야만 했다. 배로 스헬데 강을 건너 남쪽 하안에 상륙한 제52사단 대부분이 지원에 나섰다. 분투 끝에 그달 말경 지협 전체를 점령하는 데 성공했다. 코닝엄 공군 중장이 이끄는 제2전술공군의 두드러진 지원 아래 펼쳐진 4주일 동안의 전투에서, 항복 외에는 달리 방법이 없었던 독일군 1만2,500명을 포로로 거두었다. 그리하여 이제 왈헬렌 섬을 공격할 모든 준비가 갖추어졌다.

왈헬렌 섬은 접시 모양이었는데, 중앙 평원으로 바닷물이 범람하는 것을 막는 사구가 둘러싸고 있었다. 베스트카펠레에 근접한 서쪽 끝 부분은 사구가 끊어지면서 틈이 생겨 있었다. 대신에 높이 10미터에 기초 부분의 폭이 100미터 정도 되는 거대한 제방이 만들어져 있었다. 1만 명의 수비군은 견고한 인공 방어 진지를 구축하고, 약 30문의 대포로 지키고 있었다. 대전차 장애물, 지뢰, 철조망 등이 많았는데, 적은 4년 동안 안트베르펜의 관문인 그곳을 요새화했다.

10월 초, 영국 공군이 첫 일격을 가했다. 일련의 현란한 공격 끝에, 거대한 틈의 베스트카펠레의 제방을 360미터 가까이를 가로질러 파괴해버렸다. 그곳을 통해 바닷물이 접시 가운데로 밀려들어 대포를 비롯한 방어 진지를 삼켜버렸다. 그러나 가장 공략하기 어려운 시설과 장애물들은 접시의 가장 자리 둘레에 남아 있었다. 집중공격을 가했다. 주된 공격은 해병 특공대 3개 부대가 감행했다. 적진에 접근하자 해군 함포가 불을 뿜었다. 영국 해군의 워스파이트 호, 15인치 함포를 장착한 장갑함 에레보스 호, 로버츠 호가 무장한 상륙용 주정 부대를 거느리고 참여했다. 에레보스 호와 로버츠 호는 많은 사상자를 내면서 해안으로 접근하여 선발 특공대 2개 부대가 안전하게 상륙할 때까지 포격을 계속했다. 캐나다 제2군단 포대 전체가 브레스켄스 해안에서 바다 너머로 지원 포격을 하며 콘크리트 진지 안에 포를 숨긴 적에 게 대항했고, 로켓 발사기로 적의 요새 총안(銃眼)을 공격했다. 어둠이 깔리 면서 제48특공대가 방어군을 사살하거나 생포하기 시작했다. 이튿날까지 계속 밀어붙이다가, 정오 무렵 제47특공대가 이어서 진격했다. 적의 방어력 은 약화되었고, 아군은 플러싱 근교까지 다가갔다. 11월 3일, 집집마다 뒤지 며 철저한 시가전을 편 끝에 제4특공대와 합류했다. 그로부터 며칠 뒤, 포로 8,000명과 함께 섬 전체를 우리 수중에 넣게 되었다.

전쟁 동안 특공대는 그 외에도 수많은 공적을 세웠다. 다른 여러 부대와 관계 부대가 그 유명한 작전에서 각자 제 역할을 다했지만, 영국 해병의 용감무쌍한 활약이 가장 두드러졌다. 특공대의 구상이 다시 한 번 승리를 만끽하게 된 것이었다. 플러싱을 확보하자마자 기뢰 제거 작전을 시작했다. 3주일에 걸쳐 100척의 주정이 110킬로미터 해협의 기뢰를 제거했다. 11월 28일에 첫 호송선단이 입항했고, 그로써 안트베르펜은 영국군과 미군이 마 음대로 사용하게 되었다. 얼마 동안은 유도폭탄과 로켓탄이 그 도시를 괴롭 히며 많은 사상자를 내기도 했지만, 런던에서와 마찬가지로 전쟁의 진행에 방해가 되지는 않았다.

★ ★ ★ ★ ★

우리의 오른쪽 측면에서는 브래들리와 그의 열정적인 지휘관들이 이끄는 미국 제12집단군이 파리를 지나서 진격했다. 샤를루아, 몽수 그리고 리에쥬를 장악했다. 2주일 만에 룩셈부르크 전체와 벨기에 남부를 해방시켰다. 9월 12일에는 독일 국경에 접근하여 100킬로미터에 이르는 전선을 형성했고, 아헨 부근의 지크프리트 선을 돌파했다.

16일에는 모젤을 지나 낭시와 메스의 바로 남쪽에 교두보를 확보했다. 디버스 장군이 지휘하는 제6집단군은 남프랑스에 상륙하여 5일 전에 디종 서쪽에서 패턴의 군대와 합류했고, 함께 동쪽으로 진격한 다음 다른 부대들과 거의 비슷한 수준으로 계속 전진했다. 대추격전은 그것으로 마감되었다. 가는 곳마다 적의 저항은 거세었으며, 아군의 보급은 아슬아슬했다. 아헨은 세 방향에서 공격하여, 10월 21일에 함락했다. 그 측면에는 모젤 동쪽 30킬로미터 지점에 제3군이 대기하고 있었다. 제7군과 프랑스 제1군은 나란히 보주 산맥과 벨포트 지협을 공격했다. 미군은 빠른 속도로 진군하면서 보급품을 모두 소비했다. 따라서 보급품을 저장하고 11월의 대규모 작전에 대비하기 위해서 일시 휴식이 절대적으로 필요했다.

★ ★ ★ ★ ★

연합군의 프랑스 및 벨기에 국경 진격에는 전략 공군의 역할이 아주 컸다. 가을에 전략 폭격 부대는 독일 폭격의 본래 임무로 돌아가서 유류 저장 시설과 수송 체계를 특별 목표로 삼았다. 적의 레이더망과 조기 경보 시스템이 국경 후방으로 이동했는데, 우리의 항법 체계와 폭격 지원 시스템도 그에 상응하여 발전했다. 우리 병사들의 사상자 수는 감소했다. 반면 우리 공격의 비중과 정확도는 증가했다. 오래 지속된 우리의 공격 때문에 독일은 공장 시설을 아주 넓게 분산시키지 않을 수 없었다. 따라서 그로 인한 혹독한 대가를 치러야만 했다. 수송을 위해서는 원활한 교통망에 의존하지 않을 수 없었기 때문이다. 아무리 긴급하게 필요해도, 실어나를 차량의 부족으로 석탄은 갱구 입구에 쌓이기만 했다. 매일 1,000대 이상의 화물열차가 연료 고갈로 운행을 중단했다. 공장, 발전소, 가스 생산 시설이 문을 닫기 시작했다. 유류 생산량과 저장량이 급속히 감소하여, 부대의 이동은 물론 공군의 활동과 훈련에 차질을 빚었다.

8월에 접어들어 슈페어는 히틀러에게 합성 석유 부산물의 부족으로 전체 화학 공장이 무력화되기 시작했는데, 시간이 갈수록 상황은 더 악화될 것이라고 경고했다. 그리고 11월에는 철도 수송 사정이 호전되지 않으면 "결정적인 의미에서 특별한 생산의 파국"에 이를 것이라고 보고했으며, 12월에는 우리의 "원대하고 현명한 계획"에 찬사를 보냈다.* 마침내 우리의 엄청난 공중폭격이 결실을 보게 된 것이었다.

---

* 테더, 『전쟁의 공군력』, 118-119면.

제19장
모스크바에서 보낸 10월

그 여름에 대통령과 함께 취한 조치들에서 군대의 이동에 의해서 영향을 받게 되는 특별한 국가들을 감독하는 책임을 분담하기로 한 이후, 그 합의의 효력이 지속된 3개월 남짓 동안은 무사했다. 그러나 가을에 접어들면서 동유럽의 사태는 긴박하게 돌아갔다. 나는 테헤란 회담 이후 한번도 본 적이 없는 스탈린과 직접 다시 만날 필요를 느꼈다. 비록 바르샤바의 비극이 있었지만, "대군주" 작전이 성공적으로 개시된 이래 나는 그와 모종의 새로운 결속 관계를 감지하게 되었다. 러시아 군대가 발칸 지역을 강하게 압박하고 있는 상황에서, 루마니아와 불가리아는 그 힘에 굴복하고 말았다. 베오그라드는 곧 함락되기 직전이었고, 히틀러는 헝가리를 잃지 않기 위해서 필사적으로 싸우고 있었다. 대연합의 승리가 이제 시간 문제가 된 만큼, 자연스럽게 러시아의 야망은 커져갔다. 요동치는 러시아 전선의 배후에서 공산주의가 고개를 들기 시작했다. 러시아는 해방자였으며, 공산주의는 그 해방자가 전하는 복음이었다.

나는 과거 우리와 루마니아 및 불가리아의 관계가 우리에게 특별한 희생을 요구한 적은 없었다고 느꼈다. 그러나 폴란드와 그리스의 운명에 대해서 우리는 예민했다. 폴란드 때문에 우리는 전쟁에 뛰어들었고, 그리스를 위해서 고통스러운 노력을 해왔다. 양국 모두 런던에 망명정부를 수립했으며, 그들의 국민들이 진실로 원할 경우 국토를 회복하는 데에 우리가 책임을 져야 한다고 생각했다. 미국도 대체로 비슷하게 느끼고 있었다. 그러나 미국은 크렘린의 명령을 받는 막강한 군대의 진군 전후에 스며들어 급속히 대두하는 공산주의의 영향력을 실감하는 데에는 속도가 무척 더뎠다. 나는 소련과의 관계를 잘 이용해서 동서 진영에서 발생한 새로운 문제를 만족스럽게 해결할 수 있기를 원했다.

중부 유럽 전체에 영향을 미치는 그런 중요한 문제 외에도, 세계기구를 조직하는 과제가 우리 모두의 마음을 압박했다. 8월과 10월 사이에 워싱턴 근교의 덤바튼 오크스에서 장시간의 회담이 열렸다. 미국, 영국, 소련 그리고 중국이 한자리에 모여 지금은 누구나 익히 아는 바로 그 세계평화를 유지하기 위한 계획을 제안했다. 토론 과정에서 3대 연합국 사이에서는 수많은 견해차이가 드러났는데, 나중에 설명하게 될 것이다. 크렘린은 국제기구에 참여할 의사가 없었다. 전쟁 과정에서는 영향력을 행사할 수 없었지만, 전후에 승전국으로서 동일한 지위를 요구할 것이 분명한 약소국가들이 더 많은 표를 행사할 터였기 때문이다. 그러나 나는 공동의 적에게 대항하는 운명공동체로서 동료애를 지니는 한, 러시아와 원만하게 해결할 수 있으리라는 확신을 가지고 있었다. 히틀러와 나치즘의 운명은 이미 결정되었다. 그렇다면 히틀러 이후에는 어떻게 할 것인가?

9월 9일 오후, 우리는 모스크바에 내렸다. 몰로토프와 여러 요인들로부터 따뜻한 환영과 성대한 영접을 받았다. 이번에는 모스크바 시내에서 묵었는데, 극진한 배려와 안락한 시설이 제공되었다. 나는 시설이 완벽한 작은 집을, 이든은 근방의 다른 한 채를 사용했다. 우리 둘이서만 식사를 하고 따로 쉴 수 있어 좋았다. 그날 밤 10시에 크렘린에서 첫 번째 중요한 회의를 열었다. 참석자는 스탈린, 몰로토프, 이든, 나 그리고 통역을 맡은 버스 소령과 파블로프가 전부였다. 그 자리에서 폴란드 수상, 외무장관 로메르, 은색 수염에 매력과 기품이 넘치는 노학자 그라브스키를 모스크바로 초대하는 데 합의했다. 나는 바로 미코와이치크 수상에게 전문을 보내 일행과 함께 모스크바로 와서 루블린 폴란드 위원회뿐만 아니라 소련 정부 및 우리와 토의하기를 기대한다고 했다. 만약 회담에 참여하기를 거부한다면, 그것은 우리의 조언을 단호히 거절하는 것이며, 나아가 런던의 폴란드 망명정부에 대한 향후 우리의 책임을 면제하는 결과가 된다는 점을 분명히 했다.

★ ★ ★ ★ ★

마침 적당한 기회가 생겨, 내가 말했다. "발칸 반도 문제를 해결하도록 합시다. 소련 군대는 지금 루마니아와 불가리아에 주둔 중입니다. 우리도 발칸에 관심이 있고, 사절단도 파견되어 있는 데다, 요원들까지 머물고 있습니다. 서로 사소한 부분에서 오해가 생기지 않았으면 합니다. 영국과 러시아 사이에서 보자면, 루마니아에서는 소련이 90퍼센트 우선권을 가지고, 그리스에서는 우리가 90퍼센트 발언권을 행사하고, 유고슬라비아에서는 50 대 50으로 하면 어떨까요?" 내 말이 통역되는 동안, 나는 반쪽 종이에 이렇게 메모를 했다.

루마니아
    러시아 …… 90%
    기타 …… 10%
그리스
    영국(미국과 함께) …… 90%
    러시아 ……10%
유고슬라비아 …… 50 : 50%
헝가리 …… 50 : 50%
불가리아
    러시아 …… 75%

기타 …… 25%

나는 그 쪽지를 통역에게 귀를 기울이고 있던 스탈린에게 내밀었다. 그는 잠시 멈칫했다. 그리고 곧 푸른색 연필로 굵은 줄을 긋더니, 다시 우리에게 돌려주었다. 그것으로 모든 것이 해결되었다.

물론 우리는 논점에 관해서 오랫동안 고심했고, 그때는 즉시 필요한 전시 협정만을 다루려고 했다. 큰 문제는 쌍방이 모두 보류한 채, 전쟁에서 이긴 뒤 평화 회담 테이블에서 해결하기를 희망했다.

한동안 침묵이 흘렀다. 연필로 쓴 쪽지를 테이블 가운데 놓여 있었다. 내가 입을 열었다. "수백만 명의 운명이 걸린 문제를 이렇게 즉석에서 처리 해버린 것처럼 보이면, 사람들이 냉소적으로 생각하지 않겠습니까? 그러니 이건 태워버리도록 합시다." 그러자 스탈린이 말했다. "아니오, 간직하고 계십시오."

나는 개인적으로 대통령에게 보고를 했다. "발칸에 관해서 우리가 공통 의 생각을 갖도록 노력하는 것은 절대적으로 필요합니다. 귀하와 내가 어느 한 편에 서고, U.J.[엉클 조, 곧 스탈린/역주]가 다른 편을 동정함으로써 발 생할 여러 나라의 내란을 사전에 막을 수 있기 때문입니다. 이러한 문제와 관련해서는 모든 것을 보고할 것입니다. 영국과 러시아 사이에서는 예비적 합의 정도를 제외하고는 아무것도 결정하지 않을 것이며, 귀하와 논의한 뒤 완전한 결론에 도달하도록 할 것입니다. 그러므로 우리가 러시아와 허심 탄회하게 만나서 이야기하며 노력하는 행위에 대해서 개의하실 이유가 전 혀 없다는 사실을 말씀 드립니다."

스탈린과 만난 뒤 나는 동유럽에서의 러시아와 우리의 관계에 대해서 곰 곰이 생각해보았다. 그리고 내 구상을 명확히 할 목적으로 스탈린에게 보내 는 편지의 초안을 작성했고, 스탈린이 테이블 건너편에서 받아들인 양국의 주도권 비율에 대해서 메모한 쪽지를 동봉했다. 그러나 그냥 내버려 두는 편이 더 현명한 일이라고 판단되어, 끝내 그 편지는 발송하지 않았다. 오직 내 생각에 대한 정확한 설명을 하기 위해서, 그 내용을 여기 기록해둔다.

모스크바 귀중

1944년 10월 11일

나는 영국과 러시아가 미국도 수용할 수 있는 발칸에 대한 공통의 정책을 수립하는 일이 매우 중요하다고 생각합니다. 영국과 러시아가 20년 동안 동맹 관계를 유지해왔다는 사실만 보더라도, 서로 포괄적으로 일치된 견해로 오랜 시간 동안 특별한 어려움 없이 신뢰 속에서 협력할 수 있을 것입니다. 지금 여기서 우리가 할 수 있는 일은 예비작업 이상일 수가 없으며, 최종 결정은 승리를 거둔 뒤 3국이 모두 모인 자리에서 이루어져야 합니다. 그럼에도 불구하고 나는 우리가 상호 이해에 도달하고, 어떤 경우에는 긴급한 비상사태에 도움이 될 합의에 도달하게 되고, 그리고 세계 평화를 오랫동안 유지하기 위한 공고한 토대를 제공하게 되기를 희망합니다.

여기 써놓은 백분율은 우리의 생각이 서로 얼마나 근접해 있는가를 확인하는 가운데 완전한 합의에 이르는 데 필요한 단계를 결정하는 하나의 방편일 뿐입니다. 이미 말씀 드린 바와 같이, 만약 이것을 전 세계 각국의 외무부와 외교관들이 자세히 보게 될 경우 노골적이고 심지어 무자비하다고까지 생각할 것입니다. 그러므로 지금과 같은 상황에서 이러한 것을 공식 문서에 포함시킬 수는 없습니다. 그러나 우리의 과제를 처리하는 데에 좋은 지침이 될 수는 있을 것입니다. 우리가 이 문제만 잘 해결하면 관련 약소국가들의 내전과 유혈 사태 그리고 다툼을 방지할 수 있습니다. 우리의 대원칙은 각 나라의 국민이 원하는 바에 따라서 그 나라의 정부 형태를 결정해야 한다는 것입니다. 우리는 발칸의 어느 국가에 대해서도 군주제든 공화제든 강요하는 것을 원하지 않습니다. 그러나 우리는 그리스 및 유고슬라비아 양국 국왕과 신뢰 관계를 확립하고 있습니다. 그들은 나치스라는 적을 피해 우리에게서 보호처를 찾았습니다. 정상적인 평온을 되찾고 적을 완전히 몰아내게 되면, 두 나라의 국민들은 자유롭고 공정한 선택의 기회를 가지게 되리라고 생각합니다. 선거 때에는 그 나라의 국민들이 진정 자유로운 선택권을 행사하는지 확인하기 위해서 3대국의 특별 위원들을 파견할 수도 있습니다. 그러한 좋은 전례가 없지 않습니다.

그러나 그러한 국가에는 제도적 문제 외에도 전체주의 형태의 정부와 보통선거제도에 의한 정부가 통제하는 자유기업이라고 부르는 것 사이에 이념 문제가 존재합니다. 우리는 발칸 국가들의 기존 제도를 무력이나 공산주의 선전에 의해서 변혁하려고 시도하지는 않겠다는 귀하의 선언을 매우 기쁘게 받아들입니다. 우리 함께 모든 국가가 저마다의 운명을 스스로 개척하도록 합시다. 그러나 어떤 형태로든 파시즘이나 나치즘만은 허용할 수 없습니다. 그러한 체제는 피땀 흘리는 대중에게 귀국의 제도는 물론 우리의 제도가 보장하는 어떠한 것도 제공하지 못하며, 대내적으로는 폭정을, 대외적으로는 침략만을 조장할 뿐입니다. 원칙적으로 영국이나 러시아는 발칸 국가들의 내정에 대해서 관심을 가져서는 안 된다고 생각합니다. 그리고 그들이나 우리가 지금까지 겪어온 이 유혈전이 끝나고 평화를 회복하게 되면, 우리는 그들 국가에 대해서 우려하거나 간섭해서도 안 됩니다.

우리 두 국가가 상호 완전한 동의 아래 미국의 승인을 조건으로 발칸 국가들에 대한 각자 관심의 정도를 가늠해보고자 하는 관점에서 의견을 제시하는 것입니다. 미국의 승인은 오랫동안 멀리까지 영향을 미치며, 그것은 의외로 거대한 힘이 될 수 있습니다.

경험과 지략이 풍부한 귀하께 많은 말을 할 필요는 없을 줄 압니다. 히틀러는 동유럽에 존재하는 공격적이고 이념을 강요하는 공산주의에 대한 공포심을 이용하려고 했으나, 이제 결정적으로 몰락의 길을 걷고 있는 중입니다. 그러나 귀하도 잘 아시다시피, 그 공포심이 모든 나라에 아직 남아 있습니다. 우리의 서로 다른 체제는 각자 장점을 지니고 있지만, 어떤 나라도 그들 사회의 생활, 습관, 사고방식을 철저히 변화시키기에 앞서 필연적으로 거칠 수밖에 없는 피의 혁명은 원하지 않기 때문입니다. 여기서 영국의 마음속에는 양국 사이에 오랫동안 견고하게 유지될 수 있는 우정과 협력에 대한 위대한 열망이 존재한다는 사실을 스탈린 당신의 마음에 새겨 드리고 싶습니다. 아울러 미국과 함께 세계 기구를 가동시키자는 것입니다.

한편, 본국의 동료들에게도 편지를 보냈다.

1944년 10월 12일

1. 백분율로 표시한 방식은 발칸 국가들에 파견할 위원의 수를 정하려는 것이 아닙니다. 영국과 소련 정부가 발칸 국가들의 문제에 접근하는 데 필요한 관심과 감정의 정도를 표시하는 것이며, 그로 인하여 양국이 어떤 식으로든 서로의 마음을 열고 이해에 도달할 수 있으리라고 생각했기 때문입니다. 그것은 단순한 지침 이상의 의미를 지니지 않으며, 미국의 체면을 손상하지도 않을 뿐더러 관심 영역의 계통을 엄격하게 하려는 시도도 아닙니다. 오히려 전체적 국면이 드러날 때 두 주요 연합국이 그 지역에 관해서 어떻게 느끼는지 미국이 이해하는 데 도움이 될 것입니다.

2. 소련이 흑해에 접경한 두 나라에 지대한 관심을 가지는 것은 너무나 당연합니다. 그중 루마니아로부터는 26개 사단 병력의 무자비한 공격을 받았으며, 불가리아와는 예로부터 인연이 얽혀 있습니다. 따라서 영국은 그 두 국가에 대한 러시아의 관점을 각별히 존중하고, 공동의 대의라는 명목으로 두 국가에 대한 실질적인 주도권을 가지려는 소련의 의도를 특히 존중하는 것이 옳다고 생각합니다.

3. 마찬가지로 영국은 그리스와 오랜 우호관계의 전통을 가지고 있습니다. 그리고 지중해 국가로서 그리스의 미래에 대해서 직접적인 관심을 가지고 있습니다.……영국은 그리스에서 군사적 의미의 주도권을 장악하고, 가능한 한 광범위하고 통일된 기반 위에서 현재의 그리스 왕실 정부가 아테네로 복귀하는 일을 도와야 할 것입니다. 영국이 러시아와 루마니아의 밀접한 관계를 인정하는 것과 같은 방식으로, 소련도 그리스에 대한 영국의 입장과 역할을 양해할 것입니다. 그렇게 되면 서로 내전을 일으키거나, 영국과 러시아 양국 정부의 쓸데없는 논쟁과 정책 충돌을 책동하려는 그리스 내부의 적대 세력들의 성장을 막을 수 있게 됩니다.

4. 유고슬라비아 문제로 돌아가면, 50대 50이라는 숫자가 의도하는 바는 밀접하게 관련된 영소 양국의 공동의 행동과 일치된 정책을 위한 토대를 마련하자는 것이며, 국내의 모든 세력을 최대한으로 결집시켜 나치 침략군을 몰아낸 다음 통일된 유고슬라비아를 건설하자는 취지에서 나온 것입니다. 예를 들면, 크로아티아와 슬로베니아를 한편으로 하고 세르비아의 수많은 강력한 세력들을 다른 한편으로 한 무장투쟁의 발생을 방지하고, 티토 원수에 대해서 공동의 우호 정책을 취해 그에게 공급하는 무기를 나치스라는 공동의 적에게 대항하는 싸움에만 사용하고 내부의 목적에는 사용하지 못하도록 확실히 감시하는 것입니다. 그와 같이 영국과 소련이 각각 자국의 이익을 위한 고려 없이 공동의 정책을 실행하고자 추구하면, 그것이야말로 양국에 진정한 이익이 될 것입니다.

5. 현재 헝가리에는 소련군이 들어가 지배권을 장악하고 있기 때문에, 소련이 대부분의 영향력을 행사하는 일은 당연합니다. 그러나 반드시 영국의 동의를, 어쩌면 미국의 동의까지 얻어야만 합니다. 미국은 실제로 헝가리에서 활동하고 있지 않지만, 헝가리를 발칸 지역의 국가가 아니라 중부 유럽의 국가로 보아야 하기 때문입니다.

6. 위에서 언급한 국가들에 대한 소련과 영국의 감정을 광범위하게 명시하는

것은 앞으로 전시상황이 계속되는 동안의 임시적인 지침에 불과한 것이며, 결국 유럽의 전반적 해결 방안을 마련하기 위한 휴전 회담이나 평화 회담 석상에서 강대국들이 모여 검토해야 한다는 점이 강조되어야 합니다.

런던으로부터 폴란드 인사들이 도착했다. 10월 13일 오후 5시, 우리는 스피리도노프카로 알려진 소련 정부 영빈관에 모여 미코와이치크와 그 동료들의 사정에 관한 진술을 청취하기로 했다. 그 회담은 향후 영미 양국 대표와 루블린파 폴란드인들 사이의 회의를 준비하기 위한 성격을 지니고 있었다. 나는 미코와이치크에게 두 가지 사항을 고려하도록 강조했다. 주민의 교환과 함께 커즌 라인을 사실상 승인할 것과 통일된 폴란드 정부를 수립할 수 있도록 루블린 폴란드 위원회와 우호적인 논의를 해야 한다는 것이었다. 앞으로 변화는 어차피 일어날 것이지만, 막 전쟁이 끝나려는 그 시점에서 통합을 이루는 것이 최선이므로 그날 밤 잘 검토해보라고 말했다. 이든과 나는 그들 자신의 결정에 따르기로 했다. 그들이 폴란드 위원회와 접촉하여 커즌 라인을 평화 회담의 조건으로 하는 운영 제도로 받아들이는 것이 핵심이었다.

같은 날 밤 10시, 우리는 이른바 폴란드 국민위원회와 회담을 가졌다. 루블린파는 그저 소련의 앞잡이에 불과한 존재라는 사실은 곧 밝혀질 것이었다. 그들은 사전에 자기들이 주장할 내용을 용의주도하게 학습하고 반복 연습한 것이 분명했는데, 그것을 지시한 자들도 지나치다고 느꼈을 것이다. 예를 들면, 수석대표였던 비에루트는 폴란드 어로 이렇게 말했다. "폴란드를 대표해서 우리는 리보프를 러시아에 편입시켜줄 것을 요구합니다. 이것은 폴란드 인민들의 의지입니다." 그 발언이 영어와 러시아어로 통역이 되는 순간 나는 스탈린의 표정을 살펴보았는데, 그의 반짝이는 눈빛은 이렇게 말하는 듯했다. "우리 소련의 교육 효과가 이렇단 말이야!" 루블린의 또다른 지도자 오소브카-모라브스키도 장시간 연설했는데, 그것 역시 언짢은 내용이었다. 루블린 대표 세 명은 이든에게 최악의 인상을 남길 수밖에 없었다.

회담은 여섯 시간이 넘도록 계속되었으나, 성과는 미미했다. 이미 곪은 상처와 같은 소련-폴란드 문제는 시간이 흘러도 약간의 진전만 보일 뿐이었다. 런던에서 온 폴란드 대표들은 커즌 라인을 "러시아와 폴란드 사이의 경계선"으로 수용할 의사가 있었다. 그러나 러시아 측은 "러시아와 폴란드 사이의 국경선의 기초"라는 표현을 고집했다. 어느 쪽도 양보하려고 하지 않았다. 미코와이치크는 폴란드 국민들이 용서하지 않을 것이라며 단호했다. 스탈린은 나와 단둘이서 나눈 두 시간 15분 동안의 대화 끝에 미코와이치크에게 "온화한" 입장을 가진 사람은 자기와 몰로토프뿐이라고 귀띔했다. 나는 그 배후에 당과 군부의 강력한 압박이 존재한다는 사실을 확신했다.

스탈린은 국경 문제에 관한 합의 없이 폴란드 통일 정부 수립 문제를 다루는 데 반대했다. 만약 국경 문제만 해결되었더라면, 스탈린은 미코와이치크를 폴란드 새 정부의 수반으로 기꺼이 인정할 용의가 있었을 것이다. 내 생각으로는 앞으로 폴란드 정부와 루블린 파의 통합을 위한 토론에서도 엄청난 어려움이 있을 것 같았다. 루블린 파 대표들은 우리에게 계속 최악의 인상을 주었는데, 내가 스탈린에게 말했던 것처럼 "그들은 소련 의사의 대변자에 불과한 존재"였다. 루블린 파는 일종의 소련 첩자 노릇을 하면서 장차 폴란드를 지배하겠다는 욕심을 품고 있는 것이 분명했다. 모든 상황을 고려할 때 최선의 길은 폴란드 2개 파벌의 대표단이 원점으로 돌아가는 것이었다. 러시아-폴란드 문제의 해결책의 윤곽이라도 만들기 위해서 애쓰는 나와 외무장관의 책임이 막중하게 느껴졌다. 심지어 폴란드에 커즌 라인을 강요하는 것도 비난을 불러일으킬 일이 되었다.

다른 방면에서는 상당한 성과를 거두었다. 히틀러를 완전히 타도한 뒤, 소련이 일본을 공격하리라는 것은 틀림없었다. 그렇게 되면 전쟁을 빨리 끝내는 데 결정적인 도움이 될 터였다. 발칸 문제와 관련해서 합의한 내용은 최선이라는 것이 나의 확고한 생각이었다. 성공적인 군사 행동과 아울러, 그리스 구원에 효율적인 도움이 될 것이었다. 유고슬라비아에 대해서 50대 50의 공동 정책을 수행하기로 한 합의도 티토의 행동과 그의 동쪽 측면을 지원하기 위해서 도착한 러시아 군대와 러시아의 명령에 따라 파견된 불가리아 군대 때문에 발생한 우리의 난처한 입장을 해결할 수 있는 최선의 수단이었다. 우리의 보호 아래서 3, 4개월 동안 지냈던 티토는 우리에게 알려지도 않고 비밀리에 모스크바로 가서 협의했던 것이다.

양국 사이에 이루어진 좁은 범위의 회담은 전례 없이 편하고 자유로우며 화기애애한 분위기 속에서 진행되었다. 스탈린은 여러 차례 개인적인 호의를 드러내는 표현을 했다. 그러나 나는 그가 결코 혼자가 아니라는 사실을 더욱 강하게 확신하게 되었다. 우리 본국의 동료들에게 나는 이렇게 말했다. "기수의 등 뒤에는 검은 불안이 앉아 있습니다."

10월 17일 저녁, 마지막 회담을 열었다. 그때 막 호르티 제독이 독일군에게 체포되었다는 소식이 들어왔다. 헝가리의 독일 전선 전체가 붕괴되는 것을 막기 위한 독일의 예방 조치였다. 나는 가급적 아군이 빠른 시간 내에 류블랴나 협곡에 도착했으면 좋겠다고 말했다. 그리고 봄까지는 전쟁이 끝나지 않을 것 같다고 덧붙였다.

제20장
파리와 아르덴 지구

나는 파리를 처음 방문하는 날짜를 휴전기념일[제1차 세계대전 종전일인 11월 11일. 영국, 미국 등에서 국경일이다/역쥐이 적당하다고 생각했기 때문에, 1944년 11월 11일로 결정했다. 그리고 그 사실을 공표했다. 나치 협력자들이 내 목숨을 노리고 있다는 정보가 많이 들어와 극단의 경계를 하는 중이라고 했다. 11월 10일 오후, 나는 오를리 공항에 내렸다. 드골이 의장대와 함께 영접을 했고, 그와 함께 자동차를 타고 파리 교외 지역을 통과하여 시내로 들어간 다음 케 도르세에 도착했다. 아내 그리고 딸 메리와 동행한 나는 국빈 대접을 받았다. 그 건물은 오랫동안 독일군이 사용했다. 따라서 나는 괴링이 사용했던 바로 그 침대와 욕실을 사용하게 된다는 것이었다. 모든 시설이 완비되어 있었고, 최고의 접대를 받았다. 궁의 내부에 들어서니 1940년 5월 레노 정부 그리고 가믈랭 장군과 마지막 회담을 가졌던 일이 한순간의 악몽에 불과했다는 현실을 믿기 어려웠다. 11월 11일 오전 11시, 드골의 안내로 오픈 카를 타고 센 강을 건너 콩코르드 광장을 통과했는데, 가슴받이를 비롯하여 정장을 한 공화국 수비대의 성대한 호위를 받았다. 수백 명의 공화국 수비대 병사들은 햇빛을 받아 장관을 연출했다. 그 유명한 샹젤리제 거리는 파리 시민과 도열한 병사들이 빈틈없이 메우고 있었다. 건물의 창마다 사람들이 꽉 찼고, 깃발이 휘날렸다. 우리는 열광하는 군중 사이를 지나 개선문에 들어섰고, 무명용사의 묘에 헌화했다. 의식이 끝난 뒤 드골 장군과 나는 낮익은 대로를 700-800미터가량 걸어 내려갔고, 프랑스 각계의 지도층 인사들이 무리를 지어 뒤따랐다. 모두 단상에 올랐고, 프랑스와 영국 양국 부대의 멋진 분열식을 참관했다. 우리 근위사단 분견대의 퍼레이드는 대단히 훌륭했다. 행사를 마치고 나는 클레망소의 동상 앞에 화환을 바쳤다. 그 감동적인 순간에 가장 강렬하게 떠오르는 인물이었다.

드골이 국방부 건물에서 성대한 오찬을 베풀었는데, 그 자리에서 전쟁 수행에 관련한 나의 노고를 치하하는 연설을 했다. 12일 저녁에는 대사관저에서 식사를 마친 뒤 브장송을 향해 떠났다. 드골은 장 드 라트르 드 타시니 장군이 이끄는 프랑스군의 대규모 공격 작전을 내게 몹시 보여주고 싶어 했다. 호사스러운 특별 열차편을 마련하여 여행을 위한 세심한 준비를 해놓고 있었다. 우리는 작전 개시 시간보다 충분히 일찍 도착했다. 거기서 산 위의 관측 지점으로 올라가야 했는데, 혹독한 추위와 적설량 때문에 도로의 통행이 불가능했다. 작전 전체를 연기하지 않을 수 없었다. 그날은 종일 드골과 자동차를 타고 다니며 보냈다. 장시간 험한 길을 달리는 동안 수많은 이야기를 나누었고, 간간이 부대 사열을 했다. 어둠이 내리고도 꽤 시간이 지난 뒤에야 그날의 일정이 끝났다. 프랑스군의 사기는 왕성했다. 대분열 대형으로 행진하며 감동적인 열정으로 널리 알려진 노래를 불렀다. 사적으로 동행한 딸 메리와 해군 부관 토미는 끔찍한 추위에 열 시간 이상 실외에서만 보냈기 때문에 내가 또 폐렴에 걸리지 않을까 걱정했다. 그러나 아무 일도 일어나지 않았다. 열차 속의 저녁 식사는 아주 즐겁고 만족스러웠다. 다만 별을 여러 개씩 단 대여섯 명의 장군들이 별이 하나뿐인 드골을 경외심을 가지고 어렵게 대하는 태도를 보고 놀랐다.

한밤중에 우리 열차는 둘로 나뉘었다. 드골을 태운 객차는 파리로 떠났고, 우리는 랭스로 향했다. 이튿날 아침 하차하여 아이크의 사령부를 방문했고, 오후에 비행기를 타고 노솔트로 돌아왔다.

★ ★ ★ ★ ★

서부 전선의 상황은 그다지 좋지 않았다. 그동안 라인 강 진격 준비를 해왔으나 11월에 수년 이래 최악의 폭우가 쏟아져 크고 작은 강들이 범람했다. 보병들은 습지와 수렁을 통과하기 위해서 사투를 벌여야 했다. 영국군 지역에서는 뎀프시의 제2군이 적을 뮈즈 강 건너편으로 몰아내고 있었다. 더 남쪽에서는 미국 제9군과 합류하여 물 속에 잠긴 땅을 가로질러 루어 강 쪽으로 나아갔다. 그러나 강을 건너기에는 시기상조였다. 수위를 조절하는 대형 댐이 적의 수중에 있었기 때문에, 수문을 열면 아군 부대는 제방 위에 고립될 수밖에 없었다. 중폭격기가 댐을 파괴하여 물을 방출하려고 시도했으나, 수차례의 명중에도 불구하고 조그만 틈조차 만들지 못했다. 12월 13일에는 미국 제1군이 댐의 점령을 목표로 공격을 재개했다.

아르덴 남쪽에서는 패턴이 모젤 강을 건너 동쪽의 독일 국경선을 향해 진격했다. 거기서 패턴은 지크프리트 방어선의 가장 강력한 진지를 마주하게 되었다. 놀라울 정도로 완강한 요새 앞에서 멈출 수밖에 없었다. 그 우측으로는 디버스 장군의 제6집단군이 보주 산맥과 벨포르 협곡으로 진출했다. 내가 보고 싶어했던 프랑스군의 작전이 개시되어 일주일 동안 전투를 치른 끝에, 11월 22일 벨포르를 점령하고 발 북쪽의 라인 강 유역에 도착했다. 23일에 스트라스부르를 함락시키고, 그 다음 몇 주일 동안 미국 제7군은 북알자스 지방을 소탕했다. 그런 다음 제3군의 우측으로 선회하여 전선을 넓게 벌려 독일 국경선을 넘었고, 비상부르 부근의 지크프리트 선을 돌파하기에 이르렀다.

그와 같은 대단한 성공에도 불구하고, 서유럽 연합군이 작전에서 대전환을 꾀해야 했던 사실을 숨길 수 없었다. 대진격을 개시하기 전에 우리는 전선 전체에 걸쳐 공격을 감행하는 것은 잘못이며 침투를 목표로 한 지점에 병력을 집결시켜야 한다는 견해를 기록으로 남겨두었다. 몽고메리의 그러한 촌평과 예상은 모든 면에서 사실로 드러났다. 나는 스뫼츠에게 전문을 보냈다. "지금 우리 병력의 규모는 미군의 2분의 1밖에 되지 않으며, 조만간 3분의 1 수준으로 떨어진다는 사실을 명심해야 합니다. 실망스러운 국면에도 불구하고 군사적인 면에서 모든 것이 우호적이고 충성스러운 분위기를 보이고 있습니다.……그러나 내가 사태를 처리하는 것이 종전처럼 용이하지만은 않습니다.……"

나는 대통령에게도 나의 불길한 예감을 설명했다. 12월 6일자로 보낸 전문은 이렇다.

"금년 연말경이면 우리에게 다가올 중대하고 실망스러운 전황을 귀하께 보고해야 할 처지가 되었습니다. 우리는 여러 차례 전략적 승리를 거두었습니다. ……그러나 5주일 전에는 우리 군대에 부여된 전술 목표를 달성하는 데에는 결정적으로 실패했습니다. 북쪽 전선의 가장 중요한 지역에서 아직 라인 강에 도착하지 못했습니다. 앞으로 라인 강에 도착하여 교두보를 구축하려면 여러 주일에 걸쳐 계속해서 대전투를 치러야만 합니다. 그리고 난 뒤, 우리는 다시 독일 영토 안으로 진군해야 합니다.

이탈리아에는 여전히 독일군 26개 사단이 우리와 대치하고 있는데, 실제 완전한 규모로는 16개 사단 정도일 것입니다.……제15집단군이 여태껏 케셀링에게 결정적 타격을 입히지 못한 이유는 '용기병' 작전[Dragoon : 남프랑스의 리비에라 해안 상륙 작전/역주]으로 인해서 전력이 약화되고, 따라서 시일이 지체되면서 포 강 계곡이 침수되고 난 뒤에야 아펜니노 산맥을 넘을 수 있었기 때문입니다. 그리하여 산악 지대에서는 물론 평원에서도 우수한 우리 기갑부대를 활용할 수 없었습니다.

모든 전선에서 독일군이 완강하게 저항하는 바람에, 3월에 예정된 마운트배턴의 랭군 공격을 지원하기로 한 영국군과 영국-인도 혼성군 5개 사단을 유럽에서 철수시키지 못했습니다. 그리고 또다른 여러 사정 때문에 랭군 작전은 수행이 불가능해지고 말았습니다. 따라서 마운트배턴은 우리가 퀘벡에서 합의한 대로 북쪽과 서쪽에서 버마를 통과하여 남하하는 작전을 펼쳐 현재 만족스러운 진격을 하고 있습니다. 이제는 또 일본이 중국으로 진격하여 쿤밍뿐만 아니라 어쩌면 충칭까지 위협함으로써, 장제스와 그의 정권이 위험한 지경에 이르렀습니다. 그러므로 중국 방어를 위해서 중국군 2개 사단을 버마 전선에서 추가로 철수시켜야 할 것입니다. 그것이 불가피하고 합당한 조치라는 데 대해서는 의심하지 않습니다. 그러나 그로 인한 결과는 심각합니다.……아드리아 해를 건너서 또는 벵골 만에 상륙하여 적에게 일격을 가한다는 나의 구상은 모두 좌절되었습니다.

현실을 직시하도록 하려는 양국의 노력에도 불구하고, 현실과 대비되는 우리 국민들의 낙관적 기대 때문에 '우리는 어떻게 해야 할 것인가?'라는 문제가 명확히 제기되고 있습니다. 우리 3자의 조기 회담에 대한 희망이 무너지고, 참모진을 포함한 귀하와 저의 만남조차 무기한 연기되어 무척 걱정스럽습니다. 영국의 계획은 미국의 계획에 따라 좌우되며, 영미 양국의 문제는 전체적인 검토를 요하고 있습니다. 그런데 전문과 전화만으로는 오히려 혼란만 가중시키는 것 같습니다. 따라서 2월 이전에 귀하께서 직접 올 수 없다면, 3군 참모총장들을 가능한 한 빨리 보내주시기를 바랍니다. 미국의 주력군은 물론 아이젠하워 장군을 가까이에서 접촉하는 가운데, 1944년 우리의 작전을 부각시킬 행동을 목표로 전쟁 국면을 전체적으로 냉정하고 진지하게 검토할 수 있으리라고 믿습니다."

루스벨트는 어느 정도 공감을 표시하면서도, 나처럼 불안해하지는 않았다. 그도 전문으로 회신했다.

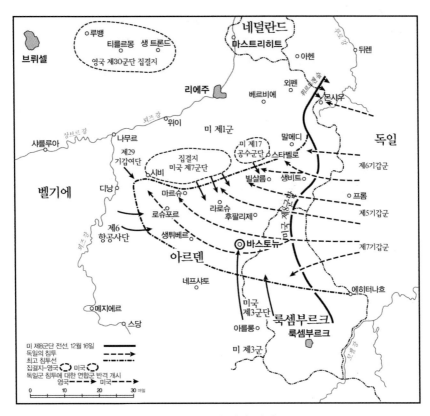

네덜란드
마스트리히트

루뱅
티를르몽 생 트롱드
영국 제30군단 집결지

브뤼셀

뒤렌

아헨

외펜

몬샤우

독일

리에주

베르비에

말메디
미 제17
공수군단
스타벨로

샤를루아

나무르
제29
기갑여단

위이

미 제1군

제6기갑군

집결지
미국 제7군단

시비

빌살름
생비트

벨기에

디낭
마르슈

라로슈
후필리제

프룸
제5기갑군

로슈포르

생튀베르

제6
항공사단

바스토뉴

제7기갑군

아르덴

네프샤토

에히터나흐

메지에르

미국
제3군단

룩셈부르크
룩셈부르크

스당

아를롱

미 제3군

미 제8군단 전선, 12월 16일
독일의 침투
최고 침투선
집결자-영국 () 미국
독일군 침투에 대한 연합군 반격 개시
영국 미국

0   10   20   30 마일

룬트슈테트의 반격 작전

"라인 강 좌안을 따라 진군하여 독일을 점령하는 일은 아주 어렵다는 것이 평소의 나의 생각이었습니다. 아주 오래 전 나는 라인 강 일대 대부분을 자전거로 여행한 경험이 있기 때문에, 수많은 지휘관들과 마찬가지로 우리 영미 연합군이 강을 건너는 일을 낙관적으로 보지 않습니다.

그러나 우리의 의견이 일치된 총괄적인 전술은 계획에 따라 진행되고 있습니다. 귀하와 나는 총사령관의 지위에서 지금까지 계획을 수립하고, 명령을 발동하고, 그러한 계획과 명령에 따른 전투를 수행하는 데 필요한 자원을 동원했습니다. 당분간은 계획된 일정보다 다소 지연되는 일이 발생하더라도, 전투의 수행과 성과는 내가 신뢰하는 우리의 야전 사령관들에게 달려 있다고 봅니다.……"

★ ★ ★ ★ ★

　중대한 타격이 우리를 기다리고 있었다. 그 전문이 발송된 지 엿새 만에 재앙과 같은 위기가 우리를 덮쳤다. 남쪽으로 알자스를 관통하고, 북쪽으로 아헨에서부터 적에게 결정타를 가할 공격을 하다보니, 연합군의 중앙이 취약한 상태로 남게 되었다. 아르덴 지역에서는 4개 사단의 미군 제8군단이 단독으로 120킬로미터 전선을 맡고 있었다. 그에 따르는 위험은 사전에 예상한 것이었으며, 그럼에도 불구하고 선택한 방법이었다. 그러나 그 결과는 심각했으며, 경우에 따라 더 심각할 수도 있었다. 적은 놀랍고도 교묘하게 독일 서부 전선에 70개 사단을 집결시켰는데, 그중 15개는 기갑사단이었다. 그 대부분 전력이 저하되어 휴식과 재정비를 필요로 했는데, 오직 제6기갑군(Panzer Army)만이 강력하고 사기도 왕성했다. 그 정예의 선두 부대는 아헨 동쪽에서 예비부대로 대기하고 있을 때부터 주시의 대상이었다. 그런데 그쪽 전선의 전투가 마무리될 시점인 12월 초에 제6기갑군은 당분간 우리 첩보망에서 사라져버렸다. 그리고 악천후로 인해서 그 흔적조차 추적할 수 없었다. 그 부대의 능력이나 힘은 놀라운 것이었지만, 아이젠하워는 무엇인가 진행되고 있다는 사실을 짐작했다.

　실제로 독일군은 대계획을 세웠다. 룬트슈테터는 제5기갑군과 제6기갑군 그리고 제7군까지 동원했다. 모두 10개 기갑사단과 14개 보병사단이 집결했다. 그 대군은 기갑부대를 앞세워 아르덴을 돌파하여 뮈즈 강까지 진군하고, 북쪽과 북서쪽을 휩쓸어 연합군 전선을 둘로 분리시킨 다음, 안트베르펜 항구를 점령하는 것이 목표였다. 그로써 우리 북부 군대의 생명선을 차단한다는 것이었다. 그러한 강공 계획은 히틀러의 작품이었는데, 휘하 장군들의 회의적 태도에도 불구하고 조금도 변경할 생각이 없었다. 독일 공군의 잔여 부대가 마지막 공세를 취하기 위해서 모였고, 낙하산병과 파괴 공작 요원 그리고 첩자들이 연합군복으로 위장하여 임무를 부여받았다.

12월 16일 격렬한 엄호 포격 속에서 공격이 개시되었다. 북쪽 측면에서 제6기갑군이 미군 제1군 우측으로 돌입하여 루어 댐 방향으로 진격하려고 했다. 일진일퇴의 전투 끝에 적은 저지되었다. 남쪽 멀리에서는 독일군이 좁은 폭으로 전선을 돌파했으나, 우리는 며칠 동안 결정적인 싸움 끝에 전진을 막을 수 있었다. 제6기갑군은 다시 공격을 시작하여 리에주 너머 뮈즈 강 서쪽을 그 다음에는 북쪽을 공격하려고 했다. 제5기갑군은 미군 군단 중앙부를 뚫어 뮈즈 강 방향으로 깊숙이 침투했다.

공격의 시기와 정도에 연합군 최고사령부는 몹시 놀랐지만, 그 중요성과 목적을 즉시 알 수 있었다. 돌파 지점의 "두 어깨" 부분을 강화하고, 나뮈르 강 동쪽과 남쪽을 통한 뮈즈 강 횡단을 저지하며, 다수의 자동화부대로 독일군 전선의 돌출부(salient)의 북쪽과 남쪽을 분쇄하기로 결정했다. 아이젠하워는 신속하게 행동했다. 진행 중인 모든 공격을 중지시키고, 예비부대로 대기하고 있던 미군 4개 사단을 불러왔고, 남쪽으로부터 6개 사단을 더 증강했다. 영국군 제6사단을 포함한 2개의 공수사단이 영국에서 급파되었다. 돌출부의 북쪽에서는 루어 강 전선에서 막 빠져나온 영국군 제30군단 중 4개 사단이 미군 제1군과 제9군 배후 지역인 리에주와 루뱅 사이에 집결했다. 미군 제9군은 모든 예비부대를 투입하여 말메디 서쪽으로 측면 방어선을 확장했다.

독일군에 의해서 자신의 휘하 제12집단군의 전선이 단절되었기 때문에, 브래들리는 룩셈부르크의 사령부에서 북쪽 돌출부에 남은 2개 군에 대해서 효과적인 지휘를 수행하는 것이 불가능했다. 아이젠하워는 현명하게도 북쪽의 모든 연합군에 대한 임시 지휘권을 몽고메리에게 맡겼다. 그동안 브래들리는 미군 제3군을 계속 지휘하면서 남쪽에서 적을 저지하고 반격할 책임을 졌다. 동시에 전술 공군에도 일정한 역할이 부여되었다.

우리 증원군 중 3개 사단은 나뮈르 강 북쪽의 뮈즈 강변에 포진했다. 브래들리는 아를롱에 1개 군단을 집결시키고, 미군 제101 공수사단은 바스토뉴의 주요 도로 교차 지점을 확보하도록 했다. 독일군 기갑부대는 북쪽에서 방향을 바꾸어 북서쪽으로 진격하고, 보병부대는 남겨 바스토뉴 시가지를 점령하도록 꾀했다. 약간의 기갑부대를 보유한 제101공수사단은 고립되어 일주일 동안 적의 모든 공격을 물리쳤다.

독일의 제5, 6 기갑군은 마르슈 부근에서 격렬한 전투를 벌였는데, 12월 26일까지 계속되었다. 한 차례 뮈즈 강 6킬로미터 전방까지 접근하여 100킬로미터 가까이 침투하기도 했으나, 독일군은 지치고 말았다. 악천후와 낮게 깔린 안개 때문에 우리 공군은 전투가 개시된 이후 첫 한 주일 동안은 싸우지 못했다. 12월 23일, 비행 조건이 호전되면서 출격했고, 대단한 성과를 거두었다. 중폭격기는 적진 후방의 철로와 이동 중심지를 공격했고, 전술공군은 적의 전방 지역을 초토화하며 적군의 증원군, 연료, 식량, 탄약의 보급을 차단시켰다. 독일 정유공장에 대한 전술폭격으로 유류 공급이 막히면서 적군의 전진에 제동이 걸렸다.

첫 번째 목표였던 뮈즈 강이 여의치 않자, 독일군 기갑부대는 사나운 기세로 바스토뉴를 향했다. 제101공수사단은 증강되었음에도 불구하고 수적으로 엄청난 열세였다. 그래도 시가지를 일주일을 더 지키며 버텼다. 12월 말이 되자 독일군 최고사령부는 어쩔 수 없이 전투에서 패배했다는 사실을 깨닫게 되었다. 패턴은 비록 느렸지만 꾸준히 폭설로 뒤덮인 산야를 넘어 진군했다. 적은 마지막 시도를 감행했는데, 이번에는 공중전이었다. 1945년 1월 1일, 독일 공군은 우리의 모든 전방 비행장을 상대로 격렬한 기습적 저공 공습을 했다. 우리는 피해가 꽤 컸으나, 금방 복구했다. 그러나 독일 공군 역시 상당한 손실을 입어 제2차 세계대전에서 최후의 집단 공격을 수행할 능력을 상실하고 말았다.

사흘 뒤 몽고메리는 북쪽에서 반격을 개시하여 남쪽에서 출발한 패턴과 합류를 꾀했다. 미군 2개 군단은 서쪽 측면의 영국 군단과 함께 적을 압박했다. 연합군은 양쪽으로 날개를 이루어 눈보라 속을 뚫고 서서히 진군하여 16일에 호우팔리제에 도착했다. 독일군은 조금씩 동쪽으로 밀렸고, 지속적인 우리의 공습에 시달렸다. 그달 말경에 독일군은 자기 나라 국경 안으로 후퇴했고, 물자의 파멸적인 손실과 12만 명에 달하는 사상자 외에 그들의 대작전이 보여준 성과는 달리 없었다.

그것이 독일군이 전쟁에서 보여준 마지막 공세였다.* 그 공세에 의해서 초래된 우리의 불안은 엄청난 것이었으며, 우리의 진군을 늦추게 만들었다. 그러나 종국에는 우리에게 유리한 결과를 가져왔다. 독일군은 손실을 보충할 수 없었고, 뒤이은 라인 강 전투는 치열하기는 했으나 우리로서는 그다지 어려움을 겪지는 않았다. 독일군 최고사령부는 물론 히틀러까지 실망한 것이 틀림없었다. 기습을 당하고 난 뒤 아이젠하워와 그의 휘하 지휘관들은 신속하게 대처했다. 그러나 중요한 공적은 다른 곳에 있다는 사실에 그들은 동의할 것이다. 몽고메리가 이런 말을 한 적이 있다. "아르덴 전투에서 이길 수 있었던 원동력은 미국 병사들의 확고한 전투 능력이었다." 전투에서 미군은 거의 모든 것을 담당했다. 그리고 그로 인해서 입은 손실 역시 전부 그들의 희생이었다.

---

* 주도권을 되찾기 위한 독일군의 마지막 공세가 절정을 이룬 이 전투는 아르덴 고원(벨기에-룩셈부르크-프랑스에 걸쳐 있는 고원 지대)에서 이루어졌기 때문에 아르덴 전투라고 한다. 전투 전반기에 성공적인 돌파에 의해서 독일군이 압승함으로써 독일군의 전선 중 일부분이 앞으로 튀어나온(bulge) 모양이 되었는데, 여기에서 유래하여 벌지 전투(the Battle of the Bulge)라고도 한다/역주

제21장

아테네의 크리스마스

    세계에서 정치적 관심도가 가장 높은 민족을 꼽는다면, 유대인과 함께 그리스인이 겨룰 것이다. 상황이 아무리 절망적이더라도 또는 국가가 어떠한 위험에 처해 있더라도, 그들은 항상 여러 당파로 분열했다. 그리고 그 안에서 지도자들은 필사적으로 서로 싸웠다. 어느 곳이든 유대인 세 사람이 모이면 그 중 두 명은 수상이고 나머지 한 명은 야당 당수라는 말이 있다. 그것은 그 유명한 또다른 전통의 민족에 대해서도 동일하다고 말할 수 있다. 그들의 생존을 위한 격정적이고 끊임없는 투쟁은 인간 사상의 원천으로까지 거슬러올라간다. 두 민족처럼 세계에 그러한 인상을 남긴 존재는 어디에도 없다. 두 민족은 끊임없이 외부 압제자들로부터 위협 받고 고통을 당했음에도 불구하고, 그에 필적하는 내부의 상존하는 반목, 투쟁, 반동을 통해서 생존 능력을 보여주었다. 수천 년의 시간이 지나도 그들의 성격은 변하지 않았고, 시련이나 생명력 또한 감소되지 않았다. 세계가 그들을 적대시하고, 그들 스스로 서로 적대시하는 가운데 그들은 살아남았다. 그리고 각자 다른 각도에서 그들의 천재성과 지혜를 유산으로 우리에게 전하고 있다. 아테네와 예루살렘보다 우리 인류에게 더 많은 가치를 부여하는 도시는 없다. 종교, 철학, 예술에서 그들이 던지는 메시지는 현대의 신앙과 문화를 주도하는 빛이 되어왔다. 수세기 동안 외세가 지배하고 말로 표현하기 어려울 정도로 끝없는 박해를 받으면서도 그들은 멸망하지 않았고, 자기들끼리

지칠 줄 모르는 활력으로 서로 싸우면서 현대 세계에서 생동감 넘치는 사회를 형성하고 있다. 개인적으로 나는 항상 그들 두 민족의 편이었다. 나는 내부 투쟁과 그들을 파멸시키려는 세계 조류의 위협을 극복하는 그들의 불굴의 힘을 믿고 있다.

8월 말 이탈리아를 떠나기에 앞서, 나는 영국 육군참모총장에게 그리스의 독일군이 붕괴하는 경우,* 영국 원정군 파견 계획의 세부사항을 작성하라고 일렀다. 우리는 그 작전을 "만나(Manna)"[이집트를 탈출한 이스라엘 민족이 아라비아의 광야에서 여호와로부터 받은 음식/역주]라는 암호명으로 불렀고, 9월까지 준비는 아주 잘 진행되었다. 파펜드레우와 그의 동료들은 이탈리아로 갔으며, 카세트라 부근의 저택에 자리를 잡았다. 거기서 파펜드레우는 민족해방전선(E.A.M.) 대표는 물론 민족주의자로 구성된 그들의 경쟁 상대였던 민족민주군(E.D.E.S.)**과 함께 일을 시작했으며, 지중해 주재 공사 맥밀런과 그리스 정부 소속 영국 대사 리퍼의 지원을 받아 26일 포괄적 협정에 서명했다. 그로써 그리스의 모든 게릴라 세력은 그리스 정부의 명령에 따르기로 했으며, 그리스 정부는 그 명령권을 영국군 지휘관 스코비 장군에게 위임했다. 그리스 게릴라 지도자들은 부하들이 규범을 함부로 여기지 않을 것이라고 선언했다. 아테네에서는 어떠한 행동도 스코비 장군의 명령에 따르겠다고 밝혔다. 카세르타 협정(Casetra Agreement)으로 알려진 그러한 내용을 담은 문서는 향후 우리의 모든 행동을 규율하게 되었다.

그리스의 해방은 10월에 들어 시작되었다. 특공부대가 그리스 남부로 파견되었고, 10월 4일 새벽에는 우리 부대가 파트라스를 점령했다. 그것은

---

* 제4부 제14장 참조.
** E.A.M.은 "민족해방전선(National Liberation Front)"의 그리스어 약자이다.
E.L.A.S.는 "인민민족해방군(People's National Army of Liberation)"의 그리스어 약자이다
(E.A.M.과 E.L.A.S.는 모두 공산주의의 조종을 받았다).
E.D.E.S.는 "민족민주군(National Democratic Army)"의 그리스어 약자이다.

1941년 우리가 비극적으로 그리스를 탈출한 이래 최초로 발을 내디딘 순간이었다. 12일, 윌슨 장군은 독일군이 아테네에서 철수하기 시작한 사실을 알았다. 그 다음날에는 영국 낙하산 대원들이 아테네 서쪽 13킬로미터 지점인 메가라 비행장에 낙하했다. 14일에는 나머지 낙하산 부대가 도착했고, 독일군의 퇴각과 동시에 시가지를 점령했다. 우리 해군은 스코비 장군과 그 휘하의 주력군을 싣고 피레우스로 입항했다. 이틀 뒤에는 우리 대사와 함께 그리스 정부가 돌아왔다.

우리가 취한 조치들의 효과를 시험하는 시기가 오게 되었다. 모스크바 회담에서 나는 비싼 대가를 치르고 러시아의 양보를 얻었다. 러시아와 우리는 민족해방전선을 완전하게 대표하고 있는 파펜드레우의 임시 행정부를 지지하기로 약속했다. 모든 정파는 카세르타 협정에 묶여 있었고, 우리는 안정된 그리스 정부에 지체 없이 권한을 이양하기를 희망했다. 그러나 그리스는 폐허의 상태였다. 독일군은 북쪽으로 후퇴하면서 도로와 철도를 파괴해버렸다. 우리 공군이 퇴각하는 적을 괴롭히기는 했지만, 지상에서 벌어지는 일을 막을 수는 없었다. 무장한 그리스 인민민족해방군(E.L.A.S.) 무리들은 침략군이 떠난 자리를 차지했고, 중앙 지휘부는 엄연한 약속을 이행하려는 노력을 거의 보이지 않았다. 도처에 궁핍과 분쟁이 널려 있었다. 재정은 파탄 상태였고, 식량은 고갈되었다. 우리 군대의 자원을 최대한으로 쏟아부었다.

그 달 말경 이든이 모스크바에서 귀국하던 길에 아테네를 들렀는데, 1841년 그리스에서 보여준 열의를 기억하고 수많은 군중이 열렬하게 환영했다. 카이로 주재 공사 모인과 맥밀런이 동행했다. 재난 상황의 구호에 관한 전반적 문제가 검토되었고, 인력으로 가능한 모든 것을 다하고자 했다. 우리 부대는 자발적으로 병사들 식량 배급을 절반으로 줄여 구호물자로 공급했으며, 공병은 긴급 교통망 건설에 나섰다. 11월 1일, 독일군은 테살로니키와 플로리나에서 완전히 철수했다. 열흘 뒤 마지막으로 남은 독일 부대가 북쪽 국경선을 넘어갔다. 그로써 고립된 몇 개 섬의 수비대를 별도로 한다면, 그리스는 해방되었다.

그러나 아테네 정부는 국토를 관리하고 인민민족해방군에게 카세르타 협정을 준수하도록 강제할 군사력이 없었다. 무질서는 점점 가중되고 확산되었다. 민족해방전선의 반란은 임박했고, 그에 따라 11월 15일 스코비 장군에게 대응 전략을 마련하라는 명령이 떨어졌다. 아테네를 군사 지역으로 선포하기로 하고, 인민민족해방군 부대에 지역을 떠날 것을 요구할 권한을 스코비에게 부여했다. 이탈리아에 있던 제4인도사단이 들어왔다. 그리스 여단도 이탈리아에서 도착했는데, 그 때문에 파펜드레우와 민족해방전선 사이에 논쟁이 벌어졌다. 내전을 막을 수 있는 유일한 방법은 게릴라들과 기타 세력이 상호 합의하여 무장을 해제하고, 국군과 경찰을 창설하여 아테네 정부의 직접 통제를 받도록 하는 것이었다.

파펜드레우의 요청에 따라 게릴라 부대 해산 명령 초안을 민족해방전선 소속의 각료들 스스로 작성하여 내각에 제출했다. 정규 그리스 산악여단과 공군의 "신성중대"는 그대로 남겨두기로 했다. 인민민족해방군은 1개 여단만 보유하기로, 민족민주군은 소규모의 병력만 유지하기로 했다. 그러나 마지막 순간에 민족해방전선 각료들은 그 소중한 일주일의 시간을 들여 만든 원래의 주장을 철회하고, 산악여단의 해산을 요구했다. 공산주의자들의 전술이 완전히 가동되기 시작했다. 12월 1일에는 민족해방전선의 각료 6명이 사임했고, 이튿날부터 총파업이 선포되었다. 남은 내각 각료들은 게릴라 해산 법령을 통과시켰고, 공산당은 본부를 아테네에서 다른 곳으로 옮겼다. 스코비 장군은 그리스 국민들에게 성명을 발표했는데, "합법적인 무장 군사력을 가진 그리스 국가가 건설되고 자유 선거를 실시할 수 있을 때까지" 현재의 입헌 정부를 확고히 지지하겠다는 내용이었다. 나 역시 런던에서 같은 취지의 성명을 냈다.

12월 3일 일요일, 공산당 지지자들이 불법 시위를 벌이다가 경찰과 충돌하면서 내전이 시작되었다. 다음날 스코비 장군은 인민민족해방군에게 아테네와 피레우스를 떠나라고 명령했다. 그러나 해방군 부대와 무장한 시민군은 무력으로 수도를 장악하려고 시도했다.

★ ★ ★ ★ ★

그 순간 나는 사태를 직접 해결하기로 했다. 공산주의자들이 이미 아테네의 모든 경찰서를 점거하고, 그들에게 협력하지 않는 수많은 사람들을 살해하고, 정부 청사 800미터 이내까지 접근했다. 그 사실을 알고 나는 열흘 전만 해도 주민들로부터 열광적인 환영을 받은 스코비 장군과 그의 500명 병사들에게 즉시 출동하여 약속을 어긴 반란자들을 무력으로 진압하라는 명령을 내렸다. 그러한 일은 확실하게 처리하지 않으면 아무 소용이 없었다. 폭도들의 힘을 이용하여 시가지를 장악하고 자신들이 그리스 국민이 요구하는 정부라는 것을 세계에 알리려는 공산주의자들에 대해서는 총칼로 맞서는 수밖에 없었다. 내각을 소집할 시간적 여유조차 없었다.

앤서니와 나는 밤 2시까지 함께 있으면서, 발포해야 한다는 데 합의했다. 그가 몹시 피곤해 보이는 것 같아 내가 말했다. "눈이라도 좀 붙이는 게 어떻겠소, 일은 내게 맡기고." 앤서니가 자러 간 뒤, 나는 새벽 3시경에 스코비 장군에게 보낼 전문의 초안을 잡았다.

"……아테네의 질서를 유지하고, 시가지로 접근하는 인민민족해방군 계열의 무리를 무력화하거나 궤멸하는 것이 귀관의 임무입니다. 시가지 질서를 엄중히 지배하고 어느 누구든 위험 인물을 체포하기 위해서 필요하다면 어떠한 규칙이든 원하는 대로 만들어 시행해도 좋습니다. 총격전이 벌어지면 인민민족해방군은 당연하게도 여성이나 어린이를 앞세우려고 할 것입니다. 그러한 경우에 실수가 없도록 현명하게 대처하기 바랍니다. 그러나 아테네에서 영국 당국이나 우리와 협력하는 그리스 당국에게 공격적 태도를 보이는 무장 남성에 대해서는 지체 없이 발포하시오. 그리스 당국으로부터 귀관의 지휘권에 대한 지원이 있으면 더 좋으리라고 생각되는데, 현재 리퍼가 귀관을 도울 방안에 대해서 파판드레우에게 이야기하는 중입니다. **귀관은 지금 국지적 반란이 진행 중인 점령 도시에 있다고 간주하고 주저하지 말고 과감하게 행동하시오.***

외부에서 진입하려는 인민민족해방군에 대해서는 확신을 가지고 기갑부대를 이용하여 다른 누구도 시도하지 않는 방법으로 호된 맛을 보여주어야 합니다. 그러한 방침으로 행하는 모든 합리적이고 현명한 행위는 내가 전적으로 지원할 것입니다. 우리는 반드시 아테네를 지키고 반란을 진압해야 합니다. **가능한 한 유혈 사태 없이 성공한다면, 대단한 공적이 될 것입니다만, 필요한 경우에는 피를 보더라도 그럴 것입니다.**"

전문은 5일 오전 4시 40분에 발송했다. 다소 귀에 거슬리는 문투로 작성되었다는 사실을 인정하지 않을 수 없었다. 군사 지휘관에게 강력한 리더십을 부여할 필요를 느꼈기 때문에, 나는 의도적으로 날카로운 표현을 사용했다. 그러한 명령을 받은 사실 자체만으로도 스코비 장군이 결정적인 행동을 하는 데 힘이 될 것이며, 결과에 관계없이 잘 판단해서 하는 행위에 대해서는 내가 항상 지지한다는 확신을 가지게 할 수 있을 터였다. 나는 그 사태 전반에 관해서 심각한 관심을 가지고 있었기 때문에, 의심하거나 머뭇거릴 여지는 전혀 없다고 믿었다. 나는 1880년대에 아서 밸푸어[1902-1905년 수상 역임. 세계 제1차대전 중 팔레스타인에 유대인 국가 수립에 동의한다는 밸푸어 선언을 발표했다/역주]가 아일랜드의 영국 관청에 보낸 그 유명한 전문의 문구를 가슴속에 새기고 있었다. "주저하지 말고 발포하라." 당시

---

* 강조 표시는 모두 저자가 한 것임.

그 전문은 보통의 전신국을 통해 보내졌다. 따라서 그 시절의 하원에서 엄청난 소동이 일어났지만, 인명의 손실을 막을 수 있었다. 그것은 밸푸어가 권력과 지배력을 확보하는 데 중요한 디딤돌이 되었다. 그러나 우리의 국면은 당시와는 완전히 달랐다. 그럼에도 불구하고 "주저하지 말고 발포하라"는 문구가 한참 세월이 지난 그때 나를 격려한 것이었다.

그 당시에 비하면 지금의 자유세계는 그리스뿐만 아니라 그밖의 어느 지역에서도 공산주의 운동에 대해서 잘 알고 있지만, 그때 영국 정부와 그 수반이었던 내가 얼마나 심각한 공격을 받았는지 알게 되면, 수많은 독자들이 깜짝 놀랄 것이다. 대부분의 미국 언론은 우리의 행위를 격렬하게 비난했는데, 그들이 전쟁에 참여하게 된 명분을 훼손했다고 선언하기에 이르렀다. 스테티니어스가 장관직을 맡고 있던 미국 국무부는 강력한 비판 성명을 발표했는데, 몇 년 뒤에는 스스로 후회하고 오히려 반대 입장에 서게 되었다. 영국 내에서도 큰 혼란이 있었다. 「타임스」과 「맨체스터 가디언」은 우리의 정책을 반동적이라며 비난했다. 그러나 스탈린은 우리의 10월 협정을 엄격하고 충실하게 지켰으며, 몇 주일에 걸친 공산주의자들의 아테네 시가전에도 불구하고 「프라우다」나 「이스베스챠」에서 단 한마디의 비난도 하지 않았다.

하원에서도 큰 소란이 일어났다. 무엇인가 모호하면서도 강렬한 흐름이, 열정과 같은 것이 흐르고 있었다. 거국일치 내각이 아니라 보다 기반이 취약한 정부였다면 당장에 와해되고 말았을지도 모른다. 그러나 전쟁내각은 바위처럼 굳건하게 맞서 파도와 바람은 헛되이 부서지기만 할 뿐이었다. 훗날 폴란드, 헝가리 그리고 체코슬로바키아에서 벌어진 일을 돌이켜보면, 당시의 그 결정적 순간에 각 정당의 지도자들이 냉정하고 단호하게 일치단결한 힘을 보여준 것은 참으로 고마운 행운이라고 생각한다. 지면 관계로 여기에 모두 옮기지는 못하지만, 12월 8일 내가 한 연설의 일부를 발췌한다.

우리에 대한 비난은……우리가 영국 군대를 그리스와 기타 유럽 여러 지역에서 민주주의 우호 세력을 무장해제시키고, 적을 용감하게 격퇴한 대중운동을 억압하는 일에 이용한다는 것입니다.……

그러나 여기서 이러한 의문이 들지 않을 수 없는데, 누구든지 한번쯤 생각해 볼 수 있을 것입니다. 도대체 누가 민주주의의 우호 세력이며, '민주주의'라는 말이 어떻게 이해되고 있습니까? 내 생각에는 평범하고 겸손한 보통 남자, 곧 아내와 가족을 거느리고, 나라가 곤경에 처했을 때 싸우러 나가고, 때 맞춰 투표소에 가서 의회로 보냈으면 하는 후보에게 투표하는, 그런 사람이 바로 민주주의의 토대입니다. 그리고 그러한 보통 남녀가 아무런 두려움 없이, 어떠한 협박이나 기만을 당하지 않고 한 표를 행사할 수 있는 것이 그 토대의 핵심을 이룹니다. 엄격한 비밀투표가 행해지고, 그 다음에는 선출된 대표들이 함께 모여 정부를 구성하고, 혹은 긴박한 시기에는 정부 형태를 결정하기도 하면서, 자신들이 원하는 그 땅의 정부를 만들어가는 것입니다. 그러한 것이 민주주의라면, 나는 경의를 표합니다. 나는 그러한 민주주의를 지지합니다. 나는 그러한 민주주의를 위해서 일할 것이며……나는 보통선거에 기초한 자유선거의 토대를 지지합니다. 그것이야말로 민주주의의 토대입니다. 그러나 나는 기만적 민주주의, 좌익이기 때문에 민주주의자라고 자칭하는 기만적 민주주의에 대해서는 전혀 다르게 생각합니다. 기만적 민주주의는 온갖 요소들, 즉 좌익뿐만 아니라 공산주의자까지 모두 민주주의를 한다고 합니다. 그러나 나는 점차 세력을 확장하여 극단적 형태의 혁명을 목표로 하는 정당이나 단체는 용납할 수 없습니다. 그러한 일당은 소수일수록 더 폭력적으로 변질된다는 점에서 민주주의를 대표한다고 할 수 없습니다.

우리는 민주주의에 대해서 어떤 경외감을 가지고 있어야 하며, 민주주의라는 말을 함부로 사용해서도 안 됩니다. 민주주의를 흉내 내기는 하지만, 가장 거리가 먼 것이 폭도의 법칙이라는 것입니다. 살상 무기로 무장한 악당 무리들과 함께 대도시에 진입해서 경찰서와 정부 주요 기관을 점거하고, 철권으로 전체주의 정권을 주도하고, 요즘처럼 일단 권력을 장악하면 목소리부터 높이는 그러한 폭도의 법칙은 민주주의가 아닙니다. (일시 정적)

민주주의란 폭력이나 공포정치에 입각한 것이 아닙니다. 민주주의는 이성, 공정한 경쟁, 자유, 타인의 권리에 대한 존중을 기반으로 합니다. 민주주의란 경기관총으로 위협하여 손에 넣을 수 있는 길거리의 창녀가 아닙니다. 나는 국민을 믿습니다. 거의 모든 나라의 대중을 신뢰합니다. 내가 믿는 것은 국민이지 결코 무력에 의해서 헌법 기관을, 경우에 따라서는 의회를, 정부를, 국가를 전복하려고 꾀하는 비적 집단들이 아닙니다.……

우리에게 반대표를 던진 의원은 30명뿐이었다. 300명 가까운 의원이 신임 투표를 했다. 하원이 그 영속적인 힘과 권위를 다시 한번 과시한 순간이었다.

미국 국무부를 비롯한 미국 여론에 나타난 감정과 당대의 일련의 사조가 루스벨트 대통령과 그의 최측근들에게 영향을 미친 것은 의심의 여지가 없었다. 내가 하원에서 밝힌 견해는 오늘날 미국의 신조나 정책의 상투적인 내용이 되었으며 국제연합의 일치된 요청이 되었다. 그러나 당시만 하더라도 그러한 것들은 과거의 인상에 의존하여 인간 문제의 역조 현상을 감지하지 못한 사람들에게는 깜짝 놀랄 만한 신기한 분위기를 보여주었다.

★ ★ ★ ★ ★

한편 영국군 부대는 아테네 중심부에서 자신들보다 더 많은 적에게 포위당한 채 힘들게 싸웠다. 우리 병사들은 최소 5분의 4가 민간인 복장을 한 적을 상대로 건물마다 뒤져가며 시가전을 벌였다. 아테네의 연합국 신문사 특파원들과는 달리, 우리 부대는 무엇이 문제인지 잘 이해하고 있었다. 파펜드레우와 잔존한 그의 각료들은 권위를 완전히 상실했다. 대주교 다마스키노스를 내세워 섭정 정부를 수립하자는 제안은 런던 망명 정부의 국왕이 거부한 바 있는데, 12월 10일 리퍼가 다시 제기했다. 그러나 게오르기오스 국왕은 여전히 반대했고, 우리는 강요할 수 없는 처지였다.

그 혼란의 와중에 알렉산더 원수와 해럴드 맥밀런이 아테네에 도착했다. 12월 12일, 전쟁내각은 알렉산더에게 모든 군사적 수단에 관한 처분권을 부여했다. 이탈리아에서 이집트로 이동 중이던 영국군 제4사단이 방향을 돌리자, 그 달 후반부의 국면이 완전히 바뀌게 되었다. 그동안 시가전은 밀고 당기는 가운데 점점 규모가 확대되었다. 15일, 알렉산더는 문제를 빨리 해결하는 것이 시급한데, 가장 좋은 방법은 대주교를 통하는 것이라고 권고했다. 그는 전문으로 이렇게 말했다. "그렇지 않으면 반란군의 저항이 현재 수준으로 계속될 것인데, 건물들이 들어서 있는 130제곱킬로미터의 피레우스와 아테네 지역 전체를 소탕하기 위해서 이탈리아 전선에서 증원군을 더 불러 와야 합니다."

며칠 뒤, 나는 직접 현장에 가서 상황을 살펴보기로 했다.

12월 24일, 가족은 물론 아이들까지 함께 모여 크리스마스 파티를 열었다. 대통령이 보낸 크리스마스 트리가 준비되어, 모두 즐거운 저녁을 기대하고 있었다. 침울한 전쟁 분위기 탓에 더 밝은 저녁을 기대했던 것이다. 그러나 전문을 읽고 나자 나는 아테네로 가야 한다는 생각이 들었다. 가서 현지의 상황을 보고, 특히 문제의 중심에 있었던 대주교를 만나야 했다. 따라서 전화로 그날 밤 출발할 비행기를 노솔트 비행장에 준비시켰다. 또한 이든에게도 가자고 연락하여 그의 크리스마스를 망쳐놓았는데, 즉시 오겠다고 했다. 나는 파티 도중에 떠나야 했기 때문에 가족들로부터 원망하는 소리를 듣고, 이든과 약속한 노솔트로 차를 달렸다. 비행장에는 아널드 장군이 보낸 비행기 스카이마스터 호가 정비를 끝내고 나를 위해서 항시 대기 중이었다. 우리는 비행기에서 아침 8시까지 편안하게 잠들었는데, 재급유를 위해서 나폴리에 잠시 내렸다. 여러 장군들을 만났는데, 함께 아침식사를 했다. 그날 아침식사 시간은 나에게 별로 좋지 않은 시간이었다. 이탈리아와 아테네 양쪽 전선에서 음울한 소식만 들려왔다. 한 시간 뒤, 다시 이륙했다. 날씨는 완벽하게 청명했고, 우리는 펠로폰네소스 반도와 코린트 해협 위를 비행했다. 아래쪽으로 아테네와 피레우스가 장대한 규모로 지도처럼 펼쳐지기 시작했다. 우리는 뚫어지게 내려다보며, 누가 어디를 차지하고 있는지 살폈다.

정오 무렵 칼라마키 비행장에 착륙했다. 2,000명가량의 영국 공군이 지키고 있었는데, 무장이 잘 되어 있었고 활기찬 모습이었다. 알렉산더 원수가 리퍼 그리고 맥밀런과 함께 기다리고 있었다. 세 사람과 함께 기내에서 세 시간에 걸쳐 군사 및 정치를 포함한 전반적 문제를 논의했다. 마침내 우리는 모두 일치된 결론에 도달했고, 즉시 행동에 착수하기로 했다.

나는 일행과 함께 피레우스 항 앞바다에 정박 중인 에이잭스 호에서 자기로 했다. 오래 전 일이기는 했지만, 라 플라타 강 전투에서 명성을 떨쳤던 경순양함이었다. 도로는 안전하다고 보고되어, 우리는 여러 대의 장갑차의 호위 속에 몇 킬로미터를 가로질러 갔다. 어둠이 깔리기 전에 에이잭스 호에 승선했는데, 그제서야 나는 그날이 크리스마스라는 사실을 깨달았다. 선내의 병사들을 위한 즐거운 저녁 행사가 준비되어 있었기 때문에, 우리는 가능한 한 그들에게 방해가 되지 않으려고 노력했다.

수병들 열 몇 명이 중국인, 흑인, 인디언, 런던내기, 광대 등의 의상과 변장을 하고 장교와 하사관들에게 세레나데를 부르며, 상황에 맞추어 흥을 돋우는 프로그램이 준비되었다. 다마스키노스가 수행원과 함께 도착했는데, 아주 큰 키에 그리스 정교회의 권위를 상징하는 법의를 입고 높은 모자를 쓰고 있었다. 그들이 수병들과 마주치자, 수병들은 말도 건네지 않고 또 다른 집단인 줄 알고 대주교 주변을 돌며 열정적으로 춤을 추었다. 대주교는 잡동사니들이 자기를 모욕하려고 미리 계획한 소행인 줄 생각하고 돌아가려고 했다. 그러자 막 도착한 함장이 당황해하며 충분히 납득하도록 해명했다. 그동안 나는 어떻게 되나 구경만 했다. 그러나 모든 것은 멋지게 끝났다.

대주교는 인민민족해방군의 잔학성과 민족해방전선 배후의 음험한 사악한 손에 대해서 통렬하게 비난했다. 그가 공산주의자, 곧 트로츠키주의자(공산주의 영구 혁명론자)라고 부르는 자들의 결집을 크게 두려워하고 있다는 사실은 의심의 여지가 없었다. 그는 이집트인이 대부분인 중류 계층의 8,000명을 인질로 잡고 매일 몇 명씩 총살하는 인민민족해방군의 행위를 비난하는 회칙(回勅)을 선포하고, 여성 인질을 석방하지 않으면 그 사실을 전 세계 언론에 알리겠다고 경고했다고 우리에게 말했다. 그의 인상은 나에게 깊은 신뢰를 심어주었다. 그는 굉장한 인물이었는데, 그 다음날로 예정된 인민민족해방군 대표까지 참석하는 회담의 의장직을 제안받고는 즉석에서 수락했다.

★ ★ ★ ★ ★

26일, "박싱 데이(Boxing Day)" 아침에 나는 대사관을 향해 출발했다. 우리 배가 접안하려고 할 때, 좌측 1.6킬로미터 정도 떨어진 곳에서 진행되던 전투에서 날아온 서너 발의 포탄이 에이잭스 호 바로 부근에 떨어져 물기둥을 만들었다는 것을 나는 기억하고 있다. 장갑차 한 대와 호위병들이 우리를 맞았다. 덜컹거리며 도로를 달려 무사히 대사관에 도착했다. 우리가 많은 것을 걸고 있었던 대주교를 다시 만났다. 그는 우리의 제안을 모두 받아들였다. 그날 오후에 진행할 절차에 대해서도 계획을 세웠다. 나는 대주교가 그리스 소동의 중심에 존재하는 거물이라고 확신했다. 무엇보다도, 그는 그리스 정교회에 들어가기 전에 레슬링 챔피언이었다는 사실도 알게 되었다.

그날 저녁 6시, 그리스 외무부에서 회의가 개최되었다. 해가 져서 음산해진 분위기의 큰 방에 자리잡고 앉았다. 아테네의 겨울은 추웠다. 난방은 전혀 되지 않았고 몇 개의 헤리케인 램프만 회의장을 비추고 있었다. 나는 이든과 함께 대주교 오른쪽에, 알렉산더 원수는 왼쪽에 앉았다. 미국 대사 맥베이, 프랑스 공사 발렌 그리고 소련 대표가 초대에 응했다. 공산당 지도자 세 명은 늦게 도착했다. 지각은 그들 탓이 아니었다. 전초 지점에서 무엇인가 문제가 있었던 것 같았다. 30분 늦게 회의를 시작했는데, 그들은 내가 발언하는 도중에 들어왔다. 잘생긴 그들은 영국군 전투복 차림이었다.

"그리스를 전승국의 일원으로 재건하기 위해서 백방의 노력을 해야 하는데, 지금부터 시작입니다. 우리는 여러분의 신중한 검토를 방해하지 않을 것입니다. 우리 영국은 다른 대연합 전승국 대표들과 함께 가장 탁월하고 최고의 존경을 받고 있는 시민의 참여하에 폴란드인 여러분들 스스로 토론하도록 맡기고자 합니다. 여러분들이 우리를 다시 찾지 않는 한, 우리는 개입하지 않으려고 합니다.⋯⋯오늘 오후 아테네에서 시작한 이 회의를 계기로 그리스가 연합국과 평화를 사랑하는 전 세계 국민들 사이에서 명예와 국위를 회복하기를 희망합니다. 또한 전 세계가 바라보는 앞에서 그리스의 북쪽 국경이 어떠한 위험으로부터도 보장되고, 그리스인들 자신과 국가를 위해서 모두 최선을 다할 수 있게 되기를 바랍니다.⋯⋯"

알렉산더는 그리스 부대는 이탈리아에서 싸워야 하며 그리스 국내에서 영국 부대와 싸워서는 안 된다고 날카롭게 한마디 덧붙였다.

다시 한번 분위기를 북돋운 다음, 그동안 서로 끔찍하게 싸워온 그리스인들끼리 모여 대주교를 중심으로 협의하도록 하면서 나는 공식적인 연설을 했다. 그리고 영국 대표들은 모두 회의장에서 나왔다.

그 다음날 온종일 그리스 각 정파 사이에서 치열하고 활발한 토론이 계속되었다. 그날 오후 5시 30분, 나는 대주교와 마지막 토의를 했다. 그가 인민민족해방군 대표와 대화한 결과에 따라, 내가 그리스 국왕에게 대주교를 섭정으로 임명하는 제안을 요청하기로 했다. 그는 공산주의자들을 배제한 가운데 새 정부를 구성하려고 했다. 우리는 인민민족해방군이 휴전을 받아들이든지 아니면 아테네에서 완전히 물러나든지 선택할 때까지 싸우기로 약속했다. 나는 아테네와 아티카를 벗어난 지역에서까지 군사적 의무를 부담할 수는 없으나, 그리스 국군이 창설될 때까지 영국군을 그리스에 주둔시키겠다고 말했다.

그 다음날인 12월 28일 아침, 이든과 나는 비행기에 올라 아테네를 떠났다. 그리스를 떠날 때에 파펜드레우에게 작별 인사를 건넬 기회가 없었다. 그는 곧 사임할 것이었으며, 모든 면에서 철저한 패배자가 되어버렸다. 나는 우리 대사에게 그에게 따뜻하게 대해줄 것을 부탁했다. 우리가 런던에 복귀한 날은 12월 29일이었다. 이든과 나는 그리스 국왕을 만나 대화한 끝에 새벽 4시 30분에야 합의에 이르렀다. 국왕은 자유롭고 정당한 국민 의사에 의한 소환이 있을 때까지는 그리스로 돌아가지 않을 것이며, 비상 시국 동안 대주교를 섭정으로 임명하는 데 동의했다. 나는 왕실의 성명 내용을 즉시 리퍼에게 보냈으며, 대주교는 국왕의 지시에 따라 섭정직을 수락할 것을 통지해왔다. 새로 살아 움직이는 그리스 정부가 탄생하게 되었다. 1월 3일, 열렬한 공화주의자로 1922년 콘스탄티노스 국왕에 대해서 군부 반란을 일으켰던 플라스티라스 장군이 수상에 취임했다.

아테네의 싸움은 12월 내내 계속되었는데, 마침내 폭도들을 수도에서 몰아내는 데 성공했다. 1월 중순에 이르러 영국군 부대는 아티카 지역을 장악했다. 공산주의자들은 더 이상 공개적으로는 저항할 수 없는 상황이 되었고, 1월 11일 휴전 협정에 서명했다.

그리하여 아테네를 놓고 벌어진 6주일 동안의 전투는 끝이 났다. 공산주의자의 지배로부터 그리스의 자유를 지킬 수 있다는 사실을 끝내 증명한 것이다. 서반구 전선의 양쪽에서는 300만의 병사들이 싸우는 중이었고, 거대한 미국 병력은 일본군에 맞서 태평양 일대에 전개되어 있었기 때문에, 그리스의 진통은 사소한 것쯤으로 여길 수 있었다. 그러나 그들은 서구 세계의 권력, 법 그리고 자유의 중추신경 가운데 존재했던 것이다. 몇 년의 시간이 흐른 지금, 그 사태를 뒤돌아보면, 내가 동료들과 함께 그렇게도 완강히 고집한 정책이 사건마다 완벽하게 정당화되었다는 사실이 실제로 기묘하게 느껴진다. 나치즘과 파시즘이 패망하면 문명사회는 공산주의의 위험에 직면하리라는 것이 분명했기 때문에, 나 자신은 그러한 결과에 대해서 조금도 의심하지 않았다. 그러나 그리스 문제로 우리의 과제가 끝난 것이 아니었다. 1944년 말에 나는, 그 뒤 2년도 채 지나지 않아 미국 국무부가 압도적인 국민 여론의 지지를 받아 우리가 길을 턴 바로 그 진로를 채택하고 실행에 옮기면서, 성과를 거두기 위해서 군사적 성격을 띤 부분에 이르기까지 엄청난 노력과 비용을 쏟게 될 줄은 예상하지 못했다. 오늘날 그리스가 체코슬로바키아와 같은 운명에서 벗어나서 자유국가의 일원으로 살아남아 있다면, 그것은 1944년 영국의 행동뿐만 아니라 영어권 세계의 통일된 힘을 원천으로 한 지속적인 노력 덕분이다.

제22장

몰타와 얄타 : 세계 평화의 구상

1945년 1월 말, 히틀러의 군대는 사실상 독일 영토 속에 갇힌 신세가 되었다. 헝가리와 북이탈리아에서는 아슬아슬하게나마 병력을 유지하고 있었지만, 동유럽의 정치적 상황은 도무지 만족스럽지가 않았다. 그리스에서는 실제로 불안한 평화가 이루어졌다. 적당한 시기에 보통선거와 비밀투표에 기초한 자유민주정부가 수립될 것으로 보였다. 그러나 루마니아와 불가리아는 소련군이 점령하고 말았다. 헝가리와 유고슬라비아에는 여전히 전장의 그림자가 드리워져 있었고, 폴란드는 독일로부터는 해방되었지만 정복자가 교체된 것에 지나지 않았다. 내가 모스크바에서 머물던 10월 중에 스탈린과 결정한 비공식적이고 잠정적인 조치는 독일이 패퇴하고 난 이후 그 광대한 지역의 미래를 지배하거나 그만한 영향을 미칠 수 없었고, 애당초 그 정도까지 의도한 것도 아니었다.

전후 유럽의 전체적 모습과 구조는 재검토를 필요로 했다. 나치스를 타도한 뒤, 독일을 어떻게 처리할 것인가? 일본에 대해서 최후의 일격을 가할 때 소련으로부터 어떠한 지원을 기대할 수 있을 것인가? 일단 우리의 군사적 목적을 달성했을 때, 미래의 세계 평화와 통치를 위해서 3대 연합국이 제공할 수 있는 수단과 조직은 어떠한 것일 수 있는가? 덤바튼 오크스의 토론에서는 부분적으로 이견을 남겼다. 소련이 후원하는 "루블린 폴란드인"과 런던에서 온 그들 동포 사이에 협상이 있었는데, 비록 작은 부분이었지만 중요성만큼은 다른 것에 뒤지지 않았다. 그 협상은 1944년 10월 이든과 내가 크렘린을 방문하는 동안 무척 어려움을 느꼈던 과제였다. 대통령과 스탈린 사이에 냉랭한 전문이 오간 뒤—그것은 루스벨트가 내게 알려준 사실이다—미코와이치크가 런던의 동료들로부터 따돌림을 당했으며, 1월 5일에는 영미 양국의 의사에 반하여 소련이 루블린 위원회를 폴란드의 임시정부로 승인했다.

대통령은 "3자" 회담의 필요성을 절실하게 느끼고 있었다. 몇 차례 나의 재촉이 있은 다음, 몰타에서 양자만의 사전 회담을 가져야 한다는 점에 서로 의견의 일치를 보았다. 독자들은 12월 6일자로 대통령에게 보낸 전문*에서 우리의 북서유럽 작전에 대한 나의 불안을 기억할 것이다. 그것은 여전히 내 마음을 짓눌렀다. 영미 3군 참모총장들은 우리가 소련을 만나기 전에 논의해야 할 필요성이 대단히 크다고 느꼈다. 따라서 나는 1945년 1월 29일 아널드 장군이 보낸 스카이마스터 호를 타고 노솔트를 떠났다. 딸 새러, 그리고 마틴, 로완을 비롯한 장교들, 내 개인 비서들 그리고 톰프슨 사령관이 동행했다. 나머지 나의 직할 참모진과 몇 개 부서의 장교들은 다른 두 기의 비행기에 나누어 탔다. 우리 비행기는 1월 30일 새벽 몰타에 도착했다. 그런데 뒤따라오던 비행기 중 한 기가 판텔레리아 부근에서 추락했다는 사실을 알게 되었다. 승무원 3명과 탑승자 2명만 살아남았다.

2월 2일 아침, 루스벨트 일행이 함선 퀸시 호를 타고 몰타의 발레타 항으로 들어왔다. 따스한 데다 구름 한 점 없는 날씨였는데, 나는 영국 군함 오리온 호 갑판 위에 서 있었다. 미국 순양함이 느린 속도로 우리를 스쳐 부두의 안벽을 따라 갈 때, 함교에 앉아 있는 대통령이 보였다. 우리는 서로 손을 흔들었다. 머리 위에는 스핏파이어 기들이 호위하는 가운데, 항구 내 선단 밴드가 의전에 이어 "성조기여, 영원하라"를 연주했는데, 정말 장관이

---

* 제4부 제20장 참조.

었다. 나는 퀸시 호에서 점심식사를 했고, 그날 저녁 6시에 대통령의 선실에서 첫 번째 공식 회의를 열었다. 영미 합동3군참모총장위원회의 보고와 이전 3일 동안 몰타에서 진행된 군사 회담 내용을 검토했다. 우리 참모들은 맡은 바 임무를 훌륭히 수행했다. 토론은 주로 병력을 라인 강으로 진격시킨 다음 도강한다는 아이젠하워의 계획에 초점을 맞추었다. 그 문제에 관해서는 의견의 차이가 있었는데, 다른 장에서 설명하기로 한다.* 유보트와의 전쟁, 동남아시아와 태평양의 향후 전선 그리고 지중해의 정세를 포함한 전쟁의 전체적 국면을 검토했다. 우리는 가능한 한 그리스에서 2개 사단을 철수시킨다는 데에 어쩔 수 없이 동의했지만, 그리스 정부가 군대를 창설하기 전까지는 곤란하다는 점을 분명히 했다. 북서유럽 쪽을 증강하기 위해서 이탈리아의 3개 사단을 차출할 예정이었는데, 나는 비중 있는 육해군을 철수시키는 것은 현명하지 못한 처사라는 점을 강조했다. 독일이 이탈리아에서 항복할 경우의 대비책이 매우 중요했다. 그리고 가능한 한 오스트리아도 우리가 점령하지 않으면 안 된다고 대통령에게 말했다. "서유럽을 필요 이상으로 러시아가 점령하는 일은 바람직하지 않기 때문"**이었다. 군사 문제 전반에 관해서는 광범위한 의견의 일치를 보았다. 토론을 통해서 영미 합동 3군참모총장위원회는 러시아 측과 만나기 전에 서로의 견해를 확인하는 유익한 결론에 도달했다.

그날 밤, 대이동이 시작되었다. 비행기가 10분 간격으로 이륙하면서, 영미 대표단 700여 명을 2,200킬로미터가 넘는 거리를 날아 크림 반도의 사키 비행장으로 수송했다. 나는 기내에서 저녁식사를 하고 바로 잠자리에 들었다. 춥고 긴 비행 끝에 목적지에 착륙했는데, 우리는 눈 속에 파묻히게 되었다. 내가 탄 비행기는 루스벨트보다 먼저 도착했기 때문에, 우리는 잠시 그

---

* 제4부 제24장 참조.
** 강조 표시는 저자가 한 것임.

를 기다렸다. 전용기 "세이크리드 카우(聖牛)"에서 내려올 때 그의 모습은 쇠약하고 병들어 보였다. 대통령은 오픈 카에 타고 나는 그 곁을 걸어갔다.

우리는 바로 사키에서 얄타까지 머나먼 길을 자동차로 달리기 시작했다. 모란 경과 마틴이 내 차에 동승했다. 그 여행은 무려 8시간 가까이 걸렸다. 가끔 도로변에는 러시아 병사들의 대열이 보였다. 여군도 눈에 띄었고, 마을 도로와 다리 위 그리고 산길과 분견대의 초소에도 군인들이 보였다. 이윽고 산맥을 넘어 흑해로 내려가자 한 순간에 따뜻하고 빛나는 햇살 속으로 접어들었다. 쾌적한 날씨였다.

★ ★ ★ ★ ★

얄타의 소련 사령부는 유스포프 궁전 안에 있었다. 스탈린과 몰로토프 그리고 장군들은 그 본부에서 러시아를 통치하고 광대한 전선을 지휘했으며, 바로 당시의 과격한 행동까지 조종한 것이다. 루스벨트 대통령에게는 바로 가까이에 위치한 궁전 리바디야가 제공되었다. 몸이 불편한 대통령을 배려한 조치였는데, 전체 회의는 모두 그곳에서 열었다. 피해를 입지 않은 건물이 총동원되었다. 나와 영국 대표단의 주요 인물들에게는 8킬로미터 가량 떨어진 대형 저택이 배정되었다. 그 건물은 19세기 초 영국 건축가가 러시아의 보로초프 공작을 위해서 지은 궁전이었는데, 보로초프는 한때 주영 러시아 대사로 세인트 제임스 궁전에 머문 적이 있었다. 나머지 영국 대표단은 20분 정도 걸리는 곳의 집 두 채에 묵었는데, 고위급 장교를 포함하여 한 방에 5-6명씩 함께 자야 했지만, 누구도 개의하지 않았다. 그 부근의 독일군이 물러난 것이 10개월 전이었기 때문에 그 일대의 건물은 모두 심각하게 피해를 입었다. 숙소로 사용하는 저택의 마당을 제외하고는 지뢰를 완전히 제거하지 못했으니 주의하라는 경고를 받았다. 위험 지역은 평상시처럼 러시아 경계병들이 엄중히 지켰다. 우리가 도착하기에 앞서 1,000명이 넘는 인원이 그곳 정비 작업에 참가했다. 창과 문은 모두 보수했고, 가구와 비품은 모스크바에서 운반했다.

우리 숙소 건물의 건축 형태는 아주 인상적이었다. 고딕과 무어 양식이 반반씩 섞였고, 뒤로는 크림 반도 최고봉으로 이어지는 눈덮인 산이 있었다. 앞쪽으로는 어둡고 장대한 흑해가 펼쳐졌다. 혹독한 날씨였으나, 그래도 그때가 연중 가장 따뜻하고 좋은 시기였다. 저택 입구에는 흰 사자상들이 있었고, 뒤뜰 너머에는 아열대 식물과 사이프러스로 꾸민 공원이 조성되어 있었다. 식당의 양쪽 벽난로 위에는 두 점의 초상화가 걸려 있었는데, 나는 그 주인공들이 윌턴의 허버트 가문 사람들이란 것을 알았다. 그것은 보로초프가 그 집안의 딸과 결혼한 사실을 의미했으며, 영국에서 돌아올 때 가져온 그림들이었다. 우리의 편의를 위해서 애쓰고, 요소 요소에 세심한 배려를 한 흔적이 역력했다. 한 번은 포털이 식물이 자라고 있는 유리로 만든 대형 수조를 보고 감탄하면서, 고기가 없다는 점을 지적했다. 그러자 이틀 뒤에 화물로 탁송한 금붕어가 도착했다. 또 누군가는 무심코 칵테일에 레몬 조각이 없다고 말했다. 홀 가운데 열매가 달린 레몬 나무가 놓인 것은 바로 다음날이었다. 모두 먼 곳에서 항공편으로 운송된 것이 틀림없었다.

★ ★ ★ ★ ★

첫 전체 회의는 2월 5일 오후 4시 15분에 시작되었다. 독일의 장래에 대한 토론으로 진행되었다. 나는 그 문제에 대해서 생각을 많이 했는데, 이미 한 달 전에 그 내용을 이든에게 말한 적이 있었다.

전후 독일의 처리. 이런 중대한 문제에 대한 결정의 시기가 우리에게 너무 빨리 다가왔어요. 독일의 조직적 저항이 멈추면, 첫 번째 단계에서는 엄격한 군사적 통제를 해야 한다는 것은 분명하오. 그러한 상황은 수개월 동안 지속될 것이며, 만약 독일의 지하 운동이 활발히 전개될 경우에는 1-2년 이상 갈 수도 있겠지요.……"비참한 독일을 재기하도록 한다"는 정책이 불러일으키는 감정의 저변에서 형성된 여론을 접할 때마다 나는 매번 물러나고 말았지요. 또한 나는 "유럽의 중심에 유해한 공동체를 남겨두어서는 안 된다"는 데에 대한 논의도 충분히 인식하고 있소. 지금 이 순간 우리가 다루고 있는 전체 문제와 관련해서, 그 모든 심각한 토론과 분열이 어떠한 결과를 초래할 것이라고 예단해서는 안 된다는 것을 나는 시사하겠소. 우리의 새로 구성된 의회가 여러 구상을 하겠지만, 그것을 예측할 수는 없소.

나는 개인적으로 유럽과 독일의 장기적인 관계에 대한 논의보다 다음 2-3년 동안 몰두해야 할 실질적인 문제에 집중하고 싶소.……전쟁이 끝난 직후든 아니면 열기의 충돌이 불가피하게 식을 때쯤이든 격동하고 소용돌이치는 세계의 거대한 정서를 조그만 종잇조각에 옮겨쓰려는 시도는 그 자체가 잘못된 일이오. 그러한 공포심을 조장하는 감정의 물결이 사람들의 마음을 지배하고, 그 영향을 받지 않는 독립한 존재들은 주변부로 밀려나거나 쓸모없는 것이 될 거요. 현실적인 문제를 해결하는 지침은 차근차근 단계적으로 받아들여질 수밖에 없으며, 최대한 허용한다고 하더라도 거기서 한두 발자국 더 나아가는 정도이겠지요. 따라서 가능한 한 오랫동안 결정을 보류하면서 당시에 잠재해 있던 온갖 사실과 세력이 분명하게 드러날 때까지 기다리는 것이 현명하오.

독일을 어떻게 분할할 것이냐고 스탈린이 물었을 때, 나는 대엿새 사이에 해결하기에는 너무 복잡한 문제라고 대답했다. 그것은 역사적, 지리적, 경제적 사실에 관한 면밀한 조사가 필요하며, 특별위원회가 시간적 여유를 가지고 검토하면서 다른 각도에서 여러 제안을 하고 조언하는 과정을 거쳐야만 했다. 한마디로 고려해야 할 사항이 무척 많았다. 프로이센은 또 어떻게 처리할 것인가? 폴란드와 소련의 영토는 어디를 경계로 결정할 것인가? 라인 강 계곡과 루르 및 자르 공업지대는 누가 관리할 것인가? 그러한 문제를 조사할 기구를 즉시 설치해야 하고, 최종 결정을 하기 전에 조사보고서를 받아볼 수 있어야만 했다. 루스벨트는 외무장관들에게 24시간 이내에 그 문제의 연구 계획을 작성하고, 한 달 이내에 분할 계획을 만들면 어떻겠느냐고 제안했다. 그로써 한동안 우리는 그 문제에서 벗어나게 되었다.

다음날 회의에서는 향후 우리 토론의 중심이 될 두 가지 문제를 생각하기로 했다. 세계의 안전을 위한 덤바튼 오크스 계획과 폴란드 문제였다.

★ ★ ★ ★ ★

앞에서 설명했듯이, 덤바튼 오크스 회담에서는 유엔의 안전보장이사회의 투표권에 관한 모든 중요한 문제에 대해서 완전한 합의를 보지 못한 채 헤어지고 말았다. 그런데 이제는 우리가 토론해야 할 요점 외의 주제에 대해서는 더 논의할 여유가 없었다. 스탈린은 지금은 우리 3대국이 동맹 관계를 맺고 있어 어느 국가도 침략 행위는 하지 않겠지만, 10년이 채 지나지 않아 세 지도자는 사라지고 전쟁을 경험하지 않은 데다 우리가 함께 행한 일들을 잊은 새로운 세대가 권력을 잡았을 때가 걱정이라고 했다. 그러면서 이렇게 단언했다. "우리 모두 최소한 50년은 평화가 보장되기를 원합니다. 가장 큰 위험은 우리 사이에서 발생할 분쟁입니다. 우리가 단결하는 한 독일의 위협은 그다지 중대한 일지 되지 못할 것이기 때문입니다. 따라서 이제 우리는 우리의 결합을 장래에 어떻게 확보하느냐, 그리고 3대국(어쩌면 중국과 프랑스가 추가될 수 있지만)의 통일 전선 유지를 어떻게 보장하느냐 하는 문제를 생각해야 합니다. 주요 강대국 사이의 분쟁을 방지하기 위해서 어떠한 체제를 구축할 필요가 있습니다." 러시아 대표들은 투표권에 대해서 너무 많은 말을 하여 비난을 샀다. 확실히 러시아는 투표권 문제를 매우 중요하게 생각했다. 모든 것이 투표에 의해서 결정될 수밖에 없고, 그들은 결과에 커다란 관심을 가지고 있기 때문이었다. 예를 들면, 중국이 안전보장이사회 상임이사국으로서 홍콩의 반환을 요구한다든지 이집트가 수에즈 운하의 반환을 요구할 경우를 가정해보자. 그때에 그들은 고립되어 있지 않고 총회나

이사회에서 우방이나 지지국을 만들 것이고, 논쟁이 벌어지게 되면 3대국의 결합은 깨어지지 않겠느냐는 것이 스탈린의 견해였다.

"모스크바의 동지들은 러시아와 핀란드 사이의 전쟁이 진행 중이던 1939년 12월에 일어난 일을 잊을 수가 없습니다. 영국과 프랑스는 국제연맹의 힘을 이용하여 우리를 쫓아내고 고립시키는 데 성공했습니다. 그리고 그 뒤에는 우리에게 대항하여 동원령을 내리고, 러시아를 공격하기 위한 십자군 계획을 거론했습니다. 그러한 사태가 재발하지 말라는 법이 있겠습니까?"

갖은 노력과 설명 끝에, 우리는 마침내 "4대국"의 의견 일치가 없는 한 안전보장이사회는 실제로 아무 결정을 하지 못하게 함으로써 미국의 계획안을 받아들이도록 설득하는 데 성공했다. 어떠한 주요 쟁점에 관해서 미국, 소련, 영국 또는 중국 중 한 국가라도 찬성하지 않으면, 어느 국가든 승인을 거부할 수 있으며 이사회의 결정을 중단시킬 수 있도록 했다. 거부권 행사를 인정한 것이다. 결과는 후세가 판단할 것이다.

나는 항상 세계 기구의 토대는 지역적 기초 위에 마련해야 한다는 생각을 하고 있었다. 주요 지역을 꼽는다면 미국, 통일 유럽, 영연방과 대영제국, 소련, 남미 등이다. 다른 지역, 예컨대 아시아 그룹 또는 아시아의 몇 개 그룹이나 아프리카 그룹은 당시 상황에서는 확정하기 어려웠다. 다만 계속 검토하여 진전시킬 수는 있다고 보았다. 그러나 그러한 목적은 격렬한 지역적 논쟁의 문제를 야기할 것인데, 그 문제는 지역위원회에서 충분히 토론한 다음 거기서 서너 명의 대표를 고위직으로 구성된 최고기관으로 보내게 하면 해결될 수 있을 것이었다. 그렇게 30-40명의 세계적 정치가들로 최고기관을 구성하면, 각 위원은 자신의 고유 지역을 대표할 뿐만 아니라 세계적 대의를 함께 다룸으로써 전쟁 방지 문제에 대한 책임을 지게 한다는 것이었다. 당시의 우리의 처지는 그러한 뚜렷한 목적을 달성하기에는 비효율적이었다. 대국이든 소국이든, 강국이건 약체 국가건 모두 동등한 지위로 중앙

기구에 참여한다는 것은, 군대에서 최고사령부와 사단급 또는 여단급 사이의 구분 없이 지휘관들을 모아 구성한 조직에 비교할 수 있을 것이다. 그런데 모두 사령부에 초대되었다. 교묘한 이면 공작에 의해서 적당하게 만들어진 바벨탑이 현재까지의 결과의 모든 것이다. 그러나 우리는 인내해야만 한다.

제23장

러시아와 폴란드 : 소련의 약속

　폴란드 문제는 얄타 회담에서 모두 8회 개최한 전체회의 중 7회에 걸쳐 논의했다. 영국 측의 기록에 따르면 그 문제와 관련하여 스탈린, 루스벨트 그리고 나 사이에 오간 발언은 모두 1만8,000단어에 달했다. 별도의 세부 사항에 관해서 집중적인 토론을 거친 외무장관과 그 부하 직원들의 도움으로 우리는 마침내 세계를 향한 약속이면서 동시에 미래의 우리의 행동에 관한 우리 사이의 합의를 의미하는 선언문을 작성했다.*

　고통스러운 이야기는 아직 끝나지 않았고 사태의 진상은 완전히 알려지지 않았지만, 여기에서 설명하는 것은 가장 마지막이면서 유일한 전시 회담에 기울인 우리의 노력을 올바르게 인식하는 데 도움이 된다고 보기 때문이다. 어려움과 문제점은 이미 오래 전부터 존재했고 복합적 성격의 불가피한 것이었다. 소련의 후원을 받는 폴란드 루블린 정부, 또는 러시아가 즐겨 부르는 명칭인 "바르샤바" 정부는 런던의 폴란드 망명 정부에 대해서 대단한 적의를 품고 있었다. 10월의 모스크바 회담 이후 양자 사이의 감정은 더욱 악화되어 호전의 기미가 보이지 않았다. 소련군은 폴란드로 물밀듯이 들어갔고, 폴란드 지하군은 소련 병사를 살해하고 소련군 배후 지역과 교통로에서 사보타주와 공격을 감행했다. 서구 국가들은 어느 쪽과도 접촉이 불가능

---

* 선언문 전문과 얄타 회담에서 토의한 상세한 내용은 이 책의 원본 제6권 「승리와 비극」 제22장 참조.

했고, 정보도 없었다. 이탈리아와 서부전선에서는 15만 명이 넘는 폴란드 병사들이 나치에 최후의 일격을 가하기 위해서 용감하게 싸우고 있었다. 그들은 물론 유럽 각지에 흩어져 있던 폴란드인들은 조국의 해방과 함께 자발적이고 명예롭게 선택한 망명 생활을 접고 귀국하기를 열망했다. 미국 내에 체류하던 다수의 폴란드 사람들은 3대국 사이에 타협이 이루어지기를 애타게 기다렸다.

우리가 토론했던 문제들을 요약하면 다음과 같다.

단일의 폴란드 임시정부를 어떻게 수립할 것인가?
언제, 어떻게 자유선거를 실시할 것인가?
동쪽과 서쪽의 폴란드 국경을 어떻게 결정할 것인가?
진격 중인 소련군의 배후 지역과 교통로를 어떻게 보장할 것인가?

★ ★ ★ ★ ★

폴란드 문제는 실제로 얄타 회담을 개최하게 된 가장 긴급한 이유였고, 대연합을 파탄에 이르게 한 중대한 원인 중 첫 번째였다. 나는 폴란드에게 가장 중요한 것은 영토나 국경보다 강력한 자유 독립 정부의 수립이라고 확신했다. 폴란드인들이 자기들만의 방식에 따라 자유롭게 삶을 영위할 수 있게 되기를 바랐다. 바로 그러한 까닭에 우리는 1939년 독일에 대항하여 전쟁에 돌입한 것이었다. 거기에 우리는 제국은 물론 민족의 생명까지 걸었다. 1945년 2월 6일 얄타에서 만났을 때 나는 이러한 물음을 제기했다. 모두가 승인할 수 있는 완전한 자유선거를 시행할 폴란드를 위한 정부나 통합 기구를 만들 수 없는가? 그러한 정부라면 폴란드 국민 스스로 장래의 헌법과 행정부를 결정하는 자유 투표를 하도록 준비할 수 있을 것이었다. 그렇게 된다면 우리는 중부 유럽의 장래 평화와 번영을 향한 위대한 한 걸음을 내딛는 것이 될 터였다.

계속된 토의에서 스탈린은 우리의 태도를 이해한다고 말했다. 영국의 입장에서 폴란드는 명예의 문제이겠지만, 러시아 입장에서는 폴란드가 명예와 함께 안보의 문제라고 했다. 명예가 문제되는 것은 폴란드와 수많은 충돌을 했던 러시아는 그러한 분쟁의 원인을 제거하기를 원하기 때문이며, 안보가 문제되는 것은 폴란드가 러시아 국경과 접하고 있어 역사적으로 외적이 러시아를 침공할 때 항상 통로 구실을 했기 때문이라는 것이었다. 과거 30년 동안 독일은 폴란드 영토를 두 차례 통과했는데, 폴란드가 약체였기 때문에 가능한 일이었다. 러시아는 폴란드가 자체의 힘으로 그 통로를 막아주기를 바랐다. 러시아는 그 통로를 반대쪽 바깥에서부터는 막을 수가 없다, 오직 폴란드 내부의 힘에 의해서 막을 수 있을 뿐이다, 따라서 그것이 소련으로서는 사활의 문제가 된다는 주장이었다.

폴란드 국경과 관련해서 스탈린은 계속 말을 이어갔다. 대통령이 커즌 라인의 수정을 제안하면서, 르보프와 다른 일부 지역을 폴란드에 할양해야 할지 모른다는 내용을 넌지시 비쳤다는 것이었다. 나는 그렇게 한다면, 상당히 관용적이 될 것이라고 말했다. 그러나 스탈린은 커즌 라인은 러시아가 만든 것이 아니라는 점을 지적했다. 1918년 러시아가 배제된 회의에서 커즌과 클레망소 그리고 미국 대표단이 그은 것이다. 커즌 라인은 민족적 자료를 토대로 러시아의 의사에 반하여 승인된 것이다. 레닌은 동의하지 않았다. 이미 러시아는 레닌의 입장에서 물러났고, 지금은 커즌과 클레망소가 양보한 것 이하로 러시아가 가져가기를 원하는 사람도 생겼다. 그것은 수치스러운 일일 것이다. 우크라이나 사람들이 모스크바에 오게 되면, 러시아의 수호자로서는 스탈린과 몰로토프를 커즌이나 클레망소보다 더 믿을 수 없다는 소리를 할 것이다. 폴란드가 독일의 비용으로 보상받을 수 있도록 하려면, 러시아가 피를 더 흘리는 한이 있더라도 전쟁이 더 지속되는 편이 더 나을 것이다. 러시아에 체류하던 10월, 미코와이치크가 러시아는 폴란드의 서쪽 국경이 어디라고 인정하는가 물었다. 서부에서는 폴란드의 국경이 나이세 강까지 확장되어야 한다는 것이 러시아의 생각이라는 대답을 듣고 기뻐했다. 스탈린의 말로는, 같은 이름의 강이 두 개가 있었다. 하나는 브로 츠와프(브레슬라우) 부근을 흘렀고, 다른 하나는 서쪽 멀리 떨어진 곳의 물 줄기였다. 스탈린의 심중에 있던 강은 서쪽의 나이세였다.

2월 7일 재개된 회담에서 나는 폴란드 국경을 서쪽으로 이동시키는 것은 폴란드인들이 스스로 원하고 처리할 수 있는 한도 내에서 자유롭게 영토를 취득할 수 있도록 할 때 정당화된다는 내 생각을 상기시켰다. 폴란드 거위 에게 독일 먹이를 잔뜩 먹여 소화불량으로 죽게 만든다면, 얼마나 슬픈 일 인가? 영국인들 대부분의 여론은 수백만 명의 주민을 강제 이주시킨다는 계획에 아연실색했다. 지난번 전쟁 이후 그리스와 터키는 인종 문제 해결에 성공하고, 그때부터 두 국가는 좋은 관계를 유지했다. 그러나 200만 명의 사람들이 이동해야만 했다. 만약 폴란드가 오데르 강에 이르기까지 동프로 이센과 슐레지엔 지방을 차지한다면, 약 600만 명의 독일인이 독일로 다시 돌아가야 했다. 그것은 도의적 문제가 걸려 있으므로, 나는 우리 국민과 함 께 해결해야 했다.

스탈린은 말했다. 그 지역에는 독일인들이 모두 달아나버려 아무도 없다 는 것이었다.

내가 대답했다. 문제는 독일에 그들이 들어가서 살 만한 여유 공간이 남 아 있느냐였다. 600만 내지 700만 명의 독일인이 사망했고, 아마도 전쟁이 완전히 끝날 때까지 100만 명(스탈린의 예상으로는 200만 명)이 더 목숨을 잃을 것이다. 따라서 어느 정도까지는 이주하는 독일인들이 들어갈 자리는 생기는 셈이다. 그들이 그 빈 공간을 메울 필요도 있을 것이다. 이주민 이동 문제는, 폴란드가 처리할 부분과 독일이 스스로 부담할 부분을 적절히 나누 면 해결될 것이라고 생각되었다. 그러나 원칙의 문제가 아니라 다루어야 할 사람 수의 문제 때문에 연구가 필요했다.

그러한 일반적인 토론을 하면서 우리는 지도를 사용하지 않았다. 그러므로 동나이세 강과 서나이세 강의 구분이 명확하지 않았다. 그러나 그 차이는 곧 명확해졌다.*

★ ★ ★ ★ ★

8일에 만났을 때, 루스벨트는 폴란드의 동쪽 국경은 커즌 라인으로 하되 5킬로미터에서 8킬로미터까지 폴란드에 유리하게 조정된 수정안에 동의했다. 그러나 서쪽 국경에 대해서는 완강하고 세심했다. 폴란드가 독일로부터 보상을 받아야 한다는 것이었다. 그러면서 이렇게 덧붙였다. "그러나 서나이세 강까지 확장하는 것은 정당한 이유가 있는 것 같지는 않다." 그것은 바로 내가 항상 견지하던 의견과 동일했다. 그로부터 5개월 뒤 포츠담에서 다시 만났을 때, 나는 그 견해를 강력하게 주장하려고 했다.

그리하여 얄타에서 우리는 모두 서쪽 국경에 대해서는 의견의 일치를 보았다. 유일한 문제는 어떻게 그을 것인가, 그리고 거기에 대해서 우리가 얼마나 발언할 수 있는가였다. 폴란드는 그들이 원하면 동프로이센 일부를 얻고 오데르 강에 이르는 선까지 진출할 수 있었을 것이다. 그러나 당시 국면에서 그 정도까지 이야기할 만한 사정이었는지는 의심스러웠다. 사흘 뒤 회담장에서 나는 주민 이동은 처리하기 힘들 정도로 큰 문제이기 때문에 서나이세 강을 서쪽 국경으로 하는 데 대한 언급을 강력히 반대하는 우리 전쟁내각의 전문을 받았다고 말했다.

따라서 우리는 우리의 선언문에 다음과 같은 내용을 넣을 것을 주장하기로 결정했다.

3국 정부 정상은 폴란드의 동쪽 국경은 부분적으로 폴란드에 유리하도록 5내

---

* 1402면의 지도 참조.

지 8킬로미터 정도 수정하는 내용을 포함하여 커즌 라인에 따르도록 고려한다. 3국 정부 정상은 폴란드가 북쪽과 서쪽에서 영토 일부를 실질적으로 할양받아야 한다는 사실을 승인한다. 3국 정부 정상은 새 폴란드 국민통일 임시정부가 영토 확장의 범위와 관련한 절차에서 견해를 밝힐 수 있으며, 폴란드 서쪽 국경선의 최종 결정은 훗날의 평화 회담 때까지 기다려야 할 것이라고 생각한다.

★ ★ ★ ★ ★

우리 모두가 승인하고, 또한 폴란드 국민이 받아들일 수 있는 폴란드 정부의 수립 문제가 남아 있었다. 스탈린은 폴란드인이 스스로 동의하지 않는 폴란드 정부를 우리가 만들 수 없다는 점을 지적했다. 내가 모스크바에 머무는 동안 미코와이치크와 그라브스키가 도착했다. 그들은 루블린 정부와 회담을 가졌고, 어느 정도 합의에 도달했다. 미코와이치크는 다시 돌아온다는 양해 아래 런던으로 떠났다. 그런데 런던의 동료들은 아주 간단하게 그의 지위를 박탈해버렸는데, 루블린 정부와의 협정에 우호적이라는 이유 때문이었다. 런던의 폴란드 망명 정부는 루블린 정부에 대해서 적대적이었으며, 악당의 무리나 범죄 집단으로 취급했다. 루블린 정부는 그에 대해서 반박하는 식으로 보복했고, 사태는 난항으로 치달았다. "원하신다면 루블린 정부와 이야기해보시지요." 스탈린은 실제로 그렇게 말했다. "그 사람들을 여기 모스크바로 오게 하겠습니다. 그들은 드골처럼 민주주의자들이기 때문에 폴란드에서 평화를 지킬 수 있을 뿐만 아니라, 내전과 붉은 군대에 대한 공격까지 막을 것입니다." 런던 망명 정부는 결코 그러한 일을 해내지 못한다. 런던 망명 정부의 활동 요원들은 러시아 군인을 살해하고 보급 창고를 털어 무기를 손에 넣었다. 그들이 운영하는 방송국은 허가나 등록 절차를 밟지 않았다. 루블린 정부의 기관은 많은 도움이 되었지만, 런던 망명 정부의 기관은 해악만 끼쳤다. 소련의 붉은 군대는 안전한 배후 지역의 확보가 가장 중요했다. 따라서 군인으로서의 스탈린 자신은 그러한 조건을 보장해주는 정부를 지지할 수밖에 없다는 주장이었다.

저녁 늦은 시간이 되자, 대통령이 회의를 다음날로 넘기자고 제안했다. 그러나 우리 정보에 따르면, 폴란드 국민이 자유롭게 의사를 표현할 수만 있다면 루블린 정부를 지지할 사람은 3분의 1에도 못 미친다는 사실을 밝히는 것이 옳다고 생각되었다. 나는 스탈린에게 우리가 정말 우려하는 사태는 폴란드 지하군과 루블린 정부의 충돌이라는 것을 확실하게 강조했다. 격렬한 전투, 유혈 사태, 체포 그리고 추방을 초래할 것이 분명했다. 그렇기 때문에 우리가 그토록 양자의 공동 처리를 원했던 것이다. 붉은 군대에 대한 공격 행위가 처벌 받아야 하는 것은 당연했다. 그러나 내가 아는 사실은 루블린 정부가 폴란드 국민을 대표한다고 말할 권한은 없다는 것이었다.

루스벨트는 그쯤에서 토론을 끝내고 싶어했다. "폴란드는 500년 이상 분쟁의 원천이었습니다." 내가 대답했다. "우리가 그 분쟁을 종식시킬 수 있는 일을 해야만 합니다." 그리고 회의를 다음날로 연장했다.

그날 밤 대통령은 우리와 의논하고 내용 수정까지 거쳐 스탈린에게 보내는 편지를 작성했다. 루블린 정부에서 두 명 그리고 런던 정부나 폴란드 국내에서 두 명을 회담에 초치하여, 우리가 보는 앞에서 가능한 한 빠른 시일 내에 자유선거를 실시할 수 있는, 우리가 승인하는 임시 정부의 수립에 대해서 합의하도록 노력을 촉구하는 내용이었다. 그러나 그것은 실현 불가능한 일이었다. 몰로토프는 루블린-바르샤바 정부의 미덕에 대해서 찬탄을 늘어놓고, 런던 정부 인물들의 결함에 대해서 한탄했다. 그리고 우리가 새 정부를 수립하려고 시도하면 폴란드인들이 동의하지 않을 것이기 때문에, 기존의 정부를 "확장하도록" 노력하는 편이 낫다고 말했다. 다만 그러한 정부는 일시적 기구에 지나지 않는다. 왜냐하면 우리의 유일한 목적은 조속한 시일 내에 폴란드에서 자유선거를 실시하도록 하는 것이었기 때문이다. 기존의 정부를 확장하는 방법은 모스크바에서 영미 양국의 대사와 몰로토프 자신이 함께 토의하면 된다고 했다. 몰로토프는 합의를 바라고 있으며, "비(非)루블린" 폴란드인 두 명을 부르자는 대통령의 제안을 받아들인다고도 말했다. 그러한 경우 루블린 정부가 비루블린 인물, 예를 들면 미코와이치크 같은 사람과 대화를 거부할 가능성이 항상 존재했다. 그러나 루블린 정부에서 세 명의 대표를 보내고 루스벨트가 제안한 비루블린 대표를 두 명으로 한다면, 대화는 즉시 가능하다는 것이었다.

내가 말했다. "이것은 이번 회담에서 가장 중요한 부분입니다. 전 세계가 해결을 기다리고 있는 이 마당에, 만약 우리가 각각 별개의 폴란드 정부를 인정한다면, 세계의 눈은 우리 사이에 여전히 근본적인 차이들이 존재한다고 생각하게 될 것입니다. 그러한 결과는 정말 우리를 슬프게 만들 것이며, 우리의 회담에 실패의 낙인을 찍게 될 것입니다. 그런데 우리가 여기서 현재의 런던 망명 정부를 제쳐두고 루블린 정부에 비중을 둔다면, 세계가 떠들썩해질 것입니다. 틀림없이 폴란드 국외의 폴란드인들이 일치단결해서 저항운동을 일으킬 것입니다. 우리 휘하의 폴란드 군이 15만 명이나 됩니다. 그 병력은 폴란드라는 나라 바깥에서 모을 수 있는 거의 모든 사람들로 구성된 것입니다. 그들은 지금까지 싸워왔고, 지금도 용감하게 싸우고 있습니다. 나는 그러한 군대가 루블린 정부와 타협하리라고는 결코 믿을 수 없습니다. 만약 여기서 영국이 개전 당시에 승인했던 정부를 바꾸어 다른 정부를 승인한다면, 그들은 배신으로 받아들일 것입니다."

나는 계속해서 말했다. "스탈린 원수나 몰로토프 두 분 모두 잘 아시다시피, 나 역시 런던 망명 정부의 행동에 대해서는 납득할 수 없습니다. 매번 어리석은 모습을 보였습니다. 그렇지만 우리가 지금까지 승인해온 정부를 다른 새 정부로 바꾸어 승인하는 공식 행위는 심각한 비난을 초래하게 될 것입니다. 영국 정부는 동쪽 국경과 관련해서 철저하게 양보하고(실제로도 그러하지만), 소련의 견해를 수용하여 옹호한다는 말을 들을 것입니다. 또한 우리 영국은 5년의 전쟁 기간 동안 승인해온 폴란드의 합법적인 정부와 완전히 단절했다는 말을 그리고 실제로 현재 폴란드 내에서 어떠한 일이 진행되고 있는지 알지 못한다는 말을 들을 것입니다. 우리는 그 나라에 들어갈 수 없습니다. 그 나라의 여론이 어떤지 보고 들을 수 없습니다. 그러면 우리는 오직 루블린 정부가 국민의 의사라고 주장하는 말을 그대로 받아들일 수밖에 없으며, 영국 의회에서는 폴란드의 대의명분을 모두 버렸다고 추궁당하게 될 것입니다. 따라서 이후에 계속될 토론은 우리 연합국 공동체에는 무척 고통스럽고 당혹스러운 것이 될 수 있을 것입니다. 친애하는 몰로토프 동지의 제안에 찬성한다고 하더라도 말입니다."

나는 계속해서 덧붙였다. "나는 그러한 몇 가지 제안이 충분한 것이리라고 생각하지는 않습니다. 만약 우리가 런던의 폴란드 정부를 포기한다면, 새로운 출발은 양쪽 모두 거의 동등한 조건에서 이루어져야 합니다. 영국 정부가 런던의 폴란드 망명 정부의 승인을 취소하고 다른 정부로 승인을 바꾸려면, 그 이전에 새 정부가 진실로 폴란드 국민을 대표한다는 조건이 충족되어야 합니다. 그런데 우리는 여러 가지 사정에 대해서 완전히 알지 못하기 때문에, 이것이 하나의 견해에 지나지 않는다는 점에 동의합니다. 어쨌든 자유로운 입후보와 함께 비밀투표와 보통선거에 의한 자유롭고 공명한 방식으로 폴란드 총선거가 실시된다면, 모든 우리의 의견 차이는 제거될 것입니다. 일단 그렇게만 된다면, 영국 정부는 런던의 폴란드 정부에 개의하지 않고 새로 탄생한 정부에 대해서 경의를 표할 것입니다. 그런데 선거 때까지의 시간, 바로 그 기간이 우리 불안의 원인인 것입니다."

몰로토프는 모스크바 회담에서 아마도 유익한 결과가 있을 것이라고 말했다. 폴란드인들 역시 해야 할 말이 있을 터이므로, 그들의 참여 없이 문제를 다루는 것이 무척 힘들다는 것이었다. 나는 그 말에 동의하면서도, 그것은 너무나 중요한 문제이므로 우리는 그 목표를 달성하기 위해서 인내심을 발휘하여 모든 노력을 다해야 한다는 점에 합의하는 문서를 남기고 회담을 끝내자고 말했다.

그러자 스탈린은 내가 아무런 정보도 가지고 있지 않으며, 정보도 얻을 방법도 없다고 한 말을 거론했다.

"어느 정도는 가지고 있습니다." 내가 응수했다.

스탈린이 대답했다. "그러나 그 정보는 내가 가진 정보와 일치하지 않을 겁니다." 그러면서 그는 일장 연설을 했는데, 루블린 정부가 정말 대단한 지지를 받고 있으며, 특히 비에루트를 비롯한 몇몇 인물은 인기가 대단하다고 힘주어 말했다. 그들은 독일군 점령 기간 동안 조국을 떠나지 않았으며, 계속 바르샤바에 머물면서 지하 운동을 해왔는데, 스탈린은 결코 그들이 뛰어난 인물들이라고 생각하지는 않는다고 했다. 런던 망명 정부에는 아마도 아주 유능한 인물들이 있을 것이다. 그러나 그들은 폴란드 국민들이 히틀러 점령 아래서 고통 받고 있을 때 현장에 없었기 때문에, 환영받지 못한다. 폴란드 국민들은 거리에서 임시정부 사람들은 볼 수 있었지만, 런던의 폴란드 요인들은 어디에 있었느냐고 물을 수밖에 없었다. 그로써 런던 망명 정부의 권위는 땅에 떨어지고 말았다. 위대한 인물이라고는 단 한 명도 없음에도 불구하고, 임시 정부가 엄청난 인기를 얻고 있는 이유가 거기에 있다는 설명이었다.

스탈린은 우리가 폴란드 국민의 감정을 이해하려고 한다면, 그러한 사정을 무시해서는 안 된다고 말했다. 나는 기본 합의에 도달하기도 전에 회담이 산회할까 걱정되었다. 그럴 때에는 어떻게 할 수 있을까? 여러 정부는 서로 다른 정보를 입수했으며, 그로부터 서로 다른 결론을 도출했다. 아마 가장 먼저 해야 할 일은 각 진영의 폴란드인들을 불러모아 그들의 의견을 듣는 것일 터였다. 선거를 실시할 날이 얼마 남지 않았다. 그때까지는, 마치 프랑스에서 우리가 선출되지 않은 드골 장군 정부와 교섭했듯이, 임시 정부를 상대할 수밖에 없었다. 스탈린은 비에루트나 드골 장군이 큰 권한을 행사할 수 있었는지 알지 못했다. 그러나 드골 장군과는 조약을 체결하는 일이 가능했다. 그렇다면 우리는 확대된 폴란드 정부가 덜 민주적이지 않다면, 왜 똑같은 일을 하지 못한다는 말인가? 우리가 편견 없이 그 문제에 접근했다면, 반드시 공통의 토대를 발견할 수 있었을 것이다. 내 생각에 상황은 그다지 비관적이지 않았다. 부차적인 문제에 너무 큰 비중을 두지 않고 본질적인 부분에 집중했다면, 문제는 해결될 수 있었을 것이다.

대통령이 질문했다. "언제쯤 선거를 치를 수 있을까요?"

"한 달 이내에 가능합니다. 전선에 중대한 사태가 일어나지 않는다면 말입니다. 그런 사태는 아마도 일어날 것 같지는 않습니다만." 스탈린의 대답이었다.

그렇게 된다면, 우리는 당연히 안심하고, 모든 것에 우선하여 자유선거로 수립한 정부를 전폭적으로 지지할 수 있었다. 그러나 어떤 형태로도 군사 작전을 저해하는 요구를 해서는 안 된다고 못박았다. 군사 작전은 절대적 목표였기 때문이다. 그렇지만 그렇게 단시일에 혹은 두 달 정도 시간이 걸려서라도, 폴란드 국민의 의사가 확인되기만 한다면 상황은 완전히 달라질 것이며, 그 어느 누구도 거기에 반대하지 못할 것이었다.

★ ★ ★ ★ ★

2월 9일 오후 4시 회의를 다시 소집했을 때, 몰로토프는 새로운 방식을 제안했다. 말하자면 그것은 루블린 정부가 "보다 광범위한 민주적 토대 위에서 폴란드 국내는 물론이고 해외의 민주 지도자도 포함하여 **재편성되어야**('확대되어야'의 반대 의미이다)" 할 것이라는 내용이었다. 재편성의 실행에 관해서는 몰로토프 자신과 영미 대사들이 모스크바에서 협의한다. 일단 "재편성된" 루블린 정부는 가능한 한 **빠른** 시일 이내에 자유선거 실시를 약속하고, 우리는 어떠한 정부가 출현하더라도 승인하기로 한다는 것이었다.

그것은 상당한 진전이었다. 그렇게 말하면서, 나는 전반적인 경고를 해 둘 의무감을 느꼈다. 그것이 우리의 마지막 한 차례의 회의였을 것이다.* 의견이 일치되는 분위기도 감돌았지만, 실행 단계로 한 걸음 내디디려는 욕망 또한 있었다. 그렇게 중요한 문제의 해결을 너무 성급하게 서둘러 24 시간의 여유조차 없이 회담의 성과를 잃도록 해서는 안 된다고 강조했다. 큰 수확이 눈앞에 보일 때에는 결코 서둘러서는 안 되는 법이다. 그 회담의 나날은 우리 생애에서 가장 중요한 시기의 하나였다.

루스벨트는 이제 우리와 러시아 사이의 이견은 크게 보면 언어의 문제일 따름이라고 공언했지만, 대통령과 나는 과연 공정하고 자유로운 선거가 이 루어질지 몹시 불안했다. 나는 스탈린에게 우리는 폴란드에서 일이 어떻게 진행되고 있는지 거의 모르는 데도 불구하고, 그 결과에 대해서 책임이 따 르는 중대한 결정을 해야 하므로, 대단히 불리한 입장에 놓였다고 말했다. 예를 들면, 나는 폴란드인들 사이에 격한 감정이 교차되고 있다는 사실을 알았다. 그리고 루블린 정부가 폴란드 국내군과 지하운동 대원 전원을 반역 자로 재판에 회부하겠다고 공언했다는 소식도 들렸다. 물론 나는 붉은 군대 의 안전을 최우선으로 고려했지만, 스탈린에게 우리 입장의 어려움을 감안 해 달라고 호소했다. 영국 정부는 폴란드 국내에서 진행 중인 일에 대해서 아무것도 몰랐다. 다만 낙하산으로 잠입한 용감한 사람들이 지하운동 대원 들을 국외로 탈출시키려고 한다는 사실만 알았다. 우리는 달리 알 수 있는 방법이 없었다. 그리고 그러한 방식으로 정보를 얻는 것조차 좋아하지 않았 다. 소련의 부대 이동을 방해하지 않으면서 그러한 상황을 타개할 방안은 없는가? 폴란드의 그러한 갈등이 어떻게 해결되고 있는지 알기 위해서 영 국(그리고 당연히 미국에도)에 어떠한 편의가 제공될 수는 없는가? 티토는

---

* 2월 11일 회의는 회담의 보고 내용을 승인하는 절차만 가졌을 뿐이다. 중요한 토의는 2월 10일로 모두 끝났다.

유고슬라비아에 선거가 실시될 때 투표가 공정하게 이루어지는가 세계에 정확히 알리기 위해서 러시아, 영국, 미국의 참관인을 반대하지 않겠다고 공언했다. 그리스와 관련해서도, 영국 정부는 그리스 국민이 원하는 선거가 실시될 수 있도록 하기 위해서 미국, 러시아, 영국의 참관인을 환영할 것이다. 이탈리아에 대해서도 그것은 마찬가지였다. 모든 일이 공정하게 진행되는가를 확인하기 위해서 러시아, 미국, 영국의 참관인이 반드시 파견될 것이었다. 선거를 공정하게 치르는 일의 중요성은 아무리 강조해도 지나치지 않다고 나는 거듭 말했다. 예를 들면, 미코와이치크가 폴란드로 돌아가서 선거에 참여할 자신의 당을 조직할 수 있는가?

스탈린이 말했다. "그 문제는 양국 대사들과 몰로토프가 폴란드 대표들을 만날 때 충분히 고려할 것입니다."

내가 대답했다. "나는 하원에 가서 그 선거가 자유롭게 진행될 것이며, 자유 공명 선거의 실천을 효과적으로 보장하는 장치가 마련되었다고 말할 수 있어야 합니다."

스탈린은 미코와이치크는 농민당 소속이며, 그 당은 파시스트 정당이 아니기 때문에, 선거에 참여할 수 있을 뿐만 아니라 후보자를 내세울 수도 있다고 강조했다. 나는 진작부터 농민당 대표가 폴란드 정부에 참여할 수 있었다면, 그 문제는 훨씬 더 확실했을 것이라고 말했다. 그러자 스탈린은 농민당 대표 한 명을 포함시키는 데 찬성한다고 했다. 나는 진심으로 할 말은 더 이상 없으므로, 내가 한 말 때문에 기분 상하는 일이 없었으면 좋겠다고 덧붙였다.

스탈린이 대답했다. "우리는 폴란드 사람들의 의견을 들어야 할 것입니다." 나는 동쪽 국경 문제가 폴란드 국회를 통과하기를 바란다고 하면서, 폴란드 국민이 원하는 바를 그들 스스로 결정할 수 있다는 사실에 영국 의회가 만족한다면 가능한 일이라고 설명했다.

"폴란드 사람들 중에는 아주 훌륭한 인물들이 있습니다. 뛰어난 전사, 우수한 과학자와 음악가도 있습니다. 그런데 폴란드인들은 너무 싸움을 좋아합니다." 스탈린의 말이었다.

내가 대답했다. "내가 바라는 바는 각계각층이 의견을 공평하게 말할 수 있는 것입니다."

루스벨트가 말했다. "선거는 카이사르의 아내처럼 비난의 여지가 없어야 합니다. 나는 세계에 무언가 확실한 것을 보여주고 싶습니다. 그들의 결백성에 아무도 의문을 제기할 수 없기를 바랍니다. 그것은 원칙의 문제라기보다는 좋은 정치의 문제입니다."

스테티니어는 선거가 실제로 자유롭고 공정하게 이루어지는지를 바르샤바의 3국 대사들이 관찰하고 보고하기로 약속하는 문서를 작성하자고 제안했다. 그에 대해서 몰로토프는 이렇게 말했다. "그렇게 하면 폴란드 사람들이 불신당하고 있다고 생각할까 걱정이 됩니다. 그 사람들과 함께 논의하는 것이 좋겠습니다."

나는 그 의견에 동의할 수 없었기 때문에, 나중에 스탈린이 있는 자리에서 재론하기로 했다. 기회는 바로 다음날 왔다. 이든과 나는 유스포프 별장에서 스탈린, 몰로토프와 사적인 대화를 나누고 있었다. 나는 다시 한번 폴란드 국내에서 진행 중인 일에 대해서 보고할 수 있는 우리 대표가 없기 때문에 고충이 많다고 설명했다. 대표를 파견하지 못한 대신 대사관 직원을 포함한 대사나 신문사 특파원을 통하면 되지 않느냐는 이야기가 나왔다. 후자는 바람직스럽지 못했다. 어쨌든 나는 우리 의회에서 루블린 정부와 선거에 관해서 질문을 받을 경우 무슨 일이 벌어지고 있는지 내가 아는 것을 말할 수 있어야 한다고 강조했다.

"폴란드 새 정부가 승인되고 나면, 영국에서 바르샤바에 대사를 파견할 수 있게 될 것입니다." 스탈린의 대답이었다.

"대사가 폴란드 전국을 마음대로 다닐 수 있을까요?"

"붉은 군대가 방해가 되는 일은 없을 것입니다. 필요한 지시를 하도록 약속하겠습니다. 그러나 영국에서도 별도로 폴란드 정부와 협의해야 할 것입니다."

그때 우리는 선언문에 다음과 같은 문구를 추가하기로 했다.

위의 결과로, 폴란드 정부를 승인함으로써 대사를 교환할 수 있게 될 것이며, 각국은 대사의 보고에 의해서 폴란드의 상황을 알게 될 것이다.

그것이 내가 얻어낼 수 있는 최선의 것이었다.

2월 11일 일요일은 우리가 크림 반도에서 보낸 마지막 날이었다. 항상 그러했듯이, 그 회담에서도 많은 중요한 문제가 미해결 상태로 남게 되었다. 충실하게 성의를 가지고 이행하면 일반적인 평화 조약이 체결될 때까지 그 목적을 다하는 것을 정책으로 하는 폴란드 선언을 보통의 어휘로 기록하기로 했다. 대통령은 귀국을 서둘렀다. 그는 귀국하는 길에 이집트에 들러, 유력 인사들과 함께 중동 문제에 관해서 논의할 수 있으리라고 생각했다. 스탈린과 나는 러시아 황제가 당구실로 사용했던 리바디야 궁전의 방에서 오찬을 함께 했다. 식사 도중에 최종 문서와 공식 코뮈니케에 서명했다. 그로써 모든 것은 실행하고자 하는 정신에 맡겨졌다.

★ ★ ★ ★ ★

나는 다르다넬스 해협을 거쳐 몰타로 가는 항해를 크게 기대하고 있었다. 그러나 전격적으로 아테네를 방문하여 최근의 분쟁 이후 어떠한 국면인지 살펴보아야 한다는 것이 의무처럼 느껴졌다. 2월 14일 이른 아침, 자동차로 비행기가 대기 중인 사키를 향해 출발했다. 우리는 무사히 아테네까지 비행했으나, 도중에 루퍼트 브룩[영국 시인. 제1차 세계대전에 참전하여 가리폴리로 가는 수송선 속에서 이질에 걸려 28세의 나이로 사망했다. 처칠은 「런던 타임스」에 추도사를 실었다/역주의 무덤을 지날 때 스키로스 섬 상공을 선회했다. 비행장에는 영국 대사 리퍼와 스코비 장군이 마중나왔다. 시가전으로 황폐화한 그리스 수도를 떠났던 것은 불과 7주일 전의 일이었다. 우리는 오픈 카를 타고 거리를 지났다. 내가 마지막으로 본 것은 크리스마스에 수백 명의 사람들이 죽어가는 광경이었는데, 바로 그 거리에는 이제 열광하며 소리지르는 거대한 군중을 킬트 제복의 그리스 병사가 가볍게 경계하고 있을 뿐이었다. 그날 저녁에는 약 5만의 인파가 헌법 광장에 모여들었다. 그 고전적인 장면을 비추는 석양의 빛은 참으로 장관이었다. 나는 미처 연설을 준비할 틈이 없었다. 보안 요원들은 사전에 아무런 예고도 없이 우리가 집회에 참여하는 것은 경호상 중요한 문제라고 생각했다. 나는 짧은 연설을 했다. 그날 저녁 식사는 총탄 자국이 남은 우리 대사관저에서 했다. 그리고 2월 15일 새벽 전용기에 올라 이집트로 향했다.

아침 늦은 시간에 미국 순양함 퀸시 호가 알렉산드리아 항구로 들어왔다. 정오 직전, 나는 마지막이 될 대통령과의 회담을 위해서 승선했다. 우리는 그의 선실에 함께 모여 가족적 분위기 속에 비공식 오찬을 즐겼다. 나는 새러와 랜돌프를 데려갔고, 루스벨트는 딸 뵈티거 부인과 동행했으며, 해리 홉킨스와 위넌트도 식탁에 마주앉았다. 대통령은 말이 없었고 쇠약해 보였다. 그의 생명력이 희미해져가는 느낌을 받았다. 그것이 내가 본 그의 마지막 모습이었다. 우리는 진심에서 우러나는 작별 인사를 나누었다. 그날 오후 대통령 일행은 귀국길에 올랐다. 나는 2월 19일 비행기를 타고 영국으로 돌아왔다. 노솔트가 짙은 안개에 싸여 있어, 비행기는 린햄으로 기수를 돌렸다. 자동차로 런던을 향했으나, 도중에 레딩에 멈추어 마중 나온 아내를 만났다.

2월 27일 정오 무렵, 나는 하원에 크림 회담의 결과에 대한 승인을 요청했다. 전반적인 반응은 우리가 취한 태도에 대한 무조건적인 지지였다. 그러나 폴란드인에 대한 우리의 의무감과 관련해서 강한 도의적 감정이 흘렀다. 그들은 독일군의 손아귀에서 고통을 겪었고, 우리는 그들을 대신하여 마지막 수단으로 전쟁에 뛰어든 것이었다. 30명가량의 의원이 그 점을 매우 중요시했는데, 그중 몇 명이 내가 제출한 동의안에 반대하는 연설을 했다. 영웅적인 국민이 노예화되는 사태를 직면하게 되지 않을까 하는 고뇌가 있었다. 이든이 나를 지지했다. 둘째 날 표결에서 우리는 압도적 다수의 찬성을 얻었다. 그러나 그 대부분이 보수당원인 25명의 의원이 반대표를 던졌고, 거국내각 여당 의원 11명은 기권했다.

전쟁이나 위기를 맞아 사태 처리의 책임을 지고 있는 사람을 선량한 보통 사람들이 동의하는 광범위한 일반 원칙의 설명에 옭아매려고 하는 시도는 허용되지 않는다. 그런 사람들은 매일 단호한 결정을 내려야 한다. 그리고 견고한 자세를 유지하려는 노력이 필요하다. 그렇지 않으면 어떠한 공동 행위의 결속도 지속시키기가 어렵다. 독일이 붕괴된 뒤에, 러시아의 군사적 노력을 고무하고 엄청난 고난을 겪은 우리의 위대한 연합과 협조적 관계를 유지하기 위해서 최선을 다한 사람들을 비난하는 일은 쉬운 일이다. 독일군이 여전히 200개 내지 300개의 사단을 전투 중인 전선에 유지하고 있을 때 우리가 러시아와 분쟁을 일으켰다면, 어떠한 결과가 초래되었겠는가? 희망적인 가정은 조만간 모두 우리를 배반하고 말 것이었다. 그때는 그 가정이 유일하게 가능한 것들이었음에도 불구하고 말이다.

제24장

라인 강을 건너다

아르덴*에서 패배를 당했음에도 불구하고, 독일군은 퇴각하여 잠시 숨 돌릴 여유를 가지는 대신에 라인 강 서쪽에서 전투를 벌이기로 결정했다. 2월 한 달과 3월의 대부분 기간 몽고메리 원수가 북쪽에서 힘겨운 장기전을 지휘했다. 적의 방어는 강력하고 완강했다. 땅은 진흙탕이었으며 라인 강과 뫼즈 강은 범람했다. 독일군이 로어 강의 거대한 댐 수문을 파괴함으로써 우리는 2월 말까지 도강이 불가능했다. 그러나 3월 10일, 독일군 18개 사단이 일제히 라인 강을 건너 후퇴했다. 멀리 남쪽에서는 브래들리 장군이 신속하고 기민한 작전을 펼쳐 뒤셀도르프와 코블렌츠 사이의 130킬로미터 전 구간을 완전히 소탕했다. 7일에는 운 좋게도 과감한 공격이 주효했다. 미군 제1군의 제9기갑사단은 레마겐의 철교가 부분적으로 파손되었지만 사용에는 지장이 없다는 사실을 발견했다. 재빨리 선발 부대가 다리를 건너고 다른 부대들이 뒤따르게 함으로써, 순식간에 제방 건너편에 4개 사단 이상의 병력이 집결하게 되었다. 그리고 몇 킬로미터 깊숙이 들어간 지점에 교두보를 설치했다. 그것은 애당초 아이젠하워의 계획에 들어 있지 않았다. 그러나 아주 훌륭한 보조 작전이 된 셈이었다. 독일군은 미군의 공격을 저지하기 위하여 멀리 북쪽으로부터 상당한 규모의 병력을 차출해야 했다. 패턴은 트리어 부근의 마지막 돌출부에서 적을 차단하여 분쇄했다. 그 유명하고

---

* 제4부 제20장 참조.

공포의 대상이었던 지크프리트 선 방어군은 포위되었고, 며칠 뒤 독일군의 모든 조직적 저항은 끝나게 되었다. 승리의 부산물로 미군 제5사단은 마인츠 남쪽 24킬로미터 지점에서 예정에 없던 라인 강 도하를 실현하게 되었고, 프랑크푸르트를 목표로 한 교두보를 깊숙한 곳에 구축하여 전선을 확대했다.

그리하여 서부 전선의 독일군 최후의 큰 거점이 소멸되었다. 300킬로미터가 넘는 전선을 따라 전개한 6주일 동안의 계속된 전투 끝에 회복할 수 없는 인적 물적 손실을 입히며 적을 라인 강 건너편으로 완전히 몰아넣었다. 연합군 공군 역시 매우 중요한 역할을 수행했다. 전략 공군의 끊임없는 공격은 적군의 패배와 해체를 촉진했으며, 전력이 쇠퇴하고 있던 독일 공군의 위협으로부터 우리를 벗어나게 만들었다. 독일군 신형 제트 전투기가 대기 중인 곳을 포함하여 적의 비행장 상공을 자주 정찰함으로써 우리에게 불안의 원인이 되었던 적의 위협을 최소한으로 줄였다. 계속된 아군 중폭격기의 급습으로 독일의 석유 생산량은 위기를 맞았고, 그들의 수많은 비행장은 폐허처럼 변했다. 그리고 타격을 입은 공장과 수송 체계는 거의 마비 상태에 이르렀다.

★ ★ ★ ★ ★ ★

나는 라인 강을 건너는 우리 군대와 함께 있고 싶었다. 몽고메리는 환영했다. 3월 23일 오후, 비서 조크 콜빌과 토미*만을 동반하고 다코타 기를 타고 노솔트에서 펜로 근처의 영국군 사령부로 날아갔다. 총사령관은 자신이 기거하며 집무와 이동 겸용으로 사용하는 차량으로 나를 안내했다. 나도 전에 이용해본 적이 있는 쾌적한 왜건이었다. 7시에 저녁 식사를 하고, 한 시간 뒤에 정확히 시간을 맞추어 몽고메리가 지도실로 쓰고 있는 차량으로 갔다. 매 시간 선발된 장교단이 설명하는 모든 종류의 지도가 펼쳐져 있었

---

* 나의 해군 부관 C. R. 톰슨 중령.

다. 우리의 병력 전개와 공격의 전체 계획을 쉽게 이해할 수 있었다. 우리는 라인스베르크에서 레스에 이르는 32킬로미터 남짓한 전선에서 10군데의 지점을 통해 도강할 계획이었다. 우리의 모든 자원을 투입해야만 했다. 100만 명이 넘는 군대의 선봉 부대로서 8만 명의 병력이 동원될 예정이었다. 엄청난 수량의 주정과 주조용의 고무 보트가 배치되었다. 저 멀리 강 건너편에는 근대식 화력을 갖춘 독일군이 포진하고 기다렸다.

내가 전쟁을 통해 보았고 연구하거나 아니면 읽어서 아는 모든 것에 의하면, 우세한 전력 앞에 있는 강이 양호한 방어벽이 될 수 있다는 주장은 믿기 어렵다. 내가 샌드허스트 육군사관학교 시절 이래 줄곧 생각해온 문제이지만, 햄리는 그의 저서 『전쟁의 작전(Operations of War)』에서 진군 대열과 평행하게 흐르는 강은 정면으로 흐르는 강보다 훨씬 더 위험한 지형지물이라는 진리를 논했다. 그는 1814년 나폴레옹의 대작전을 예로 들어 그 이론을 설명했다. 따라서 몽고메리 원수가 자신의 계획을 상세히 알려주기 전에 이미 나는 그 전투에 대해서 낙관적이었다. 더욱이 우리는 그때 공군의 전력에서 압도적으로 유리한 고지에 있었다. 총사령관이 특별히 보여주고 싶었던 장면은 다음날 아침에 전개될 2개 공수사단의 적진 강하였다. 1만 4,000명으로 구성된 부대는 포를 비롯한 다른 여러 공격 장비를 갖추어 적진 배후에 침투할 계획이었다. 우리는 모두 10시 전에 잠자리에 들었다.

공격 선봉 부대의 영예는 영국군 제51사단과 제15사단, 미군 제30사단과 제79사단에게 돌아갔다. 제51사단의 4개 대대가 첫 번째로 나섰는데, 불과 몇 분 후에 강안 저편의 먼 곳에 도착했다. 밤새 공격 사단들이 강을 건너 밀려들어갔다. 처음에는 거의 저항이 없었는데, 제방의 방비 자체가 취약했기 때문이었다. 새벽녘에 이르자 그때까지 허술했던 적의 교두보 수비가 강화되었고, 베젤에서는 특공대가 이미 싸우는 중이었다.

이튿날 아침, 몽고메리는 대비행부대가 강하하는 장면을 보여주려고 언덕 위에 자리를 마련했다. 억제되긴 했으나 밀도 높은 굉음으로 지축을 흔들며 거대한 비행부대가 우리 앞을 지나간 것은 한낮의 태양이 내리쬐고 있을 때였다. 그뒤 30분 동안에 2,000기가 넘는 비행기가 편대를 형성하여 우리의 머리 위로 날아갔다. 내가 자리한 관측 지점은 아주 좋은 자리였다. 적진으로 강하하는 광경을 볼 수 있을 정도로 시계가 맑고 깨끗했다. 비행기들은 시야에서 사라졌다가는, 금방 다시 다른 고도에서 나타났다. 낙하산 대원들의 모습은 최고 성능의 망원경으로도 보이지 않았다. 그러나 어느새 막 도착한 증원군과 응전하는 부대의 굉음과 포성이 이중으로 겹쳐 퍼졌다. 이윽고 우리는 비행기들이 기체가 비스듬히 기운 상태로, 연기를 내뿜으며, 심지어 화염에 휩싸여 2기 또는 3기씩 돌아오는 모습을 비통한 심경으로 바라보아야 했다. 그때는 마치 작은 반점 하나가 지표 위로 떠오르는 것처럼 보였다. 수많은 경험에서 나온 상상이 그렇게 치열하고 통렬한 이야기를 들려주는 것이었다. 그래도 출격한 20기의 비행기 중에서 19기는 임무를 수행하고 순조롭게 귀환하는 셈이었다. 그것은 한 시간쯤 뒤 사령부로 돌아갔을 때 확인한 내용이었다.

공격은 바야흐로 전체 전선에 걸쳐 진행되었다. 나는 자동차로 안내되어 지점마다 옮겨다니며 오랜 시간에 걸쳐 여러 군단 사령부에 들렀다. 그날은 전황이 좋았다. 4개 공격 사단이 무사히 강을 건너 4.5킬로미터 가량 전진한 지점에 모두 교두보를 구축했다. 공수사단은 강력하게 진격했고, 공군의 작전은 매우 성공적이었다. 노르망디 상륙 작전 디데이 다음으로 큰 규모의 연합군 공군 공격은 독일 깊숙이 뚫고 들어갔는데, 영국의 전략 공군과 이탈리아에서 옮겨온 중폭격기 부대도 포함되어 있었다.

오후 8시에 우리는 지도실 왜건으로 돌아갔는데, 나는 비로소 그처럼 거대한 규모의 전투를 지휘하는 몽고메리의 방식을 볼 수 있는 절호의 기회를 가지게 되었다. 거의 두 시간 동안 계속해서 소령급의 젊은 장교들이 차례로 나타났다. 전선의 그들은 제각각 다른 지점에서 돌아온 장교들이었다. 그들은 총사령관의 직접 대리인이었기 때문에 어디든지 갈 수 있었고, 무엇이든지 볼 수 있었으며, 어떤 지휘관에게 어떤 내용에 대해서도 질문할 수 있었다. 돌아와서는 보고를 하고, 그날 전개된 모든 전투 상황에 대한 사령관의 질문에 답변했다. 그렇게 함으로써 몽고메리는 자기가 잘 알고 신뢰하는 아주 유능한 인물들로부터 그날 벌어진 상황에 대한 완전한 설명을 들었다. 그렇게 해서 각지의 사령부와 여러 사령관으로부터 들어온 보고들―모든 보고는 이미 참모장인 드 깅강 장군이 분류와 평가를 마친 것으로 몽고메리도 알고 있는 내용이다―에 대해서 더없이 중요한 크로스체크가 가능했다. 그러한 과정을 통해서 몽고메리는 보다 생생하고, 직접적이며, 가끔은 더 정확한 상황을 파악할 수 있었다. 임무를 수행하는 장교들은 항상 대단한 위험을 감수해야 했는데, 이틀 밤에 걸쳐 내가 이야기를 나눈 7-8명의 장교 중 두 명은 몇 주일 뒤에 전사했다. 그러한 체계는 실제로 현대전의 총사령관이 전선의 모든 지점에서 벌어지는 일을 보고 판단할 수 있는 유일한 방법으로 아주 감탄할 만했다. 그렇게 보고를 받는 절차가 끝나면 몽고메리는 드 깅강에게 일련의 명령을 내렸고, 그것은 참모부에 의해서 즉시 행동으로 옮겨졌다. 그리고 침상으로 갔다.

★ ★ ★ ★ ★

그 다음날인 3월 25일, 우리는 아이젠하워를 만나러 갔다. 도중에 나는 몽고메리에게 그의 지휘 체계가 모두 대리 장군들을 통해서 총사령관이 지휘권을 행사했다는 점에서 말버러와 18세기의 전투 지휘와 유사하다고 말했다. 당시의 총사령관은 말 위에 앉아 몇 마디 말로써 8내지 10킬로미터 전선의 전투를 지휘했다. 전투는 하루에 종결되었고, 그로써 수년 혹은 수대에 걸친 대국가의 운명이 결정되었다. 자신의 의사를 효과적으로 발휘하기 위해서 4-5명의 대리 장군들을 전선의 각 지점에 배치했는데, 그들은 총사령관의 생각을 완전히 파악하고 계획을 실행하는 데 전념했다. 그들 장군들은 부대를 명령하지 않았으며, 최고사령관의 분신이면서 생각 그 자체였다. 현대의 장군들은 그 시절보다 10배 이상 넓은 지역의 전선에서 보통 7일 내지 10일 동안 계속되는 전투를 집무실에 앉아 지휘한다. 그러한 바뀐 조건 아래에서, 전선에 배치된 각급 지휘관의 최고의 도움을 받는 몽고메리의 개별 현장 검증관 활용 방식은 부분적이기는 하나 옛 방식의 흥미로운 부활이었다.

아이젠하워를 만났을 때는 정오 무렵이었다. 여러 미군 장성들이 모였다. 온갖 이야기를 나누다가 간단한 점심 식사를 했다. 식사 도중 아이젠하워는 16킬로미터 정도 떨어진 라인 강 아군 측 기슭에 미군들이 모래주머니를 쌓아서 만든 집이 한 채 있는데, 강의 물줄기와 건너편 쪽이 아주 잘 보이는 곳이라고 말했다. 그곳에 한번 가보자고 하면서, 아이젠하워가 직접 안내했다. 그곳의 라인 강 폭은 대략 350미터 정도 되었는데, 물결은 바로 발 아래로 흘러갔다. 건너편은 부드럽고 평평한 초원이 펼쳐져 있었다. 장교들은 자기들이 알기에 강의 건너편 제방은 적이 지키고 있지 않다고 말했다. 우리는 한동안 그쪽을 응시했다. 적당한 경계 하에서 함께 건물 안으로 들어갔다. 그때 최고사령관 아이젠하워는 다른 일이 생겨 먼저 떠나야 했다. 몽고메리와 나도 그를 따라가려 했는데, 소주정 한 척이 계류장 쪽으로 접안하고 있는 것을 보게 되었다. 몽고메리에게 물었다. "건너가서 저쪽 편을 볼 수 없을까?" 그의 대답에 나는 약간 놀랐다. "왜 안 되겠어요?" 몽고메리가 몇 가지 점검을 한 뒤, 우리는 서너 명의 미군 지휘관과 여섯 명의 무장 병사를 대동하고 강을 건넜다. 우리는 찬란한 햇빛과 완벽한 고요 속에서 독일 쪽 강기슭에 닿았다. 아무런 방해도 받지 않고 30분가량 걸어다녔다.

다시 돌아왔을 때, 몽고메리는 주정의 정장에게 물었다.

"강을 따라 베젤 쪽으로 내려갈 수 없을까? 거긴 어떤지 보고 싶은데."

주정의 정장의 대답은, 우리의 작전을 방해할 목적으로 띄워놓은 적의 부뢰(浮雷)를 막기 위해서 700-800미터 앞에 쇠사슬이 쳐져 있다는 것이었다. 그것 때문에 우리의 작전이 가능하다고 했다. 몽고메리는 그를 강하게 압박했으나, 결국 위험이 너무 크다는 것을 이해하게 되었다. 소주정에서 내리면서, 그가 말했다. "베젤의 철교까지 한번 내려가봅시다. 그 지점의 상황을 볼 수 있을 것입니다." 우리는 몽고메리의 차에 탑승했다. 미군 장교 몇 명이 동승했는데, 전망을 즐기고 있었다. 철골 구조의 대형 철교에 도착했다. 다리 중간이 파괴되었는데, 뒤틀린 철근이 지지대 역할을 하고 있었다. 독일군은 아군의 공격에 맞서 응전했는데, 1.5킬로미터 가량 떨어진 곳에서 네 차례 일제 사격을 해왔다. 얼마 지나지 않아 독일군이 다가왔다. 다시 한 차례 집중 사격을 했고, 우리 머리 위로 날아간 포탄들은 다리 옆의 강물 속으로 떨어졌다. 포탄들은 강 바닥에서 폭발했던지 거대한 물기둥을 만들면서 거의 100미터 정도 떨어진 곳까지 물보라를 튀겼다. 몇 개의 포탄은 뒤쪽 가까이에 숨겨 둔 자동차들 사이에 떨어졌는데, 우리는 피해야겠다고 결정했다. 나는 기듯이 내려와 모험심 많은 그날의 우리의 호스트와 함께 차를 탔고, 두 시간을 달린 끝에 그의 사령부에 도착했다.

★ ★ ★ ★ ★

그 다음 며칠 동안 전투를 계속하면서 전진했고, 그달 말에는 독일 북쪽 깊숙이 침투하는 주요 작전을 개시할 발판을 라인 강 동쪽에 마련했다. 남쪽의 미군 군대들은 그다지 강력한 저항을 받지 않으면서 놀라울 만한 성과를 거두었다. 과감한 작전의 대가로 획득한 두 교두보는 매일 증원군이 도착하면서 확대되었다. 따라서 코블렌츠 남쪽과 보름스에서 거듭 도강을 할 수 있었다. 3월 29일에는 미군 제3군이 프랑크푸르트에 들어갔다. 루르 지방과 그곳의 32만5,000명에 달하는 수비군은 포위되었다. 독일의 서부 전선이 붕괴된 것이다.

이러한 문제가 제기되었다. 그 다음에 우리는 어디로 향해야 하는가? 히틀러의 앞으로의 계획에 관련된 온갖 소문이 무성했다. 베를린과 북독일을 잃고 나면, 산악 지대와 숲이 많은 남독일로 물러가서 싸움을 계속 하려고 할 가능성이 있었다. 히틀러가 부다페스트에서 행한 이해할 수 없는 저항이나 케셀링의 군대가 이탈리아에서 그렇게 오랫동안 주둔하는 현상이 모두 그러한 의도와 일치하는 것으로 보였다. 확실한 것은 아무것도 없었지만, 독일군이 산악 지대에서 그들의 작전을 계속 행하거나 게릴라전을 펼치더라도 의미 있는 규모는 아닐 것이라는 예측이 우리 3군 참모총장들의 일반적인 결론이었다. 따라서 뒤에 그렇게 밝혀졌듯이, 우리는 그 가능성을 무시해버렸다. 그러한 사정을 기초로 나는 연합군 사령부의 예측에 따라서 영미 군대의 진격을 위한 전략에 대해서 질문을 했다.

아이젠하워 장군이 전문으로 회신했다.

"나는 러시아군과 합류하고 엘베 강 일대의 전선을 획득하기 위해서 동쪽으로 진격할 것을 제안합니다. 러시아의 의도에 따르면, 카셀-라이프치히를 축선으로 하는 것이 진격에 최선입니다. 그렇게 하면 독일의 행정 부처가 이전하려고 하는 중요한 공업 지대를 확실히 장악할 수 있게 될 것입니다. 그것으로 우리는 독일군의 거의 절반을 단절시키게 되고, 굳이 엘베 강을 건너지 않아도 됩니다. 서부 전선에 잔류한 적의 군대 대부분을 분열시키고 파괴하는 것이 목적입니다.

이것은 나의 주공격이 될 것입니다. 우리의 모든 노력을 거기에만 집중할 필요가 없다고 명확히 확인될 때까지 성공을 위해서 전력투구할 준비가 되어 있습니다.……

일단 주공격의 성공이 확보되면 북쪽의 항구들을 소탕하기 위한 행동으로 나아가야 한다고 생각하는데, 킬을 점령할 경우 엘베 강까지 아울러 제압하게 될 것입니다. 몽고메리가 이번 임무를 책임지고 수행할 것인데, 목적 달성을 위해서 필요하다고 판단될 경우 그의 군대 증강을 고려하고 있습니다."

우리는 그 무렵 아이젠하워가 3월 28일자로 스탈린에게 직접 전문을 보내 자신의 정책을 밝힌 사실을 알게 되었다. 루르 지방을 고립시킨 뒤에 에어푸르트-라이프치히-드레스덴을 축선으로 주공격을 행하고, 그로써 러시아군과 합류하여 잔존 독일군을 둘로 분리한다는 것이었다. 레겐스부르크를 통과하여 린츠로 가는 두 번째 진격에서도 러시아군과 만나게 되기를 기대했는데, 그 공격에 의해서 "남독일의 요새에서 독일 저항군들이 집결하는 것"을 방지할 수 있을 것 같았다. 스탈린은 즉각 동의했다. 스탈린은 그 제안이 "소련군 최고사령부의 계획과 완전히 일치한다"고 말했다. 그러면서 이렇게 덧붙였다. "베를린은 종전의 전략적 중요성을 상실했다. 따라서 소련 최고사령부는 부차적 병력을 베를린에 할당할 계획이다." 그러한 성명은 그 뒤에 일어난 여러 사태로 인하여 실천되지 못했다.

상황이 중대하다고 생각되어, 나는 4월 1일자로 대통령에게 직접 전문을 발송했다.

"……모든 장해를 비켜서 우회할 것 없이, 북쪽과 중앙의 연합군은 최대의 빠른 속도로 엘베 강을 향해 진격해야 합니다. 지금까지는 추축이 베를린이었습니다. 그런데 아이젠하워 장군은 내가 가장 중요하게 여기는 적의 저항에 대한 자신의 예측에 기초해서 추축을 남쪽으로 옮겨 라이프치히를 관통하여 가능하면 멀리 드레스덴까지 돌파하기를 원합니다.……정말 솔직한 심정으로 드리는 말씀입니다만, 베를린은 고도의 전략적 중요성을 지닌 도시입니다. 베를린 함락만큼 저항하는 독일군들에게 절망적인 심리적 효과를 줄 수 있는 것은 없습니다. 그것은 독일 국민에게 패배를 암시하는 가장 강력한 신호가 될 것입니다. 반면에 그 폐허 속에서 러시아군이 계속 포위 공격을 하도록 방치하고 또 독일 깃발이 펄럭이도록 한다면, 모든 독일인의 무장 저항을 고무하게 됩니다.

거기에는 귀하와 내가 고려해야 할 또다른 측면이 있습니다. 러시아 군대는 오스트리아를 제압하고 빈에 입성할 것입니다. 그런데 만약 그들이 베를린마저 점령한다면, 우리 공동의 승리에 압도적인 공헌자인 것처럼 러시아 스스로 부당하게 과도한 인상을 만들게 됨으로써, 장래에 중대하고 곤란한 어려움을 야기하는 분위기로 오도될 수 있지 않겠습니까? 그러므로 정치적 관점에서 고려할 때 우리는 가능한 한 독일의 동쪽 깊숙이 진격해야 합니다. 그리고 베를린을 점령해야 한다면, 당연히 그렇게 해야 합니다. 그것은 군사적으로 판단해도 정당한 것으로 생각됩니다."

나는 미처 알지 못하고 있었지만, 실제로 대통령의 건강이 쇠약해져 그러한 중대한 문제는 마셜 원수가 다루어야 했다. 미국 참모들이 나에게 대답한 것은 아이젠하워의 계획이 서로 합의된 전략과 마셜의 지시에 따라 이루어졌다는 취지였다. 아이젠하워는 동원 가능한 최대의 병력을 라인 강 건너 북쪽에 전개시키고 있었다. 남쪽에 기울인 2차적 노력은 놀라운 성공을 거두었는데, 보급이 허용하는 한에서 전과를 올리는 중이었다. 미국 참모들은 최고사령관의 작전 수행이 영국 측에서 거론한 여러 항구를 비롯한 모든 것을 영국이 주장하는 계획보다 더 신속하고 확실하게 확보할 수 있다고 확신했다.

또한 미국 참모들은 독일 전투는 어떠한 수단을 사용할 것인가에 대한 판단을 야전사령관이 하는 단계에 와 있다고 했다. 적의 약점을 의도적으로 회피하는 태도는 온당하지 않아 보였다. 하나의 목표는 신속하고 완전한 승리일 뿐이었다. 최고사령관과 직접 관련이 없는 요소들이 있다는 사실을 인정하면서, 미국 참모들은 그들의 전략 개념이 건전하다고 생각했다.

아이젠하워는 북쪽 해안 끝까지 밀어붙이는 진격의 엄청난 중요성을 잊은 경우는 결코 없다고 했다.

"……각하께서는 전문에서 특별한 목적물들을 조기에 획득하는 일의 정치적 중요성을 알려주셨습니다. 그 문제에 관련한 각하의 핵심은 명확히 압니다. 각하의 제안과 나의 계획 사이의 유일한 차이는 시기의 문제입니다.……내가 계획한 시도의 확실한 성공을 위해서, 나는 먼저 중앙에 병력을 집중시켜 내가 필요로 하는 거점을 획득할 것입니다. 그 다음에는 몽고메리로 하여금 엘베 강을 건너게 하고, 필요하면 미군을 보내 증강할 것입니다. 그렇게 하여 뤼베크를 포함한 해안선에 도착할 것입니다. 이 시간 이후에 독일군의 저항이 점점 확실하게 붕괴된다면, 중앙 진지 획득과 엘베 강 도하 사이에 시간적 간격은 거의 없을 것입니다. 한편 적의 저항이 완강할 것 같으면, 작전 하나하나에 모든 노력을 집중하는 것이 필요합니다. 이런 작전들을 동시에 시도함으로써 힘을 분산시키지 않을 것입니다.

당연한 것입니다만, 어느 순간 갑자기 전선의 어떤 지점이 붕괴된다면 우리는 전진할 것이며, 뤼베크와 베를린이 우리의 주요 목표에 포함될 것입니다."

아이젠하워의 전문에 나는 답신을 보냈다.

"우선 귀하의 친절한 전문에 감사의 말을 전합니다.…… 그러나 나는 베를린 입성의 중요성을 더욱 절감합니다. 귀하가 모스크바로부터 받은 답신 중의 한 구절, '베를린은 종전의 전략적 중요성을 상실했다'는 것만 보더라도, 베를린은 우리에게 열려 있습니다. 그 말은 정치적 관점에서 의미를 읽어야 합니다. 우리는 가능한 한 동쪽 먼 곳에서 러시아군과 제휴해야 합니다.……스탈린의 주공격이 개시되기 전에, 서부 전선에서 많은 전과를 올릴 수 있을 것입니다."

나는 우정을 나누는 사이에서는 그러한 서신의 교환을 중단하는 것이 의무라고 생각되었다. 당시 내가 루스벨트에게 말한 바와 같이, 주요 계획의 변경도 우리가 처음 예상했던 것과 별 차이가 없었다. 그러나 워싱턴에서는 특히 보다 장기적이고 광범위한 견해가 지배적이었다는 나의 확신을 여기에 기록해두지 않을 수 없다. 연합하여 수행해온 전쟁이 막바지에 가까워지자 정치적 요소가 현저하게 중요성을 띠게 되었다. 미국은 적어도 영토 획득과 관련한 문제에 대해서는 무관심한 것이 사실이었다. 그러나 늑대가 돌아다니면 양치기는 그 자신이 양고기에 관심이 없더라도 양떼를 보호해야 한다. 그 시점에 발생한 문제들이 미국 3군 참모총장들에게는 크게 중요하게 여겨지지 않은 듯이 보였다. 따라서 그러한 문제들은 미국 대중에 알려지지도 않았고, 그들은 알지도 못했다. 그리고 곧 수면 아래로 가라앉았으며, 승리의 기운이 고조됨에 따라서 한동안 잊히고 말았다. 그럼에도 불구하고 지금은 이론의 여지없이 그 문제들은 유럽의 운명에 결정적인 역할을 했으며, 우리가 그렇게 긴 세월 동안 힘들게 싸워 지키고자 했던 영구적 평화를 부정하게 되었다. 루스벨트 대통령의 힘이 쇠퇴하고 트루먼 대통령의 방대한 세계 문제에 대한 장악력이 커져감으로써 치명적인 균열이 발생한 사실을 우리는 이제 이해하게 된 시점에 이르렀다. 그 음울한 공백 상태에서, 한 명의 대통령은 행동할 수 없었고 다른 한 명의 대통령은 사태를 파악할 수 없었다. 군 수뇌부와 국무부 모두 그들이 필요로 하는 지침을 받지 못했다. 전자는 자기들의 전문 영역에 스스로를 가두고 있었고, 후자는 문제들이 내포하고 있는 의미를 이해하지 못했다. 필수적인 정치적 지도가 그것이 가장 필요한 순간에 이루어지지 않았다. 미국은 승리의 국면에 있었고 세계의 운명을 좌우하는 존재였으나, 진실로 일관된 구상을 지니지 못했다. 영국은 여전히 강대국이었으나, 단독으로 결정적인 행동을 할 수 없는 처지였다. 그 단계에서 나는 경고와 변명밖에 할 수 없었다. 그와 같이 엄청난 성공의 절정에 이른 시기가 나에게는 가장 불행한 때였다. 환호하는 군중 사이를 다니거나 대연합국의 이곳저곳으로부터 보내오는 축하와 축복의 화환이 장식된 테이블에 앉아도, 내 가슴은 고통스러웠고 마음은 불길한 조짐에 압박감을 느꼈다.

독일 군사력의 궤멸과 함께 공산주의 러시아와 서구 민주주의 국가들 사이에 근본적인 변화가 일어났다. 양자는 그들 사이를 하나로 묶어준 유일한 끈이었던 공통의 적을 상실한 것이었다. 그후 러시아 제국주의와 공산주의의 독트린은 한계를 모른 채 전진하고 극단적 지배력을 확대했는데, 대등한 의지력과 맞부딪친 것은 2년 후의 일이었다. 모든 것이 불명료하고 넘쳐나는 승리의 감정만 인간관계 내면의 어둠 속에 축적될 때 내가 몰랐고 또 느낄 수 없었던 것이라면, 모든 것이 백일하에 드러난 지금 이때 나는 그 이야기를 굳이 하지 않겠다. 독자들이 알아서 판단할 일이다.

제25장
철의 장막

얄타 회담 이후 한 주일 한 주일이 지나가는 동안, 소련 정부의 태도는 폴란드의 모든 정파와 국내외를 한데 포괄하는 폴란드 정부의 확대에 관한 우리의 협정을 이행하기 위해서 아무런 노력도 하지 않겠다는 의도를 명백히 했다. 몰로토프는 우리가 거론한 폴란드인에 대한 자신의 의견 표명을 계속 거부했고, 그들 중 아무도 예비 원탁회의에 참석할 수 없었다. 그는 우리에게 폴란드로 옵서버를 파견해도 좋다고 했으나, 우리가 그 제안을 기다렸다는 듯이 금방 받아들이자 곤혹스러워했다. 그리고 옵서버의 파견이 루블린 임시정부의 위신에 영향을 끼칠 수 있다고 우겼다. 모스크바의 회담에서는 어떤 종류의 진전도 없었다. 시기적으로 러시아와 러시아 지지파 폴란드인에게 유리했고, 그들은 온갖 강압 수단을 사용하여 국내의 입지를 확고히 하려 했기 때문에, 외부 관찰자들의 시선을 원하지 않았다. 하루하루 지연되는 시간이 그들에게는 공고한 세력을 더욱 강화하는 결과가 되었다.

얄타 회담에서 우리가 기울인 노력의 결과에 대해서 내가 하원에 보고하던 바로 그날 저녁, 우리가 체결한 협정의 정신과 규정을 동시에 침해하는 첫 도발 행위가 루마니아에서 일어났다. 우리는 연합군이 점령한 모든 나라에서 자유선거에 의한 민주정부가 수립되도록 하기 위해서 그즈음 서명한 해방 유럽 선언(Declaration on Liberated Europe)을 이행할 의무가 있었다.

그런데 2월 27일, 사전 예고도 없이 그 전날 부쿠레슈티에 나타난 비신스키가 미하이 국왕에게 면담을 요구하고는, 1944년 8월의 국왕파 쿠데타 이후에 형성되어 루마니아의 독일인을 추방하는 데 앞장선 연립정부의 해산을 강요했다. 젊은 국왕은 외무장관 비소이아누의 지지에 힘입어 그 요구를 거부하며 그 다음날까지 버텼다. 비신스키는 다시 국왕을 방문하여 각 정당 지도자들과 협의를 하게 해달라는 국왕의 요청을 거부하고 주먹으로 탁자를 내려친 뒤, 자기 말이나 들으라고 소리치면서 문을 세게 밀치고 나가버렸다. 그와 동시에 소련 탱크와 군인들이 수도의 시가지에 전개되었다. 이어서 3월 6일부터는 소련이 지명한 행정부가 집무를 시작했다.

나는 뉴스를 듣고 몹시 놀랐다. 일이 되어가는 형편이 하나의 전형적인 형식을 시사하는 것 같았다. 그러나 우리의 항의는 제대로 힘을 발휘할 수 없었다. 10월의 모스크바 방문 중에 이든과 나는 우리가 그리스에서 우선권을 가지는 대신 루마니아와 불가리아에서는 러시아가 대체로 주도적 발언권을 행사하는 것을 승인했기 때문이다. 아테네에서 6주일에 걸쳐 공산주의자들과 그리스 인민민족해방군 사이에 전투가 벌어지는 동안, 모든 사태가 스탈린과 그의 측근들에게는 거슬렸겠지만, 스탈린은 우리의 양해 사항을 철저하게 지켰다. 평화는 회복되었음에도 우리 앞에는 여전히 수많은 난관이 놓여 있었다. 그래도 나는 몇 개월 이내에 영국, 미국, 러시아 3국의 감시 아래 어디에도 구속받지 않는 자유선거가 이루어져 그리스 국민의 확고한 의사에 기초한 입헌정부를 수립하게 되리라 희망하고 있었다.

그러나 스탈린은 흑해의 2개 발칸 국가에서 그와 정반대 방향의 과정을 진행시키고 있었는데, 그 하나는 민주주의 이념에 완전히 배치하는 것이었다. 그는 얄타의 원칙을 종이 위에서는 서명하고, 루마니아 땅에서는 짓밟아버리는 중이었다. 내가 만약 강하게 압박했다면, 그는 이렇게 말했을 것이다. "당신이 그리스에서 하던 일에 대해서 나는 간섭하지 않았소. 루마니아에서 내가 하는 일에 대해서 왜 똑같은 태도를 보여주지 못하는 것이오?" 어느 쪽도 상대방을 납득시킬 수 없었다. 나와 스탈린의 개인적 관계를 고려할 때, 그에게 논쟁적인 말을 끄집어내는 일은 실책이라고 생각했다. 그러나 공산주의 소수 정부를 강제로 세우려는 데 따르는 우리의 우려를 스탈린에게 표시하지 않을 수 없었다. 나는 특히 불가리아에서 그러했던 것처럼 반공산주의자 루마니아인들을 파시스트로 고발하여 무차별 숙청하는 사태가 일어나지 않을까 걱정이 되었다.

폴란드 문제에 관련한 교착 상태는 한동안 계속되었다. 3월에 나는 대통령과 긴밀하게 전문을 통해 교신하고 있었지만, 그의 건강 상태에 대해서 정확히 알지 못했다. 나는 오직 그의 전문에서 여전히 번득이는 용기와 통찰을 느낄 수 있을 뿐이었는데, 아무래도 루스벨트가 직접 보내는 것 같지가 않았다. 소련의 정책은 날이 갈수록 분명해졌다. 아무런 구속도 감시도 받지 않고 자기들 마음대로 폴란드를 지배하여 이용하겠다는 것이었다. 그들은 샌프란시스코에서 열릴 예정인 반추축 연합국 회의에 루블린 정부가 유일한 대표로 참석해야 한다고 주장했다. 서유럽 국가들이 그러한 소련의 요구에 동의하지 않으면, 소련은 몰로토프를 회의에 출석시키지 않겠다고 했다. 그것은 샌프란시스코의 일정 진행은 물론, 회의 자체를 불가능하도록 만들겠다는 위협이었다. 몰로토프는 얄타 코뮈니케는 기존의 러시아 꼭두각시 행정부에 단지 몇 사람의 폴란드인을 추가시키는 의미를 가지고 있었을 뿐이며, 바로 그 꼭두각시들부터 먼저 상담의 대상이 되어야 한다고 주장했다. 그는 미코와이치크와 우리가 제시하는 다른 폴란드인에 대한 거부권이 있음을 내세우면서, 우리가 이미 오래 전에 추천한 인물들에 대해서는 정보가 불충분하다는 식의 태도를 보였다. 그의 술책은 너무나 뻔하게도 일을 지연시켜 그동안 루블린 위원회가 세력을 강화할 시간을 벌도록 하는 것이었다. 우리 대사가 교섭을 벌였으나, 폴란드 문제의 성실한 해결에 대한 약속을 받아내지 못했다. 그들은 우리와의 의견 교환은 의미 없는 것이며, 중요한 요점을 결정하지도 못하는 방식을 찾는 데 시간을 허비할 뿐이라는 태도였다.

몰로토프를 저지할 수 있는 유일한 방법은 스탈린에게 개인적인 메시지를 보내는 것이었다. 따라서 나는 대통령에게 우리가 공동으로 스탈린에게 최고 수위의 이야기를 전할 수 있기를 바란다는 의지를 밝혔다. 나와 대통령 사이에 긴 편지가 오갔다. 그러나 그 중요한 시기에 루스벨트의 건강과 체력은 점점 쇠약해가고 있었다. 긴 전문을 보내며 나는 그가 그 몇 년 동안 가장 신뢰하는 친구이자 동료에게 이야기하고 있다는 생각이 들었다. 더 이상 그로부터 충분한 답변을 들을 수 없었다. 나는 그가 얼마나 아픈지 알지 못했고, 어쩌면 그에게 내가 가혹한 짓을 하는 것은 아닐까 생각했다. 헌신적인 참모들은 대통령의 용태를 극히 제한적인 범위 내에서만 알 수 있도록 보안을 유지했으며, 대통령 이름으로 나가는 회신의 초안을 공동으로 작성했다. 생명력이 조금씩 꺼져가면서, 그러한 업무에 대해서 루스벨트는 전반적으로 지도하고 승인만 했을 뿐이었다. 그것은 그의 비장한 노력이었다. 국무부의 전반적인 경향도 자연히 대통령이 육체적으로 쇠약한 기간에는 결재를 올리지 않고 모스크바 주재 대사가 알아서 처리하도록 했다. 개인적인 도움을 줄 수 있었던 해리 홉킨스는 그 자신이 중병을 앓는 중이었기 때문에 결근하는 날이 잦았고, 대통령은 아예 그를 부르지도 않았다. 모두가 너무나 많은 희생을 치러야 했던 몇 주일이었다.

★ ★ ★ ★ ★

그 무렵 아주 이질적 문제에 관해서 한층 고통스럽고 중요한 거래가 영미 정부와 소련 정부 사이에서 이루어지고 있었다. 소련 군대의 진격, 이탈리아에서 거둔 알렉산더의 승리, 독일군의 아르덴 지구 반격 실패 그리고 아이젠하워의 라인 강을 향한 진군 등은 히틀러와 그의 최측근들에게 항복이 임박했고 불가피하다는 사실을 인식시켰다. 문제는 이것이었다. 누구에게 항복할 것인가? 독일은 이미 두 전선에서 모두 전쟁을 수행할 능력이 없었다. 소련과의 강화는 명백히 불가능했다. 독일의 지배자들은 전체주의의 압제에 너무나 익숙했기 때문에, 그것을 또다시 동부전선에서 수입하고 싶지 않았다. 남은 하나는 서부전선의 연합국이었다. 영국 및 미국과 협상하는 것은 가능하지 않을까? 그들은 논쟁을 벌였다. 만약 서부전선에서 휴전이 가능하다면, 독일군은 군대를 소련의 진격을 막는 데 집결할 수 있었다. 히틀러 혼자만 고집불통이었다. 제3제국이 종말을 고하면, 히틀러 자신도 함께 사라질 수밖에 없다고 생각했다. 그러나 히틀러 추종자들 중 일부는 비밀리에 영어권 국가 연합군과 접촉을 시도했다. 물론 그들이 제시한 조건은 모두 거절당했다. 우리의 조건은 모든 전선에서 무조건 항복이었다. 동시에 우리는 전장의 지휘관들에게 대치하던 적군의 순수한 군사적 항복을 언제든지 받아들일 수 있는 권한을 부여했다. 라인 강 전투 기간 중의 그러한 시도는 러시아측과 대통령 사이에서 어려운 관계를 만들게 되었는데, 나는 대통령을 지지했다.

2월에 이탈리아 주둔 히틀러 친위대(SS) 사령관 카를 볼프 장군이 이탈리아 중재 기관을 통해 스위스 주재 미국 정보부와 접촉했다. 관련자들의 신원에 관한 조사가 결정되었고, 연락 암호명은 "크로스워드(Crossword)"였다. 3월 8일 볼프 장군이 취리히에 나타났고, 미국 기관의 책임자 앨런 덜레스가 만났다. 그는 볼프에게 협상이라는 것은 있을 수 없으며, 검토해야 할 문제가 있다면 그것은 무조건 항복을 전제로 가능할 뿐이라고 솔직히 말했다. 그 정보는 급속도로 이탈리아의 연합군 사령부, 미국과 영국 그리고 소련 정부에 전달되었다. 3월 15일, 카세르타의 영미 양국 참모장들이 신분을 감추고 스위스에 도착했다. 나흘 뒤인 3월 19일, 볼프 장군에 대한 조사를 위한 두 번째 면담이 이루어졌다.

나는 즉시 독일군이 남부에서 별도로 군사 항복을 하는 것에 대해서 소련 정부가 의심을 품을지도 모르겠다는 생각이 들었다. 그렇게 되면 우리 군대가 감소된 적의 저항을 뚫고 빈을 넘어 실제로 엘베 강 또는 베를린으로 들어갈 수 있기 때문이다. 게다가 독일을 둘러싼 우리의 모든 전선이 연합군의 전쟁 전체의 일부이므로, 전선 중 어느 한 부분에서 발생한 어떠한 일도 러시아에 영향을 미치는 것이 당연했다. 그러므로 적과 어떠한 접촉이 이루어졌다면, 공식적이든 비공식적이든 적당한 시기에 러시아에 알려주어야 했다. 그 규칙은 엄격하게 지켜졌다. 3월 12일 모스크바 주재 영국 대사는 독일 밀사와 관련한 연락을 소련 정부에 통보하면서, 러시아의 회신이 있을 때까지 일절 접촉하지 않을 것이라고 말했다. 러시아에 대해서 숨겨야 할 문제가 발생한 경우는 없었다. 당시 스위스의 연합군 대표는 소련 정부가 누군가 파견하기를 원한다면 비밀리에 한 러시아 장교와 접촉할 수 있는 방안을 검토하기까지 했다. 그러나 실현 불가능하다고 결론이 났고, 3월 13일 러시아에 만약 "크로스워드"가 아주 중대한 의미를 지닌 것이라면 러시아 대표를 알렉산더의 사령부에서 만나겠다고 전했다. 사흘 뒤 몰로토프는 모스크바 주재 영국 대사에게, 소련 정부는 영국 정부의 태도를 "러시아 대표를 베른으로 파견하는 데 필요한 편의 제공을 거부한 도저히 불가해하며 납득할 수 없는" 것으로 생각한다고 말했다. 같은 취지의 내용이 미국에도 전달되었다.

21일, 모스크바 주재 우리 대사에게 훈령을 내려, 회담의 유일한 목적은 독일에 군사 항복에 관한 교섭의 권한이 있음을 확인하는 한편 카세르타의 연합군 사령부로 러시아 대표를 파견해줄 것을 요청하기 위한 것이라는 사실을 소련 정부에 알릴 것을 지시했다. 대사는 그렇게 전달했다. 바로 다음 날 몰로토프는 손으로 쓴 답신을 대사에게 건넸는데, 다음과 같은 표현이 들어 있었다.

"독일과 맞서 분투하고 있는 소련이 알지 못하는 사이에 은밀하게, 지난 2주일 동안 베른에서 독일군 사령부 대표와 영미 사령부 대표 사이에 협상이 진행되고 있었다."

아치볼드 클라크 커 경은 너무나 당연하게도 그것은 소련의 오해이며, 그 "협상"이란 것은 볼프 장군의 신원과 권한에 대한 검증의 시도에 불과한 절차라고 설명했다. 몰로토프의 발언은 무례하고 모욕적이었다. 그는 이렇게 대답했다. "이번 경우에 소련 정부가 알 수 있는 것은 오해가 아니라 무엇인가 잘못 되었다는 것입니다." 그는 미국을 통렬하게 비난했다.

면전에서 그렇게 놀라운 비난을 당했을 때에는 시끄럽게 맞서기보다 침묵이 나았다. 그와 동시에 서부전선의 우리 사령관들에게 경고를 할 필요가 있다고 생각했다. 몰로토프의 모욕적인 답신을 몽고메리와 아이젠하워에게 보여주었다. 그때 나는 그들과 함께 라인 도하를 지켜보고 있었다.

아이젠하워는 무척이나 놀랐으며, 우리의 선의가 아주 부당하고 근거 없는 비난의 대상이 되었다는 사실에 몹시 격앙된 것 같았다. 그는 군사령관으로서 자기 전선의 1개 중대에서부터 군 전체에 이르기까지 적의 누구로부터도 무조건적 항복을 받을 수 있다고 말했다. 그는 그러한 것을 순전히 군사적 문제로 간주하며, 누구의 의견도 물어볼 필요 없이 항복을 받아들일 완전한 권한이 있다고 했다. 만약 정치적 문제가 발생할 경우, 그때는 즉시 영국 정부에 협의를 요청할 것이라고 했다. 그는 자기 혼자 나서면 한 시간에 처리할 수 있는 케셀링 부대의 항복 문제를, 러시아가 개입하게 되면 3주일 내지 4주일이 걸릴 것이며, 그 사이에 우리 부대가 입을 수 있는 손실도 막대할 것이라고 우려했다. 그는 투항한 장교 휘하의 모든 부대에 무기를 내려놓게 한 뒤 별도의 명령이 있을 때까지 정지된 상태를 유지하도록 할 것이기 때문에, 그 병력이 독일을 통과하여 러시아와 맞서 전선에 투입될 가능성은 없다고 했다. 동시에 그는 항복한 부대를 그대로 통과하여 가능한 한 신속하게 동부전선으로 진군한다는 것이었다.

나는 그러한 문제는 아이젠하워의 자유재량에 맡겨야 하며, 정치적인 문제가 발생한 경우에만 양국 정부가 개입해야 한다고 생각했다. 서부전선에서 적의 대군이 투항하고, 그로 인해서 우리는 엘베 강을 향해서 더 나아갈 수 있게 되었는데, 왜 스탈린 앞에서 고민해야 하는지 알 수가 없었다. 조크 콜빌의 회고에 의하면, 그날 저녁 내가 이렇게 말했다고 한다. "러시아의 의도에 대한 나의 의혹이 완전히 제거되지 않는 한, 독일 분할에 대해서 생각하고 싶지 않다."

4월 5일, 나는 대통령으로부터 그와 스탈린 사이에 오간 놀라운 내용의 서한을 전달받았다.

스탈린이 쓴 답신은 이러했다. "베른에서든 다른 어떤 장소에서든 영미 사령부와 독일 사령부 사이에 진행된 협상과 관련한 문제가 '유감을 남기는 불안과 불신의 분위기를 조성했다'는 귀하의 지적은 전적으로 옳습니다.

귀하께서는 아직 협상이 이루어지지 않았다고 주장합니다. 그것은 아마도 귀하께서 완전한 내용을 보고 받지 못했기 때문이라고 생각됩니다.……우리 군 동지들은 협상이 이미 이루어졌다는 사실에 대해서 확신하고 있습니다. 협정 체결까지 완료했으며, 그것을 토대로 서부전선의 독일군 사령관 케셀링 원수가 전선을 열어 영미 부대의 동부전선 진군을 가능하게 만들었으며, 영미군은 그 반대급부로 독일군에게 평화 조건을 완화하기로 약속한 사실은 의심의 여지가 없습니다.

그 결과로 현재 독일군은 서부전선에서 영미군을 상대로 한 전쟁을 사실상 중단했습니다. 그러나 독일군은 영국과 미국의 동맹국인 러시아에 대해서는 전쟁을 계속하고 있습니다.……"

그러한 비난에 대통령은 몹시 화가 났다. 그에게 남은 체력으로는 자신이 원하는 답신을 작성할 수가 없었다. 마셜 원수가 초안을 잡아 대통령의 승낙을 받았다. 그러나 그 내용은 다소 기백이 결여되어 있었다.

"······나의 개인적 믿음을 바탕으로 나치스의 무조건 항복을 귀하와 함께 받아들이기로 한 결정을 귀하가 신뢰하리라고 확신했기 때문에, 먼저 귀하의 완전한 동의를 얻지 않은 채 내가 적과 협정을 체결하기에 이르렀다고 소련 정부가 믿게 되었다는 사실은 정말로 놀랍습니다. 마지막으로 이렇게 말씀 드립니다. 승리가 우리 손에 거의 들어온 바로 이러한 순간에 그러한 불신과 믿음의 결여로 인하여 그동안 투여한 인명과 물자와 비용을 막대하게 잃게 하는 것은 역사의 비극임에 틀림없습니다.

솔직히 말해서, 그가 누구이든지 간에 나의 행동 또는 내가 신뢰하는 부하들의 행동과 관련하여 악의적으로 잘못 전달한 귀하의 정보제공자에 대하여, 그가 누구든지 간에 격심한 분노를 느낍니다."

내가 강조 표시를 한 마지막 문장이 나의 가슴 깊숙이 와 닿았다. 나는 루스벨트가 스스로 전문 전체의 초안을 작성할 수 없었지만, 최후의 일격을 가하듯 한 문장을 삽입했다는 것을 느낌으로 알았다. 그 문장은 자신의 분노를 나타내는 가필이거나 요약으로 보였다.

나는 즉시 대통령과 스탈린에게 전문을 보냈는데, 며칠 뒤 러시아의 독재자로부터 사과 비슷한 답신을 받았다. 이어서 4월 12일자로 보낸 전문에서 대통령은 이렇게 말했다. "가능한 한 일련의 소련 문제를 최소한으로 평가하고 싶습니다. 왜냐하면 그러한 문제는 어떠한 형태로든 매일 일어나기 때문입니다. 그리고 그러한 문제는 대부분 베른 회담에서와 같은 방식으로 처리되기 때문입니다. 그러나 우리는 확고한 태도를 취해야 하며, 오래 전부터 우리가 취해온 그러한 태도는 옳습니다."

★ ★ ★ ★ ★

1945년 4월 12일 목요일 오후, 루스벨트 대통령은 조지아의 웜스프링스에서 급서했다. 향년 예순셋이었다. 그날 그는 자신의 초상화를 그리게 하고는 갑자기 쓰러졌는데, 끝내 의식을 회복하지 못하고 몇 시간 뒤에 세상을 떠났다. 13일 금요일 이른 아침에 그 소식을 들었을 때, 나는 육체적으로 일격을 당한 것 같은 충격을 느꼈다. 그 빛나는 인물과 나의 관계는 그토록 길고도 험한 시절을 함께 일하는 동안 큰 역할을 했다. 마침내 그 관계는 끝이 났고, 나는 깊고 돌이킬 수 없는 상실감에 휩싸였다. 11시에 소집된 하원에 나갔고, 즉시 휴회함으로써 그 위대한 우리의 벗의 명복을 빌자고 간단하게 제안했다. 한 외국 원수의 죽음을 맞아 이루어진 전례 없는 조치는 의원 전원 일치의 의사에 따른 것이었다. 개회한 지 8분 만에 모두 자리에서 일어나 열을 지어 퇴장했다.

가장 먼저 떠오른 생각은 장례식에 참석해야 한다는 것이었다. 나는 이미 비행기를 준비시켜두었다. 홉킨스와 스테티니어스가 나의 미국행에 대해서 무척 감동한 것 같다는 소식을 핼리팩스 경이 전문으로 전했다. 방미 결과와 그 효과에 대한 나의 판단에 두 사람 모두 생각을 같이 한다고 했다. 트루먼도 핼리팩스에게, 가능한 빠른 시일 내에 나를 만나는 일이 얼마나 중요하고 또 기대되는 일인지 모른다는 말을 나에게 전하라고 했다. 장례식을 마치고 난 뒤, 이틀이나 사흘 정도 함께 회담을 하자는 것이 트루먼의 생각이었다.

그러나 그 중대하고 어려운 시기에 나라 바깥으로 떠나서는 안 된다는 압력이 거세었고, 나는 그러한 동료들의 뜻에 굴복하고 말았다. 그러나 그 뒤에 새 대통령의 제의를 받아들이지 않은 것을 후회했다. 나는 그를 한번도 만난 적이 없었다. 직접 만나서 이야기하게 될 경우 큰 효과를 볼 수 있는 여러 문제점들이 있다고 느꼈으며, 특히 주요 문제들을 여러 날에 걸쳐 논의하면 서두르거나 형식에 그치는 사태를 방지할 수 있다는 생각이 들었다. 특히 2-3개월 전부터는 루스벨트가 자신의 대리 역할을 할 인물이나 잠정적 후계자에게 사태의 전모를 파악하게 하고, 결정에도 참여하도록 하지 않은 것이 나에게는 이상하게 여겨졌다. 그것은 우리가 다루던 여러 문제에 아주 불리하게 작용했다. 사태에 관한 내용을 사후에 기록으로 읽는 것과 시시각각 실제로 겪는 것은 비교할 수가 없다. 나는 건강 상태도 좋고 충분한 활동을 할 수 있었음에도 불구하고, 모든 것을 파악하고 어떤 경우에도 전반적인 지도 책임을 맡을 수 있는 이든이라는 사람이 곁에 존재했다. 그러나 미국의 부통령은 거의 아무런 정보도 없고 권력도 없는 상태에서 갑자기 정상으로 뛰어오르게 된 것이었다. 트루먼은 전쟁의 클라이맥스에서 위기에 놓인 여러 문제를 어떻게 이해하고 평가할 수 있을 것인가? 그때까지 그에 대해서 우리가 알고 있는 모든 것이라고는, 그가 결단성이 있고 과감하며 최고의 결정을 할 수 있는 인물이라는 것뿐이었다. 초기 몇 개월 동안 그의 위치는 극히 어려웠고, 그의 뛰어난 자질을 충분히 행동으로 살릴 수 없었다.

우리와 관련한 트루먼의 첫 번째 정치적 행동은 폴란드 문제를 48시간 전 루스벨트가 사망한 바로 그 시점에서 다루기 시작한다는 것이었다. 그는 스탈린에 대한 우리 둘의 공동 선언문을 제안했다. 선언문에 표현될 내용은 당연히 새 대통령이 대통령직을 승계할 시점보다 앞서 국무부에서 미리 준비한 것이었다. 그렇다고 하더라도 집무를 위한 준비 절차와 전임자 장례식 등의 업무 가운데 그 문제에 그토록 신속하게 대응할 수 있다는 것은 놀라웠다.

트루먼은 스탈린의 태도에 도무지 희망을 기대할 수 없다는 것을 알았으나, 우리는 "한 걸음 더 전진해야" 한다고 생각했다. 따라서 모스크바 주재 우리 대사들이 협의를 위해서 모스크바에 초대된 바르샤바 정부의 세 지도자에 대해서 이의 없이 찬성한다는 것을 스탈린에게 전하고, 그들이 통일 국가의 새 임시정부를 형성하는 데 현저한 역할을 할 것이라는 사실을 부정하지 않는다는 점을 확인시켜주자고 제안했다. 우리 양국의 대사들이 폴란드 국내외의 폴란드인들을 무제한으로 초청할 권리를 요구한 것은 아니었다. 실제의 문제는 바르샤바 정부가 협의를 위한 개별 후보자들에 대한 거부권을 행사할 수 있느냐였는데, 우리의 의견은 얄타 협정에서 그러한 권한을 부여하지 않았다는 것이었다.

우리의 공동 전문은 15일에 발송했다. 그리고 미코와이치크는 폴란드의 동쪽 국경을 커즌 라인으로 하는 안까지 포함하여 크림에서 합의한 폴란드에 관한 결정을 받아들인다고 했다. 나는 그 사실을 스탈린에게 알렸다. 답신이 없어서, 그 독재자가 일단 만족한 것으로 추측했다. 그런데 다른 문제들이 생겼다. 워싱턴에서 이든이 전문을 보냈는데, 그와 스테티니어스는 우리가 옵서버의 폴란드 입국을 다시 요구해야 하며, 루블린 정부와의 조약을 의한 협상을 중지하도록 한 번 더 소련 정부를 압박해야 한다고 했다. 그러나 이 결정이 있은 지 얼마 되지도 않아 조약이 체결되었다는 소식이 왔다.

4월 29일, 아무 진전이 없다는 것이 명백해 보였을 때 나는 사태의 전모를 밝히는 긴 전문을 스탈린에게 보냈는데, 그 내용은 다음과 같다.

폴란드와 관련해서 우리가 미국과 함께 일정한 행동 방침에 도달한 것은 분명한 사실입니다. 그것은 우리가 자연스럽게 그 문제에 관해서 의견이 일치되었기 때문이며, 크림 회담 이래로……양국은 부당한 대우를 받아왔다고 진지하게 생각하게 되었습니다. 물론 그것들은 반대의 관점에서 바라볼 때 서로 다른 것으로 보일 것입니다. 폴란드인들 중에서 모든 영역의 민주적 구성원들을 충분하고 적절하게 대표하는 정부를 가진 주권 자유 독립국가로서의 폴란드를 위해서, 우리가 한 서약은 우리의 명예이자 의무라는 데 우리는 완전히 의견이 일치했습니다. 영미 양국의 태도에 경미한 변화의 조짐조차도 없었다고 생각하며, 그리고 우리의 의견이 일치할 때 그렇게 말할 수 있을 것입니다. 마침내 1944년 초, 대체로 나의 발의에 따라 귀하와 공동으로 귀하가 원하는 바에 따라 르보프를 러시아에 포함시키는 소위 커즌 라인을 폴란드와 러시아의 국경으로 선언하게 되었습니다. 만약 폴란드가 러시아에 우호적이라면, 귀하가 우리와 함께 선언한 폴란드의 주권과 독립과 자유의 정책에 관하여 협의하기 위해서 귀하는 우리를 만나야 한다고 생각합니다.……

또한 지금 이 순간 곤란한 문제는 온갖 종류의 이야기들이 폴란드 밖으로 나가고 있고, 의회는 거기에 열심히 귀기울이고 있다는 것입니다. 그러한 일에 관해서 내가 아무리 부인해도 언제든 의회나 신문 지상에서 심각하게 다루어질 가능성이 있으며, 거듭된 요청에도 불구하고 몰로토프는 그에 관한 정보를 전혀 제공하지 않습니다. 예를 들면, 4주일도 더 전에 토의하기 위해서 러시아 당국자를 만난 15명의 폴란드인에 대한 이야기가 나돌고 있습니다.……그리고 국외 추방에 관한 여러 진술 등이 있습니다.* 귀하가 전혀 정보를 제공하지도 않고 우리나 미국이 진상을 파악하기 위한 목적으로 사람을 폴란드로 파견하지 못한다면, 그러한 불평에 대해서 내가 어떻게 반박할 수 있겠습니까? 우리가 점령하거나 해방한 영토 중에서 귀하가 대표단을 보낼 수 없는 지역은 존재하지 않습니다. 따라서 귀하가 해방한 외국에 영국 대표의 유사한 방문에 대해서 귀하가 반대하는 이유를 알 수 없습니다.

귀하와 귀하가 지배하는 국가들에다 다른 여러 국가들의 공산당이 한쪽을 차지하고, 영어권 국가와 그 연합국 또는 자치령이 다른 한쪽을 차지하는 미래를 예상하는 일은 몹시 불편합니다. 두 진영이 서로 싸워 세계를 분열시키고, 그 안에서 무엇인가 할 수밖에 없는 우리와 같은 양쪽의 지도자들은 역사 앞에 서기가 부끄럽게 될 것은 명백합니다. 장기간에 걸쳐 시기하고, 비난과 비난에 대한 비난이 이어지고, 서로 대립하는 정책을 펼치는 사태의 시작은 오직 우리 세

---

* 강조 표시는 저자가 한 것임.

나라만이 성취할 수 있는 국민 대중을 위한 세계 번영의 위대한 전진을 방해하게 될 것입니다. 나는 여기에 나의 진정한 심정을 털어놓으면서 무의식중에라도 귀하의 심기를 불편하게 만든 부분이 없기를 원합니다. 만약 그렇지 않다면 지적해주시기 바랍니다. 하지만 나의 친구 스탈린 씨여, 나는 귀하에게는 사소한 것일지 모르지만, 우리에게는 영어권 민주주의 사회에서 삶을 바라보는 방식의 상징으로 생각되는 일과 관련하여 벌어지는 차이를 결코 과소평가하지 말아주실 것을 호소합니다.

★ ★ ★ ★ ★

전반적인 이야기의 서술에 앞서기는 하지만, 앞에 인용한 전문의 두 번째 문단에서 언급한 폴란드인들의 실종 사건에 관해서 여기 기록해둘 필요가 있다. 1945년 3월 초, 폴란드 지하조직은 얄타 협정의 노선에 기초한 통일 폴란드 정부 조직을 위한 토론을 해야 하니 대표를 모스크바로 파견해달라는 러시아 정치경찰의 초청을 받았다. 신변 안전 보증서가 왔고, 거기에는 교섭이 성공적일 경우 일행이 폴란드 망명 정부와 회담할 수 있도록 런던 여행을 허락한다는 양해 문구가 포함되었다. 3월 27일 지하군 사령관 보르-코모로프스키의 후임자인 레오폴드 오쿨리츠키 장군과 다른 두 명의 지도자 그리고 통역 한 사람이 바르샤바 교외에서 소련 대표와 만났다. 이튿날 폴란드 주요 정당들의 대표자 11명이 합류했다. 다른 한 명의 폴란드 지도자는 이미 러시아 손에 들어가 있었다. 그들 중 그 회합에서 돌아온 사람은 단 한 명도 없었다. 4월 6일, 폴란드 망명정부는 런던에서 그 불길한 사건의 개요를 알리는 성명을 발표했다. 러시아의 공식 보증에도 불구하고 폴란드 지하조직의 가장 중요한 대표들이 흔적도 없이 사라져버린 것이었다. 의회에서 질문이 쏟아지고, 당시 소련군이 점거하고 있던 지역에서 폴란드 지역 지도자 사살 소식이 나돌고, 특히 폴란드 동부의 시에들체에서 벌어진 사건의 소식이 널리 퍼졌다. 5월 4일에 이르러서야, 샌프란시스코에 가 있던 몰로토프가 그 폴란드인들이 러시아에 억류되어 있다는 사실을 시인했다. 이튿날 러시아 공식 보도 기관은 그들이 "붉은 군대 배후에서 분열 책동을 벌인 혐의"로 재판을 받기 위해서 대기 중이라고 보도했다.

5월 18일 스탈린은 체포된 폴란드 지도자들이 모스크바에 공식 초청된 사실을 부인하면서, 그들은 단지 "분열 분자"로서 "영국의 국토방위법과 유사한 법"에 따라 처리될 것이라고 주장했다. 소련 정부는 그 입장에서 조금도 물러날 생각이 없었다. 6월 18일 재판이 열리기 전까지 함정에 걸려든 그들에 대한 아무런 소식도 더 들을 수 없었다. 그것은 공산주의자들의 통상적인 수법이었다. 체포된 그들은 전복, 테러, 스파이 활동 등의 혐의로 기소되었고, 한 사람을 제외하고 모두 범죄 사실 전부 또는 일부에 대해서 시인했다. 13명은 유죄로 4개월에서 10년까지 금고형을 받았고, 3명은 석방되었다. 그것은 히틀러에 대항하여 영웅적으로 싸워온 폴란드 지하운동 지도자들에 대한 소련 방식의 사법적 청산이었다. 지하운동의 병사들은 이미 바르샤바의 폐허 속에서 모두 전사한 뒤였다.

★ ★ ★ ★ ★

그 사이에 나는 스탈린으로부터 내가 4월 29일자로 보낸 호소의 서한에 대한 실망스러운 답신을 받았다. 5월 5일자의 내용은 다음과 같다.

나는 귀하의 입장에서 개진한 귀하의 논의에 찬성할 수 없다는 말씀을 드립니다.……나는 귀하가 3대국이 선거를 감시해야 한다고 제안하는 부분에서…… 귀하의 견해에 동의할 수 없습니다. 연합국 인민들과 관련한 그러한 감독은 그 나라 인민에 대한 모욕이며 그들의 국내 문제에 대한 아주 좋지 않은 간섭 외에 아무것도 아닙니다. 이전에 위성국가였다가 그 이후에 독일에 선전포고함으로써 연합국에 가담하게 된 국가에는 그러한 감독이 아예 필요가 없습니다. 이미 선거를 치른 핀란드의 예를 보면 알 수 있습니다. 핀란드에서는 외부의 아무런 간섭 없이 선거를 시행했으며, 건설적인 결과를 가져왔습니다.……소련과 국경을 나란히 하고 있는 인접국이라는 폴란드의 특수한 입장 때문에……장래의 폴란드 정부는 폴란드와 소련 사이의 우호관계를 위해서 적극적인 노력이 필요하며, 그것은 평화를 애호하는 다른 국가의 이익을 위해서도 마찬가지입니다. ……반추축 연합국은 소련과 폴란드 사이에 확고하고 영속적인 우호관계에 대해서 관심을 가지고 있습니다. 결과적으로 장래의 폴란드 정부의 형성에 귀하가 표현하듯이 "근본적으로 반소비에트가 아닌" 사람을 참여시킨다든지, 또는 귀하의 의견에 따라서 "러시아에 대해서 극단적으로 비우호적인" 인물만 배제하는 정도로는 우리가 만족할 수 없습니다. 그러한 기준은 어느 것도 우리를 만족시키지 못합니다. 우리가 주장하는 바는, 또한 우리가 주장할 수밖에 없는 바는, 장래 폴란드 정부 형성과 관련하여 소련에 대해서 적극적인 우호적 태도를 보이는 인물만이, 그리고 소련과 협력할 준비가 된 정직하고 성실한 인물만이 협의에 초청되어야 한다는 것입니다.*

나는 특히 귀하의 서신의 (또다른) 핵심 중의 하나인 15명의 폴란드인의 체포와 추방 등에 관한 소문의 결과가 야기하는 어려움에 대해서 언급하고자 합니다.

그 문제와 관련하여 한 가지 알려드릴 수 있는 것은 귀하가 언급한 폴란드인 그룹은 15명이 아니라 16명으로 구성되었으며, 유명한 폴란드 장군 오쿨리츠키가 그 지도자입니다. 오쿨리츠키의 혐오스러운 성격에 비추어볼 때 영국 정보부는 그 폴란드 장군의 문제에 대해서 침묵을 지키고 있는데, 어쨌든 그는 그와 같은 일을 저지른 다른 15명의 폴란드인과 함께 "사라진" 것입니다. 그러나 우리는 그 문제에 대해서 침묵만 지킬 수는 없습니다. 오쿨리츠키가 지도자인 16명으로 구성된 그 무리는 소련 전선에서 군 당국에게 체포되었는데, 현재 모스크바에서 조사를 받고 있는 중입니다. 오쿨리츠키 장군의 무리 그리고 특히 장군 자신은 붉은 군대 배후에서 분열 책동을 계획하고 수행한 혐의로 기소되었는데,

---

* 강조 표시는 저자가 한 것임.

그들의 행위로 인해서 100명 이상의 붉은 군대 병사와 장교를 잃어버렸습니다. 그리고 그들은 우리 부대 배후에서 불법 무선통신소를 설치한 혐의도 받고 있는데, 실정법 위반 행위에 해당합니다. 조사 결과에 따라 그들 전부 또는 일부는 재판에 회부될 것입니다. 이러한 조치는 붉은 군대가 분열 책동과 질서 교란 행위로부터 소속 부대와 배후 지역을 지키기 위해서 필요한 조치입니다.

영국 정보부는 시에들체에서 폴란드인을 살해하거나 저격했다는 소문을 유포시키고 있습니다. 그와 같은 영국 정보부의 성명은 완전한 허구이며, (반소비에트) 첩자들이 제공한 것이 분명합니다.……

귀하의 편지를 보면, 귀하는 폴란드 임시정부를 장래의 통일국가 정부의 기초로 인정하려고 하지 않는 듯하며, 임시정부에 정당한 지위를 부여하지 않으려는 듯이 보입니다. 솔직히 말하자면, 그러한 태도는 폴란드 문제에 대한 의견 일치의 해결 가능성을 배제하는 것입니다.

나는 그 험악한 내용의 편지를 트루먼 대통령에게 보냈는데, 다음과 같은 말을 덧붙였다. "서신 교환만으로는 일의 진전이 있을 것 같지가 않으므로, 가능한 한 빠른 시일 내에 3국 정부의 정상회담을 가져야 합니다. 그동안 우리는 유고슬라비아, 오스트리아, 체코슬로바키아, 미군의 중앙부 주요 전선, 뤼베크에 이르고 덴마크를 포함하는 영국군 전선에서 우리 부대들이 이미 획득했거나 획득하게 될 지반을 굳건히 잘 유지해야 합니다.……"* 5월 4일, 내가 본 유럽의 정세를 그대로 써서 이든에게 보냈다. 그는 샌프란시스코 회담에 참가하여 매일 스테티니어스와 몰로토프를 만나고 있었고, 곧 워싱턴으로 가서 대통령을 다시 방문할 예정이었다.

1. 나는 폴란드의 정체 상태가 3국 정부 정상이 독일의 파괴되지 않은 도시—그

---

* 강조 표시는 저자가 한 것임.

러한 곳을 찾을 수 있다면—에 모여 회담을 함으로써 해결될 것이라고 생각합니다. 회담은 늦어도 7월 초에는 열려야 합니다. 나는 트루먼 대통령에게 그의 방문과 주요 3대국의 불가피한 회담을 제안하는 전문을 보낼 것입니다.

2. 폴란드 문제는 아마도 러시아와 긴급한 해결을 요하는 여러 중요한 문제와 관련시켜 해결을 시도하는 방식이 보다 용이할 것입니다. 나는 러시아군이 독일을 통과하여 엘베 강을 향해서 진출하는 동안 끔찍한 사태가 일어나지 않을까 두렵습니다. 퀘벡 회담에서 러시아와 미국 사이에 조정된 점령선까지 예정된 대로 미군의 철수가 이루어진다면, 이미 우리가 검토하여 지도 위에 노란 표시를 한 것과 같이, 러시아군이 500킬로미터 또는 650킬로미터의 전선에 걸쳐 200킬로미터 전진하여 지배권을 행사하는 결과를 초래할 것입니다. 만약 그러한 일이 일어난다면, 그것은 역사상 가장 음울한 사태의 하나가 될 것입니다. 일이 그렇게 되어 러시아군이 폴란드 영토를 점령하고 나면, 폴란드는 러시아 점령 지역에 완벽하게 편입되어 깊숙이 파묻히고 말 것입니다. 사실상 러시아의 국경은 노르웨이의 노르 곶에서 시작하여 핀란드-스웨덴 국경을 따라 발트 해를 건너 뤼베크의 동쪽 끝에 이르고, 현재 합의된 점령선 및 바이에른과 체코슬로바키아 사이의 국경선을 따라 형식상 4개국 점령 하에 있는 오스트리아 국경에까지 이르게 됨으로써, 그 나라의 중앙을 가로질러 이존초 강까지 도달하는 선이 될 것입니다. 한편 그 강의 배후에서 티토와 러시아가 그 동부의 모든 것을 주장할 것입니다. 그렇게 러시아가 지배하게 될 영토는 발트 3국, 점령 구획선 안쪽의 독일, 체코슬로바키아 전체, 오스트리아의 대부분, 유고슬라비아 전체, 헝가리, 루마니아, 불가리아를 포함하여 현재 동요하고 있는 그리스에까지 이릅니다. 거기에는 베를린, 빈, 부다페스트, 베오그라드, 부쿠레슈티, 소피아 등을 비롯한 중부 유럽의 대수도가 모두 포함됩니다. 터키와 콘스탄티노플의 지위도 즉시 논란의 대상이 될 것이 확실합니다.

3. 이러한 사태는 유럽의 역사에서 전례를 찾아볼 수 없는 것이며, 연합국이 그

오랜 세월 동안 위험을 무릅쓰고 싸우는 동안에 한번도 직면하지 못한 일입니다. 독일에 대한 러시아의 단독 배상 요구는 러시아의 점령 지역을 거의 무제한으로 확장하고, 수년에 이를 그 기간 동안 폴란드는 다른 여러 국가와 함께 러시아가 지배하는 확장된 유럽 지역에 매몰되어, 경제적으로 소비에트화할 뿐만 아니라 그 경찰의 통치 아래 들어가게 될 것입니다.

4. 이러한 가공할 만한 문제들은 이제 주요국들이 전체적으로 검토해야 할 때가 왔습니다. 우리는 거래상 몇 가지 유력한 반격 카드가 있으나, 평화 협정 때 활용할 생각입니다. 첫째, 폴란드 문제와 러시아의 독일 점령의 현재 성격에 대해서, 그리고 특히 오스트리아와 체코슬로바키아와 같은 다뉴브 계곡의 러시아화한 또는 러시아 지배의 국가나 발칸 지역 등에서 이루어질 제반 조건에 대해서 우리가 만족할 때까지 연합군은 현재 위치에서 점령 구획선으로 후퇴해서는 안 됩니다.* 둘째, 우리는 일반적 선언의 일부로 흑해와 발트 해의 출구와 관련해서 그들을 만족시킬 수 있을 것입니다. 이러한 모든 문제는 유럽에 주둔 중인 미군의 군사력이 약화되기 전에만 해결할 수 있습니다. 만약 미군이 유럽에서 철수하기 전에, 그리고 서유럽 세계가 전쟁 무기를 거두기 전에 그 문제들을 해결하지 못할 경우에는, 만족스러운 해결의 전망은 사라질 것이며 제3차 세계대전의 발발을 막을 수 없을 것입니다. 이 순간 우리가 희망을 걸어야 하는 것은 러시아와 조기에 신속하게 대결하여 해결하는 것뿐입니다. 한편 어떤 식으로든 폴란드를 위한다는 이유로 러시아에 대한 우리의 요구를 완화하는 데 반대합니다. 대통령과 내가 전문을 통해 말한 것은 반드시 지켜야 한다고 생각합니다.

이튿날, 나는 이렇게 한 줄 덧붙였다. "가능한 한 빨리 영미 양국이 지배하고 적당히 설비가 갖추어진 독일의 어느 장소에서 회담을 열고 대결하는 것 외에 이 대파국에서 우리를 구할 수 있는 것은 아무것도 없습니다."

---

* 강조 표시는 저자가 한 것임.

제26장

독일의 항복

지중해 전투는 우리의 눈부신 성공으로 막을 내렸다. 12월에는 윌슨에 이어 알렉산더가 최고사령관에 취임했으며, 마크 클라크가 제15집단군의 지휘를 맡았다. 그해 가을 불굴의 노력 끝에, 이탈리아의 우리 군대는 재편성과 공격력 회복을 위해서 잠시 휴식이 필요했다.

모든 전선에 걸친 독일군의 예상하지 못했던 길고 완강한 저항 때문에 영미 양군은 포탄이 많이 모자랐다. 그리고 이탈리아에서 겪은 겨울 전투의 고통스러웠던 경험으로 인하여 총공격을 봄까지 연기해야만 했다. 그러나 에이커 장군이 지휘하다가 나중에 캐넌 장군이 맡은 연합군 공군은 30대 1 정도로 우세한 전력을 이용하여 독일군 보급로를 무자비하게 공격했다. 가장 중요한 보급로의 하나로, 과거 화려했던 시절 히틀러와 무솔리니가 서로 만날 때 사용했던 베로나에서 브레너에 이르는 고갯길은 3월 한 달 동안 여러 곳이 막혀 폐쇄되었다. 다른 통로들은 한 번에 몇 주일씩 자주 봉쇄되었는데, 러시아 전선으로 이동하려던 독일군 2개 사단의 출발이 거의 한 달 가까이 지체되기도 했다.

적은 탄약이나 식량은 충분했으나 연료가 부족했다. 부대는 전반적으로 보강되었고, 라인 강과 오데르 강에서 히틀러의 군대는 패배했지만, 사기는 높았다. 독일 최고사령부는 우리 공군의 제압만 없었더라도, 우리가 주도권을 쥐고 원하는 지역은 언제든 공격할 수 있다는 사실 또는 넓은 포 강 유역을 배후로 그들 스스로 방어 지역을 잘못 선택한 사실에 대해서 두려워하지 않았을 것이다. 그들은 북이탈리아를 포기하고 아디제의 견고한 방어 진지로 퇴각하는 편이 나았을 것이다. 그곳에서는 훨씬 적은 병력으로도 우리를 저지할 수 있어 남는 부대를 열세 지역에 파견하는 것이 가능했고, 히틀러가 내심 "최후의 선"으로 생각했던 티롤 산맥의 국립 요새에서 남쪽을 바라보며 견고하게 포진할 수 있었기 때문이다.

그러나 포 강 남쪽에서의 패배는 파국적인 것이었다. 케셀링에게 패배는 너무나 명백해 보였다. 그랬기 때문에 앞에서 말한 바와 같은 협상을 시도한 것이었다. 히틀러는 너무나 당연하게도 방해만 되는 존재였다. 케셀링의 후임자 피팅호프는 히틀러에게 전략상 후퇴를 제안했다가 질책만 당했다. "총통이 기대하는 것은 종전과 마찬가지로 귀관을 믿고 지휘를 맡긴 북이탈리아에서 한 치도 물러서지 않고 방어에 전력을 다하는 것이다."

4월 9일 저녁, 대공습과 포격으로 하루를 보낸 뒤 제8군이 공격했다. 14일이 되자 모든 전선에 걸쳐 좋은 소식이 들려왔다. 일주일 동안 격전을 치르고 난 제5군은 연합군 공군의 전폭적인 지원을 받으며 산악 지역에서 나와 볼로냐 서쪽 간선 도로를 건너 북진했다. 20일, 피팅호프는 히틀러의 지시를 어기고 후퇴를 명령했다. 그러나 때는 이미 늦었다. 전술 공군이 전방 도로를 따라가며 폭격하는 가운데, 제5군은 적을 포 강 쪽으로 압박했다. 그들의 뒤에는 퇴로를 차단당한 수천 명의 독일군이 포로수용소로 들어가든지 뒤로 계속 물러나든지 선택의 기로에 있었다. 우리는 적을 추격하면서 방대한 전선에 걸쳐 포 강을 건넜다. 모든 상설 교량은 우리 공군이 파괴해 버렸고, 도선이나 임시 가교는 공격을 받았기 때문에, 적은 혼란의 도가니 속에 빠졌다. 중장비를 모두 버린 채 도하하여 싸우던 적의 잔류병들은 멀리 저쪽 강안에서 재편성이 불가능한 상태였다. 연합국은 아디제 강까지 적을 쫓아갔다. 이탈리아 빨치산들이 산악 지대와 배후 지역에서 오랫동안

연합군의 독일 침공

적을 괴롭혔다. 4월 25일, 일제 봉기의 신호가 떨어지자 그들은 광범위한
공격을 개시했다. 수많은 도시와 마을, 특히 밀라노와 베네치아에서 그들은
지배권을 장악했다. 이탈리아 북서쪽에서는 대규모의 적군이 항복했다.
4,000명이 넘는 제노바 수비군은 영국 연락장교와 빨치산에 투항했다.

　독일군의 망설임이 현실적 힘에 굴복하기까지 약간의 휴지 기간이 있었
다. 마침내 4월 24일, 피팅호프로부터 전권을 위임받은 볼프가 스위스에
다시 나타났다. 두 명의 전권대사가 알렉산더의 사령부로 안내되었다. 4월

29일 영국, 미국, 러시아 3국의 고위 장교 앞에서 무조건 항복 문서에 서명했다. 5월 2일에 100만 명 가까운 독일군이 전쟁 포로 자격으로 투항했고, 이제 이탈리아 전쟁은 막을 내렸다.

드디어 우리의 20개월에 걸친 작전이 끝났다. 우리의 손실은 막대했다. 그러나 적의 피해는 최종 항복 직전까지만 해도 우리보다 훨씬 컸다. 우리 군대의 주요 임무는 최대한의 적군을 봉쇄하는 것이었다. 그 과제 역시 놀라울 정도로 완벽하게 수행되었다. 1944년 여름의 짧은 기간을 제외하고는, 언제나 수적으로 적은 우리를 능가했다. 적이 위기를 맞았을 때였던 그해 8월, 적어도 55개 독일군 사단이 지중해 전선을 따라 배치되어 있었다. 그것으로 끝이 아니었다. 우리 군대는 적의 대군에 대한 봉쇄 명령을 완벽하게 처리함으로써 임무를 마무리했다. 그와 같이 훌륭한 성과를 거둔 전투는 거의 찾아보기 어려울 것이다.

★ ★ ★ ★ ★

무솔리니에게도 최후가 왔다. 히틀러와 마찬가지로 무솔리니 역시 거의 마지막 순간까지 환상을 포기하지 못한 것 같았다. 3월 하순 그는 독일의 짝패를 마지막으로 만나러 갔고, 여전히 미련이 남은 승리로 이끌어줄 비밀 무기를 생각하며 들뜬 기분으로 가르다 호수의 자기 사령부로 돌아왔다. 그러나 아펜니노 산맥에서 시작한 연합군의 신속한 진격이 그러한 희망을 헛된 것으로 만들고 말았다. 이탈리아와 스위스의 국경을 이루는 산악 지대에서 마지막 저항에 관한 열띤 토론이 벌어졌다. 그러나 이탈리아 사회주의 공화국에는 전투의 의지가 남아 있지 않았다.

4월 25일, 무솔리니는 남은 군대를 해체하기로 결정하고, 밀라노의 대주교에게 이탈리아 민족해방운동의 지하 군사위원회와의 회동을 주선해달라고 요청했다. 그날 오후 대주교의 저택에서 회담이 열렸으나, 무솔리니는 자립해야 한다고 격렬한 제스처를 보이다가 퇴장해버렸다. 저녁 무렵, 잔존

한 이탈리아 파시즘 지도자들을 태운 30대의 호송 차량을 거느리고 코모(북부 이탈리아의 코모 호반의 도시/역주)의 관사로 갔다. 무솔리니에게는 일관된 계획이 없었기 때문에, 토의가 아무 소용이 없자 저마다 개별 행동을 취하게 되었다. 약간의 지지자들을 데리고, 그는 스스로 스위스 국경 방향으로 가는 소규모의 독일군 수송대에 의지했다. 독일군 지휘관은 이탈리아 빨치산들과 마찰이 일어나는 것을 바라지 않았다. 이탈리아 총통을 설득하여 독일군 외투와 헬멧을 착용하도록 했다. 그러나 그 소규모 일행은 이탈리아 빨치산의 검문에 걸리고 말았다. 그들은 무솔리니를 알아보고 감금했다. 무솔리니의 연인 페타치를 비롯한 나머지 일행도 모두 체포되었다. 공산당의 지령에 따라, 빨치산들은 이튿날 무솔리니와 그의 애인을 차에 싣고 나가 총살했다. 그들의 주검을 다른 시신들과 함께 밀라노로 가져간 뒤, 푸줏간 갈고랑이에 거꾸로 걸어 로레토 광장의 주유소에 전시했다. 그 무렵 이탈리아 빨치산 한 무리가 공개 처형된 장소였다.

그렇게 이탈리아 독재자의 운명은 끝이 났다. 마지막 장면을 찍은 사진이 나에게 전달되었는데, 나는 심각한 충격을 받았다. 그러나 세계는 최소한 이탈리아의 뉘른베르크는 생략할 수 있었다.

★ ★ ★ ★ ★

독일 안으로 들어간 군대는 전력을 다해 진격하여, 적과의 거리는 매일 조금씩 좁혀졌다. 4월 초 아이젠하워는 라인 강을 건너 독일과 중부 유럽 깊숙이 진군했다. 적군은 곳곳에서 맹렬히 저항했지만, 승리의 물살을 탄 아군의 쇄도를 막을 수 없었다. 정치적, 군사적 전리품들은 여전히 미확정된 상태였다. 폴란드는 이미 우리가 구제할 수 있는 영역 바깥에 있었다. 빈도 마찬가지로, 이탈리아에서 진격하여 러시아보다 먼저 기선을 제압할 기회가 있었으나, 8개월 전 알렉산더 부대가 남프랑스 상륙 준비를 위해서 무기를 전부 보낸 탓에 포기하게 되었다. 러시아군은 빈의 동쪽과 남쪽을 통해 진입한 다음, 4월 13일에 완전히 빈을 점령했다. 그러나 서방 연합군의 베를린 장악을 저지할 방해물은 없는 것 같았다. 러시아군은 불과 55킬로미터 떨어진 곳까지 다가섰으나, 독일군이 오데르 강에 포진하고 있어 러시아군이 강을 건너 전진을 재개하려면 격렬한 전투를 치러야만 했다. 한편 미군 제9군은 빠른 속도로 움직여 4월 12일 마그데부르크 부근의 엘베 강을 건너 수도 전방 100킬로미터 지점까지 갔다. 그런데 거기서 진군은 중단되었다. 나흘 뒤 러시아군이 공격을 개시했고, 25일에 베를린을 포위했다. 스탈린은 아이젠하워에게 독일에 대한 주력 공격을 "대략 5월 중순 이후"에 행할 것이라고 말한 바 있었다. 그러나 이미 한 달 전에 진군을 시작한 것이었다. 어쩌면 아군이 신속하게 엘베 강으로 접근한 것이 영향을 끼쳤는지 모른다.

1945년 4월 25일 바로 그 날, 라이프치히에서 출발한 미군 제1군 선봉대가 엘베 강 유역의 토르가우 근처에서 러시아군과 만났다. 독일은 양단되었던 것이었다. 독일군은 우리 눈앞에서 분열되고 있었다. 4월의 첫 3주일 동안 100만 명 이상의 독일군 포로를 수용했다. 그러나 아이젠하워는 광적인 나치스들이 바이에른과 서오스트리아 산악 지역에서 기반을 구축하려고 시도할 것이라 확신하고, 미군 제3군을 남쪽으로 내려보냈다. 그 좌측 부대는 체코슬로바키아를 관통하여 멀리 부데요비체, 플제니 그리고 카를스바드까지 진출했다. 프라하는 여전히 우리 손이 닿는 범위 내에 있었고, 군사적으로 가능한 경우 아이젠하워가 점령하는 것을 금지할 수 있는 협정 같은 것은 존재하지 않았다. 4월 30일 나는 트루먼에게 프라하 점령을 제의했으나, 그의 생각은 다른 것 같았다. 일주일 후에는 아이젠하워에게 직접 전문을 보냈는데, 그의 계획은 1937년에 획정된 체코슬로바키아의 국경선을 따라 엘베 강 서안에서 진군을 멈추는 것이었다. 만약 상황이 허락한다면 엘베 강을 건너 카를스바드-플제니-부데요비체를 연결하는 선까지 나아가려고 했다. 러시아가 동의하자, 미군의 행동이 개시되었다. 그러나 5월 4일, 미군 제3군이 프라하를 관통하는 블타바 강으로 계속 진군한다는 새 제안에 대해서 러시아가 강력히 반대했다. 그들에게 유리하지 않다고 판단한 모양이었다. 따라서 미군은 "붉은 군대가 몰다우 강 동서 양안을 소탕하고 프라하를 점령하는 동안 정지해 있었다."* 프라하는 5월 9일 함락되었고, 그로부터 이틀 뒤 독일은 랭스(북동부 프랑스의 도시/역주)에서 전면적 항복 문서에 서명했다.

★ ★ ★ ★ ★

여기서 되짚어볼 필요가 있다. 독일 점령은 주요 연합국이 오랫동안 연구해온 문제였다. 1943년 여름, 3군 참모본부의 동의를 얻어 애틀리를 위원장으로 하여 내가 설치한 한 내각위원회는 독일을 효과적으로 무장해제시키려면 국토 전체를 점령해야 한다는 의견을 제시했다. 우리는 독일을 거의 같은 크기의 세 지역으로 나누어 병력을 배치해야만 하는데, 영국군은 북서부를, 미군은 남부와 남서부를, 러시아군은 동부 지역을 맡게 한다는 것이었다. 베를린은 별도의 공동 지구로 설정하여, 3대 주요 연합국이 분할 점령하기로 했다. 그러한 내용의 권고안을 승인 절차를 거쳐 소련 대사 구세프, 미국 대사 위넌트, 영국 외무부의 윌리엄 스트랭 경으로 구성된 유럽 자문회의에 제출했다.

당시만 하더라도 그 문제는 순수하게 이론적인 것으로 여겨졌다. 전쟁이 언제 어떻게 끝날지 아무도 예상할 수 없었다. 독일군은 유럽 쪽 러시아의 광대한 지역을 점령하고 있었다. 영국군과 미군이 서유럽에 발을 디딘 것은 1년 뒤였으며, 독일 영토로 진입한 때는 거의 2년이 흐른 후였다. 유럽 자문회의의 제안은 전쟁내각에 제시할 정도로 강력하거나 실현 가능성이 있는 것 같지 않았다. 장래 계획을 위한 가상한 여러 가지 노력처럼, 그 안은

---

* 아이젠하워, "합동3군참모총장위원회에 대한 보고서", 140면.

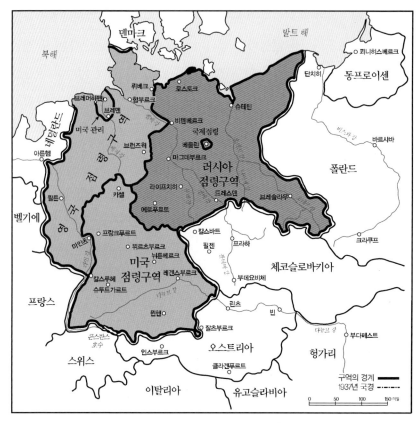

3대국의 독일 점령 지역. 1944년 9월 퀘벡 회담에서 합의한 내용

전쟁이 격렬하게 진행되는 동안 서랍 속에 잠자고 있었다. 당시에는 러시아
가 일단 자신의 국경선을 회복하면 전쟁을 계속하지 않을 것이라는 의견이
공통적이었다. 따라서 실제로 그러한 때가 오면, 서구 연합국이 러시아가
공격을 늦추지 않도록 설득해야 한다고 했다. 따라서 독일에서 러시아가
점령할 지역의 문제는 우리 생각에서 또는 영미의 토의 대상에서 큰 비중을
차지하지 않았으며, 테헤란 회담에서는 어느 지도자도 거론하지 않았다.

　1943년 11월 귀국하는 길에 카이로에서 모였을 때 미국 3군 참모 수뇌부
가 그 문제를 제기한 적이 있었는데, 그것도 러시아의 요청에 의한 것은

아니었다. 독일의 러시아 점령 지역은 마치 너무나 좋은 나머지 진실성이 결여된 그 무엇처럼 비현실적인 관념이었다. 그러나 나는 루스벨트 대통령이 영국과 미국이 점령 지역을 서로 바꾸기를 바란다는 말을 들었다. 그는 독일의 미군 수송로가 프랑스를 거치지 않고 직접 바다로 통하기를 원했다. 그 문제는 세부 사항에 관한 여러 기술적인 논의를 대두시키고, "대군주" 작전 계획의 수많은 부분에 영향을 주는 것이었다. 카이로에서는 아무런 결정도 하지 못했으나, 그 뒤에 대통령과 나 사이에 서신을 통한 상당한 의견 교환이 있었다. 영국 참모진은 원래 안이 더 나으며, 점령 지역의 변경은 여러 불편한 점과 복합적인 문제를 야기한다고 생각했다. 미국 참모진은 오히려 영국 참모진과 견해를 같이하고 있다는 인상을 받았다. 1944년 9월의 퀘벡 회의에서 영국과 미국은 확고한 합의점에 도달했다.

군사적 관점에서 분명한 확신을 가진 트루먼은 무릎 위에 커다란 지도를 펼쳐놓고 있었다. 어느 날 오후, 영미 합동3군참모총장위원회의 위원들 대부분이 참석한 자리에서 대통령은 미군이 영국 지역을 통과해서 바다에 직접 이르는 출구를 가지는 것을 조건으로 기존의 조정안이 유지되어야 한다며, 구두로 나에게 동의했다. 브레멘과 그 부수 지역인 브레머하벤이 미국의 요구를 충족시킬 수 있었기 때문에, 그 지역에 대한 미국의 관할권을 채택했다. 그 결정의 결과는 지도에 표시된 대로이다. 당시에는 독일의 프랑스 지역 설치 문제 논의는 모두 시기상조라고 느꼈고, 러시아 지역에 대해서도 아무도 언급하지 않았다.

1945년 2월 얄타 회담에서는 장래 독일의 동쪽 국경과 관련한 미해결의 토의를 위한 유효한 기초로 더 이상의 고려 없이 퀘벡 계획을 채택했다. 그 문제는 평화 조약을 위해서 보류했다. 바로 그 시기에 소련 군대는 대전 이전의 국경을 넘어서기 시작했고, 우리는 성공을 바랐다. 우리는 오스트리아의 점령 지역에 대한 협정도 제안했다. 어느 정도의 설득 끝에, 스탈린은 프랑스 역시 영미 지역의 일부를 할당 받아야 하며 연합국 관리위원회에 참여할 수 있어야 한다는 나의 강력한 주장에 찬성했다. 서로 합의한 점령 지역이라도 군대의 작전상 이동을 방해해서는 안 된다는 점에 대해서 모두 양해했다. 베를린, 프라하, 빈은 누구든 먼저 도착하는 국가가 점령하기로 했다. 우리는 크림 반도에서 동맹국으로서뿐만 아니라 여전히 막강한 적과 대항해서 격렬하고 끊임없는 전투를 벌이고 있는 우방으로서 서로를 확인하며 헤어졌다.

　그로부터 2개월이 지나는 동안, 바로 그러한 생각을 뿌리째 뽑아버리는 듯한 거대한 변화가 일어났다. 히틀러의 독일은 운명이 결정되었고, 히틀러 자신 또한 파멸에 이르고 있었다. 러시아군은 베를린에서 싸우는 중이었다. 빈과 오스트리아 대부분이 그들의 손에 들어갔다. 러시아와 서구 동맹국 사이의 전체적인 관계가 동요했다. 우리 사이의 장래에 관한 모든 문제가 미해결 상태였다. 앞에서 말한 바와 같은 얄타 회담에서 이룬 합의나 양해는 승승장구하는 크렘린에 의해서 파기되거나 무시당했다. 그동안 우리가 극복해온 것과 같은 정도의 무시무시한 새로운 위험이 비통하고 불안한 세계 앞에 번쩍이며 나타났다.

　그러한 불길한 사태의 전개에 대한 나의 관심은 대통령의 서거 전부터 뚜렷해지기 시작했다. 루스벨트 대통령 자신도 앞에서 본 바와 같이 우려하고 당혹해했다. 베른 사건과 관련한 몰로토프의 비난에 대해서 대통령이 얼마나 분노했는가는 앞에서 기술했다. 아이젠하워 군대의 승리의 진군에도 불구하고, 트루먼 대통령은 지난 4월 후반부에 가공할 위기에 직면했다. 군사적, 정치적 영역에서 얼마나 큰 변화가 일어나고 있는지를 미국 정부에 분명히 인식시키기 위해서 그 얼마 동안 나는 최선의 노력을 다했다. 동서의 연합국 전선이 서로 접근하면서 독일을 그 사이에 가두게 되면, 어느새 우리 서구의 군대는 우리 점령 지역의 경계 너머로 진출하게 될 것이었다.

앞에서 밝힌 전문에서 보다시피, 다른 협정이 존중되는 한 나는 이미 합의한 점령 지역에 대한 약속을 취소하려는 의도는 전혀 없었다. 우리 부대가 진격을 멈추기 전까지는, 또는 다소 후퇴하기 전까지는, 우리는 스탈린과 직접 만나 그 협정이 전체 전선에 대해서 적용되어야 한다는 것을 확인해야 했다. 소련은 그들이 진입하는 영토에 대한 의무를 조금도 고려하지 않고 발이 닿는 곳이면 점령해버리는 동안 우리만 엄격하고 충실하게 협정을 지키고 있게 된다면, 그것이야말로 진정 불행한 사태가 아닐 수 없었다.

아이젠하워 장군은 동서 양쪽에서 점령 지역 구획선을 무시하고 진격할 수 있지만, 그 결과 서로 만나게 될 경우에는 한 쪽이 다른 쪽에 대해서 점령 지역 경계 밖으로 물러갈 것을 요청할 수 있게 하자고 제안했다. 상대방의 후퇴를 요청하고 자기 군대의 후퇴를 명령하는 것은 당해 집단군 지휘관의 판단에 맡기자고 했다. 그때는 작전상 필요에 따라 후퇴할 수 있을 것이다. 그러나 나는 그 제안이 너무 성급하고 군사적 필요를 넘어선 것이라고 생각했다. 따라서 행동을 취했고, 4월 18일에는 새 대통령에게도 내 뜻을 알렸다. 트루먼은 우리가 직면한 그 복잡한 문제들을 최근에, 그것도 간접적으로 파악하게 되었으므로, 측근들에게 크게 의존할 수밖에 없었다. 따라서 트루먼에게는 순수한 군사적 고려가 과도하게 강조되었을 수 있었다. 나는 트루먼에게 다음과 같은 전문을 보냈다.

……나는 점령 지역을 고수할 확고한 준비가 되어 있습니다만, 그렇다고 지역 러시아 지휘관의 무례한 주장에 우리 연합군 부대나 미군 부대가 서둘러 특정 지점까지 물러서는 사태가 일어나기를 원하지는 않습니다. 그러한 사태에 대해서는 현장에서 바람직한 방식으로 해결할 기회를 아이젠하워에게 부여하는 정부 사이의 협정으로 대처해야 합니다.

……점령 지역은 1944년 9월 퀘벡에서 다소 서둘러 결정하게 되었는데, 그때

만 하더라도 아이젠하워 장군의 부대가 독일을 향해 이렇게 막강한 힘으로 진격하리라고 예상하지 못했습니다. 그러한 점령 지역은 러시아의 동의 없이는 변경이 불가능합니다. 그러나 V-E 데이[유럽 전승 기념일]*가 현실화하면 우리는 베를린에 연합국 관리위원회를 설치하고, 독일의 전역에서 생산되는 식량의 공평한 분배를 주장해야 합니다. 현재 상황을 보면, 러시아 점령 지역은 인구가 가장 적으면서도 식량의 보급 비율은 아주 높고, 미국 점령 지역은 인구 대비 식량 보급 비율이 만족스럽지는 못한 정도이고, 우리 영국은 폐허가 된 루르 지방과 넓은 공업지대를 관리하게 되는데, 마치 우리 자신처럼 평상시에도 식량을 대량 수입하는 곳입니다.……

워싱턴에 체류 중이던 이든은 전문으로 보낸 내 의견에 전적으로 찬성했다. 그러나 트루먼의 답변은 우리의 사정을 거의 진전시키지 못하는 것이었다. 트루먼은 독일과 오스트리아에서 군사적 상황이 허용하는 한 연합군 부대는 신속히 기존의 합의된 자기 점령 지역 범위 안으로 물러나야 하지 않겠느냐고 했다.

★ ★ ★ ★ ★

반면에 히틀러는 최후의 저항을 할 장소를 궁리하고 있었다. 4월 20일까지만 해도 그는 베를린을 떠나 바이에른 알프스의 "남부 다각형 보루"로 갈까 생각했다. 그날 그는 나치 주요 지도자들의 회의를 열었다. 독일의 동과 서 이중 전선이 연합군 선봉대의 돌진에 의해서 양단될 위험이 임박했기 때문에, 히틀러는 양쪽의 지휘권을 분리하는 데 찬성했다. 되니츠는 북쪽의 군과 민간 양쪽을 모두 책임지고, 특히 동쪽에서 이주하는 200만 명에 달하는 망명자들을 독일 땅에 복귀시키는 임무를 부여받았다. 남쪽에서는 케셀

---

* 처칠이 트루먼에게 이 전문을 보낸 날짜는 1945년 4월 18일이며, 유럽 전승 기념일(Victory in Euroupe Day)은 독일이 프랑스 랭스에서 항복 문서에 서명한 1945년 5월 8일이다/역주

링이 나머지 독일 군대를 지휘하기로 했다. 그러한 조정안은 베를린이 함락되면, 바로 시행하기로 예정되었다.

이틀 후인 4월 22일, 히틀러는 마지막까지 베를린을 떠나지 않겠다는 최후의 중요한 결정을 내렸다. 수도는 조만간 러시아군에게 완전히 포위될 것인데, 총통은 사태를 수습할 힘을 완전히 상실했다. 폐허의 도시 한가운데에서 자신이 어떻게 죽을 것인가 하는 문제만 남아 있었다. 그의 곁에 머물러 있었던 나치 지도자들에게 자신은 베를린에서 죽음을 맞이할 것이라고 밝혔다. 20일의 회의가 끝난 뒤, 괴링과 힘러는 모두 평화 협상을 생각하며 베를린을 떠났다. 남쪽으로 내려간 괴링은 히틀러가 베를린에 남기로 결정한 것은 사실상 사임을 의미한다고 간주하고, 공식적으로 자기가 총통의 후계자로 행동해도 괜찮겠느냐며 확인을 요청했다. 괴링은 즉시 모든 직위에서 파면되었다는 회신을 받았다. 티롤 지방의 멀리 떨어진 산촌에서 괴링은 100명 가까운 독일 고위 공군 장교들과 함께 체포되어 미군의 포로가 되었다. 마침내 응징이 이루어진 것이다.

히틀러 사령부의 마지막 광경은 다른 곳에서 충분히 묘사했다. 히틀러 정권의 인물들 가운데 괴벨스와 보르만 두 사람만이 끝까지 남았다. 러시아군은 베를린에서 시가전을 벌이고 있었다. 4월 29일 이른 아침, 히틀러는 유서를 작성했다. 관저의 지하 방공호에서 정상적인 일상 업무로 하루가 시작되었다. 무솔리니의 종말에 관한 소식이 전해졌다. 음울한 분위기를 더욱 무겁게 했다. 30일 히틀러는 점심을 측근들과 함께했다. 히틀러는 식사를 마치고, 참석했던 사람들과 악수를 나눈 뒤 자기 방으로 들어갔다. 3시 30분경 총소리가 들렸다. 개인 참모들이 방으로 뛰어들어갔을 때 그는 소파에 누워 있었고, 곁에는 연발 권총이 보였다. 그는 총구를 입안에 대고 방아쇠를 당겼던 것이다. 그 무렵 비밀리에 결혼한 에바 브라운도 함께 죽어 그의 옆을 지켰다. 그녀는 음독했다. 두 주검은 마당에서 화장되었다. 히틀러를 태우는 장작더미는 점점 크게 들려오는 러시아군의 총성과 함께 제3 제국의 마지막 불꽃으로 타올랐다.

남은 지도자들은 회의를 했다. 마지막으로 러시아와 협상을 시도했으나, 주코프는 무조건 항복을 요구했다. 보르만은 러시아 전선을 돌파해보려고 안간힘을 썼다. 그리고 종적을 감추었다. 괴벨스는 6명의 어린 자식들에게 독약을 먹인 뒤, 친위대원 한 명을 불러 아내와 자신을 차례로 쏘도록 했다. 그밖의 히틀러 사령부의 참모들은 러시아군의 포로가 되었다.

그날 저녁, 홀슈타인 사령부의 되니츠 제독에게 한 통의 전문이 도착했다.

전임 제국 원수 괴링의 빈자리에, 총통은 귀관 대제독을 후임자로 명한다. 사령장은 송부 중이다. 귀관은 상황이 요구하는 바에 따른 모든 조치를 즉각 취하기 바란다. 보르만.

혼란이 닥쳤다. 되니츠는 베를린이 함락되면 히틀러의 후계자로 지명될 것으로 예상했던 힘러에게 연락했다. 이제 최고 권한이 아무런 예고도 없이 갑자기 자신에게 떨어졌고, 따라서 항복을 준비해야 할 책임에 직면하게 되었다.

힘러에게는 보다 덜 거창한 최후가 기다리고 있었다. 그는 동부 전선으로 가서 몇 개월 동안 자기가 주도하여 단독 강화할 수 있는 희망을 품고 서구 연합군과 접촉을 서둘렀다. 그 사이에 스웨덴 적십자사 총재 베르나도테 백작을 통해 의사를 타진해왔는데, 우리는 거부했다. 그 뒤로 아무런 소식이 들리지 않았는데, 5월 21일 브레머뵈르데에서 영국군 초소에서 체포되었다. 변장을 했기 때문에 처음에는 그를 알아보지 못했다. 그러나 그가 소지한 서류를 의심한 초병이 그를 부근의 제2군 사령부 캠프로 연행했다.

힘러는 그곳 사령관에게 자신의 신분을 밝혔다. 무장 군인의 감시 아래 그의 몸을 수색했으며, 의사는 극약 소지 여부를 조사했다. 조사가 막바지에 이르렀을 무렵, 그는 몇 시간 동안 입 속에 숨기고 있었던 것이 분명한 청산가리 약병을 깨물어 터뜨렸다. 그는 바로 즉사했는데, 5월 23일 수요일 밤 11시 직후였다.

★ ★ ★ ★ ★

북서쪽의 드라마는 그다지 큰 관심을 끌지 못한 채 막을 내렸다. 이탈리아의 항복 소식을 알게 된 것은 5월 2일이었다. 바로 그날 우리 부대는 러시아군과 연락하며 덴마크와 노르웨이의 독일군을 분리시켰고, 발트 해의 뤼베크에 도착했다. 3일에는 아무런 저항을 받지 않고 함부르크에 입성했고, 적의 수비대는 무조건 항복했다. 독일 대표단이 루네베르크 헤스의 몽고메리 사령부로 찾아왔다. 대표단은 되니츠의 사절 프리데부르크 제독이 단장이었는데, 러시아군과 대항하고 있는 북쪽의 독일군을 포함하는 항복 협정을 요청했다. 그 요청은 자기가 맡은 전선의 일만 처리할 수 있는 집단군 사령관의 권한 범위를 넘어서는 것이라는 이유로 거부되었다. 다음날 상관으로부터 새로운 훈령을 받은 프리데부르크는 북서독일, 네덜란드, 섬들, 슐레스비히-홀슈타인 그리고 덴마크의 모든 독일군을 대표하여 항복 문서에 서명했다.

프리데부르크는 랭스의 아이젠하워 사령부로 갔고, 5월 6일 거기서 요들 장군과 만났다. 그들은 가능한 한 많은 군인과 망명자를 러시아군으로부터 해방시켜 서구 연합군 쪽으로 보낼 수 있도록 시간을 벌려고 했으며, 서부 전선에서 단독 항복을 하려고 애썼다. 아이젠하워는 기한 내에서의 전면적 항복을 고집했다. 요들이 되니츠에게 보고했다. "아이젠하워 장군은 우리가 오늘 서명하기를 요구하고 있습니다. 만약 그렇지 않으면, 연합군 전선에서는 개별적인 항복을 받지 않겠다고 합니다. 혼란에 빠지느냐 아니면 서명하

톤(단위 1,000톤)

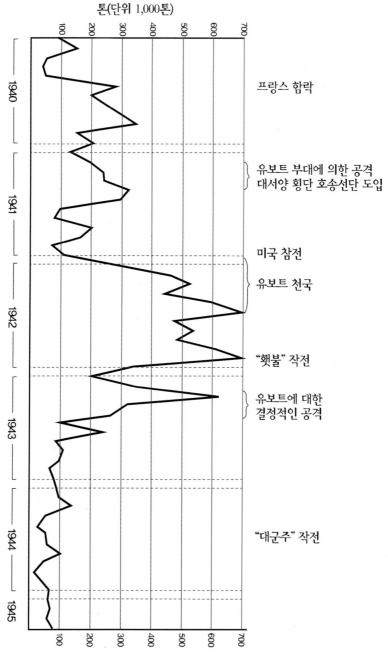

1940	프랑스 함락
1941	유보트 부대에 의한 공격 대서양 횡단 호송선단 도입
1942	미국 참전 유보트 천국
	"횃불" 작전
1943	유보트에 대한 결정적인 공격
1944	"대군주" 작전
1945	

유보트에 의해서 손실을 당한 상선(총 톤수). 1940년 1월-1945년 4월

느냐, 달리 대안은 없습니다. 무선 통신으로 즉시 나에게 항복 문서에 서명할 전권을 줄 것을 요청합니다."

5월 7일 오전 2시 41분, 프랑스와 러시아 장교들이 참관한 가운데 베델 스미스 중장과 요들 장군이 전면적인 무조건 항복 문서에 서명했다. 그로써 5월 8일 밤부터 모든 적대적 행동은 종료되었다. 독일 최고사령부의 공식 비준은 러시아의 준비 관계로 5월 9일 이른 아침 베를린에서 이루어졌다. 아이젠하워를 대리한 테더 공군 대장, 러시아를 대표한 주코프 원수, 독일을 대표한 카이텔 원수가 서명했다.

★ ★ ★ ★ ★

육상과 공중에서 벌어진 엄청난 규모의 사태 때문에 바다에서 거둔 승리의 인상이 다소 흐려져버렸다. 유럽에서 전개한 영미의 모든 군사 행동은 대서양을 횡단하는 수송 선단에 의존하고 있었다. 이제 여기서 유보트 이야기의 결과를 종결하고자 한다. 유보트는 놀랄 만한 손실을 입었음에도 불구하고 계속 공격을 멈추지 않았으나, 결과는 성공적이지 못했고, 우리 선박은 그다지 방해를 받지 않았다. 그들은 비스케이 만의 기지들을 포기할 수밖에 없었던 1944년 가을이 지나서까지도, 희망을 잃지 않았다. 수뢰를 물속에서 장전하는 동안 튜브로 공기를 보급하는 스노클형 유보트가 등장했으나, 그것은 되니츠가 구상하던 새로운 형태의 유보트전의 시작에 불과했다. 되니츠는 한창 건조 중이던 신형 유보트의 출현을 기다리고 있었는데, 첫 번째 완성품은 이미 시험 중이었다. 신형 유보트의 고도의 잠항 속도는 우리를 위협하는 새로운 문제였는데, 되니츠가 실제로 예고한 바와 같이 유보트전을 혁명적으로 바꿔놓을 수 있었다. 그의 계획이 실패로 끝난 것은 선체를 만드는 데 필요한 특수 재료가 귀했고, 항상 디자인 변경을 강요받았기 때문이다. 그러나 통상의 유보트는 독일 전역에서 조금씩 건조했으며, 여러 항구의 방공대피소에 집결해 놓았다. 연합군 폭격기의 집중적인 연속

폭격에도 불구하고, 독일은 1944년 11월에는 그 해의 다른 달보다 더 많은 유보트를 생산했다. 그 모든 손실에도 불구하고 경이로운 노력으로 마지막까지 60척 내지 70척의 유보트가 남아 활동했다. 전과는 그다지 크지 않았지만, 난국의 바다에서 그들의 희망은 꺼지지 않았다. 혁명적인 신형 유보트는 제2차 세계대전에서는 제 역할을 할 기회가 없었다. 독일 해군은 1945년에 350척을 완성할 계획이었으나, 항복하기 전에 사용할 수 있었던 것은 몇 척에 지나지 않았다. 그 무기가 소련의 수중에 들어간 것은 우리에게 장래의 위험이었다.

연합군 공군은 정박 중인 유보트를 상당히 많이 파괴했다. 그런데도 되니츠가 항복을 명령했을 때 49척이 좀 못 되는 유보트가 해상에 있었다. 100척 이상이 항구에서 항복했고, 220척 가량은 승무원들이 자침시키거나 파괴했다. 그 정도로 독일군의 전투적 노력은 집요했고, 유보트의 공헌은 대단한 것이었다.

68개월 동안의 전투에서 독일군 유보트의 손실은 781척이었다. 그 시기의 절반 이상은 적이 주도권을 쥐고 있었다. 1942년 이후부터 도표가 달라졌다. 파괴된 유보트 수가 증가하고 아군의 손실은 줄어들었다. 최종 집계를 보면, 연합군에 의해서 바다에 침몰된 것으로 알려진 632척의 유보트 중에서 500척은 영국군 또는 영국군이 지휘하는 군대가 파괴한 것이었다.

제1차 세계대전에서는 1,100만 톤의 선박이 침몰했고, 제2차 세계대전에서는 1,450만 톤의 선박이 침몰했는데, 유보트에 의한 피해만 그 정도였다. 다른 원인으로 인한 손실까지 포함하면 1,275만 톤과 2,150만 톤에 이른다. 그 중에서 영국이 입은 피해는 제1차 세계대전에서 전체의 60퍼센트, 제2차 세계대전에서 전체의 50퍼센트 이상을 차지했다.

★ ★ ★ ★ ★

적의 무조건 항복은 인류 역사상 환희의 대폭발을 가져온 도화선이었다.

제2차 세계대전은 실로 유럽에서 그 고통의 막다른 곳까지 간 싸움이었다. 승자는 물론 패자까지 말로 표현할 수 없는 안도감을 느꼈다. 그러나 첫 날부터 마지막 날까지 싸우면서 그 결과에 존재 자체를 걸었던 우리 영국과 대영제국의 마음속에는 가장 강력하고 용감한 연합국이 느끼는 것을 넘어서는 의미가 있었다. 지치고 탈진하고 빈약해졌으나 굽히지 않았고, 마침내 승리하여 숭고한 순간을 맞이했다. 우리는 우리의 의무를 다했다는 느낌을 준 고귀한 신의 축복에 감사의 기도를 바칠 뿐이었다.

환희의 물결 속에서 국민들에게 대한 연설을 요청받았을 때, 나는 거의 정확히 5년 동안 우리 섬에서 최고의 책임을 감당했던 것이다. 아마도 그동안 나보다 더 중압감 속에서 불안감을 느꼈던 사람은 없었을 것이다. 우리 운명의 변전에 관한 이야기를 회고한 뒤, 문득 심각한 지적을 하기에 이르렀다. 여기에 옮겨본다.

나는 오늘 밤 국민 여러분들께, 이제 우리의 땀과 노고는 끝이 났다고 말씀드릴 수 있겠습니다. 그리고 바로 그때 나는 5년 동안의 임무를 실로 행복하게 마칠 수 있을 것입니다. 만약 여러분들이 이제 나에게 충분히 일을 시켰고, 따라서 나를 그만두게 해야겠다면, 나는 최고의 영광으로 받아들이겠습니다. 그러나 반대로, 이 5년의 임무, 아무도 그렇게 오래 걸릴 줄 몰랐지만, 바로 그 임무를 시작할 때 그러했던 것처럼 오늘 또 여러분들께 경고하지 않을 수 없습니다. 아직 할 일이 남았습니다. 여러분들은 위대한 대의를 위해서 한층 더 몸과 마음을 바쳐 노력하고 희생할 준비가 되어 있어야 합니다. 다시 그 무기력한 상태로 되돌아가고 싶지 않다면, 거대한 것에 대한 비겁한 공포를 다시 느끼고 싶지 않다면 말입니다. 여러분들은 어떤 경우에도 경계하고 기민하게 대처하는 마음의 자세가 약해져서는 안 됩니다. 축제의 기쁨을 즐기는 것은 인간의 정신을 위해서도 필요하고, 그로써 남녀 불문하고 자신이 해야 할 일을 하는 데에 힘과 활력을 얻기도 하지만, 모두 공적인 임무를 수행할 의무에 대해서 주의를 기울여야 할 필요도 있습니다.

유럽 대륙에서 우리가 분명히 확인해야 할 것은, 우리를 전쟁에 뛰어들게 만든 단순하면서도 명예로운 목적을 우리의 승리 후 몇 개월 안에 벌써 방치해 두거나 간과해서는 결코 안 된다는 것, 그리고 '자유' '민주주의' '해방'이라는 어휘를 우리가 이해하는 진정한 의미와 달리 곡해해서는 안 된다는 것입니다. 만약 법과 정의가 지배하지 않으면, 혹은 독일 침략자들을 대신하여 전체주의 국가나 경찰 국가가 들어선다면, 히틀러주의자들을 처벌해보았자 아무런 소용이 없습니다. 우리는 우리 자신을 위해서 추구하는 것은 아무것도 없습니다. 그러나 우리는 우리가 싸워온 대의가 평화 회의 석상에서 말로써만이 아니라 실제로 승인받도록 해야 하며, 무엇보다도 비추축 연합국이 샌프란시스코에 모여 창설하려는 세계 기구가 한낱 이름뿐으로 그치거나 강자에겐 방패가 되고 약자에겐 장식이 되는 일이 없도록 노력해야 합니다. 승자는 열광적인 시간의 가운데서 자신의 마음을 찾아야 하며, 스스로 발휘해온 그 거대한 힘의 고귀성에 의해서 가치 있는 존재가 되는 것입니다.

우리는 일본이 철저히 기만하며 몰래 움직이고 있다는 사실을 잊어서는 안 됩니다. 그들은 곤경에 처하고 실패했지만, 수천만 국민이 존재하며 그들의 전사들은 죽음을 두려워하지 않습니다. 나는 오늘 이 자리에서 일본이 그들의 사악한 음모와 잔혹성을 보상하는 데에 얼마나 많은 노력과 시간이 필요한지 말할 수는 없습니다. 우리는 중국과 마찬가지로 오랜 시간 동안 꿋꿋하게 일본이 저지른 끔찍한 행위를 견뎌왔으며, 이제 명예와 형제애의 정성으로 결합한 미국과 함께 이 세계의 다른 쪽 끝 부분에서 단호하고 강력하게 싸울 것입니다. 우리는 호주와 뉴질랜드 그리고 캐나다가 바로 그 침략국으로부터 위협을 받았고 또 받고 있다는 사실을 잊어서는 안 됩니다. 그 자치령 국가들은 우리가 암울한 상황에 처했을 때 도움을 주었습니다. 따라서 우리는 그들의 안전과 장래에 관련된 과제를 미해결의 상태로 방치해서는 안 됩니다. 나는 바로 지난 그 5년이 시작될 무렵 여러분들께 어려움을 이야기했습니다. 여러분들은 두려워하지 않았습니다. 만약 제가 이렇게 외치지 않았더라면, 여러분들의 신뢰와 관용을 얻지 못했을 것입니다. 모든 과업을 완수할 때까지 그리고 전 세계가 안전하고 맑아질 때까지 당당하게, 망설임 없이, 불굴의 정신으로 나아갑시다.

제27장
균열이 나타나다

어려움을 극복하고 난 뒤 얻은 승리의 기쁨에 취해 환호하는 런던 시민의 군중 속에 휩쓸려서도, 나는 미래에 대한 우려와 여러 복잡한 상념에 젖어 있었다. 시련과 궁핍이 수반되었지만, 히틀러라는 위험도 그들 대부분에게는 영광의 광휘 속에서 사라져버린 듯했다. 그들이 5년 이상을 싸웠던 거대한 적은 무조건 항복했다. 이제 3대 전승국에게 남은 것은 세계 기구에 의해서 수호되는 정의롭고 항구적인 평화를 구축하고, 군인들을 사랑하는 사람들이 기다리는 고향으로 돌려보내고, 모두 번영과 전진의 황금시대로 발걸음을 내딛게 하는 것이었다. 국민들이 생각하는 것은 결코 그 이상도 그 이하도 아니었다.

그러나 국면의 다른 면이 남아 있었다. 일본은 아직 정복되지 않았다. 원자폭탄의 제조는 여전히 진행 중이었다. 세계는 혼란 상태였다. 대연합국을 하나로 묶었던 공통의 위험이라는 끈은 하룻밤 사이에 소멸된 것이다. 내가 보기에 나치라는 적의 자리를 어느새 소련이라는 위협적 존재가 차지하고 있었다. 그 위협에 대항하는 유대 관계는 존재하지 않았다. 국내적으로는 전시 정부가 확고히 유지될 수 있었던 국민 통합이라는 토대 역시 사라져버렸다. 수많은 폭풍우를 이겨냈던 우리의 힘도 빛나는 햇빛 속에서는 더 이상 필요하지 않았다. 싸움의 노고와 고통에 유일하게 보답할 수 있는 최종 해결에 우리는 어떻게 도달할 것인가? 승리한 민주주의의 군대는 곧 흩어져버리고 참으로 힘든 시련이 우리 앞에 놓일 것이라는 두려움을 떨쳐 버릴 수가 없었다. 나는 그 모든 것을 이전에도 본 적이 있었다. 30년 전의 일을 떠올렸다. 아내와 함께 차를 타고 군수부에서 출발하여 수상을 축하하기 위해서 다우닝 가로 몰려든 열광하는 군중 사이를 뚫고 지나가게 되었다. 그때도 지금처럼, 나는 세계의 정세를 구체적으로 이해할 수 있었다. 그러나 그때는, 적어도 지금처럼 우리가 두려워해야 할 어떤 막강한 군대도 존재하지 않았다.

★ ★ ★ ★ ★

내가 첫 번째로 생각한 것은 3대국 회담이었다. 트루먼 대통령이 도중에 런던에 들러주기를 바랐다. 나중에 알게 되겠지만, 워싱턴의 유력한 여러 방면에서 새 대통령에게 아주 다른 제안들을 강요하는 실정이었다. 얄타 회담에서와 유사한 분위기와 견해가 힘을 발휘했다. 미국은 소비에트 러시아와 대립 관계에 빠지지 않도록 신중해야 한다는 논의가 있었다. 그러한 대립 관계는 영국의 야심을 자극하여 유럽에 큰 균열을 만들 수 있다는 생각이었다. 반면에 올바른 정책은 미국이 영국과 러시아 사이에서 중재자 또는 조정자 역할을 하면서, 폴란드나 오스트리아에 관한 견해 차이를 줄이고, 문제를 조용하고 평화롭게 해결하는 가운데 미국의 전력을 일본에 집중하도록 해야 한다는 것이었다. 그러한 주장이 트루먼을 아주 강력하게 압박한 것이 틀림없었다. 트루먼의 역사적 행동이 보여주듯이, 그의 본래 성격은 아주 특이했다. 나는 곧 알게 되기는 했지만, 그때는 당연히 우리의 가장 가까운 동맹국의 중추부에서 일하는 세력을 추측조차 하지 못했다. 나는 무기력한 국가들로 확산되어가는 소비에트와 러시아 제국주의의 거대한 징표를 감지할 수 있을 뿐이었다.

단연 첫 번째 목표는 스탈린과 회담을 가져야 한다는 것이었다. 독일이 항복한 뒤 3일 만에 나는 대통령에게 전문을 보내 반드시 스탈린을 회담에 불러야 한다고 했다. "그동안 나는 미국 전선을 현재의 협정 전략선에서 물러나게 하는 일이 없기를 간절히 바라고 있습니다."* 트루먼은 즉시 회신했는데, 오히려 스탈린이 회담을 제안하도록 하는 편이 더 낫지 않겠느냐는 것이었다. 그는 우리 대사들이 스탈린이 회담을 제안하도록 권유할 수 있으리라고 기대했다. 그리고 그와 나는 서로 "담합하고" 있다는 의심을 사지 않기 위해서 각자 따로 회담장으로 가야 한다고 강조했다. 회담이 끝난 뒤 그는 자신의 업무가 허락하는 한 런던을 방문하고 싶다는 의사를 밝혔다. 그가 전문에서 드러낸 관점과 내 생각은 좀 달랐지만, 그가 제안한 절차를 받아들였다.

그 즈음 나는 소위 "철의 장막(Iron Curtain)"이라고 부르는 전문을 트루먼 대통령에게 보냈다. 이 전문은 그 문제에 관해서 내가 쓴 공문서 중에서 내 생각을 가장 잘 판단할 수 있을 것 같다.

1. 나는 유럽의 정세에 관해서 깊은 관심을 가지고 있습니다. 나는 미국 공군의 절반이 이미 태평양 전장으로 이동을 시작한 것으로 알고 있습니다. 신문마다 유럽에서 떠나는 미국 군대의 대이동 기사가 가득합니다. 우리 영국 군대도 종전의 조정에 따라 결정된 규모 이하로 감축하고 있습니다. 캐나다 군대도 떠날 것입니다. 프랑스군은 약체여서 제 역할을 다하기가 어렵습니다. 매우 가까운 장래에 우리의 무장 병력이 독일을 억제하는 데에 적절한 정도를 제외하고 전부 대륙에서 철수할 것이라는 사실은 누구나 알 수 있습니다.

2. 반면에 러시아와 관련해서는 어떠한 일이 일어날 것 같습니까? 나는 항상 러시아와 우호적인 관계를 유지하기 위해서 노력해왔습니다. 그러나 나는 귀하와 마찬가지로 러시아의 행동 때문에 깊이 우려하고 있습니다. 그들의 얄타 회담의 결정 내용에 대한 곡해, 폴란드에 대한 태도, 그리스를 제외한 발칸 반도

---

* 강조 표시는 저자가 한 것임.

국가들에 대한 압도적인 영향력 행사, 빈 문제에 대해서 야기한 난관, 러시아의 권력과 그들이 지배하거나 점령한 영토의 결합, 상당히 많은 국가에서의 공산주의 전술 적용, 그리고 무엇보다 오랫동안 전선에서 대군을 유지할 수 있는 능력 때문입니다. 향후 1, 2년 사이에 영국군과 미군이 떠나고, 프랑스군은 미처 대규모 편성에 이르지 못할 것이기 때문에 프랑스군을 주축으로 한 우리는 겨우 몇 개 사단만을 유지하게 될 때, 러시아가 200 내지 300개의 사단으로 활발하게 움직이게 된다면, 정세는 과연 어떻게 되겠습니까?

3. 러시아 전선에는 철의 장막이 드리워져 있습니다. 그 뒤에서 무슨 일이 일어나고 있는지 우리는 아무도 모릅니다. 뤼베크-트리에스테-케르키라[영어권에서는 코르푸라고 한다/역주]를 잇는 선의 동쪽 지역 전체가 조만간 러시아의 손에 들어갈 것이라는 데 대해서는 의문의 여지가 없을 것 같습니다. 여기에 미군이 점령한 아이제나흐와 엘베 강 사이의 광대한 지역이 추가될 것이라고 나는 생각합니다. 그곳에서 미군이 철수하면 몇 주일 내에 러시아가 점거해버릴 것입니다. 그와 같이 엄청난 수의 모스크바인들이 유럽 중앙으로 진출함으로써 대규모 독일 주민이 서쪽으로 몰려가는 일이 발생하지 않도록, 아이젠하워 장군은 모든 조치를 취해야 할 것입니다. 그리고 그 장막은, 전체에 걸쳐서는 아니더라도, 상당한 범위까지 다시 차단해버릴 것입니다. 그리하여 수백 킬로미터에 걸쳐 띠를 형성한 러시아 점령 지역이 우리를 폴란드로부터 격리시킬 것입니다.

4. 그 사이에 우리 국민들의 관심은 황폐화한 패전국 독일이 당한 가혹한 참상에 사로잡힐 것이고, 그것은 다시 러시아가 원할 경우 순식간에 북해와 대서양으로 진출할 수 있는 기회를 제공하는 빌미가 될 것입니다.

5. 우리가 군대의 전력을 결정적으로 약화시키거나 점령 지역에서 철수하기 전에 러시아와 서로 양해하는 수준에 이르든지 아니면 러시아와 함께 있는 우리의 위치를 확인하는 일은 매우 중요합니다. 그것은 오직 직접 만남으로써만 가능합니다. 귀하의 의견과 조언에 대해서는 깊이 감사드립니다. 물론 우리는 러

시아가 올바른 행동을 할 것이라는 예상을 할 수도 있고, 최상의 해결책이 제시될 수도 있으리라고 믿습니다. 요약하면, 우리 병력을 철수시키기 전에 러시아와 먼저 이 문제를 해결하는 것은 다른 어떤 것보다 중요하다고 생각합니다.

그 중요한 문제에 관한 트루먼의 답변을 들은 것은 일주일이 지나서였다. 5월 22일자 그의 전문에 의하면, 그는 여러 문제와 관련하여 전문으로 처리하는 것이 좋지 않다고 생각하기 때문에 3자 회담 전에 조지프 E. 데이비스를 나에게 보내겠다는 것이었다.

데이비스는 전쟁 전에 러시아 주재 미국 대사를 역임했고, 따라서 러시아 체제에 가장 공감하는 인물로 알려져 있었다. 그는 실제로 모스크바로 파견된 자신의 임무에 관한 책을 썼으며, 그 책은 여러 방식으로 소비에트 체제를 변명하는 취지로 영화 같은 것으로 제작되기도 했다. 나는 당연하게도 즉시 그를 맞이할 준비를 했고, 그는 26일 밤을 체커스에서 보냈다. 나는 그와 아주 긴 시간 동안 이야기를 나누었다. 그가 한 이야기의 핵심은, 대통령이 나를 만나기 전에 유럽 어디에선가 스탈린을 먼저 만나야 한다는 안이었다. 나는 실로 그 제안에 깜짝 놀랐다. 나는 일찍이 대통령이 보낸 전문에서 그와 나 사이의 회동을 "담합(ganging up)"이라고 표현한 어휘가 마음에 들지 않았다. 영국과 미국은 동일한 원칙 그리고 다방면의 정책에 관한 협정에 의해서 일체화되어 있으며, 대단히 중요한 수많은 문제에 대해서 양국 모두 근본적으로 소비에트와 달랐다. 루스벨트 대통령 시절 자주 그랬듯이, 그와 같은 공통의 기반 위에서 미국 대통령과 영국 수상이 함께 대화하는 것을 "담합"이라는 표현으로 폄훼할 수는 없는 일이었다. 반면 트루먼이 영국을 버려두고 혼자 소련의 국가 원수를 만나는 것 역시 "담합"의 경우에 해당한다고 할 수는 없었는데—실제로 그것은 불가능하지만—영미가 공통으로 묶여 있는 중요한 문제에 관하여 단독으로 러시아와 소통해보겠다는 시도일 것이었다. 나는 어떠한 경우라도 전쟁의 첫 날부터 자유의 대의 아래 충성을 다 바친 우리 조국을 모욕하는 듯한 태도에는, 설사 그것이 의도적인 것이 아니더라도 용납할 수 없었다. 나는 현재 러시아와의 사이에서 발생하고 있는 분쟁의 원인이 영국과 러시아의 관계에서 비롯하는 듯한 암시가 내포된 사고방식에 이의를 제기했다. 미국은 우리와 마찬가지로 관심을 가지고 대처하는 것은 사실이었다. 나는 데이비스와 대화하면서 그러한 점을 명확히 했고, 그것이 동유럽 및 남유럽 전역의 문제 전반에 걸쳐 적용되도록 할 뿐만 아니라, 그 점에 대한 오해를 없애기 위해서 직접 초안을 작성한 공식 각서를 전달했다. 대통령은 그것을 우호적이고 양해하는 태도로 받아들였으며, 나는 모든 것이 잘 된 데다가 우리 견해의 정당성이 우리의 오랜 우방에 의해서 외면당하지 않았다는 사실이 기뻤다.

트루먼 대통령은 데이비스를 나에게 보낸 때와 거의 비슷한 시기에 해리 홉킨스를 모스크바에 특사로 파견하여 폴란드 문제에 관해서 실질적인 합의에 도달하기 위한 시도를 하도록 했다. 홉킨스는 건강이 좋지 않았지만, 아주 기운찬 모습으로 모스크바를 향해 떠났다. 그의 러시아에 대한 우애는 널리 알려진 바여서, 도착과 함께 대환영을 받았다. 분명히 초반에는 어느 정도 진전이 있었다. 스탈린은 런던의 미코와이치크와 두 명의 그의 동료를 협의를 위해서 모스크바로 초청하는 데 동의했다. 그것은 얄타 협정에 관한 우리 해석과 일치하는 것이었다. 그리고 폴란드 국내의 비(非)루블빈파 폴란드 요인도 참석시키는 데 찬성했다.

대통령은 나에게 보낸 전문에서, 아주 고무적이며 협상이 긍정적인 국면에 접어든 것 같다고 했다. 체포된 폴란드 지도자급 인사들은 대부분은 불법 무선 통신을 한 혐의였다. 따라서 홉킨스는 협의가 바람직한 분위기 속에서 진행되도록 하기 위해서 그의 사면을 강하게 권유했다. 그는 미코와이치크가 초청을 받아들이게 하라고 재촉했다. 나는 미코와이치크를 설득하여 모스크바로 가도록 했다. 그리고 마침내, 새 폴란드 임시정부가 수립되었다. 트루먼의 요청에 따라, 7월 5일 영국과 미국은 그것을 동시에 승인했다.

우리가 더 할 수 있었던 일이 무엇이었는지 확인하는 일은 어렵다. 5개월 동안 소비에트는 한치도 양보하지 않고 철저히 싸웠다. 그 기간 동안 러시아 군대의 힘으로 유지되던 비에루트를 수반으로 한 루블린 행정부는 러시아 군대가 상투적인 추방과 숙청을 할 수 있도록 완전한 지배권을 허용했다. 그들은 약속과 달리 우리의 접근을 일절 거부했다. 그들의 꼭두각시에 불과한 공산당을 제외한 모든 폴란드 정당은 새로 승인된 폴란드 임시정부 아래에서 어떤 희망도 없는 소수파였다. 자유선거에 의해서 폴란드 국민의 의사를 얻고자 했던 현실적이며 공정한 우리의 시도는 완전히 멀어져버렸다. 그래도 여전히 희망을 걸고 있었던 것은—그것이 유일한 희망이기도 하지만—임박한 "3자" 회담이었는데, 진정으로 명예로운 해결에 이르기를 희망했다. 그때까지는 먼지와 재만 모였을 뿐이었는데, 오늘날 폴란드의 자유와 관련해서 우리에게 남겨진 것 역시 먼지와 재가 전부이다.

★ ★ ★ ★ ★

6월 1일 트루먼 대통령은 내게 스탈린 원수가 스스로 "3자"라고 부르는 회담을 7월 15일 베를린에서 개최하는 데 찬성했다는 말을 전했다. 나는 흔쾌히 영국 대표단과 함께 베를린으로 가겠다고 즉시 답신했다. 그러나 내 생각에 트루먼이 제안한 7월 15일은 우리 사이에 관심을 끌고 있는 긴급 현안들을 다루기에 너무 늦으며, 우리가 개인적 혹은 국가적 사정으로 어떤 식으로든 조기 회담을 방해한다면 그것은 세계의 희망과 결속에 해를 끼치는 결과가 될 것이었다. 그래서 나는 전문으로 재촉했다. "나는 비록 지금 한창 뜨거운 선거전의 와중에 있지만, 나의 과제를 우리 3자 회담에 비교할 수는 없습니다. 6월 15일이 불가능하다면, 7월 1일이나 2일, 아니면 3일은 왜 안 되는 것입니까?" 트루먼은 모든 사정을 충분히 고려한 끝에 그로서는 가장 빨리 잡을 수 있는 날이 7월 15일이었다고 대답했다. 그리고 그 계획에 따라 지금 준비가 진행 중이라고 했다. 스탈린은 날짜를 굳이 당기고 싶어하지 않았다. 나는 그 문제를 더 밀어붙일 수가 없었다.

내가 회담 날짜를 당기려고 서둘렀던 주된 이유는, 미군이 전투의 결과로 점령한 지역에서 앞에서 설명한 협정 지역의 선으로 후퇴할 날이 얼마 남지 않았기 때문이었다. 점령 지역의 협정에 대한 이야기와 그 지역의 변경에 관한 찬반 논쟁은 앞의 장에서 기술한 바 있다. 나는 언젠가는 워싱턴이 길이 약 650킬로미터에 최대 폭 200킬로미터의 그 광대한 지역을 포기하는 결정을 할 것이라는 사실 때문에 두려웠다. 그 지역 안에는 수백만 명의 독일인과 체코인이 거주하고 있었다. 그 지역의 포기는 우리와 폴란드 사이에 아주 넓은 공백 지대를 만들게 될 터였고, 그것은 실질적으로 폴란드의 운명에 대해서 우리의 힘이 영향력을 미칠 수 없도록 만들 것이었다. 우리에 대한 러시아의 태도 변화, 얄타 회담에서 양해된 사항의 끊임없는 파기 행위, 몽고메리의 시기적절한 행동으로 다행히 좌절되긴 했으나 덴마크를 향한 진출 시도, 오스트리아 침공, 티토 원수의 트리에스테에 대한 압박 등, 그 모든 것이 나와 나의 측근들이 보기에는 2년 전에 합의했을 당시의 협정 점령 지역과는 전혀 다른 양상을 만든 것 같았다. 확실히 그러한 문제는 전체적으로 고려해야 했고, **지금**이 바로 그때였다. 지금, 영미의 육군과 공군이 여전히 막강한 군사력을 보유하고 있는 지금이야말로 그리고 그 육군과 공군이 대일본 전쟁의 중차대한 요구와 원대 복귀에 의해서 해체되어야 하는 지금이야말로 바로 최후의 기회로서 총체적 해결을 할 시기였던 것이다.

1개월 전이었더라면 더 좋았을 것이다. 그래도 아직 늦지는 않았다. 그런데 다른 한편으로, 단독 행동에 의해서 독일의 중앙과 심장부, 아니 유럽의

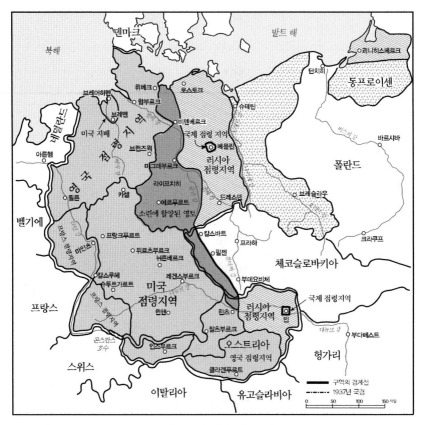

서구 연합군의 철수, 1945년 7월

중심이자 중추부 전체를 포기하는 것은 아주 심각하고 경솔한 결정인 것
같았다. 만약 그렇게 한다고 하더라도, 그것은 일반적이며 항구적인 해결의
한 부분에 지나지 않을 터였다. 우리는 흥정할 거리가 있어서 포츠담으로
가야 했던 것은 아니었다. 장래 유럽의 평화에 대한 전망은 회담에 참석하
지 않아도 잘 되어갔을 수도 있었다. 그러나 문제는 나에게 달려 있는 것이
아니었다. 우리 영국 군대의 점령 지역 경계선 안으로의 철수는 중요한 것
이 아니었다. 우리 군대가 100만 명이었다면, 미군은 300만 명이었다. 내가
할 수 있는 것이라고는 먼저 "3자" 회담의 날짜를 앞당기자고 호소하는 일

이었다. 만약 실패할 경우 그 다음으로 할 일은, 우리의 모든 문제를 다함께 동일한 조건에서 얼굴을 맞대고 전체적으로 다룰 수 있을 때까지 철수를 연기시키는 것이었다.

8년이 지난 뒤의 지금 상황은 어떠한가? 러시아의 유럽 점령 지역의 경계선은 뤼베크에서 린츠에까지 이른다. 체코슬로바키아도 합병당했다. 발트 3국, 폴란드, 루마니아 그리고 불가리아는 전체주의 공산당 지배 하의 위성국가로 전락했다. 유고슬라비아는 우리 곁을 떠나버렸다. 그리스만 유일하게 구제되었다. 우리 군대는 떠났다. 장비와 병력 면에서 압도적인 힘을 자랑하는 러시아군에 대항하기 위해서 다시 60개 사단 정도라도 집결시키려면 상당히 오랜 시간이 필요할 것이다. 그것은 물론 극동에서 벌어지고 있는 사태는 고려하지 않았을 때의 계산이다. 심각할 정도로 불리한 조건 아래에서 제3차 세계대전의 위험이 자유 세계에 불길한 그림자를 드리우고 있었다. 그리하여 승리의 순간에 우리는 지속적인 평화를 위한 가장 최선의, 그러면서 나중에 밝혀진 대로 가장 최후의 기회를 아무렇지도 않게 유유히 사라지도록 내버려둔 것이다.* 6월 4일, 대통령에게 전문을 보냈다. 지금은 이론의 여지도 없는 내용이다.

귀하께서는 내가 왜 날짜를 [7월] 3일 또는 4일 정도로 앞당기기를 간절히 바랐는지 그 이유를 이해하시리라고 믿습니다. 나는 깊은 우려와 함께 중앙 지역의 우리 점령 지역 경계선까지 미군이 철수함으로써 서유럽 심장부에 소비에트군이 들어오게 되고, 우리와 동쪽의 모든 것 사이에 철의 장막이 드리워지게 되리라고 전망합니다. 나는 미군의 철수가 정말 불가피하다면, 세계 평화의 진정한 토대를 형성할 여러 큰 문제를 해결한 뒤에 이루어지기를 바랍니다. 실로 현재까지 해결된 중요한 문제는 아무것도 없습니다. 그런데 귀하와 나에게는 미래

---

* 1953년에 쓴 것임—저자

에 대한 거대한 책임이 있습니다. 따라서 나는 여전히 날짜를 앞당기기를 희망하고 있습니다.

트루먼의 회신은 6월 12일에 도착했다. 그의 말은, 루스벨트 대통령이 나와 함께 "오랫동안의 고려와 상세한 토의" 뒤에 승인한 독일 점령과 관련한 3국 협정 때문에, 다른 문제의 해결 압박 수단으로 미군의 소련 점령 지역에서의 철수를 연기하는 일은 불가능하다는 것이었다. 연합국 관리위원회는 미군이 떠나기 전에는 제 기능의 작동을 시작할 수 없으며, 연합군 최고사령부가 움직이던 군사정부는 지체 없이 폐지하고 아이젠하워와 몽고메리가 나누어 맡아야 한다고도 했다. 또한 우리의 회담이 열리는 7월까지 조치를 연기한다면, 우리와 소련의 관계가 악화될 것이라는 조언이 있었다고 한 뒤에, 스탈린에게 메시지를 보낼 것을 제의했다.

서한의 내용은 우리는 즉시 우리 군대에 각자 자기 지역을 점령하도록 지시해야 한다는 것이었다. 트루먼은 6월 21일부터 독일에서 철수를 시작하도록 명령할 예정이라고 했다. 군사령관들은 베를린의 3국 동시 점령을 위해서 준비를 해야 했다. 따라서 미군이 프랑크푸르트와 브레멘에서 도로, 철도, 항로를 이용하여 베를린에 자유롭게 접근할 수 있도록 조치를 취해야 했다. 오스트리아에서는 지역 사령관들이 책임지고 오스트리아와 빈 지구 점령 지역을 확정하도록 하고, 자기들이 해결할 수 없는 문제만 정부에 문의하도록 함으로써, 조치를 신속하고 만족스럽게 완료할 수 있었다.

내 마음 속에서는 불길한 종소리가 울려퍼졌다. 그러나 나는 받아들이는 것 외에 달리 방법이 없었다. 더 이상 내가 할 수 있는 일은 없었다. 결코 간과되어서는 안 될 것은, 애당초 점령 지역을 결정할 때 트루먼은 관여도 협의도 하지 않았다는 사실이었다. 그가 대통령직을 승계하자 바로 그에게 제시된 문제는 화려했던 전임자 시절에 영미 양국 정부가 합의한 정책으로부터 벗어날 것인가의 여부였고, 다른 의미에서 거절할 것인가 말 것인가의 결정이었다. 그는 의심할 여지없이 군민 양쪽의 조언자들의 도움에 의지해서 행동했다. 바로 그 시점에서 그의 책임은, 비록 신뢰를 저버렸다는 비난을 받을 가능성이 있더라도, 완전히 다른 방식을 채택해야 할 정도로 상황이 근본적으로 바뀌었느냐 하는 여부를 판단하는 데 한정되어 있었다. 사후에 깨달은 자는 조용히 있을 수밖에 없다.

7월 1일, 미국과 영국의 각 군대는 그들에게 할당된 지역으로 철수를 시작했고, 피란민들이 뒤따랐다. 소련은 유럽 중심부에 기반을 구축했다. 인류 역사의 운명적인 이정표였다.

★ ★ ★ ★ ★

그 모든 일이 진행되는 동안, 나는 6월 첫 주일부터 본격적으로 시작된 총선의 격랑 속에 빠져들었다. 따라서 6월은 힘든 나날의 연속이었다. 잉글랜드와 스코틀랜드의 대도시들을 자동차로 강행군하면서 구름같이 모여드는 열정적인 군중들을 상대로 하루에 서너 차례의 연설을 하고, 게다가 사전에 열심히 준비한 네 번의 방송까지 소화하느라고 시간과 정력을 모두 소비했다. 선거 운동 기간 내내 나는 그 오랜 시간 동안 유럽에서 우리가 싸워 지키려고 했던 많은 것들이 슬며시 빠져나가버리고, 보다 빠른 항구적 평화에 대한 희망마저 멀어져가는 것을 느꼈다. 낮이면 군중의 소음 속에서 부대끼고, 밤이면 지칠 대로 지쳐 선거본부 사무실로 사용하는 열차로 돌아왔다. 거기에는 수많은 참모들과 온갖 전문들이 기다리고 있었고, 나는 다시 몇 시간 동안 땀을 흘려야 했다. 당파의 흥분 및 소란과 내 마음을 지배하고 있던 음울한 이면 사이의 모순은 그 자체로 현실과 화합에 대한 모욕이었다. 마침내 선거일이 오고, 투표 용지가 봉인되어 상자에 들어가 3주일 동안 대기 상태에 들어가자* 나는 아주 기뻤다.

---

* 영국은 1935년에 하원 의원 선거를 한 뒤 1940년에는 전쟁 때문에 선거를 치르지 못했다.

나는 회담 전에 일주일 정도 햇빛 속에서 보내야겠다고 마음을 먹었다. 투표일 이틀 뒤인 7월 7일, 아내와 메리를 데리고 보르도로 날아갔다. 스페인 국경에 근접한 앙다예의 브루티넬 장군의 별장에서 기분 좋게 여장을 풀었다. 즐겁게 목욕도 할 수 있었고, 무엇보다 주변의 경관이 아름다운 곳이었다. 아침 시간의 대부분은 침대에서 아주 빼어난 프랑스 저자의 보르도 휴전과 오랑에서의 비극적 결말에 관한 저작을 탐독했다. 바로 5년 전의 기억을 되살리며 당시에는 내가 몰랐던 많은 것들에 대해서 알게 되어 기분이 묘했다. 오후에는 그림 도구를 챙겨 밖으로 나갔는데, 니브 강과 생 장 드뤼즈 만에서 매혹적인 대상을 발견하곤 했다. 1년 전 마라케시에서 만나 친하게 된 보르도 주재 영국 영사 네른의 부인이 그림에 뛰어난 재능을 가졌다는 사실도 거기서 알게 되었다. 얼마 남지 않은 회담과 관련해서는 몇 통의 전문으로만 처리하고, 당파적 정치에 관한 일들은 내 머릿속에서 애써 몰아내버렸다. 그런데 한 가지 고백하지 않을 수 없는 것은, 투표함과 그 내용의 미스터리가 내 방 문을 두드리며 창을 통해 몰래 엿보는 듯한 기괴한 환각에 사로잡히곤 했다는 사실이다. 팔레트를 펴고 붓을 잡는 것이 그러한 불의의 침입자들을 내쫓는 쉬운 방법이었다.

바스크인들은 언제 어디서나 사람을 따뜻하게 맞아주었다. 그들은 길었던 독일군 점령 기간을 견뎌내고 다시 자유의 공기를 만끽하고 있었다. 나는 이미 머릿속에 모든 것을 가득 채우고 있었기 때문에 회담에 대비하여 따로 준비할 필요가 없었다. 단지 며칠뿐인 그 순간의 날들을 위해서 그대로 있는 편이 행복했다. 대통령은 미국 순양함 오거스터 호를 타고 항해 중이었다. 1941년 대서양 회담 때 루스벨트가 이용했던 바로 그 배였다.

독일이 항복하고 난 뒤인 1945년 7월 5일에 선거를 하게 되었으나, 지역에 따라 투표 자체가 늦게 마감된 곳도 있었으며, 무엇보다 전쟁터에 나간 군인들의 부재자 투표 용지가 도착할 때까지 개표를 기다려야만 했다. 따라서 개표는 3주일 뒤에 하게 된 것이다/역주

15일, 나는 자동차로 숲 속을 통과하여 보르도 비행장으로 갔다. 그리고 전용기 스카이마스터를 타고 베를린으로 향했다.

제28장
원자폭탄

트루먼은 나와 같은 날 베를린에 도착했다[포츠담 회담은 7월 17일-8월 2일에 개최되었다/역주]. 의견 차이에도 불구하고 이미 서신 교환을 통해서 친밀한 관계가 된 그 영향력 있는 인물을 나는 몹시 만나고 싶었다. 도착 뒤 오전 중에 바로 그를 찾아갔다. 그가 쾌활하고, 치밀하며, 활달한 태도에 명확한 결단력을 소유한 사람이라는 인상을 나는 가지게 되었다.

7월 16일에는 각자 따로 베를린을 돌아보았다. 시가지는 폐허의 혼돈 그 자체였다. 당연하게도 우리의 방문에 관심을 보이는 사람은 아무도 없었으며, 거리에는 평범한 보행인들만 다녔다. 그러나 총통 관저 앞 광장에는 상당한 수의 군중이 모여 있었다. 내가 차에서 내려 그들 사이로 걸어갔을 때, 무엇인가 승복할 수 없다는 듯 고개를 흔드는 노인 한 사람을 제외하고는 모두 환호성을 지르기 시작했다. 그들의 항복과 함께 나의 증오심은 이미 사라지고 없었다. 그들의 집회 그리고 그들의 핼쑥한 얼굴과 남루한 옷차림을 보자 나는 마음이 흔들렸다. 우리는 총통 관저로 들어가서 부서진 복도와 홀을 따라 한동안 걸었다. 러시아인 가이드가 우리를 히틀러의 방공호 집무실로 안내했다. 나는 그 맨 아래쪽까지 내려가 히틀러와 그의 아내가 자살한 방을 살펴보았다. 그리고 다시 올라왔을 때, 그들의 시신을 화장한 곳으로 안내되었다. 우리는 그 마지막 국면에서 벌어진 일에 대해서 그 당시에 가능했던 가장 직접적인 설명을 들었다.

히틀러가 선택한 길은 내가 우려했던 것보다 우리에게는 훨씬 더 편한 것이었다. 전쟁의 마지막 몇 개월 동안에는 언제라도 비행기를 타고 영국으로 와서, 히틀러 스스로 항복하면서 이렇게 말 할 수 있었을 것이다. "나는 어떻게 처리해도 좋소. 하지만 내가 잘못 인도한 우리 국민들은 살려주시오." 의심의 여지없이 그는 뉘른베르크 전범들과 운명을 같이 했을 것이다. 현대 문명의 도덕 원칙은 전쟁에서 패한 국가의 지도자들은 전승국에 의해서 처형되는 것으로 규정하는 듯하다. 그러한 원칙은 분명히 지도자들로 하여금 어떠한 전쟁에서도 마지막까지 철저히 싸우도록 자극하게 된다. 아무리 많은 생명이 헛되이 희생되더라도, 그들에게는 아무것도 아니다. 그러나 부가적인 대가를 치르는 것은 전쟁이 시작하든 끝나든 발언권이 없는 국민 대중이다. 로마인들은 그 반대의 원칙에 따랐다. 그들의 정복은 용맹만큼이나 넉넉했던 그들의 관용의 결과였다.

★ ★ ★ ★ ★

7월 17일, 경천동지의 뉴스가 도착했다. 그날 오후에 스팀슨이 숙소로 찾아와 내 앞에 종이 한 장을 내밀었다. 거기에는 이렇게 쓰여 있었다. "신생아들 만족스럽게 탄생(Babies satisfactorily born)." 그의 태도로 미루어, 나는 아주 특별한 일이 일어났다는 사실을 알 수 있었다. 그가 말했다. "멕시코 사막의 실험이 성공했다는 의미입니다. 원자폭탄이 현실이 되었습니다." 우리가 그 무서운 연구의 경과를 우리에게 주어진 정보를 모아 지켜보긴 했으나, 결정적인 실험 일자에 대해서는 사전에 통보받은 적도 없을 뿐만 아니라 아예 몰랐다. 최초로 완전한 규모의 원자 폭발이 시도될 경우 어떠한 일이 벌어질지 그 어떤 과학자도 책임 있게 예측할 수 있는 사람은 없었다. 그러한 폭탄은 아무 쓸모가 없을 것인가, 아니면 모든 것을 절멸시켜버릴 것인가? 이제 우리가 알게 된 것이었다. "신생아들"이 "만족스럽게 탄생한" 것이었다. 그 발명의 직접적인 군사적 중요성은 아무도 예측할 수 없었으며, 그것에 관해서 무엇인가 측정해본 사람도 없었다.

다음날 아침, 비행기 한 기가 인류사의 그 가공할 만한 사건의 상세한 내역을 싣고 왔다. 스팀슨이 그 보고서를 가져다주었다. 내가 기억하는 내용은 이렇다. 폭탄 또는 그와 유사한 물질을 30미터 높이의 탑에서 폭발시켰다. 주변 16킬로미터 이내에는 아무것도 없이 소개되었으며, 과학자와 관계자들은 그 구역 바깥에 설치한 육중한 콘크리트 벽과 차단 시설 뒤에 웅크린 채 기다렸다. 폭풍은 엄청났다. 화염과 연기의 거대한 기둥이 가련한 지구의 대기권 끝까지 치솟았다. 반경 1.5킬로미터 이내의 파괴는 절대적이었다. 바로 거기에 제2차 세계대전의 신속한 종결이 있었다. 그리고 아마도 그밖의 무척이나 많은 부수적인 일들도.

대통령은 회담을 진행하기 위해서 나를 불렀다. 그는 마셜 장군과 레이히 제독을 대동했다. 그때까지 우리는 맹렬한 공습과 대부대의 진격에 의해서 일본 본토를 공격할 것이라고 생각했다. 우리는 정규전은 물론 동굴이나 방공호에서 사무라이 정신으로 무장한 일본군이 죽음을 두려워하지 않고 필사적으로 저항하리라고 생각했다. 나는 오키나와에서 벌어졌던 광경이 떠올랐다. 수천 명의 일본군이 항복하는 대신 장엄하게 하라키리[할복(割腹)]를 행한 지도자의 뒤를 따라 차례로 수류탄을 터뜨려 자폭했다. 일본군의 저항을 한 명 한 명씩 제압하고 일본 국토를 한 걸음 한 걸음씩 정복하려면 미군 100만 명과 그 절반에 해당하는 영국군의 희생이 필요할 터였다. 그 고통을 함께 나누기로 결심했으므로 영국군은 사정이 허락하면 더 많이 파견될 것이고, 손실은 더 커질 수 있었다. 그런데 이제 그러한 악몽 같은 그림은 사라져버린 것이었다. 그 대신 한두 차례의 격렬한 충격으로 전쟁 전체를 종결할 수 있는, 실로 투명하고 통쾌한 새로운 전망을 가지게 된 것이었다. 나는 곧장 그러한 생각이 들었다. 내가 항상 상찬해 마지않았던 용기 있는 일본인들이 거의 초자연적인 무기의 출현을 맞아 어떻게 자신들의 명예를 지키고 마지막 한 명까지 목숨을 아끼지 않는 싸움의 의무에서 스스로 벗어나게 되는 데 대한 변명을 할 수 있을 것인가?

무엇보다도 그렇게 되면, 우리는 러시아군을 필요로 하지 않게 될 것이다. 대일 전쟁을 종식시키는 데에 더 이상 러시아군을 마지막까지 끌 것으로 예상되는 살육전에 투입하지 않아도 되었다. 그들의 도움을 요청할 필요가 사라졌다. 그로써 유럽의 여러 문제도 그 장점을 살려 반추축 연합국의 대원칙에 따라 해결할 수 있게 되었다. 우리는 뜻밖에 극동에서는 살육을 단축시키는 은혜를 입고, 유럽에서는 보다 행복한 전망을 가지게 되었다. 나는 그러한 생각이 미국 친구들의 마음에도 가득 차 있을 것이라는 사실을 의심하지 않았다. 어쨌든 원자폭탄을 사용할 것인가 말 것인가에 대한 논의는 전혀 있을 수가 없었다. 한두 개의 원자폭탄을 사용하여 그 폭발의 압도적 힘으로 방대한 지역에서 무한정의 잔인한 살육을 막고, 전쟁을 끝내며, 세계의 평화를 되찾고, 고통 받는 인민에게 치유의 손길을 내밀 수 있다는 것은 우리의 노고와 위험 뒤에 오는 구출의 기적처럼 여겨졌다.

그 무기의 사용에 대해서 영국이 원칙적인 동의를 한 것은 7월 4일, 실험이 있기 전이었다. 최종 결정은 무기를 소유하고 있는 트루먼 대통령에게 거의 전적으로 달려 있었다. 어떻게 될 것이지 나는 의심할 여지가 없었을 뿐만 아니라, 나중에 대통령이 옳았다는 데 대해서도 의심해본 적이 없었다. 일본의 항복을 강제하기 위해서 원자폭탄을 사용할 것인가 말 것인가를 문제조차 삼지 않았다는 것은 역사적 사실로 남을 것이며, 후세가 판단해야 할 과제였다. 우리의 회의 결과는 아무런 의문 없이 자동으로 만장일치의 찬성이었다. 달리 어떻게 해야 한다는 이의의 기미조차 없었다.

스탈린에게 어떻게 말할 것인가 하는 것은 미묘한 문제였다. 대통령과 나는 일본을 정복하는 데 그의 도움은 더 이상 필요하다고 느끼지 않았다. 그는 독일을 굴복시키고 난 뒤 즉시 일본을 공격하겠다고 테헤란과 얄타에서 약속했고, 그 약속을 이행하기 위해서 5월 초부터 러시아 병력을 시베리아 철도를 이용하여 계속 극동으로 이동시키고 있는 중이었다. 우리 생각으로는 이제 그들은 필요할 것 같지 않았다. 따라서 얄타에서 미국을 상대로 발휘된 스탈린의 교섭력은 더 이상 존재하지 않았다. 그래도 그는 여전히 히틀러에 대항하는 전쟁의 위대한 동맹이었다. 대통령과 나는 스탈린도 이제 국면을 장악하게 될 거대한 "새 사실"에 대해서 상세하게는 아닐지라도 정보는 알고 있는 것이 틀림없다고 느꼈다. 그 소식을 어떻게 스탈린에게 전할 것인가? 서면으로 할 것인가, 구두로 할 것인가? 공식적인 특별 회담 형식을 갖출 것인가, 우리의 일일 회담 시간을 이용할 것인가, 아니면 어느 하루 회담이 끝난 뒤에 할 것인가? 대통령이 내린 결론은 가장 마지막 방법이었다. "나는 어느 하루 우리의 회담을 마친 뒤에 말하는 것이 가장 좋다고 생각합니다. 우리는 완전히 새로운 폭탄을 가지고 있는데, 통상의 것과는 완전히 다르며, 전쟁을 계속하겠다는 일본의 의지에 결정적인 영향을 줄 수 있는 것이라고 말하는 것입니다." 나는 그 방식에 찬성했다.

★ ★ ★ ★ ★

그동안 일본에 대한 공군과 해군의 파괴적인 공격은 계속되었다. 7월 말이 되면 일본의 해군은 사실상 존재하지 않았다. 일본 본토는 혼돈 상태였으며, 붕괴 직전이었다. 직업 외교관들은 천황의 권한에 의한 즉각 항복만이 일본의 완전한 붕괴를 막을 수 있는 유일한 길이라고 믿고 있었다. 그러나 권력은 여전히 패배를 받아들이기보다는 국민들의 집단 자살을 요구하는 군부가 쥐고 있었다. 당장 직면하고 있는 전율의 파국에도 불구하고 국면을 유리하게 전환시킬 수 있는 기적만 계속 떠들어대는 그 광적인 계급은 꿈쩍도 하지 않았다.

대통령과 단 둘이, 또는 그의 고문들이 합석한 자리에서 여러 차례 긴 대화를 나누면서, 어떻게 할 것인지 토의했다. 나는 만약 우리가 일본에 "무조건 항복"을 강요한다면, 미국의 경우 아주 막대한, 영국은 그보다 좀 덜한 일정 수준의 대가를 치를 수밖에 없다는 점을 강조했다. 대통령은 그 문제를 다른 방식으로 표명할 수 있도록 고려할 필요가 있었다. 곧 우리는 장래의 평화와 안보를 확보하기 위한 필수조건을 얻고, 일본이 정복자들이 필요로 하는 모든 안전 조치에 순응하면, 그들의 군사적 명예와 국가의 존속에 대한 어느 정도의 보장 가능성을 보여주는 것이었다. 대통령은 진주만 기습 이후 일본에게 군사적 명예가 있다고 생각하지 않는다며, 퉁명스럽게 대답했다. 나는 어쨌든 미국은 다수의 희생을 감수할 무엇인가를 가지고 있고, 우리 영국에는 그만큼 중요한 문제가 아닐 것이라고 말하는 선에서 만족해야 했다. 그러자 그는 전적으로 공감하는 태도를 바꾸어, 스팀슨이 말했던 것처럼 자신에게 부과된 미국인들의 무제한의 희생에 대한 두려운 책임에 관해서 이야기했다.

마침내 일본군의 즉각적인 무조건 항복을 요구하는 최후 통첩을 보내기로 결정했다. 이 문서는 7월 26일자로 공표되었다. 제시한 조건은 일본군 수뇌부에서 거부되었다. 따라서 미국 공군은 원자폭탄을 히로시마와 나가사키에 한 발씩 투하하는 계획을 세웠다. 우리는 그곳 주민들에게는 모든 기회를 부여하기로 합의했다. 절차는 치밀하게 진행되었다. 인명 피해를 최소화하기 위해서 7월 26일 일본의 11개 도시가 집중 폭격될 것이라는 경고 전단을 살포했다. 다음날 6개 도시를 폭격했다. 7월 31일에는 12개 도시에 대해서 추가로 경고했고, 8월 1일에 4개 도시를 폭격했다. 마지막 경고를 한 것은 8월 5일이었다. 그때까지 슈퍼포터리스[미국의 전략폭격기 B-29/역주]가 150만 장의 경고문과 300만 장의 최후통첩 전단을 매일 뿌렸다고 했다. 최초의 원자폭탄은 8월 6일에 투하되었다.

히로시마에 이어 두 번째 원자폭탄은 8월 9일에 투하되었는데, 나가사키였다. 다음날, 일부 군부 과격파의 저항에도 불구하고 일본 정부는 통치권자로서의 천황의 대권을 손상하지 않는다면 최후통첩을 받아들이기로 결정했다. 연합군 함대가 도쿄 만으로 진입했고, 9월 2일 미국 전함 미주리 호 선상에서 정식 항복 문서에 서명이 이루어졌다. 러시아는 8월 8일에 대일 선전포고를 했다. 일본이 붕괴되기 꼭 일주일 전이었다. 그럼에도 불구하고 러시아는 교전국으로서 완전한 권리를 주장했다.

일본의 운명이 원자폭탄에 의해서 결정되었다고 생각하는 것은 잘못된 판단일 것이다. 일본의 패배는 최초의 원자폭탄이 떨어지기 전에 이미 확실했으며, 그것은 우리의 압도적인 해군력 때문이었다. 그러한 해군력이 있었기 때문에 대양의 기지들을 장악하는 것이 가능했고, 거기서부터 마지막 공격을 개시하여 최후의 일격을 위한 돌격 없이도 일본의 대군을 투항하게 만들 수 있었다. 일본군의 함선은 완전히 파괴되었다. 일본이 전쟁에 뛰어들 때만 해도 550만 톤 규모였고, 뒤에 나포와 건조 등으로 많이 증강되었다. 그러나 수송 선단과 호송은 적절한 수준을 유지하지 못했으며, 유기적인 조직 체계를 갖추지 못했다. 일본 함선 중 850만 톤이 침몰했는데, 그 중 500만 톤이 연합군의 잠수함에게 당했다. 섬나라인 우리 역시 바다에 의존하기 때문에 그 교훈을 잘 깨달을 수 있었다. 만약 우리가 독일의 유보트를 제압하는 데 성공하지 못했더라면, 우리의 운명이 어떻게 되었을지 이해할 수 있었다.

★ ★ ★ ★ ★

좌절이 이 마지막 "3자" 회담의 운명이었다. 나는 여러 차례에 걸친 회담에서 제기되었으나 해결되지 않은 모든 문제를 열거하고 싶지는 않다. 나는 내가 알고 있는 범위 내에서 원자폭탄과 독일-폴란드 국경에 관한 끔찍한 문제의 윤곽을 언급하는 것에 만족하려고 한다. 그러한 문제들은 오늘날에도 여전히 미해결 상태로 남아 있다.

우리는 얄타 회담에서 러시아가 자신의 서쪽 국경을 폴란드의 커즌 라인까지 전진시켜 확장하는 데 동의했다. 그리고 폴란드는 그 대가로 독일 영토 일부를 실제로 할양받는 것으로 언제나 양해하고 있었다. 문제는 이것이었다. 어디까지란 말인가? 폴란드는 독일의 어디까지 진출할 수 있다는 말인가? 의견이 분분했다. 스탈린은 폴란드의 서쪽 국경이 오데르 강과 서(西)나이세 강이 만나는 지점까지 확장되기를 원했다. 루스벨트와 이든 그리고 나의 의견은 동(東)나이세 강에서 멈추어야 한다는 것이었다. 3국 정부 수반은 우선 폴란드 정부와 협의할 것, 그래도 확정되지 않으면 최종 해결을 평화 회담 때까지 미룰 것을 얄타에서 공식적으로 약속했다. 그것이 우리가 할 수 있는 최선이었다. 그러나 1945년 7월에 우리는 새로운 상황에 부딪히게 되었다. 러시아는 자신의 국경을 커즌 라인까지 전진시켰다. 그것은, 루스벨트와 내가 이미 깨닫고 있었듯이, 뒤바뀐 영토에 거주하던 폴란드인 300만 내지 400만 명이 서쪽으로 이주해야 한다는 것을 의미했다. 그것은 우리가 아주 좋지 않은 상황과 직면해야 한다는 의미였다. 소비에트가 지배하는 폴란드 정부 역시 동나이세 강이 아니라 서나이세 강까지 나아가야 한다고 주장했다. 그 땅의 대부분은 독일인 거주 지역이었고, 수백만 명이 이미 도피했다고 하더라도 많은 사람이 남아 있었다. 그러면 그들은 어떻게 되는가? 300만 내지 400만 명의 폴란드인을 움직이게 하는 것은 거의 불가능한 일이었다. 하물며 800만 명의 독일인을 옮길 수 있겠는가? 설사 그러한 일이 가능하다고 생각하더라도, 독일에는 그들을 먹여 살릴 식량이 남아 있지 않았다. 독일은 상당한 식량을 폴란드가 차지할 땅에서 공급받고 있었다. 따라서 이 땅이 우리에게 거부되면 우리 서방 동맹국은 황량한 공업 지대와 기아에 허덕이는 늘어난 인구만 떠안게 될 터였다. 장래 유럽의 평화와 관련해서, 알자스-로렌이나 단치히[그단스크] 회랑*은 비교조차 안

* 제1차 세계대전 뒤의 베르사유 조약에 의해서 독일이 폴란드에 할양한 폭 128킬로미터에 길이 400킬로미터의 기다란 지역으로, 보통 폴란드 회랑이라고 부른다. 내륙국인 폴란드는

되는 오류가 거기에 존재했다. 언젠가 독일은 다시 그 영토의 반환을 요구할 것이고, 폴란드는 대처할 수 없을 것이 분명했다.

★ ★ ★ ★ ★

이제 음울한 우리의 토론에서 벗어나게 해줄 사회적, 개인적 접촉에 관해서 할 이야기만 남았다. 3국 대표는 각자 한 번씩 나머지 두 사람을 초대했다. 첫 번째 주최자는 미국이었다. 건배사 차례가 나에게 돌아왔을 때, 나는 이렇게 외쳤다. "반대파의 지도자." 나는 애틀리를 그 회담에 초청했다. 위기를 맞은 시기의 정부 수반은 직무 대행자가 될 사람에게 모든 것을 미리 숙지하게 하고 유고시에 업무의 연속성이 보장되도록 해야 한다는 나의 확신에 따른 조치였다. 애틀리는 아주 즐거워했다. 그 자리에 참석했던 다른 사람들도 마찬가지였다. 소련의 만찬도 역시 좋았다. 러시아 정상급 연주자들이 훌륭한 콘서트를 열었는데, 너무 밤늦게까지 계속되는 바람에 나는 도중에 슬쩍 빠져나왔다.

포츠담의 마지막 연회는 내 차례였고, 23일 밤에 열었다. 나는 대표단은 물론 사령관들까지 초대하는 큰 규모로 준비했다. 내 자리의 오른쪽에 트루먼, 왼쪽에 스탈린을 앉혔다. 수많은 연설이 있었다. 스탈린은 모든 접객원과 수행원이 방에서 나갔는지 확인조차 하지 않은 상태에서, 다음 회담은 도쿄에서 개최하자는 말까지 했다. 어느 순간 러시아가 일본에 선전포고를 할 것이라는 데 대해서는 의심의 여지가 없었다. 이미 러시아는 대군을 움직여 약화된 일본의 만주 전선을 곧 짓밟고 들어갈 준비가 된 상태였다. 파티의 진행 분위기를 북돋우기 위해서 때때로 자리를 서로 바꾸었는데, 한번은 대통령이 내 맞은편에 앉게 되었다. 그 기회에 나는 스탈린과 매우

이 지역을 통해 발트 해의 항구도시 단치히(폴란드 지명으로는 그단스크)로 진출할 수 있었다. 1938년 히틀러가 이 회랑을 통과하는 도로 및 철도 지배권을 요구했다가 거부당한 것이 제2차 세계대전의 도화선이 되었다/역주

친밀한 이야기를 나누었다. 그는 기분이 최상이었으며, 내가 대통령으로부터 전해들은 신형 폭탄에 대한 최근의 정보를 알고 있다는 낌새조차 알 수 없었다. 그는 일본에 대한 러시아의 개입과 관련하여 열정적으로 이야기했다. 그는 내심 수개월 동안 전쟁이 계속되리라고 기대하는 것 같았다. 그 동안 러시아는 점차 규모를 확대해가면서 전투를 수행할 예정인데, 모든 것이 시베리아 횡단 철도에 의존될 것이라고 했다.

그때 아주 묘한 일이 벌어졌다. 나의 그 무서운 손님은 메뉴 종이를 집어 들고 일어나더니 테이블마다 돌아다니면서 참석자들의 사인을 받기 시작했다. 사인 수집가로서의 스탈린의 모습을 상상할 수 있었겠는가! 마침내 좌중을 한 바퀴 돌고 다시 돌아왔을 때, 나 역시 그가 원하는 대로 사인을 했다. 그리고 서로 마주 쳐다보고 웃었다. 그의 두 눈은 즐거움과 선의로 반짝이고 있었다. 그러한 연회에서 소련 대표들은 항상 아주 조그만 잔으로 건배한다고 앞에서 말한 적이 있는데, 스탈린도 예외가 아니었다. 나는 스탈린에게 건배 제의를 하고 싶었다. 소형 적포도주 잔에 브랜디를 채워 그에게 한 잔 건네고 나도 한 잔 들었다. 그를 의미심장한 눈빛으로 쳐다보았다. 우리는 단숨에 잔을 비우고는 서로 만족스러운 표정으로 바라보았다. 잠시 후 스탈린이 입을 열었다. "마르모라 해[터키의 마르마라 해/역주]의 요새 진지를 내줄 수 없으시다면, 데데아가치[불가리아령이었다가 제1차 세계대전 후 그리스에 반환된 에게 해 연안 도시/역주]에 기지를 가지는 것은 어떨까요?" 나는 이렇게 대답하는 것으로 스스로 만족할 수밖에 없었다. "사시사철 해양의 자유를 주장하는 러시아를 항상 지지합니다."*

다음날인 7월 24일, 전체 회의를 마친 뒤 우리는 모두 원탁에서 일어나서 두세 명씩 짝을 지어 이야기를 나누었다. 그때 대통령이 스탈린에게 다가가 둘이서 통역만 대동한 채 대화하고 있는 모습이 보였다. 아마도 나는 4-5미

---

* 소련의 부동항에 대한 갈망을 처칠이 지지한 것이다/역주

터쯤 떨어져 있었던 것 같고, 따라서 그 중대한 대화의 순간을 유심히 지켜볼 수 있었다. 나는 대통령이 무엇을 말하려는지 알았다. 얼마나 중요한 이야기였는지는 스탈린의 반응을 보면 알 수 있었다. 나는 그것을 바로 어제의 일처럼 기억할 수 있다. 스탈린은 아주 기뻐하는 것 같았다. 신형 폭탄이라니! 엄청난 위력! 어쩌면 대일 전쟁 전체에 결정적 영향을! 얼마나 다행인가! 그것이 그 순간 내가 받은 인상이었다. 그런데 스탈린은 자기가 듣고 있는 내용의 의미가 무엇인지 전혀 알지 못하는 것이 확실했다. 그의 격렬한 행동이나 어투로 미루어 그들의 대화에서 원자폭탄이 별다른 역할을 하지 못한 것이 분명했다. 만약 그가 당시 진행 중이던 세계적 사건의 혁명성에 대해서 조금이라도 알고 있었다면, 그의 명확한 반응이 나타났을 것이었다. 그리고 이렇게 말했을 것이다. "신형 폭탄에 대해서 말씀해주셔서 정말 고맙습니다. 당연히 나는 기술적인 지식이 전혀 없습니다. 내일 아침 우리 원자 핵 과학 전문가를 그쪽 사람들에게 보내도 좋겠습니까?" 그러나 스탈린의 표정은 즐겁고 온화했으며, 두 권력자의 대화는 곧 끝이 났다. 차를 기다리는데, 마침 트루먼이 가까이에 있었다. "어떻게 됐습니까?" 내가 묻자, 트루먼이 대답했다. "한마디도 질문하지 않았습니다."

25일 오전, 다시 회의가 열렸다. 그것은 내가 참석한 마지막 회의였다. 나는 폴란드의 서쪽 국경 문제는 아직도 그 지역 안에 머물고 있는 125만의 독일인들을 고려하지 않고서는 해결할 수 없다고 거듭 역설했다. 그러자 대통령은 평화조약은 상원의 의견을 듣고 승인을 얻어야 비준 절차가 완성된다는 점을 강조했다. 그리고 우리가 미국 국민에게 진지하게 제시할 수 있는 방안을 찾아야 한다고 말했다. 나는 독일에서 생산하는 식량으로 독일 전체 인구에게 고루 배당할 수 있도록 조정이 되지 않고, 배상이나 전리품에 관한 합의가 이루어지지 않은 상황에서 폴란드가 다섯 번째 점령국의 지위를 차지하게 된다면, 회담은 실패로 끝날 수밖에 없다고 주장했다. 우리의

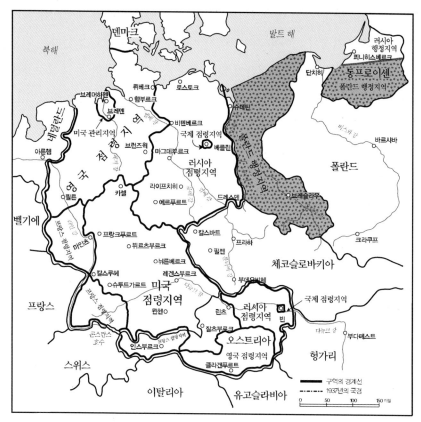

독일과 오스트리아 내의 점령 지역(1945년 7월, 최종 채택)

임무의 중심에는 여러 문제들이 얽혀 있었으며, 어떤 문제에 관해서도 의견의 일치를 보지 못했다. 논쟁은 계속되었다. 스탈린은 루르 지방에서 석탄과 금속을 얻는 것이 식량보다 더 중요하지 않겠느냐고 했다. 그에 대해서 나는 그 물자들이 동부로부터 공급되는 물자와 교환될 수 있어야 한다고 반박했다. 그렇지 않으면 광부들이 어떻게 석탄을 캘 수 있겠는가? "그 사람들은 이전에는 외국으로부터 식량을 수입했습니다. 다시 또 수입할 수 있겠지요." 스탈린의 대답이었다. 그러면 독일 사람들이 배상금은 어떻게 지불할 수 있단 말인가? "독일에는 아직 물자가 많이 남아 있습니다." 아주 완강한 대답이 돌아왔다. 나는 폴란드인들이 동부에서 곡물 지대를 확보해야 하기 때문에 루르 지방이 기아를 감수해야 한다는 사실을 용납할 수 없다는 이유로 거부했다. 영국 자체도 석탄이 많이 부족했다. "그렇다면 독일 포로들을 광산에 데려가서 노역을 시키면 되지 않습니까. 나는 지금 그렇게 하고 있는데." 그러면서 스탈린은 이렇게 말했다. "4만 명의 독일군이 아직 노르웨이에 있습니다. 거기서 인력을 차출할 수 있을 것입니다." 나는 이렇게 대답했다. "우리는 우리 석탄을 프랑스, 네덜란드 그리고 벨기에에 수출합니다. 영국은 해방된 국가들에 나눠주느라 석탄 부족을 견디고 있는데, 폴란드는 왜 스웨덴에 석탄을 팔지오?" "하지만 그건 러시아 석탄입니다." 스탈린의 대답이었다. "우리 사정은 그 나라보다 더 어렵습니다. 우리는 전쟁에서 500만 명을 잃어서, 노동력이 거의 절망적인 수준으로 부족합니다." 나는 내 주장을 다시 분명히 밝혔다. "우리는 루르의 석탄을 폴란드든 어디든 채광한 광부들을 먹여살릴 식량과 교환할 수 있는 곳으로 보낼 것입니다."

그 말에 스탈린은 잠시 말문을 닫았다. 그러더니 전체적인 문제는 생각이 좀 필요할 것 같다고 대답했다. 나도 동의했다. 단지 나는 우리가 직면하고 있는 어려움을 지적하고 싶을 뿐이라고 말했다. 내가 관여한 것은, 거기까지가 전부였다.

★ ★ ★ ★ ★

포츠담에서 도달한 어떠한 결론이든, 여기에 쓴 것 이상에 대해서 나는 책임이 없다. 회담이 진행되는 동안, 나는 원탁회의에서나 매일 가졌던 외무장관 회의에서 조정할 수 없었던 어려운 문제들은 뒤로 미루도록 했다. 그 결과 합의를 보지 못한 수많은 문제들이 보류되었다. 대체로 모두 기대했듯이 내가 선거에서 이겨 다시 돌아온다면, 결정해야 할 그 일련의 문제들에 대해서 소련 정부와 담판을 짓겠다는 것이 나의 의도였다. 예를 들면, 나나 이든은 국경을 서나이세 강으로 하는 데 동의한 적이 한번도 없었다.

폴란드가 러시아에 커즌 라인을 양보하는 대신, 오데르 강과 동나이세 강을 잇는 선을 국경으로 하는 것은 이미 인정된 사실이었다. 그런데 러시아 군대가 서나이세 강까지 진출하고, 심지어 그 너머까지 영토를 유린하는 것은, 내가 수반으로 있던 어느 정부도 동의할 수 없었고 또 동의해서도 안 될 일이었다. 거기에는 원칙의 문제가 아니라 이주해야 할 300만 명 이상의 주민에 영향을 미치는 중대한 사실의 문제가 존재했다.

소련 정부, 그리고 광대한 독일 영토를 집어삼켜 소련 정부의 충실한 꼭두각시 역할을 하고 있는 폴란드와 대결해야 하는 여러 문제들이 존재했다. 그 모든 협상은 영국의 총선 때문에 중단되었는데, 또한 시기상조의 결론에 도달하고 말았다. 이렇게 말하는 것은 노동당 정부의 각료들을 비난하려는 의도가 아니다. 그들은 신중한 준비 없이 그 일을 맡게 되었다. 따라서 애당초 내가 품고 있던 구상이나 견해에 대해서는 아는 것이 없었다. 즉, 회담의 마지막에 가서 담판을 벌인다는 것, 그리고 필요한 경우 오데르 강과 동나이세 강 이상을 폴란드에 넘겨주느니보다 차라리 공개적으로 결렬을 선언한다든지 하는 전략을 몰랐다.

그러나 그러한 문제들을 처리할 수 있었던 실질적인 시기는, 앞 장에서 설명했듯이, 강력한 연합군의 각 전선이 서로 전장에서 맞물렸기 때문에 미군이나 그보다 규모는 작았지만 영국군이 650킬로미터에 걸쳐 최대 200킬로미터의 폭으로 대폭 철수하여 독일의 심장부를 비롯한 대부분의 영토를 러시아에게 넘겨주기 전이었다. 당시에 나는 우리 연합군 부대가 거기 존재하는 한 그러한 대규모 철수를 하기 전에 문제를 해결하기를 바랐던 것이다. 미국의 견해는 그렇게 되면 우리가 확정된 점령 지역의 경계선을 침범한다는 것이었다. 반면에 내 주장은 우리가 남북에 걸친 전체 전선에서 이미 체결한 협정의 의도와 정신에 따라 결정된 선이라고 납득할 수 있을 때 비로소 그 점령 지역의 구획선이 적용될 뿐이라는 것이었다. 그러나 거기

중부 유럽의 국경선

에 대한 미국의 지지를 얻는 것은 불가능했다. 그리고 러시아는 전면에 폴란드를 내세워 광대한 지역의 독일인들을 몰아내면서 그들이 식량을 생산하던 땅을 장악했고, 호구책이 막막한 그 많은 사람들을 인구 과밀의 영국과 미국 점령 지역으로 이주시켰다. 그나마 포츠담에서 그 문제가 다시 조정될 수도 있었는데, 영국 거국내각이 붕괴되고 가장 힘 있고 영향력을 행사했던 내가 물러나게 됨으로써 만족스러운 해결이 불가능해지고 말았다.

7월 25일 오후, 나는 딸 메리와 함께 귀국했다. 노솔트에서 아내를 만나,

함께 조용히 저녁식사를 했다.

핌 대령과 지도실 근무자들이 이튿날 선거 결과가 들어오는 대로 한눈에 잘 볼 수 있도록 완벽한 준비를 해두었다. 보수당 중앙본부의 최근 판단 결과는 확실히 다수 의석을 확보한다는 전망이었다. 나는 회담과 관련한 중대 임무에 몰두해 있었기 때문에, 선거에 대해서는 지나친 신경을 쓰지는 않았다. 나는 전반적으로 정당 사무원들의 의견을 수긍하면서, 영국 국민이 내가 맡은 임무를 계속 수행하기를 원할 것으로 믿고 잠자리에 들었다. 나는 새로 구성하는 하원의 각 정당 비율에 따라 연립정부를 재조직할 수 있으리라는 희망을 가지고 있었다. 그런 생각을 하면서 선잠을 잤다. 그런데 이른 새벽에 거의 육체적 고통이나 다름없는 날카로운 통증을 느끼며 갑자기 잠에서 깨어났다. 그때부터 우리가 패배할지 모른다는 잠재의식이 확신으로 바뀌면서 내 마음을 사로잡았다. 매번 닥칠 때마다 순응하거나 대항하면서 오랫동안 내 정신적 "비행 속도"를 유지해 왔던 큰 일들로 인한 중압감이 사라져 버리고, 나는 그만 나락으로 떨어질 것만 같았다. 미래를 만들 힘이 나를 거부할 터였다. 내가 쌓아온 지식과 경험, 내가 지니고 있었던 권위와 대의는 사라질 것이었다. 나는 그런 생각에 마음이 불편했지만, 금방 다시 잠에 빠져들었다. 9시가 되어서야 일어났다. 지도실로 들어가자 첫 번째 개표 결과들이 들어오고 있었다. 내가 곧장 예상했던 것처럼, 그다지 유리한 정황이 아니었다. 정오 무렵에는 노동당이 다수를 차지할 것이 명확해졌다. 점심식사를 하며, 아내가 말했다. "위장의 축복일지 모르겠군요." 나도 대답했다. "이 순간에는 아주 효과적인 위장인 것 같소."

통상의 경우와 마찬가지로, 나는 관행에 따라 정부 일을 며칠 더 집행하는 데 별 어려움은 없었다. 헌법상으로는 의회가 개원할 때까지 며칠 더 기다렸다가, 하원에서 나의 사직을 처리할 것이었다. 따라서 나는 퇴임하기 전에 일본의 무조건 항복을 국민들 앞에 보고할 수 있었다. 회담에 참가할 정당한 권한을 가진 대표자의 결정이 시급했다. 그동안 회담에서 우리가 토론해왔던 대형 과제들이 중요한 순간에 이르렀기 때문에, 지체하는 것은 공공의 이익에 반할 수밖에 없었다. 더군다나 유권자의 판단이 너무나 압도적으로 표현되었기 때문에, 나는 잠시라도 그러한 문제에 책임은 지는 자리에 머물고 싶지 않았다. 따라서 7시에 알현 요청을 하고, 차를 타고 궁전으로 향했다. 국왕 폐하께 사표를 제출하고, 애틀리를 후임으로 천거했다.

나는 국민들에게 보내는 담화를 발표했다. 이제 나의 이야기를 마치겠다다.

1945년 7월 26일

영국 국민의 결정은 오늘 투표 결과로 확인되었습니다. 그러므로 나는 이제 어두웠던 시절 나에게 부과되었던 책임으로부터 물러나게 되었습니다. 나에게는 일본과 관련된 일을 마무리하도록 허락받지 못한 것이 유감으로 남습니다. 그러나 그것에 대한 모든 구상과 준비는 완료되어 있고, 또한 그 결과는 우리가 예상했던 것보다 훨씬 더 빨리 나타날 것입니다. 방대한 국내외 문제의 책임이 새 정부에 부과될 터인데, 우리는 새 정부가 그 책임을 잘 감내하고 성공적으로 처리하기를 희망합니다.

영국 국민들께 드리고 싶은 마지막 말은 이제 하나뿐입니다. 그 위험으로 가득했던 시기에 내가 대표했던 영국 국민들에게, 나의 재임 중에 보내준 불굴의 흔들리지 않는 지지와, 국민의 공복인 우리에게 보낸 헤아릴 수 없는 호의에 대해서 깊은 감사를 드립니다.

에필로그

1945년 7월-1957년 2월

에필로그

내가 오랜 시간에 걸쳐 썼던 6권의 『제2차 세계대전』이 이제 발췌본으로 새로 선보이게 되었다. 너무 지나치게 상세한 부분, 특히 군사적으로 세세한 부분 때문에 방해 받지 않고 사태의 전모를 알고자 하는 독자들에게 효용이 있을 것이다.

이 작업은 나에게 지난 12년 동안에 일어난 주요 사건들에 대한 나의 생각을 되짚어보고 밝힐 수 있는 기회를 부여했다.

1945년 7월 25일 포츠담을 떠날 때, 선거에서 당연히 내가 다수당이 되리라고 확신했다. 따라서 실제 결과를 맞닥뜨리고는 깜짝 놀랐다. 전쟁의 수행과 승리가 가까워진 상황에 완전히 몰두했던 나는, 정작 영국 섬에서 일어나고 있던 일에 대해서는 제대로 이해하지 못했던 것이다. 그렇지 않았더라면, 나는 사태에 달리 대처했을 것이다. 무엇보다도 육군의 대체적인 견해는, 그렇게 무수한 호의의 징후에도 불구하고, 나에게는 충격적인 것이었다. 선거의 결과와 득표수는 유럽과 미국, 더군다나 소련까지도 예상하지 못했던 놀라운 것이었다. 1940년의 냉혹한 시련을 극복하고 5년에 걸친 싸움을 승리로 이끈 영국 국민의 불굴의 정신은 흔들리지 않을 것이며, 따라서 정부의 교체는 일어나지 않으리라고 생각했던 것은 당연했다.

포츠담 회담이 진행되는 동안, 나는 소련과 대결하는 상황까지 가게 되리라고 보지는 않았다. 얄타 회담 이후로 소련은 놀랄 만한 행태를 보였다. 나는 미군이 우리가 회담을 시작하기 전에 점령했던 중부 유럽의 광범위한 영토에서 철수하지 않기를 간절히 바랐다. 그것은 휴전과 함께 연합국이 쥐고 있던 사태를 공평하게 해결할 하나의 카드였다. 영국은 자국을 위해서 추구한 것이 전혀 없었다. 그러나 러시아가 여러 방면으로 최대한 진출하는 것을 보고 무엇이 옳은가 판단하지 않을 수 없었다. 미국은 아무래도 상황을 잘 파악하지 못한 듯했고, 위성 국가(satellite state)라고 불리게 된 나라들은 소련 군대가 점령해버렸다. 베를린은 이미 소련의 수중에 들어가 있었다. 몽고메리가 진입 명령만 받았어도 먼저 차지할 수 있었던 곳이었다. 역시 소련 점령지가 된 빈은, 연합국 대표가 개인 자격으로도 통행을 거부당하는 유럽의 주요 수도가 되고 말았다. 발칸 국가들과 불가리아 그리고 루마니아도 일찌감치 정복당했다. 유고슬라비아는 그 유명한 애국 지도자 티토 치하에서 동요하고 있었다. 러시아는 프라하도 제압했는데, 미국의 승인이 있었던 것 같았다. 그리고 독일을 희생시켜가면서 서쪽 국경을 유럽의 심장부까지 이동하는 데에 동의가 이루어진 폴란드마저 장악한 상태였다. 그 모든 상황은 러시아 군대가 진군하는 동안 러시아 스스로 해치운 결과였다. 미국의 견해는 그러한 모든 과정을 독일을 제압하는 데에 필요한 부분으로 이해하고, 미국의 위대한 국가적 목적을 위해서는 러시아에 대항하여 지나치게 영국에 치우쳐 개입하지는 않겠다는 태도로 보였다.

★ ★ ★ ★ ★

겨울이 되자 나는 미국으로 건너가서 몇 개월 동안 머물렀다. 백악관과 국무부를 방문했다. 1946년 3월에는 미주리 주 풀턴의 웨스트민스터 대학으로부터 강연 초청을 받았다. 트루먼이 스스로 사회를 자처하고 나섰다. 강연은 몇 달 뒤였기 때문에, 가능한 한 충분한 자료를 수집하려고 했다. 백악관과 국무부에 강연에서 언급해서는 안 될 만한 것은 없는지 문의했고, 내가 말하고 싶은 것은 무엇이든 얘기해도 좋다는 답변을 들었다. 그렇게 신중하게 강연 준비에 몰입했다. 그러는 동안에 러시아와 국제공산주의자들의 지칠 줄 모르는 탐욕이 마침내 우리와 맞서는 끔찍한 상황이 시작되었는데, 미국에서도 그러한 인상을 강하게 느낄 수 있었다. 준비한 강연 메모를 당시 국무장관이었던 번스에게 보여주었는데, 그는 내 생각과 완전히 일치했다. 대통령의 초대로 그의 전용 열차에 함께 몸을 싣고 풀턴으로 가는 긴 야간 여행을 시작했다. 우리는 포커 게임을 즐겼다. 기억나는 화젯거리는 그 정도밖에 없다. 어쨌든 국무장관이 내 생각을 대통령에게 전달한 것은 분명한 사실이었을 테고, 대통령은 만족해하는 듯이 보였다. 따라서 나는 그대로 진행하기로 했다. 다른 나라에 가서 강연할 경우에는 평소와 달리 신경을 많이 쓰지 않으면 안 된다. 다음은 강연 내용의 일부이다.

연합국의 승리로 마침내 서광이 비친 국면에 그림자가 드리워졌습니다. 소비에트 러시아와 국제 공산주의 조직의 당면한 의도가 무엇이며, 그들의 세력 확장과 이념 운동의 한계가 있다면 그것이 어디쯤인지 아는 사람은 아무도 없습니다. 나는 용감한 러시아 국민과 전시에 나의 동료였던 스탈린 원수에 대해서 대단한 상찬과 경의의 마음을 지니고 있습니다. 여기서도 마찬가지라고 생각합니다만, 영국인의 마음에는 모든 러시아 국민들에 대한 동정과 선의의 감정이 깊숙이 자리잡고 있습니다. 그리고 많은 차이와 대립에도 불구하고 영속적인 우호 관계를 수립하고자 하는 결의도 있습니다. 우리는 러시아가 서쪽 국경을 통한 독일의 침략 가능성을 제거함으로써 안전을 확보하겠다는 그들의 필요성을 이해합니다. 우리는 러시아가 세계 주요 국가들 사이에서 정당한 자리를 차지하는 것에 찬성합니다. 그리고 그들의 국기가 대양에 휘날리는 것을 환영합니다. 무엇보다도 특히, 대서양을 사이에 두고 러시아 국민과 우리 두 나라 국민들 사이에 교류가 빈번하게 이루어지며 증대하기를 항상 바랍니다. 그러나 여러분들께서는 내가 본 것을 사실 그대로 말해주기를 원하고 있을 터이므로, 유럽의 현상에 대해서 몇 가지 사실을 알려드리는 것이 제 의무라고 생각합니다.

발트 해의 슈체친에서부터 아드리아 해의 트리에스테에 이르기까지 대륙을 가로질러 철의 장막(iron curtain)이 양쪽을 차단했습니다. 장막 너머에는 중부 유럽과 동유럽의 오래된 수도들이 줄지어 있습니다. 바르샤바, 베를린, 프라하, 빈, 부다페스트, 베오그라드, 부쿠레슈티 그리고 소피아 같은 유명한 도시와 그곳을 중심으로 한 주민이 소련의 영향권 안에 들어갔습니다. 그리하여 어떤 형태로든 소련의 영향을 받을 뿐만 아니라, 높은 수준으로 점점 더 강도가 강해지는 양상으로 모스크바의 통제를 받고 있습니다. 그리스의 불멸의 영광을 안은 아테네만 유일하게 영국과 미국 그리고 프랑스의 감시 아래 선거에 의해서 자유롭게 미래를 결정할 수 있었습니다. 러시아가 지배하는 폴란드 정부는 독일에 대하여 방대한 불법 침략을 감행하여, 현재 수백만의 독일인을 무참하고도 상상할 수 없는 방식으로 집단 추방하는 사태가 벌어지고 있습니다. 동유럽 국가들 사이에서는 극히 소규모인 공산당이 이제는 실력 이상의 권력을 얻어 도처에서 전체주의적 지배의 확립을 꾀하고 있습니다. 거의 모든 경우에 경찰국가가 일반화되어 있고, 체코슬로바키아를 제외하고는 지금 진정한 민주주의가 사라진 형편입니다.

터키와 페르시아는 소련 정부가 행사하는 요구와 압력에 무척 놀라고 당황해합니다. 베를린에서 러시아는 독일의 좌익 지도자들에게 특별한 호감을 표시하면서 독일 내의 러시아 점령 지역에서 유사 공산당 창당을 시도하고 있습니다. 지난 6월의 전투가 끝나고 미군과 영국군은 종전의 협정에 따라 서쪽으로 철수하여 650킬로미터의 전선 중 어떤 지점에서는 240킬로미터나 물러났으며, 그렇게 함으로써 서방 민주주의 국가가 제압한 광대한 지역을 러시아가 점령하도록 내주었습니다.

지금 소련 정부가 별도의 행동으로 그들의 점령 지역에 친공산주의 독일 건설을 시도한다면, 영미 점령 지역에 중대한 난관을 초래함과 동시에 그것은 패전국 독일에 소련과 서유럽 국가들을 상대로 자국을 경매에 부칠 권한을 부여하는 꼴입니다. 이러한 사실로부터 어떠한 결론을 내리더라도, 사실은 사실인 만큼, 확실히 지금의 해방된 유럽은 우리가 목표로 삼았던 그런 모습이 아닙니다. 항구적 평화의 실질을 포함하고 있지 않습니다.

청중들은 세심하게 귀를 기울였고, 대통령과 번스도 모두 찬동의 표시를 했다. 그러나 신문 논조는 제각각이었다. 그러한 내용이 러시아에 전해지면서, 스탈린과 「프라우다」는 예상된 반응을 보였다. 「프라우다」는 나를 "반소련 전쟁광"이라고 비난하면서, 내가 반추축 연합국을 파괴하려 한다고 했다. 스탈린은 신문 인터뷰를 통해서 내가 소련을 상대로 하는 전쟁을 부르짖고 있다고 힐난하면서, 나를 히틀러에 비유했다. 영국 하원에서도 질의가 쏟아졌고, 수상 애틀리는 개인이 사적으로 외국에서 행한 연설에 대해서 정부가 견해를 밝힐 필요는 없다고 답변했다.

며칠 뒤 뉴욕에서 시장과 시 당국의 초청으로 또 한 차례 강연을 하기로 했다. 강연은 월도프 아스토리아 호텔에서 만찬과 함께 진행되었는데, 건물 주변에는 공산주의자들이 피켓 시위를 벌였다. 나는 강연장에서 국무차관이던 애치슨이 참석하지 않는다는 소식을 듣고 조금 놀랐다. 존 위넌트는 내 강연 일정의 변경을 그날 오후 워싱턴에서 알고 뉴욕행 기차를 탔는데, 행사 중간쯤 도착해서 아주 호의적인 지지 연설까지 했다. 그날 나는 내 입장에 관해서도 의견을 밝혔다.

열흘 전 풀턴에서 강연할 때, 누군가 비공식적 입장에 선 사람이 현재 세계가 처한 곤경에 관해서 주목을 끄는 발언을 할 필요가 있다고 느꼈습니다. 나는 내가 한 말에 대해서 단 한마디도 취소하거나 정정할 생각은 없습니다. 나는 이 자유로운 국가에서 자유롭게 말하기 위해서 초대받아 왔으며, 양국의 관계 증진에 대한 희망의 실현은 어떠한 말을 하느냐에 달린 것이 아니라 인간사에서 그리고 세계 운명의 전개 과정에서 나타나는 어떤 흐름에 달린 것이라 확신하고 있습니다. 다만 한 가지 내가 의문스럽게 생각하는 점은 미래의 세계 전쟁을 방지하기 위해서 영미 양국 국민 사이에 필요한 사상과 행동의 조화가 쉽고 명확한 형태로 시기에 맞게 이루어질까, 아니면 지난날 그렇게 했던 것처럼 전쟁의 와중에서 이루어질까 하는 것입니다.……

……나는 영미 양국의 사회 체제를 끈기 있게 충실히 그리고 과감하게 활용하지 않으면, 세계 기구가 이끄는 법의 지배 아래에서 세계 각국 국민의 진보와 자유를 실현할 수 없을 뿐만 아니라 풍요로운 시대의 도래도 없다고 봅니다.

언론의 요란함과 일반인들의 관심이 흥분 상태로 고조되더니, 계속 증폭되었다.

★ ★ ★ ★ ★

1946년 초가을, 나는 제네바 호숫가의 멋진 별장에서 그림을 그리고 있었다. 뒷마당에 서면 호면에 몽블랑이 비쳤다. 떠날 때쯤 취리히 대학을 방문하여 즐거운 시간을 가졌다. 거기서 유럽의 비극과 그때까지 겪었던 곤경에 대해서 강연을 했고, 일종의 유럽 합중국 또는 가능한 한 그에 가까운 무엇인가를 기초할 필요성을 피력했다.

이틀 전, 나는 나의 친구 트루먼 대통령이 이러한 대구상에 관심과 공감을 표시했다는 신문 기사를 읽고 매우 기뻤습니다. 지역 기구가 국제연합이라는 세계 기구와 상충할 이유는 어디에도 없습니다. 오히려 자연스럽게 결합한 여러 집단을 기초로 한 세계 기구만이 계속 유지될 수 있다고 믿습니다. 서반구에는 이미 자연스러운 집단화가 이루어지고 있습니다. 우리 영국은 영국 연방이 있습니다. 이러한 존재는 세계 조직을 약화시키는 것이 아니라 강화시킵니다. 실제로 중심적 지주가 됩니다. 따라서 혼란스러운 대륙의 여러 나라 국민들에게 폭넓은 애국 의식을 부여할 수 있는 유럽 공동체를 부정할 이유가 없으며, 그러한 기구가 다른 훌륭한 공동체들과 함께 인류의 운명을 형성하는 역할을 해서는 안 된다는 이유도 없습니다. 이러한 목표를 달성하기 위해서는 수많은 서로 다른 언어를 사용하는 수백만의 가족들이 의식적으로 참여하면서 믿음을 가지고 행동해야 합니다.

우리가 경험한 두 차례의 세계대전이, 헛되이 세계를 지배하는 역할을 맡겠다고 자처한 그때마다 새롭게 통일을 이룬 독일의 야망에서 비롯된 것이라는 사실은 잘 알고 있는 바입니다.……우리는 독일이 재무장하여 또다른 침략 전쟁을 일으키지 못하도록 힘을 빼앗아야 합니다. 그러한 시도는 앞으로 진행될 것이고, 또한 현재 진행 중이기도 합니다만, 완료와 동시에 그것은 독일에 대한 보복의 종결이 되어야만 합니다. 일찍이 글래드스턴이 말한 바 있는 "신성한 대사령(a blessed act of oblivion)"이 아니면 안 됩니다. 우리는 모두 과거의 참화로부터 벗어나야 합니다. 우리는 미래를 향해야 합니다. 우리에게는 과거의 상처에서 움튼 증오와 회한을 장래에까지 계속 끌고 갈 여유가 없습니다. 유럽이 끝없는 참상으로 빠져들고 끝내 파멸해버리는 사태를 막기 위해서는, 유럽 가족의 상호 간의 신뢰가 있어야 하고, 과거의 범죄 및 어리석은 행동에 대한 대사령이 이루어져야 합니다.

……이제부터 내가 하는 말에 놀라실지도 모르겠습니다. 유럽 가족 공동체의 재생의 첫 단계는 프랑스와 독일 양국 사이의 파트너십입니다. 그 길을 통해서만 프랑스는 유럽의 정신적 리더십을 회복할 수 있습니다. 정신적으로 위대한 프랑스와 정신적으로 위대한 독일 없이는 유럽의 부활이 있을 수 없습니다. 제대로 잘 만들기만 한다면, 유럽 합중국(United States of Europe)의 구조는 개별 국가의 생산력을 크게 중요하게 여기지 않게 될 것입니다. 작은 나라가 큰 나라와 동등한 대우를 받고, 공통의 목적을 향하여 기여하는 바에 따라 가치를 인정받을 것입니다. 서로의 편의를 위해서 자유롭게 연방 제도에 결합했던 독일의

옛 국가들과 공국(公國)들은 제각각 개별적으로 유럽 합중국에 참여하게 될지 모릅니다. 나는 행복과 자유, 번영과 안전을 추구하고, 루스벨트 대통령이 말한 네 가지 자유의 향유를 원하며, 대서양 헌장에 구체화된 원칙에 따라 살아가려는 수억의 국민을 위하여 세세한 계획을 수립할 생각은 없습니다. 그것이 모든 사람들의 바람이라면, 그렇게 원한다고 말만 하면 될 것입니다. 그러면 그러한 희망을 완전하게 실현할 수단을 찾고 기구를 만들게 될 것입니다.

그러나 나는 여러분들에게 경고하지 않을 수 없습니다. 시간은 그리 많지 않습니다만, 지금은 숨돌릴 여유가 있습니다. 포화는 멈추었습니다. 싸움은 중단되었습니다. 그러나 위험은 사라지지 않았습니다. 만약 우리가 유럽 합중국을 만들고자 한다면, 또는 이름이 무엇이 되든 그와 유사한 기구를 만든다면, 바로 지금 시작해야 합니다.

그것이 1946년의 나의 생각이었다. 고통의 피해자 프랑스가 정복당하고 굴욕을 겪은 지 얼마 지나지 않은 상태에서, 가까스로 제압한 사형집행인과 가까운 사이를 유지한다는 것은 상상하기 어려웠을 것이다. 그러나 서서히 프랑스인의 기질 속에 형제애가 되살아나고, 자연스럽게 골 민족 특유의 유연한 의식으로 과거의 고통을 극복하게 될 것이었다.

나는 항상 용감한 러시아 국민을 높이 평가해왔고, 지금도 그 평가에는 변함이 없다. 그러나 그들은 전후의 국면에 불길한 그림자를 드리웠다. 그들이 가할 위해는 짐작조차 할 수 없다. 추축국과 싸워 이겨야 한다는 목표에만 몰두한 나머지, 영미 양국은 점령당한 유럽의 미래 운명에 대해서 충분한 계획을 세우지 못했다. 우리가 전쟁으로 나아간 이유는 약소국의 독립을 지켜주기 위해서뿐만이 아니라, 그 숭고한 도의의 토대가 되는 개인의 권리와 자유를 선언하고 보장하기 위해서이기도 했다. 그러나 소련의 목적은 다른 곳에 있었고, 공평무사한 것이 아니었다. 그들은 그들의 군대가 점령한 영토에 대한 지배력을 강화했다. 그렇게 차지한 위성국가들을 철의 장막 속에 숨긴 뒤, 공산당을 포함한 연립정부를 수립하게 했다. 그래도 어떤 형태로든 민주주의가 유지될 수 있기를 바랐다. 그러나 공산주의자들이 차례로 요직을 차지하고, 다른 정당을 박해하고 탄압하여 지도자들을 망명의 길로 내몰았다. 재판과 추방이 이어졌다. 루마니아, 헝가리 그리고 불가리아가 그들의 수중에 들어갔다. 나는 얄타와 포츠담에서 폴란드를 위해서 힘들게 싸웠지만 모두 허사였다. 체코슬로바키아에서는 공산주의자 각료들이 돌연 쿠데타를 일으켰고, 그것을 계기로 세계의 여론이 확연히 달라졌다. 그들의 자유는 내부에서 분쇄되었고, 서구 국가들과의 임의 교류는 금지되고 말았다. 그리스는 영국 덕분에 겨우 독립을 유지했다. 영국의 도움과 그보다 조금 뒤 미국의 지원을 받아, 공산주의 반란 세력과 오랫동안 내전을 치렀다. 결국 제2차 세계대전이라는 기나긴 고통과 노력 끝에 남은 결과는, 말하자면 유럽 절반의 독재자를 교체한 것에 불과했다.

오늘날에는 그러한 일들이 당연한 것으로 여겨지고 있다. 파괴적인 러시아와 러시아에 의해서 촉발된 침공 행위를 저지하려는 싸움이 장기화되고, 반드시 성공적이지 못하다고는 할 수 없지만, 그것이 이미 우리 일상의 한 부분이 되고 말았다. 좋은 목적과 관련해서는 언제나 그렇듯이, 실로 때로는 열정을 억누르고 편의주의를 경계하는 일도 필요한 것이었다. 한 독재정권에 대한 철저한 대승리의 계획에서 다른 독재정권에 대한 힘들고 값비싼 싸움의 국면으로 전환하는 것은 시기적으로 쉽지 않았다.

유엔은 생긴 지 얼마 되지 않은 기구로, 벌써부터 창설 목적을 저해하는 결함을 확연히 보여주기 시작했다. 어쨌든 자유 유럽과 미국이 자기 방어에 필요한 결속은 물론 군대를 신속하고 효과적으로 제공하는 것은 어려웠다. 풀턴에서 행한 강연에서 나는 유엔에 즉각적으로 국제군을 창설할 것을 제안한 바 있었다. 그러나 당장은 물론 장기적 전망에서도 특별한 영미 관계의 지속을 촉구했다. 그것은 내 정치 일생의 주요 테마 중의 하나였다.

영어권 국민들의 형제애적 협력이라고 부를 만한 것이 없다면, 전쟁을 확실하
게 예방하는 일이나 세계 기구를 계속 고조시켜가는 일은 불가능할 것입니다.
그것은 곧 영연방 제국과 미국 사이에 특별한 관계가 필요하다는 의미입니다.
……그것으로 전 세계에 위치한 양국의 모든 해군 및 공군 기지를 공동 사용함
으로써 일련의 상호 안전보장을 위한 현존 시설을 유지할 수 있습니다.……미국
은 이미 캐나다 자치령과 영구 방위 협정을 체결했습니다.……그러한 원칙에
상호성을 부여하여 영연방 전체로 확대하게 될 것입니다.

이후 3년 동안, 근접하기는 했지만 그 이상에 완전히 도달하지는 못한
구상이 펼쳐졌다.

★ ★ ★ ★ ★

그러한 생각들이 모두 나의 전유물이라고 말하고 싶지는 않다. 재야에
있는 사람은 계획을 효과적으로 실행에 옮겨야 할 사람보다 상상력에서 훨
씬 더 우위에 설 수 있다는 것이 장점이다. 영국 정부는 강건한 성격의 현명
한 어니스트 베빈의 정신에 고무되어, 적어도 나머지 유럽에서나마 유럽의
협력을 재건하는 데에 앞장섰다. 생각의 발단은 주로 부활한 독일의 위험이
었다. 1947년 됭케르크 조약의 조인으로, 영국과 프랑스는 독일이 다시 공
격해올 경우 서로 돕기로 약속했다. 그러나 이미 당시의 엄혹한 현실은 과
거의 공포를 넘어서는 것이었다. 몇 개월에 걸친 외교적 절충 끝에, 1948년
에 브뤼셀 조약이 체결되었다. 프랑스, 영국, 네덜란드, 벨기에 그리고 룩셈
부르크는 어디로부터든 공격을 받을 경우 그 침략 행위에 대항하여 서로
지원하기로 약속하는 내용이었다. 독일은 언급되지 않았다. 그리고 몽고메
리 원수를 책임자로 하여 예비적인 군사 기구를 설립했고, 방위에 가용한

자원을 조사하고 활용도가 낮은 자원에 대한 대처 계획을 수립하게 되었다. 그것이 바로 서구 동맹으로 알려지게 된 것이다. 나는 그러한 조치를 지지했다. 그러나 미국 없이는 너무나 불완전할 수밖에 없기 때문에, 미국을 동맹에 가입시킬 것을 강력히 요망했다. 다행히 당시 미국 국무장관은 선견지명이 있고 헌신적인 인물로, 전쟁 시절 우리와 가장 밀접한 동지애와 신뢰를 나누며 협력했던 마셜 장군이었다. 미국 의회나 일반 여론의 부담 속에서도 트루먼 대통령과 마셜은 유럽의 움직임에 도움을 주었다. 대서양 양쪽의 노력이 결실을 맺어, 1949년 4월에는 북대서양 조약이 조인되었다. 미국은 평상시에는 헌법상 의회의 특권에 구속되지만, 동맹국이 공격받을 경우에는 지원할 수 있게 되었는데, 역사상 최초의 일이었다. 유럽의 조인국으로는, 브뤼셀 조약 가맹국 외에도 노르웨이, 덴마크, 아이슬란드, 이탈리아 그리고 포르투갈이 포함되었다. 캐나다도 조약에 가맹함으로써, 영국에 대한 캐나다의 일관된 우호와 충정을 새롭게 실증했다.

그 다음의 일은 복잡했다. 결국 북대서양조약기구(NATO)의 설립으로 귀결되었고, 베르사유에서 아이젠하워 장군 휘하의 군사계획참모진이 일을 이끌었다. 그것이 바로 유럽대서양연합국최고사령부, 즉 SHAPE(Supreme Headquarters Atlantic Powers Europe)라는 것으로, 노력에 의해서 동쪽에서 발생하는 침공 행위에 효과적으로 대항할 수 있다는 확신이 서서히 생기기 시작했다. 확실히 대서양 조약의 초기 단계 성과는 행동보다는 존재 그 자체의 효과였다. 그것은 유럽에, 특히 소련이나 위성국가 인접 지역에 새로운 자신감을 부여했다. 위협을 느낀 국가들 내부의 공산당이 위축되고, 서독에 건강한 민족적 활력이 되살아나게 했다.

독일을 북대서양 조약의 일원으로 받아들이는 문제는 서유럽 계획의 중심에 있었다. 그러나 프랑스가 독일군의 부활에 대한 공포를 극복하는 일은 아주 힘들었다. 그에 대해서는 가해자 측에서도 피해자 측에서도 논의가 끊이지 않았다. 프랑스는 70년 동안 세 차례에 걸쳐 라인 강 건너편에서부터 침공을 당했다. 스당, 베르됭에서의 피비린내 나는 살육, 1940년의 붕괴, 제2차 세계대전 중의 길고 고통스러웠던 점령, 국민들의 충성심을 분열시키고 프랑스인들끼리 서로 싸우게 만든 그 모든 사태를 잊을 수 없었다. 영국에서는 엄격한 안전장치가 마련되었다고 하더라도 새 독일공화국에 무기를 제공하는 행위에는 많은 반대가 있다는 것을 알았다. 그러나 소련이 서유럽을 침공할 때 아무래도 독일의 도움 없이는 격퇴가 쉽지 않을 것 같았다. 수많은 계획이 시도되었고, 또한 허사로 돌아갔다. 프랑스는 민간 문제와 관련해서 서유럽 통합을 주도했고, 군복을 통일한 유럽군 계획을 세워 이웃 국가들에게 위험을 야기하지 않는 가운데 독일군을 받아들일 것을 제안했다. 나는 그 구상은 좋아하지 않았다. 여러 국적을 뒤섞어놓으면 공통의 충성 의식을 공유하기 힘들며 전우 사이에 필수적인 신뢰를 유지하기가 곤란하기 때문이었다. 독일군이 서유럽 군사력에 직접 기여할 수 있는 방법은 몇 년 안에 성취될 만한 성질의 것이 아니었다. 오늘날에도 그것을 실현하기 위해서 실질적으로 이루어놓은 것은 없다. 내가 보기에 전쟁이 끝난 뒤 적과 화해하여 협력함으로써 외부로부터의 위협에 함께 대처하는 데 따르는 불이익이란 없었다.

동시에 진척되는 그러한 일의 대부분은 책상 위에서나 이루어질 뿐이었고, 미국은 여전히 유럽을 지원하고 그리하여 자국까지 방위한다는 결의를 표명했다. 북대서양 조약이 체결되기 오래 전부터 상당수의 미 공군 비행기가 영국 동부 지역에 배치되어 있었다. 그것은 지극히 현실적인 억지력을 나타냈다. 그런데 안타깝게도 그렇게 수많은 작전을 승리로 이끌었던 화려한 조직의 영미 합동3군참모총장위원회는 미국의 뜻에 따라 해체했다. 이제 그에 필적할 만한 것은 없이, 북대서양조약기구의 조직은 아무래도 형제애로 긴밀하게 결합된 옛 조직의 면모는 찾아보기 힘든 존재이다.

1948년 6월 러시아의 베를린 봉쇄로 결정적 시련을 맞았다. 그들의 목적은 베를린 전체를 동독에 만든 공산주의 국가에 합병시키는 것이었다. 영국, 프랑스 그리고 미국은 베를린을 포기하든지, 아니면 정당한 권리의 행사로 보급 수송 부대를 서독에서 파견하든지 결정해야 한다고 생각한 것 같았다. 다행히 해결책을 찾아 수많은 위험으로부터 벗어날 수 있었다. 1949년 2월까지 8개월의 봉쇄 기간 동안 영미 비행기로 100만 톤이 넘는 보급품을 공수했다. 그와 같은 애초의 구상은 아주 성공적으로 진행되었다. 얼마 지나지 않아 러시아는 꺾였고, 마침내 전면 봉쇄를 해제하지 않을 수 없게 되었다.

동맹국들에 대한 경제적 원조도 아주 중요했다. 우리 영국은 전쟁 비용으로 상당히 많은 돈을 썼기 때문에, 아무리 지혜를 짜내고 절약해도 경제적 압박에서 헤어날 수가 없었다. 미국으로부터 막대한 차관을 들여와도 심각한 사태는 여전했다. 다른 유럽 국가들도 제각기 고통을 겪고 있었다. 마셜 장군의 이름으로 유럽 16개국에 대한 경제 원조와 상호 협력의 놀라운 계획이 실시되었다. 그 혜택을 소련에도 제시해보았지만, 거부당했다. 유럽 경제협력기구는 우리 모두에게 최대한의 기능을 다했다. 미국 정부가 의회의 반대에도 불구하고 엄청난 액수의 달러를 제공했는데, 그러한 과감한 원조가 없었더라면 유럽은 폐허와 참상 속에서 난파하여 공산주의의 씨앗만 급속도로 움트게 했을지 모른다. 마셜 장군의 정치가로서의 능력 발휘는 최고 수준이었다. 나의 오랜 친구가 미국에서 마셜 플랜과 북대서양 조약이라는 두 가지 과업을 주재한 것은 나에게 큰 기쁨이었지 놀랄 일은 아니었다.

★ ★ ★ ★ ★

외부의 침략 행위나 내부의 파괴 활동에 대항해서 유럽을 통합하고 강화하려는 것이 우리의 구상이자 희망이었지만, 거기에는 또다른 측면이 있었다. 내가 풀턴 강연에서 밝힌 구상은 정부의 조치를 시작으로, 앞에서 간략히 설명한 일련의 조약이나 공식 기구를 통해서 광범위하게 실현되었다. 통일 유럽의 최종적 이상을 추구하는 보다 원대한 구상을 토론하고 검토할 수 있는 방식을 찾는 것도 중요한 과제였다. 유럽의 여러 저명한 정치가와 사회 지도자들이 같은 견해를 가지고, 1947년 유럽 운동을 출범시켜 유럽 통일 문제를 널리 알리며 동시에 서서히 실현에 옮길 방안을 검토하게 되었다. 나는 감히 서서히라고 말한다. 관련자들은 저마다 의견이 달라서 좀더 빨리 진행하자는 쪽이 있는가 하면, 그렇지 않은 쪽도 있었다. 큰 계획을 진행하면서 모든 것을 단번에 처리하려고 하는 것은 잘못이다. 그와 같은 종류의 문제에서 군사 작전 같은 계획은 불가능했다. 우리는 힘의 마당이 아닌 의견의 영역에서 행동하고 있었던 것이다. 나는 여러 차례 그러한 점에 대한 내 생각을 강조했다. 중요한 것은 불가피한 정체, 지체, 장해가 발생한 경우에도 우리의 최종 목적을 단념하지 않는다는 것이었다. 더욱이 나는 그러한 실천의 영역에서 정부와 경쟁할 의사는 없었다. 유럽 전체를 통해 도덕적, 문화적, 감정적, 사회적 통일과 단결을 확고히 하는 것이 과제였다.

유럽 운동은 활력과 세력을 얻어 정부의 사고방식에 실질적인 영향을 미쳤다. 마셜 장군이 유럽에 대한 경제 원조를 시작하게 된 것도 그러한 구상이 하나의 계기가 되었다고 했다. 논의가 거듭된 끝에 1949년 유럽 의회가 창설되었고, 스트라스부르에 본부를 두었다. 홍보에서는 여러 부침이 있었지만, 스트라스부르에서 유익한 활동이 많이 전개되었다. 바로 이어서 유럽 국가연맹의 창설이 뒤따르지 않은 데 대해서 실망한 사람들도 있었지만, 완만한 속도의 실험적 방식에는 나름대로의 이유가 있었다. 그 계획이 아무리 뛰어난 것이라고 하더라도, 그러한 중요한 문제를 위에서 국민에게 강요하는 형식으로 시도할 수는 없는 노릇이었다. 그러한 제도는 분명하고 보편적으로 확산된 신념을 기반으로 서서히 생기는 것이어야만 한다. 그렇게 함으로써 유럽 의회는 대계획에서 소기의 목적을 다하고 영예로운 제 기능을 수행하게 된다.

★　★　★　★　★

우리의 방위 논의의 배경에는 인간의 완벽한 파괴 수단의 최종적 소유인 원자 무기와 그것의 가공스러운 자식이라고 할 수 있는 수소폭탄이 확보되었다는 중대하고 주목할 만한 사실이 놓여 있었다. 전쟁 초기에는 영미 양국이 지식을 서로 공유하고 핵 연구와 실험을 함께 하기로 합의함으로써, 수년에 걸친 영국의 선도적 물리학자들의 연구 성과가 제공되었고, 미국과 캐나다의 비밀 대규모 공동 계획에 소중한 기여를 했다. 신무기를 개발한 사람들은 수년간 그것을 독점하게 되었는데, 그때 만약 사려 깊지 못한 인간의 손에 들어갔을 경우 그 위력은 세계 전체를 지배하고 예속시키는 수단이 될지도 몰랐다. 원자 무기를 가진 자들은 책임을 다하는 것 같았지만, 결국 비밀이 소련에 누설되어 러시아 과학자들의 연구에 결정적 도움이 되었다. 그 이후에는 기존의 전략 이론은 거의 대부분 시대에 뒤떨어진 것이 되고 말았고, 상호 파멸의 수단에 대한 소유를 기반으로 새롭고 상상조차 못했던 세력 균형이 이루어졌다.

전쟁이 끝날 무렵, 나는 1943년 퀘벡에서 루스벨트 대통령과 체결한 협정이야말로 가능한 최선의 조치였다고 스스로 만족스럽게 생각했다. 그 협정은 영미 양국은 서로 상대국에 대해서 원자 무기를 절대 사용하지 않을 것, 상호간에 승인이 없는 한 제3국에 대해서도 사용하지 않을 것, 상호간의 동의 없이 그 문제에 관한 정보를 제3국과 소통하지 않을 것, 기술 개발에 관한 정보는 양국이 서로 교환할 것을 확인하는 내용이었다. 나는 그 이상의 약속은 있을 수 없다고 생각한다.

그런데 1946년 미국 의회에서 미국이 영국에 정보를 제공하는 행위를 크게 제한하는 법안을 통과시켰다. 당시 그 법안을 제출한 맥마흔 상원의원은 퀘벡 협정을 모르고 있었다. 1952년, 그는 나에게 만약 그때 그런 사실을 알았더라면 맥마흔 법은 없었을 것이라고 말했다. 영국 노동당 정부는 확실하게 항의하는 듯한 행동을 취하기는 했는데, 그것을 억지로 통과시키기는 어렵다고 보고 맥마흔 위원회에 퀘벡 협정을 드러내놓고 주장하지는 않았다. 협정을 밝혔더라면 우리의 입장이 분명해졌을 테고, 우리가 수년에 걸쳐 노고와 비용을 들여 독자적으로 연구 개발하지 않아도 되었을 것이다. 그와 같이 마땅히 공유할 권리가 있었음에도 불구하고 지식을 제공받을 기회를 박탈당한 영국은 어쩔 수 없이 고유의 자원만으로 시작해야 했다. 따라서 노동당 정부는 막대한 연구비를 투입했는데, 영국이 최초의 원자폭탄 실험을 하게 된 것은 1952년이 되어서였다. 연구 개발의 각 단계는 알려지지 않았지만, 폭발 실험만이 유일한 기준은 아니므로 어쩌면 어떤 형태로든 우리가 미국보다 앞섰다고 주장할 수 있는 부분도 없지 않았을 것이다. 그러나 연구는 연구고, 생산과 보유는 또 별개의 문제였다.

당시 그와 같이 미국의 핵무기 보유 혹은 핵 우위가 우리의 평화 희구의 가장 확실한 기반이었다. 발트 해에서부터 유고슬라비아 국경까지 배치하여 전개한 무수한 러시아 사단에 맞서는 서유럽 국가들의 군대는 상대적으로 비교가 되지 않았다. 그러나 육로를 이용한 진격은 전략 공군의 파괴적인 맹공을 불러들일 수밖에 없다는 확실성이 가장 분명한 억지력이라는 사실은, 과거에도 그러했고 지금도 그러하다.

한동안 미국이 핵무기의 유일한 보유국이었을 때에는 소련과 전반적이고 항구적인 해결을 도모할 기회가 있었다. 그러나 자국의 유리한 지위를 협박이나 강압의 수단으로 삼는 것은 민주주의 국가와 거리가 먼 행동이었다. 불쾌한 사태의 진전을 사전에 막을 수 있었을지 모르나, 당시 여론의 움직임에 따르면 우리의 근래의 동맹국에 대해서 어떤 방식으로든 험한 말을 하는 것은 허용되지 않았다. 그 대신 우리의 지지를 받은 미국은 핵무기 사용의 관리 문제에 대해서 합리적이고 자유로운 태도를 보였다. 소련이 능률적인 관리 방법에 반대 입장이었기 때문에, 거기에 대한 합의는 아무것도 이루어지지 않았다. 예전에는 어떤 국가도 이웃 나라를 압도하는 데에 충분한 군사력을 비밀리에 형성하고 싶어하지 않았다. 그런데 오늘날에는 수백만 명을 궤멸할 수 있는 수단을 한 변 몇 미터 정도의 작은 입방체 속에 숨길 정도가 되었다.

그러한 각종 상황의 진전에 따라 군사적, 정치적 계획의 모든 국면에 변화가 일어났다. 두 차례의 세계대전을 통해 군대의 유지에 필요한 방대한 기지는 가장 취약한 표적이 되었다. 수에즈 운하에 있는 모든 공장과 창고는 사막에 파견된 제8군의 보급원이었지만, 비행기 한 기가 나타나 잠시 공격하면 파괴되고 만다. 항구 역시 대공포와 전투기가 갖추어진 곳이라고 하더라도 정박한 함대와 함께 묘지로 변해버리고 만다. 폭격 수단이 아주 고도로 발달했던 지난 전쟁에서도 비전투원을 소개시키는 일은 실질적인 문제였다. 그러나 지금은 바라는 대로 처리된다고 하더라도, 한순간에 폐허로 만들어버리는 핵 공격 앞에서는 모두 임시변통에 지나지 않는다. 전반적 방위 체계를 새로운 상황에 맞추어 바꾸지 않으면 안 되게 되었다. 종전의 전통적인 군대는 우리 영토의 질서를 유지하고, 소위 소규모 전쟁에 대처하기 위해서 여전히 필요했지만, 핵무기 보유와 그 운반 수단에 막대한 경비가 소요되는 탓에 충분히 유지할 수가 없었다.

원자력의 시대는 강대국들 사이의 관계를 변화시켰다. 한때 나는 전쟁이 일어나면 소련이 어떻게 될지 크렘린이 정확히 파악하고 있는가 의심스러워했다. 아무래도 그들은 핵 미사일의 효력도, 운반 수단의 성능도 모르는 것 같았다. 따라서 나는 소련의 주요 도시 상공에서 사전 예고와 함께 공중 시위를 하고, 나아가서 소련 지도자들에게 우리의 최신 병기에 대해서 설명을 하면, 그들의 태도가 보다 우호적이고 이성적이 되지 않을까 하는 생각까지 한 적이 있었다. 당연히 그러한 행동은 하나의 제스처에 불과한 것이며 어떤 요구를 수반하지 않는 것이어야 했다. 그렇지 않으면 위협이나 최후통첩을 받아도 어쩔 도리가 없게 되기 때문이다. 그러나 곧 러시아도 그러한 무기를 생산하게 되었고 소련 공군의 진보 역시 대단한 것이어서, 그러한 구상 자체가 이미 오래 전에 무의미해졌다. 지금의 소련의 군사 및 정치 지도자들은 각자 상호 능력을 잘 이해하고 있음에 틀림없다.

★ ★ ★ ★ ★

러시아와의 우호적인 접촉은 언제나 나의 변함없는 희망이었는데, 1953년 3월 스탈린의 사망으로 기회가 오지 않을까 생각했다. 나는 그 뒤에 다시 수상이 되었다. 스탈린의 죽음이 내게는 러시아 역사의 이정표로 여겨졌다. 그의 전제정치는 러시아 국내뿐만 아니라 세계 여러 나라를 공포에 떨게 만들었다. 히틀러에 대항하여 싸우면서 러시아 국민들은 미국을 포함한 서유럽에 무한한 선의의 감정을 형성했다. 그런데 그 모든 것이 평가절하되고 말았다. 크렘린의 암흑 정치 속에서 누가 스탈린의 후계자가 될 것인지 아는 사람은 아무도 없었다. 14인의 간부와 1억8,000만 명의 인민이 주인을 잃었다. 소련 지도자들을 너무 냉혹하게 평가해서는 안 된다. 한 세기 조금 남짓한 기간 동안 러시아는 세 번에 걸쳐 유럽의 침공을 당했다. 보로디노[모스크바 서쪽의 마을. 나폴레옹 1세가 이곳 전투에서 승리함으로써 모스크바 함락이 용이해졌다/역주], 타넨베르크[폴란드 북부 마을. 제1차 세계 대전에서 독일군이 압승을 거둔 곳/역주], 스탈린그라드 등은 쉽게 잊을 수 없는 지명이다. 나폴레옹의 진격은 아직도 사람들 입에 오르내리고 있다. 독일 제국과 나치스 독일은 용서받지 못했다. 그러나 고립된 채 안전을 확보하는 것은 불가능하다. 스탈린은 소비에트 공화국을 군사적, 정치적, 문화적으로 철의 장막 뒤에 숨겨 보호하려 한 것에만 그치지 않았다. 중부 유럽에 여러 위성국가들을 전초 기지로 구축하고자 시도했다. 위성국가들은 모스크바의 냉엄한 지배 아래 소련 경제 체제에 종속되어, 자유 세계와는 물론 자기들끼리도 상호 교류와 연락을 금지당했다. 그러한 상태가 영속적으로 계속될 것이라고 믿는 사람은 아무도 없다. 헝가리는 끔찍한 대가를 치렀다. 그러나 지각 있는 사람들은 그 상황에서 희망의 특징적 조짐이 나타나고 있다는 것을 분명히 인식했다. 공산주의의 교조(敎條)가 러시아 군부로부터 점차 멀어지고 있었다. 각국은 잇달아 소비에트 식민 제국에 대항하여 반란을 일으키겠지만, 그 이유는 공산주의라는 사실 때문이 아니라 외국인인 데다가 압제적이기 때문이다. 군비 경쟁은 그것이 설령 핵무기나 유도 미사일 경쟁이었더라도, 아시아와 북아메리카 대륙을 지배하는 대국이나 그 무리에 소속된 국가 또는 그밖의 어느 나라에도 안전을 보장하고 마음의 평화를 제공하지 못할 것이다. 나는 군비 축소를 주장하지는 않는다. 군비 축소는 자유로운 국가의 자유로운 민간인들 사이의 교류에 따르는 결과이고 표명일 뿐이다. 무기를 지배하는 것은 인간의 마음이고, 자유 국가 국민들이 호소해야 할 대상은 러시아와 그 위성국가 국민들의 마음이다.

그런데 스탈린 사후 상황은 한결 부드러워진 것 같았다. 모든 사태는 검토해볼 만한 가치가 있는 것이어서, 1953년 5월 11일 나는 하원에서 그러한 뜻을 밝혔다. 주요국 사이의 비공식 정상 회담을 열면, 그때까지 실무급 수준에서 거듭하여 서로 날카로운 태도로 맞서기만 함으로써 실패한 문제들이 해결될지도 모르는 일이었다. 그와 관련해서 나는 우리의 방위 노력을 조금이라도 완화하면 평화에 유리한 움직임을 모두 마비시켜버린다는 이유로, 자유국가들 사이의 동맹관계의 완화에 의해서 그리고 준비에 의해서 이루어질 수는 없을 것이라는 사실을 분명히 했다. 그것은 오늘날에도 변함이 없다. 내가 의도했던 바가 완전히 달성되었던 적은 한번도 없었다. 그럼에도 불구하고 잠시나마 순풍이 불어오는 조짐이 보였다. 앞으로 반드시 기회가 올 것이고, 그 기회를 놓쳐서는 안 된다.

★ ★ ★ ★ ★

1945년 이후에는 발생한 유쾌하지 못한 그 수많은 일들에 대해서 책임을 묻고자 하는 것이 나의 목적은 아니다. 확실히 전후에 영국의 공무를 담당했던 사람들은 국내외의 아주 복잡하고 괴로운 문제들 때문에 시달렸다. 그런데 문제를 해결하기 위해서 선택한 방법이 간혹 주변 환경이나 미리 결정된 탁상공론의 정책에 의해서 부과된 것이나 마찬가지여서, 그 결과는 항상 영국은 물론 자유 세계의 환영을 받지 못했다. 인도 대륙의 독립 허용 문제는 영국 정치 사상의 중심 과제였다. 나 역시 양차 대전 사이에 그 주제에 몰두했다. 그 문제가 제기된 초기 단계에 나는 보수당 의원 70명의 지지를 받으며 전력을 다해 싸웠다. 그러나 연립 정부의 수반이 되자, 종전의 견해를 수정하지 않을 수 없게 되었다. 그 처절했던 세계대전에서 벗어났을 때, 분명히 우리는 인도에 영국연방을 탈퇴할 수 있는 권리를 포함해서 자치령의 지위를 부여했다. 그러나 나는 새 정부를 수립하기 위한 방법으로 인도 국민 대다수에게 그 형태를 스스로 선택할 힘과 자유를 주어야 한다고 생각했다. 인도의 실력자가 전부 모여 제헌 회의를 열면, 영국에 충실한 대의제 자치령 인도를 탄생시킬 방안이 보이리라고 믿었다. "불가촉 천민", 왕족, 근왕파가 수억 명이 존재하고, 그밖의 여러 계급이나 종족의 사람들이 새로운 체제에 참여할 것이었다. 전쟁 마지막 해에 인도 국민회의파의 과격파들이 반란을 일으켰는데, 큰 어려움 없이 제압하여 희생자가 거의 없었던 사건을 잊어서는 안 되었다. 영국 노동당의 견해는 아주 당파적이었다. 가능한 한 빨리 자치권을 부여하는 것이 득책이라고 생각했다. 따라서 잠시도 머뭇거리지 않고—사실 거의 그랬지만—우리가 그토록 쉽게 정복했던 세력들에게 자치권을 부여했다. 전쟁이 끝난 지 2년 만에 그들은 목적을 달성했다. 1947년 8월 18일, 인도 독립이 선포되었다. 통일 인도를 유지하려던 모든 노력은 허사가 되어, 파키스탄이 분리되어 독립 국가로 탄생했다. 인도 대륙에 거주하는 4억 주민은 주로 무슬림과 힌두교도로 나뉘어 대립했다. 2세기에 걸친 영국의 인도 통치에 이어 유혈 사태와 인명 피해가 속출했는데, 점점 개선되고 있던 이전에는 볼 수 없었던 참상이었다. 국경 위원회의 노력에도 불구하고, 인도와 파키스탄 사이에 그어진 국경선이 지나가는 부근 지역에서는 필연적으로 극히 잔혹한 사태가 벌어졌다. 이슬람 교도와 힌두교도의 교환과 동시에 일련의 학살 사건이 터졌는데, 40만-50만 명이나 되는 성인 남녀와 아이들이 이동했다. 대부분 선량한 사람들이었고, 오직 한 가지 잘못이 있다면 그것은 종교였다.

다행스럽게도 피로 물든 기초 위에 세워진 두 신생국 중 더 큰 나라의 수장은 뛰어난 인물이었다. 네루는 수년 동안 감옥에서 고초를 겪었으며, 다른 형태의 연금 상태에 있었다. 그는 영국의 지배에 저항하던 소수파 그룹의 지도자로 등장했는데, 인간의 성질 중에서 가장 나쁜 것으로 여겨지는 두 가지, 즉 증오와 공포로부터는 거리가 먼 존재였다. 오랫동안 인도 독립 운동을 이끌었던 간디는 네루의 수상 취임 직후에 한 광신자에 의해서 암살 당했다. 이슬람교 국가 파키스탄은 진나가 통치했다. 두 신생 국가와 우리 관계의 진행은 순조로웠다. 두 국가의 지도자들은 영국 연방회의에 참석했으며, 아시아와 세계 속에서 선악을 행사할 힘을 가지고 있었다. 나는 그들의 미래를 훼손할 생각은 없었다.

인도가 독립하던 해에 버마도 영국 연방에서 분리되었다. 극동 지역 지상 작전의 주요 무대가 되었던 곳으로, 1942년 일본이 우리를 내몰았을 때 우리는 그 탈환에 무척 많은 공을 들였다. 버마 민족주의 분자들 대부분은 전쟁 중 한때 그들의 목적 달성을 위한 수단으로 일본 침략군에 협력하여 연합군에 대항했는데, 결국 그들이 정부를 수립하여 담당하게 되었다. 그들의 지배력은 완전하지 못했고, 오늘날까지도 버마 정부의 영토 장악력은 부분적인 것에 불과하다. 그러나 그 정부 역시 우리와 우호적 관계를 맺고 있는 엄연한 하나의 실체로서, 영국의 행정 전통과 정의 및 질서의 유산이 결실을 맺기도 했다.

종전 직후 시기에 인도와 버마 양국에서 나타난 공산주의와 자유 세계의 대립은 그다지 중요한 문제가 아니었다. 분명히 러시아는 세계적으로 우리의 영향력이 감소되어가는 징후를 보고 즐거워했고, 온갖 수단을 동원하여 신생국의 탄생을 부추기기도 하고 혼란에 빠뜨리기도 했다. 인도차이나와 말레이 반도에서는 엄청난 해악을 저질렀다. 그러나 전체적으로 보면, 러시아의 관심은 혼란과 살육 속에서 새로운 형태의 체제가 나타나려는 중국에 집중되었다. 전시에 우리의 우방이자 동맹이었던 장제스 정부는 점점 기반을 상실했다. 미국은 무력 개입을 시도할 정도로 공산주의 저지를 위해서 온갖 수단을 동원했다. 그러나 중국 정부 내부에 자멸의 씨앗이 내재되어 있었다. 오랜 시간에 걸쳐 항일 전쟁을 펼쳤지만, 무질서하게 확대된 체제의 부패와 비효율성이 공산군의 진출을 조장하고 지원하는 결과가 되었다. 전체적 사태의 추이는 서서히 진행되었지만, 1949년에 모든 것은 끝나고 말았다. 베이징에 소위 "인민 정부"가 수립되었고, 중국 전역을 지배했다. 장제스는 대만으로 도주했는데, 그곳에서 미군 함대와 공군의 도움으로 독립을 확보할 수 있었다. 그리하여 세계에 가장 인구가 많은 국가가 공산주의의 손에 들어가고 말았는데, 틀림없이 세계에서 그 위력을 과시할 터였다. 그때 중국의 영향력은 주로 한반도와 인도차이나에 미쳤다. 중국의 유엔 가입을 둘러싼 논쟁은 국제기구의 약점을 그대로 노출시켰고, 전통적인 중국과 미국의 우호관계는 단절되었다.

그 다음해에 공산주의는 아시아의 민족주의 감정을 이용하고, 그것이 최고조에 이른 돌출부 한반도를 장악하겠다는 시도로 서구를 괴롭혔다. 이전까지 그 정도의 직접적인 노력을 쏟은 적이 없었다. 인도차이나에서 프랑스의 주적 호치민은 확실히 모스크바의 지시를 받고 있었는데, 자국의 게릴라 활동에 대한 물질적 지원은 그리 큰 규모가 아니었다. 말레이 반도에서는 비교적 소수의 테러 집단이 농장주나 체제 순응적인 말레이인 또는 중국인을 살해하고, 다수 세력을 압박하여 질서 회복을 꾀하고 있었다. 그러나 그들 역시 일반 훈련, 이념, 정신적 지원을 공산주의 국가에 의존했다.

1943년 카이로에서, 루스벨트 대통령과 장제스 그리고 나는 한반도에 자유와 독립이 보장되어야 한다는 결의를 확인했다. 종전과 함께 일본으로부터 해방되었으나, 즉시 남쪽은 미군이 북쪽은 러시아군이 분할 점령했다. 두 개의 한국이 수립되고, 양자의 관계는 갈수록 긴박하고 악화되었다. 38선은 아주 불안정한 경계가 되었으며, 두 국가는 동서독과 매우 흡사했다. 국토를 재통일시키려는 유엔의 노력은 소련의 반대로 좌절되었다. 긴장과 국경 분쟁이 고조되었다. 1950년 6월 25일, 북한군은 남한을 침공하면서 급속도로 진군하여 남하했다. 유엔은 침략자에 대해서 철수할 것을 요구하고, 모든 가맹국에 지원을 호소했다. 안전보장이사회에서 소련의 거부권이 그 경우에 한하여 유엔의 의도를 무력화하지 않았다는 사실은 행운이라고 할 수밖에 없었다. 나중에 그 제도의 결함은 몇 차례나 거듭 악용되었다. 그 당시 유엔은 단지 하나의 틀을 제공했을 뿐이고, 실제 유효한 행동은 미국이 한 것이었다.

그러한 엄연한 사실 속에서 트루먼 대통령이 중대하고 역사적인 결정을 했다. 침공 소식이 알려지고 난 직후 가장 빠른 시간에, 대통령은 미군의 즉각 개입 외에는 사태를 수습할 방법이 없다는 결론에 도달했다. 미군은 현장에서 가장 가까운 곳에 있었으며 병력은 최대였지만, 그것이 중요한 것이 아니었다. 대통령은 그의 회고록에서 이렇게 말했다. "남한이 함락되도록 내버려두면, 공산주의 지도자들은 대담하게 여러 나라를 짓밟으며 우리 본토에까지 접근할 것이 틀림없다고 느꼈다. 그러한 행위에 제동을 걸지 않으면, 그것은 제3차 세계대전의 시작을 의미하는 것이었다." 그 위기 속에서 발휘된 기민함, 지혜 그리고 용기는 그를 가장 위대한 미국 대통령들 중 한 사람으로 꼽게 만들 것이라고 나는 생각했다. 영국 정부는 미국을 지지하며 해군을 제공했다. 12월에는 영국 지상군도 한국에 파견되었다. 7월 5일 하원에서 야당은 당시 수상 애틀리를 지지했고, 야당 당수였던 나는 "미국의 행동은 전체적으로 보면 세계 평화의 유지를 위한 최선의 기회를 제공하는 것으로……수상의 대범한 결론에 찬성하고 협력하겠다"는 취지의 말을 했다. 노동당의 좌파만 그들의 전통에 따라 결단을 내린 애틀리의 용기와 지혜에 대해서 평가하지 않았다.

전쟁의 경과는 어려웠고, 피비린내가 진동했으며, 실망스러웠다. 미군과 연합군 부대는 북한 침략군을 저지했고, 공군의 개입으로 효과를 보기 시작했다. 맥아더 장군의 강력하고 과감한 작전으로, 1951년 3월 14일 남한의 수도 서울을 탈환했다. 2개월 뒤에는 38선을 넘었다. 그 사이에 중국 "의용군"이 대거 집결하기 시작했다. 압록강을 넘어 증원군이 들어왔는데, 중국 인구의 힘으로 만들어낸 장비는 허술해도 수적으로 가공할 만한 군대가 대기하게 되었다. 미국 장군들은 만주 국경 너머에 "특권의 성전"이 존재하는 것을 참을 수 없었다. 거기에는 소련이 만든 제트비행기 기지들이 만들어져 반복적으로 전투에 개입하고 있었다. 중국 영토에 대한 공중 공격 허가를 요구하는 목소리가 높았으나 트루먼은 꿈쩍도 하지 않았다. 그는 맥아더와 몇 차례 의견이 맞지 않아 구설수에 오른 다음, 가장 위험한 단계로 넘어가는 것을 거부했다. "공산군은 아군 장비의 약점을 찾고 있었다. 우리는 세계대전으로 확대시키지 않는 가운데 적의 공격에 대처해야 했다." 트루먼의 말이었다. 나 역시 어느 정도 염려는 하면서도 그의 생각과 같았다. 11월 30일, 하원에서 나는 이렇게 지적했다. "세계의 대의(大義)를 결정하는 것은 유럽이다. 거기에 치명적인 위험이 있다." 나는 내 말의 의미를 미국 지휘관들을 비판하는 것으로 받아들이게 하거나 그들의 노력을 방해하고 우리의 운명을 하나로 묶고 있는 연대의 끈을 이완시킬까 우려하여, 내 견해를 강하게 피력하는 것을 자제했다. 영연방은 작은 규모의 군대로 단단한 공헌을 했지만, 미국은 전쟁 전체를 홀로 떠안다시피 하며 10만 명가량의 사상자를 냈다.

나는 한반도에서의 군사적 성패를 논하지는 않겠다. 결과는 그리 만족스러운 것도 아니다. 그러나 남한의 독립과 자유는 확보되었고, 침략자들은 호된 대가를 치르고 물러갔다. 무엇보다도 중요한 것은 미국이 자유의 수호를 위해서는 무력 행사를 두려워하지 않으며, 아무리 먼 곳이라도 병력을 파견한다는 것을 보여주었다는 사실이다.

아시아 대륙에서 서유럽 제국의 지배는 완전히 붕괴되었다. 효과적인 식민지 행정의 모범을 보여 주던 네덜란드는 동인도에서 쫓겨났다. 프랑스는 인도차이나에서 수년 동안 좌절과 고통 속에서 전쟁을 겪었는데, 희생되는 장교의 수는 매년 생 시르 사관학교에서 배출하는 인원을 상회했다. 막강한 중국군의 지원을 받은 공산군은 점점 인도차이나 북부 지역을 제압해갔다. 대항전의 숱한 영웅담만 남기고, 프랑스군은 그 거대하고 인구가 밀집한 땅에서 물러날 수밖에 없었다. 길고도 고통스러운 교섭 끝에 그나마 조각난 희망의 일부를 살릴 수 있었다. 남베트남, 라오스 그리고 캄보디아의 3개국이 수립되고 독립을 보장받았다. 그러나 장래는 불안했다. 북베트남은 북한과 마찬가지로 별도의 공산주의 정부를 유지했다. 공산주의와 서방의 이해관계 충돌의 해결이 또다시 국가의 분할로 귀결되었다. 그러한 신생 국가들은 저마다 당파의 대립을 알고 있었고, 짙게 드리운 북쪽에 이웃한 거대한 국가의 그림자 속에 잠겨 지냈다.

아시아의 변화는 예측이 불가능했다. 아마도 그것은 불가피한 현상이었을 것이다. 나의 이 글에 다소 아쉬운 점이 발견된다고 하더라도, 아시아 각국 국민들의 자결권을 부정하거나 현재 그들의 지위나 체제에 대한 비판을 하려는 것으로 여겨서는 안 된다. 그러나 거기까지 도달하는 데 사용된 수단에 대해서는 고민이 필요하다. 그렇게 많은 피를 흘려야 했는가? 외국의 압력으로 성급한 행동을 취하지 않았더라면, 그리고 극동 전쟁에서 초반에 패퇴하여 우리의 영향력을 상실하는 사태가 일어나지 않았더라면, 동일한 목표를 향해 나아가는 일이 좀더 편했을까? 결말 자체도 좀더 안정적이었을까?

★ ★ ★ ★ ★

제2차 세계대전 속에서도 아시아와 아프리카를 연결하는 육로 방위, 우리의 석유 공급과 수에즈 운하 경비에는 계속 노력이 경주되었다. 그 과정에서 중동의 여러 나라, 특히 이집트는 독일과 이탈리아의 침공으로부터 보호받으면서 자체의 희생은 없었다. 그 뒤로 과거 오스만 제국의 영토에 존재했던 국가들이 계속 독립했다. 시리아와 레바논에서 프랑스군이 떠난 것은 그들에게는 쓰라린 일이었으나 불가피했다. 우리가 그 지역에서 무엇인가 이익을 획득했다고 말할 수는 없다. 그 지역 전체에 걸쳐 민족주의 감정의 물결이 휘몰아친 것은 목격한 그대로지만, 그 결과는 아직 과정이 진행 중이기 때문에 무엇이라고 말하기 힘들다. 인도네시아에서 모로코에 이르기까지 이슬람교도들은 동요 속에 있다. 그들의 주장은 서구 열강, 특히 해외에 책임져야 할 것이 있는 국가들에 아주 곤란한 문제가 되었다. 자치와 독립을 외치는 환호 속에서는, 자칫 서구의 통치가 가져다준 수많은 실질적인 혜택을 잊기 쉽다. 또한 광대한 식민지에 종주국이 세운 질서를 안정적인 새 주권 국가 체제가 그대로 유지하는 것도 쉬운 일은 아니다.

그러한 지역에서 영국아 가장 다루기 힘들었던 문제는 팔레스타인이었다. 1917년 밸푸어 선언 이후로 나는 일관되게 시오니스트 운동을 지지해 왔다. 나는 아랍 국가들이 우리가 공정하게 행동하지 않았다고 생각한다는 사실을 전혀 느끼지 못했다. 그 국가들은 그들 민족의 존재 자체에 대해서 영국의, 오직 영국만의 은혜를 입고 있었다. 우리가 그들을 만들어냈다. 영국의 자금과 영국의 고문단이 그들의 진보를 이끌었다. 영국의 무기가 그들을 지켜주었다. 그 지역에는 용감하고 충직한 우리의 친구들이 있었고, 지금도 있다고 생각한다. 고 압둘라 국왕은 아주 현명한 통치자였다. 그가 암살당함으로써 팔레스타인 분쟁을 평화적으로 해결할 수 있는 기회가 사라졌다. 이븐 사우드 국왕은 불굴의 동맹자였다. 이라크에서는 누리 알 사이드의 지혜롭고 용감한 행동에 찬사를 보내지 않을 수 없었다. 그는 가장 충실하게 왕국을 위해서 헌신했고, 외부의 위협이나 외래의 선동에 영향받지 않고 조국을 현명한 길로 인도했다. 불행하게도, 그러한 인물들은 모두 예외적인 존재였다.

영국은 위임 통치국으로서 유대 민족의 귀향과 팔레스타인 주민의 권리 보장 문제를 해결해야 하는 난관에 봉착해 있었다. 그 문제에 관해서 강경한 견해를 지니고 있다고 하여 유대인들을 비난할 사람은 우리 중에 거의 없었다. 사실상 민족으로서의 존재 자체를 부정당하는 고통을 겪은 사람들에게 철저히 이성적으로 행동하기를 기대할 수는 없다. 그러나 영국 관리나 군인을 암살하여 목적을 달성하겠다는 테러 행위는 증오할 수밖에 없는 배은망덕의 태도로 나쁜 인상을 남겼다. 세계에서 영국만큼 테러 대비에 서툰 국가는 없을 것이다. 그것은 우리가 힘이 없거나 비겁해서가 아니다. 자제력이 있고 고결하기 때문이다. 그것이 우리가 훌륭하게 섬을 지키며 살아온 방식이다. 팔레스타인에서 살해의 고통을 겪고, 중동 국가들 때문에 고난을 당하고, 심지어 동맹국에게도 배반당한 당시 영국 정부는 최종적으로 그 문제에서 손을 뗐으며, 1948년에는 유대인 구제를 그들에게 맡기고 방치해 버렸다. 그러나 그런 행위가 그다지 부당한 것은 아니다. 그 뒤에 이어진 단기간의 전쟁에서 살인 행위를 더 쉽게 행하게 된 아랍 국가들에 대한 신뢰는 모두 사라지고 말았다.

이스라엘 건국 과정에서 일어난 폭력은 그 이후 중동의 분쟁을 한층 날카롭게 만들었다. 사막을 개간하고 세계 각지의 유대인 공동체로부터 수많은 불행한 사람들을 받아들여 국가를 건설한 일에 나는 찬사를 보내지 않을 수 없다. 그러나 전망은 어둡다. 고향에서 쫓겨나 이스라엘 국경 주변에 만든 무인 지대에서 불안정한 생활을 하는 수십만 아랍인의 상태는 비참하고 위험하다. 이스라엘 국경에서는 학살과 습격이 난무하고, 아랍 국가들은 새 국가에 대하여 불구대천의 적대감을 드러낸다. 식견 있는 아랍 지도자들도 욕설의 모욕과 살해의 위협을 당하지 않고서는 온건한 충고를 발설조차 못한다. 끝없는 폭력과 어리석은 행동이 넘치는 암흑의 국면이다. 오직 한 가지 사실은 분명하다. 명예와 지혜의 이름으로 이스라엘 국가는 그곳에서 유지되어야 하며, 그 용감하고 역동적이며 또한 복잡한 민족은 이웃과 평화롭게 살아갈 수 있어야 한다. 이스라엘은 과학 지식과 산업 부흥 그리고 생산력을 통해서 그 지역 일대에 소중한 기여를 할 수 있다. 중동 전체의 이익을 위해서라도 그들에게 그러한 기회를 부여해야 한다.

★ ★ ★ ★ ★

이로써 전후의 사태에 대해서 간략히 돌아보았는데, 마무리하기 전에 국제연합을 언급하지 않을 수 없다. 국제 정부의 기구는 목적을 달성하기가 쉽지 않다. 종전이 가까워질 무렵 내 꿈은 인간에게 부여된 가장 위대한 정신과 가장 위대한 사상이 세계를 통치해야 한다는 것이었다. 그렇게 되려면 크건 작건 그 기구에서 대표권이 있는 국가라고 하더라도 일정한 격을 갖추어야 한다. 지금 국제연합을 통해 볼 수 있는 광경은 실제 현실과는 관계없이 영향력과 권력의 평등을 주장하는 허망한 모습이다. 그 결과 무대 뒤의 교묘한 활동으로 세계 정치를 사유화하려는 시도가 행해지고 있다. 감히 말하건대, 인구가 100만 명이든 단 두 명이든 일국의 의결권 행사에 의해서 강대국들의 행동을 결정하거나 뒤흔들 수는 없다. 현재 형태의 국제연합에서 할 수 있는 일이라고는 독재 국가에 아첨하고 약소국은 따돌리는 것뿐이다. 약소국에는 인류 전체를 대변하는 발언권이 없다. 친숙하기는 하나 보다 급이 낮은 지위에 만족해하거나 만족해야만 한다. 세계의 통치는 지리적으로 배분된 국가 그룹의 지도자에게 맡겨야 한다. 국가 그룹은 역시 힘이나 다수에 의해서 결정하는 것이 아니라 저절로 형성되어야 한다.

나는 세계대전 회고록 6권에 기록한 영국 및 연합국의 노력과 희생이 결국은 헛된 것이며 처음보다 오히려 더 위험하고 비관적인 상태를 초래한 것이라고 말하려는 의도가 아니다. 그와 반대로, 우리의 노력은 결코 헛되지 않았다는 사실을 강력히 확신한다. 러시아는 바야흐로 상업 대국으로 변모하고 있다. 소련 국민이 일상으로 체험하는 인간 생활의 복잡성과 고식책을 통해 카를 마르크스의 사상을 한층 시대에 뒤떨어진 것으로 생각하는 동시에 세계의 여러 문제와 관련하여 종전보다 사소한 것으로 여길 것이다. 자연의 힘은 자유와 기회를 더 증가시켜 남녀 개개인의 다양한 사고와 힘을 풍요롭게 만들어준다. 자연의 힘은 마르크스가 자신의 골방에서 인식했던 것보다 막강한 제국의 거대한 구조 속에서 훨씬 더 크고 유연한 존재가 되었다. 그리고 전쟁이란 것이 상호 절멸에 이르는 양상으로 바뀌면서, 전쟁은 점점 우리에게서 멀어져가는 듯하다. 민족, 대륙 또는 국가 연합 사이에서 벌어지는 싸움은 없어지지 않을 것이다. 그러나 인간 사회의 중심은 정당 기구가 이해하지 못하는 수많은 형태로 성장할 것이다. 그러므로 자유세계가, 특히 영국과 미국이 함께 손잡고 그 세력을 유지하는 한, 러시아도 절멸의 전쟁보다 평화와 번영이 가져다주는 것이 더 많다는 사실을 알게 될 것이다. 사고의 확장이란 원하는 모두에게 균등하게 제공되는 기회 발견의 계기를 확보하는 과정이다. 지혜와 인내가 있는 한, 모두를 위한 균등한 기회가 인류의 이성을 지배하고 감정을 억제하게 될 것이다.

켄트 웨스터햄 차트웰에서, 1957년 2월 10일

윈스턴 스펜서 처칠

윈스턴 레너드 스펜서 처칠 경
(Sir Winston Leonard Spencer Churchill)의 연보

1874	11월 30일, 옥스퍼드셔 주 우드스톡에 있는 블레넘 궁전에서 스펜서 가문의 말버러 공작의 제8대손 랜돌프 처칠 경의 장남으로 출생.
1877-1880	아일랜드 총독인 할아버지의 비서였던 아버지와 함께 더블린에서 거주.
1880	유일한 동생 존 스트레인지가 태어남.
1882	세인트 조지 스쿨 입학.
1884	세인트 조지 스쿨 자퇴.
1888	해로 스쿨 입학.
1893	샌드허스트 왕립육군사관학교에 세 번 도전하여 합격.
1895	사관학교 졸업. 제4경기병(輕騎兵) 연대에 배속. 제2차 쿠바 독립전쟁이 일어나자 처칠은 휴가를 얻은 뒤에 스페인 정부의 허가를 받아 스페인 군과 행동을 같이하게 됨. 이때 한 신문과 특파원 계약을 하여 보고서를 게재함. 실전도 경험함.
1896	인도로 전출. 이때 아리스토텔레스의 『정치학』, 플라톤의 『공화국』, 『로마 제국 쇠망사』, 『인구론』, 『종의 기원』 등을 읽음.
1897	휴가를 이용하여 북서부 인도의 파탄족 반란 진압 작전에 참가하여 군인과 기자라는 이중 역할을 함. 그가 쓴 기사들이 그의 최초의 저서인 『말라칸드 야전군 이야기』의 토대가 됨.
1898	수단에서 이슬람교도들이 반란을 일으키자 군인 겸 종군 기자로 참전함. 옴두르만 전투에서는 돌격전에 참가함.
1899	육군 제대. 6월, 하원의원 보궐선거에서 보수당 후보로 올덤에서 출마했으나, 낙선함. 10월, 제2차 보어 전쟁이 일어나자 「모닝포스트」지의 특파원이 되어 종군함. 11월, 타고 있던 열차가 보어인의 공격을 받고 탈선하여 포로가 됨. 12월, 포로수용소에서 탈출. 이로 인하여 전쟁 영웅의 명성을 얻음.
1900	**올덤에서 하원의원 당선.**
1901	빅토리아 여왕 붕어. 에드워드 7세 즉위. 프리메이슨에 가입함.
1902	밸푸어의 보수당 내각 성립.

1904	보호무역주의 반대, 육군 증강 예산 반대 등으로 당 지도부와 충돌함으로써 밸푸어 정권의 보수당을 탈당하여, 자유당으로 이적함.
1906	맨체스터 서북부 선거구에서 자유당적으로 출마함. 헨리 캠벨-배너만의 자유당 내각에서 식민지부 정무차관이 됨.
1908	캠벨-배너만 사임 이후 애스퀴스 자유당 내각의 **상무장관에 취임.** 신임 각료는 당시의 관행에 따라 재선거에 의해서 유권자의 지지를 확인해야 했음. 자신의 선거구에서 실시된 보궐선거에서 패배했으나, 스코틀랜드의 던디 보궐선거에서 승리함. 34세에 스코틀랜드 귀족의 딸 클레멘타인 호지에와 결혼.
1909	딸 다이애나 출생.
1910	내무장관 취임. 당시 광범위하게 일어났던 파업 등의 노동현장에 직책상 개입함으로써 처칠과 노동계의 악연이 시작됨.
1911	해군장관 취임. 그는 해군장관으로서 해군사령부 설치, 해군 항공대 발족, 군함 연료로 석탄 대신 중유 사용, 무한궤도 장갑차, 즉 탱크 제조를 강력하게 주장함. 아들 랜돌프 출생
1914	7월 28일 제1차 세계대전 발발. 딸 새러 출생.
1915	**다르다넬스 작전 실패.** 애스퀴스는 처칠을 해군부에서 배제한다는 조건으로 보수당과 연립내각 구성에 합의. 해군장관을 사임하고 랭커스터 공작령 담당 장관을 몇 달 동안 맡았으나 사임함.
1916	육군 중령으로 군대에 복귀하여 로열 스코틀랜드 퓨질리어 연대 제6대대 대대장으로 서부전선에서 몇 달 동안 복무함. 다르다넬스 작전 실패에 관한 의회 청문회에 소환됨.
1917	자유당의 로이드 조지 내각에서 군수장관 취임. 11월, **탱크 최초 제작.**
1918	딸 메리골드 출생(1921년 병사).
1919	로이드 조지 정권에서 **공군장관 겸 육군장관이 됨.** 러시아 볼셰비키 혁명을 저지하기 위한 의용군 파병을 주도함. 우크라이나를 침공한 폴란드 군에 대한 무기 지원 등으로 노동계와의 관계가 더욱 악화됨. 11월 11일, **연합국-독일의 휴전협정에 의해서 제1차 세계대전 종식.**
1921	식민지부 장관이 됨. T. E. 로렌스의 협조하에서 이라크와 트란스요르단을 안정시킴. 아일랜드 자유국 정부를 지원하여 아일랜드 안정에 기여함.
1922	아타튀르크 케말 파샤의 발칸 침공에 개입해야 한다는 주장 등을 함으로써 로이드 조지의 보수당-자유당 연립내각이 붕괴됨. 마지막 아이 메리 출생. 켄트 주에 있는 차트웰 저택 구입. 총선에서 낙선. 10월, 보나 로의 보수당 내각 성립.

1923	5월, 볼드윈의 1차 내각 성립. 총선에서 서레스터 선거구에서 패배. 제1차 세계대전에 대한 자전적 역사서 『세계의 위기』(5권) 출간 시작(29년 완성).
1924	1월, 볼드윈의 보수당 내각이 붕괴하고 맥도널드를 수반으로 하는 영국 최초의 노동당 정권 탄생. 웨스트민스터의 아베이 선거구에서 무소속으로 보궐선거에 출마했으나 패배함. 11월 총선에서 에핑 선거구에서 무소속으로 당선함. 볼드윈의 2차 내각 성립.
1925	보수당에 복당. 볼드윈 내각의 재무장관 취임. 처칠의 금본위제도 복귀 정책은 인플레이션, 실업, 파업 등을 야기함.
1926	총파업 강경 진압 주장.
1929	볼드윈의 보수당 내각 붕괴. 노동당과의 협력을 주장하는 볼드윈에게 반대. 볼드윈의 인도 자치령 정부 수립 계획에 반대. 맥도널드의 제2차 노동당 정권 성립.
1930	『나의 젊은 시절』 출간.
1931	미국 여행 중에 차에 치어 중상. 노동당 정권 붕괴. 그러나 맥도널드는 노동당을 탈당하여 보수당 및 자유당과 연합하여 거국연립내각의 수반이 됨.
1932	여름, 가족과 함께 네덜란드, 벨기에, 독일 여행.
1933	1월, 히틀러 수상 취임. 『말버러 : 그의 생애와 시대』(4권) 출간(38년 완간).
1935	맥도널드를 승계하여 볼드윈의 거국연립내각 성립.
1936	에드워드 8세 퇴위. 조지 6세 즉위. 에드워드 8세의 입장을 옹호함.
1937	네빌 체임벌린의 보수당 내각 성립. 9월 30일, 뮌헨 협정 체결.
1939	9월 1일, 독일이 폴란드에게 선전포고함으로써 제2차 세계대전 발발. 9월 3일, 영국이 폴란드를 침공한 독일에게 선전포고. 해군장관 취임.
1940	노르웨이에서의 영국 원정군 패배, 독일군의 네덜란드 침입 등의 책임을 지고 체임벌린 사임. 5월 10일 수상 취임, 보수당-노동당-자유당 거국연립내각 성립. 됭게르크 철수 작전. 영국 전투.
1941	6월 22일, 독일의 러시아 침공. 8월, 대서양헌장 발표. "대연합" 결성을 위해서 노력함. 41년 9월-44년 1월, 레닌그라드 포위공격. 10월-12월, 모스크바 방어전. 12월 8일, 일본의 진주만 공격.
1942	1월 일본군의 마닐라 점령. 일본군의 싱가포르 점령. 스탈린의 유럽에서의 "제2전선" 형성 제안에 대해서 시기상조라는 이유로 유보적인 태도를 취함. 4월 미공군 폭격기 도쿄 공습. 6월 미드웨이 해전. 6-7월, 제1차 알라메인 전투에서 패배함. 42년 8월-43년 2월 스탈린그라드 전투. 8월, 모스크바 군사회의. 10-11월, 제2차 알라메인 전투에서 승리함.

1943	폐렴 2번 발병. 7월, 시칠리아 상륙 작전 성공, 무솔리니 실각, 독일군의 이탈리아 진주. 9월 3일, 이탈리아 항복. 발칸 반도에서의 세력권 분할 문제 등을 해결하기 위해서 모스크바 방문. 11월 22-26일, 카이로 회담(루스벨트-처칠-장제스). 11월 28일-12월 1일, 테헤란 회담(루스벨트-처칠-스탈린).
1944	6월 4일, 연합군의 로마 입성. 6월 6일, 노르망디 상륙 작전.
1945	2월, 드레스덴 폭격 논쟁. 2월, 얄타 회담(루스벨트-처칠-스탈린). 4월, 루스벨트 대통령 서거. 트루먼 부통령이 미국 대통령이 됨. 4월 30일, 히틀러 자살. 5월 8일, 독일 무조건 항복. 7-8월 포츠담 회담(트루먼-처칠-장제스-스탈린) 도중 7월 총선거에서 보수당이 패배함으로써, 수상직 사임. 클레멘트 애틀리의 노동당 정부 성립. 8월 15일, 일본 무조건 항복. 12월, 모스크바 삼상 회의.
1946	미국 방문, 소련의 팽창 정책 비판. 스위스 방문, 유럽 통합을 위한 유럽 위원회 결성 촉구. 3월, 미국의 웨스트민스터 대학 연설에서 "철의 장막 (Iron Curtain)"이라는 말을 최초로 사용.
1948	『제2차 세계대전』(6권) 출간 시작(집필 시작 1946년), 1953년 완간
1951	10월 총선에서 보수당이 승리함으로써 다시 수상 취임. 미국 방문, 트루먼 대통령과 회담.
1953	엘리자베스 2세 즉위. 아이젠하워 미국 대통령 취임. 2월, 스탈린 사망. 『제2차 세계대전』을 필두로 하여 노벨 문학상 받음. 영국 최고의 훈장인 가터 훈장을 받음.
1954	6월 아이젠하워 대통령과 회담하기 위해서 워싱턴 방문. 11월 30일 80세 생일 축하가 웨스트민스터 홀에서 초당파적으로 치러짐.
1955	4월 5일 노령과 건강을 이유로 수상직 사임. "의회의 아버지"라고 호칭되었으며, 81세의 나이로 다시 하원의원에 당선.
1956	『영어 사용 국민들의 역사』(4권) 출간(58년 완간).
1963	미국 의회의 결의로 명예 미국 시민권을 받음.
1965	1월 24일 91세로 런던에서 사망. 왕족 이외에는 20세기 최초의 국장이 거행됨. 블레넘 궁전 인근의 교회 묘지에 안장됨.
2002	BBC 방송의 100만 명이 참가한 여론 조사에서 "위대한 영국인 100인"으로, 특히 "그들 모두 중 가장 위대한 인물(The Greatest of Them All)"로 선정됨.
2015	처칠의 서한, 저서, 연설 원고 등이 유네스코 세계기록유산으로 지정됨.

총으로 싸우고 펜으로 쓴 세계대전

　오늘날 세계가 이렇게 된 것은 제2차 세계대전 이후의 일이다. 2000년대를 앞두고 소련이 해체되었으며, 독일이 통일을 이루고 중국이 힘을 발휘하기 시작함으로써 새로운 변화의 시대로 접어들었지만, 그마저 지난 세계대전이 만들어놓은 결과에 이은 현상이라고 하지 않을 수 없다. 독일은 무조건 항복을 선언한 1945년 5월 8일 24시, 5월 9일 0시를 과거와 결별하고 새로운 시작을 하는 대전환점이라는 의미로 "0시(Stunde Null)"라고 표현했다. 패전국뿐만 아니라 승전국이나 신생독립국은 물론 중립국들까지 저마다 사정에 따라 1945년은 "0년"이었다. 따라서 제2차 세계대전을 읽는 일은 오늘의 우리를 이해하는 하나의 계기이다. 그 분야에서 가장 유명한 저서의 하나인 이 책의 번역을 마치면서, 정치사적인 의미와 해설은 다른 전문서와 독자들의 선택에 맡기기로 하고 여기서는 처칠의 대표작을 감상하는 데에 도움이 될 만한 자료를 제공하는 수준에서 후기를 적기로 한다.

　윈스턴 레너드 스펜서 처칠은 1874년 11월 30일 영국 옥스퍼드셔 블레넘 궁에서 태어났다. 그의 아버지 랜돌프는 18세기 프랑스 루이 14세에 대항한 전쟁에서 세운 공적으로 작위를 얻은 말버러 공작 7대손의 셋째 아들이었고, 어머니는 미국인으로 뉴욕 재력가의 딸 제니 제롬이었다. 부모가 처칠을 위해서 선택한 학교는 이튼을 모방한 상류사회의 사치스러운 세인트 제임스 스쿨이었는데, 제대로 적응하지 못하자 해로 스쿨로 옮기게 했다. 정상적으로는 도저히 입학할 수 없는 성적이었으나 교장의 결단으로 최하급 반에 들어갔고, 성적은 항상 꼴찌였다. 열여덟 살 때 동생들과 술래잡기를 하던 중 다리 위에서 협공을 당하자 9미터 높이의 전나무 꼭대기의 가지를 보고 뛰어내려, 3일 만에 의식을 회복하고 3개월 동안 누워 있었다. 아버지 의 결정으로 군인이 되기로 했으나 샌드허스트 육군사관학교에 두 번 낙방 하고, 결국 해로를 그만둔 뒤 입시 전문학원에 들어가서 세 번째 응시 끝에 가까스로 합격했다. 그나마 아버지가 원했던 보병과는 경쟁률이 높아 포기 하고 기병과에 들어갔다. 군인은 그의 기질에 맞았으며, 언제나 전투만 생 각하면 설렜다. 하지만 훈련은 가상이었고 현실의 평화는 마음을 조급하게 만들어, 한때 "문명국 사이의 전쟁이 영원히 끝난 것이 안타깝게 생각될" 정도였다. 스스로 "장차 군인으로 대성할 수 있는 소질을 모두에게서 인정 받던 한 청년 장교"라고 생각했던 그는 아버지의 힘으로 보강훈련을 받고 특별휴가도 얻는 특권을 누린 끝에, 150명 중 8등으로 졸업했다.

초급 장교가 원하는 것은 실전이었다. "실전이야말로 승진의 지름길이었 고, 영예로 이끄는 빛나는 문이었다." 휴가 기간에도 전나무 우듬지를 향해 뛰어들 듯 모험의 장소를 찾았다. 쿠바와 인도에서 갈증의 일부를 해소했 다. 그러다 스물두 살이 되던 1896년에 자신의 사고의 토대가 얼마나 빈약 한가를 깨닫게 되었다. 대오각성하고 독서에 전념했는데, 첫 번째 책이 기 번의 『로마 제국 쇠망사』였다. 역사에 이어 철학, 경제학으로 범위를 넓히 며 세상을 보는 새로운 눈을 가지게 되었다. 혼자만의 대학에서 처음으로 쌓은 체계적 지식과 정보를 내면의 바탕으로만 삼기에는 야심이 강했다. 즉시 『말라칸드 야전군 이야기(*The Story of Malakand Field Force*)』(1898) 라는 책을 썼고, 호평을 받았다. 매일 서너 시간씩 글을 쓰는 습관을 익혔 고, 문장을 연구했다. 연설할 기회가 생기면 당장 원고부터 작성해 일주일 이고 한 달이고 달달 외워 눌변을 극복했다. 자발적으로 단련한 힘은 전투에서 또다른 무기로 활용했다. 보어 전쟁에 뛰어들어 총탄 속을 누볐고, 항상 기사와 칼럼을 써서 신문사로 송고했다. 전장마다 수단과 방법을 가리지 않고 나타나서는 신문에 작전을 비판하는 글을 싣는 소위를 장군들이 좋아할 리 없었다. 그러나 그러한 방식은 그에게 세속적 인기와 돈을 가져다주었다. 두 번째 책을 냈을 때, 언론사로부터 받은 원고료와 인세 수입은 정부에서 받은 장교 연봉의 5배가 되었다. 전투에 임할 때에는 승리 외에 「모닝포스트」를 위한 의무감이 거의 동일한 비중을 차지했다.

1899년 군대를 떠나 보수당 소속으로 올덤의 보궐선거에 출마했으나 낙선했다. 의사당 대신 「모닝포스트」의 권유에 따라 종군기자로 남아프리카 공화국으로 떠났다. 그의 청춘시절은 대본을 예약한 활극이자 드라마였다. 보어군에 체포되자 비전투원의 대우를 받기 위해서 지니고 있던 권총을 몰래 버리고 포로가 되었다. 우여곡절 끝에 극적으로 탈출에 성공했고, 그 사이에 이미 그의 이름은 영국 전역에 알려졌다. 원고료와 강연료는 치솟았고, 모든 현상에 고무되어 군에 복귀했다. 계급은 중위에 불과했지만 언론사의 지원으로 장군 부럽지 않은 기동력을 발휘했으며, 온 전장을 누비는 하급 장교인 동시에 「모닝포스트」의 종군기자라는 여전한 이중 행동 때문에 고위 간부들에게는 눈엣가시였다.

그 다음해 런던에 돌아오자 그가 보기에는 당파를 초월해 환영하는 듯한 분위기였다. 하원 선거에 재도전해 2위로 당선되었을 때가 스물여섯 살이었다. 군에 복귀한 10개월 동안 「모닝포스트」에서 받은 돈은 2,500파운드로, 그로부터 40년 뒤 유보트 격퇴를 위해서 독일군 암호 해독에 골몰하고 있던 천재 수학자 앨런 튜링이 받은 연봉의 10배에 해당했다. 정치에 전념하려면 경제적 안정이 필요하다고 판단했고, 자금을 더 늘이기 위하여 강연 여행을 다녔다. 영국 전국과 미국 그리고 캐나다를 순회했는데, 의회는 12월 하순에 개원했음에도 불구하고 그의 강행군은 해를 넘겨 2월 중순에 끝났다. 덕분에 20년 치의 장교 급여를 상회하는 수입을 얻었고, 이제 격렬한 정치 논쟁 속으로 뛰어들 차례였다.

　1900년 보수당 하원의원으로 정계에 데뷔한 처칠은 1904년 자유무역을 주장하며 자유당으로 당적을 바꾸었다가, 20년 뒤 다시 보수당으로 복귀했다. 배신자라는 비난에 대해서, 누구나 한 번 정도는 변절할 수 있지만 두 번 변절하려면 "모종의 창의성이 필요하다"고 맞받았다. 그 사이에 해군부, 육군부, 무역부, 재무부 장관 등 요직을 거치며 정치적 마찰 속에서 시련과 성공을 경험했다. 그 와중에서도 저술과 강연은 멈추지 않았다. 제1차 세계대전의 갈리폴리 작전을 맡아 크게 실패했으나, 1923년에 시작해 1929년에 완성한 『세계의 위기』 인세 2만 파운드로 차트웰의 별장을 구입했다. 정치 일선에서 잠시 물러나 있기도 하다가, 제2차 세계대전이 발발하자 모든 당파의 동의 속에 수상에 취임했다. 인류사 최대의 전쟁을 승리로 이끄는 데에 중요한 역할을 했으나, 1945년 마무리 단계에 해당하는 포츠담 회담 진행 중에 불의타를 맞듯 총선에 패해 다시 체칠리엔호프로 돌아가지 못했다. 영국 국민들이 전쟁에 이기는 데는 그가 필요했지만, 이긴 뒤 세상을 변화시키는 데는 적절하지 않다고 판단했던 모양이다. 영국군 선임 정보장교로 훗날 케임브리지 킹스칼리지 학장을 역임한 노엘 애넌은 처칠의 지지자였음에도, 숭배하지 않아서가 아니라 처칠이 "전후 국가에 무엇이 필요한지 제대로 이해하고 있는가 의심스러워" 표를 던지지 않았다(『0년』, 이안 브루마, 신보영 역, 글항아리). 블레츨리파크에서 인공지능을 꿈꾸며 암호 해독반 관련 업무를 하던 튜링조차 노동당에 투표한 이유를 "변화가 필요한 시기"였기 때문이라고 대답했다(『앨런 튜링의 이미테이션 게임』, 앤드루 호지스, 김희주, 한지원 역, 동아시아).

　그러나 그는 사라지지 않았다. 바로 이 책을 기획하며 한창 저술 지휘를 하던 중이던 1951년 수상에 재취임했고, 2년 뒤 가터 훈장과 노벨 문학상의 주인공이 되었다. 1955년에 수상직을 사임했으나, 그해 총선에 입후보해 여든네 살로 하원의원에 당선되었다. 1963년 케네디 대통령으로부터 미국 명예시민권을 받았고, 1965년 1월 24일 눈을 감았다. 이것이 처칠이다.

처칠의 장점으로는 강인한 의지, 긍정적 사고, 선악에 대한 분명한 판단, 적극적 행동 등을 꼽을 수 있다. 하지만 비판적으로 보자면 자기중심적 사고, 날카로운 통찰의 결여, 고집과 욕심이 두드러진다. 그의 여러 저서들을 근거로 삼으면, 자신의 잘못을 인정하고 성찰하려는 태도의 기미는 좀처럼 엿보이지 않는다. 군부와 정계에서 강력한 주전론자로 평가되자 부인하면서, "싸우는 동안에는 평화론자에게 반대하고, 마지막에 가서는 강경론자에게 반대한다"고 자평했다. 그 논리는 "우선 아일랜드를 정복한 뒤 자치권 부여를 고려해야 하며, 총파업을 분쇄한 뒤 광부들의 불행에 귀 기울여야 한다"는 식으로 확장되었다(1930년에 쓴 『나의 젊은 시절(*My Early Life*)』, 번역서 『처칠, 나의 청춘기』, 강우영 역, 청목). 처칠의 기묘한 균형 감각인데, 어쨌든 그런 힘으로 전쟁을 승리로 이끈 그는 지금도 세계 정가의 화제에 오른다. 런던의 의회 광장에는 처칠의 동상이 생전에 그가 싫어했던 간디와 함께 서 있다. 그런가 하면 그의 흉상은 1960년대부터 백악관의 대통령 집무실에 자리잡았다. 그런데 오바마가 취임하면서 그 흉상을 치워버렸다. 공화당의 보수파들이 비난한 데 반하여, 이안 부루마는 한국 신문에 기고한 칼럼에서 "미래의 히틀러와 대적하는 것을 의무로 여기는 미국의 거만함을 조금이라도 감소시키는 태도"로 보아 "현명한 일"이라고 논평했다. 일부 사람들은 여전히 처칠을 영웅으로 섬기지만, 그는 영웅이라기보다 영웅이 되고 싶어했던 인물이었다.

처칠은 1946년에 집필을 시작하여 1953년에 『제2차 세계대전』 6권을 완성했다. 각 권마다 900페이지 전후의 방대한 저술인데, 그것을 1958년에 한 권으로 줄인 것이 바로 이 책이다. 이것을 발췌본 또는 축약본이라고 부를 수 있는데, 원본의 6분의 1보다는 많고 5분의 1보다는 적은 분량이다. 그러나 처칠의 그 유명한 저서를 읽기 원하는 독자에게는 원본보다는 이 발췌본이 대상으로 더 적합하다. 원본의 상당한 부분은 처칠이 주고받은 온갖 전문과 부록으로 담은 각종 자료들이다. 발췌본은 그러한 사료 내지 참고 자료에 해당하는 것을 생략했으며, 전문 형식의 서한은 주요한 내용만 뽑아서 그대로 또는 줄여서 수록했다. 따라서 저자가 의도한 사태의 전개 과정을 이해하기에는 발췌본이 한결 합리적이고 유리하다. 발췌는 원문의 일부를 삭제하거나 두 개 또는 그 이상의 장을 하나의 장으로 줄이는 방식 으로 이루어졌는데, 간혹 시간과 사건의 흐름을 고려해 순서를 뒤바꾸거나 문장의 배열을 변경하기도 했다. 그렇게 편집하는 과정에서 필요한 경우 극히 국소적으로 연결을 위한 어휘나 문장을 삽입하기는 했지만, 원본의 원문 그대로라고 보면 된다.

그렇다고 발췌본이 단순한 원본의 축약에 그치는 것은 아니다. 원본의 잘못된 곳 수십 군데를 일일이 다른 자료와 대조해 수정했다. 노동당 조지 랜스버리의 수상 재임 기간을 "거의 5년에 가까운"에서 "4년 3개월"로 명확 히 하는가 하면(제1부 제4장), 횃불 작전 시작 단계에 아조레스 군도에서 유보트에 격침당한 영국 호송선단 선박의 수를 "12척"에서 "13척"으로 세심 하게 고쳤다(제3부 제19장). 날짜도 일일이 고증해 체임벌린이 히틀러는 이 미 "버스를 놓쳤다"며 낙관적인 연설을 한 날을 (1940년) "4월 5일"에서 "4 월 4일"로(제1부 제20장), 어니스트 베빈이 전쟁내각에 합류한 시점을 (1941년) "10월"에서 "9월"로(제2부 제12장) 바로잡았다. 수치나 날짜만 점 검한 것이 아니라 내용도 세밀하게 검토했다. 하사 시절 히틀러가 실명할 뻔한 사고의 원인은 "염소 가스"가 아니라 "머스터드 가스"로(제1부 제3장), 스핏파이어의 호위가 불가능했던 이유는 "흐린 날씨"가 아니라 "연료 부족"(제2부 제6장) 때문으로 밝혔다. 심지어 한 문장 중에서도 굳이 필요하지 않다고 판단되는 구절을 정리하기도 했는데, 포츠담 회담 직전 트루먼의 지시에 따라 해리 홉킨스가 모스크바로 갈 때 "재혼한 신부와 동행(taking his bride with him)"이라는 부분을 지운 것이 그 예이다(제4부 제27장). 거기에다 발췌본에는 처칠이 새로 쓴 장문의 "에필로그"까지 들어 있다. 그러므로 이 발췌본은 원본의 문장과 전체 내용을 조금도 손상하지 않고 고스란히 유지하면서, 오히려 개정증보판의 의미까지 담고 있는 것이다.

발췌 또는 축약 작업은 데니스 켈리(1916-1990)가 맡아서 했다. 런던의 변호사였던 켈리는 처칠이 『제2차 세계대전』 원본 집필 당시부터 조수 역할을 한 것으로 알려져 있다. 역사학자로서 처칠 연구가인 케임브리지 대학 교수 데이비드 레이놀즈는 『역사의 명령(In Command of History)』(2004)에서 처칠의 원본 저술 작업에 여러 명이 관여한 사실을 밝혔다. 실제로 70대 중후반의 나이에, 정상 생활에 지장이 없는 경미한 수준이라고 할지라도 혈관성 치매증을 앓았던 처칠이, 혼자 그 대작을 5년 만에 처음부터 끝까지 쓸 수는 없었을 것이다. 더군다나 그 기간 중에 다시 수상직을 맡기도 했다. 그렇다고 원본이든 발췌본이든 『제2차 세계대전』이 처칠의 저서임을 의심하는 사람은 없다. 1947년 주변의 여러 사람들로부터 권유받고, 처칠은 작전을 펼치듯 집필 계획을 세웠다. 그리고 1950년경부터는 일부 요약된 내용을 엄청난 원고료로 미리 계약한 「라이프」와 「뉴욕타임스」 등에 연재하기도 했다. 평소 원본에서 처칠이 직접 쓴 분량이 어느 정도냐는 질문을 자주 받던 켈리가, 대연회를 책임진 셰프에게 직접 요리한 비율이 얼마냐라고 묻는 것만큼 어리석은 질문이 아니겠느냐고 대답한 사실이 있다. 레이놀즈의 서평을 실은 「뉴욕타임스」(2005년 11월 13일자) 역시 인용 표시 없이 그 표현을 그대로 사용했다.

처칠은 1932년에 낸 『사상과 모험(Thoughts and Adventures)』(번역서 『폭

풍의 한 가운데』, 조원영 역, 아침이슬)에서 그림 그리는 일을 사령관의 작전 수립에 비유한 적이 있다. 모두 치밀한 구상과 계획이 필요하다는 의미였다. 시작부터 종결에 이르기까지 엄청난 전쟁을 수행한 영국의 정부 대표이자 군통수권자였던 그에게는 제2차 세계대전에 대한 자신만의 그림을 그릴 자격이 충분히 있었다. 그러한 점이 이 책의 가장 중요한 가치를 결정한다. 하지만 거기에서 비롯하는 한계도 뚜렷하다. 저자 스스로 이것은 역사의 기술이 아니라 경험자의 기록이라고 겸손해하고 있지만, 어디까지나 영국의 입장과 처칠 자신의 시선에서 본 결과들이다. 그러므로 전쟁 전체를 객관적으로 파악하기에는 부족하다. 레닌그라드를 비롯한 러시아 전장에서 벌어진 사태의 전개도 거의 소개되지 않았다. 중요한 작전에서 이견을 보인 미국의 입장과 논리도 자세하게 파악하기 힘들다. 일본만 하더라도 적의 하나로만 묘사되었지, 그 등장과 의미를 제대로 설명하지 못했다.

물론 전쟁이 끝난 직후 사태의 전모가 파악되는 데 시간이 걸렸을 뿐만 아니라, 비밀문서들이 공개된 것은 그로부터 몇십 년 후의 일이기 때문에 쓸 수 없는 부분도 있었다. 하지만 영국 공군의 독일 도시에 대한 전술 폭격 문제를 스스로 지적하지 않은 부분은 진한 아쉬움을 남긴다. 다행히 원본(제5권 제2부 제12장)에서는 별개의 장으로 다루면서 민간인 살상을 우려해 아이젠하워에게 보낸 전문을 싣고 있지만, 발췌본에는 언급도 없다. 제발트가 독일인들을 향해 왜 침묵하느냐고 분노를 표시한 것을 보더라도(『공중전과 문학』, 이경진 역, 문학동네), 40만 번의 출격으로 100만 톤의 폭탄을 투하한 승패와 무관한 폭격기 부대의 독자적 행동에 대한 반성은 있어야 했다. 그리고 바로 자기 자신의 이야기인 포츠담 회담 도중의 실각에 대해서도 너무 간단하게 끝내고 말았다. 가정이기는 하지만, 실제로 그가 종전 무렵의 총선에서 압도적 지지로 승리했다고 하더라도 포츠담 회담을 자기 의도대로 이끌었을 가능성은 희박하다. 그는 이미 스탈린과 공산주의를 제거해야 할 대상으로 파악하기 시작했다. 스탈린의 딸 스베틀라나는 훗날, 1942년에 모스크바의 자기 집을 방문한 처칠을 생생하게 기억했다. "처칠은 그의 마음에 들었고, 그것은 아버지의 행동으로 눈에 띄게 나타났습니다"(『그리운 나의 아버지 스탈린』, 김명호 역, 한울). 그 구절은 여운을 남기는데, 처칠은 이론상 여전히 장점이 많은 사회주의와 스탈린 또는 소련을 명확히 구분하지 못했을 수 있다. 로버츠와 베스타는 그들의 걸작 『세계사』(I, II, 까치)에서 "총성이 멈춘 뒤에 세계가 재편되는 모습에 사람들은 환멸을 느꼈다"고 단언했다. 실제로 연합국의 승리 이후에는 처칠이 아니라 누구도 예상하지 못했던 일들이 벌어졌다. 보복, 청산, 재건의 과정에서 믿지 못할 정도의 많은 사망자가 생겼다는 사실이 근년에 거론되기도 했다. 그런 면에서 본다면 장문의 "에필로그"도 너무나 평이한 교과서적 기술에 그쳤다.

그럼에도 불구하고 이 책은 고유의 역사적 의미와 가치를 지니고 있는데, 이 까닭은 저자가 "서문"에서 밝힌 대로이다. 이 책이 전하는 가장 강렬한 메시지의 하나는 전쟁은 이겨야 한다는 것이다. 그것은 당위일 수 있지만, 언제나 전쟁의 발생을 전제로 하는 사고방식이다. 전쟁이 필연이라면, 이념이나 사상에 의한 혁명도 필연일 수밖에 없다. 역사가 주는 교훈으로 성공한 사례가 없다는 것이 어리석은 인류 정치의 역사이다. 역사는 해석이고, 저마다 다른 해석을 하는 능력을 발휘하는 존재가 인간이기 때문이다. 이 책이 독자 자신의 해석을 통해 세상을 이해하는 실마리의 하나가 되기를 희망한다. 거기에는 저자와 내용이 결정하는 고유의 가치와 무관하게 이 고전적 저서가 오늘의 특정 사회에서 보수 회귀의 상징적 수단으로 사용되지 않기를 바란다는 의미가 내포되어 있다.

지지부진했던 번역을 진행하는 가운데 초고 수준의 원고를 넘겼음에도 불구하고 순식간에 책으로 완성된 것은 직접 치밀한 교열을 본 박종만 사장의 덕분이다. 부분적으로 이견이 있었음에도 불구하고 모두 따르기로 한 것도, 4교까지 거듭하면서 필요한 고증을 마다 않고 철저히 밀어붙이는 그의 열정에 놀랐기 때문이다. 책의 간행 이후부터 발견될 오역과 졸역은 역자의 능력 부족에 기인하는 결과일 뿐이다. 곤란한 문제에 부딪혔을 때마다 해결책을 찾아준 법철학자 윤재왕 교수와 복잡한 나머지 문제를 정리해준 권은희 팀장을 비롯한 까치 식구들에게도 고마움을 표시하지 않을 수 없다. 색인과 지도의 초기 작업은 고려대 법학전문대학원의 김수경이, 손으로 쓴 원고의 타이핑은 수민이가 했다.

2016년 5월 광화문에서,

차 병 직

찾아보기

1104

아이언사이드, 에드먼드 Ironside, Edmund
   246, 355, 375, 378, 381-382, 388, 395,
   444, 491-492
아이젠하워, 드와이트 Eisenhower, Dwight
   339, 462, 842, 867, 883-884, 941, 946-
   948, 954-955, 957-958, 973, 991-998,
   1010, 1012, 1036, 1048-1049, 1051, 1081,
   1112, 1114, 1149, 1154-1157, 1172, 1176,
   1183-1186, 1192-1194, 1249, 1252, 1276,
   1297, 1321, 1326-1331, 1341, 1357, 1362-
   1363, 1367, 1417
아이크 → 아이젠하워
아카기 호 赤城 816
"아카디아 Arcadia" 작전 760
아킬레스 호 Achilles 276-277, 279, 281
아쿠아로네, 피에트로 Acquarone, Pietro
   1015, 1020
안데르스 Anders, Władysław 910, 914
안치오 Anzio 작전 1124, 1139-1147
알라메인 Alamain 전투 831, 929-937, 955,
   992-993
알렉산더 Alexander A.V. 334
알렉산더, 해롤드 Alexander, Harold 339,
   385, 406, 834, 878, 881-887, 915-916,
   920, 922-923, 929, 931, 933, 936, 957,
   970, 973, 982-984, 992-998, 1012, 1014,
   1034, 1044-1047, 1051-1056, 1079, 1081,
   1096, 1141, 1146, 1161, 1183-1184, 1192-
   1194, 1196-1199, 1289, 1337, 1353
알렉산다르 1세 Alexandar I 85
알리스, 스티븐 Arliss, Stephen Harry Tolson
   647
알리아크몬 선 Aliakhmon Line 618-619
알제 회담 Algiers Conference 993-999
암브로시오, 비토리오 Ambrosio, Vittorio
   1015-1017, 1020
압둘라 1세 Abdullah I 1433

압둘-일라 에미르 Abdul-Ilah, Emir 651
앙리 4세 Henri IV 245, 245(주)
애머리, 리오 Amery, Lio S. 248, 326
애스터, 낸시 Astor, Nancy W. L. 907
애슬론, 알렉산더 Athlone, Alexander Cambridge
   754
애치슨, 딘 Acheson, Dean 1411
애틀리, 클레멘트 Attlee, Clement 91, 121,
   124, 150, 234, 329, 333-334, 347, 406,
   771, 880, 882, 902, 961, 1359, 1396,
   1411, 1430
앤더슨, 케네스 Anderson, Kenneth A.N. 884,
   981
앤더슨, 존 Anderson, John 257
앤서니 → 이든
야마모토 이소로쿠 山本五十六 737, 811-
   813, 817-818
얄타 회담 Yalta Conference 1298-1305,
   1347, 1362, 1379, 1407
어윈 경 → 핼리팩스
에드워드 8세 Edward VIII 156
에른스트, 카를 Ernst, Karl 79, 81
에리오 안 Herriot Plan 61
에리오, 에두아르 Herriot, Edouard 54, 61,
   456
에베르트, 프리드리히 Ebert, Friedrich 30
에스테바, 장-피에르 Esteva, Jean-Pierre 947
에이잭스 호 Ajax 276-277, 279, 281-282
에이커, 아이러 Eaker, Ira C. 1353
에이트켄, 맥스 Aitken, Max 521
엘리엇, 월터 Elliot, Walter 858
엘리자베스 여왕, Elizabeth, Queen of England
   365-366
연립내각 → 거국연립정부
연합군 최고전쟁회의 Supreme War Council
   406
영국 원정군 British Expeditionary Force :

240